westermann

Philip Lattas, Barbara Meier, Ria Ruhland, Johannes Wolframm

Gemeinsam handeln

Politik an berufsbildenden Schulen

13. Auflage

Bestellnummer 21492

Die in diesem Produkt gemachten Angaben zu Unternehmen (Namen, Internet- und E-Mail-Adressen, Handelsregistereintragungen, Bankverbindungen, Steuer-, Telefon- und Faxnummern und alle weiteren Angaben) sind i. d. R. fiktiv, d. h., sie stehen in keinem Zusammenhang mit einem real existierenden Unternehmen in der dargestellten oder einer ähnlichen Form. Dies gilt auch für alle Kunden, Lieferanten und sonstigen Geschäftspartner der Unternehmen wie z. B. Kreditinstitute, Versicherungsunternehmen und andere Dienstleistungsunternehmen. Ausschließlich zum Zwecke der Authentizität werden die Namen real existierender Unternehmen und z. B. im Fall von Kreditinstituten auch deren IBANs und BICs verwendet.

Zusatzmaterialien zu „Gemeinsam handeln – Politik an berufsbildenden Schulen"

Für Lehrerinnen und Lehrer

Lösungen zum Schulbuch: 978-3-427-21493-9
Lösungen zum Schulbuch Download: 978-3-427-21494-6
Lösungen zum Arbeitsheft: 978-3-427-21496-0
Lösungen zum Arbeitsheft Download: 978-3-427-21497-7

BiBox Einzellizenz für Lehrer/-innen (Dauerlizenz)
BiBox Klassenlizenz Premium für Lehrer/-innen und bis zu 35 Schüler/-innen (1 Schuljahr)
BiBox Kollegiumslizenz für Lehrer/-innen (Dauerlizenz)
BiBox Kollegiumslizenz für Lehrer/-innen (1 Schuljahr)

Für Schülerinnen und Schüler

Arbeitsheft: 978-3-427-21495-3

BiBox Einzellizenz für Schüler/-innen (1 Schuljahr)
BiBox Klassensatz PrintPlus (1 Schuljahr)

www.westermann.de

Alle Drucke dieser Auflage sind inhaltlich unverändert.

Druck und Bindung: Westermann Druck GmbH, Georg-Westermann-Allee 66, 38104 Braunschweig

ISBN 978-3-427-21492-2

Inhaltsverzeichnis

Verantwortungsvoll wirtschaften

Vorwort

Gemeinsam handeln – die Demokratie mitgestalten

„Gemeinsam handeln“ ist ein Buch für die Fächer Politik/Wirtschafts- und Sozialkunde für den Unterricht an berufsbildenden Schulen. Mit der beruflichen Ausbildung bekommen diese Fächer eine besondere Bedeutung, denn es müssen z. B. viele arbeitsrechtliche Fragen geklärt werden. Da bei vielen Jugendlichen zu Hause kaum noch über Politik gesprochen wird, sind Medien und Schule besonders gefragt, bei jungen Menschen Interesse für Politik zu wecken und zu entwickeln.

Hier kann das vorliegende Unterrichtswerk „Gemeinsam handeln“ entscheidende Hilfestellungen geben.

In einer sich wandelnden und von zahlreichen Krisen betroffenen Welt gibt es genug Gründe, sich mit politischen, wirtschaftlichen, geschichtlichen und aktuellen gesellschaftlichen Themen auseinanderzusetzen. Mündige Bürgerinnen und Bürger sollten lernen, sich in die Politik einzumischen, eigene Rechte zu erkennen und zu erstreiten. Darüber hinaus werden Menschen gebraucht, die sich für die Demokratie und Europa einsetzen. „Gemeinsam handeln“ will dazu einen Beitrag leisten. Autorenteam und Verlag haben ein Lehr- und Arbeitsbuch entwickelt, das dem Gedanken der Richtlinien entspricht, die Selbstständigkeit der Schülerinnen und Schüler zu fördern sowie die systematische Reflexion des Vorgehens zu üben.

Durch die in die einzelnen Kapitel eingefügten Methoden werden die Lernenden in die Lage versetzt, gegenwärtige und zukünftige politische Problemstellungen am Beispiel konkreter Fälle aus der Sicht unterschiedlicher gesellschaftlicher Interessen zu analysieren, Lösungsmöglichkeiten immer wieder neu gegeneinander abzuwägen und sich eine eigene Meinung zu bilden.

Das Buch enthält für die Vorbereitung auf die Abschlussprüfung notwendige Lerninhalte.

Die von der Kultusministerkonferenz für gewerblich-technische Ausbildungsberufe im Bereich „Wirtschafts- und Sozialkunde“ festgelegten Lerngebiete sind integriert.

Die Arbeit mit dem Buch wird durch eine klare Gliederung und ein ansprechendes Layout erleichtert. Ein neues Angebot ist der Zugang zu QR-Codes. Die darin angebotenen Verständnisfragen können zur Wiederholung oder Erarbeitung der Thematik genutzt werden.

Autorenteam und Verlag hoffen, dass mithilfe dieses Buches nicht nur Prüfungen bestanden werden, sondern darüber hinaus auch das Interesse an Politik und Wirtschaft geweckt wird.

Die Verständnisfragen können auch über www.westermann.de/landing/gemeinsamhandeln abgerufen werden.

Vorwort zur 13. Auflage

In der vorliegenden Auflage wurden folgende Inhalte neu aufgenommen bzw. aktualisiert:

- Sozialversicherung: Folgen des demografischen Wandels
- Medien kritisch wahrnehmen und nutzen, z. B.: Urheberrecht, Internet: Nutzerverhalten, Gefahren und Datenschutz, Meinungsbildung durch soziale Medien, Kritik und Kontrolle durch Medien
- Wirtschaftsordnung – Wirtschaftspolitik: Umweltschonung und -erhaltung
- Betriebe in Wirtschaft und Gesellschaft: Industrie 4.0, Globalisierung
- Ökonomie und Ökologie: Green Economy
- In Europa leben und arbeiten: Die Agrarpolitik der EU, Gemeinsame Außen- und Sicherheitspolitik der EU
- Welt im Wandel mitgestalten: OSZE, NATO und Bundeswehr im Zeichen internationaler Konflikte
- Armut und Hunger in der Welt: Die Agenda 2030 der UN
- Den Planeten schützen: Ursachen, Wirkungen und Folgen des Klimawandels, Klimaflüchtlinge, Trinkwasserknappheit

Das Autorenteam und der Verlag haben sich in diesem Titel für die Verwendung der weiblichen und der männlichen Form entschieden, um die bessere Lesbarkeit der Texte zu gewährleisten. Angesprochen sind selbstverständlich alle Geschlechter.

 Die Verfasserinnen und Verfasser

Methodenübersicht

Methode	Kurzbeschreibung
Gruppenlesen, S. 10 f.	Schüler und Schülerinnen übernehmen in Gruppen beim Gespräch über einen Text abwechselnd unterschiedliche Rollen: Sie leiten Gruppen oder sind lernende Gruppenmitglieder. Dabei geht es um einen gemeinsamen strukturierten und kooperativen Wissensaufbau.
Karikaturenrallye, S. 12 f.	Zu verschiedenen Aspekten eines Themas werden Karikaturen in Gruppen besprochen und die Ergebnisse präsentiert.
Gruppenpuzzle, S. 28 f.	Beim Gruppenpuzzle werden Schüler und Schülerinnen auf Gruppen verteilt. Jede dieser Gruppen (Expertengruppen) bearbeitet einen anderen Teil eines Gesamtthemas. Dann werden die Gruppen aufgelöst und neue Gruppen (Stammgruppen) gebildet. In der neuen Gruppe informiert jedes Gruppenmitglied die anderen darüber, was es vorher in der Expertengruppe gelernt hat.
Collage, S. 52	Die Collage ist eine Technik, bei der durch Aufkleben verschiedener Elemente ein Thema bearbeitet und dargestellt wird.
Planspiel, S. 62 f.	Planspiele dienen dazu, konfliktreiche Situationen mit vielen Akteurinnen und Akteuren zu simulieren.
Rollenspiel, S. 104 f.	Beim Rollenspiel lernen Spielerinnen und Spieler, die Rollen erdachter Personen zu übernehmen und dementsprechend zu handeln.
ABC-Methode, S. 109	Durch die Vorgabe eines leeren ABC-Blatts werden die Teilnehmerinnen und Teilnehmer angeregt, ihre Assoziationen/Haltungen zu bestimmten Themen auszudrücken. Diese Methode ist geeignet für den Einstieg in einen Themenbereich, für Wiederholungen und zur Prüfungsvorbereitung.
Internetrecherche, S. 123	Die Internetrecherche ermöglicht es, im Internet Informationen aus zuverlässigen Quellen zu finden.
Diagramme auswerten, S. 124 f.	Bild- und Textinformationen werden ausgewertet.
Mindmap, S. 139	Eine Mindmap ist eine grafische Darstellung, die Beziehungen zwischen verschiedenen Sachverhalten/Themen aufzeigt.
Präsentieren, S. 166 f.	Durch eine Präsentation können viele Zuhörer/-innen an den Ergebnissen einer Arbeit teilhaben. Hier werden einige Tipps dazu gegeben.
Spinnwebanalyse, S. 196	Die Spinnwebanalyse ist eine Methode, um Ursachen nachzugehen, Zusammenhänge darzustellen oder Folgen aufzuzeigen.
Textanalyse, S. 208	Texte werden erfasst und analysiert.
Textbearbeitung, S. 209	Texte werden nach einem vorgegebenen Schema bearbeitet.
Spickzettel, S. 209	Durch eine begrenzte Anzahl von Schlüsselwörtern und Symbolen auf einem kleinen Zettel wird ein Vortrag vorbereitet.
Arbeit mit Gesetzestexten, S. 220	Vorgestellt wird eine Vorgehensweise, um sich Gesetzestexte zu erschließen.
Debatte, S. 221	Die Debatte ist eine wesentliche Form zur Klärung politischer Standpunkte, die von Parteien in einem Parlament vertreten werden. Eine Bundestagsdebatte kann im Unterricht simuliert werden.
Analyse politischer Karikaturen, S. 248 f.	Karikaturen werden im Unterricht eingesetzt, um politische, wirtschaftliche oder gesellschaftliche Probleme zu analysieren.
Szenario, S. 268 f.	Das Ziel der Entwicklung von Zukunftsszenarien ist es, alternative Möglichkeiten vorauszudenken, um so zu besseren Entscheidungen zu gelangen.

Gruppenlesen

Gruppenlesen = schwere Texte gemeinsam erarbeiten

Arbeitsvorschlag

Starten Sie einen Versuch mit der Methode „Gruppenlesen".

1. Runde

Bilden Sie Vierergruppen. Nummerieren Sie die Mitglieder von eins bis vier. Wählen Sie eine Gruppensprecherin oder einen Gruppensprecher.

- Alle Gruppenmitglieder lesen den ersten Textabschnitt zwei- bis dreimal leise.
- Die Gruppensprecherin/der Gruppensprecher liest den Textabschnitt der Gruppe vor.
- Die Gruppensprecherin/der Gruppensprecher stellt Fragen, die aus dem Text heraus beantwortet werden können.
- Im Uhrzeigersinn: Das nächste Gruppenmitglied formuliert eine Zusammenfassung des Textabschnitts.
- Im Uhrzeigersinn: Das nächste Gruppenmitglied fragt nach unverstandenen Wörtern/Sätzen. Anschließend dürfen auch die anderen Gruppenmitglieder nach nicht verstandenen Wörtern und Sätzen fragen.
- Im Uhrzeigersinn: Das nächste Gruppenmitglied erklärt, wie es den Text weiterführen würde.

1. **Fragen zum Text stellen**
2. **Zusammenfassung des Textabschnitts**
3. **Fragen nach unklaren Textstellen**
4. **Vorhersage zum weiteren Textverlauf wagen**

2. Runde

- Im Uhrzeigersinn: Wahl der neuen Gruppensprecherin/des neuen Gruppensprechers
- Lesen des nächsten Textabschnitts

(Ablauf wie oben beschrieben)

Duale Berufsausbildung – ein Erfolgskonzept aus Deutschland

Warum eigentlich? Seit vielen Jahrzehnten ist die duale Berufsausbildung eine wichtige Säule für die Deckung des Fachkräftebedarfs in Deutschland. Nach wie vor wählt mehr als die Hälfte eines Jahrgangs genau diesen Weg, um eine qualifizierte Erwerbstätigkeit zu beginnen. Da in den vergangenen Jahren die Chancen auf dem Ausbildungsmarkt gestiegen sind, gibt es in Deutschland im europäischen Vergleich die niedrigste Jugendarbeitslosigkeit. Dieser Beleg der Bedeutung dieses besonderen Bildungsangebotes für den Arbeitsmarkt wurde lange Zeit – auch international – unterschätzt. Heute interessieren sich auch wirtschaftlich erstarkte Länder wie China für Berufsausbildung „made in Germany".

Die Ursache für das Erfolgskonzept liegt auf der Hand: Kaum eine Ausbildungsart verzahnt praktische Tätigkeit und Erfahrung so intensiv mit fundierten theoretischen Kenntnissen.

(Autorentext)

„Dual“ bedeutet Ausbildung an zwei Lernorten

Die Ausbildung findet an zwei Lernorten statt: im Betrieb und in der Berufsschule. Das gemeinsame Ziel beider ist die Erreichung von Kompetenzen und Qualifikationen. Notwendig sind diese, um während und nach der Ausbildung eine qualifizierte Tätigkeit in einer sich stets wandelnden Arbeitswelt ausüben zu können. Berufserfahrung, Flexibilität, die Bereitschaft für lebenslanges Lernen sind nur einige der Erwartungen, die Arbeitgeber an ihre künftigen Mitarbeiterinnen und Mitarbeiter.

Die Qual der Wahl liegt bei den jungen Leuten: Sie können sich entscheiden zwischen den derzeit etwa 330 anerkannten Ausbildungsberufen. In diesen werden sie unter Aufsicht der Kultusministerkonferenz (KMK) und der Kammern bundesweit nach einheitlichen Standards ausgebildet und geprüft. Die Motivation ist hoch: Fachkräfte aus dem dualen Ausbildungssystem sind begehrt und haben gute Arbeits- und Verdienstmöglichkeiten – auch international.

Voraussetzungen für die duale Berufsausbildung

Formal gibt es für die duale Berufsausbildung keine Zugangsvoraussetzungen. Das System steht grundsätzlich allen offen. Die Mehrzahl der Auszubildenden verfügt über einen Mittleren Schulabschluss (10. Klasse), einige auch über Abitur oder Fachabitur. Ob das jeweilige Wissen für den Abschluss eines Ausbildungsvertrags reicht, prüfen Arbeitgeber auch gern über praktische oder theoretische Eingangstests. Dabei zählen nicht die Schulnoten, sondern anwendbare Grundkenntnisse, Interesse für den Beruf und die Bereitschaft, Neues zu lernen und umzusetzen. Durchhaltevermögen, Zuverlässigkeit, Teamfähigkeit, Selbstständigkeit und andere Kompetenzen sind bei den Arbeitgebern ebenfalls hoch willkommen.

Die Dauer der Berufsausbildung variiert zwischen zwei und 3,5 Jahren – je nach gefordertem Kompetenz- und Qualifikationsniveau. So dauert eine Mechatroniker-Ausbildung 3,5 Jahre, ein Fachlageristen-Ausbildung nur zwei Jahre.

Regelung der Berufsausbildung

Bundesweite gesetzliche Regelung für die Berufsausbildung ist die von der KMK für jeden einzelnen Beruf entwickelte Ausbildungsordnung. Diese gilt für die betriebliche Ausbildung. In der Ausbildungsordnung werden neben der korrekten Berufsbezeichnung und der Ausbildungsdauer, dem Ausbildungsberufsbild, dem Ausbildungsrahmenplan auch die Prüfungsanforderungen deutlich beschrieben. Der Betrieb konkretisiert diese Vorgaben in einem individuellen Ausbildungsplan. All dies zielt auf die zu erwerbenden beruflichen Handlungskompetenzen der Azubis.

Der Unterricht in der Berufsschule orientiert sich inhaltlich und zeitlich an der betrieblichen Ausbildung. Dazu werden auf Landesebene von den zuständigen Ministerien unter Mitarbeit der Berufsschulen Rahmenlehrpläne erstellt, die dann im jeweiligen Bundesland Gültigkeit haben.

Vor- und Nachteile der dualen Berufsausbildung

Die große Praxisnähe in der dualen Berufsausbildung hat zahlreiche **Vorteile**. Die Auszubildenden können die neuesten technischen Entwicklungen erleben. Sie können sich nach ihren Möglichkeiten und Neigungen einen Platz im Betrieb erarbeiten und somit ihre Chance auf Übernahme verbessern. Die Ausbildungsvergütung ermöglicht ihnen eine gewisse finanzielle Unabhängigkeit. So können sie sich besser auf die Ausbildung konzentrieren. Am Ende winkt den Auszubildenden ein anerkannter Beruf mit vielen (sogar internationalen) Arbeitsmöglichkeiten.

Doch auch **Nachteile** sollen benannt werden. Der Abstimmungsaufwand zwischen Betrieb und Berufsschule ist aufwendig. Die Rahmenlehrpläne für die Berufsschule sind nur im jeweiligen Bundesland gültig. Das hat oft Konsequenzen für den allgemeinbildenden Anteil des Unterrichts.

Unter den Betrieben gibt es sogenannte schwarze Schafe. Dort werden Azubis als billige Arbeitskräfte betrachtet und nur unzureichend ausgebildet.

Arbeitsvorschlag

Notieren Sie auf Karten je zwei Vor- und Nachteile der Methode „Gruppenlesen“ und präsentieren Sie Ihre Karten in der Lerngruppe.

Eigene Lebenskonzepte entwickeln und andere respektieren

Methode:

Karikaturenrallye

Karikatur von Klaus Stuttmann, 19.09.2019

Karikatur von nelcartoons (Nel Ioan Cozacu), 24.01.2023

Karikatur von Kostas Koufogiorgos: Erklärungsnöte, 01.11.2022

Karikatur von Kostas Koufogiorgos: Die Ukraine wartet auf den NATO-Beitritt, 13.07.2023

Eine Karikaturenrallye starten

1. *Vorbereitungen*
   Die ausgewählten Karikaturen (vier bis sechs sind ideal) werden auf das Format DIN A4 oder DIN A3 vergrößert. Danach werden sie gleichmäßig im Raum verteilt und sichtbar angebracht.
2. *Entsprechend der Anzahl der Karikaturen werden Gruppen gebildet. Jede Gruppe positioniert sich zunächst an einer Karikatur und arbeitet an den folgenden drei Fragestellungen:*
   - *Um welches Problem geht es?*
   - *Mit welchen gestalterischen Mitteln stellt der Karikaturist/die Karikaturistin das Problem dar?*
   - *Was bringt die Karikatur zum Ausdruck?*
   - *Welche Lösungsvorschläge gibt es gegebenenfalls für dieses Problem?*

   Die Schülerinnen und Schüler machen sich Notizen.
3. *Nach einer festgelegten Zeit (fünf bis zehn Minuten) gehen die Schülerinnen und Schüler im Rotationsverfahren zur nächsten Karikatur, bis alle wieder am Anfang angekommen sind.*
4. *Jede Gruppe präsentiert ihre Erkenntnisse zu jeweils einer Karikatur und stellt sie im Plenum zur Diskussion.*
5. *Die Karikaturen können noch über einen längeren Zeitraum im Raum verbleiben, um immer wieder zu Gesprächen anzuregen.*

1 Schulische Ausbildung – betriebliche Ausbildung

1.1 Der Wert der Berufsausbildung

M 1

Unser Rohstoff heißt Bildung. Sie ist Hauptbestandteil einer lebenswerten Zukunft.

M 2

Thesen zur Arbeit
- Ohne Arbeit wäre das Leben schön!
- Meine Arbeit – mein Beruf!
- Eigenarbeit ist prima, Arbeiten für andere ist blöd!
- Ohne Arbeit kein Geld!
- Leben, um zu arbeiten!
- Arbeiten, um zu leben!
- Freizeit ja – Arbeit? Nein danke!
- Mir ist egal, was ich arbeite!
- Arbeiten = jobben!

M 3

Aus einer Umfrage: Überlegungen zur Berufswahl
- Der Beruf muss Spaß machen.
- Das Geld muss stimmen.
- Arbeitsbedingungen und Arbeitszeiten müssen passen. Work-Life-Balance ist mir wichtig.
- Der Beruf muss Zukunft haben.

Das wichtigste Kapital der Bundesrepublik Deutschland ist unsichtbar, denn es steckt in den Köpfen der Menschen. Bildung und Ausbildung, technisches und wissenschaftliches Können sowie die produktive Zusammenarbeit von Menschen garantieren der Bundesrepublik Deutschland Wohlstand, und das trotz mangelnder Rohstoffe. Die rund 46 Millionen Erwerbstätigen *(vgl. Statistisches Bundesamt (Destatis) 02.11.2023)* sorgen dafür, dass
- die Volkswirtschaft in ihren verschiedenen Bereichen funktioniert,
- der Staat Steuern einnimmt, die er für seine Aufgaben benötigt,
- alle Einwohnerinnen und Einwohner, auch die Erwerbslosen und Nichterwerbspersonen, einen gewissen Lebensstandard halten können.

M 4

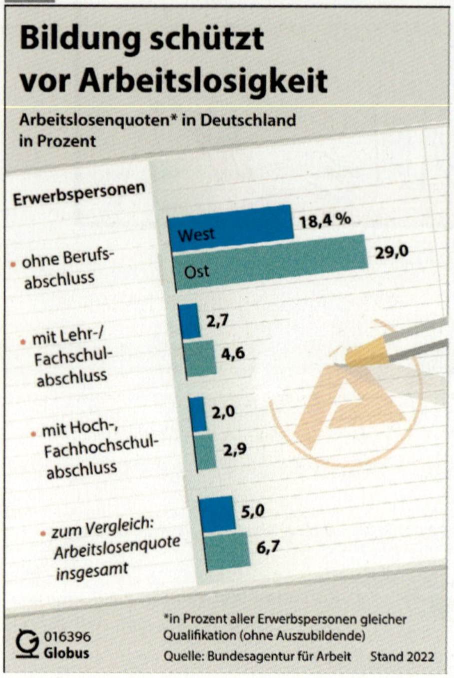

Um dieses Kapital zu erhalten, stellt sich allen an der Berufsausbildung Beteiligten die Aufgabe, die Ausbildung den tiefgreifenden Veränderungen in Handel, Industrie, Handwerk, Landwirtschaft, Schule und Staat schnell genug anzupassen. Schon heute arbeitet die Hälfte der Arbeitnehmerinnen und Arbeitnehmer in einem anderen als dem erlernten Beruf. Die **Flexibilität** der Arbeitskräfte wird zu einem entscheidenden Faktor der nächsten Jahre.

Unter beruflicher Flexibilität versteht man die Fähigkeit, sich wandelnden Anforderungen in Arbeitswelt und Gesellschaft erfolgreich anzupassen.

M 5 **Artikel 12 Absatz 1 Grundgesetz [Freiheit der Berufswahl]**

(1) Alle Deutschen haben das Recht, Beruf, Arbeitsplatz und Ausbildungsstätte frei zu wählen. Die Berufsausübung kann durch Gesetz geregelt werden.

Unser Grundgesetz verbürgt sich für das Recht aller Deutschen, den Beruf frei zu wählen. Das ist so zu verstehen, dass es allen Bürgerinnen und Bürgern der Bundesrepublik Deutschland freisteht, entsprechend ihren Fähigkeiten aus dem vorhandenen Arbeitsplatz- und Ausbildungsangebot einen passenden Beruf zu wählen. Ein Anspruch auf einen bestimmten Beruf oder Arbeitsplatz kann aus dem Grundgesetz nicht abgeleitet werden.

Arbeitsvorschläge

1. *Stimmt Ihrer Meinung nach die in M 1 gemachte Aussage? Begründen Sie Ihre Meinung.*
2. *Sortieren Sie die Thesen aus M 2 nach Wichtigkeit. Vergleichen Sie Ihre Ergebnisse mit denen einer Partnerin oder eines Partners.*
3. *Berichten Sie über Ihre wichtigsten Überlegungen zur Berufswahl. (M 3)*
4. *Erläutern Sie M 4. Erarbeiten Sie hierzu drei Vorteile einer abgeschlossenen Berufsausbildung.*
5. *Erarbeiten Sie die Bedeutung der freien Berufswahl anhand eines konkreten Beispiels. (M 2, M 5)*

1.2 Moderne Berufsausbildung

M 1 Die zunehmende Globalisierung, die rasante Entwicklung der modernen Informations- und Kommunikationstechnologien und der gesellschaftliche und wirtschaftliche Wandel von der Industriegesellschaft zur Wissens- und Informationsgesellschaft führen zu immer neuen Anforderungen an die Fachkräfte. Berufliche Bildung gewinnt im Zuge dieser Entwicklung immer mehr an Bedeutung und wird zum Schlüssel für die erfolgreiche Durchsetzung individueller Karrierewünsche. Deutschland verfügt heute noch über eines der besten Berufsbildungssysteme. Durch die Kombination von Theorie und Praxis bietet die deutsche Berufsbildung gute Voraussetzungen, um junge Menschen für die beruflichen Herausforderungen der Zukunft fit zu machen.

M 2 **Ab wann ist man reif für eine Ausbildung?**

Kriterium	Merkmale	Beispiele
Schulische Kenntnisse	(Recht-)Schreiben	Er/sie kann sich verständlich in Deutsch ausdrücken.
	Lesen – mit Texten/Medien umgehen	
	Sprechen und Zuhören	Der Wortschatz reicht zur Bewältigung von Alltagssituationen.
	Mathematische Grundkenntnisse	
Psychologische Leistungsmerkmale	Logisches Denken	Einfache Aufgaben können zügig bearbeitet werden.
	Rechnerisches Denken	
	Merkfähigkeit	
	Räumliches Vorstellungsvermögen	Räumliche Geometrieaufgaben können gelöst werden.
	Bearbeitungsgeschwindigkeit	
Arbeits- und Sozialverhalten	Teamfähigkeit	Kritik kann sachlich begründet werden.
	Kritikfähigkeit	
	Zuverlässigkeit	
	Leistungsbereitschaft	
Physische Merkmale	Altersgerechter Entwicklungsstand	Der Entwicklungsstand ist mindestens normal.
	Gesundheitliche Voraussetzungen	Die Gesundheit lässt einen 8-Std.-Tag zu.
Berufswahlreife	Selbsteinschätzungskompetenz	Realistische Einschätzung der eigenen Bedürfnisse, Fähigkeiten und Fertigkeiten
	Informationskompetenz	Informationen über Berufe können zielgerecht recherchiert werden.

Bundesagentur für Arbeit 2009, S. 20 f. (verändert)

M 3

Schlüsselqualifikationen sind Handlungskompetenzen eines Menschen.

Fachkompetenz

Fertigkeiten
Fähigkeit und Bereitschaft, Aufgaben- und Problemstellungen eigenständig, fachlich angemessen, methodengeleitet zu bearbeiten und das Ergebnis zu beurteilen

Personale Kompetenz

Sozialkompetenz
Selbstständigkeit

Fähigkeit und Bereitschaft, sich weiterzuentwickeln und das eigene Leben eigenständig und verantwortlich im jeweiligen sozialen, kulturellen bzw. beruflichen Kontext zu gestalten

Methodenkompetenz

Fähigkeit zur erfolgreichen Anwendung von Arbeitstechniken, Verfahrensweisen und Lernstrategien

Arbeitsvorschläge

1. *a) Begründen Sie mithilfe von M 1, warum eine moderne Berufsausbildung für Deutschland unverzichtbar ist.*
b) Suchen Sie weitere Argumente und ordnen Sie diese nach ihrer Wichtigkeit.

2. *Was zeichnet eine kompetente Person aus? Erklären Sie den Begriff „Kompetenz“ in eigenen Worten.*

3. *a) Definieren Sie im beruflichen Zusammenhang den Begriff „Handlungskompetenz“. (M 3)*
b) Erklären Sie den Begriff „Schlüsselqualifikation“.

4. *Bewerten Sie Ihre eigene Ausbildungsreife. (M 2)*

1.3 Wege der Berufsausbildung

www.gesetze-im-internet.de/bbig_2005/BJNR093110005.html

Am 01.01.2020 ist das neue BBiG in Kraft getreten. Am 09.01.2023 trat eine Novelle (Änderung eines bestehenden Gesetzes) des BBiG in Kraft. Wichtigster Bestandteil ist die Einführung von Fortbildungsstufen für die höherqualifizierende Berufsbildung. So können Abschlüsse künftig die Bezeichnungen „Geprüfte/-r Berufsspezialist/-in", „Bachelor Professional" oder „Master Professional" tragen. Betont wird auf diese Weise, dass berufliche Fortbildung und Studium gleichwertig sind. Die Bezeichnungen sind international verständlich. Angehoben wurde auch die Mindestvergütung für Auszubildende.

vgl. Bundesministerium für Bildung und Forschung 2023

Berufsbildungsgesetz (BBiG)

Das Berufsbildungsgesetz (BBiG) schafft Rahmenbedingungen für die berufliche Bildung, im Handwerk gilt darüber hinaus auch die Handwerksordnung. Als Grundlage für eine geordnete und einheitliche Berufsausbildung gelten die staatlich anerkannten Ausbildungsberufe und die hierzu erlassenen Ausbildungsordnungen. Die Ausbildung führt zu einem staatlich anerkannten Berufsabschluss.

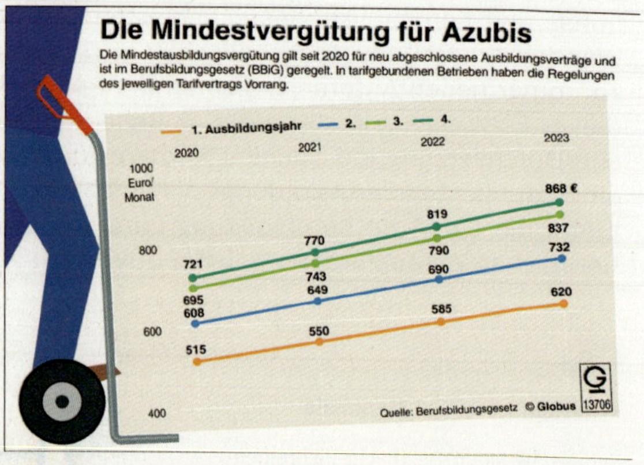

M 1 **§ 1 BBiG Ziele und Begriffe der Berufsbildung**

[...]

(2) Die Berufsausbildungsvorbereitung dient dem Ziel, durch die Vermittlung von Grundlagen für den Erwerb beruflicher Handlungsfähigkeit an eine Berufsausbildung in einem anerkannten Ausbildungsberuf heranzuführen.

(3) Die Berufsausbildung hat die für die Ausübung einer qualifizierten beruflichen Tätigkeit in einer sich wandelnden Arbeitswelt notwendigen beruflichen Fertigkeiten, Kenntnisse und Fähigkeiten (berufliche Handlungsfähigkeit) in einem geordneten Ausbildungsgang zu vermitteln. Sie hat ferner den Erwerb der erforderlichen Berufserfahrungen zu ermöglichen.

(4) Die berufliche Fortbildung soll es ermöglichen, die berufliche Handlungsfähigkeit zu erhalten und anzupassen oder zu erweitern und beruflich aufzusteigen.

(5) Die berufliche Umschulung soll zu einer anderen beruflichen Tätigkeit befähigen.

Die Tarifbindung eines Betriebs hat immer Vorrang vor der Mindestvergütung.

Handlungsfähigkeit = Handlungskompetenz

M 2

Ausbildung im Betrieb und in der Berufsschule („duales System")	**Ausbildung im öffentlichen Dienst** (Beamtenausbildung)	**Berufsausbildung in der Schule** (Berufe mit geregelten Ausbildungsgängen)
Dazu zählen: • Industriebetriebe • Betriebe des Groß- und Einzelhandels • Banken • Versicherungen • Hotel- und Gaststättengewerbe • Betriebe des Handwerks • freie Berufe, z. B. – Ärztinnen/Ärzte – Apothekerinnen/Apotheker – Rechtsanwältinnen/Rechtsanwälte – Notarinnen/Notare	Dazu zählen: • Polizei/Bundespolizei • Verwaltungsfachangestellte • Sozialversicherungsfachangestellte • Bundeswehr • Justizfachangestellte • BND (Bundesnachrichtendienst) • Verfassungsschutz • Bundesagentur für Arbeit • Feuerwehr • Zoll u. a.	Zum Beispiel: • im naturwissenschaftlich-technischen Bereich: – biologisch-technische Assistenten – medizinisch-technische Radiologie-Assistenten • im Gesundheits- und Pflegebereich: – Gesundheits- und Krankenpfleger/-innen • im sozialen Bereich: – Erzieher/-innen u. a.

*) *Ausbildung in anerkannten Ausbildungsberufen – nicht zu verwechseln mit der Beamtenausbildung*

Arbeitsvorschläge

1. *Erklären Sie einer Partnerin/einem Partner die Begriffe „Berufsausbildungsvorbereitung", „Berufsausbildung", „berufliche Fortbildung" und „berufliche Umschulung". (M 1)*
2. *Grenzen Sie das duale System von der Berufsausbildung in der Schule ab. Stellen Sie konkrete Vor- und Nachteile dieser beiden Wege gegenüber. (M 2)*

1.4 Duale Ausbildung in Schule und Betrieb

M 1

© Bergmoser + Höller Verlag AG

Mit **dualer Ausbildung** bezeichnet man das **duale Berufsausbildungssystem**. Hierunter wird die parallele Ausbildung in Betrieb und Berufsschule verstanden. Voraussetzung für eine Berufsausbildung im dualen System ist ein Berufsausbildungsvertrag. Am Ende der Ausbildung steht eine Abschlussprüfung. Die Prüfungen werden organisiert von den zuständigen Stellen, in der gewerblichen Wirtschaft z. B. von den Handwerkskammern und den Industrie- und Handelskammern (IHKs). Abgenommen werden sie von den durch die Kammern eingesetzten („berufenen") Prüfungsausschüssen.

In neu geordneten Berufen ist eine gestreckte Prüfung vorgesehen. Die Zwischenprüfung wird benotet und bildet Teil 1 der gesamten Prüfung. So steht nicht die ganze Prüfung am Ende der Ausbildung.

Die zehn beliebtesten Ausbildungsberufe

1. Kaufmann/-kauffrau für Büromanagement
2. Verkäufer/-in
3. Kraftfahrzeug-mechatroniker/-in
4. Kaufmann/Kauffrau im Einzelhandel
5. Medizinische/-r Fachangestellte/-r
6. Fachinformatiker/-in
7. Industriekaufmann/-frau
8. Elektroniker/-in
9. Anlagenmechaniker/-in für Sanitär-, Heizungs- und Klimatechnik
10. Zahnmedizinische Fachangestellte/Zahnmedizinischer Fachangestellter

Azubi.de – eine Marke von FUNKE Works 2023 (verändert).

Durchschnittliche tarifliche Ausbildungsvergütung in Deutschland

„Im Jahr 2022 lagen die tariflichen Ausbildungsvergütungen im bundesweiten Gesamtdurchschnitt bei 1 028 Euro und damit erstmals über 1 000 Euro pro Monat."

Schönfeld/Wenzelmann 2023

M 2 Vorteile des dualen Systems:

- qualitativ hochwertige, bundesweit einheitliche berufliche Qualifizierung (Mindeststandards)
- duale Ausbildung sichert die Mobilität von Fachkräften
- Verankerung in der betrieblichen Praxis
- Absolventen finden in der Regel gut in eine Beschäftigung – weit besser als nur mit einer schulischen Ausbildung

Für Unternehmen:
- bedarfsgerechte Berufe für jeden Bereich
- produktive Leistungen der Auszubildenden
- Sicherung des Fachkräftebedarfs

Für Auszubildende:
- praxisnahe Ausbildung
- Erwerb fachlicher und sozialer Kompetenzen im Betrieb
- Motivation durch Lernen und Geldverdienen

Für den Staat:
- Entlastung der öffentlichen Haushalte
- relativ niedrige Jugendarbeitslosigkeit

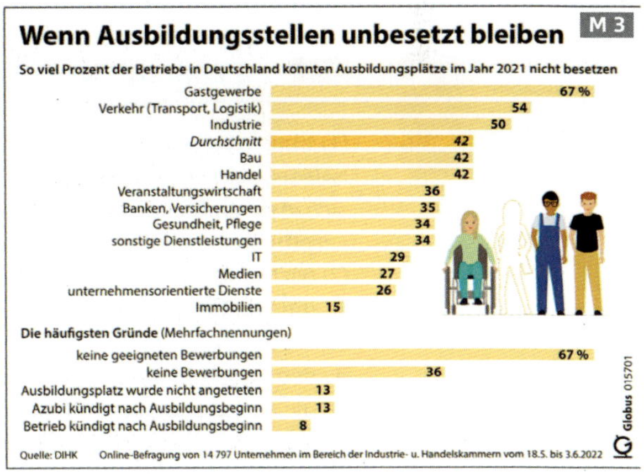

Arbeitsvorschläge

1. *Beschreiben Sie das duale System der Berufsausbildung. (M 1)*
2. *Sammeln Sie in einer Tabelle Vor- und Nachteile der dualen Berufsausbildung. (M 2)*
3. *Beschreiben Sie die Ursachen und Folgen unbesetzter Ausbildungsstellen. (M 3)*

1.5 Gesetzliche Grundlagen der Berufsausbildung

Bestimmungen aus dem Berufsbildungsgesetz zum Ausbildungsvertrag

Vertrag wird zwischen dem Ausbildenden und der/dem Auszubildenden abgeschlossen.

Bei Minderjährigen müssen die gesetzlichen Vertreter zusätzlich den Vertrag unterschreiben.

M 1 Unter Berücksichtigung von Gesetzen, Verordnungen und Vorschriften wird die Vertragsfreiheit beim Abschluss des Berufsausbildungsvertrags stark eingeschränkt. Die wichtigsten Grundlagen hierbei sind das **Berufsbildungsgesetz (BBiG)** und die **Handwerksordnung (HwO)** für Handwerksberufe sowie für Minderjährige das Jugendarbeitsschutzgesetz (JArbSchG). Unverzüglich nach Abschluss, spätestens jedoch vor Beginn der Berufsausbildung, muss der Berufsausbildungsvertrag von den Beteiligten unterschrieben werden.
Anschließend prüft die zuständige Kammer, ob alle Voraussetzungen erfüllt werden:
- die persönliche Eignung des Ausbildenden,
- die fachliche Eignung des Ausbildenden,
- die Eignung der Ausbildungsstätte.

Dauer des Urlaubs in der Ausbildung

Volljährige Auszubildende haben laut BUrlG mindestens Anspruch auf den gesetzlichen Mindesturlaubsanspruch von 20 Arbeits- bzw. 24 Werktagen.
BUrlG – Bundesurlaubsgesetz
Für Jugendliche ist das JArbSchG anwendbar (s. S. 21).
JArbSchG – Jugendarbeitsschutzgesetz

M 2

ausbildender Betrieb ⟷ Ausbildungsvertrag (schriftlich, unverzüglich vor Beginn der Ausbildung) ⟷ Auszubildende/-r

Inhalt

- Art, sachliche und zeitliche Gliederung, Ziel der Berufsausbildung
- Beginn und Dauer der Ausbildung
- Ausbildungsmaßnahmen außerhalb der Ausbildungsstätte
- Dauer der regelmäßigen täglichen Ausbildungszeit
- Dauer der Probezeit (mindestens ein Monat, höchstens vier Monate)
- Zahlung und Höhe der Vergütung
- Dauer des Urlaubs
- Voraussetzungen für die Kündigung des Ausbildungsvertrags
- allgemeine Hinweise auf Tarifverträge, Betriebs- oder Dienstvereinbarungen

M 3 **§ 12 BBiG Nichtige Vereinbarungen**

(1) Eine Vereinbarung, die Auszubildende für die Zeit nach Beendigung des Berufsausbildungsverhältnisses in der Ausübung ihrer beruflichen Tätigkeit beschränkt, ist nichtig. Dies gilt nicht, wenn sich Auszubildende innerhalb der letzten sechs Monate des Berufsausbildungsverhältnisses dazu verpflichten, nach dessen Beendigung mit den Ausbildenden ein Arbeitsverhältnis einzugehen.
(2) Nichtig ist eine Vereinbarung über
1. die Verpflichtung Auszubildender, für die Berufsausbildung eine Entschädigung zu zahlen,
2. Vertragsstrafen,
3. den Ausschluss oder die Beschränkung von Schadensersatzansprüchen,
4. die Festsetzung der Höhe eines Schadensersatzes in Pauschbeträgen.

Arbeitsvorschläge

1. *Nennen Sie Gründe, warum es für Auszubildende wichtig ist, dass beim Ausbildungsvertrag die Vertragsfreiheit eingeschränkt ist. (M 1)*
2. *Erläutern Sie die Inhalte des Ausbildungsvertrags. (M 2) Nutzen Sie dazu das BBiG und das JArbSchG.*
3. *Begründen Sie die Notwendigkeit des § 12 BBiG über nichtige Vereinbarungen. (M 3)*

Pflichten der Vertragspartner §§ 13, 14 BBiG

Wie bei jedem Vertrag ergeben sich auch beim Ausbildungsvertrag für beide Partner Rechte und Pflichten.

M 1

Pflichten von Ausbildenden	Pflichten von Auszubildenden
– erforderliche Kenntnisse und Fertigkeiten vermitteln	– übertragene Aufgaben sorgfältig ausführen
– selbst ausbilden oder einen Ausbilder beauftragen	– an Ausbildungsmaßnahmen, für die sie freigestellt sind, teilnehmen (z. B. Berufsschulbesuch)
– Ausbildungsmittel kostenlos zur Verfügung stellen	– den Weisungen von Ausbildendem und Ausbilder folgen, die im Rahmen der Berufsausbildung erteilt werden
– zum Berufsschulbesuch anhalten und freistellen	– die geltende Ordnung beachten
– charakterlich fördern, sittlich und körperlich nicht gefährden	– Werkzeug, Maschinen und Einrichtungen pfleglich behandeln
– nur Aufgaben übertragen, die dem Ausbildungszweck dienen	– über Betriebs- und Geschäftsgeheimnisse Stillschweigen bewahren
– bei Beendigung der Ausbildung ein Zeugnis ausstellen	

M 3

Bestehen Auszubildende vor Ablauf der Ausbildungszeit die Abschlussprüfung, so endet das Berufsausbildungsverhältnis mit Bekanntgabe des Ergebnisses durch den Prüfungsausschuss.
Bestehen Auszubildende die Abschlussprüfung nicht, so verlängert sich das Berufsausbildungsverhältnis auf ihr Verlangen bis zur nächstmöglichen Wiederholungsprüfung, höchstens um ein Jahr.

M 2

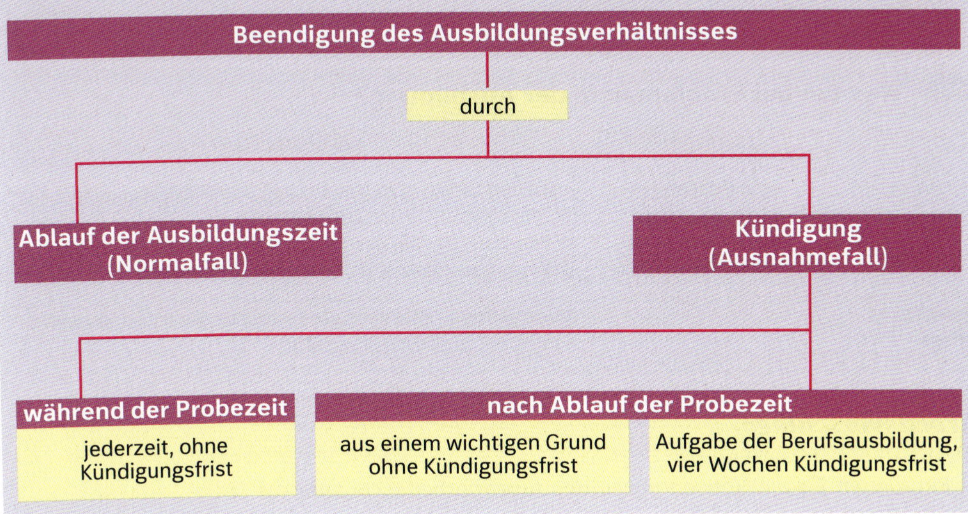

M 4

Die Abschlussprüfung kann zweimal wiederholt werden. Wenn Auszubildende insgesamt dreimal erfolglos an der Prüfung teilgenommen haben, gibt es keine weitere Möglichkeit mehr, in diesem Ausbildungsberuf einen Abschluss zu erlangen.

M 5

Arbeitsvorschläge

1. *Sortieren Sie die Pflichten von Ausbildenden und Auszubildenden nach ihrer Wichtigkeit. Begründen Sie Ihre Meinung. (M 1)*
2. *Bearbeiten Sie alle Möglichkeiten der Beendigung eines Ausbildungsvertrags. (M 2, M 3) Stellen Sie eine Möglichkeit im Rollenspiel dar (s. S. 104 f.).*
3. *Benennen Sie den in M 5 abgebildeten wichtigen Kündigungsgrund und erarbeiten Sie mögliche weitere wichtige Gründe, die zur sofortigen + fristlosen Beendigung des Ausbildungsverhältnisses führen können.*

1.6 Das Jugendarbeitsschutzgesetz

M 1

Ein wirksamer Schutz für Kinder und Jugendliche bei der Arbeit ist besonders wichtig. Deshalb gilt in der Bundesrepublik Deutschland das Gesetz zum Schutze der arbeitenden Jugend (Jugendarbeitsschutzgesetz – JArbSchG). Das Jugendarbeitsschutzgesetz verpflichtet die Arbeitgeber, Beschäftigte unter 18 Jahren entsprechend ihrem Entwicklungsstand vor Überforderungen und Gefahren am Arbeitsplatz zu schützen.

M 2

Fragen während der Ausbildung zum Jugendarbeitsschutz

Wen schützt das Gesetz?
Was ist ein Gesundheitscheck?
Wie lang ist die Arbeitszeit?
Welche Pausen gibt es?
Wie viel Freizeit muss sein?
Wann herrscht Nachtruhe?
Wie steht es mit Wochenendarbeit?
Muss man zur Berufsschule gehen?
Wie viel Urlaub gibt es?
Wer überwacht das Gesetz?
Mit welchen Arbeiten dürfen Jugendliche nicht beschäftigt werden?

M 3 **Ausbildungsreport 2023: Die wichtigsten Ergebnisse im Überblick**

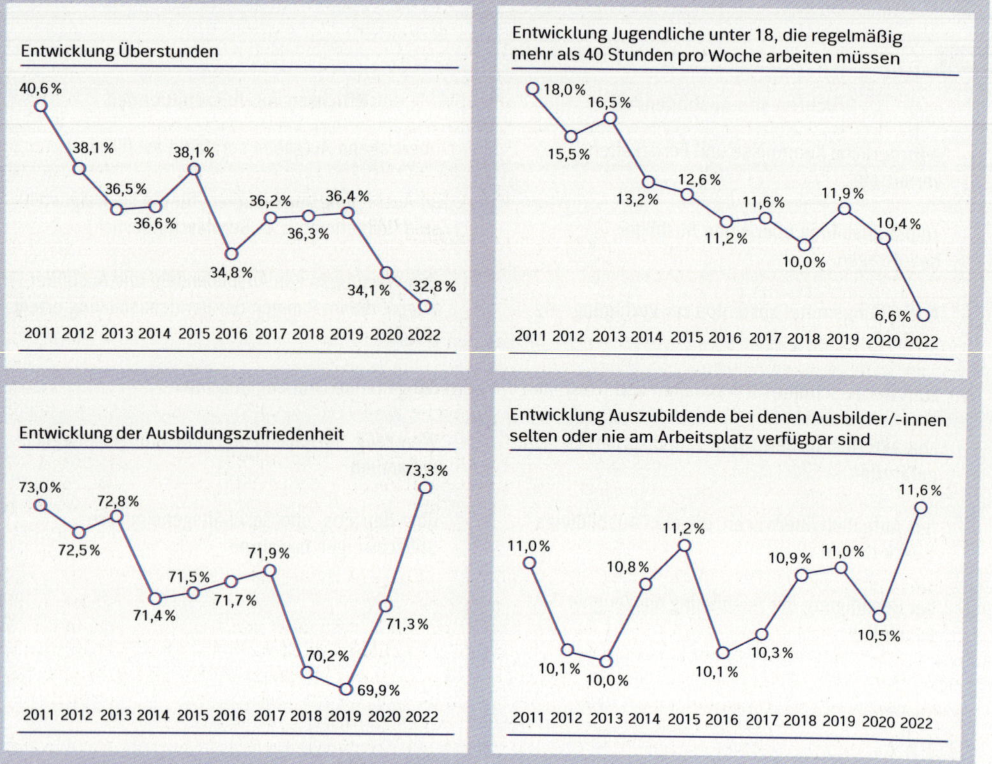

DGB-Bundesvorstand 2023, S. 9 (verändert)

M 4 **Was tun bei Problemen in der Ausbildung?**

	innerbetrieblich	außerbetrieblich
Auskunft oder Beschwerde	Ausbildender, Ausbilder, Betriebsrat, Jugend- und Auszubildendenvertretung	zuständige Stelle (= Kammer, Innung), Ausbildungsberatung (bei der Kammer), Berufsausbildungsausschuss (bei der Kammer), Agentur für Arbeit (für den Bereich der Ausbildungsberufe und -stätten), Gewerbeaufsicht, Berufsgenossenschaft
gerichtliche Klage		Arbeitsgericht (vorher muss ein besonderer Ausschuss angerufen werden, der zu schlichten versucht)

Arbeitsvorschläge

1. *Begründen Sie die Notwendigkeit des Jugendarbeitsschutzes. (M 1)*
2. *Beantworten Sie die in M 2 formulierten Fragen zum JArbSchG.*
3. *Ermitteln Sie die wesentlichen Aussagen der Grafiken aus dem DGB-Ausbildungsreport heraus. (M 3)*
4. *Entwerfen Sie einen Plan, wie Sie gegen Verstöße gegen das JArbSchG vorgehen würden, (M 4) und stellen Sie diesen zur Diskussion.*

Auszug aus dem Jugendarbeitsschutzgesetz

§ 1 Geltungsbereich
(1) Dieses Gesetz gilt für die Beschäftigung von Personen, die noch nicht 18 Jahre alt sind,
1. in der Berufsausbildung [...]
4. in einem der Berufsausbildung ähnlichen Ausbildungsverhältnis.

§ 5 Verbot der Beschäftigung von Kindern
(1) Die Beschäftigung von Kindern (§ 2 Abs. 1) ist verboten.

§ 8 Dauer der Arbeitszeit
(1) Jugendliche dürfen nicht mehr als acht Stunden täglich und nicht mehr als 40 Stunden wöchentlich beschäftigt werden.
(2a) Wenn an einzelnen Werktagen die Arbeitszeit auf weniger als acht Stunden verkürzt ist, können Jugendliche an den übrigen Werktagen derselben Woche achteinhalb Stunden beschäftigt werden.
(3) In der Landwirtschaft dürfen Jugendliche über 16 Jahre während der Erntezeit nicht mehr als neun Stunden täglich und nicht mehr als 85 Stunden in der Doppelwoche beschäftigt werden.

§ 9 Berufsschule
(1) Der Arbeitgeber hat den Jugendlichen für die Teilnahme am Berufsschulunterricht freizustellen. Er darf den Jugendlichen nicht beschäftigen
1. vor einem vor 9 Uhr beginnenden Unterricht, dies gilt auch für Personen, die über 18 Jahre alt und noch berufsschulpflichtig sind,
2. an einem Berufsschultag mit mehr als fünf Unterrichtsstunden von mindestens je 45 Minuten, einmal in der Woche,
3. in Berufsschulwochen mit einem planmäßigen Blockunterricht von mindestens 25 Stunden an mindestens fünf Tagen; zusätzliche betriebliche Ausbildungsveranstaltungen bis zu zwei Stunden wöchentlich sind zulässig.

(2) Auf die Arbeitszeit werden angerechnet
1. Berufsschultage nach Absatz 1 Nr. 2 mit acht Stunden,
2. Berufsschulwochen nach Absatz 1 Nr. 3 mit 40 Stunden,
3. im Übrigen die Unterrichtszeit einschließlich der Pausen.

(3) Ein Entgeltausfall darf durch den Besuch der Berufsschule nicht eintreten.

§ 11 Ruhepausen, Aufenthaltsräume
(1) Jugendlichen müssen im Voraus feststehende Ruhepausen von angemessener Dauer gewährt werden. Die Ruhepausen müssen mindestens betragen
1. 30 Minuten bei einer Arbeitszeit von mehr als viereinhalb bis zu sechs Stunden,
2. 60 Minuten bei einer Arbeitszeit von mehr als sechs Stunden.
Als Ruhepause gilt nur eine Arbeitsunterbrechung von mindestens 15 Minuten.

§ 13 Tägliche Freizeit
Nach Beendigung der täglichen Arbeitszeit dürfen Jugendliche nicht vor Ablauf einer ununterbrochenen Freizeit von mindestens 12 Stunden beschäftigt werden.

§ 14 Nachtruhe
(1) Jugendliche dürfen nur in der Zeit von 6 bis 20 Uhr beschäftigt werden.
(2) Jugendliche über 16 Jahre dürfen
1. im Gaststätten- und Schaustellergewerbe bis 22 Uhr,
2. in mehrschichtigen Betrieben bis 23 Uhr,
3. in der Landwirtschaft ab 5 oder bis 21 Uhr,
4. in Bäckereien und Konditoreien ab 5 Uhr beschäftigt werden.

(3) Jugendliche über 17 Jahre dürfen in Bäckereien ab 1 Uhr beschäftigt werden.
(4) An dem einem Berufsschultag unmittelbar vorangehenden Tag dürfen Jugendliche auch nach Absatz 2 Nr. 1 bis 3 nicht nach 20 Uhr beschäftigt werden, wenn der Berufsschulunterricht am Berufsschultag vor 9 Uhr beginnt.

§ 15 Fünftagewoche
Jugendliche dürfen nur an fünf Tagen in der Woche beschäftigt werden.
Die beiden wöchentlichen Ruhetage sollen nach Möglichkeit aufeinander folgen.

§ 16 Samstagsruhe
(1) An Samstagen dürfen Jugendliche nicht beschäftigt werden.
(2) Zulässig ist die Beschäftigung Jugendlicher an Samstagen nur
1. in Krankenanstalten sowie in Alten-, Pflege- und Kinderheimen,
2. in offenen Verkaufsstellen, in Betrieben mit offenen Verkaufsstellen, in Bäckereien und Konditoreien, im Friseurhandwerk und im Marktverkehr,
3. im Verkehrswesen,
4. in der Landwirtschaft und Tierhaltung,
5. im Familienhaushalt,
6. im Gaststätten- und Schaustellergewerbe,
7. bei Musikaufführungen, Theatervorstellungen und anderen Aufführungen, bei Aufnahmen im Rundfunk (Hörfunk/Fernsehen), auf Ton- und Bildträger sowie bei Film- und Fotoaufnahmen,
8. bei außerbetrieblichen Ausbildungsmaßnahmen,
9. beim Sport,
10. im ärztlichen Notdienst,
11. in Reparaturwerkstätten für Kraftfahrzeuge.

Mindestens zwei Samstage im Monat sollen beschäftigungsfrei bleiben.
(3) Werden Jugendliche am Samstag beschäftigt, ist ihnen die Fünftagewoche (§ 15) durch Freistellung an einem anderen berufsschulfreien Arbeitstag derselben Woche sicherzustellen. In Betrieben mit einem Betriebsruhetag in der Woche kann die Freistellung auch an diesem Tag erfolgen, wenn die Jugendlichen an diesem Tag keinen Berufsschulunterricht haben.

§ 19 Urlaub
(1) Der Arbeitgeber hat Jugendlichen für jedes Kalenderjahr einen bezahlten Erholungsurlaub zu gewähren.
(2) Der Urlaub beträgt jährlich
1. mindestens 30 Werktage, wenn der Jugendliche zu Beginn des Kalenderjahres noch nicht 16 Jahre alt ist.
2. mindestens 27 Werktage, wenn der Jugendliche zu Beginn des Kalenderjahres noch nicht 17 Jahre alt ist.
3. mindestens 25 Werktage, wenn der Jugendliche zu Beginn des Kalenderjahres noch nicht 18 Jahre alt ist.

(3) Der Urlaub soll Berufsschülern in der Zeit der Berufsschulferien gegeben werden. Soweit er nicht in den Berufsschulferien gegeben wird, ist für jeden Berufsschultag, an dem die Berufsschule während des Urlaubs besucht wird, ein weiterer Urlaubstag zu gewähren.

M 1 Fallbeispiele
- Eine 16-jährige Auszubildende in einer Sanitätsgroßhandlung liest auf dem Urlaubsplan für das laufende Jahr, dass sie mit 25 Werktagen eingeplant ist.
- Die Auszubildende Jana Wolf hat nur einen Berufsschultag in der Woche mit fünf Stunden Unterricht zu je 45 Minuten. Im Ausbildungsbetrieb wird sie aufgefordert, nachmittags zur Arbeit zu erscheinen.

Arbeitsvorschlag

Bewerten Sie die Fälle in M 1 mithilfe des Gesetzesauszugs.

Schulische Ausbildung – Betriebliche Ausbildung

1.7 Lebenslanges Lernen

M 1 Lernen ist keine Strafe!

„Zugegeben: Lebenslänglich klingt eher bedrohlich als spaßig, aber das liegt in erster Linie an den negativen Assoziationen mit dem Wort und daran, was wir mit dem Begriff Lernen verbinden: Anstrengung, Ausdauer und teilweise auch Langeweile. [...] Meist gerät in Vergessenheit, was Lernen auch sein kann: **Spaß, Unterhaltung, Glück, Zufriedenheit, der Motor für Ihre Karriere.** [...]
Globalisierung und Digitalisierung führen dazu, dass die Entwicklungen und Veränderungen über alle Branchen hinweg in kürzester Zeit passieren. Technischer Fortschritt kann innerhalb eines Jahres bisheriges Wissen ersetzen und unbrauchbar machen. Wer hier nicht bereit ist, dazuzulernen, wird von der Konkurrenz abgehängt."

Warkentin 2022

M 2 Lebenslanges Lernen – Europäische Förderungsprogramme

Auf europäischer Ebene gibt es verschiedene Programme, die lebenslanges Lernen fördern sollen. Vier Programme sind auf einzelne Bildungsbereiche und Altersgruppen zugeschnitten:

- Comenius – Schulbildung,
- Erasmus + – Hochschulbildung,
- Leonardo da Vinci – berufliche Bildung,
- Grundtvig – allgemeine Erwachsenenbildung

Erasmus+
Enriching lives, opening minds.

Weitere Informationen sind auf folgender Webseite abrufbar: www.na-bibb.de/neu-bei-erasmus/erasmus-fuer-azubis-berufsschueler/-innen

M 3 Erasmus+

Das bekannte EU-Programm Erasmus+ für Bildung, Jugend und Sport wird zwischen 2021 und 2027 fortgeführt. Gefördert werden sollen durch Auslandsaufenthalte in der EU lebenslanges Lernen, nachhaltiges Wachstum, sozialer Zusammenhalt. Außerdem soll die europäische Identität gefördert werden. Themen wie Inklusion und Diversität, Digitalisierung, politische Bildung und Nachhaltigkeit werden besonders berücksichtigt. Auszubildende können sich z. B. über ihren Ausbildungsbetrieb oder ihre Berufsschule für eine Teilnahme am Programm bewerben.

vgl. Nationale Agentur Bildung für Europa beim Bundesinstitut für Berufsbildung (NA beim BIBB) o. J.

europass

Das Europass-Portal www.europass.eu ist ein Angebot der EU und das Portal für Lernen und Arbeiten in Europa. Die sichere, kostenlose und werbefreie Plattform bietet Interessenten Tools und Informationen für Bewerbung und Jobsuche in der EU und ist in 29 Sprachen verfügbar.
Beratung: www.europass-info.de

M 4 „Was ist Europass?

Europass ist ein kostenloser Service der EU für Bewerbung und Jobsuche. Er hilft beim Erstellen von Bewerbungsunterlagen, bei Karriereplanung sowie der Dokumentation von Kompetenzen und dem Vergleich von Qualifikationen.
Eingeführt wurde Europass 2005 mit dem Ziel, das länderübergreifende Lernen und Arbeiten innerhalb Europas zu erleichtern. Europass bietet hilfreiche Tools [Werkzeuge] für alle, die sich bewerben oder weiterbilden wollen sowie für Personalverantwortliche, Bildungs- und Berufsberaterinnen wie auch Lehrkräfte und Bildungseinrichtungen. [...]"

Nationales Europass Center (NEC) in der Nationalen Agentur Bildung für Europa beim Bundesinstitut für Berufsbildung (NA beim BIBB) o. J.

Arbeitsvorschläge

1. *Fassen Sie M 1 in Stichworten zusammen.*
2. *Erläutern Sie europäische Bildungsprogramme. (M 2, M 3)*
3. *Recherchieren Sie im Internet Informationen zu den fünf Bausteinen des Europasses und erläutern Sie deren Bedeutung. (M 4)*

1.8 Weiterbildung

Berufliche Fortbildung

Die berufliche Fortbildung ist ein Teil der beruflichen Bildung. Sie baut auf einer abgeschlossenen Berufsausbildung oder ausreichender Berufspraxis auf. Durch berufliche Fortbildung erhöhen sich für Arbeitnehmerinnen und Arbeitnehmer die Chancen,
- ihren Arbeitsplatz zu erhalten,
- mit der technischen Entwicklung Schritt zu halten,
- „aufzusteigen".

Über Aufstiegsmöglichkeiten informiert die Bundesagentur für Arbeit auf ihrer Website „Berufe.net" unter web.arbeitsagentur.de/berufenet/. Die Bundesagentur für Arbeit fördert die Fortbildung je nach Lage und Entwicklung auf dem Arbeitsmarkt. Neben der Bundesanstalt für Arbeit fördern auch Unternehmen die Fortbildung im Betrieb.

M 1

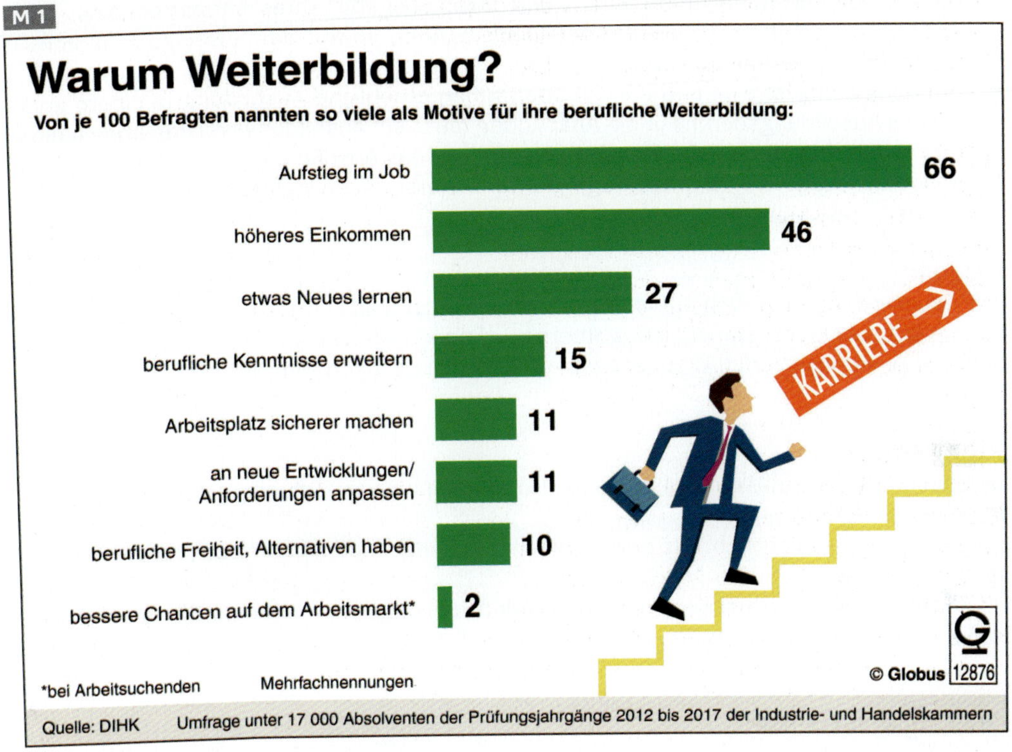

Umschulung

Eine Umschulung, d.h. das Erlernen eines neuen Berufs, kann aus verschiedenen Gründen notwendig sein:
- bei Arbeitslosigkeit,
- wenn der erlernte Beruf keine Zukunft mehr hat,
- bei Berufsunfähigkeit wegen Krankheit,
- beim persönlichen Wunsch nach einem Berufswechsel.

www.fernuni-hagen.de
Alles rund um's Fernstudium.

www.bfw.de
Seminarangebote des Berufsfortbildungswerks des DGB mit Kurz-Infos und Anmeldung.

www.ihk.de
Von hier aus geht's zum Weiterbildungs-Informationssystem der Industrie- und Handelskammern und Handwerkskammern.

www.bibb.de
Informationen über alle Ausbildungsberufe, neue Berufe und Weiterbildungsberufe.

www.zfu.de
Auflistung aller zugelassenen Fernlehrinstitute.

daa.de/
Das Bildungsangebot der Deutschen Angestellten-Akademie der DAG.

Fortbildung und Weiterbildung
Eine Fortbildung ist berufsbezogen und dient dem Erwerb von notwendigen Fähigkeiten im ausgeübten Beruf. Bezahlt wird sie in der Regel vom Arbeitgeber. Dagegen können im Rahmen einer Weiterbildung auch weitergehende Qualifikationen erworben werden.

Arbeitsvorschläge

1. *Erläutern Sie anhand konkreter Beispiele den Unterschied zwischen der beruflichen Fortbildung, der Weiterbildung und einer Umschulung.*
2. *Erläutern Sie die Motive für eine berufliche Fortbildung. Erkunden Sie im Internet Ihre persönlichen Fortbildungsmöglichkeiten. (M 1)*

1.9 Staatliche Fördermaßnahmen

M 1

Berufsausbildungsbeihilfe (BAB)

Die Berufsausbildungsbeihilfe für Auszubildende und Teilnehmende an berufsvorbereitenden Bildungsmaßnahmen ist ein Zuschuss zu den Unterhalts- und Ausbildungskosten. Die Beihilfe ist grundsätzlich abhängig vom Einkommen der Auszubildenden, ihrer Eltern, Ehepartnerinnen und Ehepartner; lediglich bei berufsvorbereitenden Bildungsmaßnahmen wird von der Einkommensanrechnung abgesehen.

Voraussetzungen zur Förderung von Ausbildungen

Gefördert werden in der Regel deutsche, aber unter bestimmten Voraussetzungen auch ausländische Antragstellerinnen und Antragsteller.

Spezielle Voraussetzungen für die Förderung einer Ausbildung:

- Als Auszubildende oder Auszubildender erhalten Sie eine BAB, wenn Sie während der Ausbildung nicht bei den Eltern wohnen können, weil der Ausbildungsbetrieb vom Elternhaus zu weit entfernt ist. Sind Sie älter als 18 Jahre oder verheiratet (oder waren verheiratet) oder haben mindestens ein Kind, können Sie auch eine BAB erhalten, wenn Sie zwar nicht bei Ihren Eltern, aber in der Nähe des Elternhauses leben.
- Eine berufliche Ausbildung wird nur dann mit BAB gefördert, wenn Ihnen die erforderlichen Mittel zur Bestreitung Ihres Lebensunterhalts, für die Fahrkosten und die sonstigen Aufwendungen („Gesamtbedarf") nicht anderweitig zur Verfügung stehen. Auf den „Gesamtbedarf" wird im Rahmen einer Bedürftigkeitsprüfung Ihr eigenes Einkommen, ebenso das Einkommen Ihrer Eltern und Ihrer Ehegattin/Ihres Ehegatten bzw. Ihrer Lebenspartnerin/Ihres Lebenspartners angerechnet, soweit das jeweilige Einkommen bestimmte Freibeträge übersteigt.
- Förderungsfähig ist eine betriebliche oder außerbetriebliche Ausbildung in einem anerkannten Ausbildungsberuf. Für die Ausbildung muss ein Ausbildungsvertrag abgeschlossen worden sein, der bei der zuständigen Stelle in das Ausbildungsverzeichnis eingetragen worden ist. BAB wird in der Regel nur für die erste Ausbildung geleistet.

M 2 **Ausschluss-Kriterien**

Angehende Auszubildende haben keinen Anspruch auf finanzielle Unterstützung in Form von BAB, wenn
- eine schulische Ausbildung (z. B. als Ergotherapeutin/Ergotherapeut) absolviert wird,
- bereits andere vergleichbare Leistungen zum BAB einer weiteren Behörde bezogen werden.

M 3 **Unterlagen für den Antrag**

Dem Antrag auf Berufsausbildungsbeihilfe müssen u. a. folgende Unterlagen hinzugefügt werden:
- der Ausbildungsvertrag,
- wenn nicht bereits im Ausbildungsvertrag ersichtlich, ein Dokument mit der genauen Angabe über die Höhe der Ausbildungsvergütung,
- der Verdienstnachweis der Eltern und der (eigenen) Lebenspartnerin/des (eigenen) Lebenspartners aus dem vorletzten Kalenderjahr.

M 4 **Das Arbeitsförderungsgesetz (AFG)**

Beihilfen für die Berufsausbildung werden nur gewährt, wenn die antragstellende Person die erforderlichen Mittel nicht selbst aufbringen kann und dies den Unterhaltsverpflichteten nicht zugemutet werden kann.

Praxisfall zur Berufsausbildungsbeihilfe (BAB)

„Lisa ist 18 Jahre alt, Einzelkind, und musste für ihre Ausbildung von Chemnitz nach Berlin umziehen. Sie bekommt für ihre Ausbildung als Tiermedizinische Fachangestellte im ersten Ausbildungsjahr 680 € monatlich. Das Zimmer, in dem sie wohnt, kostet 480 €. Ihre Mutter ist Hausfrau, der Vater verdient 3 250 €. Lisa zahlt für ihr Monatsticket 58 € monatlich. Es ist ihre erste Ausbildung und der Beruf zur Tiermedizinischen Fachangestellten ist ein anerkannter Ausbildungsberuf. Ihr Wohnort ist so weit von ihren Eltern entfernt, dass ein tägliches Pendeln nicht zumutbar wäre: Sie hat also ein grundsätzliches Anrecht auf BAB. Wie hoch die Förderung sein wird, wird folgendermaßen berechnet:

Lisas Lebensunterhalt	
Grundbedarf	421 €
Mietpauschale	+ 360 €
Bedarf für Arbeitskleidung	+ 15 €
Fahrtkosten ÖPNV	+ 58 €
Anrechenbare Kosten Lebensunterhalt	= 854 €

Lisas Einkommen	
Ausbildungsvergütung	680 €
Freibetrag eigene Unterkunft	- 80 €
Anrechenbares Einkommen Lisa	= 600 €

Einkommen von Lisas Eltern	
Einkommen der Eltern	3 250 €
Grundfreibetrag Einkommen Eltern	- 2 415 €
Freibetrag Unterkunft Lisa	- 856 €
Einkommen abzgl. Freibeträge	–
Anrechenbares Einkommen (- 50 %)	= 0 €

Hier gibt es kein anrechenbares Einkommen der Eltern, da der Freibetrag von 3 271 € (2 415 + 856 €) das Einkommen von 3 250 € übersteigt (würde das Einkommen den Freibetrag übersteigen, wäre es zu 50 % anzurechnen).
Die anrechenbaren Einkommen werden nun vom Gesamtbedarf abgezogen – was übrig bleibt, wird Lisa für die Dauer der Ausbildung monatlich von der Bundesagentur für Arbeit bekommen. Dieser Betrag gilt für das erste Ausbildungsjahr; je nachdem, was Lisa im zweiten Jahr verdient, könnte der Anspruch geringer werden oder ganz erlöschen.

Errechnung BAB Lisa	
Anrechenbarer Lebensunterhalt	854 €
Anrechenbares Einkommen Lisa	- 600 €
Anrechenbares Einkommen der Eltern	entfällt
Monatliche BAB	= 254 €"

Azubi.de – eine Marke von FUNKE Works o. J. (verändert)

Arbeitsvorschläge

1. *Ermitteln Sie die unterschiedlichen Ziele der Berufsausbildungsbeihilfe (M 1) und des Arbeitsförderungsgesetzes. (M 4)*
2. *Erarbeiten Sie die notwendigen Voraussetzungen für die Gewährung von Leistungen gemäß Berufsausbildungsbeihilfe (M 1, M 2, M 3) und des Arbeitsförderungsgesetzes. (M 4)*
3. *Berechnen Sie das monatliche BAB neu, wenn das anrechenbare Einkommen der Eltern 3 426,00 € beträgt.*

BAB – Grundbedarf

Die maximale Förderung für Azubis ohne Kind liegt bei 781 Euro im Monat plus Fahrtkosten. Der Bedarf für den Lebensunterhalt wird gemäß dem Bundesausbildungsförderungsgesetz (BAföG) ermittelt. Der Grundbedarf beträgt demnach 421 Euro, der Mietzuschuss 360 Euro. Hinzu kommt die Übernahme der Fahrtkosten.

Auf den Tarif kommt es an!

Tiermedizinische Fachangestellte verdienen im ersten Ausbildungsjahr 790 Euro brutto im Monat, im zweiten Jahr 870 Euro und im dritten 950 Euro.
Achtung: Diese Gehaltszahlen gelten für tarifgebundene Tierarztpraxen. Wenn Sie nicht nach Tarif bezahlt werden, kann Ihre Ausbildungsvergütung auch etwas geringer ausfallen.

Wofür kann BAB nicht oder nur für eng begrenzte Ausnahmefälle gewährt werden?

Für eine schulische Ausbildung (z. B. Physiotherapeut/-in) kann BAB nicht gewährt werden. Nach einer erfolgreich abgeschlossenen ersten Berufsausbildung, gleich welcher Art (betrieblich, außerbetrieblich, schulisch), mit einer vorgeschriebenen Ausbildungszeit von mindestens 2 Jahren steht BAB grundsätzlich nicht zu. Nur in wenigen Ausnahmefällen kann BAB für eine zweite Berufsausbildung in Betracht kommen.

Antragstellung

Der Antrag für BAB kann online unter www.arbeitsagentur.de/eservices, persönlich bei Ihrer Agentur für Arbeit oder telefonisch unter der gebührenfreien Servicerufnummer 0800 4 5555 00 beantragt werden.

M 1

Schüler – BAföG

„BAföG – das ist nicht nur etwas für Studierende. Auch Schülerinnen und Schüler können von der staatlichen Förderung profitieren. Sie erhalten BAföG sogar als vollen Zuschuss, müssen also nichts zurückzahlen. [...] Die Förderung ermöglicht ihnen, genau die Ausbildung zu ergreifen, die ihren Neigungen entspricht – auch wenn die Eltern sie nicht finanziell unterstützen können."

Bundesministerium für Bildung und Forschung 2022

Beispiele zum Bezug von BAföG finden Sie im Internet unter www.bafög.de/bafoeg/de/das-bafoeg-alle-infos-auf-einen-blick/_documents/bafoeg-fuer-schuelerinnen-und-schueler.html

Das Bundesausbildungsförderungsgesetz (BAfög)

Eine gute Ausbildung ist heute wichtiger als je zuvor. Das gilt für den Einzelnen wie für unsere Gesellschaft insgesamt. Wissen und die Anwendung von Wissen sind das größte Potenzial, das wir in Deutschland haben. Das Bundesausbildungsförderungsgesetz (BAföG) garantiert, dass Jugendliche und junge Erwachsene eine ihrer Eignung und Neigung entsprechende Ausbildung absolvieren können – unabhängig von der finanziellen Situation ihrer Familie.

BAföG für Schülerinnen und Schüler: Voraussetzungen

Ob ein BAföG für Schülerinnen und Schüler gewährt wird, hängt von verschiedenen Voraussetzungen ab. Zunächst kommt es auf die Schulart an. Hier gelten je nach Schulart unterschiedliche Regelungen. Kann die Schule ohne eine berufliche Ausbildung vorab besucht werden oder setzt ihr Besuch beispielsweise eine abgeschlossene berufliche Ausbildung voraus? Im Zusammenhang mit dem Schultyp wird des Weiteren geprüft, ob ein eigener Haushalt anerkannt werden kann. Die Altersgrenze liegt in der Regel bei unter 45 Jahren. Genau wie beim BAB oder dem BAföG für Studierende wird das Einkommen der Eltern bzw. der Lebenspartnerin/des Lebenspartners zur Berechnung des Anspruchs mitberücksichtigt. Ein besonderer Fall liegt beim Anspruch auf ein elternunabhängiges Schüler-BAföG vor. Der Anspruch ist in mehreren Fällen möglich, z. B.:

- Das Abitur wird auf dem zweiten Bildungsweg an einem Abendgymnasium oder Kolleg nachgeholt.
- Nach fünfjähriger Erwerbstätigkeit oder gleich langer Betreuung eines Kindes besteht ebenfalls ein BAföG-Anspruch. Sollte eine mindestens dreijährige Ausbildung vor der Erwerbstätigkeit absolviert sein, genügen hier auch drei Jahre.
- Der Aufenthaltsort der Eltern ist unbekannt.
- Ist man zu Beginn der Ausbildung bereits 30 Jahre alt, ist ebenfalls ein elternunabhängiges BAföG möglich.

Wichtig: Das Einkommen der Eltern wird bei der Berechnung des elternunabhängigen BAföG für Schülerinnen und Schüler nicht berücksichtigt – das eigene Einkommen und das der Lebenspartnerin/des Lebenspartners jedoch schon *(vgl. Bundesministerium für Bildung und Forschung 2022.*

M 2

Einkommen

Persönliche Vermögenswerte und Verdienste aus einem Nebenjob werden bei der Berechnung des BAföG berücksichtigt. Man darf bis zu 15 000,00 € Vermögen besitzen; wenn das Lebensalter über 30 Jahre liegt sogar bis zu 45 000,00 €. Der Verdienst aus einer Nebentätigkeit in Form eines Minijobs darf die monatliche Grenze von 520,00 € nicht überschreiten.

Tipp: Ihren BAföG-Anspruch können Sie hier berechnen: www.bafoeg-rechner.de

Der Bildungskredit

Das Bildungskreditprogramm ist eine weitere Möglichkeit der Ausbildungsfinanzierung, die ergänzend zum BAföG zur Verfügung steht. Der Bildungskredit ist von Einkommen und Vermögen der Auszubildenden oder ihrer Eltern unabhängig. Durch Ausfallbürgschaften des Bundes sind die Konditionen (Bedingungen) des Bildungskredits besonders günstig.
Durch das Bildungskreditprogramm wird ein zeitlich befristeter, zinsgünstiger Kredit zur Unterstützung von Studierenden sowie Schülerinnen und Schülern in fortgeschrittenen Ausbildungsphasen angeboten. Dieser steht neben oder zusätzlich zu Leistungen nach dem Bundesausbildungsförderungsgesetz (BAföG) als weitere Möglichkeit der Ausbildungsfinanzierung zur Verfügung.

M 3 Fazit – Bildungskredite

Die Inanspruchnahme eines Bildungskredits durch Schüler/-innen kann sowohl Vor- als auch Nachteile mit sich bringen.

Bildungskredite bietet ihnen die Möglichkeit, ihre Bildung zu finanzieren, insbesondere wenn andere Finanzierungsquellen begrenzt sind. Dies ermöglicht es ihnen, Schulgebühren, Unterkunft und andere Ausbildungskosten zu decken. Die Aufnahme eine Bildungskredits führt zu Schulden, die nach dem Abschluss zurückgezahlt werden müssen. Dies kann Druck auf die Absolvent/-innen ausüben, insbesondere wenn der Arbeitsmarkt angespannt ist, oder die erwarteten Gehälter niedriger sind als erwartet. Ein weiteres Ziel der Bildungskredite ist, die Förderung der Chancengleichheit auf Bildung unabhängig vom finanziellen Hintergrund zu ermöglichen. Talentierte und motivierte Schüler/-innen sollen ihr Potenzial ausnutzen können. Es sollte allen klar sein, dass Kredite oft mit einer Zinszahlung einhergehen, die im Laufe der Zeit ansteigen können. Die tatsächliche Rückzahlung über die Zeit kann demnach höher sein als der ursprünglich aufgenommene Betrag. Um die Schuldner zu entlasten, bieten viele Bildungskreditprogramme flexible Rückzahlungsoptionen an. Absolvent/-innen wird es somit ermöglicht, ihre Schulden entsprechend ihrem Einkommen zu tilgen und den finanziellen Druck in den ersten Jahren nach dem Abschluss zu minimieren. Eine weitere Gefahr lauert hier, wenn die berufliche Zukunft durch Unsicherheiten erschüttert wird. Wenn dies der Fall ist, kann die Rückzahlung des Kredits zur weiteren schweren Belastung werden. Im Falle einer ordnungsgemäßen Rückzahlung können Schüler/-innen ihre Kreditwürdigkeit verbessern. Entscheidend ist dieser Aspekt für zukünftige finanzielle Transaktionen, wie z.B. die Beantragung von weiteren Krediten (Finanzierungen). Dennoch muss ganz klar gesagt sein, dass jede monatliche Ratenzahlung junger Berufstätiger zu einer finanziellen Einschränkung beiträgt. Durch Verbindlichkeiten (Schulden) steht weniger Geld für andere Lebensbereiche zur Verfügung.

Das Aufstiegsfortbildungsförderungsgesetz (AFBG) – „Aufstiegs-BAföG“

Mit dem von Bund und Ländern gemeinsam finanzierten Aufstiegsfortbildungsförderungsgesetz (AFBG) – dem sogenannten „Aufstiegs-BAföG“ (früher auch „Meister-BAföG“) – ist ein individueller Rechtsanspruch auf Förderung von beruflichen Aufstiegsfortbildungen, d. h. von Meisterkursen oder anderen auf einen vergleichbaren Fortbildungsabschluss vorbereitenden Lehrgängen, eingeführt worden. Das „Aufstiegs-BAföG“ unterstützt die Erweiterung und den Ausbau beruflicher Qualifizierung. Es stärkt damit die Fortbildungsmotivation des Fachkräftenachwuchses und bietet über den Darlehensteilerlass hinaus für potenzielle Existenzgründerinnen und -gründer einen Anreiz, nach erfolgreichem Abschluss der Fortbildung den Schritt in die Selbstständigkeit zu wagen und Arbeitsplätze zu schaffen.

Arbeitsvorschläge

1. *Erkunden Sie die Voraussetzungen zur Gewährung staatlicher Förderungen.*
2. *Erläutern Sie die Bedarfssätze des Schüler-BAföG anhand konkreter Beispiele.*
3. *Überprüfen Sie, welche der aufgezeigten Fördermaßnahmen für Sie infrage kommen würden.*
4. *Definieren Sie den Begriff „Einkommen“. Erarbeiten Sie alle Kriterien, die zur Berechnung des Einkommens berücksichtigt werden. (M 2)*
5. *Arbeiten Sie vier Vor- und vier Nachteile von der Inanspruchnahme von Bildungskrediten heraus. (M 3)*

Methode:

Gruppenpuzzle

Das Gruppenpuzzle ist eine besondere Form der Gruppenarbeit. Verschiedene Gruppen erarbeiten hierbei arbeitsteilig ein Thema.

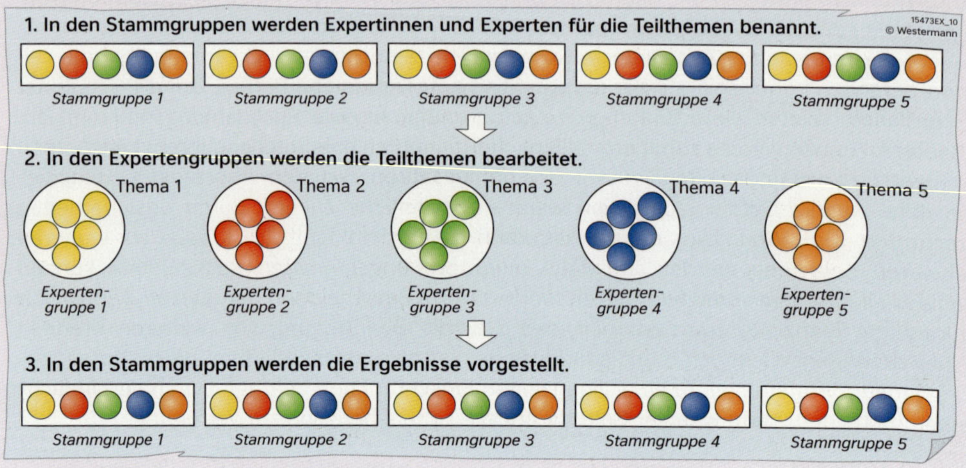

Ablauf eines Gruppenpuzzles

Phase 1: Zunächst werden die Schülerinnen und Schüler in verschiedene, gleich große Gruppen (ca. vier bis sechs Personen) eingeteilt. Das Thema ist für alle Gruppen identisch und in so viele Teilaufgaben unterteilt, wie es Gruppenmitglieder gibt.

Innerhalb der Gruppe erhalten alle Schülerinnen und Schüler jeweils eine eigene Teilaufgabe. Zu dieser Teilaufgabe bekommen sie Teilinformationen, die sie zunächst allein bearbeiten.

Phase 2: Jetzt kommen alle Schülerinnen und Schüler, die sich mit demselben Teilthema beschäftigt haben, in „Expertengruppen" zusammen. Sie besprechen ihre Ergebnisse und überlegen gemeinsam, wie diese den anderen Gruppenmitgliedern am besten vermittelt werden könnten.

Phase 3: Nach der Arbeit in den Expertengruppen kehren die Schülerinnen und Schüler in ihre ursprüngliche Gruppe zurück und stellen der Reihe nach die Ergebnisse zu ihrem Teilgebiet vor. Die anderen Gruppenmitglieder stellen bei Bedarf Fragen an die Expertinnen und Experten. In der Runde werden gemeinsam die Ergebnisse diskutiert.

Arbeitsvorschlag

Auf den folgenden Seiten finden Sie Informationen zum Thema „Soziale Sicherung". Sie haben die Aufgabe, die fünf Zweige der Sozialversicherung mit der ***Methode „Gruppenpuzzle"*** *zu bearbeiten.*
Zu Beginn eines jeden Kapitels, in dem es um die Sozialversicherungszweige geht, finden Sie eine Begebenheit mit Fritz Klein, einem Auszubildenden zum Maler und Lackierer. Auf diese Situationen beziehen sich die Fragen in den jeweiligen Teilaufgaben.
Nutzen Sie für die Bearbeitung der Aufgaben die folgenden Seiten und zusätzlich das Internet.

Teilaufgabe 1 – Gesetzliche Krankenversicherung

1. *Listen Sie auf, welche Leistungen die Krankenkasse im Fall Fritz Klein erbringt. Erfassen Sie auch, welche Zuzahlungen er dabei übernehmen muss.*
2. *Klären Sie Fritz Klein über Träger, Versicherungspflichtige, Beitragsbemessungsgrenze, Beitragssatz und weitere Leistungen der gesetzlichen Krankenversicherung auf, und erläutern Sie ihm die Funktionsweise des Gesundheitsfonds.*
3. *Erläutern Sie den Unterschied zwischen Beitragsbemessungsgrenze und Versicherungspflichtgrenze in der gesetzlichen Krankenversicherung.*
4. *Erarbeiten Sie eine Übersicht zu den Selbstbeteiligungskosten der Versicherten an den Leistungen der gesetzlichen Krankenversicherung.*

Teilaufgabe 2 – Gesetzliche Unfallversicherung

1. *Ermitteln Sie, was unmittelbar nach dem Unfall erfolgen muss, damit Fritz Klein die genannten Leistungen in Anspruch nehmen kann. Erstellen Sie eine Leistungsübersicht. Beschreiben Sie, welche Rolle die Schuldfrage bei der Leistungserbringung spielt.*
2. *Klären Sie Fritz Klein über Träger, Versicherungspflichtige, Beitragssatz und weitere Leistungen der Unfallversicherung auf.*
3. *Erläutern Sie den Begriff „Solidaritätsprinzip".*

Teilaufgabe 3 – Gesetzliche Arbeitslosenversicherung

1. *Ermitteln Sie, welche Leistungen Fritz Klein aus der Arbeitslosenversicherung beanspruchen kann, wenn er*
   a) die Gesellenprüfung bestanden hätte und nicht übernommen werden würde,
   b) die Gesellenprüfung nicht bestanden hätte,
   c) nach vierjähriger Gesellentätigkeit in seiner Unternehmung ordentlich gekündigt würde,
   d) die sechsmonatige Probezeit als Geselle nicht bestehen würde,
   e) wie im Beispiel beschrieben seine Berufsausbildung beenden muss.
2. *Berichten Sie über Träger, Versicherungspflichtige, Beitragsbemessungsgrenze, Beitragssatz und weitere Leistungen der gesetzlichen Arbeitslosenversicherung.*

Teilaufgabe 4 – Gesetzliche Rentenversicherung

1. *Übernehmen Sie die Funktion einer Beraterin oder eines Beraters der Deutschen Rentenversicherung. Erläutern Sie Fritz Klein Träger, Versicherungspflichtige, Beitragsbemessungsgrenze, Beitragssatz und Leistungen der gesetzlichen Rentenversicherung.*
2. *Klären Sie folgende Begriffe: Dynamisierung der Renten, Umlageverfahren, Generationenvertrag.*
3. *Ergründen Sie, warum die Renten in Deutschland nicht mehr garantiert werden können. Finden Sie Erklärungen und Lösungsansätze.*

Teilaufgabe 5 – Gesetzliche Pflegeversicherung

1. *Berichten Sie Fritz Klein über Träger, Versicherungspflichtige, Beitragsbemessungsgrenze und Beitragssatz in der gesetzlichen Pflegeversicherung.*
2. *Finden Sie heraus, was seine Familie jetzt tun muss, um Leistungen der Pflegeversicherung in Anspruch nehmen zu können.*
3. *Erarbeiten Sie eine Übersicht zu den Leistungen, die Fritz Klein in den verschiedenen Pflegegraden erhalten kann.*

2.1 Der Sozialstaat Deutschland

Soziale Sicherung – eine Bestandsaufnahme

M 1 Bürgerinnen und Bürger unseres Landes äußern sich zur Notwendigkeit unseres Sozialsystems

- Lara F., 35 Jahre, Gärtnerin: „Einen Arztbesuch könnte ich mir ohne Versicherung kaum leisten, schon gar nicht einen Krankenhausaufenthalt."
- Fabian A., 18 Jahre, Auszubildender zum Mechatroniker: „Ohne Berufsgenossenschaften und Unfallkassen wäre ich auf meinem Arbeits- oder Schulweg nicht unfallversichert."
- Christin Z., 20 Jahre, Frisörin: „Sollte ich durch einen Arbeitsunfall arbeitsunfähig werden, müsste ich selbst schauen, wie ich weiterkomme."
- Paul S., 30 Jahre, Gebäudereiniger: „Ohne Arbeitsagentur würde sich niemand um mich kümmern und mich finanziell unterstützen, wenn ich ohne Arbeit wäre."
- Werner H., 56 Jahre, Stahlarbeiter: „Mit spätestens 67 Jahren kann ich aufhören mit dem Arbeiten, sonst müsste ich bis an mein Lebensende malochen."
- Sarah P., 27 Jahre, Kauffrau für Bürokommunikation: „Fort- und Weiterbildungen auf eigene Kosten kämen für mich nicht infrage. Ich könnte mich den Veränderungen im Job kaum anpassen."

Die Sozialstaatlichkeit (s. auch Sozialstaatsprinzip in M 3) ist zwar im Grundgesetz definiert, ihre konkrete Ausgestaltung aber weitgehend dem Gesetzgeber überlassen. Der Staat ist verpflichtet, allen Bürgerinnen und Bürgern das Existenzminimum zu sichern.
Die Sozialstaatlichkeit ist im Grundgesetz an zwei Stellen verankert: so in Art. 20 Abs. 1, der den sozialen Bundesstaat fordert, und in Art. 28, in dem die Bundesrepublik Deutschland als „sozialer Rechtsstaat" bezeichnet wird.

M 2 Aus dem Grundgesetz

Artikel 1: (1) Die Würde des Menschen ist unantastbar. Sie zu achten und zu schützen ist Verpflichtung aller staatlichen Gewalt.
Artikel 20: (1) Die Bundesrepublik Deutschland ist ein demokratischer und sozialer Bundesstaat.
Artikel 28: (1) Die verfassungsmäßige Ordnung in den Ländern muss den Grundsätzen des republikanischen, demokratischen und sozialen Rechtsstaates im Sinne dieses Grundgesetzes entsprechen.

M 3

Karikatur von Thomas Plaßmann, 2021

Sozialstaatsprinzip

„Die Prinzipien des Rechtsstaates sind unveränderlich und zeitlos gültig. Soziale Gerechtigkeit, die zentrale Zielsetzung des Sozialstaates, lässt sich nicht ein für alle Mal verbindlich definieren. Ihre Ausgestaltung hängt ab von der wirtschaftlichen und sozialen Entwicklung sowie dem gesellschaftlichen Bewusstsein. Das Sozialstaatsprinzip ist somit ein dynamisches Prinzip, das den Gesetzgeber verpflichtet, die sozialen Verhältnisse immer wieder neu zu regeln."
Pötzsch 2009

Um die vom Grundgesetz geforderte Sozialstaatlichkeit umsetzen zu können, ist eine Vielfalt von Regelungen notwendig, die als **Sozialrecht** bezeichnet werden. Sie werden im **Sozialgesetzbuch (SGB)** beschrieben.

M 4 Ziel dieser Rechte im SGB ist vor allem die soziale Gerechtigkeit. Das bedeutet, dass hier die Grundlagen geschaffen wurden für
- die Sicherung eines **menschenwürdigen** Daseins,
- die Schaffung gleicher Voraussetzungen für die **freie Entfaltung der Persönlichkeit,** insbesondere auch für junge Menschen,
- den **Schutz** und die **Förderung** der **Familie**,
- die Möglichkeit, seinen Lebensunterhalt durch eine **frei gewählte Tätigkeit** zu bestreiten,
- das Verhindern oder **Ausgleichen besonderer Belastungen** des Lebens, auch durch Hilfe zur Selbsthilfe.

Es gibt viele – auch junge – Menschen, die es nicht schaffen, aus eigenen Kräften ihren Lebensunterhalt zu bestreiten. Man spricht dann davon, dass sie sich nicht selbst helfen können. Oft erhalten sie auch von anderer Seite keine Hilfe, z. B. von Familienangehörigen. In solch einem Fall können Betroffene persönliche und wirtschaftliche Hilfe nach dem SGB erhalten. Diese soll ihnen ein menschenwürdiges Dasein ermöglichen. Das bedeutet gleichzeitig ein Recht auf Teilnahme am Leben der Gemeinschaft. Wichtig ist: Die Betroffenen haben nicht nur das Recht, sondern auch die Pflicht, dabei tatkräftig mitzuwirken.

Die Bundesrepublik Deutschland versteht sich als Sozialstaat. Seit ihrem Bestehen ist ein **soziales Netz** geschaffen worden, das allen Bürgern einen gesetzlich garantierten Rechtsanspruch auf vielfältige soziale Leistungen gibt. Die Sozialleistungen machen einen hohen Anteil an den Gesamtausgaben der Staates aus.

M 5

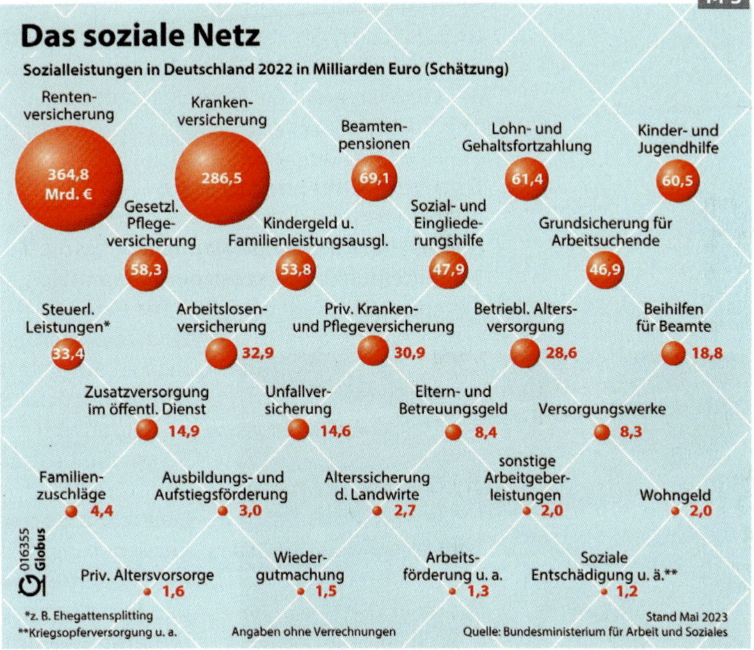

Arbeitsvorschläge

1. *Notieren Sie, welche Bereiche der sozialen Sicherung in M 1 auf S. 30 angesprochen werden.*
2. *Bearbeiten Sie die Karikatur in M 3 auf S. 30 mit der Methode „Analyse politischer Karikaturen" (s. S. 248 f.).*
3. *Erarbeiten Sie die Ziele des SGB in M 4. Vergleichen Sie diese mit dem Auftrag gemäß Artikel 1 Absatz 1 und 2 und Artikel 20 Grundgesetz. (M 2, S. 30)*
4. *Ordnen Sie folgende soziale Leistungen den angeführten Grundsätzen in M 4 zu: Kindergeld, Wohngeld, Einrichtung einer Berufsinformationszentrale, Sozialhilfe, BAföG, Bürgergeld, Unfallrente.*
5. *Schildern Sie Fälle, in denen Sie schon Sozialleistungen in Anspruch genommen haben. Nehmen Sie dabei die Grafik M 5 zu Hilfe.*
6. *Recherchieren Sie, ob unter den gegenwärtigen Bedingungen das soziale Netz in seiner jetzigen Struktur noch weiter existieren kann. Belegen Sie Ihre Aussagen an konkreten Beispielen.*

2.2 Die Prinzipien der sozialen Sicherung

M 1 Das könnte auch Ihnen passieren.

Klaus F. ist unterwegs zur Arbeit. In einer lang gezogenen Rechtskurve verliert er die Kontrolle über sein Fahrzeug, gerät ins Schleudern und prallt frontal auf einen entgegenkommenden Pkw. Während der Fahrer des anderen Fahrzeugs wie durch ein Wunder fast unverletzt bleibt, erleidet Klaus F. schwere Verletzungen. Hier ein fiktives (angenommenes) Berechnungsbeispiel.

Die Bilanz (Sachschaden ausgenommen):

Bergung des Verletzten	600,00 €
Arztkosten	3350,00 €
Krankenhauskosten 90 Tage à 185,00 €	16650,00 €
Rehabilitationsmaßnahmen/Kuraufenthalt	7150,00 €
Verdienstausgleich durch Verletztengeld	2250,00 €
Umschulungsmaßnahmen wegen Berufsunfähigkeit	5000,00 €
Summe der einmaligen Kosten	35000,00 €
Verletztenrente pro Jahr	17500,00 €

Grundsätzlich gilt, dass alle Bürgerinnen und Bürger unseres Staates die Pflicht haben, durch Eigenverantwortlichkeit für sich selbst zu sorgen. Erst wenn ein Mensch dazu nicht mehr in der Lage ist, greift die Gemeinschaft ein.

Das Versicherungsprinzip

Dieses Prinzip stellt die Grundlage für die **Sozialversicherungen** dar.
Im Mittelpunkt des Versicherungsprinzips steht die Solidarität der Versicherten nach dem Leitsatz: **„Einer für alle, alle für einen."**

Eine Versicherung beruht darauf, dass Menschen, die bestimmten Risiken ausgesetzt sind, sich zusammenschließen. Dies tun sie,
- um mögliche Schadensfolgen für den einzelnen Menschen zu begrenzen,
- um die Last auf viele Schultern verteilen zu können.

Durch ihre Beiträge finanzieren die Versicherten **gemeinsam** die Versicherungsleistungen. Sie erwerben dadurch gleichzeitig einen **Leistungsanspruch** für den Fall, dass sie selbst einmal zu den Betroffenen gehören.
Die große Mehrheit der Sozialversicherten ist durch Pflichtmitgliedschaft in die soziale Grundsicherung einbezogen. Die Höhe der Beiträge richtet sich nach ihrem Einkommen. In der Arbeitslosen- und Rentenversicherung bestimmt das Einkommen auch die Höhe der Versicherungsleistung.

Solidarität (lat.-fr.)
Zusammengehörigkeitsgefühl, Kameradschaftsgeist, Übereinstimmung, Eintreten füreinander

Das Versorgungsprinzip

Grundlage des Versorgungsprinzips ist die **Solidarität der staatlichen Gemeinschaft**. Die Versorgung ist eine Entschädigung der Gesellschaft für diejenigen, die der Allgemeinheit besondere Dienste leisten. Dazu gehören:
- Beamtinnen und Beamte sowie
- Bürgerinnen und Bürger, die Opfer von Krieg und Vertreibung geworden sind und dadurch gesundheitliche oder wirtschaftliche Nachteile erlitten haben.

Die Versorgungsleistungen, die der Staat erbringt, werden aus Steuermitteln finanziert. Ein Versorgungsanspruch wird nicht durch Beitragszahlungen, sondern durch die Leistung der besonderen Dienste erworben.

Das Fürsorgeprinzip

Das Fürsorgeprinzip (**Subsidiaritätsprinzip**) kommt dann zur Anwendung, wenn die anderen Prinzipien oder Einrichtungen des sozialen Sicherungssystems keine Hilfe mehr bieten können. Fürsorge in Form von solidarischem Bürgergeld (s. S. 45), Wohngeld u. a. wird in der Regel erst dann gewährt, wenn:
- die Betroffenen keine oder nur unzureichende Versicherungs- oder Versorgungsleistungen erhalten,
- die Betroffenen sich nicht selbst aus ihrer Notlage befreien können und auch andere Hilfe, wie z. B. durch die Familie, nicht zur Verfügung steht,
- Bedürftigkeit besteht.

Subsidiarität (lat.-fr.)
Gesellschaftspolitisches Prinzip, nach dem der Staat nur solche Aufgaben übernehmen soll, zu deren Wahrnehmung der einzelne Mensch/die Familie nicht in der Lage ist.

Fürsorge ist unabhängig von Vorleistungen der Betroffenen und wird aus Steuermitteln finanziert.

M 2

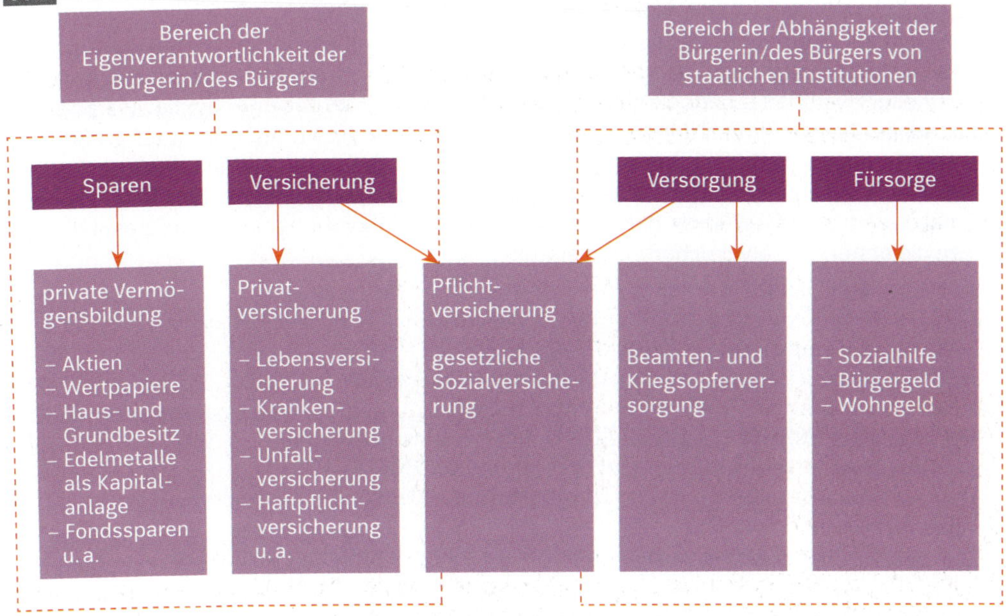

Fondssparen
Regelmäßige Einzahlung einer Geldsumme in einen Investmentfonds. Dieser wird von einer Kapitalverwaltungsgesellschaft verwaltet. Das Geld wird möglichst ertragreich investiert, z. B. in Aktien oder Immobilien.

Arbeitsvorschläge

1. *Erarbeiten Sie die Prinzipien der sozialen Sicherung mithilfe der Methode „Gruppenlesen“ (s. S. 10 f.).*
2. *Erstellen Sie einen Spickzettel (s. S. 209) mit maximal 15 Stichpunkten, mit deren Hilfe Sie die Prinzipien der sozialen Sicherung erläutern können.*
3. *Überlegen Sie, welches Versicherungsprinzip die Grundlage dafür ist, dass Klaus F. (M 1, S. 32) Leistungen erhalten kann. Begründen Sie Ihre Antwort.*
4. *Führen Sie in der Klasse eine Pro- und Kontra-Diskussion zu folgender Forderung durch: „Es sollte allen Bürgerinnen und Bürgern selbst überlassen bleiben, ob sie sich gegen die Risiken Krankheit, Pflegebedürftigkeit, Arbeitslosigkeit und Erwerbsunfähigkeit versichern.“*
5. *Erklären Sie einander die Übersicht M 2. Überlegen Sie sich weitere Beispiele zu den Bereichen und diskutieren Sie diese.*
6. *Seit dem 01.01.2023 ist das ALG II (Hartz IV) durch das solidarische Bürgergeld abgelöst worden. Ermitteln Sie, wer es erhalten kann und welche Bedingungen an den Erhalt des solidarischen Bürgergelds geknüpft sind.*

2.3 Die Entwicklung der sozialen Sicherung

M 1 „Schon im Februar d. J. haben wir unsere Überzeugung aussprechen lassen, dass die Heilung der sozialen Schäden nicht ausschließlich im Wege der Repression sozialdemokratischer Ausschreitungen, sondern gleichmäßig auf dem der positiven Förderung des Wohles der Arbeiter zu suchen sein werde […]"

Kaiser Wilhelm I., 17.11.1881

M 2 „Wenn wir 700 000 kleine Rentner, die vom Reiche ihre Renten beziehen, haben, gerade in diesen Klassen, die sonst nicht viel zu verlieren haben und bei einer Veränderung irrtümlich glauben, dass sie viel gewinnen können, so halte ich das für einen außerordentlichen Vorteil; […] Wir beugen damit einer Revolution vor, die in 50 Jahren ausbrechen kann, aber auch schon in 10 Jahren, und die, selbst wenn sie nur für ein paar Monate Erfolg hätte, ganz andere Summen verschlingen würde als unsere Vorbeugungsmittel."

Otto von Bismarck, 18.05.1889, Rede vor dem Reichstag

zitiert nach: Rothfels 1953, S. 103

Im 19. und 20. Jahrhundert vollzieht sich ein gewaltiger gesellschaftlicher Umbruch: Aus einer landwirtschaftlich-handwerklich geprägten Gesellschaft wird die Industriegesellschaft. Die industrielle Revolution schafft die neue Klasse der „Arbeiter". Sie und ihre Familien waren sozial nicht abgesichert und litten daher bei Krankheit, Unfällen oder im Alter oft unter großer Not. Soziale Unruhen und der zunehmende Druck der Arbeiterbewegung veranlassen schließlich die politisch Verantwortlichen, Arbeitsschutzgesetze zu verabschieden. Der Reichskanzler Bismarck wird zum Begründer der deutschen Sozialgesetzgebung, als er auf gesetzlichem Wege die ersten Sozialversicherungen einführt.

Otto von Bismarck (1815–1898)

Bismarck ist erster Reichskanzler des 1871 gegründeten Deutschen Reiches. Nach Zerwürfnissen mit dem deutschen Kaiser Wilhelm II. wird er von diesem 1890 entlassen.

M 3

1883 Krankenversicherungsgesetz für Arbeiter
1884 Unfallversicherungsgesetz; erste Ortskrankenkassen
1889 Gesetz über die Invaliden- und Altersversicherung der Arbeiter
1911 Reichsversicherungsordnung (RVO) mit Rentenversicherung
1916 Rentenaltersgrenze für Frauen (60 Jahre), Männer (65 Jahre)
1927 Gesetz über die Arbeitsvermittlung und die Arbeitslosenversicherung
1952 Mutterschutzgesetz
1957 bruttolohnbezogene, dynamische Rente; Altershilfe für Landwirte
1972 Öffnung der Rentenversicherung für Selbstständige und Hausfrauen
1975 Gesetz über die Sozialversicherung Behinderter
1976 Jugendarbeitsschutzgesetznovelle
1979 Mutterschaftsurlaub
1986 Gleichstellung von Witwen und Witwern bei der Rente; Babyjahr
1990 Rentenreform (Nettolohnbezug)
1992 Betriebsrentengesetz (Unverfallbarkeit der Leistungen)
1995 Gesetzliche Pflegeversicherung
2003 Gesetze für moderne Dienstleistungen am Arbeitsmarkt (Hartz)
2009 Einführung des Gesundheitsfonds der gesetzlichen Krankenversicherung
2012 schrittweise Einführung der „Rente mit 67" für alle
2014 Einführung der Mütterrente für Mütter von vor 1992 geborenen Kindern
2023 Ablösung von Arbeitslosengeld II („Hartz IV") durch das solidarische Bürgergeld

Arbeitsvorschläge

1. *Bearbeiten Sie die Texte in M 1 und M 2 mithilfe der Methode „Textanalyse" (s. S. 208).*
2. *Gestalten Sie einen Zeitstrahl zur Geschichte der sozialen Sicherung in Deutschland mithilfe der Methode „Herstellung einer Collage" (s. S. 52). Gehen Sie dabei auch auf aktuelle Entwicklungen ein. (M 3)*
3. *Erstellen Sie ein Referat zum Thema „Die Entwicklung der sozialen Sicherung in Deutschland".*

Sozialstaat/Soziale Sicherung

2.4 Zweige der Sozialversicherung

2.4.1 Gesetzliche Krankenversicherung (GKV)

M 1 Was sein muss, muss sein

Der Malerazubi Fritz Klein verbringt seinen Winterurlaub in den Bergen und stürzt bei der Skiabfahrt auf der Piste schwer. Ein Rettungshubschrauber bringt den Verletzten in das nächstgelegene Krankenhaus. In der Notaufnahme stellt man durch eine Röntgenaufnahme einen Kreuzbandriss und eine Bänderdehnung im linken Knie fest. Am nächsten Tag wird Fritz Klein operiert. Er bleibt acht Tage im Krankenhaus und wird mit einer vom Sanitätshaus gelieferten Orthese (Stützapparat) und Gehhilfen entlassen. Zum Muskelaufbau erhält er ambulante physiotherapeutische Maßnahmen. Nach insgesamt 12 Wochen ist er wieder arbeitsfähig.

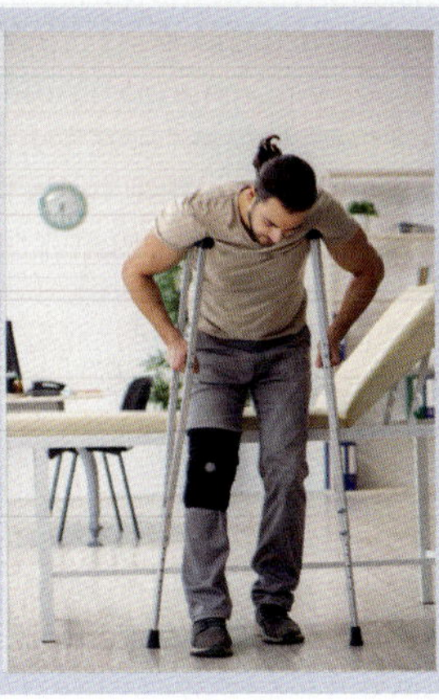

Krankenkassen-App

Viele Krankenkassen bieten bereits den Service einer App. Mit dieser können Sie z. B. Punkte für das Bonusprogramm sammeln, Anträge stellen oder auch offene Fragen im Live-Chat stellen. Fragen Sie nach.

Aufgabe der gesetzlichen Krankenversicherung (GKV)

Sie hat die Aufgabe, die Gesundheit der Versicherten zu **erhalten, wiederherzustellen** oder ihren Gesundheitsstand zu **bessern** (§ 1 SGB V). Dazu gehört auch, Krankheitsbeschwerden zu lindern (§ 27 SGB V). Dies alles wird von den gesetzlichen Krankenkassen realisiert.

M 2 Leistungen der GKV

Die gesetzlichen Krankenkassen stellen die erforderlichen Leistungen zur Verfügung, auf die grundsätzlich alle Versicherten Anspruch haben. Die gesetzlich vorgeschriebenen Leistungen (auch „Regelleistungen" genannt) werden von allen Krankenkassen im gleichen Umfang, in gleicher Höhe und unter gleichen Bedingungen bewilligt. Dazu gehören:

- **Gesundheitsvorsorge:** Maßnahmen zur Früherkennung und Verhütung von Krankheiten, z. B. Gesundheitsuntersuchungen, Prophylaxe (vorbeugende Untersuchung) zur Verhütung von Zahnerkrankungen, Impfungen (z. B. gegen Kinderkrankheiten wie Masern, Mumps und weitere, aber auch gegen Grippe und Covid-19.)
- **Behandlung von Krankheiten:** z. B. ärztliche Behandlung einschließlich Psychotherapie, Krankenhausbehandlung, zahn- und kieferorthopädische Behandlung, Beteiligung an den Kosten für Zahnersatz, Arznei-, Heil- und Hilfsmittel
- **Mutterschaftshilfe**: Mutterschaftsvorsorge wie ärztliche Betreuung, Hebammenhilfe, Entbindung, Mutterschaftsgeld und Familienhilfe
- **Krankengeld:** in der Regel 70 % des Bruttolohns ab der siebten Krankheitswoche für maximal 78 Wochen innerhalb von drei Jahren

Auffrischungsimpfungen

Informieren Sie sich bei Ihrer Hausärztin/Ihrem Hausarzt oder Ihrer Krankenkasse, welche Impfungen Sie als junge Erwachsene wiederholen sollten. Dort erhalten Sie einen Impfkalender, mit dem Sie auch alles selbst im Blick haben.

M 3

Träger der Krankenversicherung

- Orts-,
- Betriebs-,
- Innungs-,
- Ersatz-,
- Seekrankenkassen
- Landwirtschaftliche Krankenkassen

Arbeitsvorschläge

1. *Notieren Sie die Ihrer Ansicht nach wichtigsten Leistungen der gesetzlichen Krankenversicherung. Beziehen Sie sich dabei auf M 2.*
2. *a) Erstellen Sie eine Übersicht der Leistungen, die Fritz Klein als Folge seines Skiunfalls in Anspruch genommen hat. (M 1)*
   b) Recherchieren Sie im Internet die Höhe der einzelnen Behandlungskosten für Fritz Klein, die von der GKV erbracht werden müssen.
3. *Recherchieren Sie im Internet, warum es so viele unterschiedliche Träger für die gesetzliche Krankenversicherung gibt.*

M 1

Beitragsbemessungsgrenze

Bis zu dieser Höchstgrenze des Bruttoentgelts werden maximal die Beiträge in der Sozialversicherung berechnet. Für die GKV beträgt sie 2023 4 987,50 € monatlich (oder 59 850,00 € jährlich).

Versicherungspflichtgrenze (Jahresarbeitsentgeltgrenze)

Höchstgrenze des Bruttoentgelts, die zwei Jahre überschritten werden muss, damit Arbeitnehmerinnen und Arbeitnehmer die Möglichkeit haben, in die private Krankenversicherung zu wechseln. Für die GKV beträgt sie 2023 66 600,00 € jährlich.

Versicherte und Beiträge

In der gesetzlichen Krankenversicherung gibt es Pflichtversicherte, freiwillig Versicherte und Familienversicherte.

- **Pflichtversichert** sind alle Arbeitnehmerinnen und Arbeitnehmer, deren Bruttoentgelt die Versicherungspflichtgrenze nicht übersteigt, sowie Auszubildende, Studierende, Rentnerinnen und Rentner, Arbeitslose und selbstständige Landwirtinnen und Landwirte.
- **Freiwillig versichern** können sich Beschäftigte, die der Versicherungspflicht nicht mehr unterliegen (Weiterversicherte), und Personen, für die keine Versicherungspflicht besteht (Selbstversicherte).
- **Familienversichert** können die Ehepartnerin und der Ehepartner sowie die Kinder eines Mitglieds der GKV sein, vorausgesetzt, sie sind nicht schon selbst Mitglied.

Seit dem 01.01.2015 beträgt der Beitragssatz für alle Mitglieder der gesetzlichen Krankenversicherung 14,6 % des Bruttoentgelts, höchstens aber bis zur **Beitragsbemessungsgrenze**. Die Hälfte, also 7,3 % trägt der Arbeitgeber, die andere Hälfte der Arbeitnehmer. Jede Krankenkasse kann einen eigenen, einkommensabhängigen **Zusatzbeitrag** erheben, den Sie als Arbeitnehmerin oder Arbeitnehmer allein tragen. Es lohnt sich daher, zu vergleichen und wenn es vorteilhaft ist, die Krankenkasse zu wechseln. Informationen finden sich z. B. unter www.krankenkassen.de.
Beitragsfrei sind Arbeitnehmerinnen und Arbeitnehmer, deren Arbeitsentgelt die Geringfügigkeitsgrenze von 520,00 € nicht überschreitet, z. B. bei einem Minijob.

M 2

Risikostrukturausgleich

Durch gesetzliche Bestimmungen haben Krankenkassen mit einem höheren Anteil an „günstigen Versicherungsrisiken" (d. h. gesünderen und jüngeren Mitgliedern) Ausgleichszahlungen an andere Kassen vorzunehmen, die aufgrund ihrer Versicherten geringere Beitragseinnahmen und höhere Ausgaben zu verzeichnen haben.

Im **Gesundheitsfonds** (Fonds = Geldvorrat für einen bestimmten Zweck) werden alle Gelder der gesetzlichen Krankenversicherungen gesammelt und umverteilt.

M 3 **Der Gesundheitsfonds**

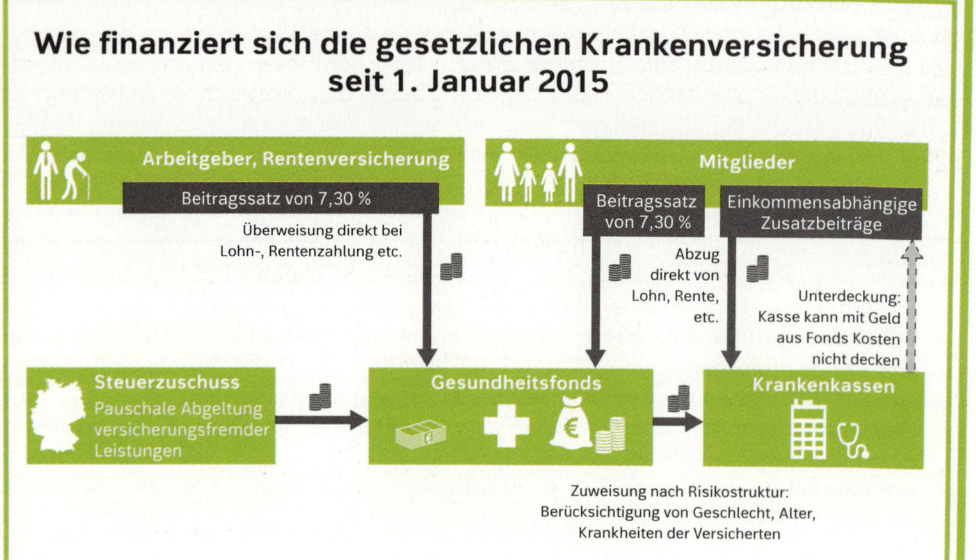

Quelle: www.krankenkassen.net, Bankfachklasse 11/14

Arbeitsvorschläge

1. *Arbeiten Sie den Unterschied zwischen Beitragsbemessungs- und Versicherungspflichtgrenze heraus. (M 1)*
2. *Recherchieren Sie die Funktionsweise des Gesundheitsfonds und des Risikostrukturausgleichs. Erklären Sie, warum diese eingeführt wurden. (M 2 und M 3)*

M 1 Wahltarife: Vielfalt bei Krankenkassen

Mit Wahltarifen können Versicherte Geld sparen oder ihren Versicherungsschutz um besondere Leistungen erweitern. Allerdings binden sie sich dadurch für drei Jahre an die Krankenkasse. Diese Mindestlaufzeit ist gesetzlich vorgeschrieben.

Wahltarif Selbstbehalt
Die versicherte Person verpflichtet sich, einen Teil der anfallenden Kosten für medizinische Leistungen selbst zu tragen und erhält im Gegenzug eine Prämie. Die Gestaltung des Tarifs steht den Kassen frei. Zu beachten ist allerdings, dass die Prämie nicht mehr als 20 % des Jahresbeitrags ausmachen und nicht mehr als 600,00 € betragen darf.

Wahltarif mit Prämie bei Leistungsfreiheit
Maximal 20 % des Jahresbeitrags (bis 600,00 €) Prämie werden dann gezahlt, wenn eine versicherte Person und mitversicherte Familienangehörige ab 18 Jahre in einem Kalenderjahr keine Leistungen zulasten der Krankenkasse in Anspruch genommen haben (Ausnahme: Vorsorgeuntersuchungen und -impfungen). Leistungen für Kinder bis 18 Jahre zählen nicht dazu.

Wahltarif Kostenerstattung
Versicherte werden beim Arzt wie Privatpatienten behandelt und erhalten nach der Behandlung eine Rechnung, die sie bei der Krankenkasse einreichen. Da diese Kosten meist höher ausfallen, sollte man in diesem Fall durch einen zusätzlichen Beitrag eine höhere Erstattung vereinbaren.

Wahltarif Krankengeld für Selbstständige
Dieser Tarif ist für freiwillig versicherte Selbstständige und Freiberufler. Gesetzliche Forderung: Wahltarife müssen kostendeckend sein.

Wahltarif Vertragsarzt- und Hausarztmodell
In diesem Modell verpflichtet sich die versicherte Person, nur von der Krankenkasse vorgeschriebene Ärzte (Vertragsärzte) in Anspruch zu nehmen. Außerdem wird ein Hausarzt festgelegt. Als Gegenleistung erhalten Versicherte Prämien oder Beitragsrückerstattungen.

M 2

„Hannemann geh du voran ...“.

Karikatur: Stiftung Haus der Geschichte, Bonn: Jupp Wolter (Künstler)

Arbeitsvorschläge

1. a) *Erkundigen Sie sich auf den Seiten des Bundesgesundheitsministeriums zu weiteren Wahltarifen der gesetzlichen Krankenkassen. (M 1)*

b) *Erarbeiten Sie innerhalb der Gruppe eine Übersicht über die Vor- und Nachteile der Wahltarife. Präsentieren Sie Ihr Ergebnis der Klasse.*

c) *Welchen Tarif würden Sie für sich wählen? Begründen Sie Ihre Wahl.*

2. *Bearbeiten Sie die Karikatur M 2 mithilfe der Methode „Analyse politischer Karikaturen“ (s. S. 248 f.).*

3. *Setzen Sie sich mit folgender Aussage auseinander: „Wer oft krank ist, soll auch höhere Krankenversicherungsbeiträge bezahlen“. Begründen Sie Ihre Aussage.*

Gesundheitsvorsorge – Eigenverantwortung ist gefragt

Masern gelten als Kinderkrankheit, sind aber alles andere als harmlos. Die Spätfolgen sind besonders gefährlich. Masern enden immer häufiger auch tödlich. Der Grund: Die Spätfolgen, wie z.B. chronische Gehirnentzündungen, sind unheilbar und können sich auch noch Jahre nach einer Ansteckung entwickeln.

Wichtig deshalb für Jugendliche: die im zarten Alter von elf Monaten gegebene Impfung beim Hausarzt auffrischen lassen. Dies beugt einer Ansteckung vor.

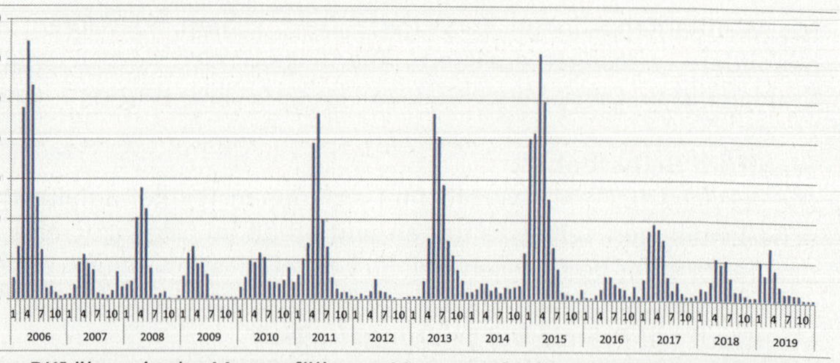

Dem RKI übermittelte Masernfälle pro Monat und Jahr seit 2006 bis 2019 in Deutschland. 2020/2021 gingen die Masernfälle aufgrund der Maßnahmen gegen die Coronapandemie stark zurück. Vergleichszahlen sind erst wieder ab 2023 möglich.

Robert Koch-Institut 2020

M 1

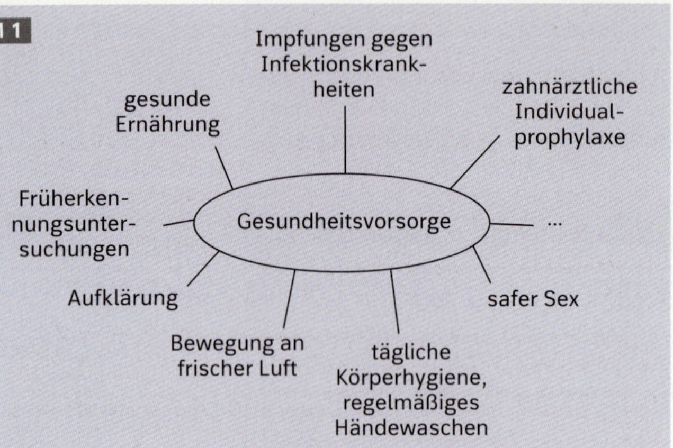

Maßnahmen zur Umsetzung der Gesundheitsvorsorge

„Vorbeugen ist besser als Heilen“. Jeder kennt diesen Satz, aber wer richtet sich schon danach? Dabei sind gerade wir Deutschen ein sicherheitsbewusstes Volk. Regelmäßig geben wir unser Auto in die Inspektion, fahren zum TÜV und zur Abgasuntersuchung.

Aber wie und wann „warten“ wir uns selbst? Dabei ist es so einfach, Gesundheitsvorsorge aktiv zu betreiben. Dabei helfen Krankenkassen und Berufsgenossenschaften. Sie übernehmen viele Kosten in diesem Bereich. Es ist also Ihre Eigenverantwortung, Gesundheitsvorsorge in die Hand zu nehmen.

Zahlreiche Erkrankungen in Industrieländern haben ihre Ursache in Ernährung und Lebensstil. Dies ist Stand der Wissenschaft. Unsere Ernährungsgewohnheiten entsprechen oft noch denen eines schwer arbeitenden Menschen, ohne dass ein körperlicher Ausgleich durch Bewegung stattfindet. Die häufige Folge: Übergewicht. Dazu kommen noch Nikotingenuss und Alkoholkonsum. Und schon steigt das Risiko für Herz-Kreislauf-Erkrankungen, Diabetes („Zuckerkrankheit“), Krebs und andere Erkrankungen, und dies nicht erst im Alter.

www.bmg.bund.de
www.gbe-bund.de
www.gesundheit.de

M 2 **Was machen wir falsch? – Unsere Ernährungssünden:**

- Wir essen zu viel, zu süß, zu fett.
- Wir essen zu wenig Obst und Gemüse.
- Wir essen zu schnell und zu einseitig.
- Wir naschen zu oft.
- Wir bewegen uns zu wenig im Alltag und treiben zu wenig Sport.
- Wir machen zu viele Diäten.
- Wir trinken zu viel kalorienreiche Getränke und zu wenig Wasser.
- Wir essen zu wenig frisch Zubereitetes, zu viel Fertiggerichte.

Arbeitsvorschläge

1. *Ergänzen Sie das Schaubild M 1 in Ihrem Heft durch weitere mögliche Maßnahmen. Bereiten Sie zu dieser Übersicht einen Kurzvortrag vor.*
2. *Hand aufs Herz: Was trifft auf Sie persönlich zu? Erörtern Sie in Partnerarbeit, welche Ernährungssünden Sie selbst vermeiden möchten. (M 2)*
3. *Erkundigen Sie sich bei Ihrer Krankenkasse, welche Impfungen Sie im Erwachsenenalter in Anspruch nehmen können. Erstellen Sie dazu eine Übersicht, in der Sie festhalten, wogegen eine Impfung schützt bzw. in welchen Fällen sie empfohlen wird.*

Gesetzliche Krankenversicherung

2.4.2 Rentenversicherung (RV)

M 1 Wenn die Arbeitskraft nachlässt.

Der Auszubildende Fritz Klein macht sich Gedanken über seine Altersvorsorge. Er hatte ein Gespräch mit seinem Nachbarn, der mit 55 Jahren vor Kurzem einen Herzinfarkt erlitten hat und sich jetzt zur Genesung in eine Rehaklinik begibt. Ob er wieder arbeiten kann, wird sich erst danach herausstellen. Er braucht jemand, der in der Zeit nach seiner Wohnung sieht. Selbstverständlich erklärt sich Fritz dazu bereit. Aber er nimmt sich vor, gleich morgen einen Termin bei der Deutschen Rentenversicherung zu vereinbaren, denn er möchte wissen, was er von der gesetzlichen Rentenversicherung erwarten kann.

Die Altersversorgung in Deutschland ist bruttolohn- und beitragsbezogen. **Wer mehr und länger einzahlt, hat eine höhere Rente zu erwarten.** Die Rente soll nicht nur die Existenz sichern, sondern ein menschenwürdiges Dasein ohne finanzielle Not ermöglichen.

Die Rente wird an die wirtschaftliche Gesamtentwicklung angepasst (**Dynamisierung der Rente**). Maßgebend hierfür sind u. a. die
- Entwicklung der Bruttolöhne der Arbeitnehmerinnen und Arbeitnehmer
- Veränderungen des Beitragssatzes und
- der **Nachhaltigkeitsfaktor**.

Dieser berücksichtigt die jährlichen Veränderungen im Verhältnis der Renten empfangenden Generation zur beitragszahlenden Generation. Sinkt die Anzahl der Beitragszahlerinnen und Beitragszahler, fallen die Rentenerhöhungen geringer aus als der Anstieg der Bruttoeinkommen.

M 4

Generationenvertrag

Die junge Generation zahlt für die alte Generation und erwartet dies von der künftigen Generation für sich selbst.

Umlageverfahren

Die eingezahlten Beiträge von Arbeitnehmern und Arbeitgebern werden sogleich an die Rentnerinnen und Rentner ausgezahlt (umgelegt).

M 2 Das Prinzip der gesetzlichen Rentenversicherung

Das System der gesetzlichen Rentenversicherung arbeitet nach dem Prinzip des **Umlageverfahrens** (s. M 4).

M 3

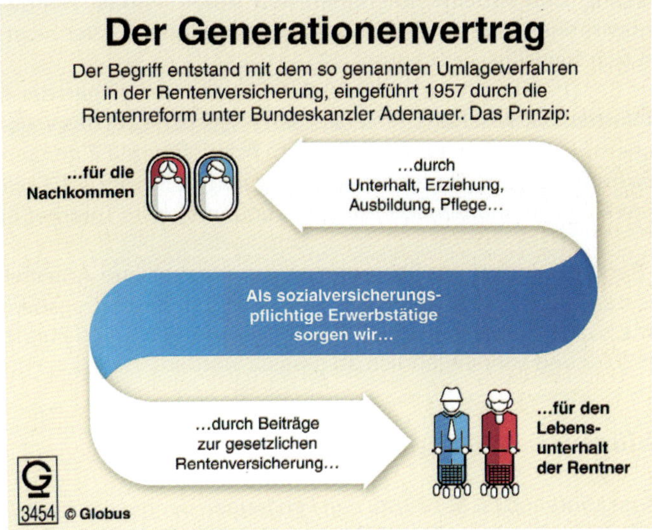

Arbeitsvorschläge

1. *Erläutern Sie die Bedeutung des Generationenvertrags und des Umlageverfahrens in der Sozialversicherung. (M 2, M 3 und M 4)*
2. *Erläutern Sie den Begriff „Dynamisierung der Rente" und begründen Sie die Notwendigkeit dieses Verfahrens.*

Rehabilitation

Wiedereingliederung eines erkrankten Menschen oder eines Menschen mit körperlicher Behinderung in das berufliche und gesellschaftliche Leben

M 1 Leistungen der gesetzlichen Rentenversicherung

- Leistungen zur medizinischen und beruflichen Rehabilitation folgen dem Grundsatz: **Rehabilitation geht vor Rente**.
  Leistungen zur Rehabilitation sind
  - medizinische Leistungen, z. B. Kur- und Heilverfahren,
  - berufsfördernde Leistungen, z. B. Umschulungen,
  - ergänzende Leistungen, z. B. Übergangsgeld.
- Rentenzahlungen an Versicherte und Hinterbliebene gehören ebenfalls zu den Leistungen der gesetzlichen Rentenversicherung.

Hilfe bei Fragen

Für alle Fragen rund um Altersabsicherung und Rente stehen die Träger der gesetzlichen Rentenversicherung zur Verfügung. Sie können jederzeit einen Termin vereinbaren oder das Servicetelefon Ihrer Versicherung nutzen.

M 2 Rentenleistung

- **Altersrente** wird gewährt, wenn Versicherte ein bestimmtes Lebensalter erreicht haben, wobei unterschiedliche Altersgrenzen gelten, z. B. 65 Jahre für die Regelaltersgrenze (schrittweise Anpassung bis 2029 auf 67 Jahre). Möglichkeiten eines früheren Renteneintritts sind im Flexirentengesetz geregelt. (Infos unter www.deutsche-rentenversicherung.de.) Für Menschen mit Schwerbehinderung gelten Sonderregelungen.
- **Erwerbsminderungsrente** wird gezahlt bei teilweiser oder voller Erwerbsminderung. Versicherte, die täglich weniger als drei Stunden arbeiten können, erhalten eine volle Erwerbsminderungsrente. Wer noch mindestens drei, aber nicht mehr als sechs Stunden täglich arbeiten kann, erhält eine halbe Erwerbsminderungsrente. Dazu wird ein Gutachten von der Rentenversicherung erstellt.
- **Witwen- oder Witwerrente** erhalten die Ehegatten nach dem Tod der versicherten Person. Bei einer erneuten Heirat der überlebenden Person entfällt die Rente.
- **Waisenrente** erhalten die Kinder der verstorbenen Versicherten, solange sie noch kindergeldberechtigt sind.
- **Volle Rente mit bereits 63 Jahren** können diejenigen erhalten, die 45 Jahre Beiträge in die gesetzliche Rentenversicherung gezahlt haben. Abschläge bei der Rente müssen alle die in Kauf nehmen, die diese Zeit nicht nachweisen können.

Träger der Rentenversicherung

- Deutsche Rentenversicherung Bund,
- Deutsche Rentenversicherung Knappschaft-Bahn-See

Versicherte und Beiträge

Versicherungspflichtig sind Arbeitnehmerinnen und Arbeitnehmer, Handwerkerinnen und Handwerker, Landwirtinnen und Landwirte sowie Auszubildende. Wer nicht versicherungspflichtig ist, kann sich freiwillig versichern.
Auch geringfügige Beschäftigungen bis 520,00 € (Minijobs) unterliegen der Rentenversicherungspflicht. Der Vorteil: Die Beschäftigten erwerben Ansprüche auf das volle Leistungspaket der Rentenversicherung. Und dies nur mit 3,9 % vom Arbeitsentgelt Eigenanteil für den Minijobber. Den Pauschalbetrag zur Rentenversicherung von 15 % vom Arbeitsentgelt trägt der Arbeitgeber. Weitere Informationen über Minijobs finden sich im Internet unter www.minijob-zentrale.de.
Den Beitrag zur Rentenversicherung übernehmen Arbeitgeber und Arbeitnehmer/-innen je zur Hälfte. Der Beitragssatz beträgt 18,6 % vom Bruttoentgelt, die Beitragsbemessungsgrenze 7 300,00 € monatlich (alte Bundesländer), 7 100,00 € monatlich (neue Bundesländer). Diese Zahlen gelten für 2023 und können jährlich angepasst werden.

Arbeitsvorschläge

1. *Erstellen Sie eine Mindmap (s. S. 139) zu den Leistungen der gesetzlichen Rentenversicherung (M 1 und M 2).*
2. *Erörtern Sie den Grundsatz „Rehabilitation geht vor Rente". (M 1)*
3. *Recherchieren Sie im Internet weitere Voraussetzungen für den Erhalt einer Erwerbsminderungsrente (M 2). Welche persönlichen Schlussfolgerungen ziehen Sie daraus?*
4. *Erkundigen Sie sich in Ihrer Familie und im Bekanntenkreis, aus welchen Gründen und in welchem Lebensjahr betroffene Personen in Rente gegangen sind. Erfragen Sie jeweils den Grund der Rentenbewilligung. Fertigen Sie dazu eine Übersicht an. (M 2)*

Die Zukunft der Altersabsicherung

Das Thema „Rente" bleibt in Deutschland auch zukünftig aktuell. So werden weiterhin Rentenkürzungen und Beitragserhöhungen diskutiert, auch längere **Lebensarbeitszeiten** sind zu erwarten. Fest steht, dass auf die gesetzliche Rentenversicherung in Deutschland aufgrund des **demografischen Wandels** große Finanzierungsprobleme zukommen. Die gesetzliche Rente wird für viele Bürgerinnen und Bürger, vor allem für Geringverdiener, nicht mehr ausreichen. Große finanzielle Lücken können entstehen. **Altersarmut** droht und hat zur Folge, dass Rentnerinnen und Rentner, die dazu noch in der Lage sind, sich in Minijobs (s. S. 40) etwas dazuverdienen. Wer der Altersarmut entgehen möchte, dem bleibt nur eine **zusätzliche private Absicherung**.

Demografischer Wandel

Veränderungen und Tendenzen der Bevölkerungsentwicklung, z. B. in Bezug auf die Altersstruktur, Entwicklung von Geburten- und Sterbezahlen

Flexirente

Bei der Flexirente haben Arbeitnehmerinnen und Arbeitnehmer aktiv die Chance, den Eintritt in den Ruhestand selbst mitzugestalten. Besonders die Hinzuverdienstmöglichkeiten, die Rentenversicherungspflicht für pflegende Angehörige und der Bezug der Vollrente nach 45 Beitragsjahren werden häufig genutzt. Weitere Informationen erhalten Sie unter dem Stichwort „Flexirente" im Internet oder bei Ihrem Rentenversicherungsträger.

M 1

Karikatur von Kostas Koufogiorgos: Altersarmut, 12.04.2016

M 2 **Lösungsansätze**

Reform der gesetzlichen Rentenversicherung	Staatliche Grundsicherung	Kapitalstockverfahren	Private Vorsorge
– Erhöhung der Beitragsbemessungsgrenze – Senkung der Rentenansprüche – Erhöhung der Lebensarbeitszeit – verringerte Anrechnung von Ausbildungszeiten – Umstellung vom Umlage- zum Kapitaldeckungsverfahren	– Grundsicherung für alle Bürgerinnen und Bürger (Existenzminimum) – Umverteilung von Steuermitteln effizienter gestalten – Pflicht zur zusätzlichen privaten Absicherung	– private Absicherung durch Ansparen in der Versicherung – Kapitalstock ist Bestandteil des privaten Vermögens eines jeden Einzelnen – freie Wahl des Versicherers	– Zusatzversicherungen – Betriebsrente – Immobilienbesitz – privates Kapital

Arbeitsvorschläge

1. a) *Diskutieren Sie die Lösungsansätze für die Zukunft der Altersabsicherung zunächst zu zweit, anschließend in Gruppenarbeit. Arbeiten Sie dabei die jeweiligen Vor- und Nachteile heraus.*

b) *Erarbeiten Sie weitere Vorschläge für Lösungsansätze.*

c) *Präsentieren Sie das Ergebnis (M 2).*

2. *Bearbeiten Sie die Karikatur M 1 mithilfe der Methode „Analyse politischer Karikaturen" (s. S. 248 f.)*

3. *Entwickeln Sie ein Szenario (s. S. 268 f.) „Versorgung der älteren Generation im Jahr 2050".*

Rentenversicherung

2.4.3 Gesetzliche Unfallversicherung (GUV)

M 1 **Ein Unheil muss reichen**

Der Malerazubi Fritz Klein arbeitet mit seinem Kollegen auf einem Gerüst an der Gestaltung einer großen Werbetafel. Durch eine kleine Unachtsamkeit kommt Fritz aus dem Gleichgewicht, stürzt vom Gerüst und bleibt reglos liegen. Sofort kommen die anderen Arbeiter dazu, helfen ihm und rufen den Notarzt. Er wird mit dem Rettungswagen ins Krankenhaus gebracht. Nach einer Computertomografie ist die Sturzfolge erkannt: Fraktur (= Knochenbruch) des dritten Lendenwirbels. Eine Operation ist nicht notwendig. Fritz kann wieder ganz gesund werden. Nach einem achttägigen Krankenhausaufenthalt wird ihm ein Stützkorsett zur Stabilisierung angepasst. Er ist weitere vier Monate arbeitsunfähig und erhält in dieser Zeit täglich Physiotherapie. Es ist noch einmal gutgegangen.

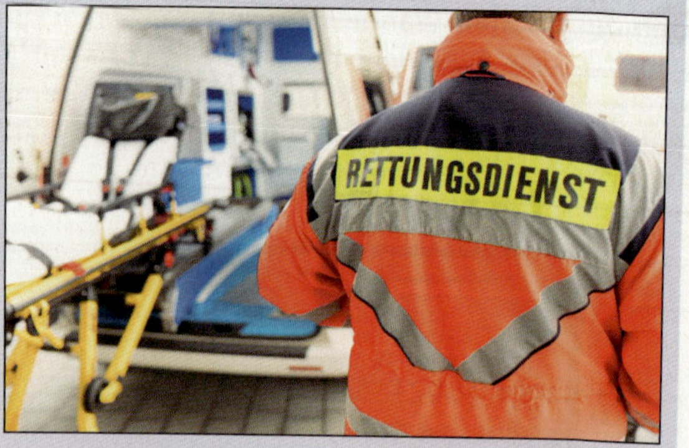

Träger der Unfallversicherung
- Gewerbliche,
- Landwirtschaftliche,
- See-Berufsgenossenschaften
- Unfallkassen und Gemeindeunfallversicherungsverbände

Am häufigsten angezeigte Berufskrankheiten und Anerkennungen 2021
1. Infektionskrankheiten
2. Hauterkrankungen
3. Lärmschwerhörigkeit
4. Hautkrebs durch UV-Strahlung
5. Lendenwirbelsäule, Heben und Tragen

Bundesministerium für Arbeit und Soziales 2022, S. 137 (verändert)

www.baua.de
www.unfallkassen.de

Das Risiko **Arbeits- bzw. Wegeunfall** oder eine **Berufskrankheit** ist durch die gesetzliche Unfallversicherung abgesichert. Dabei muss eindeutig nachgewiesen sein, dass der Unfall oder die Krankheit in direktem Zusammenhang mit der versicherungspflichtigen Tätigkeit steht.
Der Arbeitgeber hat die Pflicht, alle Arbeitnehmerinnen und Arbeitnehmer umgehend bei Arbeitsantritt der **Berufsgenossenschaft** zu melden.
Der Weg von und zur Arbeitsstelle ist ebenfalls durch die gesetzliche Unfallversicherung abgesichert. Als Wegeunfall wird ein Unfall aber nur dann anerkannt, wenn der Weg nicht länger als zwei Stunden unterbrochen wird und direkt nach Hause oder in den Betrieb führt. Erst dann kann die GUV ihre Leistungen in **unbegrenzter** Höhe erbringen.

Sozialpolitische Zielsetzung und Leistungen

Die Unfallversicherungsträger sollen Arbeitsunfällen und Berufskrankheiten vorbeugen, diese zu verhüten helfen, Unfallfolgen und Berufskrankheiten beseitigen oder mindern sowie eine finanzielle Absicherung leisten.

M 2

Ihre Leistungen umfassen drei Kernpunkte:
- **Unfallverhütung (Prävention)**
  Durch Erlass von Unfallverhütungsvorschriften und deren Überwachung sowie durch Kontrollen in den Betrieben sollen Unfälle vermieden werden.
- **Rehabilitation (Wiederherstellung)**
  Durch Maßnahmen zur Arbeits- und Berufsförderung, durch Heilbehandlung und Berufshilfe soll die Erwerbsfähigkeit wiederhergestellt werden.
- **Finanzielle Sicherung**
  Durch Leistungen an die verletzte Person, die Angehörigen und Hinterbliebenen soll eine finanzielle Absicherung erreicht werden.

Arbeitsvorschläge

1. *Tragen Sie die Leistungen der GUV zusammen, die Fritz Klein nach seinem Unfall erhalten hat. (M 1)*
2. *Vergleichen Sie diese mit den in M 2 genannten Leistungen und kennzeichnen Sie Übereinstimmungen.*
3. *Ermitteln Sie die Leistungen, die Fritz Klein zur Verfügung ständen, wenn er durch diesen Unfall erwerbsunfähig geworden wäre.*

Versicherte und Beiträge

Pflichtversichert sind alle Arbeitnehmer und Auszubildenden, unabhängig von der Art und Dauer der Beschäftigung und der Höhe des Einkommens. Landwirtinnen/Landwirte, Schülerinnen/Schüler, Studierende, Kinder in Kindergärten, Arbeitslose während ihres Aufenthaltes in der Arbeitsagentur und bei Vorstellungsgesprächen, Helferinnen und Helfer bei Unglücksfällen, Mitarbeiterinnen und Mitarbeiter des Zivil- und Katastrophenschutzes sowie Blutspenderinnen und Blutspender sind ebenfalls versichert.
Schülerinnen und Schüler an berufsbildenden Schulen genießen den Schutz der gesetzlichen Schülerunfallversicherung durch die „Gemeinde-Unfallversicherungsverbände" der Bundesländer. Sie übernimmt die Kosten, die durch gemeldete Unfälle während des Unterrichts, aber auch auf dem Weg von und zur Schule verursacht werden. Die Versicherungsbeiträge zur Gemeindeunfallversicherung tragen die Gemeinden.

Zeichen für Ihre Sicherheit

Feuer, offenes Licht und Rauchen verboten

Warnung vor ätzenden Stoffen

Gehörschutz tragen

Augenspüleinrichtung

M 1

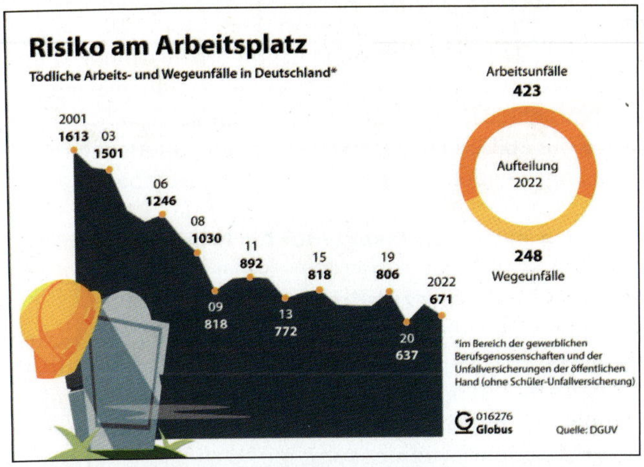

M 2 **Versicherungsschutz im Ehrenamt**

„Auch ehrenamtlich Tätige sind gesetzlich unfallversichert. Ob als Elternbeirat in der Schule, als Schöffe im Gericht, ob als Wahlhelfer oder kommunaler Mandatsträger: Viele Bürgerinnen und Bürger engagieren sich ehrenamtlich. Weil sie im Interesse der Allgemeinheit tätig werden, genießen sie wie Arbeitnehmer den Schutz der gesetzlichen Unfallversicherung. Voraussetzung für den Versicherungsschutz ist, dass die ehrenamtliche Tätigkeit im Auftrag der Schule, einer Körperschaft oder einer Anstalt des öffentlichen Rechts erfolgt, unentgeltlich ist und nicht im Rahmen eines Beschäftigungsverhältnisses ausgeübt wird.
Versichert sind außerdem Personen, die sich in Vereinen oder Verbänden im Auftrag oder mit Einwilligung von Kommunen ehrenamtlich engagieren [...].
Gewählte Ehrenamtsträger in gemeinnützigen Organisationen können sich freiwillig versichern. Zuständig hierfür ist in der Regel die Verwaltungs-Berufsgenossenschaft."
Deutsche Gesetzliche Unfallversicherung e. V. (DGUV) o. J. (a)

M 3

Den Beitrag zur Unfallversicherung trägt allein der Arbeitgeber oder die Institution, für die die jeweilige Person gerade tätig ist (z. B. für Schülerinnen und Schüler die Gemeinde, für Menschen, die Blut spenden, die Blutspendedienste wie das Deutsche Rote Kreuz). Die Beitragshöhe richtet sich hauptsächlich nach dem Gefahrentarif des Unternehmens oder der Institution. Bei gut funktionierendem Unfallschutz gibt es Beitragsnachlässe.
Die Unfallversicherung ist demnach eine Haftpflichtversicherung des Unternehmens für die Gefährdungen, denen die Arbeitnehmerinnen und Arbeitnehmer während ihrer Tätigkeit ausgesetzt sind. Gleiches gilt für die bei Institutionen Beschäftigten.

Gesetzliche Unfallversicherung

Arbeitsvorschläge

1. *Recherchieren Sie im Internet:*
   a) Welche Rolle spielt bei der GUV die Schuldfrage bei einem Arbeits- oder Wegeunfall?
   b) Was müssen Sie tun, wenn Sie einen Arbeits- oder Wegeunfall hatten?
   c) Welche gesetzlichen Leistungen erhalten Sie im Fall einer Berufsunfähigkeit? Erarbeiten Sie Möglichkeiten einer zusätzlichen privaten Absicherung.

2. *Begründen Sie die ausschließliche Beitragszahlung des Arbeitgebers zur GUV. (M 3)*

3. *Werten Sie M 1 aus und notieren Sie Ursachen für die dargestellte Entwicklung.*

4. *a) Informieren Sie sich über die Bedeutung ehrenamtlicher Tätigkeit in Deutschland. (M 2)*
   b) Fertigen Sie in Ihrer Klasse in Kleingruppen eine Mindmap zu den Möglichkeiten ehrenamtlicher Betätigung in Ihrem Umfeld an. Präsentieren Sie Ihr Ergebnis.

M 2

Sozialpolitische Zielsetzung und Aufgaben des Sozialgesetzbuches (SGB) III – Arbeitsförderung

- **Arbeitsförderung:** Sie dient dazu, die einzelne Arbeitnehmerin/den einzelnen Arbeitnehmer vor dem Risiko der Arbeitslosigkeit zu schützen
- **Sicherung von Arbeitsplätzen:** z. B. durch Kurzarbeitergeld bei Arbeitsausfall, Insolvenzgeld bei Zahlungsunfähigkeit des Arbeitgebers, Maßnahmen der Arbeitsbeschaffung
- **Finanzielle Leistungen:** um die Existenzgrundlage des Beschäftigten und seiner Familie im Fall der Arbeitslosigkeit zu sichern (s. auch M 1 auf S. 45)

2.4.4 Arbeitslosenversicherung (AV) und Arbeitsförderung

M 1 Das darf doch nicht wahr sein!

In der Berufsschulklasse von Fritz Klein wird ein Auszubildender sechs Monate nach Beginn der Ausbildung von seinem Betrieb fristlos gekündigt. Fritz ist sehr betroffen und macht sich Gedanken, ob dem Gekündigten Leistungen aus der Arbeitslosenversicherung zustehen. Er möchte auch gern wissen, wie sich die Situation bei bestandener oder nicht bestandener Gesellenprüfung ändert.

Versicherte und Beiträge

In der Arbeitslosenversicherung sind alle Arbeitnehmerinnen und Arbeitnehmer, Angestellten und Auszubildenden pflichtversichert. Versicherungsfrei sind Selbstständige und Beamtinnen/Beamte. Der **Beitragssatz** beträgt 2,6 % des Bruttoarbeitsentgelts. Er wird höchstens bis zur **Beitragsbemessungsgrenze** (für 2023: 7 300,00 € monatlich alte Bundesländer, 7 100,00 € monatlich neue Bundesländer) angewendet. Arbeitnehmer und Arbeitgeber tragen den Beitrag je zur Hälfte.
Träger der Arbeitslosenversicherung ist die **Bundesagentur für Arbeit** in Nürnberg.

M 3 Arbeitslosengeld – auch für Auszubildende?

Eine **Berufsausbildung** im Sinne des Berufsbildungsgesetzes ist ein versicherungspflichtiges Verhältnis. Es gelten hier die gleichen Bedingungen und Voraussetzungen wie in einem Arbeitsverhältnis. Es wird das **Bemessungsentgelt** (s. S. 45) auf Grundlage der Ausbildungsvergütung berechnet. Da in den überwiegenden Fällen das dann ermittelte ALG I sehr niedrig wäre, erfolgt eine **Sonderbemessung** für Auszubildende.

1. Möglichkeit: Der Ausbildungsbetrieb bescheinigt der Arbeitsagentur das Arbeitsentgelt, welches der/die Auszubildende bei Übernahme in das Beschäftigungsverhältnis erhalten würde.
2. Möglichkeit: Die Arbeitsagentur ermittelt das tarifliche Arbeitsentgelt entsprechend Berufsabschluss.

Dieses **Arbeitsentgelt wird halbiert,** und auf dieser Grundlage wird das ALG I berechnet. In den meisten Fällen ist dies für die Auszubildenden vorteilhafter. Bedingung der Sonderbemessung: Die Ausbildung muss **erfolgreich** abgeschlossen worden sein!
Ein Anspruch auf Arbeitslosengeld (ohne Sonderbemessung) besteht auch dann, wenn die Berufsausbildung abgebrochen wurde, aber mindestens ein Jahr bestanden hat.
Eine rein schulische Ausbildung ist kein versicherungspflichtiges Verhältnis nach dem Berufsbildungsgesetz. Deshalb besteht nach dieser Ausbildung **kein Anspruch auf ALG I**.

M 4 Kurzarbeitergeld

Wenn Betriebe aus wirtschaftlichen Gründen die Arbeitszeit vorübergehend verringern müssen und Kurzarbeit anzeigen, kann Kurzarbeitergeld gezahlt werden. **Bedingung ist, dass die Arbeitsplätze der betroffenen Arbeitnehmerinnen und Arbeitnehmer erhalten bleiben.**
Während der Finanzkrise 2010 und der Corona-Krise 2020/21 hat die Regelung, Kurzarbeitergeld bis maximal 24 Monate zu beziehen, vielen Unternehmen und damit vor allem wichtigen Fachkräften das wirtschaftliche Überleben gesichert.
Kurzarbeitergeld wird durch den Betrieb ausgezahlt und auf Antrag des Arbeitgebers von der Arbeitsagentur erstattet. Der Betriebsrat hat dabei Mitwirkungsrecht.
Die Höhe des Kurzarbeitergeldes orientiert sich an der Berechnung des ALG I.

Arbeitsvorschläge

1. *Setzen Sie sich mit dem Text M 3 mithilfe der Methode „Textbearbeitung" (s. S. 209) auseinander. Bilden Sie Zweiergruppen und berichten Sie einander über Ihre Ergebnisse.*
2. *Erkunden Sie weitere Voraussetzungen für die Zahlung von Kurzarbeitergeld. (M 4)*

Leistungen der Arbeitslosenversicherung

M 1

Ausbildung und Umschulung	Arbeitsvermittlung und Berufsberatung	Finanzielle Leistungen an Arbeitslose
Im Rahmen der beruflichen Bildung werden ungelernte Arbeitskräfte ausgebildet. Ausgebildete Fachkräfte, deren Arbeitsplatz durch wirtschaftliche Veränderungen bedroht ist, werden fortgebildet oder umgeschult.	Über die Arbeitsagentur werden Stellensuchenden entsprechend ihrer Eignung und Fähigkeiten geeignete Arbeitsplätze vermittelt. Vor und während des Berufslebens können sich alle Interessierten über Fragen der Berufswahl, der Berufsaussichten und der Berufsbildung beraten lassen.	Anspruch auf ALG I hat nur der Versicherte, der – beschäftigungslos, aber arbeitswillig ist, – sich unverzüglich bei Bekanntwerden der Arbeitslosigkeit, spätestens jedoch am ersten Tag der Arbeitslosigkeit persönlich bei der Arbeitsagentur meldet, – einen Antrag stellt, – die Voraussetzungen für den Erhalt erfüllt.

Weitere Informationen unter www.arbeitsagentur.de

Bürgergeld

Der Anspruch auf Bürgergeld (vorher „ALG II" oder „Hartz IV") wird nicht durch Beitragszahlungen erarbeitet. Es wird weitgehend finanziert aus Steuermitteln und Versicherungsbeiträgen und von der Arbeitsagentur ausgezahlt.

Bemessungsentgelt

Durchschnitts(netto)entgelt im Bemessungszeitraum, mindestens der letzten 150 Tage

M 2

	Arbeitslosengeld I	Bürgergeld
Voraussetzungen für den Erhalt	– zwölf Monate versicherungspflichtige Beschäftigung innerhalb von zwei Jahren vor Arbeitslosmeldung – beschäftigungslos (verfügbar) sein – Eigenbemühungen zur beruflichen Wiedereingliederung	– Ablauf des Anspruchs auf ALG I oder noch nicht erreichter Anspruch auf ALG I – Bedürftigkeit
Höhe der Unterstützung	– 67 % des Bemessungsentgelts mit Kind(ern) – 60 % des Bemessungsentgelts ohne Kind(er)	– 502,00 € monatlich ab 01.01.2023 (für Alleinstehende; weitere im Haushalt lebende Erwachsene und Kinder weniger, mit meist jährlicher Anpassung) – Zuschüsse für Wohnung und Heizung
Mögliche Dauer der Unterstützung	abhängig von der Dauer der Beschäftigung und vom Alter (siehe M 3)	Zahlung maximal ein Jahr, danach ist eine neue Antragstellung notwendig.

M 3

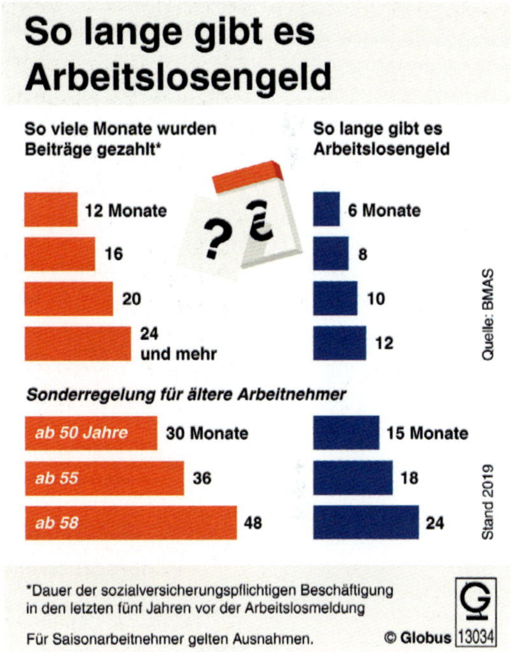

Arbeitsvorschläge

1. *Erstellen Sie eine Übersicht zu den Leistungen, die Sie nach bestandener Ausbildung in Anspruch nehmen können. (M 3 auf S. 44)*
2. *Ermitteln Sie die monatliche Höhe und die Bezugsdauer des ALG I für den 26-jährigen ledigen, kinderlosen Arbeitnehmer Felix Dürrhaupt, der erst 20 Monate in der Firma Mager & Co. KG beschäftigt ist, als er die betriebsbedingte Kündigung erhält. Sein Bemessungsentgelt beträgt 1 425,30 €. (M 2 und M 3)*
3. *Sie arbeiten bei der Agentur für Arbeit. Beraten Sie Fritz Klein, welche Leistungen im geschilderten Fall (M 1 auf S. 44) durch die Arbeitslosenversicherung erbracht werden können (M 3 auf S. 44, M 1 und M 2 auf S. 45).*

Arbeitslosenversicherung

2.4.5 Pflegeversicherung (PV)

M 1 Fritz Klein, der Auszubildende zum Maler und Lackierer, bekommt zu seinem 18. Geburtstag von den Eltern ein Motorrad geschenkt. Die erste Fahrt führt ihn durch eine kurvenreiche Strecke. Kurz vor dem Berggipfel kommt ihm ein Pkw entgegen. Fritz Klein kann nicht mehr ausweichen, stürzt und verletzt sich schwer. Er wird mit dem Rettungswagen in die Unfallklinik transportiert. Diagnose: Querschnittslähmung, ein Leben im Rollstuhl. Fritz Klein ist ein Fall für die Pflegeversicherung geworden.

Egal, ob jung oder alt, ob der Auszubildende Fritz Klein oder Ihre Eltern – die Leistungen der gesetzlichen Pflegeversicherung werden nicht automatisch gewährt. Sie müssen vielmehr in einem aufwendigen Verfahren beantragt werden. Die folgende Übersicht zeigt Ihnen die wichtigsten Schritte.

M 2 **Verfahrensweg zur Feststellung der Pflegebedürftigkeit**

Der Mensch mit Pflegebedarf (oder seine Angehörigen) stellen bei der Pflegekasse einen **Antrag zur Feststellung der Pflegebedürftigkeit.**

↓

Antragsprüfung durch die Pflegekasse

↓

Die Pflegekasse beauftragt den **MDK** (**M**edizinischer **D**ienst der **K**rankenversicherung) als unabhängigen Prüfer, ein **Gutachten** zu erstellen.

↓

Bei einem **Hausbesuch** beim Pflegebedürftigen wird eine **Untersuchung** der Lebensumstände durchgeführt (s. auch die Grafik M 3).

↓

Der MDK erstellt daraufhin ein **Pflegegutachten** (nach dem **NBA** – s. u.) und schlägt der Pflegekasse einen **Pflegegrad** vor.

↓

Die Pflegekasse **prüft** das Gutachten und erstellt einen **Bescheid,** in welchem dem Menschen mit Pflegebedarf u. a. der ermittelte Pflegegrad mitgeteilt wird.

↓

Ist der Mensch mit Pflegebedarf mit diesem Bescheid nicht einverstanden, kann er einen **Widerspruch** einlegen. Dabei ist die in der Rechtsbehelfsbelehrung des Bescheids genannte Frist zu beachten.

M 3

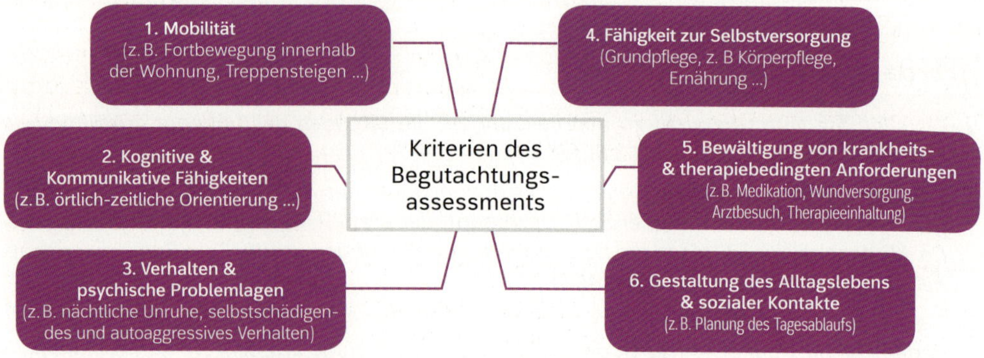

Diakonie-Pflegedienst gGmbH in Vorpommern o. J. (verändert)

Die Höhe des Pflegebedarfs wird mithilfe des **N**euen **B**egutachtungs**a**ssessments (NBA) bestimmt und in fünf Pflegegrade (s. S. 47) eingestuft. Gesetzliche Grundlage ist das zweite Pflegestärkungsgesetz.

Assessment = Bewertung, Einschätzung

M 4 Versicherte und Beiträge

Pflichtversichert in der gesetzlichen Pflegeversicherung sind alle Personen, die der gesetzlichen Krankenversicherung angehören. Den Beitrag zur Pflegeversicherung übernehmen Arbeitgeber und Arbeitnehmer/-innen je zur Hälfte. Der Beitragssatz liegt (Stand 2023) bei 3,05 % vom Bruttoentgelt. Kinderlose Arbeitnehmer/-innen über 23 Jahren zahlen zusätzlich aus eigener Tasche 0,35 % dazu. Die Beitragsbemessungsgrenze beträgt 4 987,50 € monatlich, die Versicherungspflichtgrenze 66 600,00 € jährlich (Stand 2023).

M 5 Die Leistungen der Pflegeversicherung

Allen Pflegebedürftigen von Pflegegrad 1 bis Pflegegrad 5 stehen Leistungen zu.

Je nachdem, ob ein Mensch mit Pflegebedarf zu Hause oder stationär betreut wird, zahlt die Pflegekasse unterschiedliche Leistungen. Wichtig sind außerdem die Pflegegrade.

Vollstationäre Leistungen	**Pflegegeld**	**Weitere Pflegeleistungen**
Wenn ein Mensch mit Pflegebedarf auf Dauer in einem Pflegeheim oder einer speziellen Einrichtung gepflegt wird, zahlt die Kasse 125,00 € im Pflegegrad 1, 770,00 € im Pflegegrad 2, 1 262,00 € im Pflegegrad 3, 1 775,00 € im Pflegegrad 4, 2 005,00 € im Pflegegrad 5.	Pflegegeld wird gezahlt, wenn ehrenamtliche Pflegende die häusliche Pflege übernehmen. Das können z. B. Familienangehörige sein. In diesem Fall erhält der Mensch mit Pflegebedarf das Pflegegeld direkt auf sein Konto, und zwar 332,00 € in Pflegegrad 2, 573,00 € in Pflegegrad 3, 765,00 € in Pflegegrad 4, 947,00 € in Pflegegrad 5. Der Mensch mit Pflegebedarf bestimmt selbst, wie das Geld ausgegeben wird.	Darüber hinaus können folgende Pflegeleistungen beantragt werden: – Tages- und Nachtpflege, – Kurzzeitpflege, – Verhinderungspflege, – Hilfsmittel im Pflegeheim, – Wohnraumanpassung

Erst kümmern sich Eltern um ihre Kinder. Später kümmern sich dann in der Regel die Kinder um ihre Eltern. So könnte vereinfacht der Vertrag zwischen junger und alter Generation beschrieben werden (s. auch S. 39). Eltern erhalten staatliche Hilfe in Form von Kindergeld, steuerlichen Erleichterungen, Zuschüssen zu den Pflichtversicherungen und ein kostenloses bzw. subventioniertes Bildungssystem.

Sind die Kinder erwachsen, sind es oft die eigenen Eltern, die im Alter Unterstützung benötigen. So lange haben sie sich um Kinder und Enkel gesorgt und plötzlich sind sie selbst auf Hilfe angewiesen. Sie wollen dann den jüngeren Generationen nicht zur Last fallen. Doch auch wenn Kinder und Enkelkinder selbst die Pflege übernehmen, wird es oft schwierig. Jetzt ist der Zeitpunkt gekommen, professionelle Hilfe in Anspruch zu nehmen. Das Pflegegeld kann Einkommensausfälle der Familie ausgleichen, auch die Hilfe durch ambulante Pflegedienste ist möglich. Und wenn es nicht mehr anders geht, kann eine vollstationäre Betreuung in einem Pflegeheim in Anspruch genommen werden. Das alles ist möglich durch die Leistungen des **Zweiten Pflegestärkungsgesetzes**.

Tipp

Das BMG (Bundesministerium für Gesundheit) bietet als Hilfe die Broschüre „Pflegeleistungen zum Nachschlagen" kostenlos als pdf zum Herunterladen oder als Printversion an.

M 6 Pflegereform als Herausforderung

Seit Jahren ist das Hauptproblem der Pflegeversicherung bekannt: zu wenig Personal in Pflegeberufen, vor allem Fachkräfte fehlen. Nun soll gegengesteuert werden. Fachkräfte aus dem Ausland, verstärkte Ausbildung junger Menschen zu Pflegefachkräften und Gewinnung von Seiteneinsteigerinnen und Seiteneinsteigern sollen es richten. Doch die Versorgungsrealität in Deutschland mahnt zur Eile. Immer mehr Menschen mit teilweise hohem Betreuungsbedarf treffen auf zu wenige Pflegefachkräfte. Und dies sowohl im ambulanten als auch im stationären Bereich.

Arbeitsvorschläge

1. *Fertigen Sie eine Collage (s. S. 52) mit Bildern, Zeichnungen, Piktogrammen u. a. m. zu M 2 an.*
2. *In M 6 sind ungelöste Probleme der Pflegereform aufgeführt. Recherchieren Sie weitere Probleme, und erarbeiten Sie in der Gruppe Lösungsvorschläge.*
3. *Ermitteln Sie, welche Leistungen der Pflegeversicherung der Auszubildende Fritz Klein (M 1) in Anspruch nehmen kann. (M 5)*

Pflegeversicherung

2.5 Soziale Sicherung – Können wir sie uns noch leisten?

Immer häufiger werden Bedenken laut, ob der Sozialstaat noch zu finanzieren sei. Tatsache ist, dass die Sozialausgaben und die Belastungen der steuerzahlenden Bürgerinnen und Bürger und Unternehmen wachsen.

Wenn Arbeitgeber und Arbeitnehmer/-innen sich über den Arbeitslohn unterhalten, gibt es oft Verständigungsschwierigkeiten. Der Chef stöhnt über die hohen Lohnkosten, der Mitarbeiter beklagt sein niedriges Nettoeinkommen. Und in der Tat: Vom Kostenaufwand für die Arbeit kommt nur gut die Hälfte auf dem Konto des Arbeitnehmers an.

Arbeitgeber müssen also für abhängig Beschäftigte wesentlich mehr kalkulieren, als auf der jeweiligen Brutto- und Nettolohnabrechnung ausgewiesen ist.

Den Unterschied zwischen Lohnkosten und Nettolohn kassieren Staat und Sozialversicherung – Tendenz steigend.

M 1

M 2 Die Mängel des deutschen **Sozialsystems**

1. Es ist zersplittert und unübersichtlich. Da die Bürgerinnen und Bürger auf vielfältige Weise zur Kasse gebeten werden, bleibt ihnen verborgen, wie teuer das Sozialsystem inzwischen geworden ist.
2. Es wird zu sehr von staatlichen Institutionen beherrscht. Wettbewerb und Preismechanismus sind weitgehend ausgeschaltet – es herrschen staatliche Zuteilung und Steuerung.
3. Es wird zu viel und mit ungeeigneten Instrumenten umverteilt. Es gilt das sogenannte „Solidarprinzip" – Beitragshöhe und Leistungen sind selten übereinstimmend.
4. Wirkliche Vorsorge im Sinne einer Ansammlung von Vermögenswerten für schwierige Zeiten kommt zu kurz – sowohl für die Bürgerinnen und Bürgern wie auch den Staat.
5. Es ist zu einseitig an den Arbeitsvertrag gekoppelt – die wachsenden Kosten der sozialen Sicherung werden überwiegend dem Produktionsfaktor Arbeit angelastet. Das Sozialsystem steht auch Bürgerinnen und Bürgern zur Verfügung, die derzeit keinen Beitrag zu diesem leisten, z. B. geflüchteten Menschen oder Empfängerinnen und Empfängern von Bürgergeld.
6. Es gibt zu viele einzelne regionale Träger, z. B. unterhalten einige gesetzliche Krankenkassen mehrere komplett organisierte Landes- und Regionalstellen.

Arbeitsvorschläge

1. *Erläutern Sie die Grafik M 1.*

2. *Erörtern Sie die in M 2 gemachten Aussagen.*

3. *a) „So viel Sicherheit wie nötig" oder „So viel Sicherheit wie möglich". Diskutieren Sie diese Thesen zunächst in Partner-, dann in Gruppenarbeit. Beziehen Sie sich dabei auf M 2.*

b) Erstellen Sie eine Rangfolge derjenigen Bereiche, in denen Sie Möglichkeiten sehen, Lebensrisiken in Eigenverantwortung abzusichern.

2.6 Sozialgerichtsbarkeit

Wie hätten Sie entschieden?

Fall 1: Indirekter Weg zur Arbeit
Ein Ehepaar, beide beschäftigt im selben Unternehmen, fährt mit dem Auto vom weit entfernten Urlaubsort aus zeitlichen Gründen direkt zur Arbeit. Auf dem Weg verunglücken sie schuldhaft. Die Frau wird schwer verletzt, er stirbt. Sie beantragt Heilbehandlungskosten, Witwenrente und Sterbegeld von der GUV.
Das Bundessozialgericht:
Es handelt sich um keinen Arbeits- bzw. Wegeunfall, da nicht der direkte Weg von der Wohnung zur Arbeit gefahren wurde. Die Klage wurde abgelehnt.
(AZ: B 2 U 2/20 R)

Fall 2: Entschädigung wegen überlanger Gerichtsverfahren
In den drei parallellaufenden Verfahren aus dem Jahr 2011 ging es ursprünglich um die Erstattung von Fahrtkosten einer Versicherten für medizinisch angeordnete Fahrten zu fachärztlicher Behandlung. Die Verfahren wurden ohne Schuld der Klägerin aus verschiedenen Gründen vom Gericht massiv verzögert. Sie klagte dagegen.
Das Bundessozialgericht:
Die Klägerin beantragte Entschädigung für die Verzögerung von drei Verfahren um je 37 Monate, zu entschädigen mit 100,00 € pro Monat. Sie bekam recht und erhielt 11 100,00 € Entschädigung.
(AZ: B 10 ÜG 1/19 R)

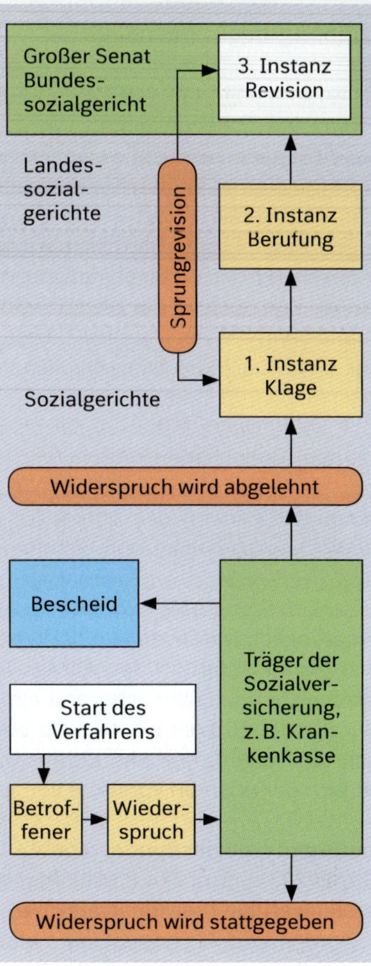

Vor dem Klageweg finden Sie hier Hilfe:
- Gewerkschaften
- Versicherungsträger
- Hauptfürsorgestelle
- Rechtsanwältinnen und Rechtsanwälte

Berufung
Das Urteil wird in tatsächlicher und rechtlicher Hinsicht überprüft. Die Parteien haben grundsätzlich die Möglichkeit, noch neue Tatsachen vorzutragen oder zusätzliche Beweismittel beizubringen.

Revision
Das angefochtene Urteil wird lediglich darauf überprüft, ob das Recht richtig angewandt worden ist; das Revisionsgericht ist an die von der Vorinstanz festgestellten Tatsachen gebunden. In besonderen Fällen kann auch gegen ein Kammerurteil Revision eingelegt werden (Sprungrevision).

Die Sozialgerichte sind zuständig bei Streitigkeiten in der Sozialversicherung und auf anderen Gebieten des Sozialsystems wie z. B. bei der Berufsausbildungsbeihilfe (BAB) und beim Kindergeld. Bei einem ablehnenden Bescheid können Betroffene Widerspruch beim Sozialversicherungsträger einlegen. Bleibt dieser ohne Erfolg, so steht der Klageweg offen; in erster Instanz beim Sozialgericht. Es entscheidet mit einem Urteil. Dagegen kann, falls die Angelegenheit wichtig ist, Berufung beim Landessozialgericht eingelegt werden. Revisionsinstanz ist das Bundessozialgericht in Kassel.

www.sozialgerichtsbarkeit.de

Die Gerichte sind mit Berufsrichterinnen und Berufsrichtern und ehrenamtlichen Sozialrichterinnen und -richtern (Laienrichter/-innen) besetzt. Das Verfahren ist **kostenfrei** für die Versicherten und meist öffentlich. Vor den Sozial- und Landessozialgerichten besteht kein Anwaltszwang. Man sollte sich trotzdem durch eine Anwältin oder einen Anwalt vertreten lassen und den Rechtsbeistand nach Möglichkeit zu den mündlichen Gerichtsverhandlungen begleiten. Beim Bundessozialgericht *muss* man sich durch eine Anwältin/einen Anwalt oder Prozessbevollmächtigten vertreten lassen.

Arbeitsvorschläge

1. *Arbeiten Sie die jeweiligen Gründe für die Ablehnung bzw. Anerkennung des Versicherungsschutzes heraus. Informieren Sie sich über weitere Urteile von Sozialgerichten.*
2. *Organisieren Sie in Ihrer Klasse einen Besuch beim Sozialgericht. Interviewen Sie die Sozialrichterin/den Sozialrichter über den zuletzt behandelten Fall. Sprechen Sie bei dieser Gelegenheit über häufige Streitfälle im Sozialrecht.*

2.7 Zusätzliche Sicherung

M 1 Wie viel Versicherung brauchen Sie?

Auf diese Frage gibt es keine eindeutige Antwort. Sie brauchen eine Versicherung immer dann, wenn ein Schaden eintritt. Vorausgesetzt, Sie haben sich auch gegen diesen Schaden wirklich versichert. Und ob dieser Schaden irgendwann überhaupt eintritt, wissen Sie natürlich auch nicht. Welche Versicherungen Sie abschließen, hängt von Ihnen selbst ab. Wo sehen Sie hohe Gefährdungen, deren Folgekosten Sie nicht selbst verkraften können? Sind die zu zahlenden Prämien im angemessenen Verhältnis zur möglichen Schadenshöhe? Wie hoch ist die Wahrscheinlichkeit eines Schadensfalles, und was zahlt dann die Versicherung? Diese und ähnliche Fragen sollten Sie sich vor dem Abschluss eines Versicherungsvertrags stellen.

Ein konkretes Beispiel. Eine Vollkaskoversicherung ist bei einem neuen Auto sinnvoll, um es bei einem Totalschaden schnell (vor allem finanziell) ersetzen zu können.

Jahr um Jahr sinkt allerdings der Zeitwert des Autos. Sie müssen also überlegen, wann sich eine Vollkaskoversicherung nicht mehr lohnt.

M 2

Karikatur von Jürgen Tomicek

§ 823 [Schadensersatzpflicht] BGB

(1) Wer vorsätzlich oder fahrlässig das Leben, den Körper, die Gesundheit, die Freiheit, das Eigentum oder ein sonstiges Recht eines anderen widerrechtlich verletzt, ist dem anderen zum Ersatz des daraus entstehenden Schadens verpflichtet.

www.gdv.de

Ursprünglich waren Familie und Verwandtschaft die wichtigsten Schutzgemeinschaften, um sich gegen Gefahren des Alltags und materiellen Verlust abzusichern. Heute schützt die gesetzliche Sozialversicherung als Pflichtversicherung Arbeitnehmerinnen und Arbeitnehmer vor den Risiken des Arbeitslebens und im Alter. Außerhalb des Arbeitslebens müssen sich die Bürgerinnen und Bürger vor weiteren Risiken selbst schützen. Deshalb bieten im Bereich der privaten Vorsorge Versicherungen zusätzlichen Schutz an.

Heute gibt es in der Bundesrepublik Deutschland nach Angaben des Verbands der Versicherer (Stand 2021) rund 464,8 Millionen Versicherungsverträge. Die Zahl macht deutlich, welchen Stellenwert die Individualversicherung hat, und auch, wie sicherheitsbewusst die Menschen geworden sind. Als Kapitalsammelstelle für Versicherungsbeiträge haben die Versicherungen eine volkswirtschaftliche Bedeutung. Ohne Versicherungsschutz wäre sowohl unsere Gesellschaft als auch unsere Wirtschaft nicht voll funktionsfähig.

individuell (lat.-fr.)

auf das Individuum, den einzelnen Menschen, seine Bedürfnisse, speziellen Verhältnisse u. Ä. zugeschnitten

M 3 Unterscheidungsmerkmale zur Sozialversicherung

Die Individualversicherung
- beruht auf einem freiwilligen gegenseitigen Vertrag,
- versichert so gut wie alle Risiken des Alltags,
- kann immer nur den materiellen (gegenständlichen) Schaden absichern,
- regelt die Leistungen im Schadensfall durch vertragliche Vereinbarungen,
- richtet die Beitragshöhe (Prämie) nach der Höhe des versicherten Risikos und der gewünschten Leistung aus,
- kann bei günstigem Schadensverlauf Beitragsrückerstattungen gewähren,
- wird von privaten und öffentlich-rechtlichen Versicherungsunternehmen getragen.

Arbeitsvorschläge

1. *Interpretieren Sie die Karikatur M 2 mithilfe der Methode „Analyse politischer Karikaturen" (s. S. 248 f.).*
2. *Erarbeiten Sie eine Übersicht über Merkmale der Sozial- und der Individualversicherung. Nutzen Sie dazu M 3.*
3. *Tragen Sie einige Risiken, denen Sie und Ihre Angehörigen im Alltag ausgesetzt sind, zusammen. Notieren Sie dazu auch, wie Sie diese Risiken vermindern oder gar ausschließen könnten. (M 1)*

Eine Vielzahl von Versicherungsgesellschaften bietet für fast alle Eventualitäten des privaten Lebens Versicherungsschutz.

M 1 Welche Versicherungen sind mir wichtig?

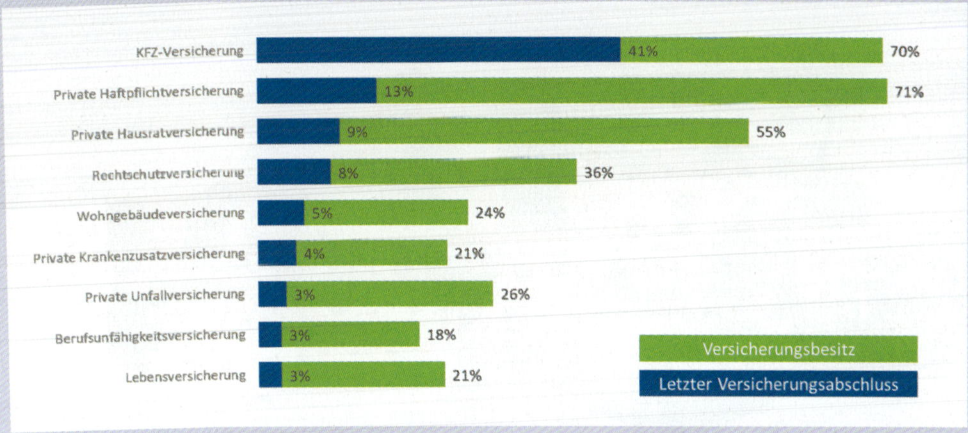

Fragen: Welche der folgenden Versicherungsverträge haben Sie aktuell abgeschlossen? [mehrfach] Welche Versicherung haben Sie als letztes abgeschlossen? [einfach]

Münster 2022

Alle Bürger können sich entsprechend der jeweiligen Lebenssituation den persönlichen Versicherungsschutz nach Maß gestalten. Im Interesse der Vorsorge für den Einzelnen und die Gesellschaft hat der Staat z.B. die Haftpflichtversicherung für Kraftfahrzeughalter und die Brandversicherung für Gebäudeeigentümer gesetzlich vorgeschrieben. Eine private Haftpflichtversicherung ist freiwillig, aber sehr wichtig für Schäden, die unbeabsichtigt verursacht werden.

Was man bei einem Versicherungsabschluss beachten sollte:

- Angebote mehrerer Unternehmen einholen und die unterschiedlichen Leistungen und Tarife miteinander vergleichen.
- Beim Vergleich muss das billigste Angebot nicht immer das beste sein; neben dem Preis zählt auch Kundenservice wie z.B. Beratung bei Vertragsabschluss und im Schadensfall.
- Jede vor Vertragsabschluss geklärte Frage vermeidet Missverständnisse im Schadensfall.
- Der Versicherungsantrag muss wahrheitsgemäß und vollständig ausgefüllt werden.
- Spätestens nach Vertragsabschluss erhalten Versicherte den Versicherungsschein, die „Police“ sowie die „Versicherungsbedingungen“. Damit ist auch die erste Prämie fällig.

Was tun, wenn es Probleme mit der Versicherung gibt?

Treten nach dem Versicherungsabschluss Meinungsverschiedenheiten und Probleme mit dem Versicherungsunternehmen auf, kann man sich an den/die sogenannte/n **Versicherungsombudsmann/Versicherungsombudsfrau** wenden (unter www.versicherungsombudsmann.de). Dies ist eine unabhängige und für Verbraucherinnen und Verbraucher kostenfrei arbeitende Schlichtungsstelle.

Bundesaufsichtsamt für das Versicherungswesen (BAV) in Berlin
Beaufsichtigt und kontrolliert die Versicherungswirtschaft. Diese Behörde kann auch von den Bürgerinnen und Bürgern als Beschwerdeinstanz angegangen werden. Häufige Anfragen beziehen sich darauf, ob in einem gewissen Schadensfall überhaupt Versicherungsschutz besteht oder warum die Regelung eines Schadensfalls so lange dauert. Die Überprüfung einer Beschwerde ist kostenlos.

Versicherungsvertragsgesetz (VVG)
Das VVG enthält allgemeine Vorschriften für den rechtlichen Rahmen eines Versicherungsvertrags.

AVB – Allgemeine Versicherungsbedingungen
Hier formuliert jeder Versicherungszweig eine Produktbeschreibung, wobei Rechte und Pflichten beider Vertragspartner festgelegt werden.

Ombudsmann/Ombudsfrau
unparteiische Schiedsperson, die bei Konflikten vermittelt

Arbeitsvorschläge

1. *Recherchieren Sie im Internet, welche Risiken die in M 1 genannten Versicherungen abdecken können. Überprüfen Sie, welche dieser Versicherungen für Sie notwendig und sinnvoll sind.*
2. *Erläutern Sie, warum bestimmte Individualversicherungen gesetzlich vorgeschrieben sind. Nennen Sie Beispiele.*
3. *Erkundigen Sie sich bei drei Anbietern über den Abschluss eines Haftpflichtversicherungsvertrags. Vergleichen Sie dabei Beitragshöhe und Leistungen.*

Soziale Sicherung/
Sozialgerichtsbarkeit

Methode:

Erstellen einer Collage

Eine Collage ist ein kreatives Werk. Ihre Wirkung entsteht durch das Zusammenwirken verschiedener Materialien. Sie kann mit verschiedenen Techniken und in beliebiger Größe gestaltet werden. Papier in allen Farben, auch bunt bedruckt, Stoffe, Pappe, Fotos, Zeitungen, kleine Objekte wie Muscheln, Holzteile, Perlen, Knöpfe und vieles andere mehr. Die Materialien werden zerknüllt, zerrissen, zerschnitten oder auf andere Art bearbeitet und danach auf einen Untergrund aufgebracht. Der Fantasie sind keine Grenzen gesetzt. Mit der Erarbeitung einer Collage wird eine sehr persönliche Antwort auf eine bestimmte Fragestellung bzw. zu einem bestimmten Thema gegeben.

Arbeitsvorschlag

Erstellen Sie eine Collage zur Frage: Wie stellen Sie sich Ihr Leben in 20 Jahren vor? Welche Ansprüche, welche Wünsche haben Sie an Ihre Zukunft?

Anwendung der Methode „Erstellen einer Collage“

1. Die Klasse wird in Kleingruppen aufgeteilt.
2. In den Kleingruppen wird zunächst überlegt, wie das Thema inhaltlich und gestalterisch umgesetzt werden könnte. Dazu kann auch eine Mindmap erstellt werden, um den Überblick zu behalten.
3. Materialbeschaffung – Die Gruppenmitglieder gehen auf die Suche nach geeigneten Materialien. Danach erfolgt die Sichtung des Materials in der Gruppe.
4. Die geeigneten Materialien werden ausgewählt, zusammengestellt und auf einem geeigneten Trägermaterial aufgebracht (kleben, tackern, pinnen u. Ä.)
5. Die fertiggestellten Collagen werden im Klassenraum ausgestellt. Sie werden nun allen Beteiligten vorgestellt und erläutert. Rückfragen sind gestattet.

3.1 Familie – was bedeutet sie uns?

Die Familie hat sich verändert. Bis vor wenigen Jahren wurde unter einer Familie ein heterosexuelles Paar mit (eigenen) Kindern verstanden, das in einem gemeinsamen Haushalt und oft an einem festen Platz lebte. Diese Form der Familie gibt es weiterhin, sie wird aber durch vielfältige Formen des Zusammenlebens ergänzt.

M 1 „Für 77 Prozent der Bevölkerung ist die Familie nach wie vor der wichtigste Lebensbereich, noch vor Beruf und Freundeskreis (BMFSFJ 2020). Der Shell Jugendstudie 2019 zufolge möchten 68 Prozent der 12- bis 25-Jährigen in der Zukunft selbst Kinder haben [...]. Die hohe Bedeutung von Familie besteht trotz – oder vielleicht gerade wegen – der vielfältigen Umbrüche in unserer Welt. Familien müssen Antworten finden auf die demografischen, sozialen, wirtschaftlichen und technologischen Veränderungen, die sich um sie herum und in ihrer Mitte vollziehen. Denn so dynamisch wie ihre Umwelt sind auch die Familien selbst."

Boll 2021, S. 26 f.

M 2 **SHELL Jugendstudie 2019: Familie und Beruf**

Die Shell Jugendstudie gibt regelmäßig eine Übersicht, wie die Generation der 12- bis 25-Jährigen heute in Deutschland aufwächst und lebt. Die folgenden Grafiken zeigen, welche Rolle Familie, Freunde und Beruf im Jahr 2019 spielten.

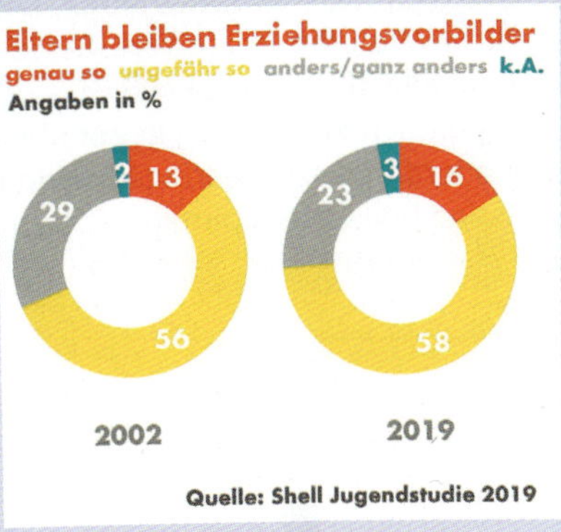

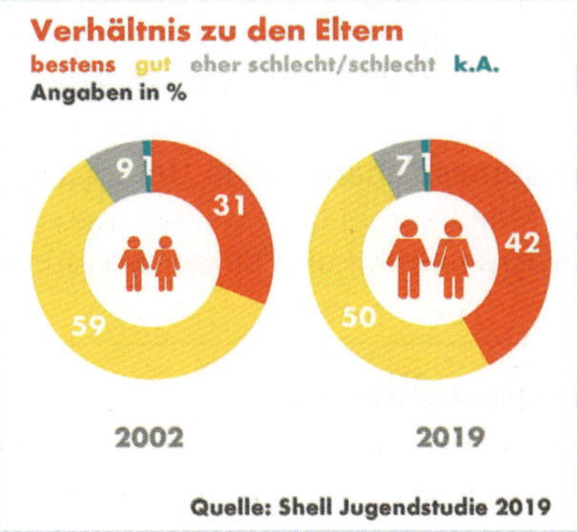

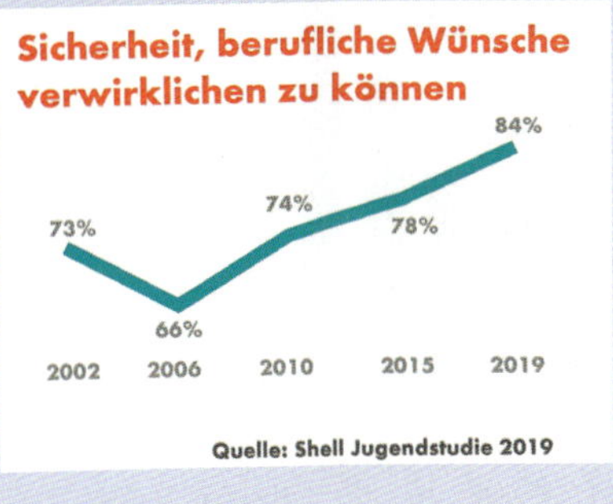

Arbeitsvorschläge

1. *Tauschen Sie sich in der Gruppe aus, wie für Sie persönlich die Familie der Zukunft aussehen soll. Beziehen Sie sich dabei auf M 1.*
2. *Werten Sie die Diagramme in M 2 aus (Methode s. S. 124 f.). Erstellen Sie auf der Grundlage Ihrer Ergebnisse einen Kurzvortrag zum Thema: „Wie wichtig sind meiner Generation Familie und Beruf?".*

3.2 Schutz der Familie und Ehe

Artikel 6 Grundgesetz [Ehe, Familie, nichteheliche Kinder] M 1

(1) Ehe und Familie stehen unter dem besonderen Schutze der staatlichen Ordnung.
(2) Pflege und Erziehung der Kinder sind das natürliche Recht der Eltern und die zuvörderst ihnen obliegende Pflicht. Über ihre Betätigung wacht die staatliche Gemeinschaft.
(3) Gegen den Willen der Erziehungsberechtigten dürfen Kinder nur aufgrund eines Gesetzes von der Familie getrennt werden, wenn die Erziehungsberechtigten versagen oder wenn die Kinder aus anderen Gründen zu verwahrlosen drohen.
(4) Jede Mutter hat Anspruch auf den Schutz und die Fürsorge der Gemeinschaft.
(5) Den unehelichen Kindern sind durch die Gesetzgebung die gleichen Bedingungen für ihre leibliche und seelische Entwicklung und ihre Stellung in der Gesellschaft zu schaffen wie den ehelichen Kindern.

Traditionelle Familie

Familie mit Hausmann

Alleinerziehende Mütter

Alleinerziehende Väter

Homosexuelle Paare mit Kind(ern)

Patchwork-Familie

Wochenendfamilie

M 2 Unter dem Schutz der staatlichen Ordnung zu stehen, hört sich doch erst einmal gut an. Auch, dass dies für Ehe und Familie gilt. Und für alle anderen?
Als das Grundgesetz (GG) der Bundesrepublik Deutschland am 23. Mai 1945 voller Stolz präsentiert wurde, war es den Vätern und Müttern der Verfassung nicht wichtig, die Begriffe „Familie" und „Ehe" näher zu definieren. Es war viel zu selbstverständlich, dass damit nur die Beziehungen zwischen Mann und Frau, nicht aber gleichgeschlechtliche Partnerschaften gemeint waren. Ehe gilt nach wie vor als eine im Prinzip auf Lebenszeit angelegte und dauerhafte Gemeinschaft von Mann und Frau: „Bis dass der Tod Euch scheidet."
Heute hat sich das Verständnis von Familie geändert: Familie ist da, wo Kinder leben. Ob alleinerziehende Mütter und Väter, ob gleichgeschlechtliche Ehe oder Patchwork-Beziehungen mit Kindern, sie alle sind Familien. Und auch für sie alle gilt der Artikel 6 GG.
Der „besondere Schutz" von Ehe und Familie bedeutet eigentlich ein Privileg gegenüber anderen Lebensgemeinschaften. Die Unterschiede sind allerdings sehr gering. Auf den Punkt gebracht: Man kann in der Ehe das steuerlich günstige Ehegattensplitting (s. auch S. 194) in Anspruch nehmen und Kinder adoptieren.

M 3

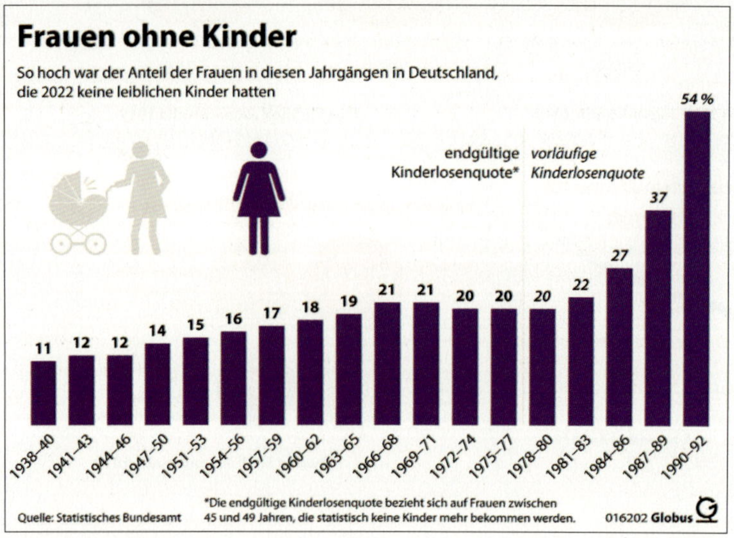

Arbeitsvorschläge

1. *Erstellen Sie einen Spickzettel (s. S. 209) zum Art. 6 GG. (M 1) Erklären Sie einander mithilfe des Spickzettels den Inhalt dieses Grundgesetzartikels.*
2. *Formulieren Sie Ihre Meinung zu Ehe und Familie (s. auch M 2). Tauschen Sie sich dazu mit einer Partnerin/einem Partner Ihrer Wahl aus.*
3. *Werten Sie die Infografik in M 3 aus. Beschreiben Sie, welche Schlussfolgerung Sie daraus für Ihre persönliche Familienplanung ziehen.*

3.3 Staatliche Unterstützung von Familien

Nach dem Grundgesetz ist der Staat verpflichtet, Ehe und Familie zu fördern und zu schützen. Pflege und Erziehung der Kinder aber sind oberste Pflicht und das natürliche Recht der Eltern, dem Staat fällt nur eine überwachende und ergänzende Aufgabe zu.

Jede Menge staatliche Förderungen für Familien mit Kind(ern) – hier eine Auswahl

Kindergeld gibt es
- generell für Kinder bis zum 18. Lebensjahr,
- für Kinder in Ausbildung oder bei Absolvierung eines FSJ (Freiwilliges Soziales Jahr) bis maximal bis zum 25. Lebensjahr,
- für Kinder ohne Arbeit bis maximal zum 21. Lebensjahr,
- für Kinder, die wegen einer Behinderung außerstande sind, sich selbst zu unterhalten (ohne Altersgrenze).

Elternzeit
- Nach der Geburt eines Kindes gibt es bis zu drei Jahren Freistellung von der Arbeit (für beide Elternteile), ohne dass der Arbeitgeber kündigen kann (s. auch Kapitel „Sozialer Arbeitsschutz“, S. 88 f.).
- Wollen die Eltern diese drei Jahre nicht im Stück beanspruchen, können sie noch maximal 24 Monate in drei Zeitabschnitten bis zum achten Geburtstag des Kindes verteilen.
- Auf Elternzeit besteht ein Rechtsanspruch, d. h., sie ist einklagbar. Einziges Problem ist das Einkommen der Familie, das sich durch die Inanspruchnahme von Elternzeit verringert (s. Elterngeld, S. 89).

Elterngeld und ElterngeldPlus
- Das Elterngeld ist auf maximal 1 800,00 € pro Monat und 12 + zwei Monate begrenzt (beide Eltern teilen sich die Elternzeit), Kindergeld gibt es zusätzlich.
- Das ElterngeldPlus ist ein Anreiz für Paare, sich die Kindererziehung aufteilen, z. B. durch Teilzeitbeschäftigung.
- Alleinerziehenden kann das ElterngeldPlus bis zu maximal 28 Monaten finanziell helfen.

Kinderzuschlag
- Er steht Eltern zu, die mit ihrem Einkommen nicht ausreichend für ihre Kinder sorgen können.
- Einkommensabhängig wird bis zu 250,00 € monatlich pro Kind auf das Kindergeld draufgelegt (ab 01.01.2023) – festgeschrieben im sogenannten „Starke-Familien-Gesetz“.
- Er steht Eltern zu, die ohne diesen Zuschlag auf Bürgergeld angewiesen wären.

Unterhaltsvorschuss
- Anspruch darauf haben Kinder, die bei einem alleinerziehenden Elternteil leben und vom anderen Elternteil keinen oder nicht ausreichenden Unterhalt erhalten.

Ausbildungsförderung (BAföG)
- Anspruch darauf haben Schüler und Schülerinnen sowie Studierende, deren Eltern nicht allein für den Unterhalt ihrer Kinder während der Ausbildung aufkommen können.
- Der Bezug von BAföG ist an das Kindergeld gekoppelt – also maximal bis zum 25. Geburtstag.

Berufsausbildungsbeihilfe
- Anspruch haben Schülerinnen und Schüler in berufsvorbereitenden Bildungsmaßnahmen und Auszubildende, die z. B. nicht bei den Eltern wohnen können, da der Ausbildungsbetrieb zu weit entfernt ist. Weitere Informationen und Voraussetzungen unter www.arbeitsagentur.de.

Partnerschaftsbonus

Die Eltern können jeweils vier zusätzliche Monate ElterngeldPlus erhalten. Das ist nur in vier aufeinanderfolgenden Lebensmonaten möglich. Voraussetzung ist, dass beide Eltern in dieser Zeit Teilzeit arbeiten, und zwar mindestens 25 und höchstens 30 Stunden pro Woche.

Diskussion um das Elterngeld

Um den Bundeshaushalt 2024 zu entlasten, wird überlegt, das Elterngeld für Paare abzuschaffen, die ein gemeinsames Jahreseinkommen von 150 000,00€ haben.

Kindergeld 2023

Seit dem 01.01.2023 gibt es für jedes Kind einheitlich 250,00 € Kindergeld pro Monat.

Arbeitsvorschläge

1. *Finden Sie mithilfe einer Internetrecherche (s. S. 123) weitere Fördermaßnahmen für Familien. Gestalten Sie dazu eine Mindmap (s. S. 139).*
2. *Ermitteln Sie in Partnerarbeit weitere Möglichkeiten der Inanspruchnahme von Elterngeld und ElterngeldPlus. Nutzen Sie für Ihre Recherche das Internet.*

3.4 Rechtliche Bestimmungen für die Ehe

Eheschließung
- nur vor dem Standesbeamten
- persönliches Jawort
- **Ehemündigkeit:** Volljährigkeit mindestens einer Partnerin/eines Partners bzw. Erlaubnis des Vormundschaftsgerichts
- **Ehehindernisse:** Es besteht noch eine Ehe, Bestehen eines Verwandtschaftsverhältnisses.

Gleichgeschlechtliche Ehen

Es hat Jahrzehnte gedauert, bis der § 1353 Abs. 1 Satz 1 des BGB geändert wurde. Seit 01.10.2017 lautet die Vorschrift: „Die **Ehe** wird von zwei Personen **verschiedenen oder gleichen Geschlechts** auf Lebenszeit geschlossen." Dies geschieht mit allen Rechten und Pflichten wie die bisher ausschließlich gültige Ehe zwischen Mann und Frau. Damit gibt es keine gleichgeschlechtlichen Lebenspartnerschaften mehr, deren Rechte stark eingeschränkt waren, sondern nur noch die **„Ehe für alle"**.

Die Eheschließung ist ein familienrechtlicher Vertrag zwischen zwei Personen verschiedenen oder gleichen Geschlechts vor dem Standesbeamten mit Rechten und Pflichten. Damit gehen beide Ehepartner weitreichende rechtliche Verpflichtungen ein. Die gesetzlichen Bestimmungen sind im Bürgerlichen Gesetzbuch (BGB) festgelegt.

M 1 **Rechtsfolgen der Eheschließung**
- Die Ehe wird auf **Lebenszeit** geschlossen.
- Die Ehegatten sind zur **Lebensgemeinschaft verpflichtet**.
- Die Ehegatten sind **einander** zum **Unterhalt** verpflichtet.
- Die Ehegatten sind verpflichtet, die Familie und Verwandten in **gerader Linie** (s. auch Randleiste, S. 60) angemessen zu **unterhalten**.
- Eltern haben das **Recht** und die **Pflicht**, für das minderjährige Kind zu sorgen.
- Die **Haushaltsführung** im gemeinsamen Haushalt erfolgt **in gegenseitigem Einvernehmen**.
- Beide Ehepartner können **berufstätig** sein, haben dabei aber **Rücksicht** zu **nehmen** auf den Ehepartner oder die Ehepartnerin und auf die Familie.
- Die Ehepartner sind **gleichberechtigt**.

Das **Namensrecht** (geregelt im Bürgerlichen Gesetzbuch) lässt den Eheleuten die freie Wahl bei der Festlegung der Nachnamen nach der Eheschließung. So können beispielsweise beide ihren vorherigen Nachnamen behalten. Sie können aber auch einen gemeinsamen Nachnamen oder einen Doppelnamen wählen. Möglich ist ebenfalls das Führen eines Ehenamens, den einer von beiden aus einer früheren Ehe mitgebracht hat. Die Kinder erhalten den Ehenamen der Eltern oder den Namen eines der beiden Elternteile, aber keinen Doppelnamen.
Die Gleichberechtigung in Partner- und Elternschaft scheint für die meisten jungen Ehepaare normal zu sein. Immerhin sind nach einer aktuellen Umfrage 90 % überzeugt, dass sich beide Elternteile um Familien- und Erziehungsarbeit kümmern sollten. Doch häufig erfolgt mit der Geburt des ersten Kindes eine deutliche Aufgabendifferenzierung in Partner- und Elternschaft. Die traditionellen Rollen werden eingenommen: Der Mann ist für die finanzielle Versorgung der Familie zuständig, die Frau unterbricht ihre Berufstätigkeit oder gibt sie sogar auf, um sich familiären Aufgaben zu widmen. Ähnliches gilt auch in gleichgeschlechtlichen Ehen: Ein Elternteil widmet sich zum überwiegenden Teil familiären Aufgaben wie der Kindererziehung.

M 2

Karikatur von Stefan Rothe: Sie dürfen die Braut jetzt küssen..., 10.05.2020

Arbeitsvorschläge

1. *Wo klaffen gesetzlicher Anspruch und Wirklichkeit im Eherecht Ihrer Meinung nach am stärksten auseinander? Halten Sie dazu einen Kurzvortrag. (M 1)*
2. *Beurteilen Sie Veränderungen in der Gesellschaft, die die „Ehe für alle" mit sich bringt. Interpretieren Sie in diesem Kontext auch die Karikatur M 2 mithilfe der Methode „Analyse politischer Karikaturen" (s. S. 248 f.).*

3.5 Eheliches Güterrecht

Die Hochzeitsglocken sind verklungen, der Ehealltag beginnt. Da gibt es noch Dinge, über die man nachdenken sollte: Darf ich allein über mein mit in die Ehe gebrachtes Vermögen (Geld, Immobilien, Auto, Wohnung, Haus und anderes) verfügen und entscheiden? Gehört uns alles gemeinsam und was ist mit dem, was wir gemeinsam erarbeiten?
Zu diesem Zeitpunkt denkt keiner an die Beendigung der Ehe ... Und doch sollte gut überlegt werden: Welcher Güterstand ist für die eigene Ehe der sinnvollste? Lassen Sie sich im Zweifelsfall von einem Fachanwalt/einer Fachanwältin für Familienrecht oder von einer Notarin/einem Notar beraten.

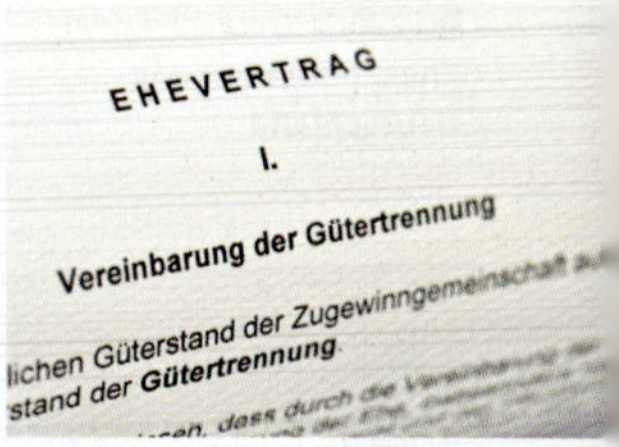

M 1 Zugewinngemeinschaft

Dieser Güterstand tritt mit der Eheschließung ein, wenn die Ehepartner nichts vertraglich geregelt haben.
Bedeutung gewinnt diese Regelung nur, wenn die Ehe geschieden wird. Dann muss geteilt werden. Hier ein Rechenbeispiel:

	Partner/-in 1	Partner/-in 2
Vermögen am Anfang der Ehe Vermögen am Ende der Ehe	20 000,00 € 70 000,00 €	10 000,00 € 40 000,00 €
Zugewinn	50 000,00 €	30 000,00 €
Ausgleichsforderung des Partners 2 gegen den Partner 1	50 000,00 € – 30 000,00 € : 2 = 10 000,00 €	

M 2 Gütertrennung

Gütertrennung bedeutet, dass die Vermögensbereiche der Ehepartner auch nach der Eheschließung strikt getrennt bleiben. Die Eheleute werden vermögensmäßig so behandelt, als ob sie nicht verheiratet wären.

M 3 Gütergemeinschaft

Durch den Vertrag zur Gütergemeinschaft wird das Vermögen der Ehepartner grundsätzlich vollständig gemeinschaftliches Vermögen beider. Es ist dann völlig unerheblich, ob das Vermögen mit in die Ehe gebracht wurde oder während der Ehe erworben wurde.

M 4

Güterstand

Mit der Eheschließung ist das Ehepaar nicht nur einander zugehörig, sondern es muss auch entscheiden, wie es mit seinem Vermögen umgehen möchte: Die Ehepartner können wählen zwischen der gesetzlichen Regelung oder vertraglichen Regelungen. Das nennt man Güterstand.

Zugewinn

Dieser Begriff beschreibt den Vermögenszuwachs beider Ehepartner während ihrer Ehe. Dieses Vermögen ist nicht nur das gemeinsame Geld, das am Ende auf dem Konto der Eheleute vorhanden ist, sondern auch gemeinsam gekaufte Immobilien, Aktien, Gesellschaftsanteile und anderes.

Arbeitsvorschläge

1. *Erklären Sie einer Partnerin/einem Partner mit eigenen Worten die Begriffe „Zugewinn“ und „Güterstand“. (M 4)*
2. *Notieren Sie in einer Tabelle Vor- und Nachteile der Güterstände „Zugewinngemeinschaft“, „Gütertrennung“ und „Gütergemeinschaft“ in einer Ehe. (M 1, M 2, M 3). Führen Sie dazu eine Internetrecherche durch (s. S. 123).*
3. *Überlegen Sie sich ein ähnliches Beispiel wie in der Tabelle in M 1. Erklären Sie es einer Mitschülerin/einem Mitschüler.*

3.6 Die Ehescheidung

M 3

Eheschließungen in Deutschland

Jahr	Ehe-schließungen
2022	390 743
2019	416 324
2015	400 115
2013	373 660
2011	377 816
2006	373 681
2001	389 591
1996	427 297
1991	454 291

vgl. Statistisches Bundesamt (Destatis) 20.11.2023

Oft holt der Alltag die Eheleute ein. Die Sorge um Kinder, alte Eltern und nicht zuletzt die Arbeit können zermürben. Trotzdem sollte es gut überlegt sein, ob eine Trennung der richtige Weg ist. Beziehungsprobleme können in vielen Fällen vor, während und nach einer Trennung durch professionelle Hilfe von außen gelöst werden. Familien haben Anspruch auf eine kostenlose Beratung und können umfangreiche Hilfe bei einer Ehe- oder Familienberatung beim Jugendamt oder bei freien Trägern erhalten.

M 1 Sollte auch das nicht helfen, ist die Ehe **gescheitert**, und es besteht **keine Lebensgemeinschaft** mehr. Die Eheleute (oder nur ein Ehepartner/eine Ehepartnerin) müssen dann einen **Antrag auf ein Scheidungsurteil** stellen (s. M 2). Bis dahin sieht das BGB aber einige Hürden vor. Der **Maßstab für das Scheitern** der Ehe ist die Trennungszeit, d. h. die Zeit, in der das Ehepaar tatsächlich **getrennt lebt**.

- In **besonderen Härtefällen** kann bereits bei **Trennung *vor* Ablauf eines Jahres** geschieden werden.
- Wenn beide einverstanden sind, kann bei **Trennung *nach* Ablauf eines Jahres** geschieden werden.
- **Stimmt eine Ehepartnerin/ein Ehepartner** der Scheidung **nicht zu**, kann frühestens **nach Ablauf von drei Jahren** nach der **Trennung** geschieden werden. Eine Ehepartnerin/ein Ehepartner kann dann die Scheidung **einseitig durchsetzen**, falls nicht **besondere Härte** dies ausnahmsweise verbietet.

M 2 **Das Scheidungsverfahren**

Das Scheidungsverfahren beginnt mit dem Scheidungsantrag. Dieser darf nicht allein gestellt werden, sondern es ist dazu eine Fachanwältin oder ein Fachanwalt für Familienrecht zu beauftragen. Die Anwältin oder der Anwalt reicht den Scheidungsantrag beim Amtsgericht ein.

Ehescheidungen in Deutschland

Jahr	Ehe-scheidungen
2022	137 400
2019	149 000
2015	163 335
2013	169 800
2011	187 640
2006	190 928
2001	197 498
1996	177 550
1991	136 317

vgl. Statistisches Bundesamt (Destatis) 28.06.2023

Versorgungsausgleich

Beim Versorgungsausgleich (gemeint ist die Versorgung des geschiedenen Ehepartners bei Eintritt in die Rente) werden gemeinsam erworbene Rentenanrechte während der Ehezeit geteilt. So erhält die Person eine eigenständige Absicherung für Alter und Erwerbsunfähigkeit, welche während der Ehezeit auf eine eigene Erwerbstätigkeit verzichtet hat. Gründe dafür können z. B. Kindererziehung oder die Pflege von Familienmitgliedern sein.

Scheidungskosten

Die Scheidungskosten richten sich nach dem monatlichen Nettoeinkommen der Eheleute. Die Berechnung ist aufwendig. Deshalb ist es sinnvoll, sich vor Einreichung der Scheidung über die Scheidungskosten zu informieren. Hierüber gibt die Rechtsanwältin oder der Rechtsanwalt Auskunft. Eine kostenlose Scheidung gibt es nicht, auch wenn ein Ehepartner über kein eigenes Einkommen verfügt. Wer mehr verdient, muss mehr zahlen.

Arbeitsvorschlag

Recherchieren Sie Gründe für die unterschiedlichen Trennungszeiten vor der Scheidung in M 1. Erstellen Sie dazu eine Übersicht.

3.7 Das geteilte Sorge- und Umgangsrecht für Kinder

Getrennt leben – gemeinsam Verantwortung übernehmen

Eine Trennung oder Scheidung ist sowohl für die betroffenen Kinder als auch für die Eltern eine Belastung. Traurige, emotionale und belastende Situationen entstehen. Mit dem Auseinandergehen der Eltern ist meist eine Auflösung der bisherigen Familie verbunden. Es findet eine Neuorientierung statt. Die Eltern als Paar trennen sich, die Elternschaft bleibt bestehen.

Die Eltern müssen nach der Trennung darüber entscheiden, wo und in welchem Umfang das Kind/die Kinder leben wird/werden. Bei dieser Entscheidung geht es um Fragen des **Sorgerechts** und des **Umgangsrechts**. Das Wohl des Kindes steht dabei im Mittelpunkt der Entscheidungen. Eltern sollten deshalb möglichst einvernehmliche Vereinbarungen zugunsten des Kindes bzw. der Kinder treffen.

M 1

Karikatur von Klaus Stuttmann, 04.08.2010

M 2 Das Sorgerecht

Eltern wünschen sich, für ihr gemeinsames Kind da zu sein. Aber sie haben auch die Pflicht und das Recht, für ihr minderjähriges Kind zu sorgen. Diese Sorge tragen die Eltern meist gemeinsam. Sind die Eltern verheiratet, erlangen beide mit der Geburt des Kindes automatisch die gemeinsame elterliche Sorge.

Sind die Eltern zum Zeitpunkt der Geburt nicht verheiratet, erhält in jedem Fall die Mutter die elterliche Sorge. Beim anderen Elternteil ist die Begründung der elterlichen Sorge abhängig von bestimmten Voraussetzungen. Das andere Elternteil muss als Vater rechtlich anerkannt werden. Das wird es, wenn es das Kind mit Zustimmung der Mutter als eigenes anerkennt oder wenn ein Gericht die Vaterschaft feststellt. Komplizierter wird es bei gleichgeschlechtlichen Partnerschaften. Kinder können hier leiblich sein (aber nicht von beiden Partnern bzw. Partnerinnen) oder adoptiert. In vielen Fällen ist dann die Hilfe des Jugendamts oder/und des Familiengerichts notwendig.

Das Sorgerecht umfasst

- Personensorge für das Kind,
- Vermögenssorge für das Kind,
- die rechtliche Vertretung für das Kind

Dabei bedeutet Personensorge insbesondere:
- Namensbestimmung,
- Aufenthaltsbestimmungsrecht,
- Schul- und Kita-Auswahl,
- Erziehung,
- Gesundheitssorge,
- Umgangsbestimmungsrecht.

M 3 Das Umgangsrecht

Jedes Kind hat das **Recht auf Umgang** mit **beiden Elternteilen**, und jeder Elternteil hat das **Recht** und die Pflicht zum Umgang mit dem Kind. Das Familiengericht kann beide Elternteile deshalb auch zum Umgang mit ihrem Kind verpflichten. Voraussetzung ist, dass dies dem **Wohl des Kindes** dient.

Umgangsrecht bedeutet in erster Linie die Befugnis, dass Eltern ihr Kind in regelmäßigen Abständen **sehen** und **sprechen** können.

Der Umgang dient dazu, die Beziehung des Kindes zu nahestehenden Personen zu fördern. Vor allem nach einer Trennung oder Scheidung sollen natürlich die **familiären Beziehungen** des Kindes so weit wie möglich **erhalten** bleiben. Der Kontakt mit beiden Elternteilen ist dabei von besonderer Bedeutung. Ein **Recht auf Umgang** können deshalb auch die **Großeltern** und die **Geschwister** des Kindes haben. In Einzelfällen betrifft das auch **enge Bezugspersonen** des Kindes, die für das Kind tatsächliche Verantwortung tragen oder getragen haben.

Unterhaltsrecht, Unterhaltspflicht

Eltern müssen für ihre Kinder Unterhalt erbringen, entweder in Form von Pflege und Erziehung oder in Form von finanziellen Beiträgen (s. S. 60).

Arbeitsvorschläge

1. *Erklären Sie die Begriffe „Sorgerecht" und „Umgangsrecht". (M 2, M 3)*
2. *Interpretieren Sie die Karikatur M 1 mithilfe der Methode „Analyse politischer Karikaturen" (s. S. 248 f.).*
3. *Recherchieren Sie, ob es in Deutschland möglich ist, mehr als zwei Eltern mit allen dazugehörigen Rechten und Pflichten zu haben.*

3.8 Die Unterhaltspflicht

Verwandtschaft

Rechtsbeziehungen zwischen natürlichen Personen, die auf Abstammung beruhen
a) **gerade Linie**
Großeltern
Eltern
Kinder
Enkel
b) **Seitenlinie**
Geschwister
Onkel/Tanten
Neffen/Nichten

Unterhaltspflicht wird in Deutschland nach wie vor von vielen Menschen verkannt. Innerhalb der Familie sind alle füreinander verantwortlich, und zwar nicht nur die Eltern für die Kinder. Auch unsere Eltern brauchen unter Umständen im Alter Hilfe. Wenn ein Pflegeheim notwendig wird und das Einkommen der Eltern nicht reicht, können die Kinder zur Finanzierung mit herangezogen werden. In den meisten Familien ist dies auch selbstverständlich. Kommt es aber zu Trennungen, Scheidungen oder auch zu schweren Konflikten in der Familie, sieht die Sache schon anders aus. Um hier den einzelnen Menschen und seine Existenz zu schützen, hat der Staat die **Unterhaltspflicht im Bürgerlichen Gesetzbuch geregelt**.
Gesetzliche Unterhaltsverpflichtungen haben
- Eheleute untereinander,
- Eltern ihren leiblichen und adoptierten Kindern gegenüber,
- eingetragene Lebenspartnerinnen/Lebenspartner untereinander,
- Verwandte in gerader Linie untereinander (s. auch Randleiste – „Verwandtschaft"),
- Partnerinnen und Partner aus aufgelösten Ehen oder eingetragenen Lebenspartnerschaften untereinander,
- Eltern eines nichtehelichen Kindes untereinander.

Keine Unterhaltsverpflichtungen bestehen zwischen den kinderlosen Partnern einer nicht eingetragenen **Lebensgemeinschaft**. Diese müssen, um sich gegenseitig abzusichern, alles vertraglich vereinbaren und möglichst notariell beurkunden lassen.

Düsseldorfer Tabelle

Sie wird herausgegeben vom Oberlandesgericht (OLG) Düsseldorf in Absprache mit den OLG in Deutschland. Den Familiengerichten und Jugendämtern dient sie als Richtschnur für die Festsetzung des Unterhaltes ehelicher und nicht ehelicher Kinder.

M 1

DÜSSELDORFER TABELLE

A. Kindesunterhalt

	Nettoeinkommen des/der Barunterhaltspflichtigen	Altersstufen in Jahren (§ 1612 a Abs. 1 BGB)				Prozentsatz	Bedarfskontrollbetrag
		0–5	6–11	12–17	ab 18		
	Alle Beträge in Euro						
1.	bis 2 100	480	551	645	689	100	1 200/1 450
2.	2 101 – 2 500	504	579	678	724	105	1 750
3.	2 501 – 2 900	528	607	710	758	110	1 850
4.	2 901 – 3 300	552	634	742	793	115	1 950
5.	3 301 – 3 700	576	662	774	827	120	2 050
6.	3 701 – 4 100	615	706	826	882	128	2 150
7.	4 101 – 4 500	653	750	878	938	136	2 250
8.	4 501 – 4 900	692	794	929	993	144	2 350
9.	4 901 – 5 300	730	838	981	1 048	152	2 450
10.	5 301 – 5 700	768	882	1 032	1 103	160	2 550
	[…]						

Präsident des Oberlandesgerichts Düsseldorf 2024

Arbeitsvorschläge

1. *Wie hoch ist der Unterhalt, den ein Unterhaltspflichtiger (Nettoeinkommen 3 400,00 €) monatlich für seine fünf und acht Jahre alten Kinder zahlen muss, die bei ihrer Mutter leben? (M 1)*
2. *Erstellen Sie eine Spinnwebanalyse (s. S. 196) zum Thema: „Wem gegenüber sind meine Eltern und ich unterhaltspflichtig?". Tauschen Sie sich in Zweiergruppen aus.*

3.9 Die nichteheliche Lebensgemeinschaft

M 1 **Paare**

„Im Jahr 2019 lebten in Deutschland 35,1 Millionen Personen als Eheleute zusammen, davon 15,8 Millionen zusammen mit Kindern und 19,3 Millionen ohne Kinder. Weitere 6,5 Millionen Personen lebten als unverheiratete Paare in einem Haushalt – 2,1 Millionen zusammen mit Kindern und 4,4 Millionen ohne Kinder. Bei den Paaren mit Kindern liegt die durchschnittliche Kinderzahl von Ehepaaren etwas höher als die von nichtehelichen Lebensgemeinschaften. Insgesamt lebten im Jahr 2019 vier von fünf Kindern in Paarhaushalten (80,7 Prozent/15,4 Mio.)."

Bundeszentrale für politische Bildung 2021

M 3 **Lebensformen**

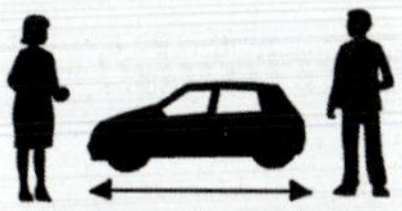

Wochenendbeziehung

Freie Wohn- und Lebensgemeinschaften

Schwule/lesbische Partnerschaften

Singles

Partnerschaft

Nichteheliche Lebensgemeinschaften nehmen einen großen Platz in der Gesamtheit der Paarbeziehungen in Deutschland ein. Es handelt sich dabei um Partnerschaften, die durchaus auch auf Dauer angelegt sind, ähnlich einer Ehe. Auch die Paare der nichtehelichen Lebensgemeinschaft sind freiwillig miteinander verbunden und stehen füreinander ein.

Die nichteheliche Lebensgemeinschaft ist nicht gesetzlich geregelt. Deshalb müssen die Partner, wenn Regelungen notwendig sind (z. B. beim Grundstückskauf, bei Nachlassangelegenheiten u. a.), schriftliche Verträge anfertigen und gegebenenfalls auch notarielle Unterstützung in Anspruch nehmen.

M 2 **Paare**

Nach Lebensformen, in absoluten Zahlen und Anteile in Prozent, 2019

	Eheleute und Lebenspartner[1], in Tsd.	Anteile, in Prozent
insgesamt	41 600	100,0
davon:		
Eheleute	35 089	84,3
davon:		
Eheleute mit Kindern[2] im Haushalt	15 772	37,9
davon:		
mit minderjährigen Kindern	11 446	27,5
ausschließlich mit volljährigen Kindern	4 326	10,4
Eheleute ohne Kinder im Haushalt	19 317	46,4
Lebenspartner	6 511	15,7
davon:		
Lebenspartner mit Kindern[2] im Haushalt	2 129	5,1
davon:		
mit minderjährigen Kindern	1 884	4,5
ausschließlich mit volljährigen Kindern	244	0,6
Lebenspartner ohne Kinder im Haushalt	4 382	10,5

1 hier nur Personen, die als Paar in einem Haushalt leben

2 Kinder sind hier ledige Personen (ohne Altersbegrenzung) mit mindestens einem Elternteil und ohne Lebenspartner/-in bzw. ohne eigene Kinder im Haushalt

Bundeszentrale für politische Bildung 2021.

Arbeitsvorschläge

1. *Stellen Sie die Zahlen in M 1 und M 2 mit geeigneten Varianten grafisch dar (s. S. 124 f.). Interpretieren Sie diese Zahlen.*
2. *Stellen Sie in einer Tabelle Vor- und Nachteile unterschiedlicher Lebensformen zusammen (M 3). Welche Lebensformen fehlen Ihrer Meinung nach? Ergänzen Sie diese.*

Interessen in Schule und Betrieb wahrnehmen

Methode:

Planspiel (vereinfacht): Gründung einer Jugend- und Auszubildendenvertretung (JAV)

Spiele sind Probehandlungen. Eine besondere Form ist hierbei das Planspiel, in dem die Austragung und Lösung von Problemen und Konflikten erprobt werden kann. Das Ziel ist eine anschließende Entscheidung.

Womöglich haben Sie betriebliche Konfliktsituationen schon selbst erlebt, z. B. wenn es um die Gewährung von Urlaub ging.
Wir schlagen Ihnen hier vor, mithilfe eines Planspiels Möglichkeiten der betrieblichen Konfliktregelung durch die Interessenvertretungen Betriebsrat und Jugend- und Auszubildendenvertretung zu erarbeiten und durchzuspielen.

1. Vorbereitung

Kostenlose Literatur:

Mitbestimmung – eine gute Sache. Alles über die Mitbestimmung und ihre rechtlichen Grundlagen.

Bundesministerium für Arbeit und Soziales
www.bmas.de

Der Ausgangspunkt ist die Gründung einer Jugend- und Auszubildendenvertretung. Mit ihrer Hilfe sollen betriebliche Konfliktsituationen, z. B. die Festlegung von Arbeitszeiten und Urlaub, gelöst werden.

Zu klärende Fragen:
- Worin besteht der Interessengegensatz?
- Wer sind die Beteiligten?
- Was sind die Ursachen?
- Was wollen wir erreichen?
- Wie ist die Rechtslage?
- Was können wir tun?
- Welche Hilfen brauchen wir?

Besetzen Sie folgende Arbeitsgruppen und besprechen Sie die jeweiligen Arbeitsaufträge, die sich aus dem Ablauf des Planspiels ergeben.

Arbeitsgruppen

Jugendliche und Auszubildende	Wahlberechtigung, Wählbarkeit, Zusammensetzung der JAV (§§ 60–62 BetrVG)
Kandidaten/Kandidatinnen Mitglieder der JAV	Aufgaben der JAV (§§ 65–71), Rechtslage Arbeitszeit/Urlaub: § 8, 19 JArbSchG
Betriebsrat	Zusammensetzung und Wahl (§§ 1, 7–9, 21, 26, 30, 39 BetrVG)
Wahlvorstand	Wahlvorschriften JAV (§§ 63 + Teile 14,14a, 16, 18–20 BetrVG)
Belegschaft (Beobachter/-innen)	Aufgaben, Mitwirkung und Mitbestimmung des Betriebsrates (§§ 80, 87–90, 97–99, 102, 103 BetrVG)
Geschäftsleitung	Abgrenzung zu Arbeitnehmern, Rechte/Pflichten (§§ 5 Abs. 2, 40, 41, 53 Abs. 2 Punkt 2, 81 BetrVG)

Arbeitsvorschläge

1. *Wählen Sie eine Spielleitung, falls Ihre Fachlehrerin/Ihr Fachlehrer diese Aufgabe nicht übernimmt. Bestimmen Sie dann je Arbeitsgruppe einen Gruppensprecher.*
2. *Informieren Sie sich gemeinsam mit Ihrer Gruppe über die Inhalte Ihrer Rollen und bereiten Sie die Durchführung des Planspiels vor.*
3. *Verabreden Sie, auf welche Weise die Ergebnisse des Planspiels präsentiert werden sollen.*

2. Durchführung

Die nicht beteiligten Schülerinnen und Schüler (Beobachterinnen und Beobachter) machen sich Notizen für die Auswertung. Die Kommunikation erfolgt schriftlich oder mündlich.

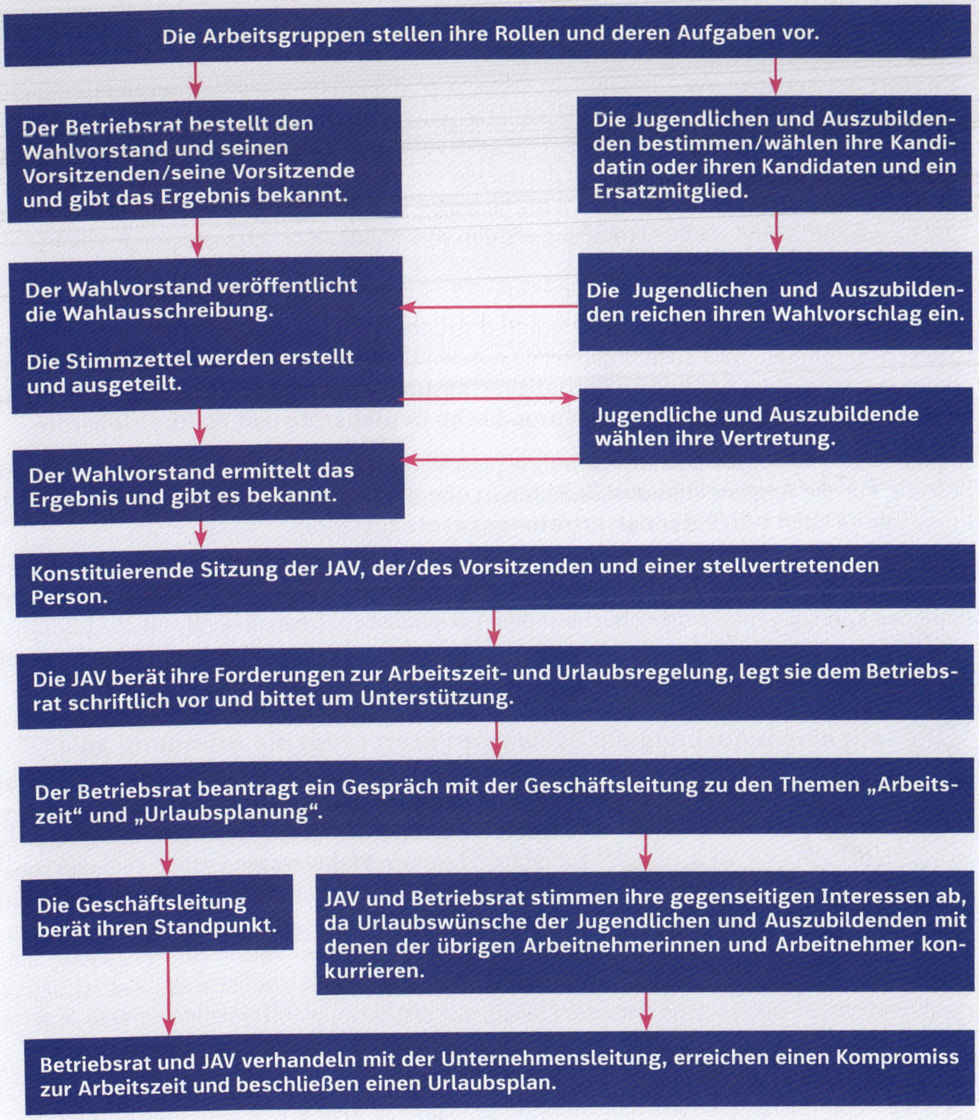

Materialien

Gruppenschilder
Plakatpapier
(z. B. Restrollen von Druckereien)
farbige Marker
Klebeband
Schere

Papier für erforderlichen Schriftverkehr

Formblätter zur JAV-Wahl
Tipp: bei einer Gewerkschaft nachfragen

Wahlumschläge
Wahlurnen
Wahlkabine
„Wahllokal“

Auswertung

Mögliche Fragestellungen für die Auswertung:
- Sind die fachlichen Inhalte deutlich geworden?
- Überzeugten die Spielerinnen und Spieler in ihren Rollen?
- War die Präsentation optisch und akustisch verständlich?
- Gibt es Verbesserungsvorschläge für das Spiel und den Spielablauf?

Arbeitsvorschläge

1. *Führen Sie in Ihrer Klasse ein Planspiel „Wahl einer Jugend- und Auszubildendenvertretung“ durch.*
2. *Führen Sie die Verhandlungen mit der Unternehmensleitung wegen der Überstunden und der Urlaubsregelungen in einem Rollenspiel durch.*

1 Mitbestimmung und Interessenvertretung im Betrieb

1.1 Der Betriebsrat

Logistik
Beschaffungswesen, z. B. Transport und Lagerung von Material

M 1 Erfolg für VW-Gesamtbetriebsrat: Roadmap „Digitale Transformation mit Beschäftigungssicherung"

Im März 2019 kündigt VW-Chef Herbert Diess in Wolfsburg bei einer Betriebsversammlung an, in Deutschland müssten 7000 Arbeitsplätze „eingespart" werden. Die Gründe seien Digitalisierung und Elektromobilität. Der Betriebsratsvorsitzende Bernd Osterloh protestiert heftig. Im Juni 2019 stellt der Betriebsrat die mit VW ausgehandelte „Roadmap Digitalisierung" vor. Für alle deutschen Standorte wird die bisherige Beschäftigungssicherung von 2025 auf 2029 erweitert. Mittel zur Qualifizierung werden von 60 auf etwa 160 Millionen € erhöht.
(Autorentext)

Betriebe mit Betriebsrat nach Beschäftigten 2021

Beschäftigte	Betriebsräte West	Betriebsräte Ost
5 bis 50	7 %	8 %
51 bis 500	49 %	48 %
über 500	86 %	86 %

vgl. Institut für Arbeitsmarkt- und Berufsforschung der Bundesagentur für Arbeit 2022

Hinweis: Die nächste Betriebsratswahl ist 2025.

Betriebsräte sind die Interessenvertreter der Arbeitnehmerinnen und Arbeitnehmer in privaten Unternehmen. Ihre Zusammenarbeit mit den Unternehmensleitungen und ihre Mitbestimmungsmöglichkeiten sind im **Betriebsverfassungsgesetz (BetrVG)** geregelt. Internationale Unternehmen, z. B. VW, haben **Europäische Betriebsräte** und **Weltbetriebsräte**.

Jugendliche und Auszubildende können eigene Vertretungen bilden, wenn ein Betriebsrat besteht. Für die Angestellten und Beamten in öffentlichen Verwaltungen und Schulen sind Personalräte nach dem **Personalvertretungsgesetz** zuständig.

Die Bildung von Betriebsräten ist freiwillig. Es müssen sich nur genügend Beschäftigte finden, die bereit sind, dafür zu kandidieren. Früher wurden vor allem in kleineren und mittleren Betrieben Kandidierende eingeschüchtert oder gar entlassen. Deshalb sind seit 2021 Beschäftigte, die eine Betriebsratswahl vorbereiten wollen und dies „öffentlich beglaubigen" lassen, grundsätzlich für bis zu drei Monate unkündbar.

M 2 Mit einem Aushang am Schwarzen Brett fängt die Gründung an

Was müssen Arbeitnehmerinnen und Arbeitnehmer tun, die eine Vertretung gründen? Nach dem Betriebsverfassungsgesetz ist zunächst eine Betriebsversammlung einzuberufen, die einen **Wahlvorstand** wählt. Einladen können drei volljährige Angestellte des Betriebs oder eine im Betrieb vertretene Gewerkschaft. Eine besondere Form ist nicht vorgeschrieben. Meist reicht eine Einladung am Schwarzen Brett. Teilnehmen können alle Beschäftigten während der Arbeitszeit. Sind darunter Frauen, müssen sie im Wahlvorstand vertreten sein.

M 3 Die regelmäßige Amtszeit eines Betriebsrats beträgt vier Jahre. Nach der Wahl wählen die neuen Mitglieder aus ihrer Mitte einen Vorsitzenden und einen Stellvertreter. Für Beschlüsse muss mindestens die Hälfte der Mitglieder anwesend ein. Bei Stimmengleichheit ist ein Beschluss abgelehnt. Alle **Kosten** der Betriebsratsarbeit trägt der Arbeitgeber. Der Betriebsrat führt während der Arbeitszeit regelmäßig **Sprechstunden** durch. Ihr Besuch darf für die Beschäftigten nicht zu Entgeltkürzungen führen. Gibt es eine Jugend- und Auszubildendenvertretung (JAV) ohne eigene Sprechstunden, kann eine Vertreterin/ein Vertreter der JAV zur Beratung der Jugendlichen und Auszubildenden an den Sprechstunden des Betriebsrats teilnehmen.
In Betrieben mit mehr als 200 Beschäftigten ist mindestens ein Betriebsratsmitglied von der beruflichen Tätigkeit „freizustellen". Es kann sich voll seinen Betriebsratsaufgaben widmen. Die Zahl der **Freistellungen** erhöht sich mit der Zahl der Beschäftigten.
Der Betriebsrat muss vierteljährlich eine **Betriebsversammlung** einberufen und der Belegschaft einen Tätigkeitsbericht vorlegen. Die Betriebsversammlung findet grundsätzlich während der Arbeitszeit statt. Der Arbeitgeber ist dazu einzuladen, hat Rederecht und muss einmal im Jahr über das Personal- und Sozialwesen berichten.

Betriebsratsarbeit ist Ehrenamt
Der Bundesgerichtshof hat 2023 geurteilt, VW habe Betriebsratsvorsitzenden zu hohe Gehälter bewilligt. Sie dürfen „wegen ihrer Tätigkeit nicht benachteiligt oder begünstigt werden" (§ 78 BetrVG).

M 4 Betriebsverfassungsgesetz

§ 1 Errichtung von Betriebsräten
(1) In Betrieben mit in der Regel mindestens fünf ständigen wahlberechtigten Arbeitnehmern, von denen drei wählbar sind, werden Betriebsräte gewählt. [...]
§ 7 Wahlberechtigung
Wahlberechtigt sind alle Arbeitnehmer des Betriebs, die das 16. Lebensjahr vollendet haben. Werden Arbeitnehmer eines anderen Arbeitgebers zur Arbeitsleistung überlassen, so sind diese wahlberechtigt, wenn sie länger als drei Monate im Betrieb eingesetzt werden.
§ 8 Wählbarkeit
Wählbar sind alle Wahlberechtigten, die sechs Monate dem Betrieb angehören oder als in Heimarbeit Beschäftigte in der Hauptsache für den Betrieb gearbeitet haben. [...]
§ 14 Wahlvorschriften. (1) Der Betriebsrat wird in geheimer und unmittelbarer Wahl gewählt.
(3) Zur Wahl des Betriebsrates können die wahlberechtigten Arbeitnehmer und die im Betrieb vertretenen Gewerkschaften Vorschläge machen.
§ 14a Vereinfachtes Wahlverfahren für Kleinbetriebe. In Betrieben mit in der Regel fünf bis einhundert wahlberechtigten Arbeitnehmern wird der Betriebsrat in einem zweistufigen Verfahren gewählt. In einer ersten Versammlung wird der Wahlvorstand nach § 17a Nr. 3 gewählt. Auf einer zweiten Wahlversammlung wird der Betriebsrat in geheimer und unmittelbarer Wahl gewählt. Diese Wahlversammlung findet eine Woche nach der Wahlversammlung zur Wahl des Wahlvorstandes statt.
§ 15 Zusammensetzung nach Beschäftigungsarten und Geschlechtern
(1) Der Betriebsrat soll sich möglichst aus Arbeitnehmern der einzelnen Organisationsbereiche und der verschiedenen Beschäftigungsarten der im Betrieb tätigen Arbeitnehmer zusammensetzen.
(2) Das Geschlecht, das in der Belegschaft in der Minderheit ist, muss mindestens entsprechend seinem zahlenmäßigen Verhältnis im Betriebsrat vertreten sein, wenn dieser aus mindestens drei Mitgliedern besteht.

Anzahl der Betriebsratsmitglieder

Wahlberechtigte	Mitglieder
5- 20	1
21- 50	3
51- 100	5
101- 200	7
201- 400	9
401- 700	11
701-1 000	13
1 001-1 500	15
1 501-2 000	17
2 001-2 500	19
2 501-3 000	21
3 001-3 500	23
3 501-4 000	25
4 001-4 500	27
4 501-5 000	29
5 001-6 000	31
6 001-7 000	33
7 001-8 000	35
8 001-9 000	37

Je weitere angefangene 3 000 Arbeitnehmer zwei Mitglieder mehr

M 5 § 80 (1) Der Betriebsrat hat folgende allgemeine Aufgaben (z. T. gekürzt):

1. darüber zu wachen, dass die zugunsten der Arbeitnehmer geltenden Gesetze, Verordnungen, Unfallverhütungsvorschriften, Tarifverträge und Betriebsvereinbarungen durchgeführt werden;
2. Maßnahmen, die dem Betrieb und der Belegschaft dienen, beim Arbeitgeber zu beantragen;
2a die Durchsetzung der tatsächlichen Gleichstellung von Frauen und Männern [...] zu fördern;
2b die Vereinbarkeit von Familie und Erwerbstätigkeit zu fördern;
3. Anregungen von Arbeitnehmern und der Jugend- und Auszubildendenvertretung entgegenzunehmen und, falls sie berechtigt erscheinen, durch Verhandlungen mit dem Arbeitgeber auf eine Erledigung hinzuwirken; bei Einführung und Anwendung von künstlicher Intelligenz [...] gilt [...] die Hinzuziehung eines Sachverständigen.
4. die Eingliederung Schwerbehinderter und sonstiger besonders schutzbedürftiger Personen zu fördern;
5. die Wahl einer Jugend- und Auszubildendenvertretung durchzuführen. [...] Er kann von der Jugend- und Auszubildendenvertretung Vorschläge und Stellungnahmen anfordern;
6. die Beschäftigung älterer Arbeitnehmer im Betrieb zu fördern;
7. die Integration ausländischer Arbeitnehmer im Betrieb und das Verständnis zwischen ihnen und den deutschen Arbeitnehmern zu fördern sowie Maßnahmen zur Bekämpfung von Rassismus und Fremdenfeindlichkeit im Betrieb zu beantragen;
8. die Beschäftigung im Betrieb zu fördern und zu sichern;
9. Maßnahmen des Arbeitsschutzes und des betrieblichen Umweltschutzes zu fördern.

Das Home-Office während der Coronapandemie und die Digitalisierung haben zur Erweiterung der Mitbestimmung geführt (s. BetrVG § 80 Abs. 3 in M 5).

Arbeitsvorschläge

1. *a) Geben Sie den Inhalt von M 1 auf S. 64 mit eigenen Worten wieder.*
b) Benennen Sie den Anlass für diese Betriebsvereinbarung.
2. *Erstellen Sie eine Tabelle zum Thema „Vorbereitung der Betriebsratswahlen". (M 2, M 4)*
3. *Notieren Sie stichwortartig wichtige Bestandteile der Mitbestimmung. (M 3)*
4. *Ermitteln Sie aus M 5*
a) je zwei Beispiele für Überwachungsaufgaben und Förderpflichten von Betriebsräten und
b) Aufgaben im Zusammenhang mit Jugend- und Auszubildendenvertretungen.
5. *Nennen Sie einige Gründe dafür, dass es in vielen kleineren Betrieben keinen Betriebsrat gibt.*

1.2 Mitwirkung und Mitbestimmung der Arbeitnehmerinnen und Arbeitnehmer

Während die Mitwirkung und Mitbestimmung der Beschäftigten nur durch einen Betriebsrat erfolgen kann, sind im Betriebsverfassungsgesetz außerdem persönliche Rechte der **einzelnen Arbeitnehmerinnen und Arbeitnehmer** geregelt.

M 1 **§ 81 Unterrichtungs- und Erörterungspflicht des Arbeitgebers**

(1) Der Arbeitgeber hat den Arbeitnehmer über dessen Aufgabe und Verantwortung und über die Art seiner Tätigkeit und ihre Einordnung in den Arbeitsablauf des Betriebs zu unterrichten. Er hat den Arbeitnehmer vor Beginn der Beschäftigung über Unfall und Gesundheitsgefahren [...] sowie über die Maßnahmen und Einrichtungen zur Abwehr dieser Gefahren [...] zu belehren.
(2) In Betrieben, in denen kein Betriebsrat besteht, hat der Arbeitgeber die Arbeitnehmer zu allen Maßnahmen zu hören, die Auswirkungen auf Sicherheit und Gesundheit der Arbeitnehmer haben können.

M 3

Werkschließungen
Die deutschen Werke eines Elektronikkonzerns sollen geschlossen und ins Ausland verlegt werden. Der Wirtschaftsausschuss, der Betriebsrat und die Belegschaft erfahren davon durch die Presse.

Europäische Betriebsräte
können gegründet werden, wenn Unternehmen mit mindestens 1 000 Beschäftigten in mindestens zwei EU-Staaten mit jeweils mindestens 150 Arbeitnehmerinnen und Arbeitnehmern tätig sind.

M 2 Außerdem haben alle Arbeitnehmerinnen und Arbeitnehmer das **Recht**,
- bei betrieblichen Maßnahmen, die sie betreffen, Stellung zu nehmen und „Vorschläge für die Gestaltung des Arbeitsplatzes und der Arbeitsorganisation zu machen",
- auf Erläuterung der Berechnung und der Zusammensetzung ihres Arbeitsentgelts,
- auf Einsicht in ihre Personalakte,
- auf Beschwerde bei den „zuständigen Stellen des Betriebs" oder beim Betriebsrat, wenn sie sich benachteiligt fühlen,
- beim Betriebsrat Themen zur Beratung vorzuschlagen.

Zur **Zusammenarbeit** zwischen Betriebsräten und Arbeitgebern sagt das Betriebsverfassungsgesetz:

M 4 **§ 74 Grundsätze für die Zusammenarbeit**

(1) Arbeitgeber und Betriebsrat sollen mindestens einmal im Monat zu einer Besprechung zusammentreten. Sie haben über strittige Fragen mit dem ernsten Willen zur Einigung zu verhandeln und Vorschläge für die Beilegung von Meinungsverschiedenheiten zu machen.
(2) Maßnahmen des Arbeitskampfes zwischen Arbeitgeber und Betriebsrat sind unzulässig; Arbeitskämpfe tariffähiger Parteien werden hierdurch nicht berührt. [...]

Kommt es zu Meinungsverschiedenheiten zwischen Arbeitgeber und Betriebsrat, kann eine **Einigungsstelle** eingerichtet werden, die aus einer gleichen Anzahl von Vertretern des Arbeitgebers und des Betriebsrats zusammengesetzt ist. Beide Seiten müssen sich auf einen unparteiischen Vorsitzenden einigen. Beschlüsse werden mit Stimmenmehrheit gefasst. Bei Mitbestimmungsrechten ist der „Spruch" der Einigungsstelle verbindlich, bei anderen Streitigkeiten gilt er nur, wenn ihn beide Seiten annehmen.

Tendenzbetriebe
Betriebe und Unternehmen mit unmittelbaren und überwiegend ideellen und geistigen Zielen

In Unternehmen mit mehr als 100 ständig beschäftigten Arbeitnehmerinnen und Arbeitnehmern wird ein **Wirtschaftsausschuss** gebildet. Ausgenommen sind **„Tendenzbetriebe und Religionsgemeinschaften"** wie Zeitungsverlage und kirchliche Einrichtungen. Der Wirtschaftsausschuss wird vom Betriebsrat bestimmt und besteht aus drei bis sieben sachkundigen Betriebsangehörigen, von denen eine Person dem Betriebsrat angehören muss. Der Ausschuss soll die Unternehmerinnen und Unternehmer in wirtschaftlichen Angelegenheiten beraten und den Betriebsrat über die wirtschaftliche Lage des Unternehmens informieren. Deshalb muss ihn die Unternehmensleitung rechtzeitig über alle wirtschaftlichen Angelegenheiten unterrichten, z. B. über die finanzielle Lage oder über Rationalisierungsmaßnahmen.

Arbeitsvorschläge

1. *Notieren Sie aus M 1 und M 2 die Unterrichtungspflichten des Arbeitgebers.*
2. *Ermitteln Sie aus M 1 und M 2, welche Möglichkeiten Sie haben, wenn bei einer Umbaumaßnahme, die Ihren Arbeitsplatz betrifft, der Schallschutz vernachlässigt wurde.*

Die Mitwirkungs- und Schutzmöglichkeiten des Betriebsrats sind von abgestufter Wirksamkeit.

M 5

Mitwirkung und Mitbestimmung der Arbeitnehmer/-innen nach dem Betriebsverfassungsgesetz

Mitbestimmungsrechte	Mitwirkungsrechte	Beratungsrechte
Soziale Angelegenheiten (§ 87) – Betriebsordnung – Arbeitszeit und Pausen – Überstunden – Urlaubsplan – Unfallverhütung – betriebliche Sozialeinrichtungen – mobile Arbeit Arbeits- und betrieblicher Unfallschutz (§ 89) Personalfragebogen und Beurteilungsgrundsätze (§ 94) betriebliche Berufsbildung (§ § 96 ff.) Sozialplan bei Betriebsänderung und Konkurs (§ 112)	Personalplanung (§ 92) Beschäftigungssicherung (§ 92a) Ausschreibung von Arbeitsplätzen (§ 93) Beurteilungsgrundsätze (§ 94) Personelle Einzelmaßnahmen (§ 99) – Einstellungen – Ein- und Umgruppierungen – Versetzungen Kündigungen (§ 102) Außerordentliche Kündigung (§ 103)	Wirtschaftliche Angelegenheiten (§ 106), z. B. wirtschaftliche und finanzielle Lage, Produktion, Absatz, Investitionen, Rationalisierung, Betriebsverlegung durch den vom Betriebsrat bestimmten Wirtschaftsausschuss Gestaltung des Arbeitsplatzes (§ 90) – Neu-, Um-, Erweiterungsbauten – technische Anlagen – Arbeitsverfahren
↓	↓	↓
unbedingtes (zwingendes) Mitbestimmungsrecht	eingeschränktes Mitbestimmungsrecht	Recht auf Information und Beratung

– **Mitbestimmungsrechte:** Bei sozialen Angelegenheiten ist die Zustimmung des Betriebsrats für eine betriebliche Entscheidung unbedingt erforderlich. Der Betriebsrat ist gegenüber der Betriebsleitung gleichberechtigt, denn auch er kann Maßnahmen beantragen (Initiativrecht). Kommt keine Einigung zustande, unterbleibt die Maßnahme oder die Einigungsstelle (S. 66) entscheidet für beide Seiten verbindlich. Das Arbeitsgericht kann nur bei vermuteten Verfahrensfehlern angerufen werden.

– **Mitwirkungsrechte:** Der Betriebsrat kann seine Zustimmung nur verweigern, wenn gegen gesetzliche Bestimmungen verstoßen wurde, z. B. bei Kündigungen. Bei personellen Einzelmaßnahmen setzt sein Mitwirkungsrecht erst bei Betrieben mit mehr als 20 wahlberechtigten Arbeitnehmerinnen und Arbeitnehmern an. Zudem kann der Arbeitgeber beim Arbeitsgericht beantragen, die Zustimmung durch eine richterliche Entscheidung zu ersetzen.

– **Beratungsrechte:** In wirtschaftlichen Angelegenheiten muss der Arbeitgeber den Betriebsrat rechtzeitig und umfassend unterrichten und sich mit ihm beraten. Ein Widerspruch des Betriebsrats ist aber rechtlich unwirksam, der Arbeitgeber kann letztlich allein entscheiden.

Was kann der Betriebsrat gegen eine Kündigung tun?

1. Er muss sich umfassende Informationen über die Hintergründe der Kündigung vor seiner Stellungnahme beschaffen, z. B. über Fehlzeiten.
2. Er muss Betroffene vor einem Beschluss anhören.
3. Er kann innerhalb einer Woche Widerspruch gegen eine ordentliche Kündigung einlegen, wenn
   - die soziale Auswahl vernachlässigt wurde oder
   - eine Weiterbeschäftigung an einem anderen Arbeitsplatz möglich wäre, z. B. nach einer Umschulung.

M 6

Betriebsfrieden

Der Betriebsrat kann vom Arbeitgeber verlangen, Arbeitnehmerinnen und Arbeitnehmer zu versetzen oder zu entlassen, wenn sie den Betriebsfrieden grob verletzen, z. B. durch rassistische Äußerungen. Hierfür kann auch das Arbeitsgericht angerufen werden.

vgl. § 104 BetrVG

Nicht nur Gewerkschaften diskutieren über eine Ausweitung der Mitbestimmung, wenn durch die Digitalisierung neue Arbeitsformen Auswirkungen auf die Art der Beschäftigung haben.

Arbeitsvorschläge

1. *Stellen Sie fest, gegen welche arbeitsrechtlichen Grundsätze (M 1, M 2) im Fall M 3 auf S. 66 verstoßen wurde.*
2. *Ermitteln Sie aus M 5 Beispiele aus Ihrem Ausbildungsbetrieb, bei denen eine Zustimmung des Betriebsrats erforderlich wäre.*
3. *Der Betriebsrat eines Betriebs mit Einigungsstelle widerspricht einer ordentlichen fristgerechten Kündigung. Beschreiben Sie die erforderlichen Schritte bis zur Entscheidung über die Wirksamkeit der Kündigung. (M 4)*
4. *Ein Mitarbeiter pöbelt einen Kollegen häufig wegen seines Migrationshintergrundes an. Dieser bittet den Betriebsrat um Hilfe. Beurteilen Sie den Fall nach § 80 BetrVG (M 5, S. 65) und M 6, und schlagen Sie Lösungen vor.*

1.3 Die Jugend- und Auszubildendenvertretung (JAV)

M 1

Betriebsversammlung der mittelständischen Bauunternehmung „Hochbau“ an einem Nachmittag im Saal der Gaststätte neben dem Betriebsgelände. Der Betriebsrat berichtet über eine insgesamt gute Zusammenarbeit mit dem Chef, kritisiert aber u. a. die häufigen Überstunden, die der Chef in seinem jährlichen Bericht mit dem Termindruck durch die Auftraggeber begründet hat.
An einem Tisch in der Saalecke langweilen sich die Auszubildenden. „Keiner redet über unsere Probleme“, meint Marc. Er ist Auszubildender als Maurer im zweiten Jahr und gerade 18 geworden. André widerspricht: „Das mit den Überstunden betrifft auch Eric und mich. Wir sind häufig auf Baustellen außerhalb, fahren mit dem Betriebsbus mit und müssen so lange auf der Baustelle bleiben wie die Gesellen. André lernt im dritten Jahr und ist 19. Eric ist mit 17 der Jüngste in der Firma. Gregor, der Umschüler aus Kasachstan, ergänzt: „Außerdem ist da noch das Problem mit dem Urlaub. Häufig werden wir vertröstet, wegen der Arbeit oder weil gerade zwei Gesellen im Urlaub sind. Und wir sollten den Urlaub doch in den Berufsschulferien nehmen.“ „Das ist auch mein Hauptproblem“, meint Nezire. Sie ist 20 Jahre alt und macht eine Ausbildung zur Kauffrau für Bürokommunikation. „Ich habe aber eine Idee! Meine Freundin arbeitet in einem Betrieb, in dem gibt es eine Jugend- und Auszubildendenvertretung. Die haben über den Betriebsrat einen Urlaubsplan durchgesetzt. Wir sollten uns auch eine Vertretung wählen und dann versuchen, unsere Probleme zu lösen.“

In Betrieben mit mindestens fünf Jugendlichen oder Auszubildenden kann eine Jugend- und Auszubildendenvertretung (JAV) gewählt werden, wenn im Betrieb ein Betriebsrat besteht.

Deine JAV informiert
Eure Jugend- und Auszubildendenvertretung trifft sich alle zwei Wochen dienstags im Betriebsratsbüro zur Sitzung.
Nächster Termin: ...

M 2

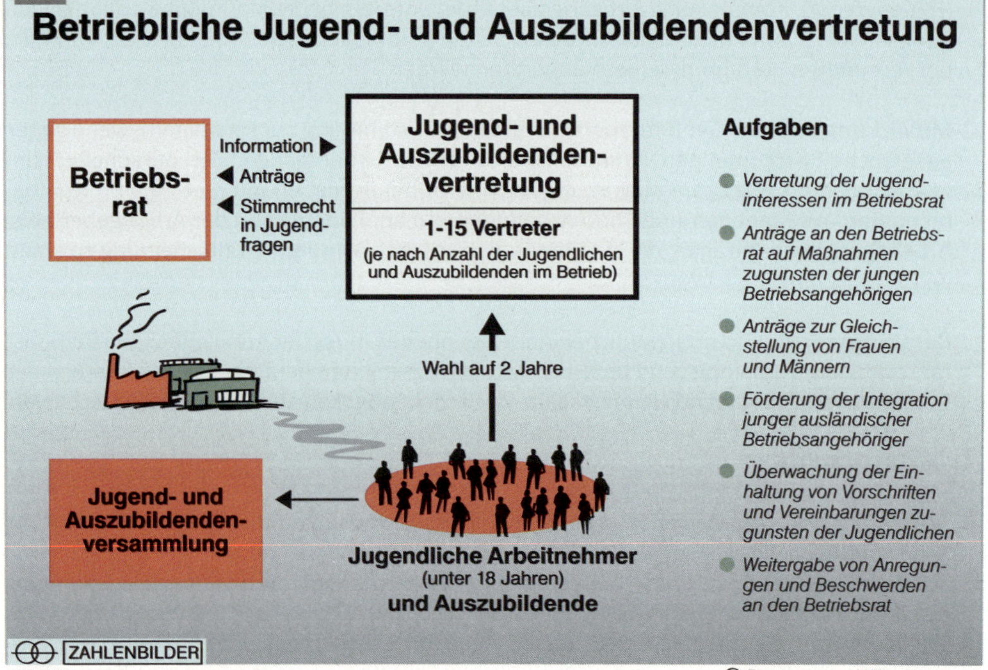

243 513 © Bergmoser + Höller Verlag AG

M 3

Wahlberechtigt sind jugendliche Arbeitnehmerinnen und Arbeitnehmer sowie junge Menschen unter 25 Jahren, „die zu ihrer Ausbildung beschäftigt" sind (§ 60 Abs. 1 BtrVG), wie auch Umschülerinnen und Umschüler sowie Praktikantinnen und Praktikanten. Wählbar sind „alle Arbeitnehmer des Betriebs, die das 25. Lebensjahr noch nicht vollendet haben oder die zu ihrer Berufsbildung beschäftigt sind" (§ 61 Abs. 2 BetrVG). Seit 2021 ist neu, dass alle JAV-Mitglieder bis zum Ende ihrer Amtszeit dabei bleiben können. Nur Betriebsratsmitglieder sind nicht wählbar.

Vorbereitet wird eine JAV-Wahl, indem der Betriebsrat einen Wahlvorstand und seinen Vorsitzenden bestimmt. In kleineren Betrieben mit bis zu 50 Wahlberechtigten kann auch nach dem vereinfachten Wahlverfahren wie bei der Betriebsratswahl gewählt werden (s. S. 65): Ohne Betriebsrat kann keine JAV gewählt werden.

Wahlvorschläge benötigen die Unterstützung von mindestens zwei Wahlberechtigten. Sie müssen schriftlich erfolgen, können aber beim vereinfachten Wahlverfahren auch mündlich auf der ersten Wahlversammlung gemacht werden. Für eine JAV, die aus einer Person besteht, können Vorschläge für die Wahl eines Ersatzmitglieds gemacht werden.

Da die JAV nur über den Betriebsrat tätig werden kann, entsendet sie zu allen Betriebsratssitzungen eine Vertreterin oder einen Vertreter. Auch kann sie beantragen, eigene Anliegen auf die Tagesordnung zu bringen. Werden solche Angelegenheiten behandelt, haben alle Mitglieder der JAV das Recht, an der Sitzung teilzunehmen. Sie haben volles Stimmrecht, wenn es um „Anliegen" der Jugendlichen und Auszubildenden geht.

Die JAV kann vor oder nach jeder Betriebsversammlung eine **Jugend- und Auszubildendenversammlung** abhalten, um Tätigkeitsbereiche, Ausbildungsfragen und andere sozialpolitische Themen zu diskutieren. In Betrieben mit über 50 Wahlberechtigten sichern Sprechstunden den Kontakt mit den Jugendlichen und Auszubildenden.

M 4 **Stark im Betrieb**

„Ihr seid von euren Kolleginnen und Kollegen in die Jugend- und Auszubildendenvertretung (JAV) gewählt worden. Das ist gelebte Demokratie. [...] Es ist jetzt eure Aufgabe, die Interessen der Auszubildenden, dual Studierenden und Jugendlichen im Betrieb zu vertreten und euch für sie während der Ausbildung einzusetzen. Denn alles, was mit der Ausbildung zu tun hat, ist Thema der JAV. Eine qualitativ hochwertige Ausbildung ist in den Betrieben nicht immer selbstverständlich. [...] Um im Betrieb mitreden und mitentscheiden zu können, muss sich die JAV gemeinsam mit dem Betriebsrat, der IG Metall und jungen Beschäftigten in Diskussionen einmischen, [...] Bestehendes in Frage stellen, eigene Ideen entwickeln, Forderungen einbringen und Veränderungen erreichen."

IG Metall-Vorstand, Ressort Junge IG Metall 2021, S. 6

M 5 **Von der Theorie zur Praxis – einige Beispiele:**

- Verbesserung der Sachmittelausstattung in der Ausbildung (neue PCs, CNC-Maschine)
- Einführung einer Ausbildungsstandkontrolle anstelle eines Beurteilungsverfahrens mit Noten
- unbefristete Übernahme aller Auslernenden
- Einführung von Job-Tickets (Fahrtkostenübernahme)
- Durchführung von Projekttagen, z. B. „Umweltschutz in der Berufsausbildung/im Betrieb"

vgl. IG Metall-Vorstand, Ressort Junge IG Metall 2021, S. 15

Arbeitsvorschläge

1. *Nennen Sie die Voraussetzungen für die Wahl einer Jugend- und Auszubildendenvertretung.*
2. *Beschreiben Sie die Bedingungen für die Wahlberechtigung und Wählbarkeit zur JAV.*
3. *Entwickeln Sie Vorschläge, um die in M 1 genannten Probleme zu lösen.*
4. *Fassen Sie M 4 in Stichworten zusammen.*
5. *Stellen Sie aus M 2 und M 5 die für Ihre Berufsausbildung wichtigen Aufgaben der JAV in einer Liste zusammen und ergänzen Sie diese um weitere Beispiele.*

1.4 Betriebsvereinbarungen

Betriebsvereinbarungen zwischen einem Betriebsrat und dem Arbeitgeber sind ein wichtiges Instrument zur praktischen Ausgestaltung der Mitbestimmungsrechte im Betrieb. Sie sind schriftlich abzufassen, von beiden Seiten zu unterschreiben und im Betrieb an geeigneter Stelle auszuhängen. Sie gelten „zwingend" für alle Arbeitnehmerinnen und Arbeitnehmer des Unternehmens.
Gegenstand von Betriebsvereinbarungen können alle Angelegenheiten sein, bei denen der Betriebsrat ein Mitbestimmungsrecht hat. Dies sind vor allem soziale Angelegenheiten nach § 87 BtrVG sowie Maßnahmen zum betrieblichen Arbeits- und Umweltschutz. Gegenstände, die in Tarifverträgen zu regeln sind, gehören nicht dazu, es sei denn, diese lassen es ausdrücklich in sogenannten **Öffnungsklauseln** (s. S. 95) zu.
Länderübergreifende Vereinbarungen für Konzerne werden auch als **Rahmenverträge** bezeichnet und mit **internationalen Gewerkschaften** vereinbart.

M 2

Globalisierung mit sozialer Verantwortung – VW-Sozialcharta

„Volkswagen dokumentiert mit dieser Erklärung die grundlegenden Rechte und Prinzipien. [...]
Die Zukunftssicherung von Volkswagen und der Beschäftigten erfolgt im Geiste der kooperativen Konfliktbewältigung und sozialen Verpflichtung [...].
Die Globalisierung von Volkswagen ist für die internationale Wettbewerbsfähigkeit, und damit für die Zukunftssicherung des Unternehmens und seiner Belegschaft, unverzichtbar. [...]"

Europäische Union 2002

Als „Rahmenvertrag" am 06.06.2002 in Bratislava vom VW-Weltbetriebsrat, der VW-Konzernleitung und dem Internationalen Gewerkschaftsbund unterzeichnet

M 1 **„Betriebsvereinbarung** Nr. 05/2012

Präambel
Geschäftsleitung und Betriebsrat stimmen darin überein, die Qualifizierung von Auszubildenden und Studierenden im Praxisverbund zu fördern. [...]

Geltungsbereich
Die Betriebsvereinbarung gilt
räumlich: für die Volkswagen Osnabrück GmbH
persönlich: für alle Auszubildenden und Studierenden im Praxisverbund im jeweils ersten Ausbildungsjahr

Allgemein
(Sie) erhalten zu Beginn ihrer Ausbildung einen einmaligen Lernmittelzuschuss in Höhe von 150,00 €. Der Zuschuss wird den jeweiligen Regelungen des Volkswagenkonzerns angepasst. Die Auszahlung erfolgt mit der ersten monatlichen Vergütung.

Osnabrück, 20.08.2012 — **Volkswagen GmbH Osnabrück**

Geschäftsführung — **Betriebsrat**

Unterschriften — Unterschriften"

Volkswagen AG 2012

1.5 Interessenausgleich und Sozialplan

M 3 (§ 111 BtrVG)
Betriebsänderungen
von Betrieben oder Betriebsteilen
- Einschränkungen
- Stilllegung
- Verlegungen
- Zusammenlegung
- Änderung von
  - Betriebszweck,
  - Organisation,
  - Fertigungsverfahren,
  - Arbeitsmethoden

Wenn ein Unternehmen mit mehr als 20 Beschäftigten Betriebsänderungen plant, die „wesentliche Nachteile für [...] erhebliche Teile der Belegschaft zur Folge haben können", kann mit dem Betriebsrat ein **Interessenausgleich** erfolgen. Es muss ein **Sozialplan** aufgestellt werden (§ 12 BtrVG), wenn der Betriebsrat das fordert. Wirtschaftliche Nachteile für die Beschäftigten sollen ausgeglichen oder gemildert werden. Beim Interessenausgleich wird ein Kompromiss zum Schutz der Belegschaft gesucht, z. B. durch Umschulungsmaßnahmen. Ein Sozialplan enthält finanzielle Vereinbarungen wie Lohnausgleich bei Tätigkeitswechsel, Umzugskosten oder Abfindungen bei Verlust des Arbeitsplatzes. Wenn in beiden Fällen keine Einigung zustande kommt, kann die Bundesagentur für Arbeit um Vermittlung gebeten oder die ***Einigungsstelle*** (s. S. 66) angerufen werden. Bleibt das auch erfolglos, ist nur beim Sozialplan ein „Spruch" (Entscheidung) der Einigungsstelle verbindlich.

Arbeitsvorschläge

1. *Stellen Sie fest, wer die Betriebsvereinbarung (M 1) und den Rahmenvertrag (M 2) abgeschlossen hat und für wen diese gelten.*
2. *Erkundigen Sie sich in Ihrem Ausbildungsbetrieb nach Betriebsvereinbarungen und ihren Inhalten.*
3. *Ermitteln Sie aus M 3, was unter „Betriebsänderungen" verstanden wird, und erläutern Sie dies an einem Beispiel aus der Praxis.*

1.6 Mitbestimmung in Unternehmen

M 1 Die Mitbestimmung der Arbeitnehmerinnen und Arbeitnehmer in den **Aufsichtsräten** von Unternehmen ab 500 Beschäftigten ist gesetzlich geregelt. Aufsichtsräte beraten und kontrollieren die Vorstände ihrer Unternehmen, berufen und entlassen Mitglieder der Vorstände, entscheiden über Grundsatzfragen der Unternehmenspolitik und über Investitionsplanungen. Weil das so wichtig ist, wird um den Arbeitnehmeranteil in den Aufsichtsräten gestritten. Einige Arbeitgeberverbände möchten die großen Kapitalgesellschaften (M 3) auf die Drittelbeteiligung (M 2) zurückführen. Gewerkschaften hingegen möchten die Mitbestimmung erweitern. Bei den großen Kapitalgesellschaften (M 3) soll die Mitbestimmung bereits ab 1 000 Beschäftigten gelten.

M 2
Aufsichtsrat
1/3 Beteiligung

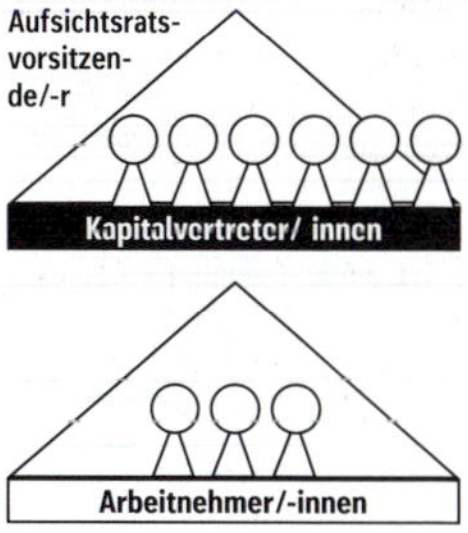

Für die Beteiligung der Arbeitnehmerinnen und Arbeitnehmer an der Gestaltung des Arbeitslebens werden seit dem 19. Jahrhundert vor allem zwei Gründe angeführt:

- Zwischen Kapital und Arbeit bestehe Gleichberechtigung, da beide Faktoren für die Produktion unentbehrlich seien und
- die wirtschaftliche Macht der Unternehmen müsse demokratisch kontrolliert werden.

Diese Forderung wird nach dem Zweiten Weltkrieg durch die Mitbestimmungsgesetze erfüllt. Die Mitglieder der Arbeitnehmervertretung werden in allgemeinen, gleichen und geheimen Wahlen bestimmt. Die Größe der Aufsichtsräte hängt von der Zahl der Beschäftigten ab. Diese sind mit 16 Jahren wahlberechtigt.

M 3

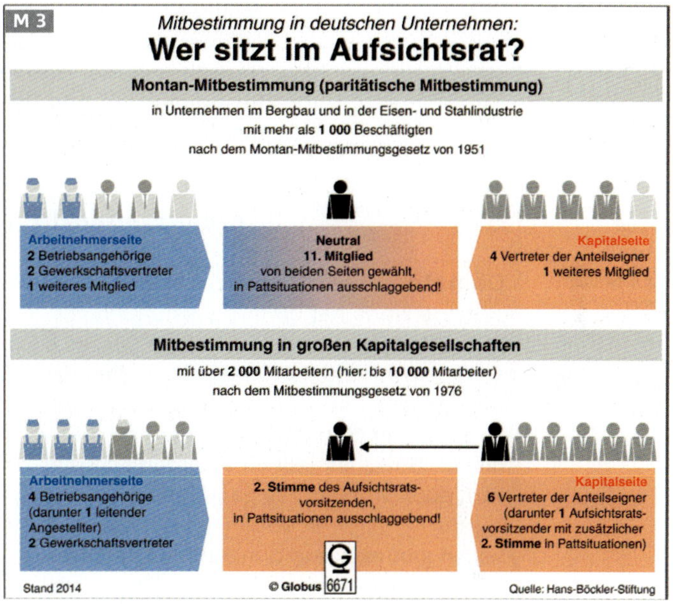

Das **Drittelbeteiligungsgesetz** gilt für Unternehmen mit mehr als 500 Arbeitnehmerinnen und Arbeitnehmern. Die Aufsichtsräte sind zu einem Drittel mit Arbeitnehmervertretern zu besetzen. Frauen und Männer müssen anteilmäßig berücksichtigt werden.

Die Mitbestimmung nach dem **Mitbestimmungsgesetz** (1976) gilt für Unternehmen mit mehr als 2000 Beschäftigten mit Ausnahme des Montanbereichs und von „Tendenzbetrieben“ (s. S. 66). Die Arbeitnehmerinnen und Arbeitnehmer erhalten die Hälfte der Aufsichtsratssitze.

Die **Montanmitbestimmung** im Bereich Kohle und Stahl wurde bereits 1951 eingeführt. Auch hier ist der Aufsichtsrat zu gleichen Teilen (paritätisch) mit Arbeitnehmern und Anteilseignern gewählt. Bei Stimmengleichheit entscheidet aber ein neutrales Mitglied. Für die Arbeitnehmerseite ist wichtig, dass der Arbeitsdirektor nicht gegen ihre Stimmen gewählt werden kann.

Verwaltungsrat
Interne Aufsicht, besteht aus mindestens zwei, bei mitbestimmten Unternehmen mindestens drei Mitgliedern, davon ein Arbeitnehmervertreter/eine Arbeitnehmervertreterin

Das **Gesetz über Europäische Betriebsräte** regelt die Mitbestimmung in den Aufsichts- und Verwaltungsräten in Unternehmen mit der Rechtsform der Europa-AG (s. S. 162). Über die Form der Mitbestimmung muss verhandelt werden. Ohne Einigung gilt die weitestgehende Regelung der Gründergesellschaft, eine Reform ist in Vorbereitung (s. M 1 auf S. 162).

Arbeitsvorschläge

1. *Vergleichen Sie die Zusammensetzung der Aufsichtsräte in den drei Formen der deutschen Unternehmensmitbestimmung. (M 2 und 3)*
2. *Begründen Sie die unterschiedlichen Positionen in M 1. Notieren Sie das Ergebnis, besprechen Sie es in Zweiergruppen und präsentieren Sie das gemeinsame Ergebnis.*

Mitbestimmung und Interessenvertretung im Betrieb

2 Arbeitsvertragsrecht

2.1 Grundlagen des Arbeitsrechts

M 1

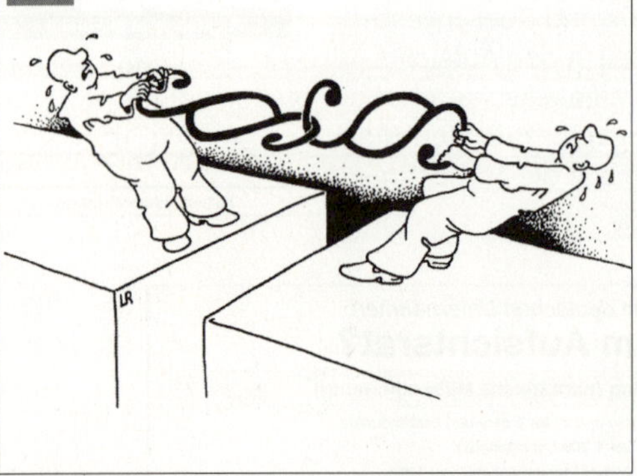

Karikatur von Reinhold Löffler: Wer gewinnt?

Wer eine Arbeitsstelle antritt, schließt einen Einzelarbeitsvertrag ab. Durch Verträge werden Rechte erworben und Pflichten übernommen, hier z. B. das Recht auf Vergütung und die Pflicht zur Arbeit. Bei Verträgen gilt der Grundsatz der **Vertragsfreiheit**. Das bedeutet, dass es unter Berücksichtigung der geltenden Gesetze jedem Menschen freigestellt ist, ob, mit wem und mit welchen Inhalten ein Vertrag abgeschlossen wird. Seit Mitte des vorigen Jahrhunderts schreiben Gesetze und Verordnungen Mindestarbeitsbedingungen zwingend vor, weil sich herausgestellt hat, dass der einzelne Arbeitnehmer gegenüber dem Arbeitgeber häufig der schwächere Vertragspartner ist. Die Verbesserungen zeigen sich deutlich, wenn Bestimmungen aus Betriebsordnungen des vorigen Jahrhunderts mit der heutigen Rechtslage verglichen werden.

Kostenlose Literatur

Arbeitsrecht
Informationen für Arbeitnehmer und Arbeitgeber

Bundesministerium für Arbeit und Soziales
www.bmas.de

M 2 **Arbeitszeiten/Urlaubsregelungen**

Damals

„Unsere Firma hat die Arbeitsstunden verkürzt. Das Personal braucht jetzt nur noch an den Wochentagen zwischen 7 Uhr vormittags und 7 Uhr nachmittags anwesend zu sein. Der Sonntag dient dem Kirchendienst. Sollte es jedoch erforderlich sein, wird auch am Sonntag gearbeitet.

[...]

Ferien gibt es nur in dringenden familiären Fällen. Lohn wird für diese Zeit nicht gezahlt."

Bureau-Ordnung um 1860

Heute

Die werktägliche Arbeitszeit der Arbeitnehmer darf acht Stunden nicht überschreiten. Sie kann bis zu zehn Stunden verlängert werden, wenn innerhalb von sechs Kalendermonaten oder innerhalb von 24 Wochen im Durchschnitt acht Stunden werktäglich nicht überschritten werden.

§ 3 Arbeitszeitgesetz von 1994

Jeder Arbeitnehmer hat in jedem Kalenderjahr Anspruch auf bezahlten Erholungsurlaub.

Der Urlaub beträgt jährlich mindestens 24 Werktage.

§§ 1, 3 Bundesurlaubsgesetz von 1993 in der Fassung von 2002

Arbeitsvorschläge

1. Vergleichen Sie die Wochenarbeitszeit und die Urlaubsregelung von damals und heute. (M 2)
2. Erläutern Sie die oben stehende Karikatur M 1 mithilfe der Anleitung „Analyse politischer Karikaturen" (s. S. 248 f.).

Wie der Vergleich betrieblicher Arbeitsbedingungen mit den gesetzlichen Mindestarbeitsbedingungen zeigt, gelten in vielen Betrieben und in ganzen Berufszweigen für Arbeitnehmerinnen und Arbeitnehmer günstigere Regelungen. Überwiegend beruhen sie auf **Tarifverträgen** und **Betriebsvereinbarungen**. Betriebsvereinbarungen werden von Betriebsräten für die Belegschaft mit dem Arbeitgeber getroffen. Tarifverträge schließen die Gewerkschaften mit einzelnen Arbeitgebern oder Arbeitgeberverbänden (s. S. 92) ab. Solche Verträge, bei denen nicht mehr einzelne Beschäftigte mit ihren Arbeitgebern Arbeitsbedingungen aushandeln, sondern ihre Interessenvertreter, werden Kollektivverträge genannt. Sie sind im Tarifvertragsrecht (s. S. 94 ff.) geregelt. Zusammen mit dem Betriebsverfassungsrecht (s. S. 64 ff.) bilden sie das **Kollektivarbeitsrecht**.

M 1

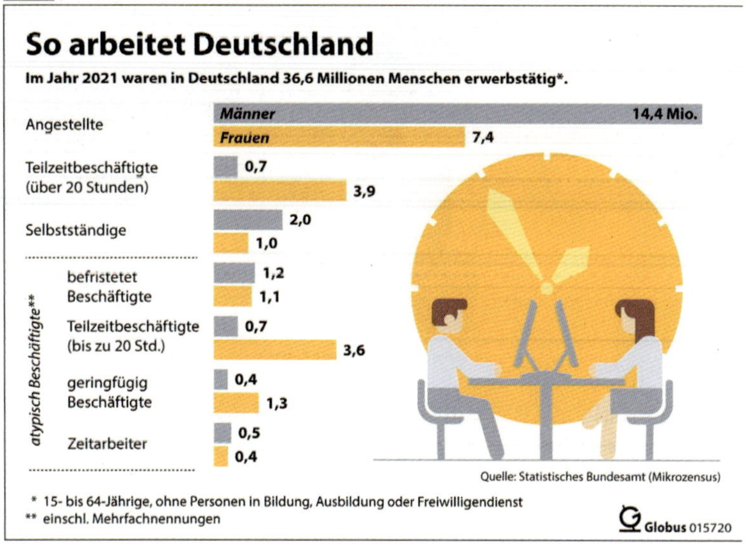

Im Unterschied dazu regelt das **Individualarbeitsrecht** Rechtsbeziehungen zwischen einzelnen Arbeitnehmern und Arbeitgebern durch das Arbeitsvertrags- und Arbeitsschutzrecht.

Durch die Vielfalt der Rechtsgrundlagen und den schnellen wirtschaftlichen, technischen und sozialen Wandel kommt es zu immer neuen Rechtsproblemen, die von oberen Gerichten zu entscheiden sind. Es entsteht als eigenständige Rechtsquelle das **Richterrecht**.

Diese Gesetze, Verordnungen, Verträge und richterlichen Entscheidungen gehören zum **Arbeitsrecht**. Es dient vor allem dem Schutz der Arbeitnehmerinnen und Arbeitnehmer, die sich gegenüber den Arbeitgebern oft in einer schwächeren Position befinden. Von der ersten gesetzlichen Regelung in Deutschland, dem „preußischen Regulativ" von 1839 über die Beschäftigung Jugendlicher in Fabriken, bis heute ist das Arbeitsrecht stetig fortentwickelt worden. Obgleich ein einheitliches Arbeitsgesetzbuch seit Langem geplant ist, gib es ein solches immer noch nicht.

M 2 **Gliederung des Arbeitsrechts**

Rechte durch Gesetze und Verordnungen

Individualrecht
Bundesurlaubsgesetz
Arbeitsschutzgesetze

Arbeitsvertrag
Berufsausbildungsvertrag
Lohnregelung eines geltenden Tarifvertrags

Kollektivrecht
Tarifvertragsgesetz
Betriebsverfassungsgesetz

Schlichtungsabkommen bei Tarifstreitigkeiten
Betriebsvereinbarung über gleitende Arbeitszeit

Vertragsrecht

Richterrecht
Bundesverfassungsgericht
Bundesarbeitsgericht
Landesarbeitsgerichte

Arbeitsvorschläge

1. *Unterscheiden Sie die Vertragsparteien von Tarifverträgen und Betriebsvereinbarungen.*
2. *Erklären Sie die Begriffe „Individualarbeitsrecht" und „Kollektivarbeitsrecht" mit eigenen Worten.*
3. *Ordnen Sie das Jugendarbeitsschutzgesetz, das Mitbestimmungsgesetz, einen Arbeitsvertrag und eine Betriebsvereinbarung dem Individual- bzw. dem Kollektivarbeitsrecht zu. (M 2)*

2.2 Der Abschluss des Arbeitsvertrags

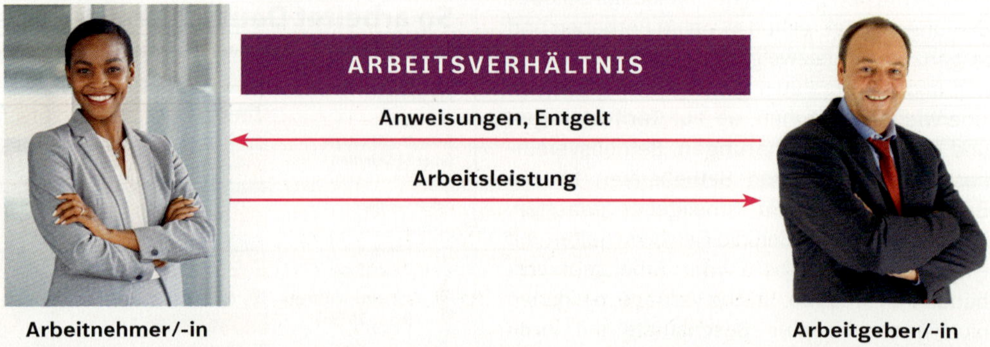

Arbeitsverhältnis
Ein Arbeitsverhältnis besteht dann, wenn jemand freiwillig einen Arbeitsvertrag abschließt und nach den Weisungen des Arbeitgebers tätig wird.

Ein Arbeitsverhältnis beginnt mit dem Abschluss eines Arbeitsvertrags. Hierbei handelt es sich um ein zweiseitiges Rechtsgeschäft, das durch Antrag (Angebot) und Annahme zustande kommt. Arbeitgeber und Arbeitnehmerin/Arbeitnehmer müssen sich dabei über den Vertragsinhalt geeinigt haben.

Ein Arbeitsvertrag braucht in der Regel nicht schriftlich abgeschlossen zu werden, es sei denn, die Schriftform ist durch Tarifvertrag oder eine Betriebsvereinbarung festgelegt worden. Die Vereinbarung kann mündlich oder sogar „stillschweigend" erfolgen, wenn beide Vertragsparteien übereinstimmend (schlüssig) handeln. Übereinstimmung würde z. B. durch die wortlose Übergabe von Fahrzeugpapieren bestehen, wenn ein Kraftfahrer sich in einer Spedition vorstellt.
Ohne schriftlichen Arbeitsvertrag ist der Arbeitgeber durch das **Nachweisgesetz** von 1995 verpflichtet, allen Beschäftigten spätestens einen Monat nach Beginn des Arbeitsverhältnisses die wesentlichen Vertragsbedingungen schriftlich auszuhändigen. Darin müssen auch Hinweise auf geltende Tarifverträge, Betriebs- oder Dienstvereinbarungen enthalten sein. Befristete Arbeitsverträge müssen sofort schriftlich abgefasst werden, Aushilfstätigkeiten bis zu einem Monat sind von der zwingenden Schriftform ausgenommen.
Tritt während der üblichen Probezeit eine Krankheit auf, wird sie bis zur Wiederaufnahme der Arbeit unterbrochen.
Im Unterschied zu EU-Arbeitnehmerinnen und -Arbeitnehmern benötigen Arbeitnehmerinnen und Arbeitnehmer aus anderen Ländern zur Arbeitsaufnahme eine Arbeitserlaubnis. Für das jüngste EU-Mitglied Kroatien gilt seit dem 01.07.2015 die volle Freizügigkeit.

M 1 Arbeitspapiere
- Zeugnis
- Lohnsteuerbescheinigung
- (Renten-)Versicherungskarten
- Mitgliedsbescheinigung der gewählten Krankenkasse
- Sozialversicherungsausweis
- Urlaubsbescheinigung
- Arbeitsbescheinigung über Art und Dauer des Arbeitsverhältnisses

Arbeitnehmerinnen und Arbeitnehmer müssen ihre Arbeitspapiere beim alten Arbeitgeber abholen. Diese müssen sie einem neuen Arbeitgeber aushändigen. Ausnahmen: Zeugnis, Arbeitsbescheinigung und Sozialversicherungsausweis.

Abschluss des Arbeitsvertrags

zwischen (Arbeitgeber) | und (Arbeitnehmer)

mündlich | schriftlich | stillschweigend

durch inhaltliche Übereinstimmung (Einigung) über

Dauer des Arbeitsverhältnisses	Art und Ort der Tätigkeit	Entgelt, Sonderleistungen, Fälligkeit	Arbeitszeit (täglich, wöchentlich)	Urlaub (Dauer, evtl. Zeitpunkt)	Kündigungsfristen

Arbeitsvorschläge

1. *Erklären Sie mit eigenen Worten den Begriff „Arbeitsverhältnis".*
2. *Erörtern Sie die Vorteile eines schriftlichen Arbeitsvertrags gemäß Nachweisgesetz.*
3. *Nennen Sie die Unterlagen, die Sie bei Antritt einer neuen Stelle vorlegen müssen. (M 1)*
4. *Eine Arbeitnehmerin wird am 1. April mit einer Probezeit von drei Monaten eingestellt. Sie wird am 16. Juni nach einem Unfall für sechs Wochen krankgeschrieben. Wann endet die Probezeit?*

2.3 Rechte und Pflichten aus dem Arbeitsvertrag

Die allgemeinen Rechte und Pflichten aus dem Arbeitsvertrag werden vor allem durch folgende Gesetze geregelt:
- Grundgesetz (GG),
- Bürgerliches Gesetzbuch (BGB),
- Handelsgesetzbuch (HGB),
- Gewerbeordnung (GewO).

Daneben gibt es zahlreiche weitere Gesetze und Verordnungen, die der Vertragsfreiheit Grenzen setzen. Es werden unterschieden:
- **Zwingende Gesetze,** die vertraglich nicht verändert werden dürfen, es sei denn zum Vorteil der Arbeitnehmerinnen und Arbeitnehmer. Dazu zählen die meisten Arbeitsschutzvorschriften, deren Einhaltung zugleich staatlich überwacht wird, z. B. das Nachtarbeitsverbot für Jugendliche.
- **„Veränderbare" Gesetze,** bei denen abweichende Arbeitsbedingungen entweder nur durch Tarifverträge (z. B. Kündigungsfristen) oder auch durch Betriebsvereinbarungen oder Einzelarbeitsverträge verabredet werden können, z. B. die Aufteilung des Jahresurlaubs. Die Einhaltung dieser Gesetze oder Vereinbarungen müssen Arbeitnehmerinnen und Arbeitnehmer notfalls vor Gericht einklagen.

Wenn es in Gesetzen, Tarifverträgen, Betriebsvereinbarungen und Einzelarbeitsverträgen unterschiedliche Regelungen gibt, gilt im Allgemeinen das **Günstigkeitsprinzip**, d. h. die für die Arbeitnehmerin bzw. den Arbeitnehmer günstigste Vorschrift.

Die wichtigsten Rechte und Pflichten der Partner eines Arbeitsvertrags sind in der folgenden Übersicht zusammengestellt:

M 1 **Rechte und Pflichten aus dem Arbeitsvertrag**

Pflichten der Arbeitnehmer/-innen (= Rechte des Arbeitgebers)	Pflichten des Arbeitgebers (= Rechte der Arbeitnehmer/-innen)
Hauptpflichten	
Arbeitsleistung erbringen – persönlich – nach den Weisungen des Arbeitgebers – in der vereinbarten Art (z. B. als Schreiner/-in) und Zeit	Lohn, Gehalt, Entgelt zahlen – in der vereinbarten Höhe – pünktlich zur vereinbarten Zeit – am vereinbarten Ort (Konto)
Nebenpflichten	
„Treuepflicht" – Verschwiegenheit bei Betriebsgeheimnissen – Unterlassung von Rufschädigung – Verbot von Schmiergeldannahme – Wettbewerbsverbot (dem Arbeitgeber keine Konkurrenz machen, z. B. durch Schwarzarbeit) – Pflicht zur Anzeige drohender Schäden – Haftung für schuldhafte Herbeiführung von Schäden	„Fürsorgepflicht" – Beschäftigungspflicht – Schutz für Leben und Gesundheit – Schutz von Persönlichkeitsrechten (u. a. Datenschutz) – Schutz des Eigentums der Arbeitnehmer/-innen (Haftung) – Gleichbehandlungspflicht (keine Benachteiligung Einzelner) – Abführen der Sozialabgaben – Pflicht zur Urlaubsgewährung – Zeugnispflicht

Außerdem haben alle Arbeitnehmerinnen und Arbeitnehmer nach dem Betriebsverfassungsgesetz u. a. das Recht, in eigener Sache angehört zu werden, sich bei ungerechter Behandlung zu beschweren und Einsicht in die eigene Personalakte zu erhalten.

Rangfolge der Verbindlichkeit im Arbeitsrecht

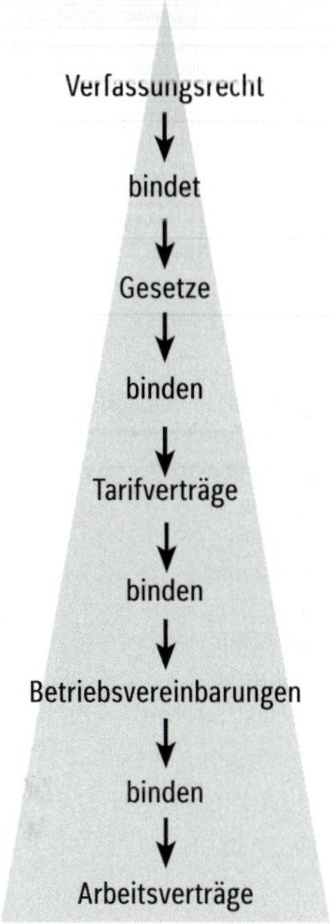

Es gilt das **Günstigkeitsprinzip.**

Vertragsverletzung

Bei fahrlässiger oder vorsätzlicher Vertragsverletzung haben Geschädigte, je nach Lage der Dinge, vier Möglichkeiten:
1. Leistung verweigern (nicht arbeiten oder keinen Lohn zahlen),
2. Erfüllung verlangen (Lohn nachzahlen, Arbeitszeit nachholen),
3. haftbar machen (Schaden ersetzen),
4. fristlos kündigen.

Arbeitsvorschläge

1. *Begründen Sie mit je einem Beispiel den Sinn von zwingenden und veränderbaren Gesetzen.*
2. *Erläutern Sie die Bedeutung der Haupt- und Nebenpflichten des Arbeitsvertrags (M 1) und nennen Sie dafür Beispiele.*

Frauen 2021: keine Gleichberechtigung beim Verdienst

Differenz des Bruttostundenverdienstes bei Männern und Frauen (Angaben in Prozent des Bruttostundenverdienstes von Männern)

Estland	20,5 %
Österreich	18,8 %
Deutschland	17,6 %
Polen	4,5 %
Rumänien	3,6 %
Slowenien	3,8 %
EU-Durchschnitt	12,7 %

vgl. Europäisches Parlament 2023

M 1 Warum in Deutschland Frauen weniger verdienen als Männer

In Deutschland verdienten Frauen 2022 im Gesamtvergleich der Verdienste bei Vollzeit- und Teilzeitbeschäftigung durchschnittlich 18 % weniger als Männer. An diese Ungerechtigkeit erinnern seit 2008 Verbände und Parteien am Equal Pay Day (Tag des gleichen Lohns). Bis zu diesem Tag arbeiten Frauen praktisch „umsonst", während Männer seit Januar bezahlt werden. 2023 ist der Equal Pay Day der 7. März, der 66. Tag des Jahres.

2006 verdienten Frauen noch 23 % weniger als ihre männlichen Kollegen. Es geht also langsam voran mit mehr Lohngerechtigkeit. Die Gesetzgebung mag dazu beigetragen haben (s. M 2 und M 3). Es gibt aber auch eine andere Berechnungsmethode. Hier wird die Lohnlücke bei Vollbeschäftigen mit vergleichbaren Qualifikationen gemessen. Beim bereinigten Lohnvergleich betragen die Unterschiede 2022 „nur" noch 7 % *(vgl. Statistisches Bundesamt (Destatis) 30.01.2023).*

Die ungleiche Bezahlung von Männern und Frauen hat viele Ursachen:

- Frauen wählen häufig Berufe, die schlechter bezahlt werden, vor allem im Dienstleistungsbereich wie Alten- und Krankenpflege oder im Einzelhandel. In Handwerks- und Industriebetrieben wird besser bezahlt. Im Öffentlichen Dienst liegen die Gehaltsunterschiede zwischen Mann und Frau nach GEW-Angaben bei knapp 6 % (unbereinigt).
- In „Chefetagen" (= Leitungspositionen) sind Frauen unterrepräsentiert.
- Frauen arbeiten häufiger als Männer in Teilzeit. Das ist manchmal gewollt, wenn der Partner genug verdient. Überwiegend geht es aber um Zeit, die für Kindererziehung und -betreuung gebraucht wird. Diese sogenannte „Care-Arbeit" (Sorgearbeit für Kinder und alte Menschen) unterbricht und behindert den beruflichen Aufstieg von Frauen.

Ungleichbehandlung von Frauen und Männern ist auch ein europäisches Problem. Deshalb wurde in Deutschland im **Allgemeinen Gleichbehandlungsgesetz (AGG)** eine EU-Richtlinie von 2006 umgesetzt.

M 2 Allgemeines Gleichbehandlungsgesetz (AGG)

§ 1 Ziel des Gesetzes

Ziel des Gesetzes ist, Benachteiligungen aus Gründen der Rasse oder wegen der ethnischen Herkunft, des Geschlechts, der Religion oder Weltanschauung, einer Behinderung, des Alters oder der sexuellen Identität (Homosexualität, Transsexualität) zu verhindern oder zu beseitigen.

Der Begriff „Rasse" in Gesetzen wie dem AGG ist umstritten.

M 3 **Unterschiedliche Behandlungen** sind nur erlaubt, wenn die beruflichen Anforderungen dies rechtfertigen. Dazu gehört die Art der Tätigkeit, z. B. beim Film oder Akkordarbeiten bei einer schwangeren Frau. Arbeitsschutzbestimmungen sind kein Grund für ungleiche Bezahlung. Die Gleichbehandlungspflicht bedeutet auch, dass in Betrieben mit vergleichbaren Beschäftigten gleiche Arbeitsbedingungen gelten, z. B. im Außendienst. Bei übertariflichen Leistungen dürfen z. B. Gewerkschaftsmitglieder nicht ausgeschlossen werden. Andererseits dürfen einzelne Beschäftigte wegen besonderer Leistungen bessergestellt werden.

Um dies besser zu gewährleisten, ist 2018 das **Entgelttransparenzgesetz** in Kraft getreten. Es erlaubt, in Betrieben mit mehr als 200 Beschäftigten (§ 12 Abs. 1) Auskunft über Entgeltregelungen von Frauen und Männern bei vergleichbaren Tätigkeiten zu erhalten. Gemeint sind Durchschnittsentgelte. Bei einer Beschäftigung von über 500 Mitarbeiterinnen und Mitarbeitern müssen die Betriebe über Entgeltmaßnahmen regelmäßig berichten.

Arbeitsvorschläge

1. *Entnehmen Sie M 1 Gründe für Lohnunterschiede zwischen Männern und Frauen. Ermitteln Sie weitere Gründe. Schlagen Sie Lösungsmöglichkeiten vor: Wie könnte die Arbeitswelt gestaltet werden, damit Männer und Frauen eine gleiche Bezahlung erhalten?*
2. *Informieren Sie sich im Internet über den aktuellen Equal Pay Day.*
3. *Nennen Sie Beispiele für (erlaubte) Ausnahmen vom Grundsatz der Gleichbehandlung. (M 3)*

Schwarzarbeit

M 1 „Zoll und Staatsanwaltschaft decken illegales Firmennetzwerk auf

[...] Die Staatsanwaltschaft Osnabrück und das Hauptzollamt Osnabrück haben in umfangreichen Ermittlungsverfahren gegen verantwortlich Handelnde von insgesamt zwölf Firmen aus der Geflügelbranche in den Morgenstunden des 12. Oktober 2023 74 Durchsuchungsbeschlüsse vollstreckt. Über 430 Zollbeamte durchsuchten Objekte wie Geschäftsräume und Wohnungen [...]. Dabei wurde umfangreiches Beweismaterial sichergestellt [...]. Die Maßnahmen richteten sich gegen Beschuldigte von insgesamt zwölf Firmen. [...] Ihnen wird vorgeworfen, Arbeitsentgelte vorenthalten und veruntreut [...] zu haben. Es besteht der Verdacht, dass die Unternehmer ausländische Arbeitnehmer ohne die erforderlichen Aufenthalts- beziehungsweise Arbeitsgenehmigungen beschäftigt und diese nicht ordnungsgemäß zur Sozialversicherung angemeldet haben. [...] Die Unterbringung der Arbeitnehmer erfolgt in der Regel in vom Arbeitgeber zur Verfügung gestellten Sammelunterkünften, die oft in einem unzumutbaren Zustand zu hohen Preisen vermietet werden. Des Weiteren wird regelmäßig gegen die Arbeitszeiten verstoßen, da Arbeitszeiten von 15 bis 18 Stunden pro Tag immer wieder vorkommen."

Generalzolldirektion 2023

Als **Schwarzarbeit** gelten Tätigkeiten von Arbeitnehmenden, die neben ihrer sozialversicherungspflichtigen Beschäftigung gegen Bezahlung arbeiten und dafür keine Steuern und Sozialabgaben zahlen. Typische Erscheinungsformen sind Arbeits- oder Dienstleistungen ohne Gewerbeerlaubnis oder Eintragung in die Handwerksrolle. Alle Arbeitnehmenden verstoßen damit gegen ihre **Treuepflicht** aus dem Arbeitsvertrag. Kaufmännische Angestellte verstoßen außerdem gegen das **Wettbewerbsverbot**, wenn sie ein „Handelsgewerbe" ohne Erlaubnis ihres Arbeitgebers betreiben. Die Erlaubnis gilt als erteilt, wenn die Tätigkeit bei der Anstellung bekannt ist und nicht verboten wird. Wenn Erwerbslose gegen Bezahlung arbeiten, ohne dies der zuständigen **Agentur für Arbeit** oder dem **Jobcenter** zu melden, liegt ebenfalls Schwarzarbeit vor. Betriebe machen sich strafbar, wenn sie Menschen mit ausländischem Pass ohne Arbeitsgenehmigung zu ungünstigen Arbeitsbedingungen oder unter Mindestlohn beschäftigen. Zur Aufklärung von Schwarzarbeit gibt es seit 2004 eine Spezialeinheit **„Finanzkontrolle Schwarzarbeit"** aus Beamten der Zollverwaltung. Außerdem sind seit Anfang 2009 in bestimmten Wirtschaftsbereichen Personal- statt Sozialversicherungsausweise mitzuführen. Alle Verstöße können neben Geldbußen auch mit Haftstrafen bestraft werden. Ein Gesetz zur Bekämpfung von Schwarzarbeit weitet die Befugnisse der Finanzkontrolle Schwarzarbeit beim Zoll aus. Im Blick sind dabei u. a. sogenannte Tagelöhnerbörsen.

M 2

M 3 Schwarzarbeitsbekämpfungsgesetz (SchwarzArbG) 2004: § 8 Bußgeldvorschriften

(1) Ordnungswidrig handelt, wer [...] der Verpflichtung zur Anzeige vom Beginn des selbstständigen Betriebes [...] nicht nachgekommen ist [...] oder [...] ein zulassungspflichtiges Handwerk [...] selbstständig betreibt, ohne in die Handwerksrolle eingetragen zu sein [...] und Dienst- oder Werkleistungen in erheblichem Umfang erbringt oder [...] Dienst- oder Werkleistungen in erheblichem Umfang ausführen lässt [...]

Leistungen, die „nicht nachhaltig auf Gewinn" ausgerichtet sind, bleiben ausgenommen, z. B. bei Angehörigen, aus Gefälligkeit, in Nachbarschaftshilfe oder Selbsthilfe im Wohnungsbau. Unter den Begriff „nicht nachhaltig auf Gewinn ausgerichtet" fällt auch ein „geringes Entgelt".

M 4

Ausweispflicht für

- Baugewerbe
- Gaststätten und Beherbergungsgewerbe
- Speditionen
- Schaustellerbetriebe
- Forstwirtschaft
- Gebäudereinigung
- Messebau
- Fleischwirtschaft (nach § 28 a SchwarzArbG)

Arbeitsvorschläge

1. *Notieren Sie Verstöße gegen bestehende Gesetze in M 1.*
2. *Erörtern Sie, warum Schwarzarbeit in bestimmten Branchen besonders häufig vorkommt und ermitteln Sie an einem Beispiel ihre Nachteile. (M 2, M 4)*
3. *Der Maurer Bernd M. arbeitet an Wochenenden am Neubau eines Bekannten. Er wird von seinem Chef gesehen und zur Rede gestellt. Ermitteln Sie, ob Schwarzarbeit vorliegt (M 3), welche Pflicht aus dem Arbeitsvertrag verletzt wird (M 1, S. 75) und mit welchen Folgen Bernd M. rechnen muss.*

2.4 Lohn, Gehalt, Entgelt

Entgelt
(z. B. chemische Industrie)

Arbeiter – Lohn
Angestellte – Gehalt

Zeitlohn
= Arbeitszeit · Lohnsatz

Akkordlohn
= produzierte Menge · Zeitsatz oder Lohnsatz

Mindestlöhne als Schutz gegen Lohndumping. Nach dem Arbeitnehmerentsendegesetz von 1996 gelten 2023 für 12 Branchen Mindestlöhne, z. B. im Elektrohandwerk 13,40 €, für Maler und Lackierer 14,50 € und für Pflegefachkräfte ab dem 01.12.2023 18,25 €.
vgl. Bundesministerium für Arbeit und Soziales (BMAS) 2024 (a)

Auszubildende erhalten 2024 im ersten Ausbildungsjahr eine Mindestvergütung von 649,00 €. Dies ist in § 17 BBiG festgelegt.

Sven und Ines treffen sich am Wochenende mit Freunden. Bald dreht sich das Gespräch um das „liebe Geld". Sie stellen fest, dass sich ihre Vergütungen nicht nur in der Höhe des Geldbetrags unterscheiden.

Sven ist als Maschinenführer am **Akkordlohn** seiner Arbeitsgruppe beteiligt. Anfallende Reparaturarbeiten bekommt er im **Stundenlohn** bezahlt.

Ines erhält vorerst Stundenlohn. „Meine Chefin hat mir aber in Aussicht gestellt, mich bei Bewährung als Angestellte zu übernehmen und mir dann ein festes **Gehalt** zu zahlen."

Özlem ist als Chemielaborantin in einem größeren Betrieb beschäftigt. „In unserer Firma bekommen Arbeiter und Angestellte gleichermaßen ein **Entgelt**, so heißt das in unserem Tarifvertrag. Außerdem erhalten wir am Jahresende anstelle des Weihnachtsgeldes eine **Gewinnbeteiligung**."

Lohn gilt als die Bezahlung von Arbeiterinnen und Arbeitern verschiedener Qualifikationsstufen (z. B. Ungelernte, Angelernte, Facharbeiterinnen und Facharbeiter), Gehalt hingegen ist die monatliche Bezahlung von Angestellten. Erstmals in der chemischen Industrie wurde 1989 für Arbeiter und Angestellte ein einheitlicher „Entgeltrahmentarifvertrag" abgeschlossen. Weitere Wirtschaftsbereiche sind diesem Beispiel gefolgt.

M 1

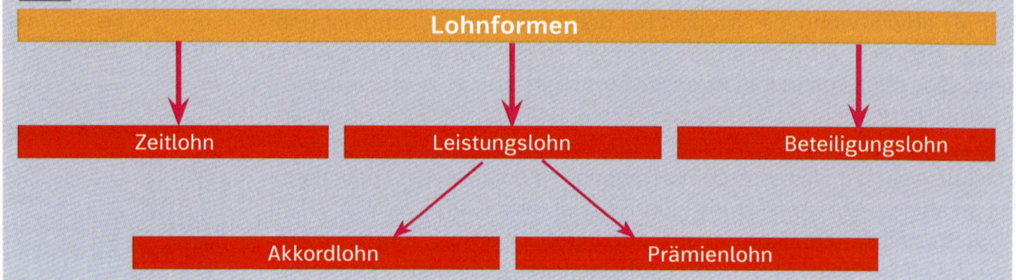

Zeitlohn wird vor allem für Tätigkeiten bezahlt, bei denen
- Leistungen nicht oder schwierig zu messen sind, z. B. bei Reparaturen,
- die Qualität der Arbeit wichtiger ist als die produzierte Menge,
- die arbeitende Person keinen Einfluss auf das Arbeitstempo nehmen kann, z. B. bei Fließbandarbeit,
- unterschiedliche Arbeitsmengen anfallen, z. B. im Einzelhandel.

Kombilohn:
Staatliche Übernahme von Lohnanteilen zur Beschäftigung von Langzeitarbeitslosen

Bruttoarbeitsentgelt:
Entgelt vor Abzug von Steuern und Sozialabgaben

Nettoarbeitsentgelt:
Entgelt nach Abzug von Steuern und Sozialabgaben

Entgeltfortzahlung z. B.:
- 6 Wochen bei Krankheit
- bei Betriebsstörungen (z. B. Stromausfall)

Zeitlohn wird als Stunden-, Wochen- oder Monatslohn gezahlt. Angestellte sowie Beamtinnen und Beamte erhalten Gehalt. In einigen Branchen (z. B. Chemieindustrie) und Firmen (z. B. VW) erhalten Angestellte ebenso Entgelt wie Arbeiterinnen und Arbeiter.

Akkordlohn berücksichtigt vor allem die Mengenleistung, die nach Stück, Fläche, Länge, Gewicht oder Volumen abgerechnet wird. Akkordarbeit als Einzel- oder Gruppenakkord findet Anwendung bei Tätigkeiten,

- die sich über eine längere Zeit wiederholen,
- deren Mengenergebnis verhältnismäßig leicht messbar ist,
- deren Arbeitstempo von den Arbeitnehmerinnen und Arbeitnehmern selbst beeinflusst werden kann.

Die durchschnittliche Zeit zur Erledigung der Arbeitsaufgabe (Vorgabezeit) wird bei Akkordarbeiten durch Arbeitszeitstudien ermittelt.

M 2

Vorteile des Zeitlohns	Nachteile des Zeitlohns
– einfache Lohnberechnung – Vermeidung von Hetze, Stress und daraus entstehendem Qualitätsrückgang	– Leistungskontrollen erforderlich – Leistungsanreiz, Unzufriedenheit bei leistungsfreudigen Mitarbeiter/-innen – Arbeitnehmer/-innen können die Lohnhöhe nicht selbst beeinflussen
Vorteile des Akkordlohns	**Nachteile des Akkordlohns**
– leistungsgerechte Entlohnung – Arbeiter/-innen können die Höhe ihres Verdienstes beeinflussen – bessere Ausnutzung von Maschinen und Anlagen – Leistungskontrollen sind überflüssig	– hohes Arbeitstempo kann zu körperlicher und seelischer Überforderung führen („Akkord ist Mord“) – erhöhter Ausschuss an Material, starker Verschleiß von Maschinen und Werkzeugen – Qualitätskontrollen sind notwendig

Geldakkord

produzierte Menge	10 Stück
Lohnsatz pro Stück	1,80 €

Lohn = Stückzahl · Lohnsatz
= 10 · 1,80 €
= 18,00 €

Zeitakkord

produzierte Menge	10 m²
Stundensatz/m²	2,10 Std.
Lohnsatz	22,11 €

Lohn = Menge · Stunden/m² · Lohnsatz/h
= 10 · 2,10 · 22,11
= 464,31 €

Prämienlohn wird als Zusatzvergütung zu Akkord- oder Zeitlohn für besondere Leistungen gezahlt, u. a. als
- Mengenprämien bei Überschreitung der Normalleistungen,
- Qualitätsprämien bei besonders sorgfältiger Arbeit mit geringem Ausschuss,
- Nutzungsprämie für pflegliche Behandlung von Betriebsmitteln oder Verringerung der Leerlaufzeiten von Maschinen,
- Termineinhaltungsprämien bei vorgegebenen Terminen,
- Anerkennungsprämien, z. B. für Verbesserungsvorschläge.

Beteiligungslohn wird entweder als Umsatzbeteiligung oder als Gewinnbeteiligung gewährt. Umsatzbeteiligung neben einem Grundlohn erhalten z. B. Verkaufsfahrerinnen und Verkaufsfahrer für Bäckereierzeugnisse und Tiefkühlkost. Gewinnbeteiligung gewähren mehrere Tausend deutscher Unternehmen in verschiedenen Formen:
- durch Auszahlung des Gewinnanteils an die Arbeitnehmerinnen und Arbeitnehmer, die über den Betrag sofort frei verfügen können,
- durch Kapitalbeteiligung, indem die Gewinnanteile im Unternehmen für eine gewisse Zeit als Darlehen gegen Zinszahlung überlassen werden oder als Beteiligung am Eigenkapital (z. B. Belegschaftsaktien) im Unternehmen verbleiben.

Bei der Gewinnbeteiligung ist die Frage umstritten, ob die Arbeitnehmerinnen und Arbeitnehmer auch am Verlust der Unternehmen zu beteiligen seien. Dem wird entgegengehalten, dass das Verlustrisiko des Arbeitgebers durch das Arbeitsplatzrisiko der Belegschaft ausgeglichen werde.

Volkswagen zahlt den Beschäftigten für den Erfolg des Jahres 2022 im Mai 2023 einen Bonus von 3 629,50 €.

vgl. Schmitz 2023, S. 1

Zur Förderung der Unternehmensbeteiligung wurde Anfang 2009 ein **Mitarbeiterkapitalbeteiligungsgesetz** beschlossen. Der Steuerfreibetrag für betriebliche und überbetriebliche Beteiligungen beträgt jährlich 360,00 €.

Arbeitsvorschläge

1. *Nennen Sie Tätigkeiten, möglichst aus Ihrem Berufsfeld, für die entweder überwiegend Zeit- oder Akkordlohn gezahlt wird. Geben Sie dafür eine kurze Begründung. (M 2)*
2. *Überprüfen Sie die Monatsabrechnung Ihrer Vergütung: Berechnen und begründen Sie den Unterschied zwischen Brutto- und Nettoentgelt.*
3. *Ermitteln Sie einige Vor- und Nachteile von Gruppen- und Einzelakkord.*
4. *Von Fachleuten für Sozialrecht wird immer wieder der Vorschlag gemacht, bei Tarifverhandlungen neben dem Grundlohn einen gewinnabhängigen Lohnanteil zu verabreden. Dadurch würde die Ertragslage der Unternehmen berücksichtigt und der Verteilungskampf um Löhne und Gewinne entschärft. Listen Sie Vor- und Nachteile des Beteiligungslohns auf.*

2.5 Beendigung des Arbeitsverhältnisses und Kündigungsschutz

Arbeitsverträge werden überwiegend unbefristet abgeschlossen, also auf unbestimmte Zeit. Befristete Arbeitsverträge sind nur bis zu zwei Jahren zugelassen und enden mit der vereinbarten Tätigkeit, z. B. Bau einer Brücke, oder zum vereinbarten Termin, beispielsweise bei Urlaubsvertretungen. Sie dürfen höchstens dreimal bis zu der Gesamtdauer von zwei Jahren verlängert werden. Tarifverträge können andere Vereinbarungen enthalten.

Unbefristete Arbeitsverhältnisse können gelöst werden durch
- **Aufhebungsvertrag** zu jeder Zeit, wenn sich Arbeitgeber und Arbeitnehmerin bzw. Arbeitnehmer im gegenseitigen Einvernehmen trennen,
- **Kündigung** als einseitige „empfangsbedürftige" Willenserklärung, d. h., sie muss der gekündigten Person schriftlich zugehen,
- **Tod** der Arbeitnehmerin oder des Arbeitnehmers (selten durch den Tod des Arbeitgebers, da meist Erbinnen und Erben vorhanden sind, die den Betrieb weiterführen).

Das Arbeitsrecht unterscheidet ordentliche und außerordentliche Kündigungen. Bei **ordentlichen Kündigungen** sind gesetzliche Kündigungsfristen einzuhalten (s. M 1). Innerhalb einer Probezeit von höchstens sechs Monaten beträgt die Kündigungsfrist zwei Wochen. Seit 2010 gilt bei verlängerten Kündigungsfristen die gesamte Zugehörigkeit zum Unternehmen. Diese Kündigungsfristen können tarifvertraglich geändert werden und gelten nur für die Kündigung durch den Arbeitgeber.

M 1

Eine **außerordentliche Kündigung** erfolgt in der Regel fristlos und darf nur aus einem „wichtigen Grund" erfolgen, z. B. bei Diebstahl oder Geheimnisverrat. Sie muss innerhalb von zwei Wochen, nachdem der Kündigungsgrund bekannt wurde, ausgesprochen werden. Gibt es in der Firma einen **Betriebsrat**, muss er vor einer Kündigung angehört werden und den Kündigungsgrund erfahren. Widerspricht er der Kündigung, ist die Einigungsstelle (s. S. 66) oder das Arbeitsgericht anzurufen. Sind Arbeitnehmerinnen und Arbeitnehmer länger als sechs Monate in einem Betrieb mit in der Regel mehr als zehn Beschäftigten tätig (Auszubildende zählen nicht), sind nach dem **Kündigungsschutzgesetz** nur sozial gerechtfertigte Kündigungen zulässig. Für vor dem 01.01.2004 eingestellte Beschäftigte beginnt der Kündigungsschutz schon, wenn der Betrieb mehr als fünf Mitarbeiterinnen und Mitarbeiter beschäftigt.

Eine Kündigung gilt als **„zugegangen"**, wenn sie persönlich übergeben oder mit der Post zugestellt wird. Die Postzustellung ist auch gültig, wenn die Arbeitnehmerin/der Arbeitnehmer während ihres/seines Urlaubs verreist ist.

Bei **verlängerten Kündigungsfristen** ist eine Kündigung nur zum Monatsende zulässig.

Aufgepasst beim Aufhebungsvertrag

Ein Aufhebungsvertrag setzt Kündigungsschutz und Mitwirkungsrechte des Betriebsrats außer Kraft. Vor Zustimmung sollte geprüft werden:
Liegt eine rechtswidrige Drohung (z. B.: fristlose Kündigung) oder Täuschung vor?

Tipp: Anfechtung

Sind Kündigungsfristen eingehalten worden? Andernfalls gibt es für die Zeit von der Beendigung des Arbeitsverhältnisses bis zum Ablauf der Kündigungsfrist kein Arbeitslosengeld.
Wenn eine ordentliche Kündigung nur bei Zahlung einer Abfindung möglich ist, gilt eine Kündigungsfrist von einem Jahr. Für die Zwischenzeit „ruht" der Anspruch auf Arbeitslosengeld.
Vgl. § 143 a Sozialgesetzbuch III

Tipp: Erkundigung bei einer Arbeitsagentur über die Auswirkung der Abfindung

Abfindungen müssen versteuert werden.

Ausnahmen von der Sozialauswahl bei betriebsbedingten Kündigungen sind aus wichtigen betrieblichen Gründen möglich.
Als sozial ungerechtfertigt gilt eine Kündigung auch, wenn keine dringenden betrieblichen Erfordernisse vorliegen oder eine Weiterbeschäftigungsmöglichkeit an einem anderen Arbeitsplatz des Unternehmens besteht.

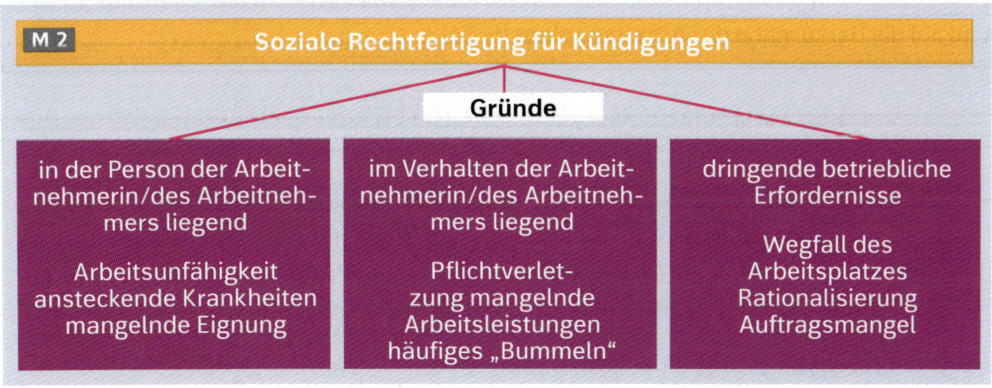

Abmahnung

Sehr geehrte/-r
am ... haben Sie ... folgende Pflichten aus dem Arbeitsvertrag verletzt:
( ) Verlassen des Arbeitsplatzes ohne Genehmigung
( ) eigenmächtiger Urlaubsantritt
( ) verspäteter Dienstantritt
( ) nicht genehmigte Nebentätigkeit
( ) Vortäuschung einer Krankheit
( ) Arbeit während der Krankheit
( ) unentschuldigtes Fehlen
( ) Arbeitsverweigerung
( ) Schlechtleistung
Wir weisen Sie darauf hin, dass Sie im Wiederholungsfall mit der Auflösung des Arbeitsvertrags rechnen müssen.

Wenn Arbeitnehmerinnen und Arbeitnehmer der Meinung sind, ihnen sei sozial ungerechtfertigt gekündigt worden, können sie innerhalb von drei Wochen beim Arbeitsgericht eine **Kündigungsschutzklage** einreichen. Bei ihnen liegt jedoch die „Beweislast“, d. h., sie müssen begründen, worin sie die Ungerechtigkeit sehen. Ist ein Betriebsrat vorhanden, können sie bei diesem innerhalb einer Woche Einspruch einlegen. Der Betriebsrat hat sich dann um eine Verständigung mit dem Arbeitgeber zu bemühen. Verzichten Arbeitnehmerinnen und Arbeitnehmer bei einer betriebsbedingten Kündigung auf die Kündigungsschutzklage, haben sie Anspruch auf eine **Abfindung** von 0,5 Monatsverdiensten für jedes Beschäftigungsjahr.
Wird Arbeitnehmerinnen und Arbeitnehmern wegen ihrer Person oder wegen ihres Verhaltens gekündigt, muss vorher eine **Abmahnung** erfolgen. Auch bei einer fristlosen Kündigung muss vorher eine Abmahnung erfolgt sein. Nur wenn die fristlose Kündigung wegen eines „besonders schwerwiegenden Tatbestands“ erfolgt (sexuelle Belästigung, Diebstahl), ist eine vorherige Abmahnung nicht erforderlich.
Wer eine Abmahnung als ungerecht ansieht, kann sie beim Arbeitsgericht anfechten. Das muss nicht sofort erfolgen. Wenn aber eine Kündigung aus dem gleichen Grund ausgesprochen wird, wegen dem die gekündigte Person bereits abgemahnt worden ist, dann ist eine nachträgliche Klage anzuraten.

Arbeitsvorschläge

1. *Unterscheiden Sie eine ordentliche von einer außerordentlichen Kündigung.*

2. *In der kleinen Maschinenfabrik Anker herrscht Auftragsmangel. Die Betriebsleitung beschließt daher, von den 46 Beschäftigten drei zum 15. November zu entlassen. Das Kündigungsschreiben geht den Betroffenen am 14. Oktober zu.*
Betroffen sind der vor einem Jahr eingestellte Kraftfahrer Wilhelm Rother, unverheiratet, die vor drei Jahren eingestellte Buchhalterin Oksana Melnik, ebenfalls ledig, und der 48-jährige Betriebsschlosser Ernst Voges, verheiratet, drei Kinder, seit sechs Jahren im Betrieb.
a) Untersuchen Sie, ob die Kündigungsfristen und -termine eingehalten worden sind. (M 1)
b) Ermitteln Sie, ob die Kündigungen sozial gerechtfertigt sind. (M 2) Herr Voges gibt an, dass es in seinem Betrieb mehrere kinderlose Schlosser gäbe, die zudem jünger seien als er.
c) Stellen Sie fest, ob sich die Gekündigten auf das Kündigungsschutzgesetz berufen können.
d) Formulieren Sie mit einer Partnerin/einem Partner Ratschläge für die drei Gekündigten und stellen Sie diese zur Diskussion.

3. *Jan Meyer ist seit einem Jahr in einem Betrieb mit elf Mitarbeitern beschäftigt. Er kommt zuweilen zu spät zur Arbeit, wenn sich auf seiner Fahrstrecke Staus bilden. Unverwartet, ohne dass er darauf angesprochen wurde, wird ihm deswegen gekündigt. Der Betrieb hat keinen Betriebsrat.*
a) Überprüfen Sie, ob für Jan Meyer das Kündigungsschutzgesetz gilt.
b) Erörtern Sie seine Erfolgsaussichten bei einer Kündigungsschutzklage.

Kündigungen durch Arbeitgeber oder Arbeitnehmerin bzw. Arbeitnehmer sind nur gültig, wenn sie schriftlich erklärt wurden (§ 623 BGB) und „zugegangen“ sind. Dies ist der Fall, wenn eine Kündigung persönlich übergeben wurde oder mit der Post zugegangen ist. Bei Einschreibebriefen erfolgt die Aushändigung durch die Post. Kündigungen können auch während einer Krankheit oder eines Urlaubs ausgesprochen werden. Bei Beendigung des Arbeitsverhältnisses haben alle Arbeitnehmerinnen und Arbeitnehmer Anspruch auf ein schriftliches **Zeugnis** und auf die Herausgabe der **Arbeitspapiere** (S. 74).

Zeugnisarten
- **einfaches Zeugnis** mit Angaben zur Person und genauer Beschreibung von Art und Dauer der Beschäftigung
- **qualifiziertes Zeugnis** mit zusätzlichen Angaben über Führung und Leistung

Arbeitnehmerinnen und Arbeitnehmer können ein qualifiziertes Zeugnis verlangen und ein nicht verlangtes ablehnen.

243 810 © Bergmoser + Höller Verlag AG

M 1 **Besonderer Kündigungsschutz**

Für besonders schutzbedürftige Arbeitnehmergruppen gilt ein über den allgemeinen Kündigungsschutz hinausgehender besonderer Kündigungsschutz:
- **Frauen** sind während der Schwangerschaft und innerhalb von vier Monaten nach der Entbindung unkündbar. Dasselbe gilt für die Elternzeit, die Mütter oder Väter nehmen können.
- **Berufstätige Angehörige**, die Pflegezeiten oder Familienpflegezeiten in Anspruch nehmen, sind vom Zeitpunkt der Ankündigung (max. 12 Wochen vor Pflegebeginn) bis zur Beendigung der Pflege unkündbar.
- Die Kündigung von **Menschen mit Schwerbehinderung** bedarf der Zustimmung des Integrationsamts (in Niedersachsen das Landessozialamt Hildesheim), sofern dem Arbeitgeber die Schwerbehinderung angezeigt wurde.
- **Auszubildenden** darf nach der Probezeit nur aus einem wichtigen Grund außerordentlich gekündigt werden. Dazu zählen weder schlechte Leistungen noch Verhaltensweisen wie „Aufsässigkeit“. Gekündigt werden darf nur, wenn die Fortsetzung der Ausbildung trotz aller Erziehungsmaßnahmen unzumutbar ist oder die Erreichung des Ausbildungsziels aussichtslos erscheint. Das Bundesarbeitsgericht hat im Urteil vom 10.05.1973 entscheiden, dass eine Kündigung vor Ende der Ausbildungszeit im Allgemeinen ausgeschlossen ist.
- Beschäftigte, die eine Betriebsratsgründung vorbereiten und dafür eine öffentlich beglaubigte Erklärung nachweisen, sind bis zu drei Monaten unkündbar, es sei denn, es liegen Gründe für eine fristlose Kündigung vor (§ 15 KschG).
- **Mitglieder des Betriebsrats und der Jugend- und Auszubildendenvertretung** sind während ihrer Amtszeit und ein Jahr danach unkündbar, es sei denn, es liegt ein besonders wichtiger Grund vor, der eine fristlose Kündigung rechtfertigt.
- Freiwillig dienende **Soldatinnen und Soldaten** der Bundeswehr sind vom 7. bis zum 23. Monat ihrer Dienstzeit und **Reservistinnen und Reservisten** vor und während ihrer Wehrübungen unkündbar.

Aufsichtsbehörden für die Entscheidung über die Zulässigkeit von Kündigungen bei Mutterschutz und Elternzeit

Niedersachsen
Bremen
Sachsen-Anhalt
Mecklenburg-Vorpommern
Gewerbeaufsichtsämter
Brandenburg
Landesamt für Arbeitsschutz

Hamburg
Behörde für Umwelt und Gesundheit

Berlin
Landesamt für Arbeitsschutz, Gesundheitsschutz und technische Sicherheit

Nordrhein-Westfalen
Bezirksregierungen

Betriebsverfassungsgesetz

M 2 § 78 Schutzbestimmungen

Die Mitglieder des Betriebsrats [...], der Jugend- und Auszubildendenvertretung [...] dürfen in der Ausübung ihrer Tätigkeit nicht gestört oder behindert werden. Sie dürfen wegen ihrer Tätigkeit weder benachteiligt oder begünstigt werden; dies gilt auch für ihre berufliche Entwicklung.

M 3 § 78a Schutz Auszubildender in besonderen Fällen

(1) Beabsichtigt ein Arbeitgeber, einen Auszubildenden, der Mitglied der Jugend- und Auszubildendenvertretung, des Betriebsrats, der Bordvertretung oder des Seebetriebsrats ist, nach Beendigung des Berufsausbildungsverhältnisses nicht in ein Arbeitsverhältnis auf unbestimmte Zeit zu übernehmen, so hat er dies drei Monate vor Beendigung des Berufsausbildungsverhältnisses dem Auszubildenden schriftlich mitzuteilen.
(2) Verlangt ein in Absatz 1 genannter Auszubildender innerhalb der letzten drei Monate vor Beendigung des Berufsausbildungsverhältnisses schriftlich vom Arbeitgeber die Weiterbeschäftigung, so gilt zwischen Auszubildendem und Arbeitgeber ein Arbeitsverhältnis auf unbestimmte Zeit als begründet [...]
(3) Die Absätze 1 und 2 gelten auch, wenn das Berufsausbildungsverhältnis vor Ablauf eines Jahres nach Beendigung der Amtszeit der Jugend- und Auszubildendenvertretung, des Betriebsrats, der Bordvertretung oder des Seebetriebsrats endet.
(4) Der Arbeitgeber kann spätestens bis zum Ablauf von zwei Wochen nach Beendigung des Berufsausbildungsverhältnisses beim Arbeitsgericht beantragen,
1. festzustellen, dass ein Arbeitsverhältnis [...] nicht begründet wird, oder
2. das bereits [...] begründete Arbeitsverhältnis aufzulösen,
wenn Tatsachen vorliegen, aufgrund derer dem Arbeitgeber unter Berücksichtigung aller Umstände die Weiterbeschäftigung nicht zugemutet werden kann.

M 4

Fristlose Kündigung von Auszubildenden

Die „fristlose Kündigung von zwei Auszubildenden" ging bis zum Bundesarbeitsgericht. Der Sachverhalt: Zwei Auszubildende fertigen ein großes Blechschild mit dem Text „Arbeit macht frei – Türkei schönes Land" und befestigen es an der Werkbank eines türkischen Kollegen. Außerdem ergaben die Ermittlungen, dass sie gemeinsam mit anderen antisemitische Lieder gesungen hatten, so ein Lied mit dem Titel „Auschwitz, wir kommen".
Das Bundesarbeitsgericht stellte eine schwerwiegende Pflichtverletzung der beiden Auszubildenden fest, die eine fristlose Kündigung ohne vorhergehende Abmahnung rechtfertigt.

Auch bei sogenannten **Massenentlassungen** enthält das Kündigungsschutzgesetz besondere Bestimmungen, vor allem um die Vermittlung der Betroffenen in neue Arbeitsstellen zu erleichtern. Massenentlassungen liegen vor, wenn
- in Betrieben mit 21 bis 59 Arbeitnehmern mehr als fünf,
- in Betrieben mit 60 bis 499 Arbeitnehmern 10 % oder mehr als 25,
- in Betrieben ab 500 Arbeitnehmern 30 und mehr Arbeitnehmer entlassen werden sollen.

Die betroffenen Arbeitnehmer müssen sich mit dem Betriebsrat beraten und mindestens 30 Tage vorher bei der Agentur für Arbeit gemeldet werden. Die Stellungnahme des Betriebsrats ist beizufügen. Die Arbeitsagentur kann eine Entlassungssperre von bis zu zwei Monaten bestimmen.

Arbeitsvorschläge

1. *Begründen Sie den Sinn eines besonderen Kündigungsschutzes an zwei Beispielen Ihrer Wahl aus M 1 (S. 82).*
2. *Der Auszubildenden Daria L. wurde zwei Monate vor der Abschlussprüfung wegen angeblich schlechter schulischer und betrieblicher Leistungen mündlich gekündigt.*
   a) *Überprüfen Sie anhand von M 1, ob die Kündigung wirksam ist, und formulieren Sie eine Begründung.*
   b) *Beraten Sie Daria L., wie sie gegen die Kündigung vorgehen kann.*
3. *Allen Auszubildenden einer Firma wird vier Monate vor Beendigung des Berufsausbildungsverhältnisses schriftlich mitgeteilt, dass sie wegen schlechter Auftragslage nicht übernommen werden können. Dazu gehört auch ein JAV-Mitglied, dessen Amtszeit drei Monate vor dem Ausbildungsabschluss endet.*
   a) *Beurteilen Sie die Erfolgsaussichten des gekündigten JAV-Mitglieds bei einer Kündigungsschutzklage. (M 2)*
   b) *Stellen Sie fest, ob die Formvorschriften bei der Kündigung eingehalten worden sind. (M 3)*
4. *Überprüfen Sie, ob die fristlose Kündigung der Auszubildenden in M 4 gerechtfertigt ist.*

Arbeitsvertragsrecht

3 Arbeitsschutz in Deutschland

DGVU – Deutsche Gesetzliche Unfallversicherung e. V.
www.dgvu.de

Leitbild eines zeitgemäßen Arbeitsschutzes nach DGUV

Ein zeitgemäßer Arbeitsschutz basiert auf einer ganzheitlichen Auffassung von Sicherheit und Gesundheit aller Beschäftigten. Er ist ein zentraler Bestandteil aller betrieblichen Aufgaben und Funktionen und somit nicht als weiteres betriebliches Aufgabenfeld anzusehen. Ein ganzheitlicher Arbeitsschutz in diesem Sinne ist ein ethisches, humanitäres, betriebswirtschaftliches und ökologisches Grundanliegen.

M 1

Deutsche Gesetzliche Unfallversicherung e. V (DGUV) o. J. (b)

Arbeitsschutz ist in Deutschland eine Angelegenheit, die verschiedene Rechtsbereiche betrifft. Das sind u. a. das zivile Arbeitsrecht und das Verbraucher- und Umweltschutzrecht. Des Weiteren wird der Arbeitsschutz in Deutschland durch die europäische Sozialpolitik mitbestimmt, etwa im Produktsicherheitsrecht. Das heißt, es gilt nicht nur nationales, sondern auch europäisches Arbeitsschutzrecht.

Eine weitere Systematik im Arbeitsschutzrecht findet man bei den Kontrollinstitutionen. Das gesetzliche Arbeitsschutzrecht wird von den Gewerbeaufsichtsbehörden der Bundesländer überwacht, die Vorschriften der Berufsgenossenschaften dagegen von den Unfallversicherungsträgern.

Schließlich kann das Arbeitsschutzrecht auch auf der Ebene des Gesetzgebers unterschieden werden. Gesetze werden verabschiedet und bilden die Grundlage für Verordnungen und Vorschriften, die von den zuständigen Institutionen dann erlassen werden. Folgende Bereiche des Arbeitsschutzes finden hier Anwendung:

- Der **technische Arbeitsschutz** dient der Abwehr von arbeitsbedingten Gefahren für Leben und Gesundheit der Arbeitnehmerinnen und Arbeitnehmer. Er bedient sich dabei moderner angewandter Technik. Gesetzliche Grundlage bildet hier vor allem das **Arbeitsschutzgesetz**.
- Der **soziale Arbeitsschutz** richtet sich vor allem an besonders schutzbedürftige Arbeitnehmergruppen wie Jugendliche, Mütter und Familien (Mutterschutzgesetz, Bundeselterngeld- und Elternzeitgesetz), Menschen mit Schwerbehinderung (Schwerbehindertengesetz) u. a. Er regelt auch den Arbeitszeitschutz. Gesetzliche Grundlagen finden sich hier u. a. im **Arbeitszeitgesetz** und im **Bundesurlaubsgesetz**.
- Der **medizinische Arbeitsschutz** zielt in erster Linie auf die Schaffung und Erhaltung einer humanen Arbeitswelt ab. Gesetzliche Grundlage bilden u. a. das **Arbeitsschutzgesetz** und das **Infektionsschutzgesetz**.

§ 1 ArbSchG (Arbeitsschutzgesetz)

(1) Dieses Gesetz dient dazu, Sicherheit und Gesundheitsschutz der Beschäftigten bei der Arbeit durch Maßnahmen des Arbeitsschutzes zu sichern und zu verbessern. [...]

Arbeitsvorschläge

1. *Fertigen Sie eine Mindmap (s. S. 139) zur Strukturierung des Arbeitsschutzes in Deutschland an.*
2. *Erklären Sie einer Partnerin oder einem Partner das Leitbild eines zeitgemäßen Arbeitsschutzes der DGVU. (M 1)*

3.1 Technischer und medizinischer Arbeitsschutz

Das Basiselement des technischen und medizinischen Arbeitsschutzes ist das Arbeitsschutzgesetz (ArbSchG) oder, wie es ausführlich heißt: „Gesetz zur Durchführung von Maßnahmen des Arbeitsschutzes zur Verbesserung der Sicherheit und des Gesundheitsschutzes der Beschäftigten bei der Arbeit". Es ist ein deutsches Gesetz zur Umsetzung von EU-Richtlinien. Der § 18 ArbSchG enthält die Ermächtigungsgrundlagen für daraus abgeleitete Verordnungen.

Arbeitsschutzüberwachungsgesetz (ab 2021): Verboten sind Werkverträge und die Beschäftigung von Leiharbeitnehmerinnen und Leiharbeitnehmern in Betrieben mit mehr als 49 Beschäftigten.

M 1 Verordnungen, die sich aus dem Arbeitsschutzgesetz ableiten

- Arbeitsstättenverordnung (ArbStättV)
- Baustellenverordnung (BaustellV)
- Betriebssicherheitsverordnung (BetrSichV)
- Verordnung zum Schutz der Beschäftigten vor Gefährdungen durch Lärm und Vibrationen (Lärm- und Vibrations-Arbeitsschutzverordnung – LärmVibrationsArbSchV)
- Lastenhandhabungsverordnung (LasthandhabV)
- PSA-Benutzungsverordnung (PSA-BV)

M 2 Geltungsbereich des Arbeitsschutzgesetzes

Das Arbeitsschutzgesetz findet Anwendung in den Tätigkeitsbereichen
- der gewerblichen Wirtschaft,
- der Landwirtschaft,
- des öffentlichen Dienstes,
- der freien Berufe (z. B. Ärzte),
- der nicht auf Erwerb ausgerichtete Organisationen (z. B. der Kirchen).

In diesen Bereichen gilt es für nahezu alle Beschäftigten.

M 3 Grundlegende Ziele des Arbeitsschutzgesetzes

Das Gesetz hat zum Ziel, für die Sicherheit und den Gesundheitsschutz der Beschäftigten Vorsorge zu treffen und diese zu verbessern. Realisiert wird dies durch Maßnahmen der Verhütung von Unfällen und arbeitsbedingten Erkrankungen und durch eine menschengerechte Gestaltung der Arbeit (§§ 1, 2, 3 ArbSchG).

Dazu müssen Gesundheits- und Sicherheitsanforderungen an Arbeitsplätze immer dann beurteilt werden, wenn
- der Arbeitsplatz neu eingerichtet wird,
- sich Arbeitsbedingungen verändern,
- gesicherte arbeitswissenschaftliche Erkenntnisse und der Stand der Technik sich erneuern oder
- die Wirksamkeit von Arbeits- und Gesundheitsschutzmaßnahmen überprüft werden müssen.

Verantwortlich für alle Maßnahmen des Arbeitsschutzes ist der Arbeitgeber. Er hat diese auf Wirksamkeit zu überprüfen und erforderlichenfalls sich ändernden Gegebenheiten anzupassen. Ziel: Verbesserung von Sicherheit und Gesundheitsschutz der Beschäftigten. Die dafür notwendigen Mittel hat der Arbeitgeber in den meisten Fällen komplett zur Verfügung zu stellen. Für die Arbeitnehmerinnen und Arbeitnehmer dürfen dabei keine Kosten entstehen.

M 4

"Das sind die größten Unfallgefahren auf Baustellen

Auf Baustellen finden sich nach wie vor die größten Unfallgefahren in der modernen Arbeitswelt. Die Zahl der Unfälle ist hier immer noch mindestens doppelt so hoch wie in allen anderen Gewerken mit Ausnahme der Forstwirtschaft. [...] Doch welche Gefahren genau machen Baustellen so unfallgefährdet? [...]

Gründe für die hohe Unfallrate sind der unmittelbare Einfluss der Witterung, der Termindruck, der Umgang mit unterschiedlichsten Gefahrenstoffen, das oft wenig koordinierte Zusammenwirken unterschiedlicher Gewerke und verantwortlicher Akteure. Zunehmend spielt auch das Fehlverhalten von Bauarbeitern aufgrund sprachlicher Kommunikationsprobleme eine Rolle, denn die Beschäftigten stammen oft aus unterschiedlichen Nationen und leben in vielen Fällen nur für die Zeit des Bauprojekts in Deutschland."

Hensiek 2023

Arbeitsvorschläge

1. *Erarbeiten Sie mithilfe des ArbSchG (Internet, Gesetzessammlung) und M 3 die grundlegenden Ziele des ArbSchG und die darin festgelegten Verantwortlichkeiten.*
2. *Ordnen Sie mithilfe von M 1 zu, welche Verordnungen in den Tätigkeitsbereichen von M 2 umgesetzt werden.*
3. *Fassen Sie zusammen, wodurch Sicherheit und Gesundheit von Arbeitnehmerinnen und Arbeitnehmern auf Baustellen gefährdet werden (M 4). Schlagen Sie vorbeugende Maßnahmen vor.*

Gemeinsam für Sicherheit und Gesundheitsschutz am Arbeitsplatz – Gefährdungsbeurteilung und Unfallverhütungsvorschriften

Die Beurteilung der Arbeitsbedingungen (= Gefährdungsbeurteilung) macht es möglich, systematisch und umfassend die wichtigsten körperlichen und psychischen Gefährdungen eines Arbeitsplatzes oder einer typischen Tätigkeit zu analysieren und zu bewerten. Daraus leiten sich für den **Arbeitgeber** Maßnahmen zur Verbesserung von Sicherheit und Gesundheitsschutz ab.

Für die **staatlichen Gewerbeaufsichtsbehörden** und für die **Berufsgenossenschaften** und **Unfallkassen** stellt die vorgeschriebene Dokumentation der Gefährdungsbeurteilung eine Vereinfachung ihrer Überwachungs- und Beratungstätigkeit dar. Unfälle im Betrieb sind wie bisher ebenfalls zu dokumentieren. Auch innerbetrieblich ist sie die Grundlage des Handelns für die **Interessenvertretung der Arbeitnehmerinnen und Arbeitnehmer**.
Damit ist sie neben dem **Arbeitgeber**, den **Beschäftigten** und den **beratenden Fachkräften** (Fachkraft für Arbeitssicherheit und Betriebsärztin/Betriebsarzt) eine weitere wichtige Handelnde im Betrieb. Immer dann, wenn das Gesetz eine Konkretisierung im Betrieb notwendig macht, haben die Arbeitnehmervertreter Beteiligungsrechte.

M 2

Inhalte einer Gefährdungsbeurteilung

Die Gefährdungsbeurteilung ist das zentrale Element im betrieblichen Arbeitsschutz. Sie ist die Grundlage für ein systematisches und erfolgreiches Sicherheits- und Gesundheitsmanagement. Grundlage ist eine Beurteilung der mit den Tätigkeiten verbundenen inhalativen (durch Einatmen), dermalen (durch Hautkontakt) und physikalisch-chemischen Gefährdungen (Brand- und Explosionsgefahren) und sonstigen durch Gefahrstoffe bedingten Gefährdungen. Der Arbeitgeber darf eine Tätigkeit mit Gefahrstoffen erst aufnehmen lassen, nachdem eine Gefährdungsbeurteilung vorgenommen wurde und die erforderlichen Schutzmaßnahmen getroffen wurden. § 6 ArbSchG verpflichtet Arbeitgeber, das Ergebnis der Gefährdungsbeurteilung, die von ihm festgelegten Arbeitsschutzmaßnahmen und das Ergebnis ihrer Überprüfung zu dokumentieren.

M 1 Muster einer Gefährdungsbeurteilung

Mustermann GmbH

Regelungen für Tätigkeiten mit gefährlichen Arbeitsstoffen

Anhang 2 Gefährdungsbeurteilung nach GefStoffV

Gefährdungsbeurteilung nach GefStoffV

Datenerfassung und Beurteilung durch die verantwortliche Person	Bitte alle Felder ausfüllen

Name: **Erwin Mustermann** | Telefon: **00000 000 00** | Datum: 29.08.2023

Handelsname: **Lackfarbe ABC**
Materialnummer: Lagerklasse: **Keine**

Lieferant: **Muster GmbH**

Zur Verfügung stehende Unterlagen: ☑ **Sicherheitsdatenblatt** ☑ **Produktinformation**

☐ **Das Produkt ist nicht kennzeichnungspflichtig nach der Gefahrstoffverordnung.**

Verwendungszweck:	**Lackfarbe**
Einsatzort/Arbeitsbereich	**Lackiererei**
Arbeitsablaufbeschreibung: (mit Angabe Werkzeug/Maschine)	**Aufsprühen auf zu bearb. Teile**
Gebindeeinheit	**5 lit**
Verbrauch / Einzelfall:	**> 1 Lit / Kg**
Dauer der Tätigkeit pro Schicht:	**> 15 min / Tag**
Wirkmenge / Hautkontakt:	**Kleinflächige Benetzung**
Anwendungstemperatur	**Raumtemperatur**
Verwendungsform	**Flüssig**

Beurteilung:

☐ **Keine Gefährdung**

☑ **Gefährdung**

☑ Der Produkteinsatz ist durch eine fachkundige Person zu beurteilen.

Name: **Erwin Mustermann** Datum, Unterschrift: ____________________
(Verantwortliche Person)

IFD Service GmbH o. J. (verändert)

Arbeitsvorschläge

1. *Erläutern Sie einer Partnerin/einem Partner, welche Aussagen zur Gefährdungsbeurteilung in M 1 gemacht werden.*
2. *Fertigen Sie einen Spickzettel zu den Inhalten der Gefährdungsbeurteilung (M 2) an (s. auch S. 209).*

Unfallverhütungsvorschriften (auch DGVU-Vorschriften genannt) sind verbindliche Rechtsnormen der Unfallversicherungsträger (z. B. der Berufsgenossenschaften), mit denen diese ihrem Präventionsauftrag (nach § 14 des Sozialgesetzbuches VII) nachkommen. Sie werden in den Fachbereichen der DGVU erarbeitet und den Betrieben zur Verfügung gestellt. Auch die Kontrolle über die Einhaltung der Unfallverhütungsvorschriften obliegt den Trägern der gesetzlichen Unfallversicherung.

Die **Unfallverhütungsvorschriften** bilden damit eine sinnvolle Ergänzung der **Gefährdungsbeurteilungen**.

Auszug aus DGUV Vorschrift 38: Unfallverhütungsvorschrift Bauarbeiten
§ 5 Standsicherheit und Tragfähigkeit
(1) Der Unternehmer hat dafür zu sorgen, dass bauliche Anlagen und ihre Teile, Hilfskonstruktionen, Gerüste, Laufstege, Geräte und andere Einrichtungen nicht überlastet werden und auch während der einzelnen Bauzustände standsicher sind. Sie müssen so bemessen, aufgestellt, unterstützt, ausgesteift, verankert und beschaffen sein, dass sie die bei der vorgesehenen Verwendung anfallenden Lasten aufnehmen und ableiten können.
(2) Der Unternehmer hat dafür zu sorgen, dass Bauteile, Baustoffe und Arbeitsmittel so gelagert, transportiert und eingebaut werden, dass sie dabei ihre Lage nicht unbeabsichtigt verändern können
(3) […].
Deutsche Gesetzliche Unfallversicherung e. V. (DGUV) 2019, S. 7

Eine wichtige Rolle bei der Umsetzung der Unfallverhütungsvorschriften spielen die **Technischen Regeln für Arbeitsstätten (ASR)**. Sie geben den Stand der Technik, Arbeitsmedizin und Hygiene für das Einrichten und Betreiben von Arbeitsstätten wieder.

Stellvertretend für die vielfältigen Regelungen der ASR werden hier einige oft gebräuchliche Sicherheitszeichen aufgeführt. Diese finden sich in den meisten Betrieben, aber auch in öffentlichen Bereichen.

M 1 Sicherheitszeichen haben unterschiedliche Funktionen. Sie warnen vor gesundheitsschädlichen Stoffen, weisen auf Gefahren hin, symbolisieren Verbote und Gebote und zeigen Rettungswege und Erste Hilfe auf.
Die Sicherheitszeichen sind anhand ihrer Farben gut zu unterscheiden:
Häufige Sicherheitszeichen und ihre Bedeutung sind im Folgenden aufgeführt:
- **Rettungszeichen** sind grün: z. B. Rettungsweg, Krankentrage, Erste Hilfe, Sammelstelle
- **Blaue Schilder** weisen auf Gebote hin: z. B. Gehörschutz benutzen, Schutzhandschuhe verwenden, Atemschutz verwenden.
- **Verbotszeichen** sind rot: z. B. Feuer, offenes Licht und Rauchen verboten, Zutritt für Unbefugte verboten, mit Wasser löschen verboten.
- **Warnzeichen** sind gelb mit schwarzen Bildzeichen: z. B. Warnung vor einer Gefahrstelle, Warnung vor ätzenden Stoffen, Warnung vor gesundheitsschädlichen oder reizenden Stoffen.

vgl. Sicherheits- und Gesundheitsschutzkennzeichnung ASR A1.3.

Arbeitsvorschläge

1. *Erkunden Sie in Ihrem Betrieb weitere Beispiele für Unfallverhütungsvorschriften. Stellen Sie diese in der Klasse vor.*
2. *Erstellen Sie mithilfe von M 1 eine Tabelle mit den verschiedenen Arten der Sicherheitszeichen und ordnen Sie die Beispiele aus M 2 dort ein. Finden Sie jeweils ein weiteres Beispiel.*

M 2

Keine offene Flamme; Feuer, offene Zündquelle und Rauchen verboten

Warnung vor explosionsgefährlichen Stoffen

Berühren verboten

Gehörschutz benutzen

Rettungsweg/Notausgang links

Gesichtsschutz benutzen

Warnung vor Absturzgefahr

Sammelstelle

3.2 Sozialer Arbeitsschutz

Arbeitsschutzkontrollgesetz

Seit den Vorfällen 2020 in Betrieben der Fleischindustrie wurde der Ruf nach geordneteren und sichereren Arbeitsbedingungen lauter, nicht nur in dieser Branche. Seit dem 1. Januar 2021 ist die Kontrolle der Betriebe und die Unterbringung von Beschäftigten gesetzlich geregelt. Das hat Konsequenzen u. a. für den Arbeits- und Gesundheitsschutz und die Arbeitsstättenverordnung der betroffenen Betriebe.

M 1

Datenschutzgesetz verletzt:
Arbeitgeber überließ der Arbeitsagentur Personaldaten

Übermüdeter Fahrer:
4 Tote und 52 Verletzte bei Busunglück auf der A2

Es wird vielleicht Jahre dauern ...
Gerade für Mütter ist voller Tarifurlaub wichtig

IG Metall: Viel zu wenige Menschen mit Schwerbehinderung in Betrieben
Der Freikauf ist billiger

Das **Arbeitszeitgesetz (ArbZG)** regelt die Arbeitszeit der Arbeitnehmerinnen und Arbeitnehmer über 18 Jahre.

M 2 Wichtige Regelungen der Arbeitszeit

Die **werktägliche Arbeitszeit** beträgt maximal **8** Stunden. Sie darf auf bis zu **10** Stunden verlängert werden, wenn innerhalb von **sechs Monaten oder 24 Wochen** ein **Ausgleich** erfolgt (Freizeitausgleich). Bei längerem Andauern der verlängerten Arbeitszeit ist der **Betriebsrat** zu beteiligen.

Zwischen zwei Arbeitsschichten müssen Arbeitnehmerinnen und Arbeitnehmer nach Beendigung ihrer täglichen Arbeitszeit eine ununterbrochene **Ruhezeit** von mindestens **11 Stunden** erhalten.

Für **Nacht- und Schichtarbeiterinnen und -arbeiter** ist die Arbeitszeit nach arbeitswissenschaftlichen Erkenntnissen über die **menschengerechte Gestaltung** der Arbeit festzulegen.

Ruhepausen während der Arbeitszeit werden generell bei einer Arbeitszeit von **4,5–6 Stunden** mit **30 Minuten**, bei **mehr als 6 Stunden** mit **45 Minuten** gewährt.

Arbeitszeit ist die reine Zeit der Arbeit, ohne Ruhepausen.

Abweichende Regelungen in bestimmten Grenzen sind durch Tarifverträge, Betriebsvereinbarungen oder Ausnahmegenehmigungen (z. B. durch die Berufsgenossenschaften) möglich und bedürfen der Zustimmung durch den **Betriebsrat**.

Urlaubsabgeltung

Beim Ausscheiden aus einem Betrieb besteht der Anspruch auf Resturlaub – ein Zwölftel des Jahresurlaubs pro Monat, unabhängig von der Dauer der Betriebszugehörigkeit. Nur wenn das nicht möglich ist, darf der Urlaub ganz oder teilweise durch Geld abgegolten werden.

Im **Bundesurlaubsgesetz** wird in § 3 der Begriff **„werktäglich“** definiert. Werktage sind alle Kalendertage, die nicht Sonn- oder Feiertage sind **(6-Tage-Woche)** und an denen demnach das Arbeiten generell erlaubt ist. Der Begriff **Arbeitstage** umfasst die Anzahl der Kalendertage, an denen tatsächlich im Betrieb gearbeitet wurde (z. B. oft von **Montag bis Freitag**, also eine **5-Tage-Woche**). Wichtig werden diese Begriffe bei der Urlaubsangabe im Arbeitsvertrag. Hier muss man schauen, ob es sich bei der Angabe um Werk- oder Arbeitstage handelt. Das Bundesurlaubsgesetz schreibt einen bezahlten Mindesturlaub von **24 Werktagen** vor. Der volle Jahresurlaub wird erstmals nach sechs Monaten Betriebszugehörigkeit fällig (Einzeltage können vorher in wichtigen Fällen nach Absprache gewährt werden). Er soll möglichst zusammenhängend und im laufenden Jahr genommen werden. Der Urlaub **verfällt** erst dann, wenn die Arbeitnehmerin oder der Arbeitnehmer auch **nach wiederholter Aufforderung** durch den Arbeitgeber den Urlaub auch im darauffolgenden Jahr nicht angetreten hat.

Besondere Schutzrechte

Einige Personengruppen benötigen besondere Schutzrechte. Für Jugendliche gilt das **Jugendarbeitsschutzgesetz** (s. S. 20 f.). Außerdem hat nach Artikel 6 des Grundgesetzes jede schwangere Frau „Anspruch auf den Schutz und die Fürsorge der Gemeinschaft“. Dieser Forderung trägt das **Mutterschutzgesetz** Rechnung. Darüber hinaus dient das **„Bundeselterngeld- und Elternzeitgesetz“** (s. S. 55) dem Schutz und der Förderung der Familie.

Arbeitsschutz in Deutschland

Arbeitsvorschlag

Ordnen Sie die in den Zeitungsschlagzeilen (M 1) aufgeführten Arbeitsrechtsverletzungen den entsprechenden Arbeitsschutzbestimmungen zu.

M 1

Schwangerschaft (Monate) | **Geburt** | **Elternzeit**

1 2 3 4 5 6 7 8 9 | 1 2 3 4 5 … 35 36

- Mitteilungspflicht
- Beschäftigungsverbot für
  - Fließbandarbeit mit vorgeschriebenem Arbeitstempo
  - Akkordarbeit
  - Tätigkeit mit schwerer körperlicher Anstrengung
  - Tätigkeit mit schädlichen Einwirkungen
  - Tätigkeiten mit gefährlichen Situationen
  - Mehrarbeit
  - Nachtarbeit
  - Sonntagsarbeit
- angepasste Gestaltung des Arbeitsplatzes
- völlige Arbeitsfreistellung mit Attest des Arztes, wenn Leben und Gesundheit von Mutter und Kind gefährdet sind

Schutzfrist
Beschäftigungsverbot
6 Wochen vor u. absolutes Beschäftigungsverbot
8 Wochen nach der Geburt

bei Früh- und
Mehrlingsgeburten
6 Wochen vor u.
12 Wochen nach der Geburt

Basiselterngeld
für Mütter und Väter,
- die ihr Kind selbst betreuen und
- keine oder keine volle Erwerbstätigkeit ausüben (max. 30 Wochenstunden)

Höhe des Basiselterngeldes
65 % des Nettolohns, mindestens 300,00 €, höchsten 1 800,00 € für zwölf Monate und zwei Partnermonate als „Bonus“, wenn dieser auch seine Erwerbstätigkeit einschränkt.

Weitere Informationen unter:
www.bmfsfj.de

M 2 **Menschen mit Schwerbehinderung** genießen nach dem **Sozialgesetzbuch Neuntes Buch (IX) – Rehabilitation und Teilhabe von Menschen mit Behinderungen** (kurz auch „Schwerbehindertengesetz“ genannt) – einen besonderen Schutz.
Schwerbehindert zu sein heißt nicht gleich, im Rollstuhl zu sitzen. Schwerbehinderungen können ganz unterschiedlich sein. Es geht im SGB IX darum, Menschen mit Einschränkungen die **Teilhabe am Leben in der Gesellschaft** zu erleichtern. Dafür erhalten sie **Unterstützung** in vielfältiger Form.
Voraussetzung dafür ist, dass der **Grad** der **körperlichen, geistigen oder seelischen Behinderung** mindestens **50** beträgt. Umgangssprachlich versieht man diesen Grad oft mit der Einheit „%“. Das ist nicht korrekt. Die Einstufung in einen **GdB (Grad der Behinderung)** wird durch die **Versorgungsmedizinischen Grundsätze (VMG)** vorgeschrieben. Fachärztinnen und Fachärzte müssen der Antragstellerin/dem Antragsteller auf eine Schwerbehinderung die entsprechenden gesundheitlichen Einschränkungen attestieren. Diese werden dann im jeweiligen Landesamt für Soziales und Versorgung durch den Versorgungsarzt begutachtet und gegebenenfalls zusammengefasst.
Menschen mit einem GdB von 30 bis 49 können Menschen mit Schwerbehinderung zeitweilig gleichgestellt werden, wenn sie dadurch ihren alten Arbeitsplatz erhalten oder einen neuen bekommen können.
Weil es für Menschen mit Behinderung oft schwierig ist, einen geeigneten Arbeits- oder Ausbildungsplatz zu finden, muss jeder Arbeitgeber mit mehr als 20 Beschäftigten 5 % der Arbeits- und Ausbildungsplätze mit ihnen besetzen. Es drohen pro nicht besetztem Platz Ausgleichsabgaben von 140,00 € bis 360,00 € pro Monat.
Menschen mit Schwerbehinderung erhalten einen zusätzlichen Jahresurlaub von fünf Arbeitstagen und stehen nach sechs Monaten Beschäftigung unter besonderem Kündigungsschutz (s. S. 82). In Betrieben mit mehr als fünf Menschen mit Schwerbehinderung wird eine Vertrauensperson gewählt, die an den Sitzungen des Betriebsrats teilnimmt.

M 3 **§ 4 Mutterschutzgesetz**

(1) Werdende Mütter dürfen nicht mit schweren körperlichen Arbeiten und nicht mit Arbeiten beschäftigt werden, bei denen sie schädlichen Einwirkungen von gesundheitsgefährdenden Stoffen oder Strahlen, von Staub, Gasen oder Dämpfen, von Hitze, Kälte oder Nässe, von Erschütterungen oder Lärm ausgesetzt sind.
(2) Werdende Mütter dürfen insbesondere nicht beschäftigt werden
1. mit Arbeiten, bei denen regelmäßige Lasten von mehr als 5 kg Gewicht oder gelegentlich von mehr als 10 kg Gewicht ohne mechanische Hilfsmittel von Hand gehoben, bewegt oder befördert werden [...]
(3) die Beschäftigung werdender Mütter mit
1. Akkordarbeiten und sonstigen Arbeiten, bei denen durch ein gesteigertes Arbeitstempo ein höheres Entgelt erzielt werden kann,
2. Fließbandarbeit mit vorgeschriebenem Arbeitstempo ist verboten.

Arbeitsvorschläge

1. *Begründen Sie das Verbot von Schwer- und Akkordarbeit für werdende Mütter. (M 1 und 3)*
2. *Bereiten Sie einen Vortrag zum Thema „Schwerbehinderung" vor. Orientieren Sie sich dabei an M 2 und der Methode „Präsentieren" (s. S. 166 f.). Nutzen Sie zur Recherche auch das Internet.*

4 Tarifvertragsrecht

4.1 Tarifautonomie

§ Art. 9 Absatz 3 Grundgesetz (GG) Vereinigungsfreiheit

(3) Das Recht, zur Wahrung und Förderung der Wirtschafts- und Arbeitsbedingungen Vereinigungen zu bilden, ist für jedermann und für alle Berufe gewährleistet. Abreden, die dieses Recht einschränken oder zu behindern versuchen, sind nichtig. Hierauf gerichtete Maßnahmen sind rechtswidrig.

M 1

„Die Tarifautonomie ist ein wesentlicher Stützpfeiler der sozialen Marktwirtschaft. Wer sich als Arbeitgeber der Tarifautonomie verweigert,*) gefährdet die soziale Marktwirtschaft."

Laumann 2008, S. 3

** gemeint ist die „Tarifflucht" von Arbeitgebern*

Die im Grundgesetz genannten Vereinigungen sind die **Tarifvertragsparteien**, also Gewerkschaften und Arbeitgeberverbände, aber auch einzelne Arbeitgeber. Die Wirtschafts- und Arbeitsbedingungen werden von ihnen **ohne staatlichen Zwang** in **Tarifverträgen** ausgehandelt. Dies wird **Tarifautonomie** genannt und unterscheidet sich von einer staatlichen Lohnfestsetzung. Weil aber viele Arbeitnehmerinnen und Arbeitnehmer keine Tarifverträge haben, gibt es europaweit nationale **Mindestlöhne**. So soll verhindert werden, dass Menschen unter Bedingungen arbeiten müssen, von denen sie nicht leben können. Für Unternehmer sichert dies zugleich einen fairen Wettbewerb wegen einheitlicher Löhne.

M 2 Seit 1996 gelten nach dem **Arbeitnehmer-Entsendegesetz** Mindestlöhne in 15 Berufszweigen, z. B. im Bauhauptgewerbe (s. S. 78). Dafür werden besondere Tarifverträge für allgemeinverbindlich erklärt. Sie gelten dann für alle in Deutschland tätigen Arbeitnehmerinnen und Arbeitnehmer, auch wenn ihre Arbeitgeber ihren Sitz im Ausland haben oder nicht tarifgebunden sind.

Gesetzliche Mindestlöhne in Europa, 01.01.2023 (Auswahl)

Luxemburg	13,80 €
Deutschland	12,00 €
Belgien	11,85 €
Niederlande	11.75 €
Irland	11,30 €
Frankreich	11,27 €
Slowenien	6,96 €
Spanien	6,55 €
Polen	4,87 €

vgl. Wirtschafts- und Sozialwissenschaftliches Institut (WSI) 2023

M 3 **Gesetzlicher Mindestlohn und Tarifautonomie**

Der gesetzliche Mindestlohn von 12,00 € wurde vom Bundestag am 3. Juni zum 1. Oktober 2022 beschlossen. Davon profitieren gut sechs Millionen Arbeitnehmerinnen und Arbeitnehmer, die bisher weniger verdienten. SPD, FDP und die GRÜNEN stimmten dafür, CDU/CSU und die AfD enthielten sich, die Partei DIE LINKE stimmte dagegen. Die CDU war zwar für die Lohnerhöhung, aber gegen die staatliche Festlegung: Die Mindestlohnkommission werde übergangen. Das schwäche die Sozialpartnerschaft und die Tarifautonomie. Die Partei DIE LINKE forderte 13,00 € Stundenlohn.

M 4 Eine **Mindestlohnkommission** ermittelt seit 2014 den Mindestlohn auf Grundlage der allgemeinen Lohnentwicklung. Ausnahmen gelten u. a. für Jugendliche, Auszubildende, für Pflichtpraktika bei Ausbildung und Studium sowie für freiwillige Praktika bis zu drei Monaten. Danach ist der jeweils volle Lohn zu zahlen. Den **gesetzlichen Mindestlohn** gibt es seit 2015. Er betrug zunächst 8,50 € und stieg bis zum 01.10.2022 auf 12,00 €. Zum 01.01.2024 steigt der Mindestlohn auf 12,41 €.
Die anfangs befürchteten starken Arbeitsplatzverluste sind nicht eingetreten. Der zu geringe Zuwachs an Kaufkraft durch zu geringe Löhne bleibt dennoch ein Problem in Gebieten mit hohen Lebenshaltungskosten. Erschwerend kommt hinzu, dass über eine Million Arbeitnehmerinnen und Arbeitnehmer den Mindestlohn nicht erhalten, weil z. B bei den Arbeitszeiten „getrickst" wird. Aus diesem Grund wird eine Dokumentationspflicht für die geleistete Arbeitszeit zum 01.01.2023 Pflicht.

Mindestlohnkommission
Je drei Vertreter der Spitzenorganisationen der Tarifpartner. Sie schlagen einen Vorsitzenden vor, der von der Regierung berufen wird. Hinzu kommen zwei Wissenschaftler ohne Stimmrecht.

Arbeitsvorschläge

1. *Erklären Sie den Begriff „Tarifautonomie" mit eigenen Worten. (M 1 und Text)*
2. *Für welche Arbeitnehmergruppen gelten die beiden Mindestlöhne? (M 2, M 3)*
3. *Diskutieren Sie in Ihrer Klasse mögliche Vor- oder Nachteile der Tarifautonomie für Arbeitnehmerinnen und Arbeitnehmer sowie Unternehmen.*
4. *Berichten Sie über die aktuelle Entwicklung der Mindestlöhne.*

4.2 Tarifvertragsparteien

M 1

Zwischen
dem DEHOGA Landesverband Niedersachsen im DEHOGA e.V., Yorckstraße 3, 30161 Hannover – einerseits – und **der Gewerkschaft Nahrung-Genuss-Gaststätten, Landesbezirk Nord Haubachstr. 76, 22765 Hamburg – andererseits** wird folgender **Entgelttarifvertrag** abgeschlossen:
DEHOGA Niedersachsen 2022, S. 1

Zwischen dem **Handelsverband Niedersachsen – Bremen e.V.** und der **ver.di Vereinte Dienstleistungsgewerkschaft** – Landesbezirk Niedersachsen – Bremen wird folgender **Gehalts- und Lohntarifvertrag** abgeschlossen:
ver.di – Vereinte Dienstleistungsgewerkschaft, Landesbezirk Niedersachsen-Bremen 2021

Zwischen der VOLKSWAGEN AG Wolfsburg und der INDUSTRIEGEWERKSCHAFT METALL – Bezirksleitung Hannover – wird folgender Manteltarifvertrag abgeschlossen:
IG Metall Hannover 1991, S. 2

Zwischen dem Verband der Metallindustriellen Niedersachsens e.V., Hannover, und der IG Metall Bezirksleitung Hannover wird folgender Entgelt-Rahmentarifvertrag geschlossen:
IG Metall Hannover 2004, S. 3

Im Dezember 2022 in Deutschland rund 84 011 Tarifverträge, darunter 53 446 Firmentarifverträge *(vgl. Bundesministerium für Arbeit und Soziales 2023)*. Sie erfassen in Deutschland gut 41 % der Arbeitnehmerinnen und Arbeitnehmer *(vgl. Statistisches Bundesamt (Destatis) 2023 (a))*. Der Anteil steigt auf etwa 61%, wenn an Flächenverträgen orientierte Verdienste hinzugerechnet werden. Dabei ist unklar, um welche Verdienste es sich handelt. Durch „Tarifflucht" von Arbeitgebern hat der Anteil der tarifgebundenen Arbeit abgenommen. Vor allem im Osten Deutschlands haben viele Firmen ihre Verbände verlassen.
Die Tarifbindung in den einzelnen Branchen ist sehr unterschiedlich.

M 2 § 2 Tarifvertragsgesetz (TVG)

Tarifvertragsparteien (1) Tarifvertragsparteien sind Gewerkschaften, einzelne Arbeitgeber sowie Vereinigungen von Arbeitgebern.

M 3

Tariffähige Vereinigungen (Koalitionen) müssen folgende Bedingungen erfüllen:
- **Freiwilligkeit des Zusammenschlusses**: Die Gründung muss ohne Zwang erfolgen, ebenso darf niemand zum Beitritt gezwungen werden;
- **Unabhängigkeit von der Gegenseite**, von Parteien, Kirchen oder Staat;
- **überbetriebliche Organisation** nach demokratischen Regeln (z. B. Satzung);
- **Tarifwilligkeit**: Bereitschaft, Tarifverträge abzuschließen und ihre Verbindlichkeit anzuerkennen.

In Deutschland sind Ende 2022 rund 5,6 Millionen Beschäftigte Mitglieder von Gewerkschaften (Angabe des Deutschen Gewerkschaftsbundes). Diese sind auf Bezirks-, Landes- und Bundesebene organisiert. Wenn sich mehrere Gewerkschaften auf Bundesebene zusammenschließen, entstehen **Dachverbände**. Der größte ist der Deutsche Gewerkschaftsbund (DGB) mit rund 5,6 Millionen Mitgliedern in acht Einzelgewerkschaften. Diese führen die Tarifverhandlungen in den jeweiligen Tarifbezirken, für die sie *„zuständig"* sind (s. M 1). Der nächstgrößere Dachverband ist der Deutsche Beamtenbund (DBB) mit 1,3 Millionen Mitgliedern und 41 Mitgliedsgewerkschaften. Er führt die Tarifverhandlungen für seine Mitglieder und ist damit eine **Spitzenorganisation** nach § 2 Abs. 2 und 3 TVG.

Arbeitsvorschläge

1. *Ermitteln Sie in M 1 die jeweiligen Tarifvertragsparteien und Tarifbezirke.*
2. *Erkunden Sie für Ihren Ausbildungsbetrieb, falls es einen Tarifvertrag gibt, von welchen Tarifparteien und für welchen Tarifbereich dieser Tarifvertrag abgeschlossen wurde.*
3. *Die Belegschaft eines Großbetriebs ist mit der Arbeit der zuständigen Gewerkschaft unzufrieden. Sie will eine eigene Betriebsgewerkschaft gründen. Beurteilen Sie, ob eine solche Vereinigung tariffähig ist. (M 2, M 3)*
4. *Auf Arbeitgeberseite wird manchmal vorgeschlagen, bei Großkonzernen auch Betriebsräten Lohnverhandlungen zu erlauben. Beurteilen Sie die Rechtslage. (M 2, M 3)*

Wollen Beschäftigte in eine Gewerkschaft eintreten, haben sie die Wahl zwischen der für ihren Betrieb zuständigen DGB-Gewerkschaft und einem Berufs- oder Fachverband der übrigen Gewerkschaften.

Organisationsprinzip der DGB-Gewerkschaften

Industrieverbandsprinzip: ein Betrieb – eine Gewerkschaft. Das heißt, jede dieser Gewerkschaften vertritt die Interessen der Beschäftigten bestimmter Wirtschaftszweige und demnach die aller Betriebe, die diesen Wirtschaftszweigen angehören.

2011 hat das Bundesarbeitsgericht entschieden, dass das Grundrecht auf Vereinigungsfreiheit (Art. 9 GG) auch zulässt, dass in einem Unternehmen mehrere Gewerkschaften tariffähig sind.

Nach dem **Tarifeinheitsgesetz** von 2015 kann aber nur der Tarifvertrag angewendet werden, für den die Gewerkschaft in einem Betrieb die meisten Mitglieder hat.

M 1

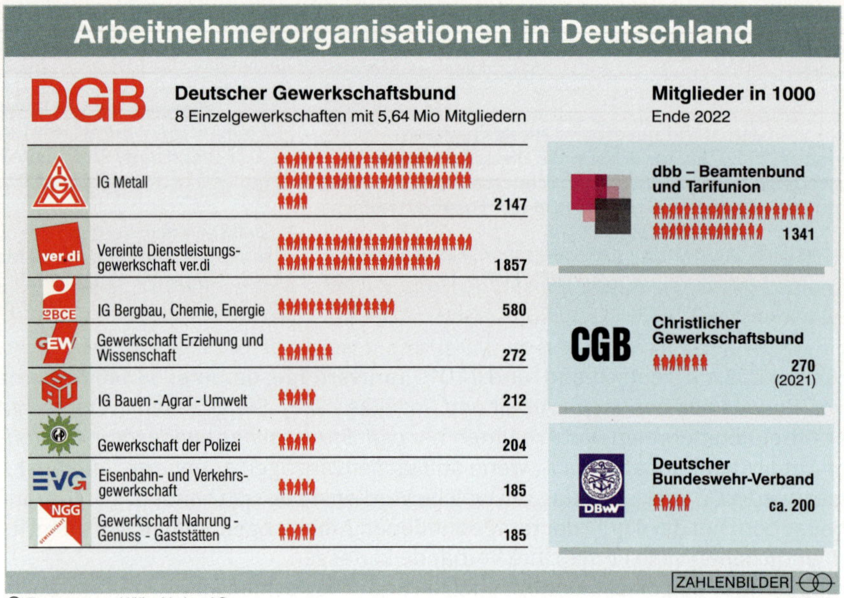

© Bergmoser + Höller Verlag AG 240 110

Auch die Arbeitgeber und Selbstständigen haben sich zu Verbänden zusammengeschlossen. Die Mitgliedschaft in Verbänden mit wirtschaftlichen und sozialpolitischen Interessen (s. S. 162 f.) ist freiwillig. Die in der Bundesvereinigung der Deutschen Arbeitgeberverbände zusammengeschlossenen Berufsgruppenverbände sind Tarifvertragsparteien und geben ihren Mitgliedern Rechtsschutz. Daneben gibt es für viele Berufszweige Kammern mit Pflichtmitgliedschaft (s. S. 162 f.).

M 2

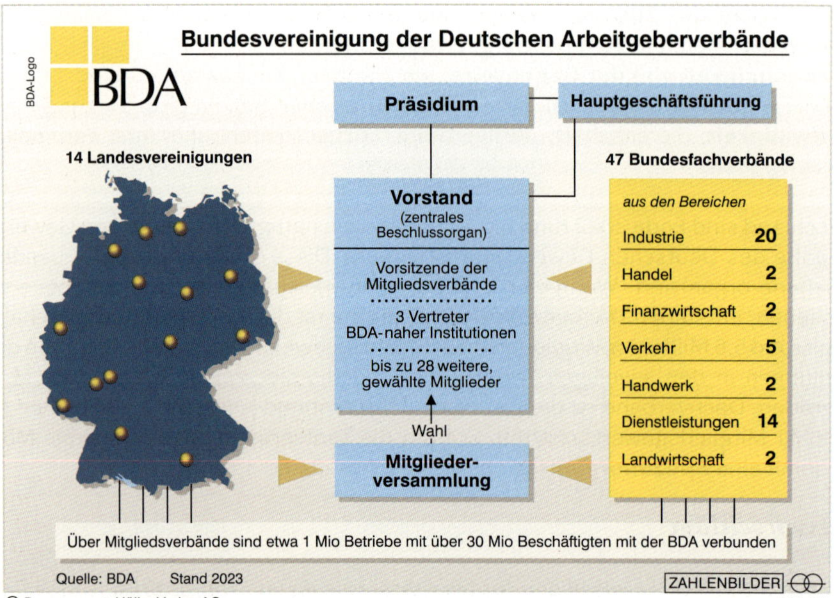

© Bergmoser + Höller Verlag AG 236 150

Arbeitsvorschlag

Ermitteln Sie in M 1 die für Ihr Ausbildungsunternehmen zuständige Gewerkschaft und in M 2 den Arbeitgeberverband, in dem das Unternehmen Mitglied sein könnte.

4.3 Verbindlichkeit von Tarifverträgen

M 1 In einer neu gebildeten Klasse der Bauzeichnerinnen und Bauzeichner herrscht Ratlosigkeit und Empörung. Die Auszubildenden hatten die Höhe der Ausbildungsvergütungen und den Jahresurlaub verglichen und erhebliche Unterschiede festgestellt. Eine Auszubildende kam auf die Idee, das Alter könne eine Rolle spielen. Man habe doch im BGJ etwas vom Jugendarbeitsschutz gehört.

Damit konnten die Unterschiede in der Urlaubsdauer der 16- und 17-Jährigen erklärt werden, nicht aber die bei der Vergütung. Und da waren auch noch die drei „Erwachsenen“ Jan, Klara und Lisa. Jan und Klara erhielten über 50,00 € im Monat mehr als Lisa und außerdem 30 Arbeitstage Urlaub, Lisa hingegen nur 24 Werktage.

„Ich bin gleich in die Gewerkschaft eingetreten“, sagte Jan, „vielleicht liegt das daran.“ Klara bezweifelte Jans Vermutung; sie sei nicht in der Gewerkschaft, beide erhielten von ihrem gemeinsamen Betrieb, einer Baufirma, auch gleiche Leistungen. Bezahlt werde nach Tarif, habe sie gehört. Lisa lernt bei einem Architekten, der keinem Verband angehört.

M 3

Sicher bleibt nur, was unser Tarifvertrag sichert.

Rechtsanspruch auf diesen Tarifvertrag haben nur **Mitglieder der IG Metall**

M 2 Tarifvertragsgesetz (TVG)

§ 3 Tarifgebundenheit

(1) Tarifgebunden sind die Mitglieder der Tarifvertragsparteien und der Arbeitgeber, der selbst Partei des Tarifvertrages ist.

(3) Die Tarifgebundenheit bleibt bestehen, bis der Tarifvertrag endet.

§ 5 Allgemeinverbindlichkeit *(Neuformulierung im Gesetz zur Stärkung der Tarifautonomie 2014)*

(1) Der Bundesminister für Arbeit und Soziales kann einen Tarifvertrag im Einvernehmen mit einem aus je drei Vertretern der Spitzenorganisationen der Arbeitgeber und der Arbeitnehmer bestehenden Ausschuss (Tarifausschuss) auf gemeinsamen Antrag der Tarifvertragsparteien für allgemeinverbindlich erklären, wenn die Allgemeinverbindlichkeit im öffentlichen Interesse geboten erscheint. Die Allgemeinverbindlicherklärung erscheint in der Regel im öffentlichen Interesse geboten, wenn die Tarifvertragsparteien darlegen, dass

1. der Tarifvertrag in seinem Geltungsbereich für die Gestaltung der Arbeitsbedingungen überwiegende Bedeutung erlangt hat oder
2. die Absicherung der Wirksamkeit der tarifvertraglichen Normsetzung gegen die Folgen wirtschaftlicher Fehlentwicklung eine Allgemeinverbindlichkeitserklärung verlangt. [...]

(4) Mit der Allgemeinverbindlicherklärung erfassen die Rechtsnormen des Tarifvertrages in seinem Geltungsbereich auch die bisher nicht tarifgebundenen Arbeitgeber und Arbeitnehmer.

M 4 Das **Gesetz zur Stärkung der Tarifautonomie** von 2014 legt fest, dass eine Allgemeinverbindlichkeitserklärung von den Tarifparteien gemeinsam zu beantragen ist und diese nicht mehr 50 % der Beschäftigten vertreten müssen. Die Antragssteller können angehört werden.

Weitere Informationen unter: www.bmas.de

Tarifverträge werden von den Tarifvertragsparteien grundsätzlich nur für ihre Mitglieder abgeschlossen. In der betrieblichen Praxis überwiegen jedoch tarifliche Leistungen auch für die Nichtorganisierten. Außerdem können für Tarifverträge **Allgemeinverbindlichkeitserklärungen (AVE)** beantragt werden. Nach starkem Rückgang bestanden Mitte 2017 noch 443 AVE. Mit einer neuen Zählweise ohne Änderungstarifverträge sind es 2024 nur noch 219 *(vgl. Bundesministerium für Arbeit und Soziales [BMAS] 2024 (b), S. 4)*. Nach Gewerkschaftsberichten scheitern neue AVE weiterhin durch die Ablehnung der Arbeitgeberseite im Tarifausschuss. Die erhoffte Wirkung nach Entfallen der 50 %-Klausel (s. M 4) wird nicht erreicht. Es wird weiter diskutiert.

Arbeitsvorschläge

1. *Begründen Sie die Unterschiede bei Vergütung und Urlaub in M 1 mithilfe von M 2.*
2. *Einem Arbeitgeber ist die von seinem Verband vereinbarte Lohnerhöhung von 5,3 % zu hoch und er tritt nachträglich aus dem Verband aus. Er bietet der Belegschaft 3 %. Muss diese sich damit abfinden? Überprüfen Sie die Rechtslage anhand von M 2.*
3. *Diskutieren Sie die Aussage von M 3.*
4. *Erörtern Sie, ob zur besseren Tarifbindung ein AVE-Antrag im Tarifausschuss nur mit Mehrheit abgelehnt werden kann.*

4.4 Arten und Inhalte von Tarifverträgen

Die vereinbarten Inhalte der Tarifverträge, also Löhne, Urlaubsdauer usw., sind staatlichen Gesetzen gleichgestellt und binden die Vertragspartner „unmittelbar und zwingend" (§ 4 Tarifvertragsgesetz). Abweichende Vereinbarungen müssen im Tarifvertrag zugelassen oder zugunsten der Arbeitnehmerinnen und Arbeitnehmer sein.

Arbeitszeitverkürzungen

1900: Gewerkschaften erreichen 10-Stunden-Tag
1918: 8-Stunden-Tag gesetzlich eingeführt
1956: von 48 auf 45 Stunden in der Metallindustrie
1967: 40-Stunden-Woche in der Metallindustrie
1975: 40-Stunden-Woche wird Normalarbeitszeit
1984: Einstieg in die 35-Stunden-Woche in der Metallindustrie

„**Die Funktionen des Tarifvertrags:**
- **Schutzfunktion:** Durch Tarifverträge soll die Unterlegenheit, mit der der einzelne Arbeitnehmer dem Arbeitgeber gegenübersteht, aufgehoben werden; Arbeitsbedingungen können damit nicht mehr einseitig diktiert werden.
- **Ordnungsfunktion:** Durch Tarifverträge werden die Millionen von Arbeitsverhältnissen typisiert und vereinheitlicht; das Arbeitsleben wird geordnet und bleibt damit einigermaßen überschaubar.
- **Friedensfunktion:** Während der Laufzeit von Tarifverträgen sind Arbeitskämpfe um bereits im Tarifvertrag geregelte Gegenstände ausgeschlossen."

Adamy/Steffen 1985, S. 245

Jeder Tarifvertrag wird für bestimmte Geltungsbereiche abgeschlossen. Was darunter zu verstehen ist, wird an der folgenden Aufstellung der IG-Metall deutlich.

M 1 **Geltungsbereiche von Tarifverträgen**

„Für die Mitglieder der IG Metall werden Tarifverträge abgeschlossen

mit dem **räumlichen Geltungsbereich**:
- für das ganze Bundesgebiet
- für Tarifgebiete
- für einzelne Firmen oder Unternehmen

mit dem **fachlichen Geltungsbereich**
- für die Metall- und Elektroindustrie
- für die Metallhandwerke
- für die Eisen- und Stahlindustrie
- für die Textil- und Bekleidungsindustrie
- für die Textil- und Bekleidungshandwerke
- für die Holz und Kunststoff verarbeitende und die Holz bearbeitende Industrie
- für die Holzhandwerke
- für die Leiharbeit

mit dem **persönlichen Geltungsbereich**:
- für gewerbliche Arbeitnehmer/-innen,
- für Angestellte,
- für Auszubildende"

Aufgrund der Satzung der Industriegewerkschaft Metall werden Tarifverträge vom Vorstand der IG Metall und/oder von den Bezirksleitungen – im Auftrag des Vorstandes – abgeschlossen.

IG Metall Vorstand 2019, S. 12 (verändert)

Erster Tarifvertrag

1873 wird als erster einheitlich für das Deutsche Reich geltender Tarifvertrag der Buchdruckertarif abgeschlossen. In ihm werden Vereinbarungen über Mindestlöhne, Arbeitszeit, Überstunden und Kündigungsfristen getroffen.

Nach ihren Inhalten werden traditionell **Lohn-** und **Gehaltstarifverträge** einerseits und **Rahmen-** oder **Manteltarifverträge** andererseits unterschieden. Erstere verzeichnen vor allem die Höhe der Vergütung und ihre Differenzierung nach Leistungsgruppen. In der chemischen Industrie wurde 1989 erstmalig auch ein einheitlicher **Entgelttarifvertrag** für Arbeiter und Angestellte vereinbart. Andere Wirtschaftszweige folgen, z. B. das Kraftfahrzeughandwerk und -gewerbe im Jahr 2001 für das Tarifgebiet Niedersachsen/Bremen. In den Rahmen- oder Manteltarifverträgen werden allgemeine Arbeitsbedingungen wie Arbeitszeit und Urlaubsdauer festgelegt. Sie „ummanteln" bzw. „umrahmen" den Vergütungsanspruch.

Tarifverhandlung der IG Metall – 8 % mehr

Daneben gehen die Tarifvertragsparteien seit vielen Jahren dazu über, **Einzeltarifverträge** mit besonderen Vereinbarungen abzuschließen, z. B. für vermögenswirksame Leistungen, Vorruhestandsregelungen und seit einiger Zeit zur Beschäftigungssicherung. Auch werden die Einstufungen in Leistungsgruppen nicht immer in Lohn-, Gehalts- oder Entgelttarifverträgen vorgenommen, sondern auch in gesonderten **Lohn-, Gehalts- und Entgeltrahmentarifverträgen**. Auf diese Weise können die Streitgegenstände bei Neuverhandlungen begrenzt und unterschiedliche Laufzeiten (Gültigkeitsdauer) der Tarifverträge vereinbart werden. Lohn-, Gehalts- und Entgelttarifverträge werden meist nur für ein Jahr abgeschlossen, um sie schneller an die jeweilige Wirtschaftslage anpassen zu können. Die übrigen Tarifverträge haben längere Laufzeiten.

Während der Laufzeit eines Tarifvertrags herrscht **Friedenspflicht**. Das heißt, es dürfen keine Kampfmaßnahmen zur Veränderung von Arbeitsbedingungen aus diesem Vertrag ergriffen werden. Die Vertragsparteien haben zudem die Pflicht, ihre Mitglieder zur Erfüllung der Verträge anzuhalten. Man spricht in diesem Zusammenhang von einer „Erfüllungs- und Einwirkungspflicht".

M 2 **Arten der Tarifverträge**

Manteltarifverträge Rahmentarifverträge regeln Arbeitsbedingungen, z. B.	**Lohn-, Gehalts-, Entgeltrahmentarifverträge** regeln Tarifgruppen:	**Einzeltarifverträge** regeln Einzelleistungen, z. B.	**Lohn-, Gehalts-, Entgelttarifverträge** regeln in den Tarifgruppen:
– Urlaub – Arbeitszeit – Mehrarbeit – Urlaubsgeld – Probezeit – Kündigungsfristen – Beilegung von Streitigkeiten	– Bezeichnung der Tarifgruppen – Zuordnung der Tätigkeit zu den Tarifgruppen – Grundsätze der Arbeits- und Leistungsbewertung	– Berufsausbildung – vermögenswirksame Leistungen – Vorruhestandsregelungen – Rationalisierungsschutz	– Löhne – Gehälter – Entgelt in den einzelnen Tarifgruppen

Bei Tarifauseinandersetzungen werden Tarifkorridore und Öffnungsklauseln bei Tarifverträgen diskutiert und z. T. praktiziert. Diese tarifpolitischen Möglichkeiten werden vor allem von Arbeitgebern und ihren Verbänden gefordert.

- **Tarifkorridore** ermöglichen Lohnerhöhungen innerhalb eines verabredeten Rahmens, z. B. zwischen 3 % und 5 %. Betriebsleitungen und Belegschaften bzw. ihre Betriebsräte haben dann die Möglichkeit, die Lohnsteigerungen der jeweiligen Wirtschaftslage des Betriebs anzupassen.
- **Öffnungsklauseln** sollen es Betrieben ermöglichen, in wirtschaftlichen Notlagen von tarifvertraglichen Regelungen abzuweichen. Voraussetzung ist, dass die Geschäftsleitung und die Arbeitnehmervertretung eine Ausnahmesituation „einvernehmlich" feststellen. Erst dann besteht die Möglichkeit, abweichende Vereinbarungen zu treffen.

Arbeitsvorschläge

1. *Ermitteln Sie die Geltungsbereiche der Tarifverträge (M 1, S. 94), die für Ihren Ausbildungsbetrieb angewendet werden. Besteht Allgemeinverbindlichkeit?*
2. *Ordnen Sie die für Sie gültigen Tarifverträge den vier Tarifvertragsarten zu. (M 2)*
3. *Diskutieren Sie Vor- und Nachteile von Tarifkorridoren und Öffnungsklauseln in einem Rollenspiel mit Arbeitnehmerinnen/Arbeitnehmern, Betriebsräten und Gewerkschaftsvertretern und -vertreterinnen.*

M 1

Zwischen der
Tarifgemeinschaft IDKs e. V.
und der
IG Metall, Bezirksleitung Niedersachsen und Sachsen-Anhalt
wird folgender **Entgeltrahmentarifvertrag** abgeschlossen.

§ 1 Geltungsbereich

Dieser Tarifvertrag gilt:
1) räumlich:
für die Innungsbezirke Niedersachsen-Mitte und Osnabrück;
2) fachlich:
a) für alle Betriebe des Handels mit Kraftfahrzeugen und Anhängern, Ersatzteilen und Zubehör und Reifen mit Ausnahme des reinen Teile- und Zubehörgroßhandels;
b) für alle Betriebe des Kfz-Gewerbes sowie Motoreninstandsetzungsbetriebe, Kfz-Elektrikerbetriebe, Kühlerbauer und die hiermit verbundenen zum Zwecke der Kfz-Reparatur unterhaltenen Nebenbetriebe.
C) persönlich:
für alle Beschäftigten einschließlich der Auszubildenden

§ 2 Allgemeine Eingruppierungsgrundsätze

1. Jeder Beschäftigte wird unter Berücksichtigung seines Arbeitsvertrages und der ausgeübten Tätigkeiten in eine Entgeltgruppe eingruppiert. [...]
2. Maßgeblich für die Eingruppierung sind die aufgeführten Gruppenmerkmale bezüglich ihrer Tätigkeit. [...]

§ 3 Entgeltgruppen

Entgeltgruppe 0 – Ausbildungsvergütungen und Monatsentgelte (ab dem 01.05.2024)

1. Ausbildungsjahr	990,00 €	2. Ausbildungsjahr	1 115,00 €
3. Ausbildungsjahr	1 180,00 €	4. Ausbildungsjahr	1 220,00 €

Entgeltgruppe 1:
Tätigkeiten, die keine berufsfachlichen Kenntnisse und Fertigkeiten erfordern. [...]
2 210,00 €

Entgeltgruppe 2
Tätigkeiten, die geringe berufsfachliche Kenntnisse und Fertigkeiten erfordern, wie sie in der Regel durch mehrwöchiges betriebliches Anleiten oder Anlernen erworben werden.
2 544,00 €

Entgeltgruppe 3
Tätigkeiten im Rahmen konkreter Anweisung. Erforderlich sind Kenntnisse und Fähigkeiten, wie sie durch eine abgeschlossene Berufsausbildung im Kraftfahrzeuggewerbe nach 6-monatiger Berufspraxis erworben werden.
Gleichzusetzen sind andere abgeschlossene Berufsausbildungen sowie Kenntnisse und Fähigkeiten, die zu einer gleichwertigen Tätigkeit befähigen. Bei dem Nachweis einer mindestens dreijährigen Berufsausbildung ohne Abschluss im Kfz-Gewerbe genügt eine einjährige Berufspraxis.
Beispiele:
- Instandsetzungsarbeiten,
- Wartungsarbeiten,
- Juniorverkäufer/-in (Neu- und Gebrauchtwagen),
- Sekretariatsaufgaben.

2 858,00 €

Entgeltgruppe 4 (Eckentgelt 100 %)
Tätigkeiten, die eine einschlägige gewerblich-technische Berufsausbildung oder eine kaufmännische Berufsausbildung mit Abschluss und drei Jahre Berufspraxis im Ausbildungsberuf erfordern oder für die gleichwertige vertiefte Fachkenntnisse vorausgesetzt werden, [...].
Beispiele:
- Kfz-Mechatroniker, Kfz-System- und Hochvolttechniker, Karosserietechniker/Fahrzeugbauer mit dreijähriger Berufserfahrung
- Kaufmännische Sachbearbeitung im Sekretariat, Betriebsbüro, Information, Kasse, Neu- und Gebrauchtwagendisposition [...] mit dreijähriger Berufserfahrung [...]

3 243,00 €

Entgeltgruppe 5
Tätigkeiten qualifizierter Art, die eine einschlägige gewerblich-technische Berufsausbildung oder kaufmännische Berufsausbildung mit Abschluss voraussetzen und die nach allgemeiner Einweisung selbstständig ausgeführt werden.
3 428,00 €

Entgeltgruppe 6
Hochwertige Tätigkeiten und die Fähigkeiten andere Mitarbeiter/-innen anzuleiten oder Tätigkeiten, die spezielle gleichwertige Fachkenntnisse erfordern, die durch Fortbildung oder mehrjährige Berufspraxis erworben werden.
3 659,00 €

Entgeltgruppe 7
Verantwortliche Tätigkeiten, die eine umfangreiche Weiterbildung mit abgelegter Prüfung nach bundeseinheitlichem Konzept erfordern [...].
4 186,00 €

Entgeltgruppe 8
Selbstständige und verantwortliche Tätigkeit mit begrenzter Leitungsbefugnis für einen Arbeitsbereich. [...]
4 903,00 €

Entgeltgruppe 9
Selbstständige und verantwortungsvolle Tätigkeiten mit eigenständiger Leitungsbefugnis für einen Arbeitsbereich [...].
5 170,00 €

§ 4 Allgemeine Entgeltbestimmungen

2. Die Tarifentgelte sind Mindestentgelte. Das Entgelt ist als verstetigte Monatsvergütung zu zahlen, [...].

§ 5 Günstigkeitsklausel

1. Bestehende günstigere Regelungen werden durch den Abschluss des Vertrages nicht berührt. [...]

§ 6 Monatsentgelt

1. Das Monatsentgelt stellt eine Vergütung für den Kalendermonat bei einer Arbeitszeit von 36 Wochenstunden dar.

§ 9 Laufzeit

Die Entgelttabelle hat eine Laufzeit bis zum 31.03.2025.

Hannover, den 25. November 2022 Unterschriften

IG Metall Hannover/Innung des Kraftfahrzeugtechnikerhandwerks (IDK) Niedersachsen-Mitte 2022 (verändert)

M 2

Zwischen dem Handelsverband Niedersachsen-Bremen e. V.
handelnd für
Einzelhandelsverband Niedersachsen-Bremen e. V.
Einzelhandelsverband Harz-Heide e. V.
Ostfriesischen Handelsverband e. V.
und der
ver.di Vereinten Dienstleistungsgewerkschaft e. V.
Landesbezirk Niedersachsen-Bremen
wird folgender

Manteltarifvertrag

abgeschlossen:

§ 1 Geltungsbereich

Dieser Tarifvertrag gilt:

räumlich: für das Land Niedersachsen in den Grenzen vom 01.01.1993

fachlich: für die Betriebe des Einzelhandels und des Versandhandels aller Branchen und Betriebsformen einschließlich ihrer Hilfs- und Nebenbetriebe [...]

persönlich: für alle Beschäftigten einschließlich der Auszubildenden (nachstehend „Beschäftigte“ genannt)

§ 2 Beginn und Ende des Arbeits- und Ausbildungsverhältnisses [...]
§ 2a Ausbildungswesen [...]
§ 3 Probezeit [...]
§ 4a Aushilfen [...]
§ 4b Teilzeitarbeit [...]
§ 5 Arbeitszeit und Pausen [...]
§ 6 Gehalts- und Lohnregelung [...]
§ 7a Mehr-, Nacht-, Sonn- und Feiertagsarbeit [...]
§ 7b Zuschläge im Tankstellen- und Garagengewerbe [...]
§ 8 Verdienstsicherung für ältere Arbeitnehmer [...]
§ 9 Urlaub [...]
§ 10 Urlaubsgeld [...]
§ 11a Freistellung von der Arbeit [...]
§ 11b Unbezahlte Freistellung [...]
§ 12 Arbeitsverhinderung [...]
§ 13 Zahlung im Sterbefall [...]
§ 14 Verwirkung von Ansprüchen [...]
§ 15 Tarifschiedsgericht [...]
§ 16 Schlussbestimmungen [...]

1. Dieser Manteltarifvertrag tritt am 01.05.2013 in Kraft.
2. Die Bedingungen des Tarifvertrages sind Mindestbedingungen. Für die Beschäftigten bestehende günstigere Bedingungen dürfen nicht zu ihren Ungunsten verändert werden.
3. Dieser Vertrag kann schriftlich von jeder Vertragspartei mit einer Frist von zwei Monaten zum Monatsende erstmals zum 30.04.2015 gekündigt werden.
4. Dieser Tarifvertrag bleibt auch nach erfolgter Kündigung bis zum Inkrafttreten eines neuen Vertrages gültig. Hierbei bleibt die Friedenspflicht der Vertragsparteien jedoch nur bis zum Ablauf der Kündigungsfrist bestehen.

Hannover, 24.02.2014

ver.di – Vereinte Dienstleistungsgewerkschaft 2014
Dieser Manteltarifvertrag ist ungekündigt und weiterhin gültig.

M 3

Inhaltsverzeichnis des Tarifvertrags über die Berufsbildung im Baugewerbe – Bundesrepublik Deutschland (Auszug)

§ 1 Geltungsbereich
§ 2 Ausbildungsvergütung
§ 3 Ausbildungsvergütung bei Verlängerung der Ausbildungszeit
§ 5 Zuschläge bei Mehrarbeit und bei Arbeit an Sonn- und Feiertagen
§ 6 Freistellung am 24. und 31. Dezember
§ 7 Erschwerniszuschläge
§ 8 Fahrtkosten bei überbetrieblicher Ausbildung
§ 10 Urlaubsdauer für gewerbliche Auszubildende
§ 11 Urlaubsvergütung [...]
§ 12 Entstehung der Urlaubsansprüche [...]
§ 15 Geltung der Rahmentarifverträge
§ 16 Ausschlussfristen (Verfall von Ansprüchen)
§ 17 Gebühren der überbetrieblichen Ausbildungsstätte
§ 18 Urlaubs- und Lohnausgleichskasse der Bauwirtschaft

Service + Vorsorge für die Bauwirtschaft (SOKA-BAU) 2022, S. 1 f. (verändert)

Arbeitsvorschläge

1. *In M 1 (S. 96) sind unterschiedliche Vergütungen aufgeführt. Ermitteln Sie die jeweiligen Unterscheidungsmerkmale.*
2. *Wählen Sie aus den Vereinbarungen in M 2 diejenigen aus, die für Ihre Ausbildung wichtig sind, und bilden Sie eine Rangfolge. Besprechen Sie diese mit einer Partnerin/einem Partner, dann in einer Gruppe und präsentieren Sie anschließend das gemeinsame Ergebnis Ihrer Klasse.*
3. *Vergleichen Sie die Bestandteile der Tarifverträge M 1 bis M 3 mit den in Ihrem Ausbildungsberuf üblichen Verträgen. Fehlt bei Ihnen eine wichtige Regelung? Benennen Sie diese.*
4. *Begründen Sie die Beschränkung des fachlichen Geltungsbereichs des Manteltarifvertrags.*

4.5 Tarifverhandlungen und Arbeitskampf

M 1 Tarifrunde 2022 „IG METALL + ELEKTRO: 8 % für 12 Monate: Kaufkraft sichern und Wirtschaft stärken!
Die Tarifrunde startet unter schwierigen Vorzeichen: Lieferengpässe, Krieg in der Ukraine, hohe Inflation. Dennoch ist die Wirtschaft auf Erholungskurs. Grund dafür ist maßgeblich der private Konsum. [...] Deshalb muss die private Kaufkraft gesichert werden. [...] Eine verteilungsgerechte Tariferhöhung ist (wegen der Teuerungen) unabdingbar."
IG Metall+Elektro Niedersachsen und Sachsen-Anhalt 2022, S. 1

Bei Metallern stehen die Zeichen auf Warnstreik
In Hannover gab es vom Arbeitgeberverband Niedersachsen erneut kein Angebot. Die Betriebe hätten derzeit gegen viele Krisen zu kämpfen. Der neue Tarifvertrag müsse Differenzierung erlauben, damit Unternehmen, die bereits mit dem Rücken zur Wand stehen, überleben können. Die IG Metall sieht „Arbeitsverweigerung" und hält Warnstreiks für wahrscheinlich.
vgl. Schmitz 2022, S. 1

„NiedersachsenMetall und IG Metall einigen sich auf neuen Tarifvertrag
NiedersachsenMetall und IG Metall haben sich am heutigen Freitag auf einen neuen Tarifvertrag für rund 120000 Beschäftigte in der niedersächsischen Metall- und Elektroindustrie geeinigt. [...] Der Vertrag hat eine Laufzeit von 24 Monaten und sieht eine Erhöhung der Entgelttabelle in zwei Schritten vor: 5,2 Prozent zum 1. Juni 2023 und 3,3 zum 1. Mai 2024. Zudem erhalten die Beschäftigten eine Inflationsausgleichsprämie, die in zwei Tranchen à 1500 Euro ausgezahlt werden kann. [...] ‚Diese Prämie von insgesamt 3000 Euro sowie die Tabellenerhöhung von 8,5 Prozent ist ein ordentlicher Schluck aus der Pulle in einer schweren Zeit. [...]', sagt Dr. Volker Schmidt, Hauptgeschäftsführer von NiedersachsenMetall."
NiedersachsenMetall – Verband der Metallindustriellen Niedersachsens e. V. 2022

M 2 Arbeitnehmer und Arbeitgeber tragen ihre Interessengegensätze in Tarifverhandlungen aus. Diese erfolgen, wenn die Geltung eines Tarifvertrags abgelaufen ist und fristgerecht gekündigt wurde. Sonst läuft er weiter. Meist sind es Gewerkschaften, die neue und bessere Tarifverträge haben wollen. Aber auch Unternehmen kündigen Tarifverträge bei schlechter Wirtschaftslage. Jede Partei bestimmt ihre Tarif- und Verhandlungskommissionen. Nach Beratungen mit den Mitgliedern werden die Forderungen bzw. Angebote formuliert. Wirtschaftsdaten aus drei Bereichen werden zur Begründung angeführt.
1. Mit dem **Produktivitätszuwachs** wird die Leistungssteigerung der Wirtschaft im Verhältnis zur Arbeitszeit gemessen (s. S. 149). Unternehmen sind häufig bereit, in dieser Höhe Tariferhöhungen bei Verhandlungen kampflos zu akzeptieren.
2. Der **Preisanstieg** (Inflationsrate) mindert die Kaufkraft der Einkommen, wenn z. B. die Preise um 10 % steigen, die Einkommen aber nur um 8 %.
3. Mit der **Lohnquote** wird der Lohnanteil der Arbeitnehmerinnen und Arbeitnehmer am Volkseinkommen in einem Jahr gemessen. Der andere Teil ist das Einkommen aus Unternehmertätigkeit (der eigentliche Gewinn) und Miet- und Zinseinnahmen. Am Vermögenseinkommen sind aber auch Rentnerinnen und Rentner und sogar Kinder beteiligt, wenn sie Sparbücher haben, die auch Zinsen bringen. Grundsätzlich wollen vor allem die im DGB zusammengeschlossenen Gewerkschaften eine Umverteilung der Gewinne zugunsten der Beschäftigten (expansive Lohnpolitik). Nur so könne die Massenkaufkraft und damit die Nachfrage nach Gütern gestärkt und damit Arbeitsplätze erhalten bleiben. Weitere Gewerkschaftsforderungen sind gleiche Bezahlung von Frauen und Männern (**„equal pay"**, s. S. 76) sowie von Beschäftigten in Leiharbeit und der Stammbelegschaft der Unternehmen. Schließlich fordern sie die Angleichung der Einkommen und Arbeitsbedingungen der „neuen" an die der „alten" Bundesländer.

Leiharbeitnehmerinnen und Leiharbeitnehmer
haben Verträge mit Zeitarbeitsfirmen und werden Unternehmen für eine begrenzte Zeit vermittelt.

Lohnquoten	
2020	72,2 %
2021	69,3 %
2022	70,0 %

Statistisches Bundesamt (Destatis) 25.08.2023

Arbeitsvorschläge

1. *Entnehmen Sie M 1 wirtschaftliche Begründungen für Gewerkschaftsforderungen und Arbeitgeberstandpunkte. Worin besteht der Kompromiss für die Tarifrunde 2022?*
2. *Sammeln Sie Informationen über aktuelle Tarifverhandlungen. Beschreiben Sie die Standpunkte der Tarifparteien und informieren Sie sich über Verlauf und Ergebnisse.*
3. *Bestimmen Sie anhand aktueller Wirtschaftsdaten eine eigene Lohnforderung.*

Schlichtung

Karikatur: Stiftung Haus der Geschichte, Bonn: Jupp Wolter (Künstler)

„Bitte die Herren, das übliche Zeremoniell – es ist angerichtet!"!" Bis hierhin und nicht weiter!

Bei den meisten Tarifverhandlungen kommen die Vertragspartner nach mehr oder weniger zähen Verhandlungen zu einem für beide Seiten tragbaren Kompromiss. Können sie sich nach mehreren Verhandlungsrunden nicht einigen, bleibt es zunächst beim „tariflosen" Zustand. In der Regel gelten dann die bisherigen Arbeitsbedingungen weiter. Die Gewerkschaften versuchen nun, über die Belegschaften auf die Arbeitgeber Druck auszuüben. Es gibt Betriebsversammlungen, Warnstreiks, und es wird mit einem längerfristigen Streik gedroht.
Der Arbeitsfriede kann erhalten werden, wenn eine Seite das **Scheitern** der Verhandlungen erklärt und ein **Schlichtungsverfahren** beantragt. Es gibt tarifliche Vereinbarungen über die Einsetzung von Schlichtungskommissionen. Häufig wird ein neutraler Schlichter hinzugezogen, der nach eingehender Beratung einen Einigungsvorschlag unterbreitet. Dieser wird wirksam, wenn beide Seiten zustimmen.

Arbeitskampf

Wenn eine Schlichtung scheitert, kann es zu Arbeitskämpfen kommen. Das Kampfmittel der Gewerkschaften ist der Streik, das der Arbeitgeber die Aussperrung.

Streik

Streik ist die planmäßige gemeinsame Arbeitsniederlegung einer Mehrzahl von Beschäftigten, um ihre Forderungen zur Verbesserung der Arbeitsbedingungen durchzusetzen. Streiks sind nur dann rechtmäßig, wenn sie gewerkschaftlich organisiert sind und einen neuen Tarifvertrag erzwingen sollen. Illegal ist ein Sympathie- oder Solidaritätsstreik ohne ein eigenes Streikziel, der zur Unterstützung der Forderungen einer anderen Gewerkschaft geführt wird. Ebenfalls unzulässig ist ein Streik gegen staatliches Handeln, das sich im Rahmen der Verfassung befindet, z. B. gegen eine vom Bundestag beschlossene Steuererhöhung.

Die erste Stufe des Arbeitskampfes der Beschäftigten sind zeitlich befristete **Warnstreiks** nach Ablauf der **Friedenspflicht**. Sie können von einer Gewerkschaft ohne **Urabstimmung** aufgerufen werden, wenn die Arbeitgeber z. B. kein Angebot vorlegen. Urabstimmungen sind in den Satzungen der Gewerkschaften für längerfristige Streiks festgelegt. Hierbei muss eine Mehrheit der aufgerufenen Mitglieder zustimmen, bei der IG Metall z. B. 75 %. Streikende und ausgesperrte Arbeitnehmerinnen und Arbeitnehmer erhalten von ihrer Gewerkschaft ein Streikgeld. Bei Warnstreiks wird in der Regel kein Streikgeld gezahlt. Daneben sind seit einigen Jahren ganztägige Warnstreiks als „neu entwickeltes Kampfformat" zu beobachten. Damit soll zusätzlicher Druck auf die Arbeitgeber ausgeübt werden. Gewerkschaftsmitglieder erhalten dann eine „Streikunterstützung".

Schlichtungsabkommen für das Baugewerbe in der Bundesrepublik Deutschland vom 12. März 1979 in der Fassung vom 26. März 1993 (gilt nun auch für die neuen Bundesländer)

§ 1 Voraussetzungen [...]

(1) Entsteht zwischen den Tarifvertragsparteien [...] ein Streitfall, der zu Kampfmaßnahmen führen kann, so haben die Tarifvertragsparteien innerhalb von vierzehn Kalendertagen in Verhandlungen einzutreten und zu versuchen, zu einer Einigung zu gelangen.

(2) Erklärt eine der streitenden Tarifvertragsparteien der anderen, dass eine Einigung nicht zu erzielen sei oder lehnt eine dieser Parteien es ab, weiter zu verhandeln, so ist ein Schlichtungsverfahren [...] durchzuführen.

§ 2 Verfahren

(2) Die Zentralschlichtungsstelle hat in jedem Stadium des Verfahrens zu versuchen, eine Einigung der Parteien herbeizuführen.

zitiert nach: Brettschneider 2023, S. 609-614

Arbeitsvorschlag

Interpretieren Sie die Karikatur M 1 mithilfe der Methode „Analyse politischer Karikaturen" (s. S. 248 f.).

Chronik der Streikziele

1951: mehr Lohn
1955: 5-Tage-Woche
1957: Lohnfortzahlung im Krankheitsfall
1978: Sozialschutz bei Rationalisierungsmaßnahmen
1984: Einstieg in die 35-Stunden-Woche
1993: Stufenplan zur Angleichung der Ostlöhne an das Westniveau
2003: Angleichung der ostdeutschen Arbeitszeiten an das Westniveau (erfolglos)
2004: mehr Lohn, Erhalt der 35-Stunden-Woche
2009: mehr Lohn
2015: Recht auf Zeit für eigene Weiterbildung
2018: flexiblere Arbeitszeit
2021: Corona-Ausgleichszuschläge
2022: Inflationsausgleich
2023: 4-Tage-Woche; Öffentlicher Dienst: Forderung einer zweistelligen Lohnerhöhung als Ausgleich für die gestiegenen Lebenshaltungskosten

Dürfen Auszubildende an Streiks teilnehmen? Diese Frage ist immer noch umstritten.

Warnstreik bei Amazon in Leipzig, 2023

M 1 „Die Gewerkschaft darf Auszubildende zur Teilnahme an solchen kurzen zeitlich befristeten Warnstreiks jedenfalls dann auffordern, wenn über die Ausbildungsvergütung verhandelt wird. [...] Ausbildungsvergütungen sind auch ein Teil der Arbeits- und Wirtschaftsbedingungen im Sinne von Art. 9 Abs. 3 GG, selbst wenn man das Ausbildungsverhältnis als ein Vertragsverhältnis besonderer Art ansieht [...].
Ausbildungsvergütungen können durch Tarifverträge geregelt werden. Deshalb müssen Auszubildende auch die Möglichkeit haben, auf die Ausbildungsbedingungen über ihre Gewerkschaft Einfluß nehmen zu können. [...] Ob damit dem Auszubildenden auch ein Recht zusteht, für längere Zeit zu ‚streiken', kann hier offenbleiben [...]. Die Teilnahme an solchen Arbeitskämpfen kann den Ausbildungszweck nicht gefährden [...]."
Bundesarbeitsgericht 1984

Legale Streiks werden im Gegensatz zu wilden Streiks von Gewerkschaften organisiert, wenn alle Verhandlungsmöglichkeiten über einen Kompromiss erfolglos gewesen sind. Die Rechtsprechung hat dafür den Begriff „letzte Mittel" geprägt. Legale Streikformen sind:
- Teil- oder Schwerpunktstreiks: Es werden nur einige ausgewählte Betriebe bestreikt, bei denen die Gewerkschaft einen schnellen Streikerfolg erwartet, z. B. bei Zulieferbetrieben.
- Flächenstreiks: Eine größere Zahl oder alle Betriebe des Tarifgebiets werden bestreikt.

M 2 Satzung der IG Metall § 22 Streik

1. Der Vorstand kann Bezirksleitungen und Ortsverwaltungen ermächtigen, zu Warnstreiks aufzurufen.
2. Arbeitseinstellungen setzen den Beschluss des Vorstandes voraus.
3. Vor der Beschlussfassung über Arbeitseinstellungen hat der Vorstand sowohl die Geschäftslage der betreffenden Industriegruppe als auch die allgemeinen wirtschaftlichen Verhältnisse in Betracht zu ziehen. Der Vorstand hat ferner zu berücksichtigen, ob zur Durchführung des Streiks die nötigen Mittel vorhanden sind oder beschafft werden können [...] Der Antrag muss abgelehnt werden, wenn nicht mindestens 75 Prozent der für die Bewegung in Betracht kommenden Gewerkschaftsmitglieder in der vom Vorstand beschlossenen geheimen Urabstimmung für die Arbeitseinstellung gestimmt haben.

IG Metall Vorstand 2024, S. 39

Arbeitsvorschläge

1. *Fassen Sie das Urteil des Bundesarbeitsgerichts zur Teilnahme von Auszubildenden an Arbeitskämpfen (M 1) mit eigenen Worten zusammen. Unterscheiden Sie dabei Warnstreiks von längerfristigen Streiks.*
2. *Halten Sie eine Erweiterung des Streikrechts für Auszubildende für wünschenswert? Führen Sie zu diesem Thema eine Pro- und Kontra-Diskussion durch.*

Während einer legalen Arbeitsniederlegung „ruht" das Arbeitsverhältnis. Es wird ohne Lohnanspruch unterbrochen. Das Arbeitsverhältnis wird nach Beendigung des Arbeitskampfes fortgesetzt. Vorsorglich werden jedoch beim Tarifabschluss „Maßregelungsklauseln" vereinbart. Das heißt, die am Arbeitskampf Beteiligten dürfen keine Nachteile erleiden. Allerdings kann die Teilnahme an einem „wilden" Streik, der nicht von einer Gewerkschaft organisiert ist, oder an einem illegalen Streik wegen Arbeitsverweigerung zu einer fristlosen Kündigung und zu Schadensersatzforderungen führen.

Ein Streik wird beendet, wenn die Tarifkommission ein Verhandlungsergebnis erreicht hat, dem in der Regel mindestens 25 % der Gewerkschaftsmitglieder in einer erneuten Urabstimmung zustimmen.

Bundesarbeitsgericht

Die Gewerkschaft darf einen Streik vor gesetzlichen Feiertagen unterbrechen. Damit haben die Beschäftigten Anspruch auf Feiertagszahlungen.
Die Arbeitgeber können darauf nur mit Aussperrung reagieren.

Legale Streikformen

- Warnstreiks: kurzfristig, ohne Urabstimmung
- Teil- oder Schwerpunktstreiks: nur wenige Betriebe, z. B. Zulieferer werden bestreikt
- Flächenstreiks: größere Zahl von Betrieben, ganze Tarifbezirke werden bestreikt
- neu: Solidarstreik bei „Verhältnismäßigkeit"

Illegale Streikformen

- während der Friedenspflicht
- nicht von Gewerkschaften organisiert
- gegen verfassungsgemäßes staatliches Handeln

Aussperrung

Aussperrung ist der von einem Arbeitgeber oder mehreren Arbeitgebern vorgenommene planmäßige Ausschluss einer Gruppe von Beschäftigten, z. B. der Facharbeiterinnen und Facharbeiter, oder einer Betriebsabteilung von der Arbeit. Rechtswidrig ist die gezielte Aussperrung nur der Mitglieder der streikenden Gewerkschaft, wenn nichtorganisierte Arbeitnehmerinnen und Arbeitnehmer „verschont" werden. Dies verstößt nach Auffassung des BAG gegen die Koalitionsfreiheit (Bündnisfreiheit) nach Artikel 9 Abs. 3 des Grundgesetzes.
Durch Verweigerung der Entgeltzahlung soll Druck ausgeübt werden, den Streik schnell zu beenden.
Bei einer **Abwehraussperrung** gegen einen von einer Gewerkschaft begonnenen Streik können auch – mit Ausnahme des Notpersonals – die arbeitswilligen Beschäftigten von der Arbeit ausgeschlossen werden.
Von einer **„kalten Aussperrung"** sprechen Gewerkschaften dann, wenn nicht bestreikte Betriebe (z. B. VW) aussperren, weil sie nicht mehr weiterproduzieren können. Dies ist der Fall, wenn bestreikte Zulieferbetriebe dringend erforderliche Bauteile nicht mehr liefern können.

Bundesverfassungsgericht schränkt Recht auf Aussperrung ein

Das Bundesverfassungsgericht hat allerdings dem Recht der Arbeitgeber auf Aussperrung in einem Grundsatzurteil von 1984 Grenzen gesetzt. Das Recht auf Aussperrung ist, wie das Streikrecht, durch das Grundrecht auf Koalitionsfreiheit gedeckt. Die „Verhandlungsparität" (Gleichgewicht) muss erhalten bleiben, wenn damit Teil- oder Schwerpunktstreiks abgewehrt werden sollen. Es gilt der Grundsatz der **Verhältnismäßigkeit**. Damit ist gemeint, dass höchstens so viele Beschäftigte ausgesperrt werden dürfen, wie die Zahl der Streikenden beträgt. Das Recht auf Aussperrung endet, wenn insgesamt 50% der Beschäftigten an Streiks beteiligt oder von einer Aussperrung betroffen sind.
(Autorentext)

Mit dem Grundsatz der Verhältnismäßigkeit ist gemeint, dass höchstens die gleiche Zahl von Arbeitnehmerinnen und Arbeitnehmern ausgesperrt werden darf wie die, die sich im Streik befindet. Das Recht auf Aussperrungen endet, wenn insgesamt 50 % der Beschäftigten bei einer Tarifauseinandersetzung an Streiks beteiligt oder von Aussperrung betroffen sind.

Arbeitsvorschläge

1. *Entnehmen Sie M 2 (S. 100) wirtschaftliche Sachverhalte, die von der Gewerkschaft vor Streikbeginn zu berücksichtigen sind. Diskutieren Sie diese in einer Gruppe.*
2. *Erklären Sie die Begriffe „Streik" und „Aussperrung" mit eigenen Worten.*
3. *Erläutern Sie den Begriff „kalte Aussperrung".*
4. *Nehmen Sie Stellung zu der Aussage: „Wenn ich als Nichtorganisierter schon kein Streikgeld bekomme, möchte ich bei Urabstimmungen mitentscheiden können, ob gestreikt wird".*
5. *Bei Arbeitskämpfen streiken in einem Betrieb 10 % der Beschäftigten, in einem anderen 60 %. Stellen Sie fest, in welchem Umfang entsprechend dem Gebot der Verhältnismäßigkeit in den betroffenen Betrieben zusätzlich ausgesperrt werden darf.*

M 2

Aussperrung

Das Arbeitskampfmittel Aussperrung ist auch nach dem Aussperrungsurteil des Bundesverfassungsgerichts (s. S. 101) weiterhin rechtlich umstritten. Gewerkschaften berufen sich auf Arbeitsrichter/-innen und Arbeitsrechtler/-innen, die Aussperrung für rechtswidrig halten, weil diese das Streikrecht „massiv“ beschränke und damit das Kräftegleichgewicht zugunsten der Arbeitgeber außer Kraft setze.

Während das Streikrecht unumstritten zu den Merkmalen demokratischer Gesellschaften zählt, fordern Gewerkschaften seit Jahren das gesetzliche Verbot der Aussperrung.

M 1 **Pro und Kontra Aussperrung**

Gewerkschaften	Arbeitgeber
Aussperrung verstößt gegen die Menschenwürde, weil sie Arbeitnehmerinnen und Arbeitnehmern Angst macht und ihnen das Recht auf Arbeit nimmt. Aussperrung gefährdet das Streikrecht und die Tarifautonomie, weil sie die Gewerkschaften schwächt. Die Verfügungsmacht der Unternehmerinnen und Unternehmer über die Produktionsmittel ist Übermacht und kann nur durch das Streikrecht eingeschränkt werden.	Aussperrung erfolgt nur als Gegenmaßnahme von Schwerpunktstreiks. Die Gewerkschaften haben es also bei ihrer Streiktaktik in der Hand, ob ausgesperrt werden muss. Aussperrungen verkürzen Arbeitskämpfe. Die Gewerkschaften bestimmen selbst Umfang und Dauer von Arbeitskämpfen. Zudem verfügen sie über hohe Mitgliederzahlen mit großen Beitragseinnahmen. Die Verfügungsmacht über Produktionsmittel endet bei Streiks, wenn keiner mehr arbeitet. Stillstehende Maschinen sind teuer.

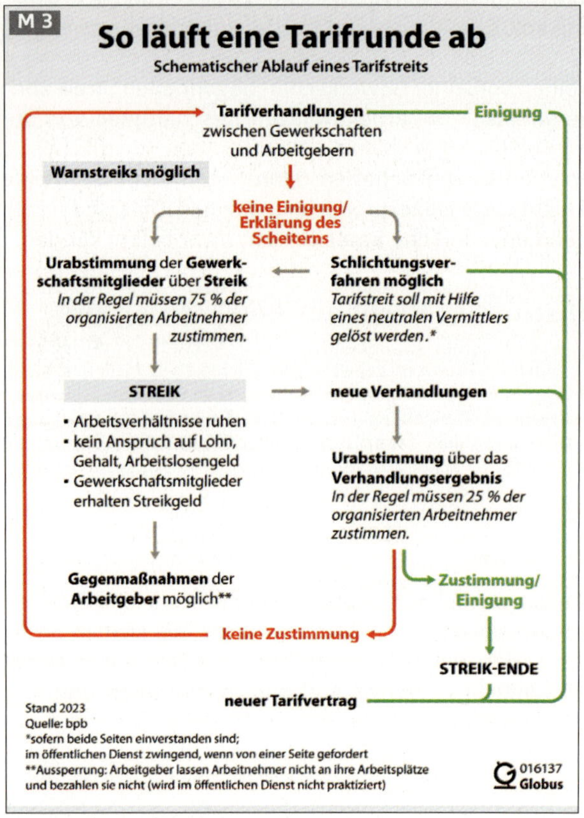

Arbeitsvorschläge

1. *„Ist es zu vertreten, dass Nichtbeteiligte durch Streiks beeinträchtigt werden?“ Führen Sie zu diesem Thema eine Pro- und Kontra-Diskussion. Beziehen Sie sich dabei auf ein aktuelles Beispiel.*
2. *Sammeln Sie zusätzliche Argumente zu M 1 und M 2 für und gegen die Gewerkschaftsforderung nach einem gesetzlichen Verbot der Aussperrung. Bereiten Sie damit ein Rollenspiel vor.*
3. *Erarbeiten Sie aus M 3 die üblichen Regeln für den Beginn und für die Beendigung eines Arbeitskampfes in Form eines Ablaufschemas.*

4.6 Wirtschaftliche Auswirkungen von Tarifpolitik

Tarifverträge sind zeitlich befristete Kompromisse (ausgleichende Vereinbarungen) im Streit zwischen den beteiligten Parteien, wie die Erträge der Wirtschaft – der sogenannte „Kuchen“ – aufgeteilt werden sollen. Wer in einer Lohnrunde wirklich gewonnen hat, bleibt häufig offen. Auch über die wirtschaftlichen Auswirkungen eines Tarifabschlusses wird oftmals gestritten.

M 1 **Der Gewerkschaftsstandpunkt**

Bei Lohnverzicht bewegt sich nichts

Lohnverzicht – Kaufkraftverlust

Kaufkraftverlust – Absatzschwund

Absatzschwund – Produktionsrückgang

Produktionsrückgang – Arbeitsplatzverlust

Kaufkraft
Möglichkeit, mit Geld eine bestimmte Menge an Waren und Dienstleistungen erwerben zu können (s. S. 140)

Arbeitgeberverbände sagen, zu hohe Lohnabschlüsse gefährdeten die Wettbewerbsfähigkeit der Unternehmen. Das könne zu Preissteigerungen führen und gefährde auch Arbeitsplätze (s. M 2).

M 2

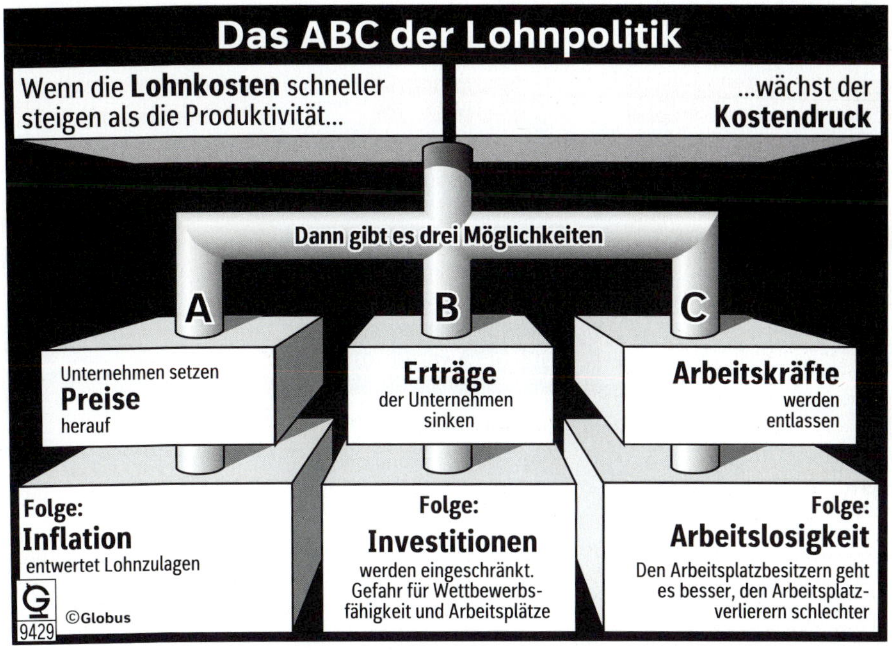

Die Auswirkungen von Lohnerhöhungen auf die Gesamtkosten eines Betriebs unterscheiden sich allerdings nach Branchen. Wenn aber Lohnerhöhungen durch höhere Produktivität (s. S.149) ausgeglichen werden können, sind sie „kostenneutral“. Sie sind dann weder preistreibend, noch gefährden sie Arbeitsplätze. Insofern war die Tarifpolitik bis 2019 offenbar erfolgreich. Die „Lohnquote“ (s. S. 98) ist gestiegen, die Arbeitslosigkeit gesunken und die Exporte stiegen. Es gab aber Kritik aus dem Ausland. Die Exportüberschüsse würden durch zu niedrige Löhne gefördert. Zu viel Geld würde nach Deutschland abfließen. Das schädige die Wirtschaft der Importländer. Die künftige Entwicklung hängt davon ab, wie die Folgen der Corona-Krise und des russischen Angriffskriegs auf die Ukraine überwunden werden.

M 3
Gerechte Lohnpolitik ist ein Spagat zwischen Leistungs- und Bedarfsgerechtigkeit. Die Steuerpolitik mildert dieses Problem nur teilweise (s. S. 194).

Arbeitsvorschläge

1. *Stellen Sie die unterschiedlichen Standpunkte zu den Auswirkungen höherer Löhne in einer Tabelle gegenüber. (M 1, M 2)*
2. *Beobachten Sie eine aktuelle Tarifverhandlung. Notieren Sie, wenn dabei Argumente aus M 1 bis M 3 genannt werden. Führen Sie dazu eine Pro- und Kontra-Diskussion.*

Tarifvertragsrecht

Methode:

Rollenspiel

Rollenspiel – Situation

Tino ist Auszubildender im zweiten Lehrjahr in einer Bauschlosserei. In diesem Betrieb ist es üblich, dass der Hilfsarbeiter das Frühstück holt. Zurzeit ist dieser aber krank, und so müssen alle reihum Frühstück holen. Tino ist an diesem Tag, wie auch in den zurückliegenden Wochen, mit sehr vielen Hilfsarbeiten beauftragt worden. Als er dann auch noch Frühstück holen soll, lehnt er das ab. Sein Meister berichtet die Weigerung dem Chef, der gerade mit einem Kunden die Werkstatt betritt. Tino wird daraufhin von seinem Chef aufgefordert, Frühstück zu holen. Da verliert er die Nerven, schreit seinen Chef an und weigert sich erneut sehr lautstark. Der Chef kündigt ihm daraufhin fristlos.

Konfliktschema

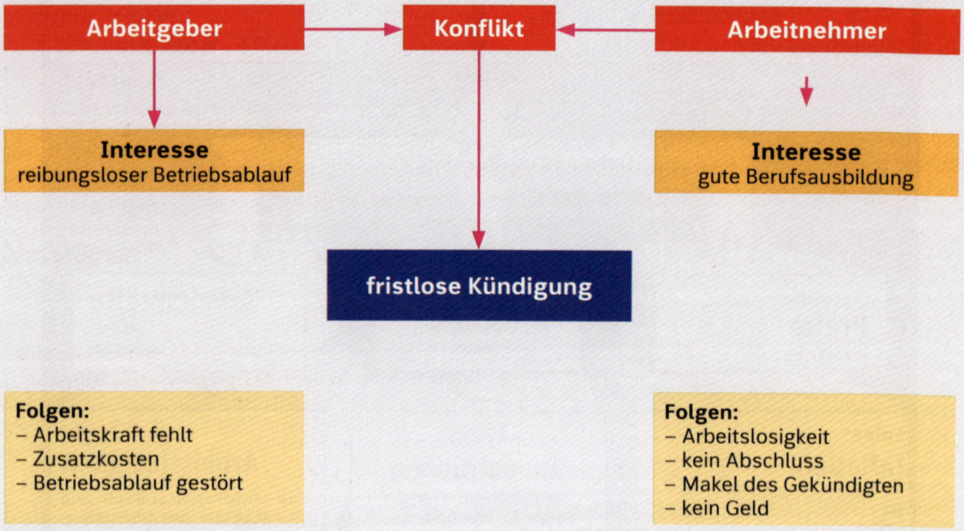

Gesetzliche Grundlagen:

- Berufsbildungsgesetz
- Ausbildungsvertrag
- Kündigungsschutzgesetz

Rechtsberatungsmöglichkeiten:

- Zuständige Stelle (IHK, HWK)
- Gewerkschaft, Betriebsrat
- Rechtsantragsstelle des Arbeitsgerichts
- Rechtsanwältin/Rechtsanwalt mit Schwerpunkt „Arbeitsrecht“

Situation aus der Sicht des Auszubildenden

„Beim Betriebsratsvorsitzenden habe ich mich schon über die ausbildungsfremden Arbeiten beschwert. So musste ich dem Maurer die Kelle und den Mörtel reichen, Putzlappen einsammeln und verteilen, Pakete zur Post fahren, im Winter Schnee schippen und in anderen Abteilungen helfen. Andere Auszubildende unserer Firma sind durch die Gesellenprüfung gefallen, ich glaube, die Ausbildung ist nicht gut. Ich bin an dem Tag, an dem es zu der Auseinandersetzung gekommen ist, wieder hin und her gehetzt worden, und da hat es mir gereicht. Außerdem haben die Kollegen mich schon wegen meines Arbeitseifers gehänselt. Jetzt wollte ich auch mal zeigen, dass ich einen eigenen Willen habe."

Situation aus der Sicht des Ausbilders

„Bisher war ich mit Tino sehr zufrieden. Er ist nur in Ausnahmefällen zu ausbildungsfernen Arbeiten herangezogen worden. Den Einkaufsgang sollte er nur übernehmen, weil der Hilfsarbeiter krank war. Alle anderen Mitarbeiter waren mit dringenden Terminaufträgen beschäftigt. Ich dulde es nicht, wenn mich ein Auszubildender im Beisein von Mitarbeitern und eines Kunden anschreit und meinen Weisungen nicht Folge leistet. Mein Verständnis für junge Menschen ist groß, aber ich muss darauf bestehen, dass jeder seine Pflicht tut. Solche Vorkommnisse untergraben die Arbeitsmoral der ganzen Belegschaft. Das kann ich nicht durchgehen lassen."

Arbeitsvorschläge

Führen Sie ein Rollenspiel mit drei Gruppen durch:

1. ***Aufgabe der Gruppe, die die Rolle des Auszubildenden einnimmt:***
   Formulieren Sie eine Klageschrift und geben Sie diese an die Gruppe der Arbeitgeber und die Gruppe der Richter weiter. Nutzen Sie die gesetzlichen Grundlagen. Notieren Sie eine Strategie, die Tino und sein Rechtsbeistand bei Gericht verfolgen sollten.
2. ***Aufgabe der Arbeitgebergruppe:***
   Formulieren Sie in Stichworten eine Verteidigungsstrategie, die der Ausbilder und sein Rechtsanwalt verfolgen sollten. Nutzen Sie die gesetzlichen Grundlagen.
3. ***Aufgabe der Richtergruppe:***
   Führen Sie die Verhandlung nach den Etappen des Arbeitsgerichtsverfahrens durch. Befragen Sie Kläger und Beklagten und finden Sie ein Urteil. Nutzen Sie die gesetzlichen Grundlagen.

5 Arbeitsgerichte und Arbeitsgerichtsverfahren

M 1

„Hungerlohn für Azubis unzulässig

Mechatronik-Lehrling musste zweiten Ausbildungsvertrag unterschreiben

Ein junger Mann machte eine Lehre zum Kfz-Mechatroniker. Seinem Ausbilder musste er gleich zwei Ausbildungsverträge unterzeichnen: Der erste sah eine viel zu niedrige Ausbildungsvergütung vor, der zweite eine erlaubte. Diese orientierte sich an der Mindestvergütung, die höchstens 20 Prozent unter Tarif sein darf. Auch Betriebe, die nicht tarifgebunden sind, müssen sich daran halten.

Den rechtlich gerade noch zulässigen Vertrag legte der Werkstatt-Chef der zuständigen Handwerkskammer zur Eintragung in die Lehrlingsrolle vor. Der Azubi erhielt jedoch die wesentlich geringere Ausbildungsvergütung. Rund zweieinhalb Jahre ließ dieser sich das gefallen. Dann klagte er auf Nachzahlung.

Der Werkstatt-Chef argumentierte bei Gericht, dass der der Kammer vorgelegte Ausbildungsvertrag gültig sei, er habe nur versehentlich zu wenig Ausbildungsvergütung gezahlt. Doch das sächsische Landesarbeitsgericht überzeugte dies nicht. Der zweite Vertrag sei rechtlich ein Scheinvertrag, weil die darin enthaltene noch angemessene Vergütung während der Lehrzeit nicht gezahlt wurde. Da im ersten Vertrag die Ausbildungsvergütung um mehr als 20 Prozent unter Tarif lag, müsse der Lehrherr nicht nur die Differenz zu 80 Prozent des Tarifes, sondern rückwirkend den vollen Tarif zahlen. Die Ausbildungsvergütung müsse sich an einem branchenüblichen Tarifvertrag orientieren. (Aktenzeichen 7 Sa 254/10)“

Dorenbeck 2011, S. 9 (verändert)

Zusammensetzung der Arbeitsgerichte

Arbeitsgerichte sind Fachgerichte der Zivilgerichtsbarkeit. Die Rechtsgrundlage ist das Arbeitsgerichtsgesetz (ArbGG). Arbeitsgerichte (1. Instanz) und Landesarbeitsgerichte (2. Instanz) sind mit einem Berufsrichter als Vorsitzendem und zwei ehrenamtlichen Richtern besetzt. Die ehrenamtlichen Richter werden „je zur Hälfte aus den Kreisen der Arbeitnehmer und der Arbeitgeber entnommen“ (§ 16 Abs. 1 ArbGG). Sie werden von ihren Verbänden (Gewerkschaften, Arbeitgeberverbände) vorgeschlagen und von einer Landesbehörde auf fünf Jahre berufen. Das Bundesarbeitsgericht hat eine größere Zahl von Richterinnen und Richtern.

Hochkonjunktur der Arbeitsgerichte

Beispiel: Arbeitsgericht Braunschweig

Von 27 651 eingegangenen Klagen im Jahr 2022 sind neben Verfahren zum Rechtsschutz:

- 1 185 nur Bestandsklagen, z. B. bei Kündigungen, Arbeitsverträgen
- 681 Zahlungsklagen, z. B. Entgelte, Urlaubsgeld
- 291 Zahlungsklagen und Sonstiges
- 194 Sonstiges
- 312 Bestandsstreitigkeiten und Sonstiges
- 67 Bestandsstreitigkeiten, Zahlungsklagen und Sonstiges
- 17 tarifliche Eingruppierung

Quelle: Arbeitsgericht Braunschweig durch Justiz Niedersachsen

Bestandsklagen = Klagen, die zum Ziel haben, dass bestehende Regelungen nicht verändert werden sollen

M 2 **Zuständigkeit der Arbeitsgerichte**

Arbeitsgerichte sind zuständig für alle Streitfälle, die sich aus einem Arbeitsverhältnis ergeben oder in einem Zusammenhang damit stehen. Vor allem sind es Streitfälle
- zwischen Arbeitnehmerinnen und Arbeitnehmern und Arbeitgebern aus dem Arbeitsvertrag, z. B. zum Kündigungsschutz,
- zwischen Auszubildenden und Ausbildern aus dem Ausbildungsvertrag,
- zwischen den Tarifvertragsparteien aus dem Tarifvertrag und
- zwischen Betriebsräten und Arbeitgebern nach dem Betriebsverfassungsgesetz.

Gerichtsverfahren

Bei Streitfällen vor dem zuständigen Arbeitsgericht muss eine Klage „eingereicht“ werden:
- schriftlich in dreifacher Ausfertigung oder
- mündlich zu Protokoll beim Gericht.

Jede Partei hat drei Möglichkeiten der Prozessführung. Für Arbeitnehmerinnen und Arbeitnehmer bedeutet das:
- Sie führen ihren Prozess selbst. Wenn sie verlieren, müssen sie die Gerichtskosten zahlen.
- Wenn eine Mitgliedschaft besteht, können sie sich von ihrer Gewerkschaft vertreten lassen. Diese übernimmt auch die Gerichtskosten.
- Sie lassen sich juristisch vertreten. Die Anwaltskosten müssen sie selbst bezahlen, auch wenn sie den Prozess gewinnen, da in der ersten Instanz keine Anwaltspflicht besteht. Haben sie eine Rechtsschutzversicherung abgeschlossen, übernimmt diese die Kosten. Bei geringem Verdienst oder Arbeitslosigkeit kann das Gericht auf Antrag Prozesskostenhilfe bewilligen, wenn Erfolgsaussicht besteht.

Auch Arbeitgeber können sich von ihren Verbänden oder anwaltlich vertreten lassen.

Zu beachten ist: Wollen sich Arbeitnehmerinnen und Arbeitnehmer gegen eine Kündigung wehren, so müssen sie innerhalb von drei Wochen ab Zugang der Kündigung eine Kündigungsschutzklage beim zuständigen Arbeitsgericht einreichen. Versäumen sie dies, so gilt die Kündigung von Anfang an als wirksam, auch wenn sie ganz offensichtlich wegen schwerer Mängel unwirksam ist.

Bei Beginn eines Gerichtsverfahrens vor einer Berufsrichterin oder einem Berufsrichter wird zunächst in einer **Güteverhandlung** der Versuch einer Einigung durch einen **Vergleich** unternommen. Damit sollen den Beteiligten Kosten erspart werden, denn es fallen noch keine Gebühren an.

Gerichtskostengesetz

Streitwert	Gebühr
Bis ... €	... €
300,00	25,00
600,00	35,00
900,00	45,00
....	....
500 000,00	2 956,00

Vergleiche bei Kündigungsschutzklagen enden häufig mit der Lösung des Arbeitsverhältnisses. Die Arbeitnehmerin oder der Arbeitnehmer erhält dann meist eine **Abfindung**. Diese richtet sich nach dem bisherigen Verdienst und der Dauer der Betriebszugehörigkeit, in der Regel 0,5 Monatsentgelte je Beschäftigungsjahr. Die Abfindung muss versteuert werden. Endet ein Arbeitsverhältnis nach einem Vergleich vor Ablauf dieser Kündigungsfrist, „ruht" ein Anspruch auf Arbeitslosengeld in der Zwischenzeit.
Gelingt die Güteverhandlung nicht, schließt sich das eigentliche Verfahren an, die Verhandlung vor der Kammer (Kammerverhandlung). Im Mittelpunkt steht zunächst die Beweisaufnahme. Beweismittel sind z. B. Zeugenaussagen, Urkunden und Sachverständigengutachten. Die Parteien können ihre Standpunkte vortragen. Nach Abschluss der Verhandlung zieht sich das Gericht zunächst zur Beratung zurück und verkündet dann das **Urteil**. Es wird den Parteien vom Gericht zugestellt.

Die Gebühren beim Arbeitsgericht sind relativ günstig. Rechtsstreitigkeiten werden erst teuer, wenn Rechtsanwältinnen und Rechtsanwälte eingeschaltet werden.

M 3

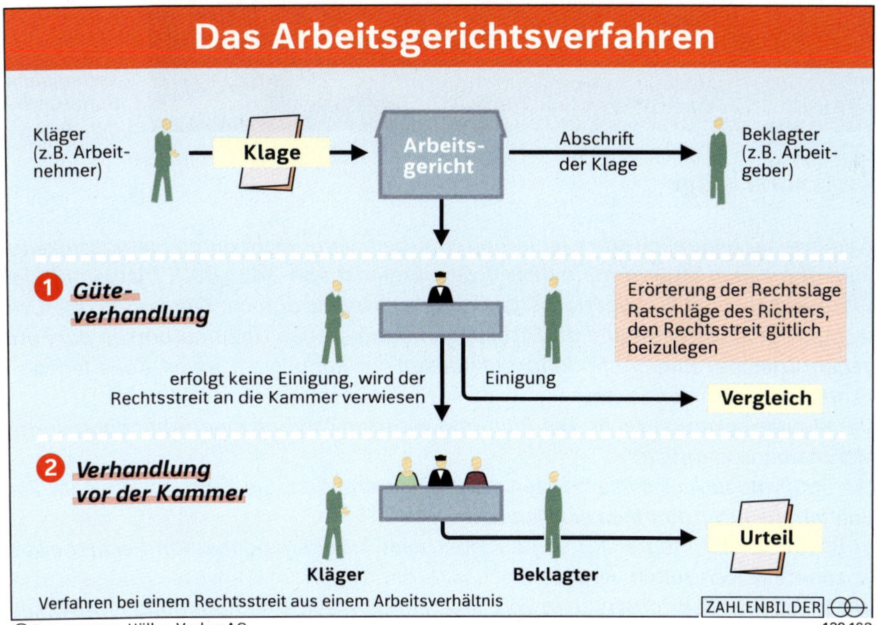

 129 162

Streitigkeiten zwischen Ausbilder und Auszubildenden

Zur Beilegung von Streitigkeiten zwischen Ausbildenden und Auszubildenden können bei den Handwerksinnungen und den übrigen „zuständigen Stellen" Ausschüsse gebildet werden, die vor Einschaltung des Arbeitsgerichtes versuchen müssen, eine Einigung zu erzielen.

vgl. § 111 Arbeitsgerichtsgesetz

Arbeitsvorschläge

1. *Nennen Sie aus M 2 (S. 106) Beispiele für die Zuständigkeit von Arbeitsgerichten.*
2. *Beschreiben Sie den Zweck einer Güteverhandlung.*
3. *Erstellen Sie ein Ablaufschema für eine Arbeitsgerichtsverhandlung. (M 3)*
4. *a) Stellen Sie die streitenden Parteien und den Gegenstand aus M 1 auf S. 106 fest.*
   b) Formulieren Sie das Urteil des Landesarbeitsgerichts in eigenen Worten.
   c) Entwerfen Sie die Urteilsbegründung des Arbeitsgerichts.

Bei Prozessen in der zweiten Instanz, vor dem Landesarbeitsgericht, müssen sich die Parteien von ihren Verbandsvertreterinnen und -vertretern oder anwaltlich vertreten lassen. Hier sind erhöhte Rechtskenntnisse erforderlich. Die dritte Instanz, das Bundesarbeitsgericht, prüft nicht mehr allein den Fall, sondern auch grundsätzliche Rechtsfragen. Deshalb sind vor diesem Gericht nur noch Rechtsanwältinnen und Rechtsanwälte mit entsprechendem Sachwissen zugelassen. Sie kommen überwiegend von den Verbänden.

Jedes **Urteil** eines Arbeitsgerichts muss Angaben über die Höhe des Streitwerts und eine „Rechtsmittelbelehrung" (Hinweis auf Widerspruchsmöglichkeiten) enthalten. Mit Ausnahme von Kündigungsschutzklagen ist nämlich eine Berufung beim Landesarbeitsgericht nur möglich, wenn der festgesetzte Streitwert 600,00 € übersteigt oder eine Berufung ausdrücklich zugelassen ist. Bei Kündigungsschutzklagen wird der Streitwert auf höchstens drei Monatseinkommen festgesetzt.

Gerichtsentscheidungen bei Streitigkeiten aus den Bereichen des Betriebsverfassungsgesetzes und der Mitbestimmungsgesetze heißen **Beschlüsse**. Ist eine Partei mit einem Beschluss nicht einverstanden, kann sie **Beschwerde** beim Landesarbeitsgericht „einreichen".

Verhandlung am Bundesarbeitsgericht

Arbeitsvorschläge

1. *Wegen einer angeblich stark fehlerhaften Arbeit, verursacht durch Fahrlässigkeit, hat eine Baufirma einem Maurer mit einem Bruttoverdienst von 2450,00 € fristgemäß gekündigt. Dieser erhebt eine Kündigungsschutzklage und beantragt, die Kündigung als sozial ungerechtfertigt zu erklären und das Arbeitsverhältnis wegen Unzumutbarkeit der Fortsetzung gegen Zahlung einer Abfindung aufzulösen. Er kann auch einen Kollegen als Zeugen benennen, der ihn entlastet.*

Der Maurer bekommt recht. Die Baufirma wird zur Zahlung einer Abfindung in Höhe eines Monatslohns verpflichtet.

Die Baufirma ist mit diesem Urteil nicht einverstanden. Sie führt an, dass ihr Zeuge, der Bauherr, nicht vernommen worden sei.

a) Benötigte der Maurer für seine Klage beim Arbeitsgericht einen Rechtsbeistand oder konnte er sich selbst vertreten?
b) Stellen Sie die erforderlichen Voraussetzungen fest, eine Abfindung zu erwirken.
c) Überprüfen Sie, ob die Baufirma die Möglichkeit der Berufung hat. Welches Gericht ist die Berufungsinstanz?
d) Begründen Sie, ob der Maurer im Fall einer Berufungsverhandlung eine Vertretung benötigt.

2. *a) Besuchen Sie eine Verhandlung des Arbeitsgerichts und fertigen Sie ein Protokoll über Streitgegenstand, Ablauf und Ergebnis an.*
b) Bitten Sie in einer Verhandlungspause oder am Verhandlungsende die Richterin oder den Richter um ein Gespräch über die Verhandlung.

Die ABC-Methode

Durch die Vorgabe eines leeren ABC-Blatts lassen sich Haltungen und Vorkenntnisse zu bestimmten Themen verdeutlichen.

Ablauf:
Alle Teilnehmerinnen und Teilnehmer erhalten ein Blatt mit der Bitte, zu jedem Buchstaben von A bis Z einen Begriff, Ausdruck, Satz, Einfall zu einem bestimmten Thema aufzuschreiben.

Die Methode kann in Einzel- oder Partnerarbeit angewendet werden. Die Ergebnisse werden den anderen so vorgelesen, dass zunächst Aussagen zu „A", dann zu „B" usw. mitgeteilt werden.
Auf diese Weise wird eine Fülle von Begriffen und Einfällen gesammelt, die das Thema beschreiben.

Die Vorgaben können sehr weit oder gezielt auf einen Begriff hin gegeben werden.

Beispiele:
Was umfasst für Sie der Begriff **„Arbeitnehmerinteressen"**?
Was bedeutet für Sie **„Familie"**?
Was fällt Ihnen zum Thema **„Berufsbildung"** ein?

Mit der ABC-Methode können auch Pro- und Kontra-Argumente zu einem Thema gesammelt werden. Eine Untergruppe sammelt die Pro-Argumente, eine andere Untergruppe die Kontra-Argumente anhand der ABC-Liste.

Beispiel:
Sollten Arbeitnehmerinnen und Arbeitnehmer sich in allen Instanzen des Arbeitsgerichts selbst vertreten können?

Die ABC-Methode zur Wiederholung und/oder Auswertung

Die Methode kann auch zur Wiederholung verwendet werden. In diesem Fall reflektieren bzw. bewerten die Schülerinnen und Schüler mit dieser Methode eine zurückliegende Unterrichtsreihe.

Beispiel:
Was fällt Ihnen zum Thema **„Arbeitsgericht"** ein?

(Zeitbedarf ca. 20 Minuten)

A
B
C
D
E
F
G
H
I
J
K
L
M
N
O
P
Q
R
S
T
U
V
W
X
Y
Z

Medien kritisch wahrnehmen und nutzen

1 Medien in Demokratien

Es gibt in Deutschland eine Berufsgruppe, deren Arbeit durch das Grundgesetz besonders geschützt ist – die Journalisten. Ihre Arbeit basiert auf dem Artikel 5 unseres Grundgesetzes (siehe Randleiste). Jeder Mensch hat in Deutschland das Recht auf freie Meinungsäußerung, aber immer wieder gehen Menschen mit diesem Recht sorglos um. Veröffentlichungen jeglicher Art wollen gut durchdacht sein. Berichterstattung wünschen sich freie Bürgerinnen und Bürger einer Demokratie professionell recherchiert. Sie soll der Wahrheit entsprechen, gleich in welchem Medium.

Lebenselixier heißt übertragen: Beweggründe, die das Leben lebenswert erscheinen lassen.

Systemrelevanz ist die Bedeutsamkeit, die beispielsweise Produkte, Dienstleistungen, Unternehmen und Berufsgruppen für den Betrieb und die Aufrechterhaltung eines Systems (z. B. des Gesundheitssystems, der Grundversorgung) haben.

M 1 „Anregen und aufregen

[...] Weil eine Welt ohne guten Journalismus keine gute Welt wäre. Weil Presse animiert, weil sie animieren soll. Wenn die Presse und die Pressefreiheit nicht wären, gäbe es keine Freiheit und keine Demokratie. Man kann die Presse nicht hinwegdenken, ohne dass die Lebendigkeit des Gemeinwesens entfiele. Journalismus ist dafür da, den Menschen zum Gespräch zu verhelfen. Guter Journalismus regt an und regt auf, er fordert auf zu Zuspruch und zu Widerspruch. Er liefert die Fakten, er liefert Analysen, er liefert Bewertungen; man kann sich daran reiben, man kann sich auch davon überzeugen lassen. Er ist ein Lebenselixier einer freien Gesellschaft. Systemrelevanz sagt man heute dazu. [...]"

Prantl 2021

Eine Gesellschaft braucht Stabilität, aber auch Mut zum Wandel in veränderten politischen, wirtschaftlichen und kulturell-sozialen Situationen. Aufgabe des Journalismus ist es dabei,

- verständlich, sachlich und vollständig zu **informieren**,
- durch offene und freie Diskussion zur **Meinungsbildung** beizutragen,
- durch investigativen (nachforschenden und aufdeckenden) Journalismus mit **Kritik und Kontrolle** Abläufe begleiten,
- zur **Unterhaltung** beizutragen.

M 3 Artikel 5 Abs. 1 und 2 Grundgesetz (Die Meinungs- und Pressefreiheit)

(1) Jeder hat das Recht, seine Meinung in Wort, Schrift und Bild frei zu äußern und zu verbreiten und sich aus allgemein zugänglichen Quellen ungehindert zu unterrichten. Die Pressefreiheit und die Freiheit der Berichterstattung durch Rundfunk und Film werden gewährleistet. Eine Zensur findet nicht statt.
(2) Diese Rechte finden ihre Schranken in den Vorschriften der allgemeinen Gesetze, den gesetzlichen Bestimmungen zum Schutze der Jugend und in dem Recht der persönlichen Ehre.

Um all diese Aufgaben zu erfüllen, braucht es Freiheit – die Pressefreiheit. Freie und unabhängige Berichterstattung ist keine Selbstverständlichkeit und muss ständig neu eingefordert werden. Erschwert wird dies dadurch, dass die Pressevielfalt durch die Krise der gedruckten Medien (Printmedien) immer weiter abnimmt.

M 2 „Pressefreiheit in der Corona-Krise

Die Covid-19-Pandemie hat weltweit gravierende Auswirkungen auf die Pressefreiheit. [...] ‚Gerade in einer Krise wie der Corona-Pandemie ist Pressefreiheit unverzichtbar', sagte der Geschäftsführer von Reporter ohne Grenzen, Christian Mihr. ‚Angesichts der dramatischen Entwicklungen weltweit müssen die Menschen in der Lage sein, sich aus vielfältigen Quellen zu informieren und das Handeln der Behörden auch kritisch zu hinterfragen. Viel zu viele Regierungen reagieren auf die Corona-Krise mit autoritären Reflexen wie Zensur, Überwachung, Repression und Desinformation. Wer jetzt eine unabhängige Berichterstattung einschränkt, vergrößert nicht nur die Verunsicherung, sondern setzt Menschen auch ganz realen Gefahren aus.'"

Reporter ohne Grenzen e. V. 2020

Arbeitsvorschläge

1. *Recherchieren Sie auf der Website der Organisation „Reporter ohne Grenzen e. V. (www.reporter-ohne-grenzen.de) die Rangliste der Pressefreiheit aller Länder und die Platzierung Deutschlands. Finden Sie Erklärungen für die dargestellten Sachverhalte. (M 2)*
2. *Untersuchen Sie die Arbeit der Medien während der Coronakrise mithilfe einer Internetrecherche im Hinblick auf Sachlichkeit. Ziehen Sie persönliche Schlussfolgerungen daraus und diskutieren Sie Ihre Ergebnisse in Ihrer Klasse.*

2 Information durch Medien

M 1

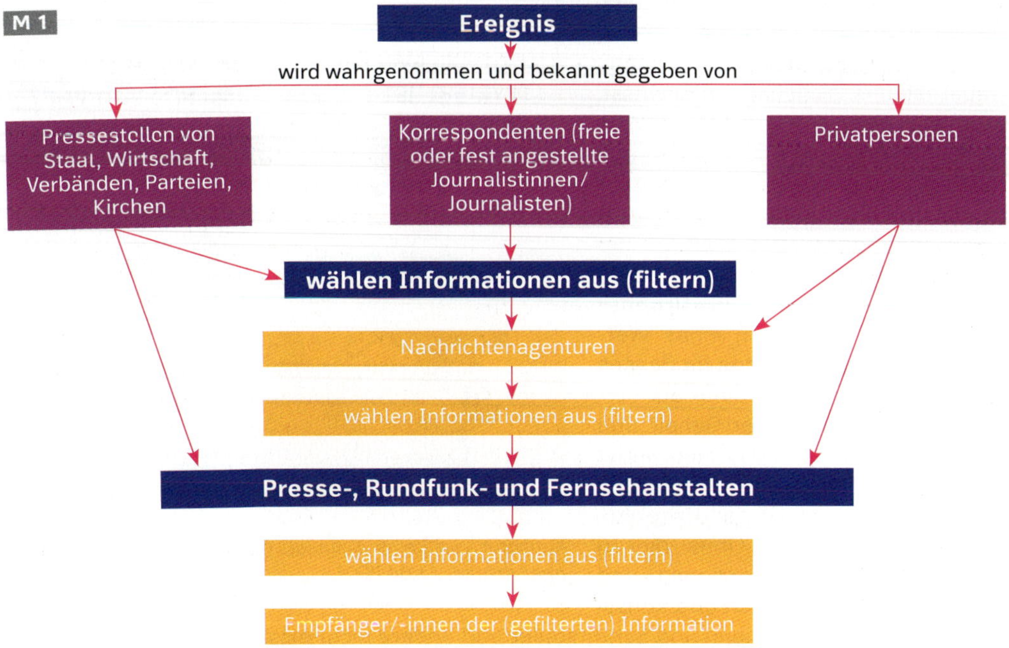

Alle Bürgerinnen und Bürger haben das Recht, sich aus allgemein zugänglichen Quellen zu informieren. Journalistinnen und Journalisten aber benötigen für ihre Zuarbeit an die Medien Informationen aus Quellen, zu denen nicht alle Menschen Zugang haben. Das Presserecht bevorzugt deshalb Journalistinnen und Journalisten gegenüber den normalen Bürgerinnen und Bürgern.

M 2 Bei den meisten Behörden klappt das auch: Sie geben regelmäßig Pressemitteilungen heraus und beantworten auf Pressekonferenzen und telefonisch Fragen. Dazu sind sie gesetzlich verpflichtet. Einen gewissen Spielraum beim Umfang der Informationen behalten sich Behörden trotzdem vor. Positive Nachrichten werden gern verbreitet, negative eher zurückgehalten. Doch gerade im negativen Fall sind Auskünfte dringend nötig. Nur auf diese Weise kann die Presse ihrer Aufgabe gerecht werden, Fehler der Verwaltung oder Unrechtmäßigkeiten im öffentlichen Leben aufzudecken und zu veröffentlichen. Dies ist nicht die einzige, aber eine vom Pressegesetz geforderte öffentliche Aufgabe.
Anders gestalten sich die Auskunftsansprüche gegenüber privaten Bürgerinnen und Bürgern, nicht-staatlichen Stellen einschließlich Unternehmen und Verbänden. Hier gibt es keinen gesetzlichen Auskunftsanspruch. Sie sind auch nicht zu „pressefreundlichem Verhalten“ verpflichtet. Sie dürfen sogar eine Exklusivvereinbarung über Informationen abschließen, die andere Medien von diesen Informationen ausschließt.

Behörden sind
- Stellen, die Aufgaben des Bundes, des Landes und der Kommunen wahrnehmen, z. B. Bürgerämter, Ministerien, Universitäten, die Bundesagentur für Arbeit,
- Gerichte, Staatsanwaltschaften,
- Parlamente und ihre Verwaltungen,
- privatrechtliche Organisationen, die staatliche Aufgaben wahrnehmen, z. B. Stadtwerke, Theater.

Arbeitsvorschläge

1. *Beschreiben Sie den Weg vom Ereignis bis zur Empfängerin/zum Empfänger der Information. (M 1)*
2. *Setzen Sie sich kritisch mit dem Begriff „Lügenpresse“ auseinander. Nutzen Sie dazu M 2 und recherchieren Sie zusätzlich selbstständig.*
3. *Die Bundespressekonferenz wird oft als Leuchtturm der Demokratie bezeichnet. Informieren Sie sich im Internet zu ihrer Geschichte. Erörtern Sie ihre heutige Bedeutung.*

2.1 Nutzung von Medieninhalten – Urheberrecht

Wir alle nutzen täglich vielfältige Medienangebote – Texte, Fotos, Musik, Filme und vieles andere mehr. Dabei ist uns nicht immer bewusst, dass wir geistige Produkte anderer Menschen nutzen. Publizistinnen und Publizisten, Künstlerinnen und Künstler, Schriftstellerinnen und Schriftsteller und andere verdienen mit der Veröffentlichung ihrer geistigen Werke ihren Lebensunterhalt. Der **Urheber** (Schöpfer/-in, Autor/-in) eines Werkes erteilt Genehmigungen für dessen Nutzung und bekommt dafür als Vergütung ein Honorar oder Gehalt. Ihn oder seinen Ansprechpartner findet man im Impressum. Rechtliche Grundlage dafür bildet das **Urheberrechtsgesetz** (UrhG). Ohne diesen Schutz könnten Publizistinnen und Publizisten, Künstlerinnen und Künstler sowie Schriftstellerinnen und Schriftsteller und andere nicht existieren. Deshalb müssen sich alle, die geistige Produkte anderer nutzen, informieren, welche Regeln dabei beachtet werden müssen. Nicht alles, was frei zugänglich erhältlich ist, kann beliebig verwendet werden.

M 1

Karikatur von Roger Schmidt: Copyright heißt: Kopieren, aber richtig!, 11.04.2006

M 2 Das Urheberrecht: Legale Möglichkeiten der Mediennutzung

Das Urheberrechtsgesetz (UrhG) regelt die Möglichkeiten der **legalen Verwendung** oder Nutzung von Werken aller Art. Das bedeutet nicht, dass diese kostenlos ist. Einige Regelungen gehen mit entsprechender Bezahlung für den Urheber einher. Dazu müssen Interessierte eine Rechteanfrage beim Urheber stellen.
Werden Ausschnitte eines Werkes **zitiert**, ist das unter Angabe des Urhebers erlaubt.
Auch das private **Kopieren** darf bis zu einer bestimmten Grenze ohne Zustimmung des Urhebers erfolgen. Die Verwendung dieser Kopien ist dann auch nur für den eigenen Gebrauch zulässig.
Das **Liken, Einbetten, Verlinken** oder **Teilen** von Inhalten im Internet ist immer dann möglich, wenn der Urheber diese mit einem Button anbietet.
Das reine Anschauen von Filmen oder Sendungen, das Hören von Musik oder Podcasts ist durch **Streaming-Angebote** der (kostenlosen) Mediatheken und Videoportale wie YouTube und Vimeo oder der kostenpflichtigen Portale wie Netflix, Amazon Prime, Apple iTunes, Spotify u. a. ebenfalls legal möglich.
Gemeinfreie Werke dürfen jederzeit verwendet werden. Dazu gehören als amtliche Werke beispielsweise Gesetze, Verordnungen, Bekanntmachungen, Urteile von Gerichten und Werke mit abgelaufener Schutzfrist.

Arbeitsvorschläge

1. *Analysieren Sie die Karikatur M 1 mithilfe der Methode „Analyse politischer Karikaturen" (s. S. 248 f.).*
2. *Recherchieren Sie im Internet, was man unter „Copyright" versteht. (M 1)*
3. *Informieren Sie sich mithilfe einer Internetrecherche über die Grenzen der legalen Verwendung von Werken anhand konkreter Beispiele und präsentieren Sie Ihre Ergebnisse. Nutzen Sie dazu auch M 2.*

2.2 Veröffentlichungen im Internet

M 1 Es ist ganz schnell passiert. Ein Selfie mit einer prominenten Person, der man zufällig begegnet ist und die auch bereitwillig in die Kamera lächelt. Jetzt wird diese Aufnahme noch sofort auf einem Social-Media-Kanal mit allen geteilt. Eigentlich selbstverständlich, aber darf man das so ohne Weiteres? Die gute Nachricht: Hat die fotografierte Person durch ihre Handlung zugestimmt (das Selfie wurde zugelassen), ist ihr Persönlichkeitsrecht gewahrt worden.

Doch Vorsicht: Informationen über Personen, sei es in Form von Texten, Bildern, Videos oder anderen Darstellungen, dürfen nicht so einfach veröffentlicht werden. Vor allem dann, wenn der Person, auch unwissentlich, Schaden zugefügt werden könnte. Die Meinungs- und Pressefreiheit lässt für Medien große Spielräume. Ihre Aufgabe ist es, Missstände aufzudecken, kritische Aspekte zu diskutieren und auf Änderungen zu drängen. Wichtig bleibt dabei aber die Abgrenzung zum Privatleben aller Bürgerinnen und Bürger und der besondere Schutz von Kindern und Minderjährigen.

Eigentlich ist es doch sehr bequem. Alles, was man an Fotos, Videos, Texten und sonstigen digital speicherbaren Informationen hat, lässt sich ins Netz stellen, mit Freundinnen und Freunden teilen, weiterleiten, in einer Cloud speichern. Nur wenige Menschen machen sich Gedanken, was mit diesen Informationen passiert, ob sie dort sicher sind, wo man sie hochgeladen hat. Haben Sie sich schon einmal überlegt, was diese Informationen über Sie persönlich aussagen und was mit ihnen passiert? Hier eine kurze Darstellung möglicher Gefahren:

M 2

- Ihre Daten können im Internet weltweit abgerufen werden. Diese werden damit zu einer allgemein zugänglichen Quelle. Auch ein potenzieller Arbeitgeber kann im Netz recherchieren, was sich nachteilig auf eine Jobsuche auswirken kann.
- Ihre Daten können unbemerkt von anderen gespeichert, verändert, verfälscht und manipuliert werden.
- Die Empfänger Ihrer Daten und deren Interessen sind Ihnen unbekannt.
- Wenn Ihre Daten irgendwo gespeichert worden sind, können sie auch dann noch weiterverwendet werden, wenn Sie sie bereits gelöscht haben.
- Alle Ihre Veröffentlichungen können mit intelligenten Suchmaschinen verknüpft werden. Daraus lassen sich Persönlichkeitsprofile erstellen, z. B. über Ihre charakterlichen Besonderheiten und Ihre soziale Situation.

Arbeitsvorschläge

1. *Informieren Sie sich über die Bedeutung von Persönlichkeitsrechten. Wählen Sie zwei aus und berichten Sie darüber.*
2. *Erstellen Sie eine Mindmap (s. S. 139), in der Sie die Informationen erfassen, die über Sie im Internet zu erfahren sind. Fassen Sie Ihre Schlussfolgerungen daraus zusammen.*
3. *Wählen Sie eine der in M 2 genannten möglichen Gefahren und erläutern Sie diese an einem Beispiel.*

2.3 Datenschutz im Internet – Privater Bereich

M 1 „Über mich kann man alles wissen, ich habe schließlich nichts zu verbergen!“ Diese Aussage hört man oft, quer durch alle Altersgruppen. Es erscheint logisch und selbstverständlich, schließlich ist man ein ganz normaler Mensch. Wirklich? Nun stellen Sie sich einmal vor, Ihre ganze Klasse wüsste, dass Sie heimlich mit Puppen spielen. Würden Sie im Bus laut erzählen, dass Sie HIV-positiv sind oder Ihre Eltern ein Alkoholproblem haben? Begegnen Sie einem Menschen vorbehaltlos, von dem gesagt wird, dass er ein Pädophiler ist? Was wäre, wenn Sie gefilmt werden würden, während Sie vor Ihrer Klasse stotternd einen Vortrag über Safer Sex halten? Wenn das auch noch live ins Internet gestreamt werden würde? Fänden Sie das dann „ganz normal“? Warum denn nicht, Sie haben ja nichts zu verbergen ...

Ausführliche Informationen zur **DSGVO** und zum **BDSG** finden Sie unter: www.dsgvo-gesetz.de

Seit der Einführung der **EU-Datenschutzgrundverordnung (DSGVO)** 2018 und deren Umsetzung im **Bundesdatenschutzgesetz (BDSG)** ist das Thema Datenschutz ein (unangenehmer) Begleiter. Ständig muss man Einwilligungen geben zur Freigabe verschiedener persönlicher Daten. Das ist lästig. Die Gefahr dabei: Man wird leichtsinnig, stimmt schnell zu, ohne genau zu hinterfragen, wozu die Zustimmung nötig ist. Gerade im Internet, wenn viele Seiten besucht werden, tauchen diese Fenster auf. Viele Menschen geben (zu) schnell Daten preis, um an ihr Ziel zu gelangen. Anschließend wundern sie sich, dass plötzlich Werbung auftaucht, die zielgenau auf sie zugeschnitten ist. Schließlich haben sie überhaupt nicht bemerkt, dass sie der Verwendung von **Cookies** zugestimmt haben.
Da hilft nur: sich Zeit nehmen, hinterfragen, Zustimmung auch mal verweigern. Hilfreich kann es auch sein, Informationen über sich selbst im Internet zu suchen und ggf. zu löschen.

M 3
Cookies sind kleine Textdateien, die über eine Webseite im Internetbrowser gespeichert werden können. **Technisch notwendige** Cookies sind für das Funktionieren einer Webseite nötig. **Technisch nicht notwendige** Cookies dagegen verfolgen das Surfverhalten von Internetnutzerinnen und -nutzern über einen längeren Zeitraum.

M 2 **„Was weiß Google über mich? So finden Sie es heraus**
‚Was weiß Google über mich‘, stellen sich nicht wenige Nutzer als Frage. Google sammelt zahlreiche Nutzerdaten. Alleine den Namen zu suchen, reicht dabei nicht aus. Denn die Informationen werden auch in Google-Diensten gespeichert und von der Suchmaschine nicht angezeigt.
Was weiß Google über mich? Das Dashboard verrät's!
Wenn Sie wissen möchten, welche Informationen Google über Sie gesammelt hat, dann finden Sie das mit dem Google Dashboard heraus. Sie erreichen diese online über die Adresse google.com/dashboard. [...]
Um auch die von Google gespeicherten Suchergebnisse zu sehen, geben Sie auf www.google.de Ihren Namen mit Anführungszeichen ein, zum Beispiel ‚Max Mustermann‘.
So sehen Sie alle Aktivitäten Ihres Google-Accounts
Die Seite ‚Meine Google-Aktivitäten‘ zeigt Ihnen – nach der Anmeldung mit Ihrem Google-Konto – fast alles, was Sie in der Vergangenheit gemacht haben ...“
Neutsch 2022.

Arbeitsvorschläge

1. *Erläutern Sie, wie wichtig Datenschutz für Sie ist. (M 1)*
2. *Überprüfen Sie, welche Daten über Sie im Internet gespeichert sind. Verwenden Sie als Anleitung die in M 2 genannte Internetadresse.*
3. *a) Recherchieren Sie im Internet, welche Rechte sich für Sie persönlich aus der DSGVO und dem BDSG ergeben.*
   b) Notieren Sie, welche Konsequenzen Sie daraus für sich ableiten.
4. *Informieren Sie sich intensiv über Cookies im Internet. Diskutieren Sie mit einer Partnerin oder einem Partner über den persönlichen Umgang mit Cookies. (M 3)*

2.4 Informationen aus dem Internet – Wahrheit oder Lüge?

Das Internet lässt sich aus dem Leben der meisten Menschen nicht mehr wegdenken. Liefert es uns doch zahlreiche Informationen, nach denen wir suchen. Aber wie steht es mit dem Wahrheitsgehalt dieser Informationen? Zunehmend werden Falschmeldungen und Gerüchte vor allem über die sozialen Netzwerke verbreitet. Somit wird die Fähigkeit, Informationen einschätzen und bewerten zu können, immer wichtiger.

Fake News (oder auch **Hoaxes**) sind Falschmeldungen im Internet, die durch soziale Medien weiterverbreitet werden, weil sie für wahr gehalten werden. Dazu gehören z. B. auch Kettenbriefe, Zeitungsenten, Urban Legends (moderne Sagen).

M 1

Karikatur von Michael Hüter: Fake News.

Fragwürdige Inhalte im Internet zu erkennen, erfordert etwas Übung, Konzentration und Aufmerksamkeit. **Fake News** lassen sich mit folgenden Tipps aufspüren:

M 2 Fake-News-Check – Wie erkenne ich Wahrheit oder Lüge?

- Auf das Bauchgefühl hören. Gesunde Skepsis bei reißerischen Formulierungen und drastischen Bildern ist angebracht; oft verbergen sich Falschmeldungen dahinter.
- Quellen untersuchen. Sind es vertrauenswürdige Medien, die die Information veröffentlichen? Welche Motivation steht dahinter, welche Ziele verfolgt die Quelle? Gibt sich die Verfasserin/der Verfasser, die Journalistin/der Journalist zu erkennen? Ist aus der Quelle der Zeitpunkt der Veröffentlichung zu erkennen?
- Bilder und Videos probeweise überprüfen. Dazu gibt es die umgekehrte Bildersuche, z. B. auf images.google.com oder www.tineye.com. Dort können Bilder und Videos hochgeladen werden und es lässt sich überprüfen, ob sie eventuell aus anderen Zusammenhängen stammen.
- Verwendung von Hoax-Datenbanken wie www.mimikama.at, hoaxmap.org oder www.hoaxsearch.com. Sie decken Falschmeldungen und Gerüchte auf.
- Beim Teilen von Informationen vorsichtig sein. Hoaxes und Fake News leben von unbedarfter Weiterleitung.
- Betreiber informieren. Wer Zweifel an der Echtheit oder dem Wahrheitsgehalt von Informationen hat, sollte den Betreiber der Plattform informieren.
- Besondere Vorsicht bei Fake-Shops, Online-Bekanntschaften oder Bewertungsportalen. Auch hier gilt: den gesunden Menschenverstand einschalten und alles mehrfach hinterfragen. Überprüfen Sie auf diesen Seiten das Impressum; auf seriösen Seiten geben sich die Verantwortlichen zu erkennen.

Arbeitsvorschläge

1. *Interpretieren Sie die Karikatur M 1 mithilfe der Methode „Analyse politischer Karikaturen" (s. S. 248 f.).*
2. *Benennen Sie zwei aktuelle Beispiele für Fake News und erläutern Sie, woran Sie dies erkannt haben. (M 2)*

2.5 Nutzerverhalten

M 4

Hasebrink, Uwe/Hölig, Sascha/Wunderlich, Leonie: #UseTheNews. Studie zur Nachrichtenkompetenz Jugendlicher und junger Erwachsener in der digitalen Medienwelt. In: Arbeitspapiere des Hans-Bredow-Instituts | Projektergebnisse Nr. 55, 2021.

documents.usethenews.de/cms/Use_The_News_Studie_2021_5093dcb27d.pdf

M 1 „Die bundesweite #UseTheNews-Studie offenbart eine tiefe Informationskluft in der nachwachsenden Generation: Die Hälfte der Jugendlichen hält es nicht für wichtig, sich über Neuigkeiten und aktuelle Ereignisse zu informieren. Sie sind zugleich deutlich schlechter informiert als ihre Altersgenossen, die regelmäßig auch journalistische Nachrichtenquellen nutzen."
UseTheNews gGmbH 2021

Der Umgang mit Nachrichten hat sich seit Entstehung des Internets drastisch verändert. Jugendliche und junge Erwachsene können sich ein Leben ohne Internet gar nicht vorstellen. Smartphone, Tablet, Laptop; gleich, auf welchen Endgeräten Informationen abgerufen werden können, sie sind fast ständig verfügbar. Diese Informationsflut birgt allerdings auch Risiken. Jungen Menschen fehlt in den Angeboten der öffentlichen Medien oft der Bezug zu ihrem eigenen Leben. Sie weichen dann auf soziale Medien aus, in denen sie sich besser verstanden fühlen. Dass aktuelle Ereignisse dort einen anderen Stellenwert haben, nehmen sie in Kauf.

Relevanz: Bedeutsamkeit, Wichtigkeit

Aggregator (s. M 3): Software oder Dienstleister, der Medieninhalte sammelt, aufbereitet und ordnet, z. B. Google News, Yahoo Nachrichten, Twitter

M 2 „Denn auch, wenn viele häufig Social Media nutzen, so muss das nicht automatisch bedeuten, dass sie nicht an Nachrichten interessiert sind. Denn viele konsumieren zusätzlich auch die Nachrichten im Fernsehen oder Radio, lesen eine Tageszeitung oder informieren sich über die Online-Angebote klassischer Nachrichtenanbieter. So zeigen sich innerhalb einer Alters- und Bildungsgruppe verschiedene Typen mit spezifischen Ausprägungen von Interesse, Nutzung, zugeschriebener Meinungsbildungsrelevanz und Informiertheit."
UseTheNews gGmbH 2021

M 3

Abbildung 12: Nachrichtenorientierung der 14- bis 17-Jährigen – mehrfach wöchentlich genutzte Informationsquellen (in %)

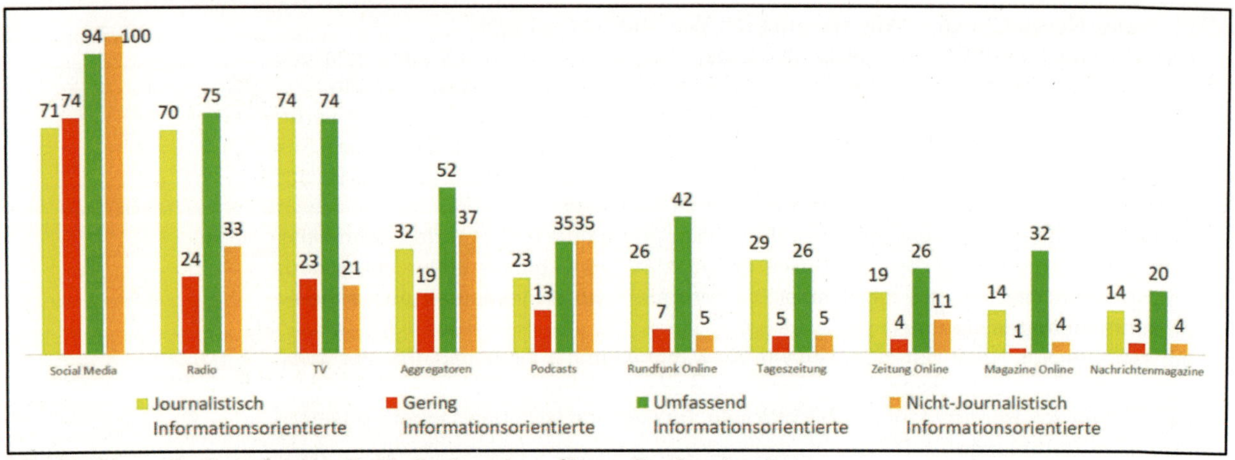

#UseTheNews / Leibniz-Institut für Medienforschung | Hans-Bredow-Institut

Frage: Welche der folgenden Informationsquellen haben Sie in der vergangenen Woche wie häufig verwendet? Wie ist das mit....? (Mehrfach täglich; Täglich; Mehrfach pro Woche; Seltener; Nie) (Basis 14-17 J.: n=494).

Hasebrink/Hölig/Wunderlich 2021, S. 47

Arbeitsvorschläge

1. *Die in M 4 genannte Studie gliedert verschiedene Nachrichtentypen (vgl. S. 8 der Studie). Begründen Sie, welchem Typ Sie sich zuordnen. (M 1 und M 2)*
2. *Werten Sie das Diagramm M 3 mithilfe der Methode „Diagramme auswerten und erstellen" aus (s. S. 124 f.).*

2.6 Das Internet – Gefahren für die Nutzerinnen und Nutzer

Das, was tägliche Selbstverständlichkeit geworden ist, birgt natürlich auch große Risiken. Die Welt des World Wide Web ist unübersichtlich geworden. Die Bequemlichkeit, nicht ständig suchen zu müssen, sondern alle Informationen sofort zur Verfügung zu haben, beinhaltet auch viele Stolpersteine. Dabei sind die technischen Gefahren, mit denen man konfrontiert wird (s. M 1), nur eine Seite.

M 1 Eine mindestens genauso ernst zu nehmende Gefahr im Internet ist das Cybermobbing in den sozialen Netzwerken. Psychologen warnen vor den gesundheitlichen Folgen, die dies sowohl körperlich als auch seelisch haben kann.

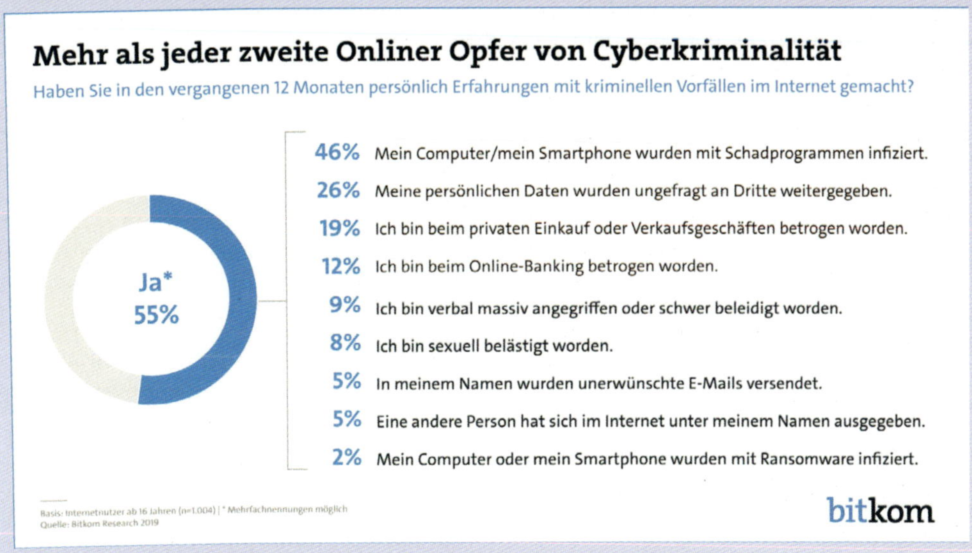

Mobbing: Mit dem Ziel der sozialen Ausgrenzung und Isolation werden die Opfer absichtlich, gezielt und wiederholt körperlich oder mit Worten angegriffen.
Cybermobbing ähnelt dem klassischen Mobbing, erfolgt aber in der viel größeren Dimension des Internets.
Hilfe für Mobbingopfer: Ansprechpartner/-innen finden Sie auf:
buendnis-gegen-cyber mobbing.de
weisser-ring.de
cybermobbing-hilfe.de

M 2 Neue Dimension des Mobbings

„Während Mobbing in sozialen Räumen, wie beispielsweise Schulen, meist beim Verlassen des Raums endet, hört Cybermobbing selbst in den eigenen vier Wänden nicht auf. Durch die zunehmende Wichtigkeit der digitalen Welt und die damit gefühlt untrennbare Beziehung zum Smartphone erreichen Cybermobber die Mobbingopfer rund um die Uhr und nehmen Einfluss auf das Leben der Person. Das kann beispielsweise über intime, peinliche Fotos oder Videoclips geschehen, die [...] verbreitet werden. [...] Der Druck auf die Betroffenen von Cybermobbing ist immens, da peinliche Erinnerungen auch Einfluss auf ihr späteres Leben nehmen können, beispielsweise am Arbeitsplatz. Dabei muss das neue Umfeld nichts mit den ursprünglichen Tätern zu tun haben."
Bündnis gegen Cybermobbing e. V. o. J.

M 3

Arbeitsvorschläge

1. *Erklären Sie die Vielzahl an Gefahren im Internet einer Partnerin oder einem Partner. Nehmen Sie M 1 zu Hilfe.*
2. *a) Beschreiben Sie die Dimension des Cybermobbings. (M 2)*
   b) Sammeln Sie in einer Internetrecherche Tipps für Betroffene von Cybermobbing. Erstellen Sie dazu eine Mindmap (s. S. 139).
3. *Interpretieren Sie die Collage in M 3.*

3 Meinungsbildung durch soziale Medien

3.1 Einfluss der sozialen Medien auf die Gesellschaft

Die digitale Welt ist vielen Menschen heilig. Dies gilt insbesondere für **soziale Medien** wie Facebook, TikTok, Instagram, YouTube und viele andere. Das Erfolgsgeheimnis dieser **Plattformen** ist längst gelüftet. Bei Fernsehen, Radio, Zeitungen und Zeitschriften ist man meist **passiver Konsument bzw. passive Konsumentin**. Die sozialen Medien lassen sich dagegen **aktiv mitgestalten**, es ist möglich, eigene Ideen darzustellen und zu verbreiten, so oft dies gewünscht ist. Es lassen sich auch wesentlich mehr Informationen in wesentlich kürzerer Zeit und an jedem beliebigen Ort abrufen, hochladen, bewerten als bei herkömmlichen Massenmedien. Der Erfolg der sich ständig erweiternden **Zahl der Influencerinnen und Influencer** bestätigt den Erfolg der sozialen Medien. Die Zeit des klassischen Fernsehens und Radios ist nahezu vorbei. Neue Formate sind gefragt und zum Teil schon im Angebot. **Mediatheken, Podcasts, Online-Zeitschriften** machen den Zugriff auf schnelle Information einfacher.

CEO: Chief Executive Officer, im deutschen Sprachgebrauch auch Geschäftsführer/-in. Geschäftsführer/-innen sind für die Politik und strategische Ausrichtung des Unternehmens zuständig.

Short-Video-Content bedeutet „Kurzvideo-Inhalte". Der Begriff bezieht sich auf Kurzvideos mit einer Länge von ca. 10 bis 60 Sekunden.

M 1

Vorlage der Karikatur von Andrew Toos

M 2 Die Deutschen verbringen fast einen Tag pro Monat auf TikTok

„Täglich verbringen deutsche Nutzer durchschnittlich eine Stunde und 41 Minuten auf Social Media; 12 Minuten mehr als noch im Vorjahr. Ein Großteil der Deutschen (85,1 Prozent oder 70,9 Millionen Menschen) nutzt Social Media.
TikTok liegt bei der durchschnittlichen Nutzungsdauer mit rund einem Tag pro Monat weit vor der Konkurrenz. Mit einigem Abstand folgen WhatsApp (11 Stunden/Monat), YouTube (10 Stunden, 48 Minuten), Facebook (10 Stunden 36 Minuten) und Instagram (8,5 Stunden). Die Social-Media-Plattformen, die die Deutschen am meisten nutzen, gehören zum Meta-Konzern: WhatsApp (82 Prozent), Facebook (61 Prozent), Instagram (57 Prozent) und Facebook Messenger (37 Prozent). TikTok holt jedoch auf; die Nutzungsrate liegt aktuell bei 34 Prozent. [...]
Deutsche Internetnutzer sind darüber hinaus aktive Onlineshopper: 43 Prozent der Nutzer zwischen 16 und 64 Jahren kaufen wöchentlich ein Produkt online. Suchmaschinen sind mit 65 Prozent die am häufigsten zur Marken- und Produktsuche genutzte Quelle. [...]
Roberto Collazos Garcia, CEO von We Are Social Deutschland, analysiert: ‚Die enorme Verweildauer und die wachsende Reichweite machen TikTok auch im deutschen Markt zu einem ernsthaften Wettbewerber der bisherigen Marktführer. Die Reaktion von Instagram und YouTube mit eigenen Konkurrenzprodukten belegt, dass sich der Konkurrenzkampf verschärft hat und weiter verschärfen wird.' Bei den großen Plattformen sei weiterhin ein deutlicher Trend in Richtung Short-Video-Content zu beobachten."
Bonn 2023

Arbeitsvorschläge

1. *Erklären Sie einer Partnerin oder einem Partner den Begriff „soziale Medien". Nennen Sie hierfür weitere Beispiele.*
2. *Bearbeiten Sie die Karikatur M 1 mithilfe der Methode „Analyse politischer Karikaturen" (s. S. 248 f.).*
3. *Analysieren Sie in Zweiergruppen die Informationen aus M 2. Beschreiben Sie die Schlussfolgerungen, welche Sie daraus ziehen.*

3.2 Sind soziale Medien und der Einsatz künstlicher Intelligenz eine Gefahr für die Demokratie?

Soziale Medien können eine Chance für mehr Beteiligung aller Bürgerinnen und Bürger an der Demokratie sein. Gleichzeitig besteht die Gefahr, dass durch ihren Einfluss Meinungen gegen die Demokratie gestaltet und verbreitet werden. In der Öffentlichkeit wird der Einfluss der sozialen Medien breit diskutiert. Für Technologieunternehmen wie SAP, Infineon, Deutsche Telekom und viele andere mehr sind die negativen Auswirkungen sozialer Medien nicht eindeutig belegt – sie profitieren schließlich von ihnen. Pauschal verurteilen kann man die sozialen Medien nicht. Aber sie können polarisieren, Populismus befeuern und den Bürgerinnen und Bürgern ein Stück weit das eigene Denken abnehmen.

M 1

Karikatur von Christian Möller: ChatGPT in der Bildung, 11.01.2023

Unsere Demokratie lebt von mündigen und politisch aktiven Bürgerinnen und Bürgern. Das Recht auf die freie Entfaltung der Persönlichkeit und das Recht auf Bildung gehören zusammen mit anderen Rechten zu den Grundpfeilern unseres Grundgesetzes. Es wird den Bürgerinnen und Bürgern durch soziale Medien leicht gemacht, an Informationen zu gelangen. Aufgabe aller Bürgerinnen und Bürger ist, diese Informationen für sich selbst zu bewerten und zu verarbeiten. Hierbei handelt es sich um eine anspruchsvolle Aufgabe, für die eine freie und unabhängige Denkweise erforderlich ist.

M 2

Hinterfrage alles.
Glaube wenig.
Denke selbst.
(Autorentext)

Künstliche Intelligenz: ChatGPT
GPT ist eine Abkürzung für „Generative Pre-trained Transformer". ChatGPT ist ein Chatbot, welcher künstliche Intelligenz dazu verwendet, um mit Nutzerinnen und Nutzern über textbasierte Nachrichten zu kommunizieren. Dazu wurde ChatGPT mit riesigen Textmengen „gefüttert", welche von Menschen verfasst worden sind. Künstliche Intelligenz kann mit der Zeit aber auch lernen, welche Strukturen der Kommunikation zugrunde liegen. Die Gespräche von Mensch und Bot werden immer komplexer. Die Qualität der durch ChatGPT erzeugten Beiträge ist sehr unterschiedlich. Zu erwarten sind große Auswirkungen der künstlichen Intelligenz auf unser aller Leben, z. B. auf die Bereiche Bildung und Journalismus.

M 3

„‚Problematisch wird es, wenn Social Bots politische Themen posten'
Sie sind in den sozialen Netzwerken gang und gäbe, doch sie fallen kaum auf: Social Bots. Automatisierte Accounts, die auf Plattformen wie Twitter oder Facebook eigenständig Inhalte posten, liken oder teilen. Nicht immer ist ersichtlich, dass hinter den Inhalten kein realer Nutzer steckt, sondern ein automatisch ablaufendes Programm. Kritiker halten Social Bots deshalb für gefährlich. Andere bezweifeln, dass automatisierte Accounts reale Nutzer tatsächlich beeinflussen. [...]"
Pickert 2021

Arbeitsvorschläge

1. *a) Recherchieren Sie im Internet über die Möglichkeiten, die Ihnen ChatGPT bietet.*
b) Erstellen Sie zu zweit eine Übersicht über die Vor- und Nachteile von ChatGPT.
2. *Bearbeiten Sie die Karikatur M 1 mithilfe der Methode „Analyse politischer Karikaturen" (s. S. 248 f.)*
3. *Erklären Sie die Gefahren, die im Internet durch Bots entstehen können. (M 3)*
4. *Interpretieren Sie die Aussage in M 2.*

4 Kritik- und Kontrollfunktion durch Medien

Idealerweise üben Medien eine Art Kontrolle der Staatsgewalt aus. Sie decken Missstände in Staat und Gesellschaft auf und nennen die Verantwortlichen. Damit kommt den Medien neben der gesetzgebenden, der vollziehenden und rechtsprechenden Gewalt in Deutschland gemäß dem Artikel 20 unseres Grundgesetzes eine besondere Bedeutung zu.

M 1

Karikatur von Gerhard Mester: Talktalktalk, 15.08.2011

M 2 Die Balance zwischen Meinungsmacht und Vielfalt

Die Realität der Kontroll- und Kritikfunktion sieht manchmal anders aus. Journalistinnen und Journalisten wird vorgeworfen, politische Sachverhalte zu „inszenieren", d. h. Politik zu einem öffentlichen Schauspiel zu machen. Die Diskussion aktueller Ereignisse wird, beispielsweise in Talkshows, perfekt in Szene gesetzt; für die Zuschauerinnen und Zuschauer ist es dann schwierig zu erkennen, wo die Wahrheit liegt. Es werden in diesem Zusammenhang auch gern (willige) Personen, z. B. Politikerinnen und Politiker, in den Mittelpunkt gestellt, die sich besonders gut präsentieren können. Ob sie kompetent genug für ihre Aussage sind, ist nicht nachprüfbar – vor allem nicht für die Bürgerinnen und Bürger. Emotionen werden dann häufiger wichtiger als Fakten.

Komplizierte Sachverhalte in der Politik, beispielsweise die tieferen Ursachen für Gewalt und Krieg in einigen Ländern oder schwer zu erklärende Prozesse, wie das Wahlsystem der USA, werden manchmal stark verkürzt dargestellt. Dadurch entstehende Informationslücken können dazu führen, dass von den Bürgerinnen und Bürgern falsche Schlussfolgerungen gezogen werden und starke Emotionen, wie z. B. Hass auf andere Personengruppen, hervorgerufen werden. Falschinformationen können eine Gesellschaft spalten.

Interviewerinnen und Interviewer neigen in manchen Fällen dazu, extreme Positionen zuzuspitzen und z. B. in einer Talkshow Äußerungen bei den Teilnehmenden zu provozieren, die der Profilierung Einzelner zugutekommen, aber mit der Realität wenig zu tun haben.

M 3

- „Die Medien sind bellende Wachhunde der Demokratie, und die Demokratie ist bekanntlich das beste politische System, weil man es ungestraft beschimpfen kann."
(Ephraim Kishon, israelischer Satiriker, zitiert nach: Rohde 2009, S. 161)
- „Mit kleinen Jungen und Journalisten soll man vorsichtig sein. Die schmeißen immer noch einen Stein hinterher."
(Konrad Adenauer, erster Kanzler der Bundesrepublik, zitiert nach: Hubmann 1983, S. 9)
- „Das größte Problem des Journalismus liegt darin, einem Auflageninstinkt ohne Rücksicht auf Wahrheit und Gewissen zu widerstehen."
(Joseph Pulitzer, ungarisch-amerikanischer Journalist, zitiert nach: Hesse 2019, S. 106)

Arbeitsvorschläge

1. *Interpretieren Sie die Karikatur in M 1 mithilfe der Methode „Analyse politischer Karikaturen". (s. S. 248 f.)*
2. *Bearbeiten Sie den Text in M 2 mithilfe der Methode „Spickzettel schreiben" (s. S. 209).*
3. *Geben Sie die Aussagen der Zitate in M 3 mit eigenen Worten wieder und positionieren Sie sich dazu. Begründen Sie Ihre Meinung.*

Manipulation durch Medien

M 1 Medien haben vielfältige Möglichkeiten, auf ihre Konsumentinnen und Konsumenten einzuwirken. Sicher sind Worte das am häufigsten gewählte Mittel der Beeinflussung; wirkungsvoller sind jedoch Bilder. Fotos zu gezielten Zwecken zu verändern, ist dank der ausgefeilten Technik der Bildbearbeitung heute schon mit einem Smartphone möglich. Dabei gehen die kleinen und großen Bildfälscher auf verschiedene Art und Weise vor. Bekannteste Möglichkeit ist der direkte Eingriff in das Foto. Werden Details hinzugefügt oder weggelassen, ergibt sich schon eine ganz andere Bildaussage. Bilder können aus Einzelteilen anderer Bilder zusammengefügt werden, Farben von Details lassen sich verändern, Bildunterschriften werden geschickt gewählt. Das alles dient der Manipulation der Zielgruppe. Sehr wirkungsvoll ist auch die Methode des Ausschneidens. Je nachdem welches Bilddetail wichtig werden soll, wird der nicht unerhebliche, aber unerwünschte Teil einfach „weggeschnitten".

Manipulation ist gezielte Beeinflussung von Menschen. Sie geschieht ohne deren Wissen und häufig gegen deren Willen. Manipulation wird eingesetzt, um Menschen in eine bestimmte Richtung zu lenken.

M 2

Foto: ap/Ursula Dahmen

„**Irakischer Soldat:** Das farbige Originalbild in der Mitte zeigt einen irakischen Soldaten umgeben von US-Soldaten während des Irak-Kriegs 2003. Die Fotomontage wurde von Artdirektorin Ursula Dahmen für den Tagesspiegel angefertigt, um in der Gegenüberstellung zu demonstrieren, wie unterschiedliche Bildausschnitte die Interpretation eines Bildes beeinflussen können. Auch dies ist Bildmanipulation. [...]"
Spiegel Geschichte 2008, Bild 3/19

Medien haben seit ihrer Entstehung manipuliert, sei es durch Bilder, Texte, Filme und anderes mehr. Es wird nicht nur informiert und kontrolliert, sondern auch überzeugt, gelogen, verschwiegen, verführt und übertrieben. Ob man sich davon beeinflussen lässt, liegt an jedem von uns persönlich.
Wer viele Kontakte hat, kann sich mit den Meinungen vieler Menschen austauschen. Ob auf diese Weise die Wahrheit herausgefunden werden kann, bleibt offen. Aber man kommt ihr auf jeden Fall näher als durch Gleichgültigkeit und Ignoranz.
Ohne Medien wäre es langweilig um uns herum, auch wären manche Informationen für uns unzugänglich. Geben wir ihnen also lieber die Chance, für uns zu arbeiten, und schauen ihnen dabei genau auf die Finger.

M 3 „[...]; man kann die Menschen zur Vernunft bringen, indem man Sie dazu verleitet, dass sie selbst denken."
(Voltaire, 1694–1778)

„Ich brauche Informationen, eine Meinung bilde ich mir selbst."
(Charles Dickens, 1812–1870)

Arbeitsvorschläge

1. *Erstellen Sie eine Mindmap mit den Möglichkeiten der Manipulation von Bildern. Finden Sie weitere Möglichkeiten. (M 1)*
2. *a) Betrachten Sie die Fotos in M 2.*
   b) Finden Sie für alle drei Bilder geeignete Titel.
   c) Ziehen Sie daraus Ihr persönliches Fazit.
3. *Interpretieren Sie die Zitate in M 3.*
4. *Finden Sie einen kurzen Text, in dem nach Ihrer Auffassung überzeugt, gelogen, verschwiegen, verführt oder übertrieben wurde. Wie müsste der Inhalt Ihrer Meinung nach korrekt lauten?*

5 Unterhaltung durch Medien

Die Medien stehen angesichts technologischer Umbrüche und der demografischen Entwicklung vor allem bei der **Unterhaltung** der Menschen vor großen Herausforderungen. Sie sollen von der **Realität ablenken**, also **Abwechslung** und **Entspannung** bieten. Wichtig sind den Konsumentinnen und Konsumenten aber auch eine **positive Stimmung**, **Freude** und **Genuss**. Nicht zu vergessen: Durch **Anregung**, **Spaß** und **Spannung** wollen Menschen auch aktiviert werden. Um das alles unter einen Hut zu bringen, müssen sich Medienschaffende eine Menge einfallen lassen. Fernsehen und Radio allein genügen schon lange nicht mehr. Streaming-Dienste, Live-Übertragungen, gepaart mit entsprechenden Übertragungsqualitäten, sind bereits Selbstverständlichkeit. Dabei wird es immer wichtiger, auf der einen Seite personalisierte Inhalte zu liefern und auf der anderen Seite Daten aller Art vor unberechtigten Zugriffen zu schützen.

M 1

Karikatur von Jan Tomaschoff

M 2

Kulturelle Freizeitaktivitäten der Deutschen im Vergleich, 2023

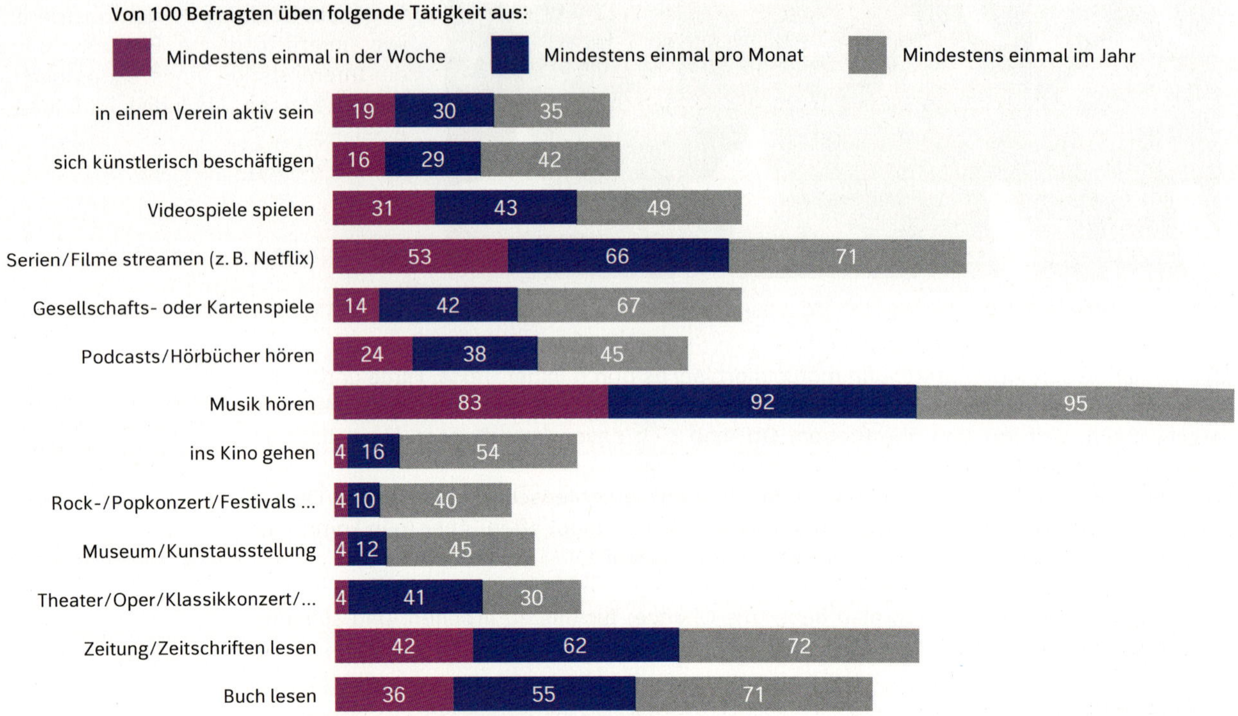

Stiftung für Zukunftsfragen 2023 (verändert)

Arbeitsvorschläge

1. *Interpretieren Sie die Karikatur M 1 mithilfe der Methode „Analyse politischer Karikaturen" (s. S. 248 f.).*

2. *a) Bearbeiten Sie das Diagramm M 2 mithilfe der Methode „Diagramme auswerten und erstellen" (s. S. 124 f.).*

b) Erstellen Sie in Ihrer Klasse zum Thema von M 2 ein eigenes Diagramm.

c) Erklären Sie die Unterschiede der Ergebnisse von M 2 und Ihrer Umfrage.

Die Internetrecherche

Das Thema ist gefunden. Jetzt brauchen Sie nur noch die richtigen Quellen. Doch wie beginnt man nur mit einer Recherche? Wie kann dabei möglichst strukturiert vorgegangen werden? Wer überstürzt in die Recherche einsteigt, kann sich kaum sicher sein, dass ihm dabei nicht Fehler unterlaufen. Recherche heißt heute meist: Google und Wikipedia. Und das ist nicht das schlechteste Vorgehen, wenn dies nur der Anfang ist. Denn es gibt weitere Suchmaschinen (z. B. startpage, Bing, Yahoo, t-online, AOL, Ask.com, yandex, metager usw).
Vor der Recherche sollten Wortlisten mit Synonymen, Übersetzungen, Ober- und Unterbegriffen zum Thema erstellt werden.

Überprüfen Sie Quellen aus dem Internet auf ihre Vertrauenswürdigkeit.
Fragen Sie nach Wahrheit, Vollständigkeit, falscher Darstellung oder Lüge.

- Wer ist die Urheberin/der Urheber der Internetquelle?
- Wer ist die Quelle? (öffentliche Institution, Firma, Zeitung, Zeitschrift, Privatsender usw.)
- Stellt die anbietende Institution/Person Informationen über sich selbst zur Verfügung? (Impressum)
- Welches Interesse steckt hinter den Informationen? (Selbstdarstellung, Information, Kommentar, Meinung, wissenschaftliche Information usw.)
- Wie aktuell ist die Quelle?
- Gibt es Möglichkeiten zur Kontaktaufnahme mit der anbietenden Institution/Person? (z. B. bei Fragen zum Inhalt)

Sind die Informationen sachlich, ausführlich und durch Quellen gesichert?

Arbeitsvorschlag

Suchen Sie aus dem Internet zwei Quellen zum gleichen Thema heraus (z. B. zur Verletzung von Persönlichkeitsrechten). Vergleichen Sie beide Quellen miteinander. Verwenden Sie dazu die oben genannten Hilfen. Bewerten Sie beide Quellen.

Diagramme auswerten und erstellen

Statistisches Material wird häufig zum besseren Verständnis in Diagrammen dargestellt. Dabei bieten sich vor allem folgende vier Diagrammtypen an:

Säulendiagramm vertikal

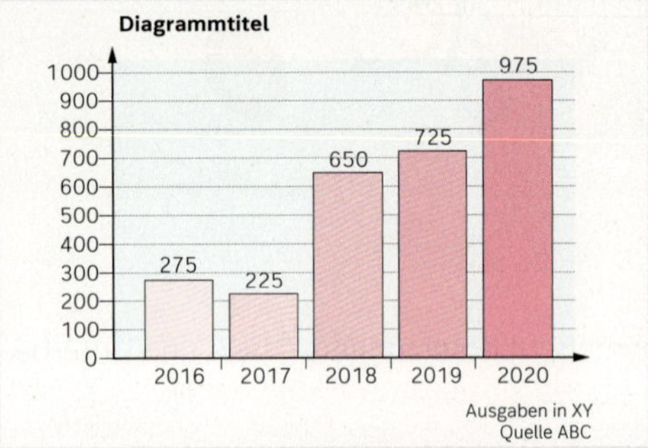

Säulendiagramm horizontal

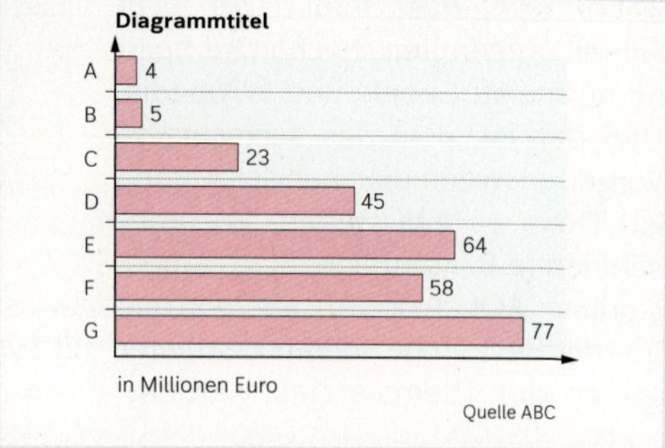

Säulendiagramme eignen sich dazu, die Entwicklungen einer einzelnen Position darzustellen. Horizontal angeordnete Säulendiagramme lassen mehr Raum für Beschriftung.

Balkendiagramm vertikal

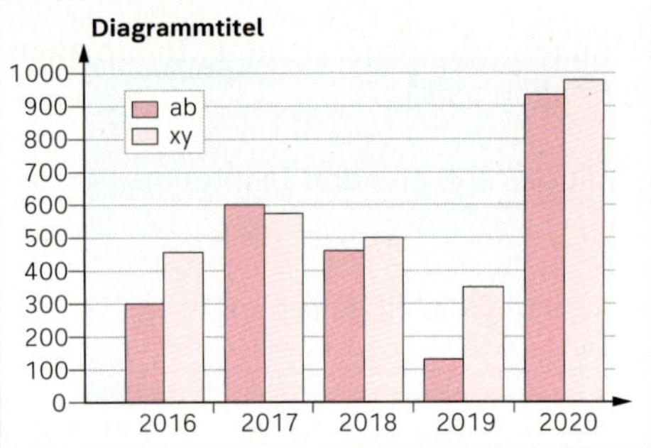

Balkendiagramme sind zum Vergleich unterschiedlicher Werte geeignet.

Kurvendiagramm

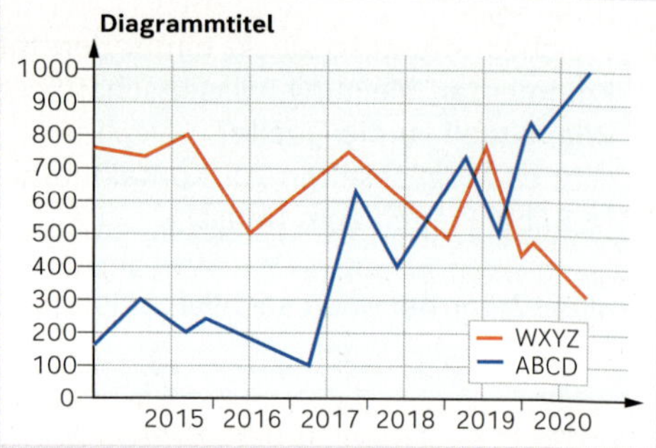

Kurvendiagramme eignen sich zur Darstellung der Entwicklung von Positionen, wenn eine Vielzahl von Messpunkten vorliegt.

Tortendiagramm

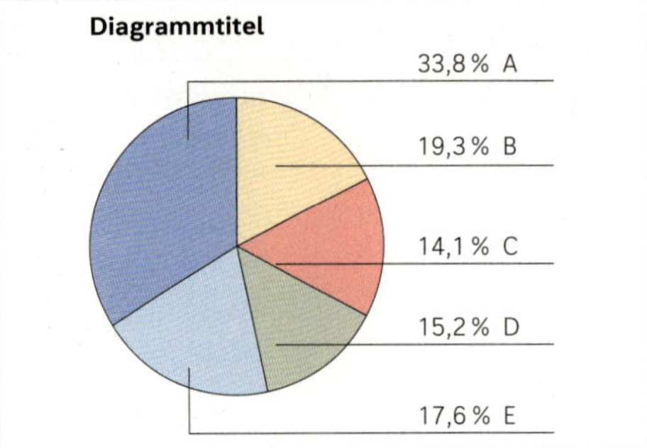

Tortendiagramme dienen dazu, Anteile an einem Gesamtwert darzustellen.

Auswertung von Diagrammen

1. **Thema erkennen**
2. **Beschreibung**
   - Darstellungsform
   - Einheiten
   - Jahr der Erstellung
   - Quelle des Materials
   - absolute oder relative Zahlen?
3. **Auswertung**
   - Welche Minimal- und Maximalwerte sind erkennbar?
   - Sind einzelne Phasen erkennbar?
   - Sind Zunahmen oder Abnahmen erkennbar?
   - Lassen sich Trends erkennen?
   - Sind Zusammenhänge sichtbar?
4. **Bewertung und Kritik**
   - Ist die Form der grafischen Darstellung geeignet?
   - Welchen Aussagewert hat die Grafik?

Arbeitsvorschläge

1. *Benennen Sie das folgende Diagramm richtig.*
2. *Werten Sie das folgende Diagramm entsprechend der Anleitung aus.*
3. *Erstellen Sie aus den Daten der Tabelle „Erwerbstätige in Deutschland nach Wirtschaftssektoren“ und aktuellen Daten ein geeignetes Diagramm.*
4. *Bearbeiten Sie die Karikatur mit der Methode „Analyse politischer Karikaturen“ (s. S. 248 f.).*

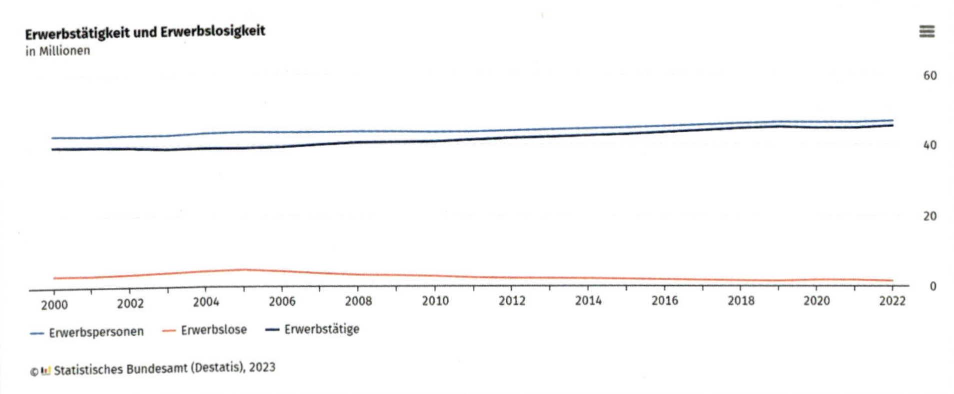

Statistisches Bundesamt (Destatis) 2023 (b)

Erwerbstätige in Deutschland nach Wirtschaftssektoren (Anteil in Prozent)			
Jahr	**Land- und Forstwirtschaft, Fischerei**	**Produzierendes Gewerbe**	**Übrige Wirtschaftsbereiche/Dienstleistungsbereiche**
2022	1,2	23,6	75,2
2019	1,3	24,1	74,6
2016	1,4	24,2	74,2
2014	1,5	24,6	73,9
2013	1,5	24,6	73,8

vgl. Statistisches Bundesamt (Destatis) 28.08.2023

Karikatur von Reinhold Löffler: Warten auf den Aufwärtstrend

1 Wirtschaftsordnung – Wirtschaftspolitik

1.1 Die soziale Marktwirtschaft der Bundesrepublik Deutschland

Die Wirtschaftsordnung kennzeichnet den rechtlichen Rahmen und den organisatorischen Aufbau eines Wirtschaftssystems. Jedes Jahr produzieren Hunderttausende von Unternehmen viele Millionen Güter, um wiederum viele Millionen Menschen zu versorgen. Damit es dabei zu möglichst wenigen Störungen kommt, gibt es in jedem Land eine Wirtschaftsordnung. Darin werden die Spielregeln festgelegt, nach denen sich jeder Einzelne zu richten hat. So werden die wirtschaftlichen Tätigkeiten der Menschen aufeinander abgestimmt.

Obwohl das Grundgesetz keine bestimmte Wirtschaftsordnung vorschreibt, geben einige Artikel Hinweise auf eine soziale Marktwirtschaft.

M 1 Kriterien zur Abgrenzung der Marktformen:

- Konsumfreiheit
- Berufs- und Arbeitsplatzwahl
- Gewerbe- und Produktionsfreiheit
- Eigentumsverhältnisse
- Preisbildung
- staatliche Eingriffe in das Wirtschaftsgeschehen
- Vertragsfreiheit
- Einkommensverteilung

Die freie Marktwirtschaft

Die freie Marktwirtschaft beruht auf den Ideen des Liberalismus (lat. liber = frei). Die Freiheit jedes einzelnen Menschen ist hier das oberste Prinzip. Alle Menschen – so die Idealvorstellung – haben absolute Handlungs- und Entscheidungsfreiheit. Sie sind voll für sich selbst verantwortlich. Der Staat mischt sich hier überhaupt nicht ins wirtschaftliche Geschehen ein. Er hat eigentlich nur die Aufgabe, Schutz, Sicherheit und Eigentum der Bürgerinnen und Bürger zu gewährleisten. Deshalb wird er manchmal auch als „Nachtwächterstaat" bezeichnet. Die Steuerung der Wirtschaft überlässt der Staat dem Markt – und damit dem **Gesetz von Angebot und Nachfrage**. Ist z. B. die Nachfrage nach einem Produkt sehr hoch, so passen sich die Unternehmen in einer freien Marktwirtschaft an diese Situation an und vergrößern ihr Angebot. Auch die Höhe der Preise wird durch Angebot und Nachfrage bestimmt. In der freien Marktwirtschaft herrscht freier Wettbewerb zwischen den Unternehmen. Ihr oberstes Ziel ist es, **Gewinne** zu erzielen. Die Produktionsmittel – also alle Gebäude, Maschinen, Werkzeuge und Rohstoffe, die benötigt werden, um Güter zu produzieren – befinden sich in Privateigentum.

Die Zentralverwaltungswirtschaft

In der Zentralverwaltungswirtschaft – häufig auch **Planwirtschaft** genannt – hält sich der Staat aus dem Wirtschaftsgeschehen nicht heraus. Im Gegenteil: Eine zentrale staatliche Planungsbehörde plant, lenkt und kontrolliert den gesamten Wirtschaftsprozess. So wird beispielsweise mithilfe eines Fünfjahresplans entschieden, welche Unternehmen was, wie viel und für wen produzieren sollen. Auch die Preise und Löhne werden von der Planungsbehörde festgesetzt. Oberstes Ziel der Unternehmen ist es, die **staatlichen Planvorgaben** zu erfüllen. Mit der Zentralverwaltungswirtschaft soll das **Ideal der Gleichheit** verwirklicht werden. Dieses Ideal kann – so ist jedenfalls die Vorstellung – nicht realisiert werden, wenn es freien Wettbewerb und Privateigentum an Unternehmen gibt. Denn in diesem Fall könnten manche Unternehmen mehr Gewinn erwirtschaften als andere – und damit wären die Vermögensverhältnisse der Menschen nicht mehr gleich. Die Produktionsmittel sind deshalb Eigentum des Staates, sie befinden sich nicht in privater Hand.

Arbeitsvorschläge

1. *Grenzen Sie die beiden Marktformen anhand ausgewählter Kriterien voneinander ab. (M 1)*
2. *Bewerten Sie das jeweilige oberste Ziel der beiden Marktformen kritisch.*

Die Entstehung der sozialen Marktwirtschaft

Ludwig Erhard (1897–1977), Bundesminister für Wirtschaft von 1949–1963, Bundeskanzler von 1963–1966, gilt als Begründer der sozialen Marktwirtschaft.

Nach dem Zweiten Weltkrieg entbrannte in Deutschland eine heftige Diskussion darüber, welche Wirtschaftsordnung eingeführt werden sollte. Man war der Meinung, dass sowohl die freie Marktwirtschaft als auch die Zentralverwaltungswirtschaft große Nachteile mit sich brachten. In der späteren DDR wurde trotzdem die Zentralverwaltungswirtschaft eingeführt. In Westdeutschland entschied man sich unter Wirtschaftsminister Ludwig Erhard für den sogenannten „Dritten Weg“: die soziale Marktwirtschaft.

Die soziale Marktwirtschaft sollte die Vorteile der freien Marktwirtschaft und die der Zentralverwaltungswirtschaft miteinander verbinden, aber gleichzeitig deren Nachteile vermeiden.

Soziale Marktwirtschaft in aller Kürze

Die soziale Marktwirtschaft ist durch folgende Merkmale gekennzeichnet:

- Der Markt bestimmt das Wirtschaftsgeschehen.
- Der Wettbewerb ist frei.
- Die Preise bilden sich durch Angebot und Nachfrage.
- Das Privateigentum wird vom Staat unterstützt. Aber es soll dem „Wohl der Allgemeinheit“ dienen.
- Es herrscht Vertragsfreiheit. Diese wird allerdings eingeschränkt, wenn Unternehmen Preise absprechen.
- Die Bürgerinnen und Bürger können Beruf und Arbeitsplatz frei wählen.
- Der Staat greift nur in das Marktgeschehen ein, um die wirtschaftlich Schwachen zu schützen.

Die zentrale Idee der sozialen Marktwirtschaft besteht also darin, die Freiheit aller Marktteilnehmenden zu bewahren und gleichzeitig für sozialen Ausgleich zu sorgen. Wirtschaftsminister Ludwig Erhard war überzeugt, dass mit dieser Wirtschaftsordnung „Wohlstand für alle“ erreicht werden könne.

M 1

Karikatur von Reiner Schwalme, 2003

Arbeitsvorschläge

1. *Erläutern Sie das Grundprinzip der sozialen Marktwirtschaft.*
2. *Erläutern Sie, welche Rolle der Staat in der sozialen Marktwirtschaft spielt.*
3. *Bearbeiten Sie die Karikatur M 1 mit der Methode „Analyse politischer Karikaturen“ (S. 248 f.).*

1.2 Wirtschaftliche Grundbegriffe

1.2.1 Bedürfnisse als Ursache des Wirtschaftens

Die Bedürfnisse der Menschen gelten als unbegrenzt. Sobald nämlich Bedürfnisse befriedigt werden, treten weitere auf. Es ist wohl in der Natur des Menschen begründet, dass seine Ansprüche wachsen. Bedürfnisse lassen sich als Gefühle des Mangels beschreiben, die von dem Wunsch begleitet sind, den Mangel zu beseitigen. Bedürfnisse können die physische, aber auch die psychische und mentale Ebene des Menschen betreffen. Primärbedürfnisse entstehen aus dem Menschen heraus. Aber auch äußere Beeinflussungen rufen Bedürfnisse hervor. So kann die Zugehörigkeit des Menschen zu bestimmten sozialen Gruppen (z. B. Familie, Beruf, Gesellschaftsschicht u. a.) unterschiedliche Bedürfnisse entstehen lassen. Auch Werbung beeinflusst unsere Bedürfnisse.

mental
den Bereich des Verstandes betreffend

Kultur
Gesamtheit aller Leistungen, die der Mensch hervorbringt, im Gegensatz zur Natur. Gemeint sein kann auch ein System von Richtlinien für das Mitglied einer Gesellschaft: „So machen wir das hier."

M 1

Bedürfnisse Einteilung nach der Dringlichkeit

- Primärbedürfnisse
  - Existenzbedürfnisse (lebensnotwendig, vorrangig),
- Wahlbedürfnisse
  - Kulturbedürfnisse (abhängig vom jeweiligen Kulturkreis)
  - Luxusbedürfnisse (entbehrliche Annehmlichkeiten)

Einteilung nach der Bereitstellung
- Individualbedürfnisse (Bedürfnisse einer einzelnen Person)
- Kollektivbedürfnisse (Bedürfnisse, die viele Menschen teilen)

Einteilung nach der Konkretheit
- materielle Bedürfnisse (erfüllbar durch käufliche Dinge)
- immaterielle Bedürfnisse (nicht durch käufliche Dinge erfüllbar)

Inwieweit Menschen in der Lage sind, ihre Bedürfnisse zu befriedigen, hängt im Allgemeinen von ihrer Vermögens- und Einkommenssituation, d. h. von ihrer Kaufkraft, ab.
Die Gesamtheit der mit Kaufkraft versehenen Individual- und Kollektivbedürfnisse wird als **Bedarf** bezeichnet. Dieser kann durch den gezielten Erwerb von Gütern gedeckt werden.

M 2 **Vom Bedürfnis zur Nachfrage**

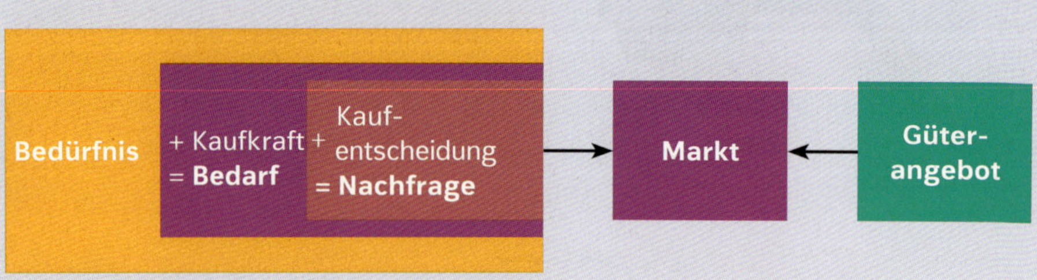

Arbeitsvorschläge

1. *Nennen/recherchieren Sie für jede Art von Bedürfnissen Beispiele. (M 1)*
2. *Beziehen Sie Stellung zu der Aussage: „Die Bedürfnisse der Menschen sind unbegrenzt".*
3. *Stellen Sie den Zusammenhang zwischen Bedürfnis und Nachfrage dar. (M 2)*

1.2.2 Güter

M 1

Bedürfnisse wollen befriedigt werden. Der Gebrauch oder Verbrauch aller Dinge und Dienste, die der Bedürfnisbefriedigung dienen, erhöht das Wohlbefinden des Menschen. Man sagt, dass die Bedürfnisbefriedigung Nutzen stiftet.

Einteilung von Gütern nach ihrer Verfügbarkeit

Heutzutage gibt es nur wenige Güter, die in unbegrenzter Menge zur Verfügung stehen und deren Nutzung deshalb kostenlos ist (z. B. Luft, Sand, Meerwasser). Man bezeichnet sie als **freie Güter**.

Güter

Mittel, die zur Befriedigung menschlicher Bedürfnisse dienen.

M 3

Meerwasser und Wind sind freie Güter.

Eine Schutzmaske, zu Beginn der Corona-Pandemie im März 2020 ein knappes Gut

Saubere Luft ist ein freies Gut

Ist die Gütermenge kleiner als die vorhandenen Bedürfnisse, so spricht man von **knappen** oder **wirtschaftlichen Gütern**.
Wirtschaftliche Güter müssen hergestellt werden, sind knapp und erfordern eine Gegenleistung bzw. haben einen Preis.

M 2 **Arten wirtschaftlicher Güter**

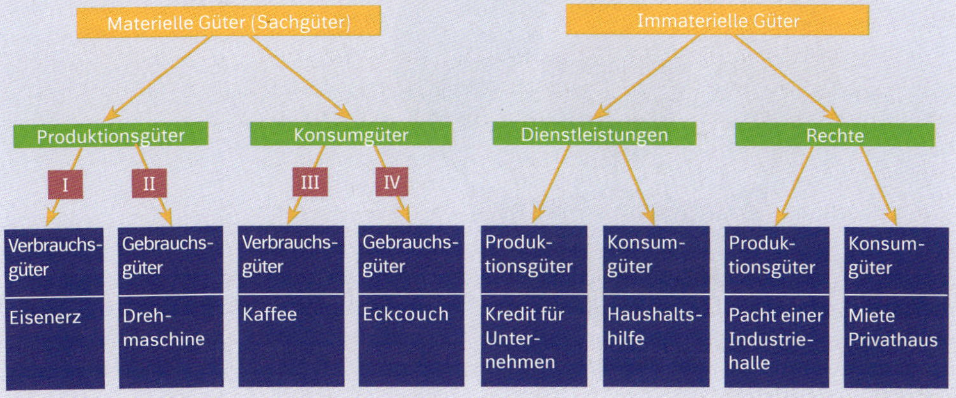

Arbeitsvorschläge

1. *Begründen Sie die These: „Aus freien Gütern können knappe Güter werden" anhand eines konkreten Beispiels. (M 1, M 2, M 3)*
2. *Ordnen Sie den folgenden Beispielen die jeweilige materielle Güterart zu (I bis IV in M 2): Kohle zum Heizen von Geschäftshäusern, Öl als Energiequelle im Haushalt, Boden als Liegewiese, Leim für die Möbelherstellung, Treibstoff für ein Privatauto, Lagerhalle, Verkaufstheke, Wasser als Durstlöscher, Wohngebäude in der Innenstadt, Cola im Automat einer Kantine.*

Air Quality Guidelines (AQG)

Die World Health Organization (WHO) gibt im Fall von Feinstaubbelastungen durch Stickstoffdioxid (NO_2) globale Luftgüteleitlinien vor. Für die NO_2-Belastung gibt die WHO als Grenzwert 10 Mikrogramm pro Kubikmeter Luft vor.

Die zehn deutschen Standorte mit der höchsten Luftverschmutzung (2023) – Angaben auf Basis des NO_2-Jahresmittelwertes in µg/m³

1.	München/ Landshuter Allee	45
2.	Essen/ Kruppstraße 117	42
3.	Berlin/ Spandauer Damm	38
4.	Pforzheim/ Luisenstraße	38
5.	Hamburg/ Habichtstraße	36
6.	Düsseldorf-Bilk	36
7.	Hagen/ Märkischer Ring 85	36
8.	Düsseldorf/ Südring 51	35
9.	Berlin/Mehringdamm	35
10.	Ludwigsburg/ Schlossstraße	35

vgl. Umweltbundesamt 2024

1.2.3 Prinzipien wirtschaftlichen Handelns

Ökonomie (lat.)

Bezeichnung für
1) Wirtschaftswissenschaft
2) Wirtschaftlichkeit
3) wirtschaftliche Struktur

M 1 Das ökonomische Prinzip

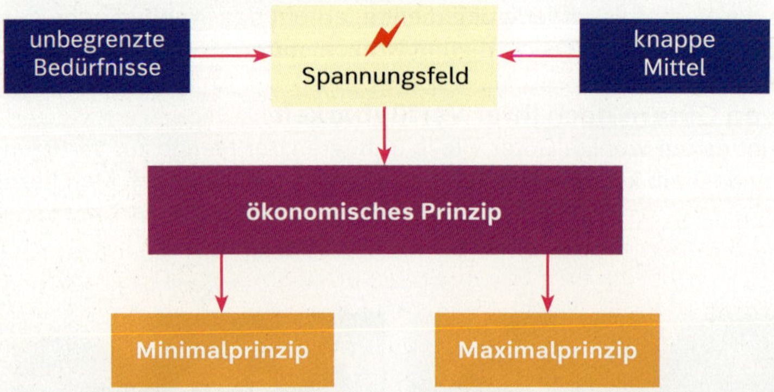

Minimalprinzip:
Es wird versucht, ein gegebenes Ziel mit möglichst wenig (minimalen) Mitteln zu erreichen.
Beispiel: Sie definieren genau die Art des gewünschten Gutes und suchen dann nach dem günstigsten Preis dafür.

Maximalprinzip:
Es wird versucht, mit gegebenen Mitteln einen größtmöglichen (maximalen) Erfolg zu erreichen.
Beispiel: Sie bestimmen den Betrag, den Sie ausgeben wollen (z. B. 600,00 €), und suchen dann nach dem besten Gut für diesen Preis.

Ökologie (gr.)

Wechselbeziehung zwischen den Organismen und der Umwelt

Das ökologische Prinzip

Die Umwelt steht uns allen zur Verfügung. Freie Güter wie Luft oder Wasser und der Vorrat an Rohstoffen werden durch die fortschreitende Industrialisierung jedoch zunehmend in Mitleidenschaft gezogen. Das ökologische Gleichgewicht ist bedroht.
Wenn sich aber Unternehmen und private Haushalte bei allen wirtschaftlichen Tätigkeiten daran orientieren, die Umwelt so gering wie möglich zu belasten, handeln sie nach dem ökologischen Prinzip.

Nachhaltigkeit

„Nachhaltigkeit oder nachhaltige Entwicklung bedeutet, die Bedürfnisse der Gegenwart so zu befriedigen, dass die Möglichkeiten zukünftiger Generationen nicht eingeschränkt werden."

Bundesministerium für wirtschaftliche Zusammenarbeit und Entwicklung o. J. (a)

M 2

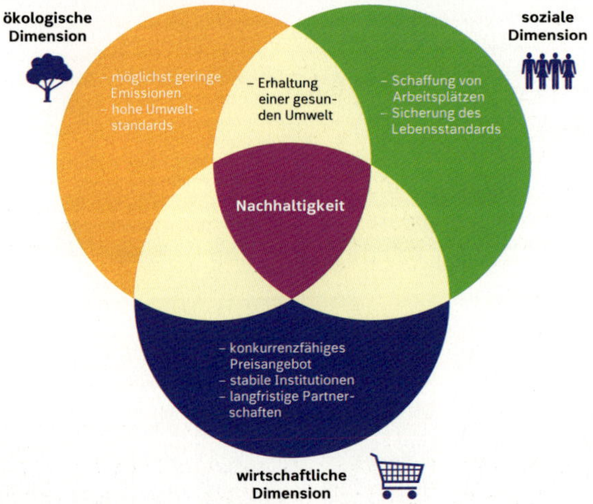

Das 3-Säulen-Modell der Nachhaltigkeit
Das 3-Säulen-Modell setzt sich aus den Aspekten Ökonomie, Ökologie und Soziales zusammen. Als Basis für eine klimafreundliche Lebensweise versucht dieses Modell, einen Maßstab für nachhaltiges Handeln verschiedener Unternehmen, Organisationen und Staaten zu schaffen.

Arbeitsvorschläge

1. *Stellen Sie fest, nach welchem ökonomischen Prinzip in den folgenden Fällen gehandelt wird (M 1):*
   a) *Bei der Herstellung von 50 Schutzblechen soll mit möglichst geringem Materialeinsatz gearbeitet werden.*
   b) *Sie möchten einen bestimmten Laptop so günstig wie möglich kaufen.*
   c) *Sie versuchen mit möglichst geringem Einsatz die Facharbeiterprüfung zu bestehen.*
   d) *Eine Unternehmerin versucht mit ihrem vorhandenen Personal von zwölf Arbeitnehmerinnen und Arbeitnehmern den größtmöglichen Umsatz zu erreichen.*
2. *Erläutern Sie das Spannungsfeld wirtschaftlichen Handelns an einem Beispiel. (M 2)*

Produktionsfaktoren

Produktionsfaktoren sind Güter und Dienstleistungen, die zur Erstellung von Gütern und Dienstleistungen miteinander kombiniert werden müssen. In der Volkswirtschaftslehre gibt es drei Arten von Produktionsfaktoren, mit denen andere Güter hergestellt werden: Boden/Umwelt, Arbeit und Kapital. Der Faktor Bildung/Technisches Wissen ist erst in den letzten Jahren in die Theorie aufgenommen worden

M 1

Produktionsfaktor Arbeit

Arbeit ist jede Art manueller und geistiger Beschäftigung, die darauf abzielt, ein Einkommen zu erwirtschaften. Sie ist in der Güterproduktion ein Faktor, der üblicherweise in Kombination mit anderen Faktoren eingesetzt wird, sie verbindet die Produktionsfaktoren miteinander.

Produktionsfaktor Boden

Der Produktionsfaktor Boden umfasst Felder, Bodenschätze, Wälder und Gewässer. Im Vergleich mit den anderen Produktionsfaktoren ist der Boden mit den Merkmalen Unvermehrbarkeit, Unbeweglichkeit und Unzerstörbarkeit ausgestattet.

Produktionsfaktor Kapital

Als Produktionsfaktor Kapital werden alle in der Herstellung eingesetzten Mittel, wie z. B. Werkzeuge, Maschinen und Bauten, zusammengefasst. Die Größe des Kapitals hängt davon ab, wie stark in der Vergangenheit gespart und investiert wurde. Die Qualität des Kapitals wird vor allem durch den technischen Fortschritt bestimmt.

Betriebswirtschaftliche Produktionsfaktoren

Die Erstellung der betrieblichen Leistung erfolgt durch das Zusammenwirken der betriebswirtschaftlichen Produktionsfaktoren.

betriebswirtschaftliche Produktionsfaktoren			
dispositive Arbeit - Leitung - Planung - Organisation - Kontrolle	**ausführende Arbeit** Tätigkeit zur unmittelbaren Leistungserstellung	**Betriebsmittel** - Grundstücke - Gebäude - Maschinen - Transportmittel u. a.	**Werkstoffe** - Rohstoffe - Hilfsstoffe - Betriebsstoffe - fertige Bestandteile

dispositiv = anordnend

Arbeitsvorschläge

1. *Geben Sie betriebswirtschaftliche Produktionsfaktoren Ihres Ausbildungsbetriebs an.*
2. *Ordnen Sie folgende Beispiele sowohl den jeweiligen volkswirtschaftlichen als auch den betriebswirtschaftlichen Produktionsfaktoren zu:*
   a) Büroeinrichtung
   b) Arbeitsleistung einer Abteilungsleiterin/eines Abteilungsleiters
   c) Lagerbestand an Ersatzteilen
   d) Rohstoffe
   e) Baustellenfahrzeug
   f) Arbeitsleistung
3. *Erläutern Sie die volkswirtschaftlichen Produktionsfaktoren anhand konkreter Beispiele (z. B. aus M 1).*

1.2.4 Markt

M 1

Anbieter

Person, die auf dem Markt etwas verkaufen will (Verkäufer/-in)

Ziel: möglichst viele Güter zu möglichst hohen Preisen verkaufen

Nachfrager

Person, die auf dem Markt etwas kauft (Käufer/-in)

Ziel: möglichst viele Güter zu möglichst günstigen Preisen kaufen

MARKT
- Ort des Zusammentreffens von Angebot und Nachfrage
- Güter und Dienstleistungen werden gehandelt
- Ort, an dem sich der Preis bildet

Nach den gehandelten Gütern werden **Marktarten** z. B. unterschieden.

Faktormärkte
- Arbeitsmärkte (Arbeitskräfte)
- Kapitalmärkte (Kredite, Devisen)

Gütermärkte
- Konsumgütermärkte (Lebensmittel, Autos)
- Produktionsgütermärkte (Rohstoffe)

In der Volkswirtschaftslehre unterscheidet man nach der Anzahl der Marktteilnehmenden.

Marktformen			
Anbieter/-innen **Nachfrager/-innen**	**viele**	**wenige**	**einer**
viele	**Polypol** viele Bäckereien und viele Kundinnen/Kunden (z. B. in einer Stadt)	**Angebotsoligopol** einige Automobilhersteller und viele Nachfrager/-innen	**Angebotsmonopol** eine Gaststätte auf dem Brocken für viele Spaziergänger/-innen
wenige	**Nachfrageoligopol** Viele landwirtschaftliche Betriebe arbeiten für wenige Molkereien in einer Region.	**zweiseitiges Oligopol** wenige Hersteller von Luftverkehrsflugzeugen und wenige Luftfahrtgesellschaften als Auftraggeberinnen	**beschränktes Angebotsmonopol** ein Unternehmen für Medizinprodukte für wenige Krankenhäuser als Nachfrager
einer	**Nachfragemonopol** Viele Bauunternehmen arbeiten für den Staat.	**beschränktes Nachfragemonopol** Hersteller bestimmter Rüstungsgüter für den Staat	**zweiseitiges Monopol** individuelles Bauteil für ein bestimmtes Unternehmen

M 2 Merkmale eines vollkommenen Marktes:
- **homogene Güter:** gleichartig, substituierbar (austauschbar)
- **unbeschränkter Marktzugang:** für alle erreichbar und zugänglich
- **Markttransparenz:** Preise, Qualitäten, Zahl der Anbietenden und Nachfragenden sind bekannt
- **keine Präferenzen:** keine Bevorzugung aus persönlichen Gründen

M 3 **Angebot**

Das Angebot ist die Absicht einer Person, eine bestimmte Menge eines bestimmten Gutes dann zu verkaufen, wenn der Preis dafür mindestens eine Höhe erreicht hat, die mit ihren Vorstellungen übereinstimmt.

Bestimmungsgründe des Angebots
- Preis des Gutes
- Preise der Produktionsfaktoren
- Preise von Substitutionsgütern
- Preise von Komplementärgütern
- Stand des technischen Wissens
- Gewinnerwartung

M 4 **Nachfrage**

Die Nachfrage ist die Absicht einer Person, eine bestimmte Menge eines Gutes dann zu kaufen, wenn der Preis für dieses Gut so niedrig ist, dass er den Vorstellungen dieser Person entspricht.

Bestimmungsgründe der Nachfrage
- Preis des Gutes
- Konsumsumme
- Preise von Substitutionsgütern
- Preise von Komplementärgütern
- Preise anderer (ggf. lebenswichtiger) Güter

poly = viele
oligo = wenige
mono = einer
(aus dem Griechischen)

Arbeitsvorschläge

1. *Listen Sie auf, welche Märkte in Ihrem Leben eine Rolle spielen. (M 1)*
2. *Nennen Sie konkrete Beispiele für die Kriterien des vollkommenen Marktes. (M 2)*
3. *Erläutern Sie die Bestimmungsgründe des Angebots und der Nachfrage anhand konkreter Beispiele. (M 3, M 4)*

1.3 Wirtschaftspolitik

Auch eine Wirtschaftsordnung bedarf einer ständigen Entwicklung und Anpassung an veränderte Bedingungen. Deshalb greift der Staat in das Wirtschaftsgeschehen ein. Dieses staatliche Handeln heißt Wirtschaftspolitik.

Wirtschaftspolitik
Hierunter versteht man die Gesamtheit aller Aktivitäten und Maßnahmen zur Gestaltung, Beeinflussung und Stabilisierung eines Wirtschaftsprozesses unter Berücksichtigung der allgemeinen politischen Ziele.

M 1 Die fünf wichtigsten Gründe, warum der Staat Wirtschaftspolitik betreibt, sind folgende:

1. Die Markt- und Wettbewerbsordnung ist nicht stabil; sie erhält sich nicht von selbst, sondern muss gesichert werden.
2. Der Markt funktioniert bei privaten Gütern, aber nicht bei öffentlichen Gütern (z. B. Straßen, Schulbildung, innerer und äußerer Sicherheit usw.); diese müssen deswegen über öffentliche Haushalte und Zwangsabgaben (Steuern) finanziert und bereitgestellt werden.
3. Das wirtschaftliche Verhalten produziert häufig Effekte, die vom Staat möglichst internalisiert werden, z. B. durch Auflagen, Umweltschutzabgaben, Ökosteuern usw.
4. Der Markt führt zu einer sehr ungleichen Einkommens- und Vermögensverteilung.
5. Der Markt neigt zu Konjunktur- und Wachstumsschwankungen.

internalisieren (lat.): verinnerlichen, übernehmen (z. B. Meinungen, Normen oder Werte)

M 2

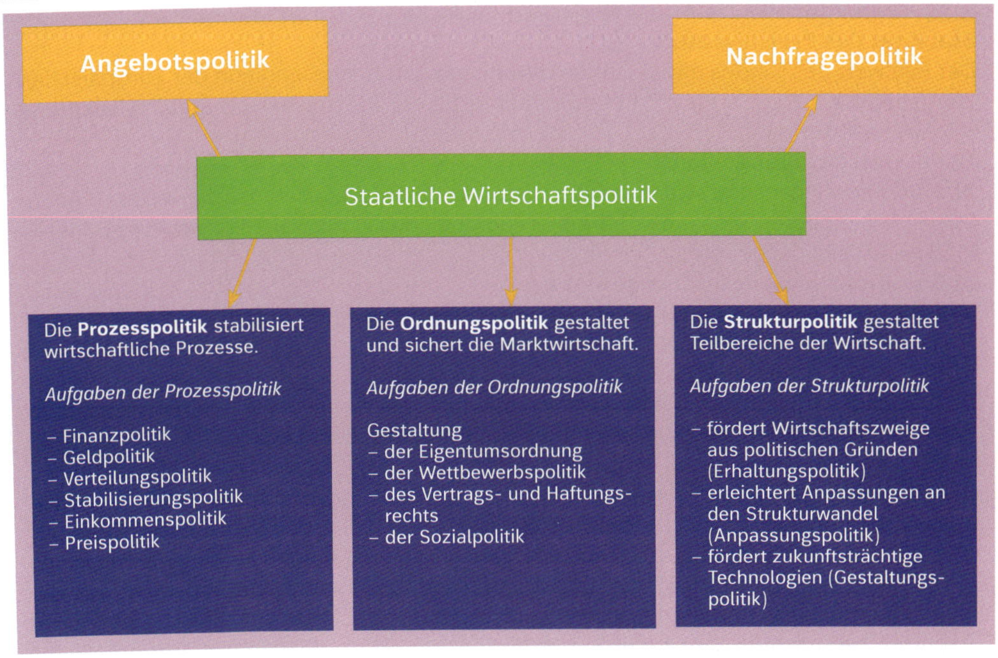

Die Wirtschaft muss gesteuert werden.

Angebotspolitik: Die Anbieterinnen und Anbieter entscheiden auf der Grundlage ihrer Gewinnerwartungen über Investitionen und damit auch über die Schaffung von Arbeitsplätzen.

Nachfragepolitik: Die gesamtwirtschaftliche Nachfrage soll so beeinflusst werden, dass konjunkturelle Schwankungen keine negativen Auswirkungen auf die Beschäftigung haben und Preissteigerungen vermieden werden.

In Deutschland trägt in erster Linie die Bundesregierung die Verantwortung für die Wirtschaftspolitik. Ferner nehmen Länder und Gemeinden durch ihre Ausgaben Einfluss auf die Wirtschaft. Daneben wirken die Tarifparteien mit ihrer Lohnpolitik und die Verbraucherinnen und Verbraucher durch ihr Konsumverhalten auf die Wirtschaft ein.

Arbeitsvorschläge

1. *Erklären Sie die fünf wichtigsten Gründe des Staates, Wirtschaftspolitik zu betreiben. (M 1)*
2. *Nennen Sie Beispiele wirtschaftlichen Handelns von Bund, Ländern, Gemeinden sowie Tarifpartnern. Ordnen Sie die Beispiele den Bereichen staatlicher Wirtschaftspolitik zu. (M 2)*

1.4 Ziele der Wirtschaftspolitik

Wirtschaftspolitik umfasst alle Ziele und Maßnahmen, die der Staat aus seiner Verpflichtung zur Steuerung der Gesamtwirtschaft ergreift. Diese sind im „Gesetz zur Förderung der Stabilität und des Wachstums", kurz **Stabilitätsgesetz** vom 8. Juni 1967, festgelegt.

M 1

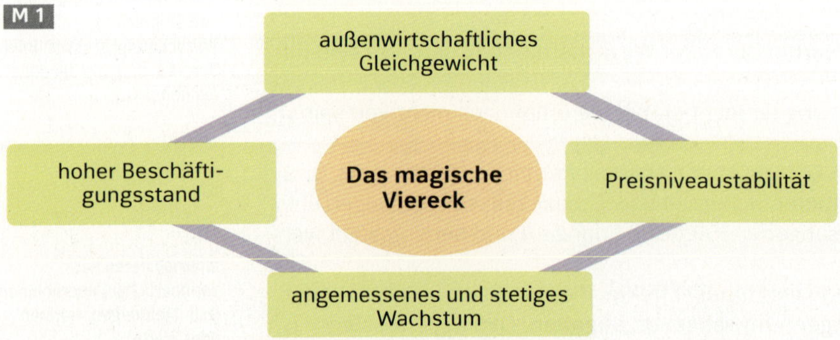

Das magische Viereck

Das Erreichen jedes dieser Ziele ist theoretisch überaus wünschenswert – aber **praktisch ein Ding der Unmöglichkeit**. Weil diese Ziele nicht gleichzeitig verwirklicht werden können, spricht man hier auch von einem **magischen Viereck**. Der Staat muss sich darum kümmern, dass die vier genannten Ziele so gut wie möglich erreicht werden. Weil sich seit der Verabschiedung des Gesetzes im Jahre 1967 Wirtschaft und Gesellschaft erheblich verändert haben, werden heute zwei weitere Ziele ergänzt: die **gerechte Verteilung von Einkommen und Vermögen** sowie die **Erhaltung einer lebenswerten Umwelt**.

Messgrößen
- Vollbeschäftigung: Arbeitslosenquote
- Wirtschaftswachstum: Bruttoinlandsprodukt
- Geldwertstabilität: Inflationsrate
- außenwirtschaftliches Gleichgewicht: Handelsbilanz

M 2 Definition der Ziele des magischen Vierecks

Stabilität des Preisniveaus
Der Realwert des Geldes entspricht dem Nominalwert. Nach Definition der Europäischen Zentralbank gilt zurzeit: Bis 2 % Preissteigerung gilt das Preisniveau als stabil. Messgröße = Inflationsrate.

Hoher Beschäftigungsstand
Alle Arbeitswilligen und Arbeitsfähigen können einen geeigneten Arbeitsplatz finden. (Arbeitslosenquoten bis zu ca. 3 % gelten derzeit „noch" als Vollbeschäftigung). Messgröße = Arbeitslosenquote.

Außenwirtschaftliches Gleichgewicht
Die Ausfuhren von Geld und Gütern entsprechen den Einfuhren von Geld und Gütern. Messgröße = Salden der Zahlungsbilanz.

Stetiges und angemessenes Wirtschaftswachstum
Die Leistungen der Volkswirtschaft wachsen; dabei sollen sich die Wachstumsraten kontinuierlich entwickeln. Messgröße = reales Bruttoinlandsprodukt.

Bestimmungsgründe der Nachfrage
- Vollbeschäftigung: Arbeitslosenquote
- Wirtschaftswachstum: Bruttoinlandsprodukt
- Geldwertstabilität: Inflationsrate
- außenwirtschaftliches Gleichgewicht: Handelsbilanz

Ziel der jeweiligen Messgröße:
Arbeitslosenquote <= 5 %
BIP >= 2 %
Inflationsrate <= 2 %
Handelsbilanz = Exporte = Importe

Umweltschonung und -erhaltung
s. S. 130: 3-Säulen-Modell der Nachhaltigkeit

M 3 Erweiterung 4+2 – Gerechte Einkommens- und Vermögensverteilung + Umweltschutz

Das wirtschafts- und sozialpolitische Ziel ist es, die Einkommen und Vermögen möglichst gleichmäßig unter den großen sozialen Gruppen der Arbeitnehmenden einerseits und der (selbstständigen) Unternehmen einschließlich sonstiger Vermögensbesitzerinnen und -besitzer andererseits zu verteilen. Die Messgröße der Einkommensverteilung ist die Lohnquote. Ziel ist es, den Anteil der Arbeitnehmenden am Gesamteinkommen zu erhöhen.
Die Aufnahme dieses Ziels Umweltschutz ist im Hinblick auf die Erderwärmung geschehen. Hierbei geht es darum, wirtschaftlich nachhaltig zu handeln und nicht übermäßig viele Ressourcen zu verbrauchen.

Arbeitsvorschläge

1. *Erläutern Sie die Aussage: „Das Erreichen jedes dieser Ziele hat mit Magie zu tun." (M 1)*
2. *Bringen Sie die sechs Ziele der Wirtschaftspolitik aus Sicht der privaten Haushalte sowie aus Sicht der Unternehmen in eine begründete Reihenfolge. (M 2, M 3)*
3. *Beschreiben Sie die Zielbeziehungen/Abhängigkeiten der sechs Ziele zueinander. (M 2, M 3)*
4. *Recherchieren Sie im Internet den aktuellen Wert der jeweiligen Messgröße. Überprüfen Sie anschließend die Erreichung des Ziels in der gegenwärtigen wirtschaftlichen Lage.*

1.4.1 Wirtschaftswachstum (Konjunktur)

M 1

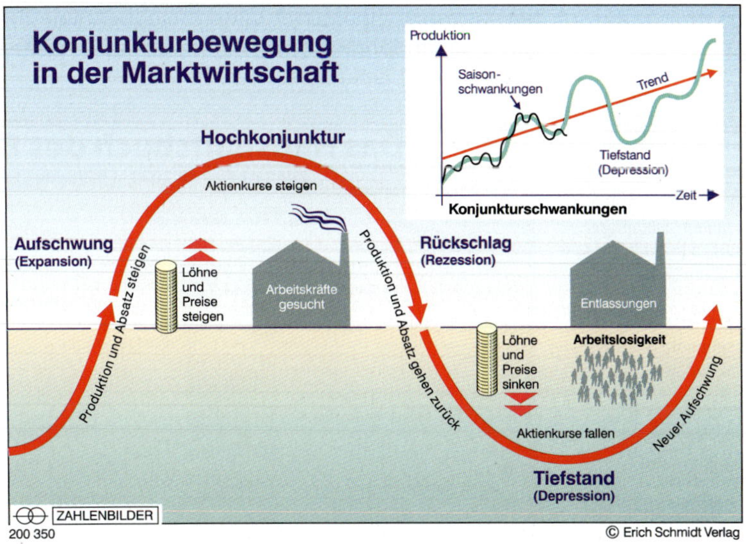

Die wirtschaftliche Lage eines Landes verändert sich laufend. Es gibt Zeiten, in denen Produktion, Nachfrage und Beschäftigung ansteigen, und Zeiten, in denen sie zurückgehen. Diese ständige Veränderung der Wirtschaftslage bezeichnet man als **Konjunktur**. Alle am Wirtschaftsleben Beteiligten (private Haushalte, Unternehmen, Staat, Ausland) nehmen durch ihre Aktivitäten Einfluss auf den Verlauf der Konjunktur. Dieser erfolgt wellenförmig und wiederholt sich in der Regel alle vier bis elf Jahre. In einem vereinfacht dargestellten Konjunkturzyklus werden **vier Phasen** unterschieden:

Während des **Tiefstands (Depression)** haben die Unternehmen aufgrund mangelnder Nachfrage große Schwierigkeiten, ihre Produkte abzusetzen. Dies hat zur Folge, dass statt Gewinnen vorwiegend Verluste erwirtschaftet werden. Die Unternehmen produzieren weniger (sie verringern ihre Produktionskapazitäten), die Arbeitslosigkeit erreicht ihren Höchststand, Einkommen und Löhne gehen zurück.

Ein **Aufschwung (Expansion)** setzt ein, wenn die Nachfrage nach Produkten wieder zunimmt. Denn dadurch erhöht sich die Produktion, wodurch wiederum mehr Arbeitskräfte benötigt werden. Dieser größere Bedarf an Arbeitnehmerinnen und Arbeitnehmern lässt die Löhne steigen. Höhere Löhne bewirken eine größere Nachfrage, die ihrerseits die Preise ansteigen lässt. Da nun die Gewinne wieder wachsen, lohnt es sich für die Unternehmen, wieder mehr zu investieren.

Diese Entwicklung setzt sich fort bis zur **Hochkonjunktur (Boom)**. Hier erreichen die Lohnsteigerungen und die Nachfrage ihren Höhepunkt. Die Kapazitäten der Unternehmen sind voll ausgelastet (es kann nicht noch mehr produziert werden). Die Arbeitslosigkeit nimmt ab, da immer mehr Arbeitnehmerinnen und Arbeitnehmer benötigt werden. Teilweise kommt es zu Überbeschäftigung. Da die Nachfrage nicht mehr befriedigt werden.

Bei einem **Abschwung (Rezession)** verschlechtert sich dieser Zustand wieder. Die Produktions geht zurück, Arbeitnehmer werden entlassen und es kann zu Betriebsschließungen kommen. Die ersten Anzeichen einer neuen Depression sind in Sicht, ein Konjunkturzyklus ist beendet, ein neuer beginnt.

M 2

Karikatur von RABE (Ralf Böhme): Talfahrt, 15.11.2011

Arbeitsvorschläge

1. *Beschreiben Sie die gegenwärtige konjunkturelle Lage. Nehmen Sie dazu M 1 zu Hilfe.*
2. *Bearbeiten Sie die Karikatur M 2 mithilfe der Methode „Analyse politischer Karikaturen" (S. 248 f.).*

Staatliche Konjunkturpolitik

Die Beratungen über den Bundeshaushalt gehören zu den wichtigsten Debatten im Bundestag, da dieser Einnahmen- und Ausgabenplan die wesentlichen Eckpfeiler für die Politik des kommenden Jahres setzt. Die Steuer- und Ausgabenpolitik ist das Instrument des Staates, um aktive Konjunkturpolitik zu betreiben.

M 3 **Indikatoren der Wirtschaftspolitik**

Wirtschaftliche Messgrößen, die dazu dienen, zukünftige Entwicklungen in der Wirtschaft hervorzusagen.

Frühindikatoren: z. B. Arbeitslosenquote, Auftragslage, Bauaktivitäten

Spätindikatoren: z. B. Bruttoinlandsprodukt, Beschäftigungsquoten, Insolvenzen

M 1

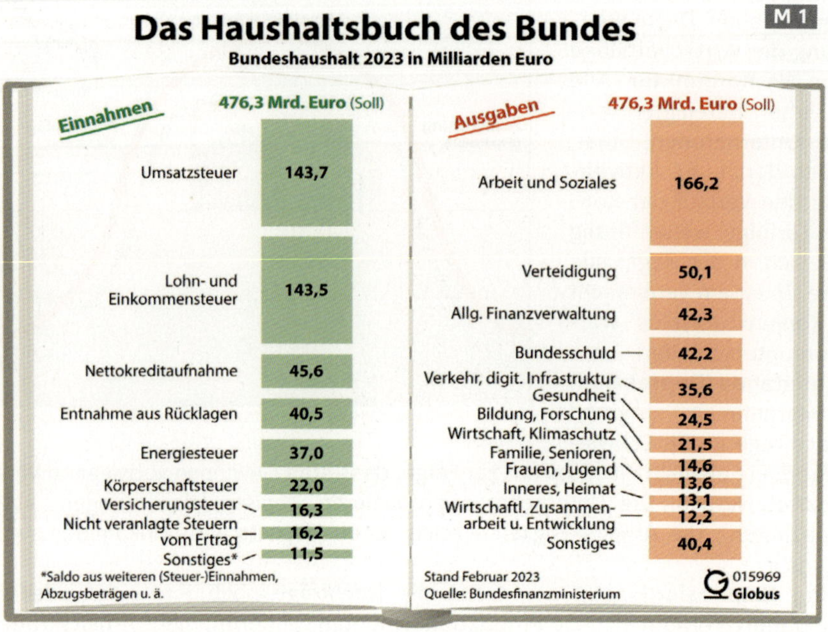

Staatliche Konjunktur

M 2

Karikatur von Heiko Sakurai: C wie Coronavirus-Krise, 31.03.2020

Um die einzelnen Phasen eines Konjunkturzyklus bestimmen zu können, müssen **Maßgrößen** (Indikatoren) bestimmt werden. Diese Indikatoren bzw. ihre Veränderung zeigen den aktuellen Konjunkturstand an und erlauben damit eine Messung des Konjunkturverlaufs. Die einzelnen Phasen der Konjunktur sind durch eine Vielzahl wirtschaftlicher Größen wie z. B. Auftragseingänge, Arbeitslosenzahl, Lagerbestände, Kreditnachfrage usw. gekennzeichnet. Diese ökonomischen Größen werden als **Konjunkturindikatoren** gekennzeichnet. Es handelt sich hierbei um wirtschaftliche Größen (Daten) zur Beurteilung der aktuellen Wirtschaftslage (Konjunkturdiagnose) und zur Einschätzung von Entwicklungstendenzen (Konjunkturprognose). In der Bundesrepublik Deutschland betrachtet der Sachverständigenrat diese Konjunkturindikatoren und beurteilt somit in seinem Jahresgutachten die konjunkturelle Lage.

Wirtschaftsordnung – Wirtschaftspolitik

Arbeitsvorschläge

1. *Recherchieren Sie geeignete Maßnahmen zur Steuerung der gegenwärtigen Konjunktur und präsentieren Sie diese. (M 1, M 3)*
2. *Bearbeiten Sie die Karikatur M 2 mithilfe der Methode „Analyse politischer Karikaturen".*

1.4.2 Vollbeschäftigung

Vollbeschäftigung meint, dass in einem Land für alle Erwerbstätigen genügend Arbeitsplätze zur Verfügung stehen, also für jeden Menschen Arbeit vorhanden ist.
Nun wird es sicherlich immer Menschen geben, die keinen Arbeitsplatz haben, z. B. weil sie ihr Arbeitsverhältnis gelöst haben, um sich einen anderen Arbeitsplatz zu suchen. So spricht man selbst bei einer Arbeitslosenquote von 2 % bis 3 % der unselbstständigen Erwerbspersonen noch von Vollbeschäftigung. Manche Volkswirte setzen aber die Grenze schon bei 1 % an.

Vollbeschäftigung = hoher Beschäftigungsstand

M 1 Erwerbstätigkeit

Beteiligung der Bevölkerung am Erwerbsleben

	Bevölkerung	Erwerbspersonen	Erwerbslose	Erwerbstätige zusammen	davon Arbeitnehm. (%)	davon Selbststän. (%)
2012	80 426	44 231	2 224	42 007	89,1	10,9
2013	80 646	44 451	2 182	42 269	89,5	10,5
2014	80 983	44 730	2 090	42 640	89,7	10,3
2015	81 589	44 938	1 950	42 988	89,9	10,1
2016	82 349	45 324	1 774	43 550	90,0	10,0
2017	82 657	45 776	1 621	44 155	90,5	9,7
2018	82 902	46 185	1 468	44 717	90,6	9,4

vgl. Statistisches Bundesamt (Destatis) 2019, S. 358

Beteiligung der Bevölkerung am Erwerbsleben

Die Bevölkerung gliedert sich in Erwerbspersonen und Nichterwerbspersonen. Die Erwerbspersonen umfassen die Erwerbstätigen und die Erwerbslosen (Arbeitslosen). Nichterwerbspersonen sind alle Personen, die keinerlei auf Erwerb gerichtete Tätigkeit ausüben.

M 2 Beschäftigung

„Überstunden, Arbeit am Wochenende, kurzfristige Zusatzschichten: All das sei notwendig, um im digitalen Zeitalter im globalen Wettbewerb zu bestehen. [...]
Klar ist: Die Beschäftigten brauchen Arbeitszeiten, die zum Leben passen. Denn vielen fällt es immer schwerer, Arbeit und Privatleben zu vereinbaren. Wer ständig Überstunden schiebt, am Wochenende arbeitet und auf Abruf verfügbar sein soll, gerät an seine Grenzen, wenn er Kinder erziehen, Angehörige pflegen oder im Sportverein Jugendliche trainieren will."

J. Hofmann/R. Dulger, vdi-nachrichten.com 10.07.2019

M 3 Kommen paradiesische Zeiten für Beschäftigte? Leider nein!

„[...] Gute Ausbildung schützt nicht vor Jobverlust. Akademiker verlieren im Schnitt genauso häufig ihren Arbeitsplatz wie Ungelernte. Sie finden nur schneller einen neuen – wenn sie dafür oft weit wegziehen. Flexibilität der Arbeitnehmer wird immer wichtiger auf dem Arbeitsmarkt. Viele Forscher meinen, es werde immer weniger Festanstellungen auf Lebenszeit geben. Das kann herausfordernd und abwechslungsreich sein. Für viele aber wird das bedeuten: Kein fester Arbeitsplatz, kein stetiger Gehaltsanstieg mit dem Alter. Etwa die Hälfte aller neu Eingestellten bekommt nur noch befristete Verträge. Außerdem wächst die Zahl der Leiharbeiter, Teilzeitarbeiter und freien Mitarbeiter. Dadurch steigt die Angst vor Arbeitsplatzverlust. Die Situation ist paradox. Viele verspüren trotz gestiegener Arbeitsplatzzahlen nicht mehr Sicherheit, sondern sogar weniger."

Oberhuber 2015

Arbeitsvorschläge

1. *Stellen Sie die Tabelle M 1 als Kurvendiagramm dar.*
2. *Nehmen Sie Stellung zu der Aussage: „Nur wer flexibel ist und bleibt, wird immer Arbeit haben." (M 2, M 3)*
3. *Sammeln Sie je drei Vor- und Nachteile, welche die geforderte berufliche Flexibilität der Arbeitnehmerinnen und Arbeitnehmer für einen Single und eine Person mit Familie (verheiratet, drei Kinder) hat.*

M 1

Arten der Arbeitslosigkeit

 258 200

Strukturelle Arbeitslosigkeit. Vollzieht sich in einem Wirtschaftszweig ein grundlegender Wandel, wie z.B. im Bergbau oder in der Stahlindustrie, so spricht man von einem Strukturwandel. Die Gliederung, der Aufbau des Wirtschaftszweigs hat sich geändert. Entsprechend wird die Art der Arbeitslosigkeit nach ihrer Ursache als strukturelle Arbeitslosigkeit bezeichnet.

Konjunkturelle Arbeitslosigkeit. Die Entwicklung der Wirtschaft in den westlichen Industriestaaten ist Schwankungen unterworfen, deren Ursachen vielfältig sind. Der Verlauf der wirtschaftlichen Entwicklung wird als Konjunktur bezeichnet. Der wirtschaftliche Abschwung hat regelmäßig eine Zunahme der Arbeitslosigkeit zur Folge. Die Arbeitslosigkeit eines Bauarbeiters, die durch einen allgemeinen Rückgang der Bautätigkeit hervorgerufen wird, bezeichnet man nach ihrer Ursache als konjunkturelle Arbeitslosigkeit.

Vorhandene Stellen in den Unternehmen können nicht besetzt werden, weil die Produktionskapazitäten schlecht ausgelastet sind. Es fehlt an Nachfrage, also wird weniger produziert, somit benötigen die Unternehmen auch weniger Arbeitskräfte: Sie stellen nicht ein, sondern sie entlassen ihre Mitarbeiterinnen und Mitarbeiter.

Saisonale Arbeitslosigkeit. Wenn Beschäftigungsschwankungen auf jahreszeitliche Einflüsse oder Witterungsverhältnisse zurückzuführen sind, so spricht man von saisonaler Arbeitslosigkeit. Beispiele dafür sind Wald- und Forstwirtschaft, Baugewerbe, Tourismusbranche u.a.

Mismatch (engl.) = Nichtübereinstimmung

Mismatch-Arbeitslosigkeit. Ursächlich sind hier die Unterschiede zwischen den Merkmalen der Arbeitslosen und den Anforderungen bei den offenen Stellen; viele Arbeitslose können die Qualifikationsanforderungen nicht erfüllen. Bei dieser „Mismatch"-Arbeitslosigkeit gibt es also sowohl offene Stellen als auch Arbeitslose, aber beide passen nicht zusammen.

Friktionen = Hemmnisse, Widerstände, Verzögerungen

Friktionelle Arbeitslosigkeit. Der Arbeitsmarkt ist ständig in Bewegung. Wenn der Übergang von einer Arbeitsstelle in eine andere nur durch eine Zwischenphase möglich ist, spricht man von friktioneller Arbeitslosigkeit. Die Ursache dieser Arbeitslosigkeit sind Friktionen auf dem Arbeitsmarkt. Wegen dieser Friktionen kommt es zu Verzögerungen bei der Besetzung vorhandener offener Stellen durch Arbeitslose: Passende Stellen müssen erst gefunden werden, dann müssen sich die Arbeitsuchenden bewerben, gegebenenfalls müssen sie umziehen, wenn die Stelle in einer anderen Stadt liegt usw.

Arbeitsvorschläge

1. *Welche Arten von Arbeitslosigkeit treten Ihrer Meinung nach in dem Bundesland, in dem Sie leben, besonders deutlich hervor? Nennen Sie Beispiele. (M 1)*
2. *Recherchieren Sie die Arbeitslosenquote Ihrer Heimatregion und stellen Sie die Besonderheiten des regionalen Arbeitsmarktes zusammen, die für diese Situation maßgeblich sind.*

Mindmap

Die Mindmap dient zur Erschließung und Darstellung von Themengebieten. Sie ist eine Methode, um Inhalte zu strukturieren und zu veranschaulichen.
Die Mindmap wird auf unliniertem Papier im Querformat erstellt. In der Mitte steht das zentrale Thema. Davon ausgehend werden die Hauptthemen mit Hauptlinien verbunden. Jede Linie entspricht einem Schlüsselbegriff. Daran schließen sich in dünner werdenden Linien die zweite Gedankenebene und weitere Gedankenebenen (Unterthemen) an.

Tipps zur Gestaltung einer Mindmap

Schrift: Am besten in gut leserlichen Druckbuchstaben schreiben.
Farbe: Hauptthemen und Unterthemen können farblich voneinander abgesetzt werden.
Aufteilung: Zentrale Themen möglichst gleichmäßig um das Hauptthema platzieren.
Zeichen: Alles, was nicht viel Platz benötigt, kann eingefügt werden.

Mindmap „Wünsche für meine Ausbildung“

Arbeitsvorschlag

Erstellen Sie eine Mindmap zu folgendem Thema: „Das magische Viereck“. Präsentieren Sie Ihr Ergebnis in der Klasse.

1.4.3 Der Wert des Geldes – Geldwertstabilität

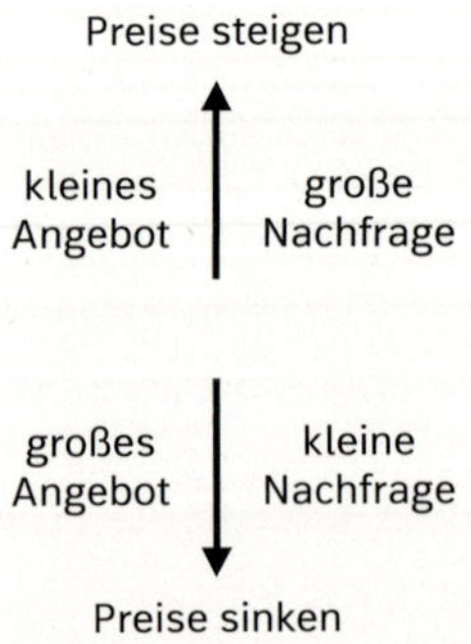

Das Preisniveau ist die durch Preisindizes ausgedrückte Preishöhe aller Güter einer Volkswirtschaft. Das Preisniveau zeigt die **Kaufkraft** des Geldes an: Ein stabiles Preisniveau bedeutet, dass die Kaufkraft des Geldes erhalten bleibt, man also für beispielsweise 100,00 € immer dieselbe Menge an Gütern kaufen kann. Ein Ansteigen des Preisniveaus hat zur Folge, dass man für sein Geld weniger Güter erhält als vorher: Die Kaufkraft des Geldes ist gesunken.
Seit der Einführung des Euro als Zahlungsmittel ist für die Preisniveaustabilität in den 20 Euroländern die Europäische Zentralbank in Frankfurt zuständig. Sie geht zurzeit davon aus, dass bei einer Preissteigerungsrate (Inflationsrate) von bis zu 2 % Preisstabilität herrscht. Erst ab dieser Grenze beginnt nach dieser aktuellen Definition eine Verschlechterung des Geldwertes, d. h. eine Inflation.

In der Wachstumsrate des Preisindex kommt die **Inflationsrate** zum Ausdruck.

Die **Messung von Inflation** im Sinne von Preisniveauänderungen erfolgt über **Indizes**. Ein Index ist eine Kennziffer. Sie dient zur Darstellung von Veränderungen bestimmter Größen zwischen verschiedenen Zeitpunkten, z. B. der Börsenindex.

Die Inflation wird mithilfe eines **Warenkorbs** gemessen. Auf der Grundlage sogenannter **Standardfamilien** wird ein Warenkorb zusammengestellt und nach der Bedeutung der Waren gewichtet.

M 1

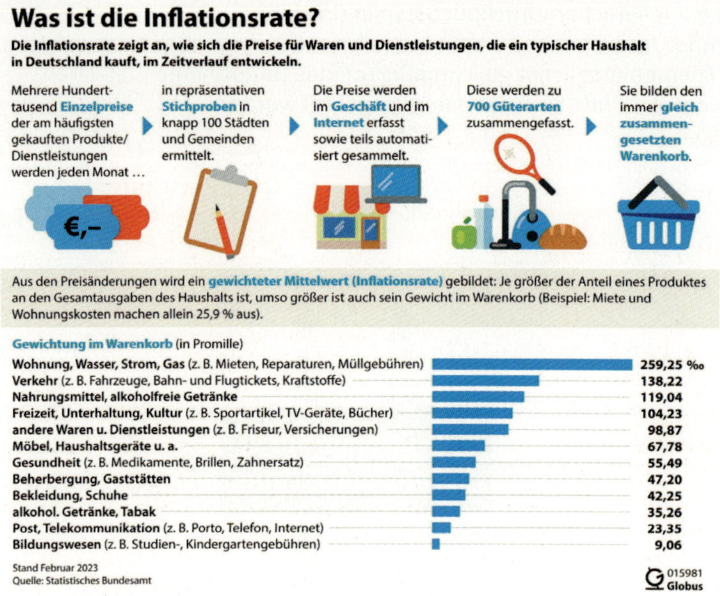

M 2 **Inflationsgewinner und -verlierer**

Verlierer von Inflation sind vor allem die Gläubiger, die feste Geldforderungen gegenüber Dritten haben. Dazu zählen **Arbeitnehmer, Inhaber von Sparguthaben, Rentner und Vermieter**.
Im Gegensatz dazu zählen **Schuldner, Besitzer von Sachvermögen** sowie der **Staat** zu den **Inflationsgewinnern**.

Die **Europäische Zentralbank (EZB)** bestimmt durch ihre **Geldpolitik** die Preisentwicklung der 20 Mitgliedstaaten der **Eurozone**.

Ihr wichtigstes Mittel ist der Leitzins, zu dem sich Banken von der EZB Geld leihen können (s. S. 254).

Arbeitsvorschläge

1. *Erläutern Sie einer Partnerin/einem Partner, warum die Stabilität des Geldwertes unseren Lebensstandard beeinflusst.*
2. *Erklären Sie anhand des Warenkorbs, wie die Inflationsrate ermittelt wird. (M 1)*
3. *Begründen Sie, warum es bei Preissteigerungen Gewinner und Verlierer gibt. (M 2)*
4. *Überprüfen Sie Auswirkungen der Zinspolitik der EZB für Verbraucherinnen und Verbraucher, Sparerinnen und Sparer, Unternehmen und Staat.*

1.4.4 Außenwirtschaftliches Gleichgewicht

Formal spricht man von einem außenwirtschaftlichen Gleichgewicht, wenn die Ausfuhren von Geld und Gütern den Einfuhren von Geld und Gütern entsprechen. In einem solchen Fall profitieren beide Länder, die miteinander handeln. So können sie Güter aus dem anderen Land beziehen, die sie selbst nicht haben bzw. nicht in der gewünschten Menge oder Qualität herstellen können. Im Gegenzug haben sie einen Abnehmer für ihre Güter. Dieser Handel wirkt sich dann ausschließlich positiv auf die beiden Volkswirtschaften aus, kein Land hätte eine Veranlassung, an diesem Zustand aus wirtschaftlichen Gründen etwas zu ändern.

In der Realität kommt es auf Dauer durch einen ungleichgewichtigen Handel zu zwei möglichen Fällen:

1. Fall: Der Import ist größer als der Export
Wenn ein Staat mehr Güter aus einem anderen Land einführt (importiert), als er in dieses Land ausführt (exportiert), werden diesem Staat irgendwann die Devisen (ausländische Zahlungsmittel) ausgehen, da er mehr Devisen des anderen Landes benötigt, als er durch den eigenen Export von diesem Land wieder hereinbekommt. Er muss sich also bei dem anderen Staat verschulden – solange das andere Land das mitmacht.

2. Fall: Der Export ist größer als der Import
Wenn ein Staat mehr Güter in ein anderes Land exportiert, als er aus diesem Land importiert, kann sich dies zwar zunächst positiv auf die heimische Wirtschaft auswirken. Denn ein hoher Export belebt die heimische Wirtschaft. Längerfristig gesehen geht jedoch von einem ständigen Exportüberschuss eine Gefahr für die inländische Preisstabilität aus: Beim Umtausch der Devisen in die heimische Währung kommt es zu zusätzlichem Geld, das auf den heimischen Markt gelangt, ohne dass diesem Mehr an Geld die entsprechende Gütermenge gegenübersteht (da sie exportiert wurde).

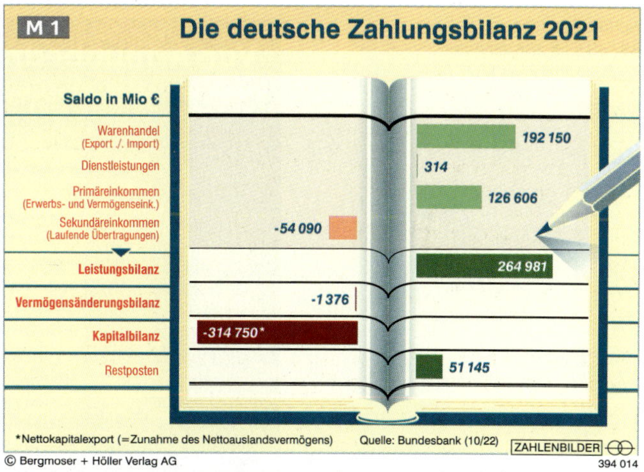

© Bergmoser + Höller Verlag AG 394 014

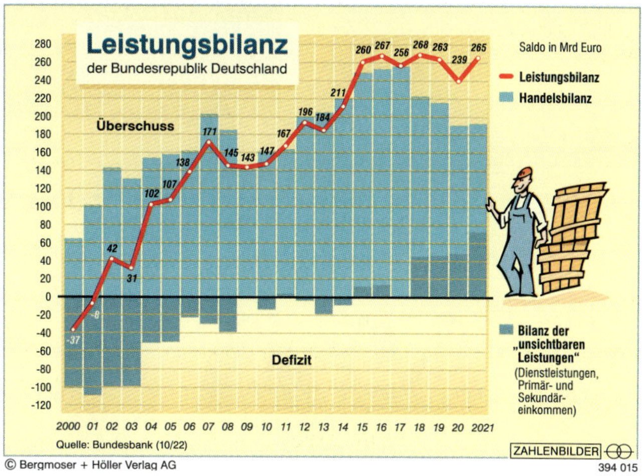

© Bergmoser + Höller Verlag AG 394 015

Zahlungsbilanz

In der Zahlungsbilanz werden die wirtschaftlichen Transaktionen eines Landes mit dem Ausland erfasst. Die Gesamtübersicht setzt sich aus Einzelangaben über die Leistungsbilanz sowie die Kapitalbilanz zusammen. Zur **Leistungsbilanz** zählen:

- der Außenhandel (Waren-Einfuhren und -Ausfuhren),
- die Dienstleistungen, die vor allem die Touristenausgaben, aber beispielsweise auch Lizenzgebühren und Frachten sowie Kapitalerträge umfassen,
- die Übertragungen, in denen sich insbesondere Lohnüberweisungen der ausländischen Arbeitnehmerinnen und Arbeitnehmer in ihre Heimatländer und Beiträge des Bundes an internationale Organisationen niederschlagen.

Arbeitsvorschläge

1. *Erklären Sie die Bedeutung des außenwirtschaftlichen Gleichgewichts für ein Land.*
2. *Der Import ist größer als der Export. Der Import ist kleiner als der Export. Erarbeiten Sie für beide Fälle Auswirkungen auf die deutsche Wirtschaft.*
3. *Erläutern Sie die Zahlungsbilanz. (M 1)*

1.4.5 Gerechte Einkommens- und Vermögensverteilung

Um die Verteilung des Volkseinkommens wird in den Tarifauseinandersetzungen zwischen den Gewerkschaften und den Arbeitgeberverbänden ständig gekämpft. Die Leistung und Qualifikation der Arbeitnehmerinnen und Arbeitnehmer einerseits und die Erfolge der Gewerkschaften bei der Lohnpolitik andererseits entscheiden darüber, wie viel Geld dem einzelnen Beschäftigten vom gesamten Volkseinkommen zufließt. Der Staat greift in diesen Streit nicht direkt ein, er respektiert die Tarifautonomie.

Mittlere Einkommen (Median): Das ist der Wert, von dem aus betrachtet es genauso viele höhere Einkommen gibt wie niedrigere.

Alleinstehende gelten in Deutschland derzeit bei einem Nettoeinkommen von 892,00 € als arm, eine vierköpfige Familie bei 1 872,00 €.

vgl. Grimm 2019

M 1 **Armut in Deutschland**

Eine Person gilt nach der EU-Definition als armutsgefährdet, wenn ihr weniger als 60 % des mittleren Einkommens der Gesamtbevölkerung zur Verfügung stehen.

M 2

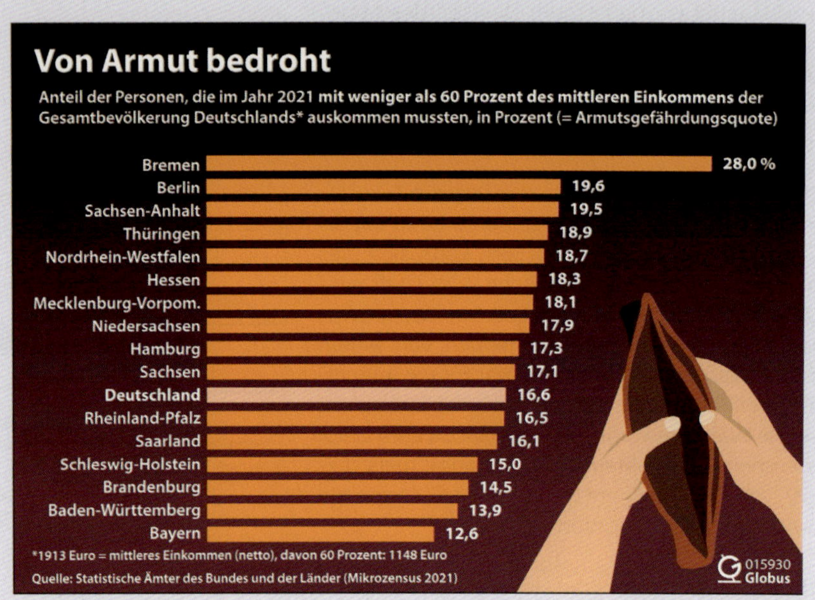

M 3

Karikatur von Freimut Wössner

Die Vermögenspolitik soll die ungleiche Vermögensverteilung mildern. Sie soll eine möglichst gerechte Vermögensverteilung erreichen. Grundsätzlich ist dabei von einer Gesellschaft zu klären, was hinsichtlich der Verteilung der Vermögen als gerecht angesehen wird. Mittel der Vermögenspolitik sind die Vermögensumverteilung und die Vermögensbildung. Vermögensumverteilung erfolgt durch Steuern, wie z. B. die Erbschaftsteuer, Vermögensbildung durch staatliche Sparförderung. Dabei zahlt der Staat beispielsweise eine Arbeitnehmersparzulage, wenn bestimmte Einkommensgrenzen nicht überschritten werden.

Arbeitsvorschläge

1. *Beschreiben Sie, was Sie unter einer „gerechten Einkommens- und Vermögensverteilung" verstehen. (M 1, M 2, M 3)*
2. *Bearbeiten Sie die Karikatur M 3 mithilfe der Methode „Analyse politischer Karikaturen" (s. S. 248 f.).*
3. *Recherchieren Sie im Internet unterschiedliche Forderungen von Parteien zur gerechten Einkommens- und Vermögensverteilung.*

1.4.6 Umweltschonung und -erhaltung

In der „Wirtschaftsweise“ der Natur wird ständig produziert, konsumiert und abgebaut, ohne dass unverträgliche „Abfälle“ oder Schadstoffe zurückbleiben. Verglichen damit ist die industrielle Art des Produzierens und Konsumierens noch weitgehend eine „Einbahnstraße“. Hochkonzentrierte Stoffe werden der Natur entnommen, unter großem Aufwand an Energie zu Gütern umgeformt und veredelt. Was nach dem Gebrauch übrig bleibt, ist „Müll“. Diese Vorgänge sind begleitet von energieintensiven Personen- und Gütertransporten und Abfallstoffen verschiedenster Art.

M 1

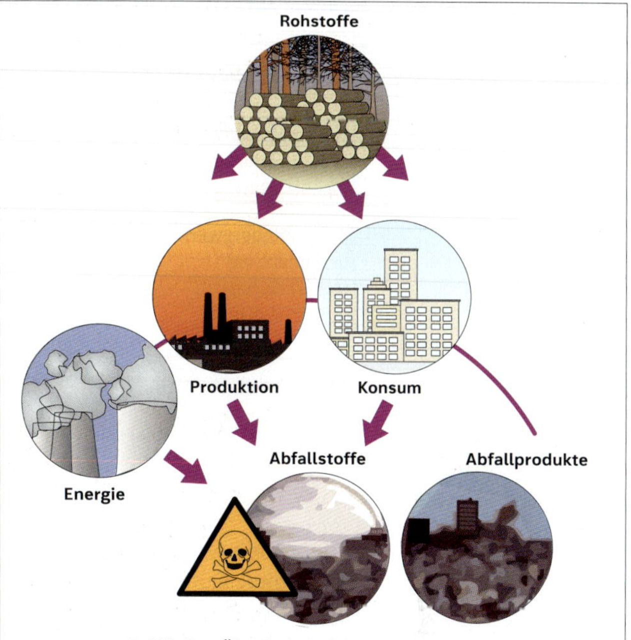

M 2

„Mehr als zehn Millionen Tonnen Abfälle gelangen jährlich in die Ozeane. Sie kosten Abertausende Meerestiere das Leben. Seevögel verwechseln Plastik mit natürlicher Nahrung, Delfine verfangen sich in alten Fischernetzen.
Kaum eine Bedrohung der Meere ist heute so sichtbar wie die Belastung durch Plastikabfälle. In knapp 100 Jahren hat das anfänglich vielgelobte Material unseren blauen Planeten unwiederbringlich verändert. Wurden in den 1950er-Jahren knapp 1,5 Millionen Tonnen Plastik pro Jahr produziert, sind es heute fast 400 Millionen Tonnen. Und ein viel zu großer Teil davon landet im Meer.
Etwa 75 Prozent des gesamten Meeresmülls besteht aus Kunststoffen. Der jährliche Eintrag von Kunststoff beträgt 4,8 bis 12,7 Millionen Tonnen. Nach Angaben des Umweltprogramms der vereinten Nationen (UNEP) treiben inzwischen **auf jedem Quadratkilometer Meeresoberfläche bis zu 18000 Plastikteile** unterschiedlichster Größe. Doch was wir sehen ist nur die Spitze des Eisbergs, mehr als **90 Prozent der Abfälle sinken auf den Meeresboden** und bleiben unserem Auge verborgen. [...]
Doch nicht nur physische Gefahren lauern. Bei den Zersetzungsprozessen werden gefährliche Inhaltsstoffe [...] freigesetzt, die sich **in der Nahrungskette** anreichern und nachhaltig das Erbgut und den Hormonhaushalt mariner Lebewesen beeinflussen können. Auch sind in der Langzeitfolge schädliche Auswirkungen auf den Menschen nicht auszuschließen. [...] Erst in den letzten Jahren wurde bekannt, dass auch **viele Kosmetikprodukte Plastikpartikel** enthalten. [...]“
NABU (Naturschutzbund Deutschland) e. V. o. J.

M 3

Arbeitsvorschläge

1. *Erklären Sie das Schaubild M 1.*
2. *Erläutern Sie die Auswirkungen durch Plastikabfälle am Beispiel der Meere. (M 2, M 3)*
3. *Überlegen Sie in der Klasse: Wie können Sie selbst zur Umweltschonung und -erhaltung beitragen?*

2 Betriebe in Wirtschaft und Gesellschaft

2.1 Arten von Betrieben

M 1 Betrieb	Sektoren der Wirtschaft	Wirtschaftliche Leistungen
landwirtschaftlicher Betrieb **forstwirtschaftlicher Betrieb** **Fischereibetrieb (Urproduktion)**	primär	vorwiegend Erzeugung von Konsumgütern Erzeugung von Grundstoffen
Steinkohlebergwerk (Urproduktion) **Handwerksbetrieb** **Industriebetrieb**	sekundär	Abbau von Grundstoffen Herstellung von Sachgütern, als – Konsumgüter zum Verbrauch in den Haushalten – Produktionsgüter zum Einsatz in den Betrieben
Handelsbetrieb **Dienstleistungsbetrieb**	tertiär tertiär	Verteilung, Lagerung und Verkauf von Gütern und Dienstleistungen Wartung, Reparatur, Serviceleistung, z. B. bei Kreditinstituten, Versicherungs-, Verkehrs- und Nachrichtenbetrieben

In Betrieben werden durch die Kombination der Produktionsfaktoren Arbeit, Boden (Natur) und Kapital Güter und Dienstleistungen erstellt, die auf dem Markt angeboten werden. Anders gesagt: Betriebe sind **Produktionsstätten** mit einer Organisation, mit Menschen, Geräten, Maschinen, Gebäuden und Anlagen an einem bestimmten Standort. Betriebe können z. B. ein Einzelhandelsgeschäft, eine Autowerkstatt, ein Architekturbüro oder ein landwirtschaftlicher Betrieb sein. In ihnen wird eine Ware verkauft, ein Auto repariert, ein Gebäude entworfen oder Getreide geerntet.

Betriebe werden in drei Sektoren eingeteilt.
- Zum **primären Sektor** zählen Land- und Forstwirtschaft, Fischerei und die Gewinnung von Steinen und Erden. Der Bergbau gehört eigentlich auch dazu, wird aber dem
- **sekundären Sektor** (Verarbeitung) zugerechnet.
- Den **tertiären Sektor** bilden Handel, Dienstleistungen und staatliche Einrichtungen.

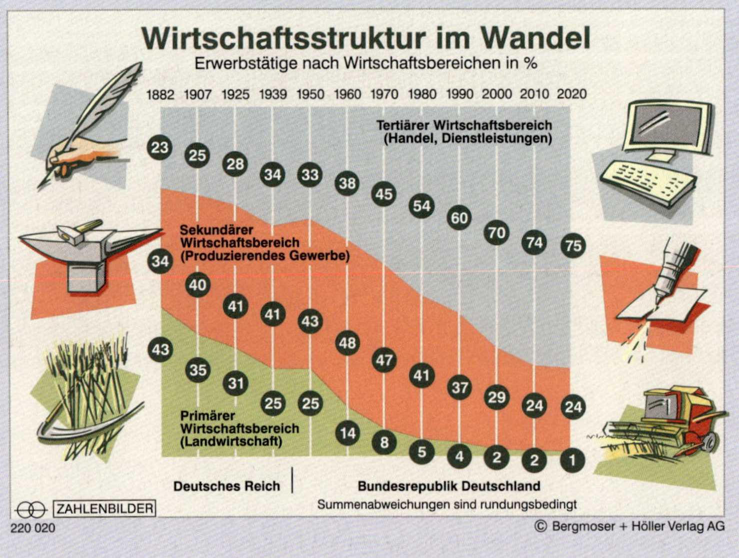

M 2 Während in Deutschland um das Jahr 1800 der **primäre Sektor** noch etwa 75 % der gesamten Wirtschaftsleistung erbrachte (Agrargesellschaft), sind es 2020 nur noch 1 %. Immer weniger Landwirte versorgen immer mehr Menschen.

Bis in die Mitte des vorigen Jahrhunderts hat zunächst der **sekundäre Sektor** zugenommen und einen Anteil von fast 50 % der Gesamtwirtschaft erreicht. (Industriegesellschaft). Dieser Anteil ist zwar auf rund 24 % gesunken, ist aber immer noch ein wichtiger Garant für wirtschaftliche Stabilität.

Mit dem **Dienstleistungssektor**, dessen Anteil auf rund 75 % gestiegen ist, hat sich Deutschland zu einer hoch entwickelten Volkswirtschaft gewandelt. Die weitere Entwicklung ist durch die digitale Vernetzung von Maschinen, Geräten und Arbeitsplätzen geprägt. Dafür wird der Begriff **Industrie 4.0** (Vierte industrielle Revolution) verwendet (s. S. 152).

Betriebliche Grundaufgaben am Beispiel eines Automobilkonzerns

M 3 Leitung/Management

Die Leitung ist Aufgabe der Geschäftsleitung. Sie legt fest, welche Autos hergestellt und wie sie innerhalb des betrieblichen Ablaufs technisch produziert werden. Die Geschäftsleitung entscheidet über alle durchzuführenden Pläne, setzt ihre Beschlüsse gegenüber der Belegschaft durch und kontrolliert deren Einhaltung.

Beschaffung/Logistik

Um die Autos produzieren zu können, muss das Unternehmen sich die Arbeitskräfte für Fertigung und Verwaltung sowie Maschinen und Werkzeuge beschaffen. Ebenfalls sind Rohstoffe und Halbfabrikate, beispielsweise Bleche und vorgeformte Kunststoffe, erforderlich. Ferner benötigt das Unternehmen eigene und eventuell fremde Geldmittel zur Finanzierung der Produktionsmittel und zur Bezahlung der Löhne.

Produktion

Zur Kraftfahrzeugherstellung muss das Unternehmen die betrieblichen Produktionsfaktoren Arbeit, Betriebsmittel und Werkstoffe ökonomisch, d. h. wirtschaftlich sinnvoll, kombinieren, um das bestmögliche Leistungsergebnis zu erzielen. Darum muss ein Automobilproduzent den betrieblichen Ablauf exakt organisieren, z. B. die Arbeitskräfte nach Befähigung gezielt einsetzen.

Absatz

Jeder Betrieb lebt vom Absatz (Verkauf) seiner Güter und Dienstleistungen. Zur Absatzvorbereitung, dem Marketing, gehören Marktforschung und Marktbeobachtung, Produktgestaltung, Werbung, Preisgestaltung sowie Verkauf und Versand der Kraftfahrzeuge. Aufgabe der Marktforschung ist z. B. zu ermitteln, welche Käuferschichten Mittelklasse- bzw. Kleinwagen kaufen.

Arbeitsvorschläge

1. *Ermitteln Sie Beispiele für Betriebe und ihre Produkte aus den drei Wirtschaftssektoren. (M 1, S. 144)*
2. *Erklären Sie den Wandel von der Agrar- zur Dienstleistungsgesellschaft (M 2, S. 144) in einem Kurzreferat.*
3. *Erstellen Sie für Ihren Betrieb eine Mindmap zu den betrieblichen Grundaufgaben. (M 3)*
4. *Zeigen Sie an einem Beispiel auf, welche Schwierigkeiten in Produktionsbetrieben und privaten Haushalten auftreten würden, wenn es keinen Dienstleistungssektor gäbe.*
5. *a) Erstellen Sie in Partnerarbeit eine Reihenfolge Ihrer Arbeitsplatzzufriedenheit.*
   b) Ermitteln Sie in Ihrer Klasse eine gemeinsame Reihenfolge, z. B. mit Strichlisten, für die Ihrer Ansicht nach vier wichtigsten Arbeitsbedingungen.

2.2 Aufbau von Betrieben

Organisation eines Handwerksbetriebs

Jede Herstellung oder Reparatur eines Produkts erfordert mehrere Bearbeitungsgänge bis zur Fertigstellung. Dazu ist eine genaue Planung, Steuerung und Kontrolle des gesamten Betriebsablaufs erforderlich.

Eine wichtige Voraussetzung dafür ist die überschaubare Gliederung des Betriebs nach Aufgabenbereichen, Zuständigkeiten und Verantwortung der einzelnen Mitarbeiterinnen und Mitarbeiter. So kann wirtschaftlich gearbeitet werden.

Das Organisationsschema eines Kfz-Handwerksbetriebs soll diese Gliederung verdeutlichen.

Organisation eines Kfz-Handwerksbetriebs

M 1

M 2

Organisation eines Industriebetriebs

Obere Leitung
- Geschäftsleitung
- Produktionsleitung
- Kaufm. Leitung

Mittlere Leitungsebene (Abteilungen)
- Konstruktion
- Planung
- Forschung
- Entwicklung
- Produktion
- Datenverarbeitung
- Personalwesen
- Rechtswesen
- Einkauf
- Verkauf
- Lager

Untere Leitungsebene
- Meister/-in
- Vorarbeiter/-in
- Gruppenleiter/-in

In kleineren Betrieben des Handwerks, im Einzelhandel und in der Landwirtschaft ist der Produktionsablauf übersichtlich. Die zahlreichen betrieblichen Aufgaben sind auf wenige Mitarbeiterinnen und Mitarbeiter verteilt. Die Inhaberin/der Inhaber des Betriebs übernimmt häufig die Leitung.

In einem Industriebetrieb sind die betrieblichen Aufgaben vielfältiger und in ihrem Zusammenwirken komplizierter als in einem Handwerksbetrieb. Je größer der Industriebetrieb, desto weniger überschaubar wird das Betriebsgeschehen. Die betrieblichen Aufgaben sind auf Abteilungen mit ähnlichen Aufgaben verteilt. Die Mitarbeiterinnen und Mitarbeiter kennen meist nur ihre unmittelbaren Vorgesetzten und die nächsten Arbeitskolleginnen und -kollegen. Arbeitsaufträge und Informationen erfolgen häufig schriftlich oder telefonisch.

Organisationspläne regeln sowohl den Ablauf als auch die Aufgabenverteilung unter den Mitarbeiterinnen und Mitarbeitern. Diese werden umso verzweigter, je vielfältiger die Produktion und je mehr Beschäftigte ein Betrieb hat. Der reibungslose Ablauf ist nur dann sichergestellt, wenn die vorgeschriebenen Wege genau eingehalten werden. Sonst kommt es zu Störungen im Betriebsablauf.

Arbeitsvorschläge

1. *Erkunden Sie in einem Betrieb die Organisationsstruktur und erstellen Sie einen Organisationsplan nach dem Vorbild von M 1.*
2. *Beschreiben Sie wesentliche Unterschiede und Gemeinsamkeiten in der Organisation eines Handwerksbetriebs und eines Industriebetriebs mithilfe von M 1 und M 2.*
3. *Stellen Sie den Kommunikations- und Informationsstrom zwischen Leitung und Ausführungsebene in einem kurzen Rollenspiel dar.*

2.3 Der Betrieb als Ort wirtschaftlicher Entscheidungen

Ziele von Betrieben

M 1 Die Unternehmerin Lena Schramm hat 80000,00 € Eigenkapital in ihr Geschäft investiert. Sie möchte dieses Kapital zu mindestens 7 % verzinsen. Als monatliches Unternehmergehalt beansprucht Lena Schramm 2500,00 €. Außerdem berechnet sie insgesamt 4000,00 € für Forderungsausfälle und 2500,00 € für Warenverderb als Risikoersatz. Im Vorjahr belief sich der Umsatz auf 534500,00 €, der Einkaufspreis dafür belief sich auf 415200,00 €. Die Geschäftskosten schlugen mit 77200,00 € zu Buche.

Umsatz	534500,00 €
Einkaufskosten	– 415200,00 €
Geschäftskosten	– 77200,00 €
Gewinn	42100,00 €

Gewinnermittlung	
Kapitalverzinsung	5600,00 €
Unternehmergehalt	+ 30000,00 €
Wagnisse	+ 6500,00 €
Gewinn	42100,00 €

Durch ihre wirtschaftliche Tätigkeit mit dem investierten (eingesetzten) Kapital wollen die Unternehmungen einen Gewinn erzielen. Betriebe mit dieser Zielsetzung sind **erwerbswirtschaftliche Betriebe**.

Der Gewinn dient dazu:
- die unternehmerische Tätigkeit zu bezahlen, **Unternehmergehalt,**
- das eingesetzte Kapital zu verzinsen, **Kapitalverzinsung**,
- die Wagnisse abzudecken, **Risikoersatz**.

Der Wunsch nach **Steigerung der Produktion** und nach **Steigerung des Umsatzes** ergibt sich aus dem Gewinnstreben und soll eine **Erhöhung des Marktanteils** bewirken.

Ohne einen angemessenen Gewinn kann das Unternehmen:
- seine Betriebsmittel nicht erneuern und verbessern,
- keine neuen Arbeitsplätze schaffen oder alte sichern,
- sein Eigenkapital nicht stärken, um Neuinvestitionen zu ermöglichen.

Je stärker die Eigenkapitalbasis eines Unternehmens ist, desto größer sind seine Chancen, eine längere wirtschaftliche Flaute zu überwinden. Unternehmen können auch in finanzielle Schwierigkeiten geraten. Beispielsweise durch
- Umsatzrückgang,
- Gewinnminderung, eventuell sogar Verluste,
- Schrumpfen des Eigenkapitals,
- Zunahme der Verschuldung,
- fehlende Geldmittel.

Immer dann, wenn Unternehmen in wirtschaftliche Schwierigkeiten geraten – unabhängig davon, wem dies anzulasten ist–, entstehen Probleme für die Besitzerinnen und Besitzer oder Anteilseigner, z. B. Geld für die Bezahlung von Investitionen bereitzustellen. Für die Arbeitnehmerinnen und Arbeitnehmer kann das zur Verringerung der Einkommen oder gar zum Verlust des Arbeitsplatzes führen.

Arbeitsvorschlag

Berechnen Sie für M 1 den Prozentsatz, den die Unternehmerin Lena Schramm auf den Selbstkostenpreis aufschlagen muss, um ihr Unternehmensziel zu erreichen. Erörtern Sie in der Klasse, ob die Höhe des Gewinns angemessen ist.

Öffentliche Betriebe – Erwerbswirtschaftliche Betriebe

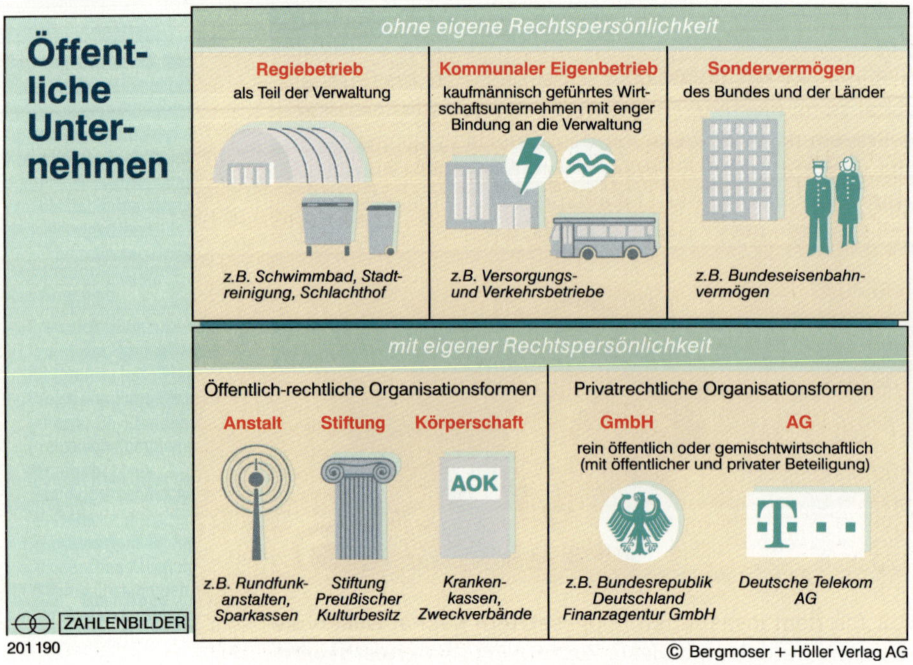

Im Gegensatz zu den erwerbswirtschaftlichen Betrieben mit ihrem Gewinnstreben versuchen die **gemeinwirtschaftlichen** oder gemeinnützigen **Betriebe** und Einrichtungen nach dem Kostendeckungsprinzip zu wirtschaften. Durch angemessen kalkulierte Preise werden die entstehenden Kosten abgedeckt. Viele öffentliche Einrichtungen können mit ihren Einnahmen nicht ihre Kosten decken. Sie sind auf Zuschüsse **(Subventionen)** der öffentlichen Hand aus Steuermitteln angewiesen oder werden privatisiert. Öffentliche Betriebe decken dort einen Bedarf ab, wo das Wohl der Allgemeinheit im Vordergrund steht.

Daneben hält auch der Staat bei Unternehmen mit erwerbswirtschaftlicher Zielsetzung Anteile, der Bund z. B. bei der Deutschen Bahn und das Land Niedersachsen bei Volkswagen.

Diskutiert wird nach wie vor, ob die Wasserversorgung privatisiert werden darf. Gegen Pläne der EU-Kommission, den freien Wettbewerb durch Privatisierung öffentlicher Betriebe zu fördern, hat eine europäische Bürgerinitiative 2014 fast 1,7 Millionen Unterstützer gefunden. Wasser als eine Angelegenheit des Allgemeinwohls habe Vorrang vor Geschäftsinteressen.

M 1

Soziale Rücksichten
Bei der Preisgestaltung gemeinwirtschaftlicher Betriebe wird vielfach auf sozial schwächere Personengruppen, z. B. Rentner/-innen oder kinderreiche Familien, Rücksicht genommen.

Übersicht

Betrieb	Ziel	Beispiele
erwerbswirtschaftlich	Gewinn	Handwerksbetriebe, Industriebetriebe, Einzelhandelsbetriebe
gemeinwirtschaftlich	Bedarfsdeckung Kostendeckung soziale Ziele	öffentliche Verkehrsbetriebe, öffentliche Versorgungsbetriebe, öffentliche Krankenhäuser
genossenschaftlich	Vorteile für Mitglieder	Konsumgesellschaften, Genossenschaftsbanken, landwirtschaftliche Genossenschaften

Arbeitsvorschläge

1. *Verhalten sich viele Städte und Gemeinden noch zeitgemäß, wenn sie mit kommunalen Wasserwerken die Verantwortung für die Grundversorgung der Bevölkerung übernehmen? Stellen Sie Pro und Kontra gegenüber.*
2. *Erkunden Sie, ob bei der Preisgestaltung öffentlicher Schwimmbäder in der Nähe Ihres Wohnorts soziale Gesichtspunkte (M 1) berücksichtigt werden.*

2.4 Betriebswirtschaftliche Kenndaten

Um im Wettbewerb erfolgreich zu sein, müssen Unternehmerinnen und Unternehmer laufend die Leistungsfähigkeit ihrer Betriebe überprüfen. Mithilfe der betriebswirtschaftlichen Kenndaten Produktivität, Wirtschaftlichkeit und Rentabilität kann festgestellt werden, ob die Betriebsmittel so eingesetzt sind, dass das bestmögliche Produktionsergebnis erzielt wird.

Produktivität

In den allermeisten Wirtschaftszweigen ist die menschliche Arbeitskraft, insbesondere dank moderner Technik, heute bedeutend produktiver als früher. Mit der Produktivität lässt sich die Ergiebigkeit einer wirtschaftlichen Tätigkeit ausdrücken.

$$\text{Produktivität} = \frac{\text{Produktionsergebnis (Output)}}{\text{Faktoreneinsatz (Input)}}$$

Die Produktivität lässt sich auch für einzelne Produktionsfaktoren ermitteln.

$$\text{Arbeitsproduktivität} = \frac{\text{Produktionsergebnis}}{\text{Arbeitsstunden}}$$

Die Arbeitsproduktivität spielt eine große Rolle bei Tarifverhandlungen.

Beispiel:
Der Verkaufspreis eines Mittelklasse-Pkws beträgt 25 000,00 €. Für die Produktion werden 100 Arbeitsstunden benötigt. Nach verbessertem Produktionsablauf sind es nur noch 90 Arbeitsstunden.

Arbeitsproduktivität

A: $\frac{25\,000}{100} = 250$ B: $\frac{25\,000}{90} = 277{,}8$

Wirtschaftlichkeit

Bei der Berechnung der Wirtschaftlichkeit werden Produktionserlöse und Produktionskosten aufeinander bezogen.

$$\text{Wirtschaftlichkeit} = \frac{\text{Leistung}}{\text{Kosten}}$$

Beispiel:
Eine Firma produziert verschiedene Produkte. Produkt A lässt sich für 5 000,00 € verkaufen, die Herstellungskosten betragen 3 500,00 €. Bei Produkt B wird ein Verkaufspreis von 9 000,00 € erzielt, die Herstellung kostet 6 000,00 €.

Wirtschaftlichkeit für

A: $\frac{5\,000}{3\,500} = 1{,}42$ B: $\frac{9\,000}{6\,000} = 1{,}50$

Demnach kann Produkt B wirtschaftlicher hergestellt werden. Um die Wirtschaftlichkeit von Produkt A zu erhöhen, könnte der Verkaufspreis angehoben werden bzw. die Kosten der Herstellung müssten gesenkt werden.

Rentabilität

Die Verzinsung des eingesetzten Kapitals wird mit dem Begriff „Rentabilität" bezeichnet.

$$\text{Eigenkapitalrentabilität} = \frac{\text{Gewinn} \cdot 100}{\text{Eigenkapital}}$$

Beispiel:
Frau M., Inhaberin eines Dienstleistungsbetriebs, erwirtschaftet in einem Geschäftsjahr mit einem Eigenkapital von 700 000,00 € einen Reingewinn von 50 000,00 €.

$$\text{Eigenkapitalrentabilität} = \frac{50\,000 \cdot 100}{700\,000} = 7{,}1\,\%$$

Durch diese Messgröße erfahren Unternehmerinnen und Unternehmer, ob ihr Kapital angemessen verzinst wird.

Für viele Betriebe ist die Umsatzrentabilität eine wichtige Kenngröße. Dieser Wert besagt, wie viel Gewinn ein bestimmter Umsatz einbringt, d. h., wie viel pro 100,00 € Umsatz verdient wird.

$$\text{Umsatzrentabilität} = \frac{\text{Gewinn} \cdot 100}{\text{Umsatz}}$$

Arbeitsvorschlag

„Eine Steigerung der Produktivität muss nicht immer auch eine Steigerung der Wirtschaftlichkeit bedeuten." Untersuchen Sie diese Aussagen am Beispiel einer „Imbissbude".

Investitionen und Rationalisierung

M 1 Von **Investitionen** wird gesprochen, wenn Geldmittel (Geldkapital) zum Erwerb von Produktionsgütern eingesetzt werden: Kauf von Maschinen und Computern, Kauf oder Miete von Gebäuden, aber auch die Beschaffung von Roh-, Hilfsstoffen oder Büromaterial.
Investitionen dienen außerdem dazu, sich an anderen Firmen zu beteiligen oder sie aufzukaufen, um die eigene Produktion oder Dienstleistung auszuweiten oder die Konkurrenz auszuschalten. Investitionen kommt eine Schlüsselrolle für eine gute wirtschaftliche Entwicklung zu. Mit ihrer Hilfe werden häufig zusätzliche Arbeitsplätze geschaffen.
Mit ihrer Zinspolitik versucht die Europäische Zentralbank (s. S. 254 f.), diese Entwicklung zu beeinflussen.

M 2

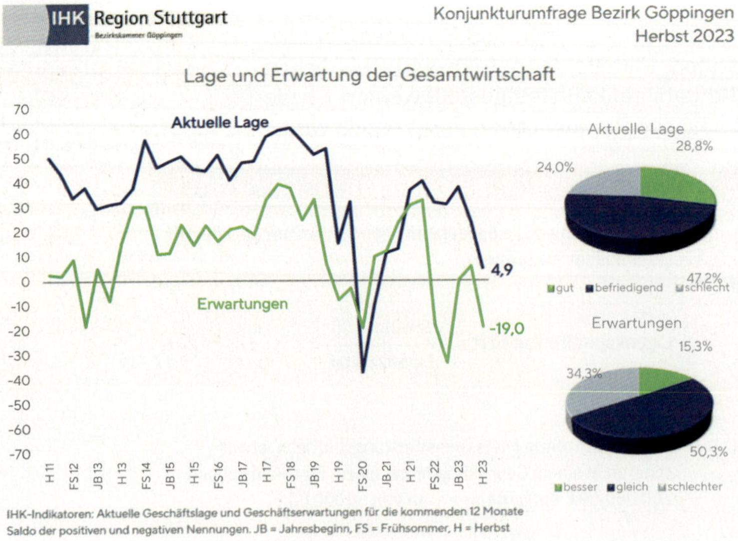

Industrie- und Handelskammer (IHK) Region Stuttgart 2023

M 3 **Aufgaben von Investitionen**

- **Ersatz** dient der Substanzerhaltung, also dem Ersatz veralteter Produktionsanlagen;
- **Erweiterung** bedeutet die Ausweitung bestehender Produktionskapazitäten
- **Rationalisierung** dient der Kosteneinsparung, kann aber auch zu Verlusten von Arbeitsplätzen führen.

M 4

Arbeitskosten je geleistete Stunde im Bereich verarbeitendes Gewerbe in Euro

2022, Auswahl

Dänemark	49,80 €
Belgien	46,30 €
Deutschland	**44,00 €**
Österreich	43,00 €
Italien	29,20 €
Polen	11,40 €
Rumänien	8,30 €
Bulgarien	6,80 €
EU-Durchschnitt	**30,50 €**

Vgl. Statistisches Bundesamt (Destatis) 26.04.2023

Rationalisierung

Unter Rationalisierung sind alle Maßnahmen zu verstehen, die betriebliche Abläufe verbessern und Betriebskosten senken. Roboter werden eingesetzt und Teile der Produktion automatisiert. In Büros und Verwaltungen vereinfacht EDV den Arbeitsaufwand, in der Industrie werden Lagerkosten durch die „Just-in-Time-Fertigung“ umgangen: Bauteile, z. B. Einspritzanlagen bei VW, werden erst angeliefert, wenn sie gebraucht werden. Hierdurch werden die Kosten für Lagerhallen gespart. Dies hat allerdings während der Coronakrise und als Folge des Ukrainekriegs zu Materialknappheit und Produktionsausfällen geführt.
Ohne Rationalisierung besteht für einige Wirtschaftszweige die Gefahr, wegen der internationalen Konkurrenz vom Markt verdrängt zu werden. Manche Betriebe weichen auf Auslandsstandorte mit geringeren Lohnkosten aus (s. M 4). Für Beschäftigte führt beispielsweise der Einsatz von Robotern zu Arbeitserleichterungen, wenn damit schwere und gefährliche Arbeiten übernommen werden. Andererseits fallen dadurch Arbeitsplätze weg, auch wenn Kernarbeitsplätze gesichert werden.
Schon immer wurde rationalisiert, seit Jahren verstärkt digitalisiert (Industrie 4.0, s. S. 152 f.). Der befürchtete Abbau von Arbeitsplätzen hat bisher nicht stattgefunden. Die Zahl der Beschäftigten hat sogar zugenommen. So werden seit einiger Zeit in allen Bereichen von Wirtschaft und Staat dringend Fachkräfte gesucht. Trotz aller Bemühungen um Integration und Zuwanderung von Fachkräften könnte der **demografische Wandel**, nach Einschätzung Lutz Stratmanns, des Geschäftsführers einer Demografie-Agentur, für die Bundesrepublik Deutschland die **größte Herausforderung seit dem Zweiten Weltkrieg** werden.

Arbeitsvorschläge

1. *Nennen Sie anhand von M 1 und M 2 Gründe für Investitionen von Unternehmen.*
2. *Erläutern Sie Auswirkungen der Investitionsziele auf Arbeitsplätze. (M 3)*
3. *Begründen Sie die Notwendigkeit von Rationalisierungsmaßnahmen für deutsche Unternehmen. (M 2 und M 4)*
4. *Stellen Sie mögliche Vor- und Nachteile der Automation für Arbeitnehmerinnen und Arbeitnehmer in einer Tabelle gegenüber.*

2.5 Produktion von Gütern

Die Produktion in Handwerks- und Industriebetrieben erfolgt in unterschiedlichen **Fertigungsverfahren**, die vor allem von der Art des Produkts und den technischen Erfordernissen bestimmt sind. Drei Fertigungsverfahren werden unterschieden.

M 1
- Einzelfertigung erfolgt nach besonderem Auftrag, z. B. ein Wohnhaus,
- Serienfertigung gleichartiger Produkte in größeren, aber begrenzten Stückzahlen (z. B. Autos eines Sondertyps),
- Massenfertigung gleicher Erzeugnisse in sehr großen Stückzahlen, (z. B. Ziegel, Schrauben).

Die Einzelfertigung ist **arbeitsintensiv**. Es werden in der Regel qualifizierte Arbeitskräfte benötigt.
Die Serien- und Massenfertigung hingegen ist **kapitalintensiv**, d. h., die Aufwendungen für Maschinen und Anlagen sind deutlich höher als die Lohnkosten. Es können auch angelernte Arbeiterinnen und Arbeiter eingesetzt werden. Dabei gilt: Je höher die Kapazitätsauslastung (= mögliche maximale Produktion), desto geringer werden die fixen Kosten und damit die Stückkosten (= Kosten pro Mengeneinheit). Fixe Kosten fallen immer an, z. B. Gehälter der kaufmännischen Abteilung, Mieten, Maschinen- und Kapitalkosten usw., unabhängig von der produzierten Menge.

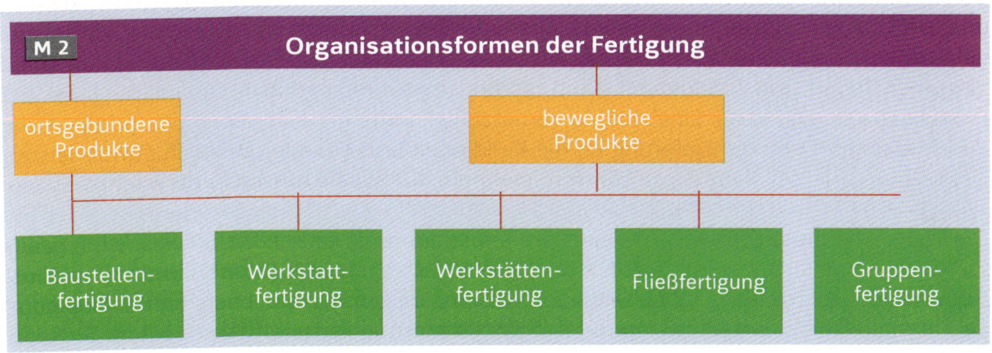

Gruppenfertigung
Die Gruppenfertigung ist eine Mischform aus Werkstatt- und Fließfertigung.
In Form von Fertigungsinseln trägt sie zur Humanisierung, also zur Verbesserung der Arbeitsbedingungen in der Fließfertigung, bei.
Zusammen mit der Verbesserung weiterer Arbeitsbedingungen wie Belüftung und Beleuchtung kann auch die Arbeitsproduktivität (s. S. 149) gesteigert werden.

Baustellenfertigung ist meist Einzelfertigung. Das ausführende Personal, die Werkstoffe und Geräte müssen zur Baustelle gebracht werden, damit z. B. ein Haus oder eine Brücke gebaut werden kann.
Werkstattfertigung ist vor allem im Handwerk üblich. Die Werkstatt ist mit allen erforderlichen Werkzeugen und Maschinen ausgerüstet. Das Produkt einer Tischlerei, z. B. eine Haustür, wird in allen Produktionsstufen dort angefertigt und dann auf einer Baustelle eingebaut. Einzelfertigung oder Kleinserienfertigung herrschen vor. Die Anpassung an Marktveränderungen und Kundenwünsche ist groß.
Fließfertigung ist ein Ablaufsystem der Produktion, bei dem die Werkstücke lückenlos eine Abfolge von Arbeitsgängen in Fertigungsstraßen durchlaufen. Die Beförderung der Werkstücke erfolgt durch zentral gesteuerte Transportbänder („Bandarbeit"). Zum reibungslosen Ablauf ist eine besonders abgestimmte Logistik erforderlich.

Arbeitsvorschläge

1. *Unterscheiden Sie Fertigungsverfahren (M 1) und Organisationsformen der Fertigung (M 2) und nennen Sie Beispiele aus Ihrem Erfahrungsbereich.*
2. *Ordnen Sie Ihre berufliche Tätigkeit den Fertigungsverfahren und Organisationsformen der Fertigung zu und berichten Sie darüber in Ihrer Klasse.*

Betriebe in Wirtschaft und Gesellschaft

2.6 Industrie 4.0

M 1

Von der derzeitigen Ampelregierung wird die Digitalisierung und Umgestaltung in Wirtschaft und Gesellschaft auch als „Transformation" bezeichnet.

Unter Industrie 4.0 wird eine umfassende Digitalisierung der Arbeitswelt verstanden.

Industrie 4.0 – Ein Beispiel

Die Maschinen innerhalb einer Fabrik sind untereinander vernetzt und können miteinander kommunizieren. Wenn eine Maschine feststellt, dass zurzeit zu viele Teile hergestellt werden, dann wird ein Signal an die produzierende Maschine gegeben, weniger zu produzieren. Das bedeutet, dass nur so viele Rohstoffe verbraucht werden, wie unbedingt notwendig sind und dass nur diese Teile in die weitere Produktion kommen. Die nächste Stufe ist die Vernetzung der Fabriken untereinander. Die Teile verarbeitende Fabrik gibt digitale Informationen über Bedarf und Produktionsstand, sodass eine umfangreiche Optimierung bei der Produktion erfolgen kann. Eine weitere Vernetzung könnte mit einer Spedition erfolgen, die den Abtransport und die Lieferung an die Kundinnen und Kunden pünktlich gewährleistet. Der Mensch greift in diese Prozesse nicht mehr ein. Er löst sie aus und überwacht.

M 3
Auf dem Weltwirtschaftsforum (gegründet vom Wirtschaftswissenschaftler Klaus Schwab) wird jährlich in Davos mit Politikerinnen und Politikern, Wirtschaftsvertreterinnen und Wirtschaftsvertretern sowie NGOs (Nicht-Regierungs-Organisationen) über die mögliche umfassende digitale Umgestaltung von Wirtschaft und Gesellschaft diskutiert.

Die künstliche Intelligenz (KI) ist eine Erweiterung innerhalb der Industrie 4.0. Mithilfe der künstlichen Intelligenz wird versucht, bestimmte Entscheidungsstrukturen des menschlichen Gehirns nachzubilden. Eine Software wird so programmiert, dass sie Probleme selbstständig lösen kann. Ein Beispiel dafür sind selbstfahrende Autos. Charakteristisch für KI ist die Fähigkeit weiterzulernen.
Der Einsatz künstlicher Intelligenz wird die heutige Welt komplett verändern. Sie birgt jedoch Gefahren, auf die sich Regierungen, aber auch Arbeitgeber sowie Arbeitnehmerinnen und Arbeitnehmer einstellen müssen.

M 2
- Wie weit dürfen Bots lernfähig gemacht werden?
- Darf Software das Denken optimieren und manipulieren?
- Darf man Menschen mit Chips ausstatten, die sie unmittelbar mit der Maschine verbinden?
- Muss sich der Mensch an den Roboter und seine Software anpassen?
- Dürfen Firmen angestellte Arbeitnehmerinnen und Arbeitnehmer digital überwachen?

Arbeitsvorschläge

1. *Nennen Sie Beispiele für intelligente Vernetzung. (M 1)*
2. *a) Formulieren Sie den Begriff „Industrie 4.0" mit eigenen Worten.*
   b) Informieren Sie sich im Internet über das Weltwirtschaftsforum und seine Themen. (M 3)
3. *Wählen Sie eine Frage aus M 2. Diskutieren Sie diese in Zweiergruppen und stellen Sie das Ergebnis in der Klasse vor.*

M 1 **Was ist eine intelligente Fabrik?**

In der Fabrik 4.0 koordinieren Maschinen selbstständig die Fertigungsprozesse. Serviceroboter arbeiten in der Montage auf intelligente Weise mit Menschen zusammen. Fahrerlose Transportfahrzeuge erledigen eigenständig Logistikaufträge, indem sie Güter bereitstellen und transportieren. Dazu werden Werkzeuge, Maschinen und Transportmittel mit digitalen „Augen und Ohren“ (Sensoren, z. B. Kameras) sowie „Händen und Füßen“ (Aktoren, z. B. Roboter, Fahrzeuge) ausgerüstet und über IT-Systeme (Computer) zentral gesteuert. Auf diese Weise können intelligente Transportbehälter über Funkverbindungen übermitteln, womit sie gefüllt sind und wo sie sich in der Fabrik gerade befinden – das erleichtert die Produktion und die Logistik (Kon-trolle und ggf. Korrektur durch die Mitarbeiterinnen und Mitarbeiter).

vgl. Bundesministerium für Wirtschaft und Klimaschutz 2015

M 2

Karikatur von Christiane Pfohlmann: Roboter 4.0, 14.04.2015

Neben den Veränderungen von Produktionsformen und Dienstleistungen durch die Digitalisierung in ortsgebundenen Betrieben und Büros mit geregelten Arbeitszeiten verstärkt sich der Trend zu anderen Arbeitsformen.

M 3 **Die neue Arbeitswelt**

Die Digitalisierung hat die Arbeitsgestaltung in vielen Wirtschaftsbereichen beweglicher gemacht. Sie ist nicht mehr immer an feste Orte und Arbeitszeiten gebunden. Voraussetzung sind das Internet und die Verfügbarkeit von ortsunabhängigen Geräten, vom Tablet bis zum Notebook. Diese Entwicklung ist seit Anfang 2020 durch die dramatischen Folgen der Coronakrise beschleunigt worden. Bei Bürotätigkeiten ist „Home-Office“ eine Lösung, nicht nur bei traditioneller Büroarbeit, sondern selbst bei der Industrie. Auch Besprechungen werden ortsungebunden als Videokonferenzen geführt. Ausgenommen von der Möglichkeit, das Home-Office nutzen zu können, sind Handwerk, Industrie, Einzelhandel, Gastronomie und Berufe in der Alten- und Krankenpflege.
Für viele Menschen hat das Home-Office zu einer besseren Vereinbarkeit von Familie und Beruf geführt. Gesetzlich festgeschrieben ist das Recht auf Home-Office nicht. Der Arbeitgeber kann durch eine Zusatzvereinbarung zum Arbeitsvertrag das Home-Office regeln. Aus Sicht des Arbeitsschutzes besteht das Problem der **Selbstausbeutung**. Wenn viel Arbeit anliegt, wird länger gearbeitet.

Was passiert bei einem Arbeitsunfall im Home-Office?

Grundsätzlich tritt auch bei einem Arbeitsunfall im Home-Office die gesetzliche Unfallversicherung in Kraft.

M 4

„Wir fordern digitale Grundrechte

Präambel

Im Bewusstsein, dass […] technischer Fortschritt stets im Dienste der Menschheit zu stehen hat. […]

Art. 15 (Arbeit)

(1) Der digitale Strukturwandel ist nach sozialen Grundsätzen zu gestalten.
(2) Im digitalen Zeitalter ist effektiver Arbeitsschutz zu gewährleisten.“

ZEIT-Stiftung Ebelin und Gerd Bucerius 2018

Bisher können die Veränderungen infolge der Digitalisierung von Produktion und Dienstleistungen durch Gesetze und Verordnungen (Arbeitssicherheit), Mitbestimmungsrechte und flexible Tarifverträge überwiegend sozialverträglich geregelt werden. Fachleute erwarten aber schon für die nahe Zukunft eine Beschleunigung dieser Entwicklung. So hat das Bundesarbeitsgericht 2022 festgelegt, dass die Arbeitszeiten von Arbeitnehmerinnen und Arbeitnehmern immer zu erfassen sind, und zwar auch im Home-Office. Strittig ist die Gestaltung der Mitbestimmung, z. B. bei flexiblen Arbeitszeiten und die Frage, welche Personengruppen unter die Mitbestimmung fallen, z. B. die freien Mitarbeiter.

Arbeitsvorschläge

1. *Entnehmen Sie aus M 1 ein Beispiel für die Arbeitsweise einer „intelligenten“ Fabrik und entwerfen Sie dafür eine konkrete Situation aus Ihrem Erfahrungsbereich.*
2. *Bearbeiten Sie die Karikatur M 2 mit der Methode „Analyse politischer Karikaturen“ (s. S. 248 f.).*
3. *Entwerfen Sie für sich einen begründeten Wunschkatalog für Ihre Arbeitsplatz- und Arbeitszeitgestaltung. (M 3, M 4)*
4. *Verfolgen Sie in den Medien Reformdiskussionen zum Arbeitsschutz und zur Mitbestimmung, die durch die Digitalisierung ausgelöst worden sind. Diskutieren und notieren Sie in Ihren Lerngruppen Auswirkungen der jeweiligen Vorschläge auf Ihre künftige Berufstätigkeit.*

3 Unternehmensgründung

M 1

Jens ist Tischler. Er arbeitet als Geselle in einer Tischlerei. In seiner Freizeit arbeitet er alte Möbelstücke auf, zuerst für sich selbst, dann auch für Freunde und Bekannte. Inzwischen sind Aufträge und Anfragen so rege, dass er die Arbeit nebenbei und an den Wochenenden nicht mehr bewältigen kann. Außerdem machen ihm die finanziellen Zuwendungen Kopfschmerzen. Jens muss sich für seine berufliche Zukunft etwas einfallen lassen. Er vereinbart mit seiner Chefin, dass er seinen Arbeitsvertrag bei ihr kündigt, aber gegen einen Betrag die Maschinen in ihrer Werkstatt nutzen kann. Jens meldet ein Gewerbe an, gründet ein Einzelunternehmen und mietet ein Ladengeschäft, in dem er seine aufgearbeiteten Möbel zum Kauf anbieten und Aufträge entgegennehmen kann. Das Geschäft läuft gut und Jens ist zufrieden.
Seine Chefin möchte aus Altersgründen ihre Tischlerei abgeben. Da Jens keinen Meisterbrief hat, kann er diesen Handwerksbetrieb nicht übernehmen. Der Altgeselle der Tischlerei besitzt einen Meisterbrief, hat aber bislang nie den Gedanken gehabt, sich selbstständig zu machen. Jens und der Altgeselle Max gründen eine GmbH. Das dafür notwendige Stammkapital von 25 000,00 € können beide privat aufbringen.
Der Kauf der Tischlerei wird mithilfe eines Bankkredits getätigt.

„Das Herz eines Gründers/einer Gründerin muss ruhelos, aktiv und hungrig sein." *(Barbara Meier)*

M 2 Wichtige Eigenschaften für eine Unternehmerin/einen Unternehmer sind:
- angemessenes Selbstvertrauen
- Fähigkeit, Entscheidungen zu treffen
- Durchhaltevermögen
- Flexibilität bei neuen Situationen oder Anforderungen (z. B. durch die Kundschaft)
- Kritikfähigkeit gegenüber Beratern, Mitarbeitenden und Kundschaft
- Ehrlichkeit gegenüber sich selbst, Mitarbeitenden und Kundschaft
- Verlässlichkeit gegenüber Kundschaft und Mitarbeitenden

M 3

Vorteile der Selbstständigkeit	Nachteile der Selbstständigkeit
– Verwirklichung eigener Ideen und Ziele – eigene Entscheidungen treffen – Ansehen durch Erfolg bekommen – hohes Einkommen möglich – viel persönliche Freiheit – Alternative zur Arbeitslosigkeit – höhere Motivation zu arbeiten – selbst gewählte Arbeitszeiten – Arbeitsumfeld wie Team, Ort usw. kann selbst gestaltet werden	– Einkommen ist von der Auftragslage abhängig – finanzielles Risiko – meist hohe Arbeitsbelastung (Selbstständige arbeiten ca. 50–60 Stunden die Woche) – soziale Absicherung (Altersvorsorge, Arbeitsunfähigkeit, Krankenversicherung) nur durch eigene Vorsorge – eventuell Aufgabe eines sicheren Arbeitsverhältnisses

Arbeitsvorschläge

1. *Notieren Sie, welche wichtigen Eigenschaften den Unternehmer Jens Ihrer Meinung nach auszeichnen. (M 1, M 2)*
2. *Ermitteln Sie zwei Vor- und Nachteile, die für Sie bei der Selbstständigkeit wichtig sind. Begründen Sie Ihre Meinung. (M 3)*

Jens will sich selbstständig machen. Er hat ein Ladengeschäft in Aussicht und ist jetzt auf dem Weg zum Gewerbeamt, damit er sein Ziel, die Gründung eines Einzelunternehmens, verwirklichen kann.

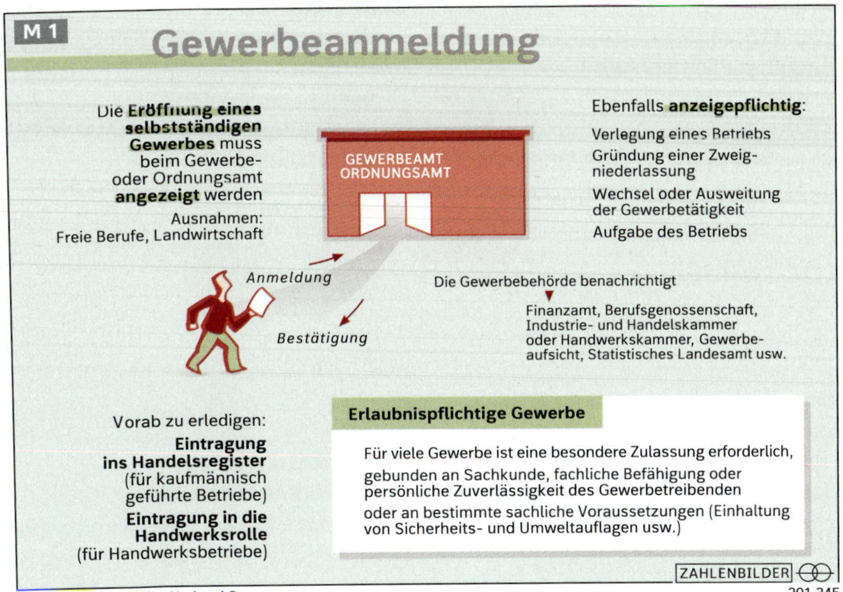

 201 345

Hauptziele eines Gewerbetriebs sind Selbstständigkeit, Gewinnabsicht, Teilnahme am Markt und Nachhaltigkeit, d.h., der Betrieb ist auf Dauer angelegt. Die **Firma** ist der Name, unter dem eine Kauffrau oder ein Kaufmann im Handelsregister eingetragen ist. Dabei gilt der Grundsatz der Ausschließlichkeit, d.h., der Firmenname darf nicht zu Verwechslungen führen. Unterschieden werden:

M 2
- **Namen- oder Personenfirma**, z. B. Jasmin Meier OHG;
- **Sachfirma,** z. B. Naturstein Gürel KG;
- **Fantasiefirma**, z. B. Studio Sonnenschein GmbH;
- **gemischte Firma**, z. B. Busch & Strauch Industriebau GmbH & Co. KG

M 3 In Deutschland gibt es eine große Zahl von Möglichkeiten, sich für eine Unternehmensgründung beraten zu lassen. So bieten die Industrie- und Handelskammern, einzelne Städte und Kommunen und Online-Portale jungen Existenzgründenden vielfältige Formen von Beratungsmöglichkeiten.
Finanzielle Förderung bieten die KfW Bank an, die Sparkassen und auch die Bundesländer mit ihren vielfältigen Förderprogrammen.
Die Agentur für Arbeit kann für viele an einer Gründung Interessierte ebenfalls eine gute Unterstützung sein, wenn es um Beratung und Gründerzuschuss geht.
Das Bundeswirtschaftsministerium bietet ebenfalls Programme zur Existenzgründung an. Junge Existenzgründerinnen und -gründer bieten die Arbeitsplätze der Zukunft an. Die kleinen und mittleren Unternehmen erwirtschaften ein Drittel des Bruttoinlandsproduktes in Deutschland.

Firmenzusätze
e. K., e. Kfm., e. Kffr.
eingetragener Kaufmann/eingetragene Kauffrau

Fördermittel der EU
z. B. das Programm „MikroSTARTer für Kleinstgründer" bei der N-Bank Hannover, Förderbank des Landes Niedersachsen

Weitere Informationen unter www.nbank.de

Es gibt kostenlose Beratungen für Existenzgründerinnen und Existenzgründer bei den IHK, HWK und der zuständigen Landwirtschaftskammer.

Arbeitsvorschläge

1. *Notieren Sie mithilfe von M 1 die erforderlichen Schritte für die Gründung eines handwerklichen und eines kaufmännischen Unternehmens. Klären Sie mithilfe von M 1, welche Schritte Jens gehen muss.*
2. *Ermitteln Sie unterschiedliche Firmennamen und ihre Rechtsformen. (M 2)*
3. *Suchen Sie geeignete Hilfen für eine Unternehmensgründung. (M 3)*
4. *a) Wie erfolgt die Gründung einer GmbH (s. S. 160)?*
   b) Wie könnten Max und Jens ihre Firma nennen? Erarbeiten Sie Beispiele.

M 1

Wichtige Fragen vor einer Unternehmensgründung

Geschäftsidee
- Welche Produkte oder welche Dienstleistungen will ich anbieten?
- Was ist die Besonderheit an meiner Geschäftsidee?
- Welchen Bedarf decke ich damit ab?

Rechtsform des Unternehmens
- Gründe ich das Unternehmen – allein oder mit Partnern?
- Wer übernimmt welche Aufgaben?
- Wie hoch ist der Kapitalbedarf?
- Welche Haftung gehe ich ein?

Markteinschätzung
- Wer sind meine Kunden?
- Wer sind meine Konkurrenten?
- Wie könnten die Konkurrenten reagieren?

Standort
- Wo errichte ich das Unternehmen?
- Welche Absatzmöglichkeiten gibt es?
- Welche Verkehrsanbindungen, Kommunikations- und Zulieferbedingungen sind vorhanden?
- Wie sind die Grundstücks-, Miet- und Energiepreise?
- Gibt es öffentliche Fördermöglichkeiten?
- Gibt es behördliche Auflagen?

Marketing
- Welche Werbemittel will ich einsetzen?
- Wie will ich mein Produkt, meine Dienstleistung verkaufen?
- Was sollen meine Produkte/Dienstleistungen kosten?

Finanzierung
- Welche Ausgaben sind besonders am Anfang zu erwarten?
- Woher bekomme ich das Startkapital?
- Welche Ausgaben und Einnahmen werde ich haben?
- Welche Steuern muss ich zahlen?
- Welche Fördermittel stehen mir zu?

Zukunftsaussichten
- Wie könnte sich der Markt für meine Produkte/meine Dienstleistung entwickeln?

Zahlreiche Fragen sind hier zu beantworten.

Ein Scheitern verhindern

Etwa die Hälfte der Unternehmensgründungen scheitert in den ersten fünf Jahren ihrer Geschäftstätigkeit. Die Gründe für das Scheitern sind sehr unterschiedlich. Oftmals verlieren junge Unternehmerinnen und Unternehmer den Businessplan aus den Augen. So geraten die Vorhaben und Ziele, die für das Gelingen der Existenzgründung nötig sind, im Alltagsstress aus dem Blickfeld.

Die Unternehmerinnen und Unternehmer vergessen beispielsweise, Rechnungen zu bezahlen und Mahnfristen einzuhalten. Das kann teuer werden.

Wenn Gehälter an Mitarbeiterinnen und Mitarbeiter nicht pünktlich überwiesen werden, verlieren diese ihre Motivation und wechseln möglicherweise in eine andere Firma.

Nach anfänglichen finanziellen Erfolgen entnehmen viele Firmengründerinnen und -gründer zu viel Geld für ihren persönlichen Bedarf aus der Firma. Das kann zu finanziellen Engpässen führen.

Eine Existenzgründung sollte nie aus einer persönlichen Not heraus erfolgen.

Arbeitsvorschläge

1. *Welche Gefahren für das Scheitern von Jens und Max (M 1, S. 154) könnten drohen? Erarbeiten Sie in Partnerarbeit Möglichkeiten.*
2. *Gründen Sie mit einer Partnerin/einem Partner ein Unternehmen von der Geschäftsidee bis zur Finanzierung und präsentieren Sie Ihr Ergebnis der Klasse.*

3.1 Rechtsformen der Unternehmung

Jedes Jahr werden in der Bundesrepublik Deutschland viele hundert Unternehmen neu gegründet. Zusätze in den Firmennamen wie e. K., GmbH, GmbH & Co. KG, OHG und AG weisen auf die jeweilige Rechtsform hin. Diese ist von weitreichender Bedeutung. Mit der Entscheidung über die Rechtsform ergeben sich bestimmte Vor- und Nachteile für die Führung der Unternehmung.

HRB 204480: 15.11.2013
Peter Streilinger Consulting UG (haftungsbeschränkt) Braunschweig
Erbringung von Beratungsleistungen in den Bereichen Verlags- und Vertriebsmarketing.
Stammkapital: 1 000,00 €

HRB 204480: 24.09.2018
Peter Streilinger Consulting GmbH, Erbringung von [...]
Stammkapital 25 000,00 €

M 1

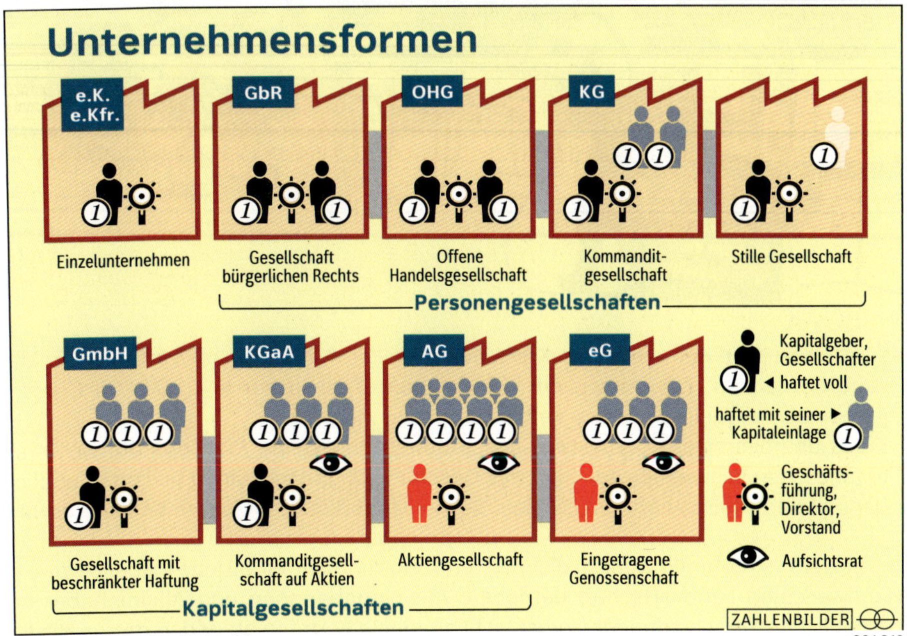

Jegliche geschäftliche Tätigkeit richtet sich nach dem allgemeinen Recht des **Bürgerlichen Gesetzbuchs (BGB)**. Für Kaufleute gilt zusätzlich das Sonderrecht des **Handelsgesetzbuchs (HGB)**, welches auf den Grundregeln des BGB aufbaut. Für bestimmte Unternehmensformen gelten weitere Rechtsgrundlagen wie das Aktiengesetz (AktG), das GmbH-Gesetz und das Genossenschaftsgesetz. Hinzu kommen europäische Gesetze (s. S. 162).

M 2 Aus der Rechtsform der Unternehmung lassen sich vier Grundfragen beantworten:
1. Wem gehört die Unternehmung?
2. Wer leitet die Unternehmung?
3. Wem gehört der Gewinn, der aus der Unternehmenstätigkeit erwächst?
4. Wer haftet für die Schulden, die das Unternehmen hat?

Bei Personengesellschaften ist kein Mindestkapital (Stammkapital) erforderlich, weil mindestens eine Person mit ihrem Privatvermögen haftet. Das ist anders bei Kapitalgesellschaften, bei denen die Haftung auf das Gesellschaftsvermögen beschränkt ist. Deshalb sind bei ihrer Gründung grundsätzlich sogenannte „Stammeinlagen" nachzuweisen. Das sind grundsätzlich 25 000 €. Lediglich bei der deutschen Unternehmensgesellschaft „**UG (haftungsbeschränkt)**" reicht 1,00 € (s. S. 160).

Arbeitsvorschläge

1. *Finden Sie Beispiele für die vier in M 1 genannten Personengesellschaften.*
2. *Beantworten Sie die vier Grundfragen zur Rechtsform (M 2) am Beispiel eines Ihnen bekannten Unternehmens.*

M 2

Das wünschen sich Kundinnen und Kunden von ihrer Handwerkerin/ihrem Handwerker

1. Zuverlässigkeit
2. Fachkönnen
3. Ehrlichkeit
4. Sauberkeit
5. Interesse an ihren Problemen
6. Beratung
7. Preiswürdigkeit
8. Höflichkeit

Je besser Handwerker/-innen die Anforderungen ihrer Kundinnen und Kunden erfüllen, je zuverlässiger, freundlicher, ehrlicher, sauberer sie auftreten, desto weniger müssen sie darum kämpfen, ihre Preise durchzusetzen. Wer nachlässig arbeitet, wer unzuverlässig ist und wer es an der Sauberkeit bei der Arbeit mangeln lässt, wird viel häufiger mit dem Preis argumentieren müssen als derjenige, der die Wünsche seiner Kundschaft erfüllen kann.

Einzelunternehmung

M 1 Klaus Heinen, gelernter Kfz-Mechatroniker, hat die Meisterprüfung im Kfz-Handwerk bestanden. Zusammen mit seiner Ehefrau Silvia hat er 22 000,00 € gespart. Ihr gemeinsames Ziel ist es, sich selbstständig zu machen.
Klaus übernimmt eine Tankstelle und eröffnet eine kleine Kfz-Reparaturwerkstatt. Nach anfänglichen Schwierigkeiten läuft das Geschäft gut. Er stellt einen Auszubildenden ein und benutzt den erwirtschafteten Gewinn, um seine Werkstatt technisch besser auszurüsten.

Als Einzelunternehmen werden die meisten Klein- und Mittelbetriebe insbesondere in Handel, Handwerk und Landwirtschaft betrieben. Alleininhaberinnen und Alleininhaber treffen alle betrieblichen Entscheidungen selbst, schließen alle Verträge ab und vertreten die Firma nach außen. Sie müssen allein das gesamte Betriebskapital aufbringen. Fremdkapital von einer Bank bekommen sie nur als Personalkredit, wenn sie über Sicherheiten verfügen, z. B. ein Eigenheim. Einzelunternehmerinnen und -unternehmer entscheiden allein über die Verwendung ihres Gewinns, tragen Verantwortung und Risiko und haften unbeschränkt auch mit ihrem Privatvermögen für alle Geschäftsschulden.

Der Einzelkaufmann/die Einzelkauffrau			
leitet	entscheidet	trägt	haftet
allein und ist Alleininhaber/-in	allein über die Gewinnverwendung	allein die Verluste	allein und unbeschränkt

Stille Gesellschaft

Eine stille Gesellschaft hat eine nach außen nicht sichtbare (stille) Beteiligung (Einlage) an einer Einzelfirma. Diese Einlage geht in das Vermögen der Firma über. Der „Stille" ist im Verhältnis zu seinen Einlagen am Gewinn beteiligt, nicht aber an der Geschäftsführung. Bei Verlusten haftet er nur bis zur Höhe seiner Einlagen. Eine Verlustbeteiligung kann sogar vertraglich ausgeschlossen werden. Der stille Gesellschafter ist aber berechtigt, den Jahresabschluss der Gesellschaft „in Abschrift" zu erhalten, um die Unterlagen nachzuprüfen.

Arbeitsvorschläge

1. *Beschreiben Sie, wie sich Klaus Heinen selbstständig gemacht hat und welche wesentlichen Voraussetzungen dazu erforderlich sind. (M 1)*
2. *Äußern Sie mit einem Satz spontan Ihre Erwartung an eine Handwerkerin/einen Handwerker. Vergleichen Sie Ihre Vorstellungen mit den in M 2 genannten Kundenwünschen.*

Offene Handelsgesellschaft (OHG)

M 1 Seit einigen Jahren betreibt Klaus Heinen erfolgreich seinen Kfz-Reparaturbetrieb. Ihm wird die Möglichkeit angeboten, sich an der benachbarten Unternehmung, der Heinz Meyer OHG, zu beteiligen.
Zwei der drei OHG-Gesellschafter wollen ihre Unternehmensanteile aus Altersgründen veräußern. Klaus Heinen und Ehefrau Silvia kaufen mit Zustimmung des dritten gleichberechtigten Gesellschafters die beiden Anteile. Klaus und Silvia sind nun Gesellschafter der OHG.
Durch den Gesellschaftsvertrag wird Klaus mit der Geschäftsführung beauftragt und übernimmt die örtliche Werksvertretung eines Automobilunternehmens. Die Firma heißt jetzt Heinen und Meyer OHG.

Die offene Handelsgesellschaft ist eine Personengesellschaft, in der jeder Gesellschafter grundsätzlich gleichberechtigt ist. Jeder hat das gleiche Recht und die gleiche Pflicht zur Geschäftsführung, sofern im Gesellschaftsvertrag keine andere Regelung vereinbart ist.

Die Geschäftsführung in einem Unternehmen betrifft das Innenverhältnis einer Firma und umfasst die Berechtigung, alle Handlungen vorzunehmen, die im „normalen" Betrieb erforderlich sind. Die Gesellschafter einer OHG sind zudem zur **Vertretung** der Firma im Außenverhältnis berechtigt. Sie geben rechtswirksame Willenserklärungen, z. B. gegenüber Kunden und Lieferanten, ab.

Gesellschaft Bürgerlichen Rechts (GbR)
Keine Firma, vertraglicher Zusammenschluss von zwei oder mehreren Personen für gemeinsame Tätigkeit, keine Eintragung in das Handelsregister, Gemeinschaftsvermögen, Haftung mit dem Privatvermögen

Das Reinvermögen der Firma gehört den Gesellschaftern entsprechend ihrem Anteil am gesamten Eigenkapital. Die Kapitaleinlagen können in Geld, in Sachwerten, beispielsweise einem Grundstück mit Werkstattgebäuden, oder in anderen Rechten, wie Patenten, geleistet werden.

Falls keine andere vertragliche Regelung über die Gewinnverteilung beschlossen ist, gilt die gesetzliche Regelung. Danach erhält jeder Gesellschafter zunächst 4 % auf seinen Kapitalanteil, der noch verbleibende Gewinn wird gleichmäßig auf die Gesellschafter verteilt.

Bei Verlusten der OHG haftet jeder Gesellschafter unmittelbar. Weiterhin haftet jeder Gesellschafter unbeschränkt für die Gesellschaftsschulden, auch mit seinem Privatvermögen. Jeder Gesellschafter haftet solidarisch für die übrigen Gesellschafter. Das bedeutet, dass er allein für Schulden der Gesellschaft aufkommen muss, wenn die Partner zahlungsunfähig oder „unbekannt verzogen" sind. Wegen der solidarischen Haftung ist die Kreditwürdigkeit einer OHG größer als die einer Einzelunternehmung.

M 2 **In einer offenen Handelsgesellschaft (OHG), bestehend aus mindestens zwei gleichberechtigten Gesellschaftern**

leitet	entscheidet	tragen	haften
grundsätzlich jeder Gesellschafter	der Gesellschaftsvertrag oder das Gesetz über die Gewinnverteilung	die Gesellschafter die Verluste zu gleichen Teilen	alle Gesellschafter unmittelbar, solidarisch, unbeschränkt

Genossenschaft (eG)
Mindestens drei Mitglieder (Genossen), Vorstand, mindestens zwei Mitglieder, vom Aufsichtsrat gewählt. Vorteile: z. B. günstiger Einkauf, Absatzförderung, Gewinnbeteiligung

Arbeitsvorschläge

1. *Ermitteln Sie anhand von M 1 mögliche vertragliche Abweichungen von der üblichen Geschäftsführung (Leitung) von Personengesellschaften (M 2).*
2. *Diskutieren Sie in Ihrer Gruppe, unter welchen Voraussetzungen eine gute Zusammenarbeit der drei Gesellschafter der OHG gelingen kann.*
3. *Erläutern Sie den Begriff „solidarische Haftung" an einem Beispiel.*

Gesellschaft mit beschränkter Haftung (GmbH)

M 1 Ein paar Jahre später sind Silvia und Klaus Heinen alleinige Gesellschafter der Unternehmung. Die Firmenbezeichnung lautet jetzt: Silvia und Klaus Heinen OHG. Insgesamt 45 Mitarbeiterinnen und Mitarbeiter sind in den zwei Betrieben beschäftigt.
Um die Haftung ihrer Unternehmung auf eine kalkulierbare Höhe zu beschränken, beschließen Silvia und Klaus Heinen, eine Kapitalgesellschaft, und zwar eine GmbH, zu gründen. Bei Verlusten haften Kapitalgesellschaften nur bis zur Höhe ihres Gesellschaftsvermögens. Das dazu erforderliche Stammkapital der Gesellschaft in Höhe von 25 000,00 € ist in Form des OHG-Betriebsvermögens bereits vorhanden.

Prokura

Die Prokura ermächtigt zu allen gerichtlichen und außergerichtlichen Geschäften und Rechtshandlungen, die der Betrieb eines Handelsgewerbes mit sich bringt (§ 49 HGB).

Insolvenz

Gerichtliches Verfahren zur zwangsweisen Auflösung eines Unternehmens, weil es überschuldet ist. Eine Überschuldung liegt vor, wenn die Schulden das Vermögen übersteigen.

Zur Gründung einer Gesellschaft mit beschränkter Haftung ist ein Gesellschafter und ein Stammkapital von 25 000,00 € erforderlich. Bei mehreren Gesellschaftern muss jeder mindestens 100,00 € als Geschäftsanteil einbringen. Dieser ist teilbar, vererblich und kann veräußert werden. Die Gesellschafter bestimmen im **Gesellschaftsvertrag** die Zahl der Geschäftsführer. Gewinne stehen den Gesellschaftern zu. In der **Gesellschafterversammlung** wird festgelegt, ob und in welcher Höhe diese „ausgeschüttet" oder in die Rücklage gestellt werden. Verluste vermindern das Kapital und werden, sofern vorhanden, aus den Rücklagen gedeckt.

Seit 2008 kann das Stammkapital bis auf 1,00 € unterschritten werden. Die Gesellschaft muss dann aber die Bezeichnung **„Unternehmensgesellschaft (haftungsbeschränkt)"** oder **„UG haftungsbeschränkt"** tragen und darf höchstens drei Gesellschafter und drei Geschäftsführer haben. Ein Teil des Jahresüberschusses ist in Rücklagen einzuzahlen, bis das Stammkapital in voller Höhe vorhanden ist. Erst dann kann die Eintragung in das Handelsregister erfolgen (§ 5a GmbHG).

Beschäftigt die Gesellschaft mehr als 500 Mitarbeiterinnen und Mitarbeiter, muss ein **Aufsichtsrat** gebildet werden. Er setzt sich zu zwei Dritteln aus Vertretern der Kapitalgeber und zu einem Drittel aus Arbeitnehmervertretern zusammen (s. S. 71). Sind ein oder zwei Arbeitnehmer/-innen in den Aufsichtsrat zu wählen, so müssen sie im Unternehmen beschäftigt sein. Bei größeren Aufsichtsräten müssen mindestens zwei Arbeitnehmervertreter/-innen im Unternehmen beschäftigt sein.

Die Gesellschaft mit beschränkter Haftung ist die einfachste Form der Kapitalgesellschaft. Sie eignet sich für Unternehmungen jeder Größe und ist wegen der beschränkten Haftung sehr beliebt.

In einer Gesellschaft mit beschränkter Haftung (GmbH), Stammkapital mindestens 25 000,00 €			
leitet	entscheidet	trägt	haftet
die von den Gesellschaftern eingesetzte Geschäftsführung	die Gesellschafterversammlung über die Gewinnverteilung	die Gesellschaft mit ihrem Kapital die Verluste	nur die Gesellschaft als juristische Person mit ihrem Vermögen

Arbeitsvorschläge

1. *a) In einer GmbH können sich alle Kapitalgeber der unbeschränkten Haftung entziehen. Stellen Sie die Vor- und Nachteile dieser Regelung einander gegenüber. (M 1)*
b) Erweitern Sie diese Gegenüberstellung auf die „UG – haftungsbeschränkt".

2. *Vergleichen Sie die Rechtsform einer OHG mit der einer GmbH unter folgenden Gesichtspunkten: Gründung, Geschäftsführung, Gewinn, Verlust und Haftung. Bewerten Sie Vor- und Nachteile beider Rechtsformen.*

Kommanditgesellschaft (KG)

In der Kommanditgesellschaft gibt es zwei Arten von Gesellschaftern: Komplementäre und Kommanditisten. Die **Komplementäre** sind in ihren Rechten und Pflichten den Gesellschaftern einer OHG gleichgestellt, also auch Vollhafter. Die **Kommanditisten** sind nur Geldgeber, die nicht mehr als ihre Kapitaleinlage verlieren können (Teilhafter), dafür aber auch kein Geschäftsführungs- und -vertretungsrecht besitzen. Im angemessenen Verhältnis zu ihrer Einlage können sie Gewinne beanspruchen und Verluste übernehmen.

M 1

In einer Kommanditgesellschaft (KG) (bestehend aus mindestens je einem Komplementär und Kommanditisten)			
leitet	entscheidet	tragen	haften
der Komplementär allein, Kommanditisten haben nur Einsichts- und Widerspruchsrecht	der Gesellschaftsvertrag über die Gewinnverteilung	die Gesellschafter die Verluste im angemessenen Verhältnis	Komplementäre voll und Kommanditisten nur bis zur Höhe ihrer Einlage

GmbH & Co. KG

Mischform eines Unternehmenszusammenschlusses. Eine Personengesellschaft mit nur einer natürlichen Person.
Ziel des Zusammenschlusses ist es, Vorteile der Personengesellschaft KG mit den Vorteilen einer Kapitalgesellschaft zu verknüpfen.
Die GmbH übernimmt die Haftung in der KG. Die Geschäfte werden über die KG abgewickelt.
Die Kreditwürdigkeit dieser Mischform ist wegen der begrenzten Haftung oft gering.

Aktiengesellschaft (AG)

Bei einer Aktiengesellschaft wird das Kapital in der Regel von vielen Gesellschaftern aufgebracht. Das Gesellschaftskapital heißt nach dem Aktiengesetz „Grundkapital". Für die Gründung einer AG sind ein oder mehrere Gesellschafter erforderlich, die Aktionäre. Weiterhin ist zur Gründung ein Grundkapital von mindestens 50 000,00 € notwendig.
Die einzelnen Anteile sind nennwertlose Stückaktien oder haben einen Nennwert von mindestens 1,00 €. Wenn Aktien an der **Börse** frei gehandelt werden, so werden sie zu einem **Kurswert**, der unterschiedlich vom Nennwert ist, gekauft und verkauft. Der Kurswert entsteht aus Angebot und Nachfrage nach einzelnen Aktien. Die Kurse der 30 größten deutschen Unternehmen werden im **DAX** (Deutscher Aktienindex) gemittelt und veröffentlicht. Alle Aktionäre haben einen Anspruch auf **Dividende** (Gewinnanteile), die auf der Hauptversammlung der Aktionäre festgelegt wird.
Die Organe der Aktiengesellschaft sind die **Hauptversammlung** der Aktionäre, der **Aufsichtsrat** und der Vorstand. In der Hauptversammlung werden die Vertreter/-innen der Aktionäre im Aufsichtsrat gewählt. Bei mehr als 500 Beschäftigten ist der Aufsichtsrat zu einem Drittel, bei mehr als 2 000 Beschäftigten zur Hälfte mit Arbeitnehmervertretern zu besetzen (s. S. 71). Der Aufsichtsrat wählt und kontrolliert den Vorstand. Der Vorstand führt die Geschäfte und vertritt das Unternehmen nach außen. Seine Mitglieder werden als „Managerinnen" und „Manager" bezeichnet.

In einer Aktiengesellschaft (AG) (Grundkapital mindestens 50 000,00 €)			
leitet	entscheidet	trägt	haftet
der vom Aufsichtsrat bestellte Vorstand	die Hauptversammlung der Aktionärinnen und Aktionäre über die Gewinnbeteiligung	die Gesellschaft mit ihrem Grundkapital die Verluste	nur die Gesellschaft mit ihrem Vermögen

KGaA

Kommanditgesellschaft auf Aktien. Mischform zwischen der AG und der KG. Mindestens ein Gesellschafter haftet unbeschränkt (Komplementär), die anderen sind als Teilhafter (Kommanditaktionäre) mit Aktien am Grundkapital beteiligt.

Aktionär/-in ist, wer mindestens eine Aktie besitzt.

M 2 Genossenschaft

Genossenschaftliche Unternehmungen haben kein Gewinnstreben, sondern bieten ihren Mitgliedern wirtschaftliche Vorteile, z. B. als Einkaufsgenossenschaften oder Absatzgenossenschaften (z. B. Winzergenossenschaft). Genossenschaften sind Kapitalgesellschaften mit einem Vorstand. Erforderlich zur Gründung sind mindestens drei „Genossen" und eine Satzung.

Arbeitsvorschläge

1. *Vergleichen Sie die rechtliche Stellung der Gesellschafter einer OHG (s. S. 159) mit der einer KG.*
2. *Ermitteln Sie aktuelle Aktienkurse einiger bekannter Unternehmen aus den Medien. Notieren und berichten Sie über Veränderungen der Aktienkurse und ihre Ursachen.*
3. *Ermitteln Sie ein Beispiel für eine Genossenschaft und ihre Ziele. (M 2)*

3.2 Wirtschaftliche Verflechtungen

Unternehmenskonzentration im Lebensmitteleinzelhandel

„Der Lebensmitteleinzelhandel in Deutschland ist ein hochkonzentrierter Markt. Gemessen am bundesweiten Absatz von Lebensmitteln teilen sich die vier größten Handelsunternehmen EDEKA, REWE, Aldi und die Schwarz-Gruppe (u. a. Lidl) über 85 % des Marktes."

Bundeskartellamt o. J.

Galeria Kaufhof übernimmt Karstadt Warenhaus

Kartellamt genehmigt 2018 Zusammenschluss. Wettbewerb ist durch Onlinehandel gesichert

Alstom und Bombardier fusionieren

Nach Genehmigung der EU-Wettbewerbshüter 2021 entsteht ein Gegengewicht zum chinesischen Marktführer

Wirtschaftliche Verflechtungen und Unternehmenskonzentration nehmen stetig zu. In Handel und Industrie gibt es immer mehr internationale Unternehmen. Beispiele sind Airbus Industries in Europa und Volkswagen (VW) in der ganzen Welt. Ebenso nimmt der weltweite Warenaustausch zu. Dieser Vorgang wird **Globalisierung** genannt. Durch Folgen der Corona-Pandemie 2020/2021 und des russischen Angriffskriegs auf die Ukraine 2022 wurden die Warenströme unterbrochen, was zu Materialknappheit und Produktionsausfällen geführt hat. Einige Unternehmen denken darüber nach, sich unabhängiger von Zulieferern zu machen. Folgen der aktuellen Krisen für die Globalisierung sind noch ungewiss.

M 1 Eine neuere Unternehmensform ist seit 2002 die **Europäische Aktiengesellschaft** (SE = Societas Europaea), kurz **Europa-AG** genannt. Sie ist für Großunternehmen gedacht, die in mindestens zwei EU-Staaten tätig sind und ein Stammkapital von mindestens 120 000,00 € einbringen. Ein Beispiel ist die Porsche-Holding. Wer eine Europa-AG gründet, hat die Wahl zwischen einer „dualistischen" Verfassung mit Vorstand und Aufsichtsrat (Porsche) oder einem „monistischen System" mit Verwaltungsrat und interner Kontrolle. Der Verwaltungsrat hat mindestens zwei Mitglieder. Ist die Gesellschaft mitbestimmungspflichtig, müssen es drei Mitglieder sein. Der Vorteil ist, dass verschiedene Gesellschaften in mehreren EU-Ländern sich zusammenschließen oder gemeinsame Tochterunternehmen bilden können.
vgl. Deutscher Bundestag 2022

Die Form der Mitbestimmung der Arbeitnehmerinnen und Arbeitnehmer bei der Umwandlung einer Kapitalgesellschaft in eine SE ist grundsätzlich zu verhandeln, oder es gilt die Form der Gründergesellschaft (s. S. 71). Viele Unternehmen mit Drittelbeteiligung sind kurz vor 2000 Mitarbeitern und Mitarbeiterinnen in eine SE gewechselt, um die paritätische Mitbestimmung zu umgehen. Deshalb ist seit Januar 2023 gesetzlich geregelt, dass bei „Grenzüberschreitendem Formwechsel" bestehende Mitbestimmungsrechte erhalten werden sollen. Bereits ab 4/5 des Grenzwertes 2000 muss verhandelt werden.

M 2 **Joint Ventures** (engl. Joint Venture: „gemeinsames Wagnis") sind internationale Wirtschaftsunternehmen mit gemeinsamer Leitung. Beteiligt sind mindestens zwei selbstständige Unternehmen aus zwei Ländern. Der Sitz ist nur in einem Land und wird meist als Kapitalgesellschaft oder auch als Personen- oder Einzelgesellschaft gegründet. Wichtige Gründe für die Gründung eines Joint Ventures sind der Austausch von „Know-how" (Wissen zur Problemlösung), die Aufteilung des unternehmerischen Risikos und der Zugang zum Markt des Landes, in dem das Partnerunternehmen seinen Sitz hat. Das trifft beispielsweise auf VW zu, dessen wichtigster Absatzmarkt die VR China ist.

Seit dem Austritt Großbritanniens aus der EU („Brexit") ist die britische „Limited" (engl. limited = beschränkt), die mit einem britischen Pfund ohne Notarzwang gegründet werden konnte, keine EU-Rechtsform mehr. In der Übergangsphase 2009 bis 2020 konnte die Limited z. B. noch einfach in eine UG-Haftungsbeschränkt (s. S. 160) umgewandelt werden. Danach wurde sie zu einer Personengesellschaft mit Haftung oder musste neu gegründet werden.

Formen wirtschaftlicher Zusammenarbeit

Wenn Unternehmen sich zusammenschließen, hat dies wirtschaftliche Gründe:

- Kostenersparnis bei der Produktion,

- größere Finanzkraft für Forschung und Entwicklung bei Großprojekten,
- mehr Marktmacht, eine bessere Position im internationalen Wettbewerb, aber auch Verdrängung der Konkurrenz vom Markt.

Wirtschaftliche Zusammenarbeit vollzieht sich in unterschiedlichen Formen. Eine lose Verbindung sind **Fachverbände**.
Kartelle sind vertragliche Zusammenschlüsse von wirtschaftlich und rechtlich selbstständigen Unternehmen gleicher Art, z. B. der Bauindustrie. Sie wollen durch Absprachen, z. B. über Preise und Absatzgebiete, den Wettbewerb untereinander einschränken. Solche Kartelle sind grundsätzlich **verboten**. Ausnahmen gewähren **Gruppenfreistellungsverordnungen** der EU-Kommission. Ähnliches gilt nach deutschem Recht auch für sogenannte Mittelstandkartelle. Kleine und mittlere Unternehmen (KMU) dürfen Absprachen – z. B. über gemeinsamen Einkauf Vertrieb, Werbung und Forschung – treffen, um ihre Wettbewerbsfähigkeit zu verbessern.

Konsortium
Zusammenarbeit von Banken (Konsorten) für ein Geschäft

Holding von „to hold" (engl.) = halten (von Anteilen)

KMU:
(Klein- und mittelständische Unternehmen)
Unternehmen mit bis zu 250 Beschäftigten und 50 Mio. € Jahresumsatz

Konzerne: „Sind ein herrschendes und ein oder mehrere Unternehmen unter einheitlicher Leitung des herrschenden Unternehmens zusammengefasst, so bilden sie einen Konzern; die einzelnen Unternehmen sind Konzernunternehmen." (Aktiengesetz § 18) Die herrschende Gesellschaft wird auch **Muttergesellschaft**, Dachgesellschaft oder Holding genannt. Die abhängigen Konzernunternehmen sind die „Töchter". Verlieren die Töchter neben ihrer wirtschaftlichen auch ihre rechtliche Unabhängigkeit, entsteht ein **Trust**.

Konzern

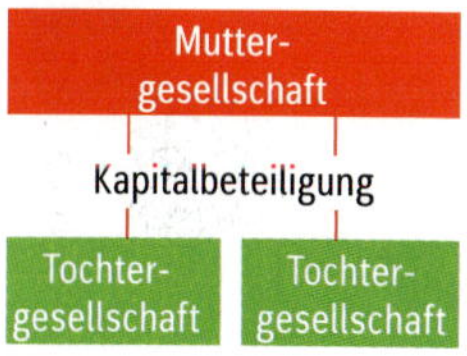

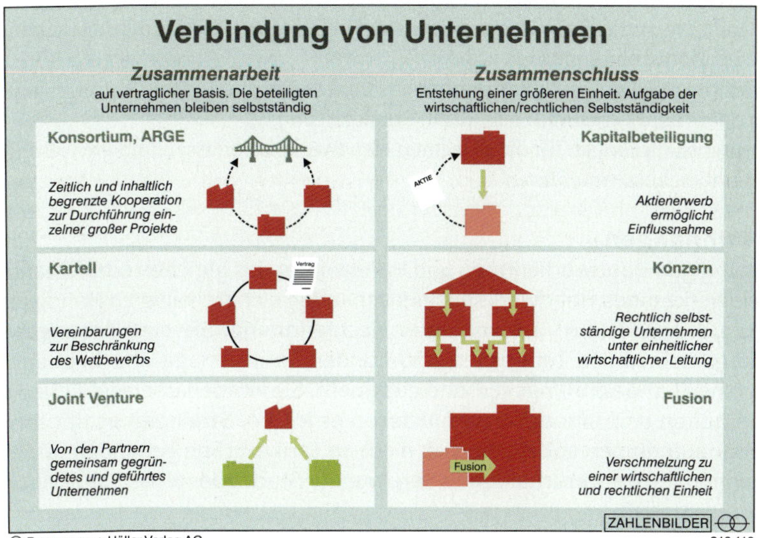

Da Konzerne den Markt beherrschen und damit den Wettbewerb einschränken können, unterliegen sie dem „Gesetz gegen Wettbewerbsbeschränkungen" (GWB), Kartellgesetz. In der EU überwacht eine Anti-Kartell-Behörde den Wettbewerb.
Inländische Konzerne müssen der Kartellbehörde in Berlin gemeldet werden, wenn sie einen Marktanteil von 20 % oder 10 000 Beschäftigte oder einen Umsatz von 250 Millionen € erreichen. Das **Bundeskartellamt** kann Unternehmenszusammenschlüsse untersagen, wenn diese zur Marktbeherrschung führen. Das Bundeswirtschaftsministerium kann einen solchen Zusammenschluss dennoch genehmigen, wenn die gesamtwirtschaftlichen Vorteile überwiegen (Ministererlaubnis). Das ist bis 2023 zehnmal erfolgt.

Regeln für Fusionen des deutschen Übernahmegesetzes

- **Kontrolle**
  Spätestens vier Wochen nach Ankündigung der Übernahme muss dem Bundesaufsichtsamt für den Wertpapierhandel ein detailliertes Kaufangebot vorliegen, das anschließend veröffentlicht wird.
- **Information**
  Aktionärinnen und Aktionäre sowie Beschäftigte sollen vom Käufer umfassend über die Folgen einer Übernahme unterrichtet werden.

Arbeitsvorschläge

1. *Beschreiben Sie die Europäische Aktiengesellschaft (SE) und vergleichen Sie die Art der Unternehmensführung mit einem Joint Venture. (M 1, M 2 auf S. 162)*
2. *Stellen Sie eine Reihe von Vor- und Nachteilen der Wirtschaftskonzentration zusammen.*
3. *Ermitteln Sie aus den Medien ein Beispiel, bei dem das Kartellamt einen Unternehmenszusammenschluss untersagt oder ihm zugestimmt hat bzw. bei dem eine „Ministererlaubnis" erforderlich wurde.*

3.3 Organisationen des Handwerks, der Landwirtschaft, der Industrie und des Handels

Organisationen des Handwerks

Gemäß **Handwerksordnung (HWO)** ist die Organisation des Handwerks zweigleisig aufgebaut. Selbstständige Handwerkerinnen und Handwerker sind Pflichtmitglieder der Handwerkskammer und können freiwillig einer Innung beitreten.
Spitzenorganisation des Handwerks auf Bundesebene ist der **Zentralverband des deutschen Handwerks (ZDH)** als Sprachrohr gegenüber der Öffentlichkeit, den Regierungen und Parlamenten sowie der Europäischen Union. Unter dem Dach des ZDH sind im Deutschen Handwerkskammertag (DHKT) die Handwerkskammern und im Unternehmerverband Deutsches Handwerk (UDH) die Zentralfachverbände des Handwerks zusammengeschlossen.

Die **Handwerkskammer** ist die gesetzliche Berufsstandsvertretung des Handwerks in einem Kammerbezirk. Auf Landesebene bilden die Handwerkskammern Arbeitsgemeinschaften. Handwerkskammern beraten ihre Mitglieder, unterstützen Behörden, z. B. durch Gutachten, und führen die Dienstaufsicht für ihre Innungen und Kreishandwerkerschaften.

M 1 § 91 HWO

(1) Aufgabe der Handwerkskammer ist insbesondere,
4. die Berufsbildung zu regeln, Vorschriften hierfür zu erlassen, ihre Durchführung zu überwachen sowie die Lehrlingsrolle zu führen [...],
5. Gesellenprüfungsordnungen für die einzelnen Handwerke zu erlassen, Prüfungsausschüsse [...] zu errichten oder Handwerksinnungen (dazu) ermächtigen [...],
6. Meisterprüfungsordnungen für die einzelnen Handwerke zu erlassen und die Geschäfte des Meisterprüfungsausschusses zu führen.

Handwerksinnungen

Die selbstständigen Handwerkerinnen und Handwerker des gleichen oder einander nahestehender Handwerke eines Handwerksbezirks schließen sich freiwillig zu Handwerksinnungen zusammen, z. B. zur Friseur-, Bäcker- oder Tischlerinnung. Sie sind Arbeitgeberverbände, fördern ihre gemeinsamen Interessen und können Tarifverträge abschließen, sofern dies nicht durch einen Landesinnungsverband geschieht. Sie können übertriebliche Ausbildungsstätten unterhalten und Innungskrankenkassen errichten. Streit gibt es darüber, ob Innungen Mitglieder aufnehmen sollen, die sich nicht an Tarifverträge gebunden fühlen.
Handwerksinnungen der verschiedenen Berufe einer Stadt oder eines Landkreises bilden die Kreishandwerkerschaft.

Organisationen der Landwirtschaft

Die **Landwirtschaftskammer (LWK)** ist die gesetzliche Berufsvertretung der Betriebe der Land-, Forst- und Hauswirtschaft, des Gartenbaus, der Imkereien und Fischer. Die Bundesebene bildet der **Verband der Landwirtschaftskammern**. Ihre Aufgaben entsprechen weitgehend denen der Handwerks- bzw. Industrie- und Handelskammer. Auch die Landwirtschaftskammer regelt die Berufsbildung und die Prüfungen für Auszubildende sowie Meisterinnen und Meister.

Düngereinsatz

Die Landwirtschaftskammer Braunschweig informiert über eine Online-Anmeldung zum Düngemitteleinsatz.

M 2 **Die Landwirtschaftskammer**
- fördert Erzeugung und Absatz landwirtschaftlicher Produkte,
- erfüllt staatliche Aufgaben, u. a. auf dem Gebiet der Tierzucht und -seuchenbekämpfung,
- unterstützt Behörden durch Gutachten und Berichte,
- unterhält landwirtschaftliche Forschungsanstalten und Lehr- und Versuchsgüter.

Als Tarifvertragsparteien haben sich die Verbände der verschiedenen Berufsgruppen zum **Bundesverband der Land- und forstwirtschaftlichen Arbeitgeberverbände e. V.** zusammengeschlossen. Das **Landvolk** ist eine regionale Organisation der Landwirtinnen/Landwirte, des Landhandels und ähnlicher Berufe, aber auch der Verpächter von Ländereien.

Organisationen des Handels und der Industrie

Die **Industrie- und Handelskammer (IHK)** ist die gesetzliche Gesamtvertretung der gewerblichen Wirtschaft eines Kammerbezirkes. Alle gewerblichen Betriebe und Handelsunternehmen, die nicht in der Handwerksrolle bei der Handwerkskammer eingetragen sind, müssen ihr angehören. Finanziert wird die IHK durch die Beiträge ihrer Mitglieder. Die Spitzenorganisation aller Kammern ist der **Deutsche Industrie- und Handelskammertag (DIHK)**. Er vertritt die Interessen der gewerblichen Wirtschaft gegenüber der Regierung, den Parlamenten, der EU und der Öffentlichkeit. Die Aufgaben der IHK sind ähnlich wie die der Handwerkskammer:

M 3

- Förderung der gewerblichen Wirtschaft, Ausgleich zwischen den einzelnen Gewerbezweigen,
- Beratung der Mitgliedsfirmen, Berichte und Gutachten für Behörden,
- Überwachung der Berufsausbildung und Feststellung der Eignung von Ausbildungsstätten,
- Festlegung der Prüfungsordnungen für die Berufsausbildung und Abnahme der Zwischen- und Abschlussprüfungen.

Die Unternehmungen der Industrie können sich zu **Fachverbänden** zusammenschließen, um ihre gemeinsamen wirtschaftlichen und wirtschaftspolitischen Interessen gegenüber der Politik und der Öffentlichkeit besser wahrnehmen zu können. Dabei bleibt ihre rechtliche Selbstständigkeit erhalten. Die Fachverbände vereinigen Unternehmen des gleichen oder eines verwandten Wirtschaftszweigs.
Die 39 Industrieverbände (2023) haben sich freiwillig im **Bundesverband der Deutschen Industrie (BDI)** zusammengeschlossen. Er zählt zu den einflussreichsten Interessenverbänden auf Bundesebene. Er befasst sich mit gemeinsamen Problemen wie Industrieforschung, Umweltschutz, Digitalisierung und Fragen des Wettbewerbsrechts.

M 4

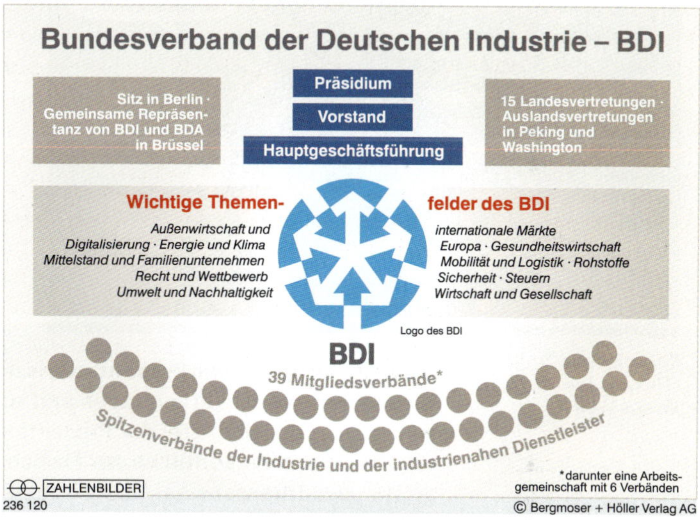

Die **Bundesvereinigung der Deutschen Arbeitgeberverbände (BDA)** (s. S. 92) verfolgt die sozialpolitischen Interessen der angeschlossenen Fachverbände. Gemeinsam mit dem BDI nimmt die BDA z. B. Stellung zu Veränderungen bei der betrieblichen Mitbestimmung. Die Mitgliedsverbände haben u. a. das Ziel, die Wirtschaftlichkeit ihrer Mitglieder zu verbessern, sie sind **Tarifparteien** bei Tarifverhandlungen und geben ihren Mitgliedern Rechtsschutz. Da vor allem in den ostdeutschen Bundesländern viele Unternehmen ausgehandelte Tarifverträge umgehen möchten, wird teilweise eine „OT"(= ohne Tarifbindung)-Mitgliedschaft angestrebt. Diese sogenannte „Tarifflucht" wird von Gewerkschaften scharf kritisiert.

Arbeitsvorschläge

1. *a) Erkundigen Sie sich nach der für Ihren Ausbildungsbetrieb zuständigen Kammer bzw. Innung.*
b) Informieren Sie sich über die angebotenen Weiterbildungsmöglichkeiten.

2. *Beschreiben Sie nach M 1 (S. 164) und M 3 die Aufgaben der Kammern für die Berufsausbildung.*

3. *Ermitteln Sie aus M 2 Aufgaben der Landwirtschaftskammern für den Verbraucherschutz.*

4. *Stellen Sie die Mitgliedschaft in den jeweiligen Kammern und den übrigen Berufsverbänden einander in einer Tabelle gegenüber und begründen Sie die unterschiedlichen Aufgaben dieser Organisationen.*

5. *Erkunden Sie einige wichtige Unterschiede von BDI (M 4) und BDA (s. S. 92).*

Rechtsformen der Unternehmung

Methode:

Präsentieren

Präsentieren bedeutet: Sie stellen Ihre Arbeitsergebnisse zu einem vorher bekannten Thema einer Gruppe von Menschen vor.

Vorbereitung ist der halbe Erfolg
Je detaillierter Sie planen und vorbereiten, umso weniger böse Überraschungen können bei der Präsentation auftreten. Folgende Fragestellungen helfen Ihnen dabei:

Warum präsentieren Sie eigentlich?
Die Zielsetzung der Präsentation beeinflusst die Gestaltung. Präsentationsziele können z. B. sein:

M 1

Karikatur von Troganer (Thomas Völcker): Kevins Welt

- Information des Publikums,
- Meinungsbildung beim Publikum,
- Überzeugung und Aktivierung des Publikums u. a. m.

Wer ist Ihr Publikum?
Stellen Sie sich zu den Personen, denen Ihre Präsentation gilt, folgende Fragen:
- Welchen Personenkreis umfasst mein Publikum?
- Welche Interessen verfolgt mein Publikum?
- Welche Vorkenntnisse hat mein Publikum?
- Welche Einstellung hat das Publikum zu mir und meinem Thema?

Sind Sie sich über Ihr Präsentationsziel im Klaren?
Orientieren Sie sich an Leitfragen und schlüpfen Sie in die Rolle des Publikums (s. S. 167).
- Was ist **das** (eine) **Ziel** der Präsentation? Bringen Sie es auf den Punkt!
- Was ist das **Wesentliche** zur Erreichung dieses Ziels?
- Welches **Interesse** hat Ihr Publikum?
- Wie können Sie die **Fakten** zur Zielerreichung so effektiv wie möglich zusammenfassen?
- Wie können Sie das Ziel in der vorgegebenen **Zeit** umsetzen?

Was können Sie zur Präsentation nutzen?
Informieren Sie sich rechtzeitig, welche **Gestaltungsmöglichkeiten** (Texte, Grafiken, Karikaturen, Zeichnungen, Bilder, Symbole) für Ihre Präsentation geeignet sind.
Checken Sie die technischen Möglichkeiten, die Ihnen für die Präsentation zur Verfügung stehen. Wählen Sie sorgfältig aus. Weniger ist dabei oft mehr!

Wie lassen Sie Ihre Präsentation gut ablaufen?
- Finden Sie eine gute **Einleitung**, die motiviert und informiert.
- Gestalten Sie Ihren **Hauptteil** mit Herz und Verstand – es ist Ihr Produkt.
- Ein denkwürdiger **Abschluss** muss her – überraschen Sie Ihr Publikum.

Auswertung der Präsentation
- **Selbstreflexion:** Haben Sie das Ziel der Präsentation erreicht? Ist das Publikum aus Ihrer Sicht zufrieden? Sind noch Fragen offengeblieben?
- Möchte das Publikum noch **weitergehende Informationen** oder Materialien, mit denen Sie während der Präsentation gearbeitet haben? Tauschen Sie E-Mail-Adressen aus.
- **Rückmeldung:** Lassen Sie sich vom Publikum ein geeignetes Feedback geben.

Eine 180°-Sichtweise: Versetzen Sie sich in die Lage Ihres Publikums – dann gelingt auch *Ihre* Präsentation!

Sie erhalten die Aufgabenstellung. Ihr Hauptaugenmerk ist nun: die Präsentation nicht für sich, sondern zur Information *Ihres Publikums* vorzubereiten. Sie sind jetzt die Fachfrau oder der Fachmann und können nicht nur überzeugend vortragen, sondern auch Nachfragen sicher beantworten. Die folgenden Rückmeldungen aus dem Publikum sollen Ihnen zeigen, wie eine gelungene Präsentation ankommt. Auch Ihre Präsentation wird gut bewertet werden, wenn Sie sich bei der Vorbereitung ins Publikum hineinversetzen.

M 2

Karikatur von Sebastian Sprenger: Wie man kein Referat hält, 2008

Interessante Rückmeldungen aus dem Publikum

- Die vortragende Person war mit Feuereifer dabei und hat sich sehr intensiv mit dem Thema beschäftigt. Fragen während und nach der Präsentation wurden sehr sicher beantwortet. Es konnten alle Begriffe und Zusammenhänge erklärt werden.
- Der Vortrag hat uns alle gefesselt. Die vortragende Person hat sich uns während der gesamten Präsentation zugewandt und immer wieder Blickkontakt gesucht.
- Die verwendete lebendige, laute Sprache war überall im Raum gut zu verstehen.
- Die vortragende Person hat langsam genug gesprochen, damit wir mitdenken konnten. Füllwörter wie „äh“, „so“, „ja“, „hm“ wurden nicht verwendet. Die kleinen Redepausen, die stattdessen gemacht wurden, waren sehr angenehm.
- Die vortragende Person bewegte sich gekonnt und locker im Raum. Gestik und Mimik haben das Gesagte und Gezeigte noch verdeutlicht und unterstrichen.
- Die Aufgabenstellung wurde gut erfasst. Schon mit der anfänglichen Gliederung waren wir gut informiert und wussten, was uns erwartet.
- Das kleine Quiz zu Beginn der Präsentation war eine gelungene Überraschung. Es machte uns neugierig auf das kommende Thema.
- Der Inhalt der Präsentation war gut aufbereitet und nicht langweilig. Verwendet wurden übersichtliche und verständliche Anschauungsmaterialien.
- Zur Abwechslung gab es während der Präsentation einen kleinen Erlebnisbericht in Form einer Geschichte. Die kleine Rap-Einlage und die Fragerunde zur Zusammenfassung am Ende der Präsentation waren weitere gute Ideen. Wir alle haben alles verstanden und Gestaltungsideen für unsere eigenen Vorträge.
- Die PowerPoint-Präsentation lief im Hintergrund mit, ohne zu stören. Fachbegriffe, wichtige Formeln und Zusammenhänge hatten wir damit besonders im Blick. Das erleichterte uns die Konzentration auf das Wesentliche. Alles war fehlerfrei und selbst aus der letzten Reihe lesbar.
- Vor der Präsentation wurde ein Handout bereitgestellt. So brauchten wir nicht mitzuschreiben und nur noch ergänzende Notizen zu machen.
- Die Zeitvorgabe wurde eingehalten. Es blieb sogar noch Raum für Fragen.

Arbeitsvorschläge

1. *Entwickeln Sie mithilfe der Informationen auf diesen Seiten einen eigenen Ratgeber für eine gelungene Präsentation und stellen Sie diesen zur Diskussion.*
2. *Interpretieren Sie die Karikaturen M 1 und M 2. Beschreiben Sie Parallelen zu Ihrem Ratgeber.*

4 Konsumenteninteresse – Produzenteninteresse

4.1 Privatrechtliche Verträge – Rechtsfähigkeit

Gesetzliche Grundlage bildet das BGB.

Jeder Mensch ist Träger von Rechten und Pflichten. Die **Rechtsfähigkeit** eines Menschen beginnt mit der Vollendung der Geburt. Damit erwachsen verschiedene Rechte, z. B. das Recht auf Versorgung. Die Rechtsfähigkeit endet mit dem Tod.

M 2 **§ 1 BGB**

Das BGB setzt die Rechtsfähigkeit des Menschen voraus. Das war nicht immer so. Römische Sklavinnen und Sklaven hatten keine Rechtsfähigkeit und zur Zeit des Nationalsozialismus wurde die Rechtsfähigkeit ganzer Personengruppen geleugnet.
Heutzutage versuchen Tierfreundinnen und Tierfreunde vergebens, ihrem Hund ihr Vermögen zu vererben, denn Tiere sind nicht rechtsfähig.
Mit dem Tode endet die Rechtsfähigkeit. Auch nach dem Tod wirkt das Persönlichkeitsrecht gegen ehrverletzende Angriffe.
Ehrverletzend sind Angriffe auf die Persönlichkeit (z. B. üble Nachrede).

M 1 Die zweijährige Lisa verliert durch einen tragischen Unglücksfall ihre Eltern. Dadurch erbt sie ein großes Vermögen und eine wertvolle Villa. Aus dieser Tatsache ergibt sich nicht nur das Recht, die Erbschaft anzutreten, sondern auch die Pflicht der Zahlung von Erbschaftsteuer an das Finanzamt.

M 3

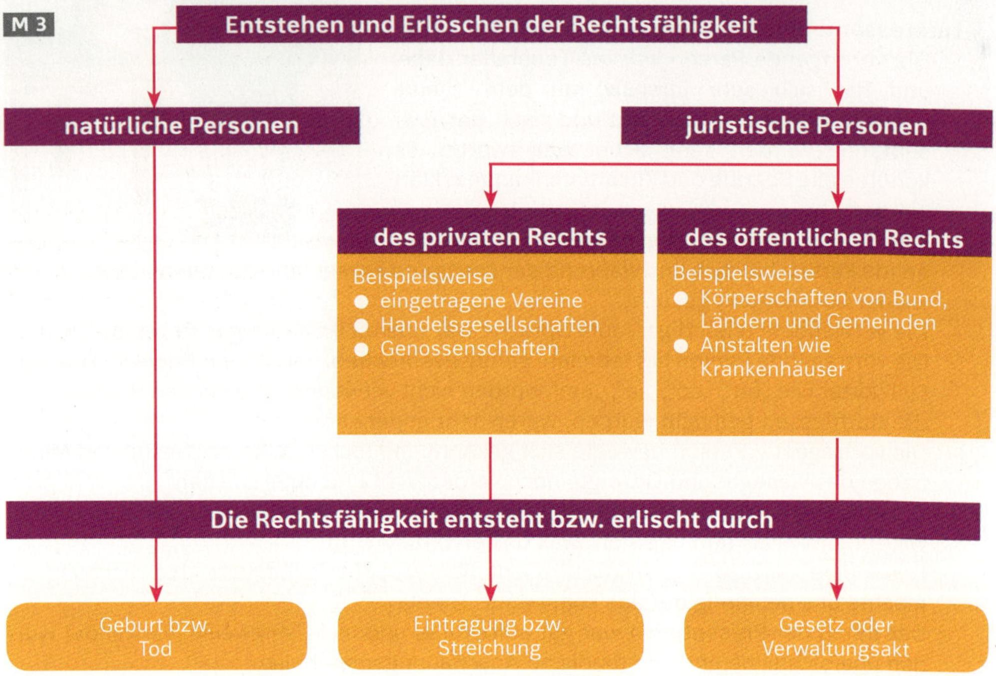

Juristische Personen können nicht selbst tätig werden. Sie benötigen eine natürliche Person, die ihre Rechtsfähigkeit ausübt.

Für juristische Personen handeln deshalb die Organe. Hierzu ein Beispiel: Ein Vorstandsmitglied eines Sportvereins kauft Ausstattungen für die Vereinssporthalle. Käufer ist der Sportverein. Wird das Bestellte nicht bezahlt, haftet der Verein, nicht das Vorstandsmitglied.

Arbeitsvorschläge

1. *Benennen Sie in M 1 die natürliche Person. Warum kann Lisa das Erbe antreten?*
2. *Kann ein prominenter Schauspieler seinem Hund sein Vermögen vererben? (M 2)*
3. *Erarbeiten Sie weitere Beispiele für juristische Personen des privaten und des öffentlichen Rechts. Verwenden Sie hierzu M 3.*

4.2 Die Geschäftsfähigkeit

M 1 Der zwölfjährige Jan kauft in Begleitung seiner geschäftsunfähigen Oma ein Zirkuszelt. Jans Vater hat seit einiger Zeit die gesetzliche Betreuung für seine Mutter übernommen und möchte den Kauf rückgängig machen. Wird er Erfolg haben?

Die Willenserklärung eines beschränkt Geschäftsfähigen bedarf der Einwilligung des gesetzlichen Vertreters, (Vormund), sonst ist das Rechtsgeschäft „schwebend unwirksam".

Geschäftsfähig sein heißt, rechtswirksam handeln zu können. Das Alter sowie der körperliche und geistige Zustand bestimmen den Umfang der **Geschäftsfähigkeit**.

Die gesetzlichen Vorschriften zur Geschäftsfähigkeit sollen Menschen, die dem Geschäftsverkehr nicht gewachsen sind, vor unvernünftigen Geschäften bewahren.

M 2 Das BGB unterscheidet die Geschäftsfähigkeit in drei Gruppen:

1. geschäftsunfähig: §§ 104, 105 BGB	von der Geburt bis zum vollendeten 7. Lebensjahr, Rechtsgeschäft nichtig
2. beschränkt geschäftsfähig: §§ 106, 107 BGB	Minderjährige vom 7. Lebensjahr bis zum 18. Geburtstag, Rechtsgeschäft schwebend unwirksam
3. voll geschäftsfähig: § 2 BGB	ab dem 18. Lebensjahr können Rechtsgeschäfte im vollen Umfang getätigt werden, Rechtsgeschäft voll gültig

„Schwebend unwirksam" bedeutet: Ein Rechtsgeschäft ist so lange nicht gültig, bis der gesetzliche Vertreter seine Zustimmung (Unterschrift) gegeben hat.

Es gibt eine Reihe von Rechtsgeschäften Minderjähriger, die keiner Zustimmung des gesetzlichen Vertreters bedürfen. Hierzu gehören die Taschengeldgeschäfte (§ 110 BGB) und solche, die einen rechtlichen Vorteil bringen. Dazu gehört z. B. die Schenkung. Diese bringt jedoch nur dann einen rechtlichen Vorteil, wenn das Geschenk keine Folgekosten verursacht. Das Schenken von Tieren verursacht immer Folgekosten und muss deshalb von der gesetzlichen Vertreterin oder vom gesetzlichen Vertreter entschieden werden.

Beispiele für Taschengeldgeschäfte (§ 110 BGB Taschengeldparagraf)
- Ein siebenjähriger Junge kauft am Kiosk eine Tüte Bonbons.
- Ein sechsjähriges Mädchen kauft sich ein Eis.

Stufen der Geschäftsfähigkeit

- geschäftsunfähig bis Vollendung des 7. Lebensjahres

- beschränkt geschäftsfähig vom vollendeten 7. bis zum 18. Lebensjahr

- voll geschäftsfähig ab vollendetem 18. Lebensjahr

Arbeitsvorschläge

1. *Beantworten Sie die in M 1 gestellte Frage mithilfe von M 2.*
2. *Lösen Sie folgende Fälle:*
   a) *Marie, 17 Jahre, bekommt von ihrem Onkel einen Motorroller geschenkt. Kann sie das Geschenk annehmen, ohne ihre Eltern zu fragen?*
   b) *Julia, 16 Jahre, macht eine Ausbildung zur Industriekauffrau. Sie kauft sich eine Monatskarte, um zur Ausbildungsstätte zu fahren. Ihre Eltern sind gegen diese Ausgabe. Ist der Kauf rechtswirksam?*
   c) *Ali, 17 Jahre, möchte seine Ausbildung zum Mechatroniker aufgeben und in einem Betrieb am Band arbeiten, da er dort mehr Geld verdient. Darf er ohne Einwilligung seiner Eltern kündigen?*

4.3 Rechtsgeschäfte

§ 116 ff. BGB

Rechtsgeschäfte kommen durch Willenserklärungen zustande.

M 1

1. Frau Papke bestellt per Bestellschein in einem Versandhaus ein Abendkleid.
2. Herr Müller legt an der Kasse im Supermarkt Milch und Butter auf das Band.
3. Annas Handyvertrag verlängert sich um ein Jahr.
4. Die Firma F & M bekommt von einem Vertragspartner ein geändertes Angebot und reagiert nicht.

Die Kündigung eines Arbeitsvertrags oder das Jawort auf dem Standesamt sind eindeutige Willenserklärungen.

M 2

Durch Abgabe von Willenserklärungen entstehen Rechtsgeschäfte.
Willenserklärungen können folgendermaßen erfolgen:

- durch **ausdrückliche Erklärung** – sie kann schriftlich oder mündlich sein, z. B. die schriftliche Bestellung bei einem Versandhaus.
- durch **schlüssige Handlung** – z. B. setzt sich ein Gast in ein Taxi und teilt dem Fahrer das Fahrziel mit.
- durch **Schweigen** – gilt im Allgemeinen im privaten Bereich als Ablehnung, unter Kaufleuten, die langjährige Geschäftsbeziehungen haben, auch als Zustimmung.

Formvorschriften

Ein Grundstückskauf ohne Notar und Kaufvertrag ist nichtig, d. h. ungültig.

Rechtsgeschäfte können in beliebiger Form abgeschlossen werden. Auch Kaufverträge können sowohl mündlich als auch schriftlich erfolgen. Bei etwaigen Unstimmigkeiten ist jedoch die schriftliche Form für beide Seiten von Vorteil. Für die Gültigkeit von Willenserklärungen bei wichtigen Rechtsgeschäften gibt es Formvorschriften. Wird eine geforderte Form nicht eingehalten, so ist das Rechtsgeschäft nichtig, d. h. ungültig.

Ein Testament muss handschriftlich vorliegen.

Testament

10.07.2023

Ich, Mario Braun, geboren am 11.11.1940,
in Berlin, wohnhaft Erlenstr. 9,
44444 Wegen,
verfüge letztwillig Folgendes:

Meine Kinder Marlene und Marcus
erben zu gleichen Teilen mein Haus
und Barvermögen.

Mario Braun

M 3

Die Schriftform: Der Vertrag muss in schriftlicher Form vorliegen und von beiden Vertragspartnern eigenhändig unterschrieben werden. (§ 126 BGB)
Beispiele: Berufsausbildungsvertrag, Testament, Ratenkauf

Öffentliche Beglaubigung: Ein Schriftstück oder ein Vertrag wird notariell oder durch eine Behörde beglaubigt. Dabei wird die Richtigkeit des Inhalts und die Echtheit der Unterschriften bestätigt. (§ 129 BGB)
Beispiele: Anträge auf Eintragung ins Grundbuch, ins Vereins- und Handelsregister

Öffentliche Beurkundung: Eine Notarin/ein Notar hält die Willenserklärung schriftlich fest und bestätigt somit die Unterschriften und den Inhalt. (§ 128 BGB)
Beispiele: Eheverträge, Grundstückskauf, Schenkungsversprechen

Arbeitsvorschläge

1. *Um welche Willenserklärungen handelt es sich bei den in M 1 genannten Beispielen? Nehmen Sie M 2 zu Hilfe.*
2. *Mit welchen Formvorschriften (M 3) hatten Sie bereits zu tun?*

Arten der Rechtsgeschäfte

Ein Rechtsgeschäft kann durch die Abgabe einer oder mehrerer Willenserklärungen entstehen.

M 4

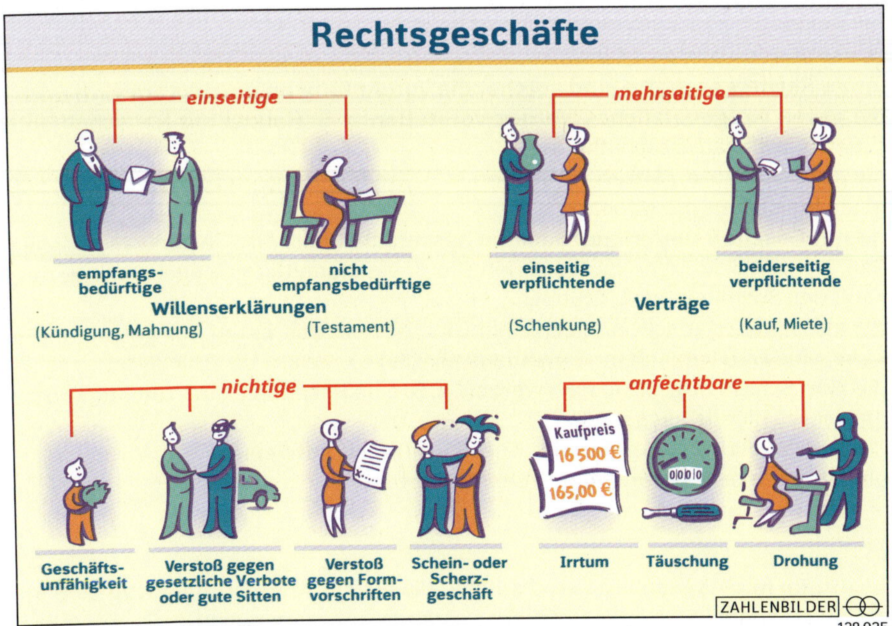

Auslobung § 657 BGB: „Wer durch öffentliche Bekanntmachung eine Belohnung für die Vornahme einer Handlung [...] aussetzt, ist verpflichtet, die Belohnung [...] zu entrichten."

Hinweis: Verträge kann man per Internet herunterladen.

- Herr Yilmaz verfasst sein Testament und setzt seinen Neffen als Alleinerben ein. Da ein Testament ein einseitiges Rechtsgeschäft ist, muss der Neffe nicht einwilligen.
- Ein Mietvertrag ist ein beidseitig verpflichtender Vertrag und bedeutet, dass die Mieterin/der Mieter die Miete pünktlich und in vereinbarter Höhe zu zahlen hat und dass die Vermieterin oder der Vermieter die Wohnung im ordnungsgemäßen Zustand übergeben muss.
- Frau Schneider bestellt einmal die ganze Speisekarte, die 20 Speisen umfasst. Da diese Bestellung ein nicht ernst gemeinter Scherz ist, zählt sie zu den nichtigen Rechtsgeschäften.
- Herr Bromski kauft ein Auto mit ziemlich niedrigem Tachostand. In der Werkstatt seines Vertrauens lässt er den Wagen checken. Dabei stellt der Mechaniker fest, dass das Auto mindestens 100 000 km mehr gefahren ist, als der Tachostand anzeigt. Da hier eine Täuschung vorliegt, ist der Kauf anfechtbar.

Beispiele für einseitig verpflichtende Verträge
- Pauls Eltern übernehmen für ihn die Bürgschaft, damit er einen Kredit für seine Unternehmensgründung bekommt.
- Großeltern schenken ihrem Enkel 10 000,00 €.

Arbeitsvorschlag

Sind die folgenden Rechtsgeschäfte gültig?
Lösen Sie die Fälle mithilfe von M 1, M 3 (S. 170) und M 4.
- *Angelika hängt im Betrieb einen Aushang mit folgendem Wortlaut aus: „Verkaufe Smartphone für 100,00 €." Ihr Kollege Leon schreibt daraufhin auf diesen Zettel: „Nehme Angebot an." Angelika erscheint der Kaufpreis nun zu niedrig und sie will ihm das Gerät nicht mehr verkaufen. Kann Leon Vertragserfüllung verlangen?*
- *Herr Bromski hat vor Jahren ein Haus ohne Kaufvertrag gekauft. Nun möchte er es verkaufen. Ist das möglich?*
- *Der Onkel von Frau Klara Korn ist verstorben und hat sie als Erbin eingesetzt. Da sie den Onkel nicht leiden mochte, will sie das Erbe nicht antreten, und zwar mit der Begründung, dass sie dem Testament nie zugestimmt habe. Ist sie im Recht?*

Wirksamkeit der Rechtsgeschäfte

Manche Rechtsgeschäfte sind von Anfang an ungültig oder nichtig. Andere wiederum können im Nachhinein angefochten werden.

§ 138 BGB
§ 105 (1) BGB
§ 118 BGB
§ 117 BGB
§ 130

M 1

Nichtige Rechtsgeschäfte sind solche, die von Anfang an unwirksam sind und
- die gegen ein **gesetzliches Verbot verstoßen**, z. B. Handel mit Rauschgiften, Menschen und illegale Beschäftigung,
- die gegen die **guten Sitten verstoßen**, z. B. Kreditverträge mit 45 % Zinsen, 1 000,00 € Miete für ein Bett pro Nacht,
- die **mit Geschäftsunfähigen** oder mit beschränkt Geschäftsfähigen geschlossen werden, z. B. ein 6-Jähriger kauft sich ein Pferd, ein Mann mit geistiger Behinderung verkauft den Schmuck seiner Mutter,
- die **als Scherz** gedacht sind, z. B. ein Gast bestellt das Essen der gesamten Speisekarte, eine Frau verkauft ihr Ferienhaus für 1,00 €,
- die **zum Schein** abgeschlossen werden, z. B. eine Rechnung wird, um Steuern zu sparen, viel zu niedrig ausgestellt,
- die die **gesetzlich vorgeschriebene Form nicht aufweisen**, z. B. Grundstückskauf ohne Notarin bzw. Notar, mündlicher Mietvertrag.

§ 123 BGB
§ 123 BGB
§§ 119, 120 BGB

M 2

Anfechtbare Rechtsgeschäfte sind solche, die bis zur Anfechtung gültig sind und
- die durch **widerrechtliche Drohung** zustande gekommen sind, z. B. ein Zoohändler droht mit Schlägen, wenn man seinen Papageien nicht kauft,
- die durch **arglistige Täuschung** zustande gekommen sind, z. B. ein Auto wird nach Totalschaden repariert und als unfallfrei verkauft,
- bei denen **ein Irrtum** oder ein **Übermittlungsfehler** vorliegt, z. B. Preisschilder werden vertauscht, versehentlich Lieferung zum falschen Datum, versehentlich wird die falsche Größe verkauft.

§ 123 BGB

Fristen der Anfechtung

Innerhalb eines Jahres können Willenserklärungen, die durch widerrechtliche Drohung oder arglistige Täuschung zustande gekommen sind, rückgängig gemacht werden. Bei einem Irrtum muss die Anfechtung sofort nach dessen Bemerken erfolgen.

Arbeitsvorschlag

Überprüfen Sie folgende Fälle mithilfe von M 1 und M 2 auf ihre Gültigkeit.
- *Ein Mann schenkt seiner Freundin ein Auto und behält den Kfz-Brief. Kurz danach bereut er die Schenkung. Ist diese trotzdem wirksam?*
- *Ein Verkäufer überredet eine gebrechliche alte Dame, eine Dauerkarte für die Wasserskianlage zu kaufen.*
- *Am Packtisch eines Supermarkts bezahlt ein Mann Herrenschuhe in der Größe 45 und erhält einen Schuhkarton mit Damenpantoletten.*

4.4 Der Kaufvertrag

Zustandekommen und Erfüllung

§§ 145, 147 BGB

M 1
Frau Papke aus Güstrow bestellt per Telefon einen Kühlschrank. Der Händler liefert innerhalb von 24 Stunden.

M 2
Kaufverträge entstehen durch mindestens zwei übereinstimmende Willenserklärungen, durch das Angebot und dessen Annahme.

Das Angebot kann sowohl durch den Verkäufer als auch durch den Käufer erfolgen. Dazu zwei Beispiele:

- Die Computerfirma Schell macht Herrn Pauls ein Angebot über einen Computer. Herr Pauls nimmt dieses Angebot ohne Änderung an. Das Angebot erfolgt über den Verkäufer.
- Herr Dolfi bestellt bei der Firma Haustechnik eine Alarmanlage. Die Firma nimmt die Bestellung an. Hier ist das Angebot über den Käufer erfolgt. In beiden Fällen sind Kaufverträge entstanden.

Grundsätzlich ist der Verkäufer an sein Angebot gebunden. Nur bei verspäteter oder veränderter Annahme durch den Käufer kann die Bindung an das Angebot aufgehoben werden. § 150 (1) (2) BGB

Der Verkäufer kann sich jedoch durch Äußerungen wie „solange der Vorrat reicht" oder „unverbindlich" von einer Bindung befreien. § 433 BGB

Ein **Verpflichtungsgeschäft** ist eine vertragliche Verpflichtung durch einstimmige Willenserklärung beider Vertragspartner.

Ein **Erfüllungsgeschäft** ist die Lieferung, die Bezahlung und die Annahme von Ware und Geld sowie die Eigentumsübertragung.

M 3

Pflichten des Verkäufers:	Übergabe der Sache
	Übertragung des Eigentums
Pflichten des Käufers:	Annahme der Sache
	Bezahlung des Kaufpreises

M 4
Pflichten des Verkäufers sind Rechte des Käufers.

Rechte des Verkäufers sind Pflichten des Käufers.

Erfüllungsort ist der Ort, an dem der jeweilige Schuldner seine Leistung erbringen muss. Der Verkäufer schuldet die Lieferung der Ware. Der Käufer schuldet die Zahlung des vereinbarten Kaufpreises. § 269 BGB

Der Verkäufer muss die Ware an seinem Geschäftssitz zur Verfügung stellen. Der Käufer muss diese dort abholen, falls nichts anderes vereinbart ist.

Arbeitsvorschlag

Begründen Sie mithilfe von M 2, warum es sich in M 1 um einen Kaufvertrag handelt und diskutieren Sie die in M 4 gemachte Aussage. Beachten Sie dabei auch M 3.

Herr Papke fährt einen Geschäftswagen. Er besitzt zwar einen Wagen, aber er gehört ihm nicht, weil seine Firma Eigentümerin des Pkw ist.

Besitz und Eigentum

M 1

„Ich besitze viele wertvolle Dinge, sie sind aber nicht mein Eigentum", sagt Hanna zu Leon.

M 2 **§ 854 BGB**

(1) Der Besitz einer Sache wird durch die Erlangung der tatsächlichen Gewalt über die Sache erworben.

M 3

Besitz ist die tatsächliche Verfügungsgewalt über eine Sache.
WER HAT DIE SACHE?
Eigentum ist die rechtliche Verfügungsgewalt über eine Sache.
WEM GEHÖRT DIE SACHE?

§ 903 BGB

(1) Der Eigentümer einer Sache kann mit der Sache nach Belieben verfahren und andere von jeder Einwirkung ausschließen.

Ein Tier ist rechtlich eine Sache, geschützt durch das Tierschutzgesetz.

Der Eigentümer kann die Sache verschenken, benutzen, verleihen, verpfänden oder sogar zerstören.
Bemächtigt sich jemand der Sache widerrechtlich, so kann er sich dagegen auch mit Gewalt zur Wehr setzen. Viele Streitigkeiten dieser Art landen vor Gericht.
Mit Abschluss eines Kaufvertrags verpflichtet sich der Verkäufer, sein Eigentum an den Käufer zu übertragen.
Bei beweglichen Sachen erfolgt mit der Einigung eine Übergabe. Ist die Sache bei einer dritten Person, wird der Herausgabeanspruch abgetreten.
Bei unbeweglichen Sachen wie Häusern oder Grundstücken erfolgt die Auflassung (Einigung über den Eigentumsübergang vor der Notarin oder dem Notar) und dann die Eintragung ins Grundbuch.

M 4 Marlene borgt sich von Sarah einen Mantel und verkauft ihn für 50,00 €.

§§ 598, 599, 604, 816 BGB

M 5

Geborgte, gestohlene oder verlorene Sachen können nicht auf guten Glauben hin erworben werden. Der rechtmäßige Eigentümer kann die Herausgabe verlangen und den Diebstahl anzeigen. Steht in einem Kaufvertrag in den Lieferbedingungen das Wort „Eigentumsvorbehalt", so bedeutet das, dass der Verkäufer bis zur Zahlung des Kaufpreises Eigentümer der Sache bleibt.

Arbeitsvorschläge

1. *Interpretieren Sie Hannas Ausspruch in M 1 mithilfe von M 2 und M 3.*
2. *Die Polizei warnt vor dem Kauf gestohlener Sachen. Erklären Sie die Rechtslage.*
3. *Jessica hat im Internet ein Ferienhaus gefunden, das sie kaufen möchte. Informieren Sie sich, wie sie beim Kauf des Hauses vorgehen sollte.*
4. *Notieren Sie aus Ihrem persönlichen Umfeld Beispiele für Besitz und Eigentum.*
5. *Entscheiden Sie über Besitz bzw. Eigentum bei den folgenden Beispielen und begründen Sie Ihre Aussage.*
   a) geleaster Pkw
   b) Dienstwagen
   c) Gründstückskauf – Zahlung der letzten Rate
   d) Geschenk
6. *Bewerten Sie die in M 4 beschriebene Handlung mithilfe von M 5.*

Inhalt des Kaufvertrags

Kaufvertrag

abgeschlossen zwischen den Eheleuten Mustermann

Dipl. Ing. Max Mustermann, geb. 01.01.1980
Ingenieur
12345 Musterhausen, 12

und

Marianne Mustermann, geb. 01.01.1980
Dipl. Sozialpädagogin
12345 Musterhausen, 12

als Käufer einerseits, und der

Muster GmbH & Co. KG
12234 Musterhausen, 1

als Verkäufer andererseits, wie folgt:

Art und Güte der Ware: ...
Lieferzeit: ...
Verpackungs- und Beförderungskosten: ...
Zahlungsbedingungen: ...
Preisnachlässe: 2 % Skonto bei Zahlung innerhalb von 14 Tagen
Erfüllungsort: 12234 Musterhausen, Musterweg 1
Warenschulden: ...
Gerichtsstand: ...

Muster GmbH & Co. KG
Hr. Muster

Musterhausen den, 12.03.2023

Bei vielen Rechtsgeschäften des Alltags ist es nicht nötig, per Kaufvertrag die Bedingungen auszuhandeln, z. B. Kauf von Brot.
Bei wichtigen Rechtsgeschäften liegen ohnehin besondere Formvorschriften vor. Einen schriftlichen Vertrag muss man aushandeln, auch um Streitigkeiten aus dem Weg zu gehen.
Für den Abschluss eines Kaufvertrags gelten folgende Bedingungen:

§ 433 BGB

§ 433 (2) Der Käufer ist verpflichtet, dem Verkäufer den vereinbarten Kaufpreis zu zahlen und die gekaufte Sache abzunehmen.

SCHUFA
Schutzgemeinschaft für allgemeine Kreditsicherung, gibt Auskunft über die Bonität (Kreditwürdigkeit) von Kundinnen und Kunden.

Rabatt
Preiserlass auf Güter und Dienstleistungen

Skonto
Bei Zahlung innerhalb einer bestimmten Frist gibt es einen Preisnachlass.

Art und Güte der Ware: Die mittlere Art und Güte ist zu liefern.

Lieferzeit: Wird vereinbart oder es wird sofort geliefert.

Verpackungs- und Beförderungskosten: Diese Kosten trägt der Käufer ebenso wie die der Versand- und der Übergabeverpackung.

Zahlungsbedingungen: Der Käufer muss auf eigene Kosten und Gefahr das Geld überbringen.

Preisnachlässe: Rabatt oder Skonto darf nur dann vom Käufer abgezogen werden, wenn dies vorher vereinbart wurde.

Erfüllungsort: Der gesetzliche Erfüllungsort gilt immer dann, wenn kein anderer Ort vereinbart wurde. Das ist der Wohn- oder Firmensitz des jeweiligen Schuldners. Beim Kaufvertrag gibt es zwei Schuldner, den Käufer als Geldschuldner und den Verkäufer als Warenschuldner.

Warenschulden: Sind Holschulden, d. h., der Verkäufer hält die Ware an seinem Firmensitz zur Abholung bereit. Lässt er die Ware zusenden, trägt der Käufer das Risiko. Geldschulden sind laut Gesetz Bringschulden oder Schickschulden. Der Käufer ist verpflichtet, den Geldbetrag rechtzeitig von seinem Wohnort abzuschicken.

Gerichtsstand: Ist der Ort, an dem der jeweilige Schuldner wegen Nichterfüllung verklagt werden kann. Wenn nichts weiter vereinbart wurde, gilt der gesetzliche Gerichtsstand, d. h. der jeweilige Wohn- oder Geschäftssitz des Schuldners. Privatkäufer können laut Verbraucherschutzgesetz am Wohnort klagen und auch nur dort verklagt werden.

Arbeitsvorschlag

Sind folgende Aussagen richtig? Begründen Sie Ihre Meinung.
- „Warenschulden sind Holschulden, Geldschulden sind Bringschulden."
- „Der Gerichtsstand ist für beide Seiten der Ort des Verkäufers."
- „Der Verkäufer übernimmt die Kosten für Beförderung und Verpackung."
- „Rabatt oder Skonto kann jederzeit vom Käufer abgezogen werden."

Grundbuch: öffentliches Register über Rechtsverhältnisse an Grundstücken

Auflassung: Einigung zwischen Käufer und Verkäufer, dass das Eigentum übertragen werden soll

§ 873 BGB

Der Immobilienkauf

M 1

Helfried Lange verkauft das Haus seiner Eltern ohne deren Wissen. Schnell findet er einen Käufer, mit dem er sich über den Kaufpreis sehr bald einig wird. Das Geld soll der Käufer ihm bar in die Hand geben. Als der Käufer einen Kredit bei der Bank aufnehmen möchte, um das Haus auszubauen, wird ihm mitgeteilt, dass er nicht Eigentümer sei und die Bank demzufolge auch keinen Kredit geben könne.

Immobilienkäufe erfolgen mithilfe einer Notarin oder eines Notars. So muss jeder Kaufvertrag über ein Grundstück notariell beurkundet werden. Verträge, die nicht in dieser Form abgeschlossen worden sind, sind **nichtig**. Bei Grundstücken erfolgt die Eigentumsübertragung durch Auflassung und Eintragung ins Grundbuch. Die Notarin oder der Notar veranlasst, dass die Eintragung ins Grundbuch erfolgt. Erst dann ist das Eigentum übertragen.

Kauf auf Abzahlung

M 2

Marlene und Andy wollen sich eine neue Wohnzimmereinrichtung auf Abzahlung kaufen. Die Verkäuferin trifft mit ihnen eine mündliche Vereinbarung über zehn Raten. Nach einer Woche will sie jedoch den gesamten Kaufpreis sofort bezahlt haben.

§§ 241, 242, 243 BGB

Kreditscoring

Dient der Ermittlung der Kreditwürdigkeit für die Vergabe von Ratenkrediten an private Kundinnen und Kunden. Dies erfolgt auf Grundlage einer statistischen Annahme mit der Vergabe von Punkten. Dazu gehören: Beruf, wie lange man an einem Ort wohnt, wie attraktiv die Wohnlage ist, welche Sicherheiten vorhanden sind etc. Die sich ergebenden Punkte entscheiden, ob ein Kredit vergeben wird oder nicht. Es können z. B. auch Punkte abgezogen werden, wenn eine Person in einem einkommensschwachen Wohnbezirk wohnt, in dem es viele Schuldnerinnen und Schuldner gibt. Kreditscoring ist eine Methode, um Kreditausfälle zu vermeiden.

Wenn die Kundin oder der Kunde den Kaufpreis einer größeren Sache nicht sofort bezahlen kann, besteht die Möglichkeit des Ratenkaufs. Hier wird vereinbart, in welcher Höhe und in welchen Abständen die Zahlung erfolgen soll. Zur Sicherheit liefert der Verkäufer auf Eigentumsvorbehalt. Bis zur vollständigen Bezahlung bleibt die Ware Eigentum des Verkäufers. Kann die Käuferin oder der Käufer nicht mehr zahlen, hat der Verkäufer ein Rücknahmerecht. Der Ratenkauf muss schriftlich abge-schlossen werden. Er muss folgende Bestandteile enthalten:

- den Barzahlungspreis und den Teilzahlungspreis,
- die Anzahl, Höhe und Fälligkeit der Raten,
- den effektiven Jahreszins,
- einen deutlichen Hinweis (zweite Unterschrift), dass der Vertrag innerhalb einer Woche ohne Angabe von Gründen widerrufen werden kann.

Käuferinnen und Käufer haben mit der schriftlichen Form nicht nur mehr Rechtssicherheit, sondern auch den Vergleich, wie viel höher der Preis beim Ratenkauf gegenüber dem Barzahlungspreis ist.

Sie können keinen Barzahlungsnachlass (Skonto) bekommen. Der Ratenkauf ist leicht getätigt, es muss hier jedoch vor Überschuldung gewarnt werden. Käufer und Verkäufer müssen sich ihrer Verantwortung beim Ratenkauf bewusst sein.

Arbeitsvorschläge

1. *Stellen Sie fest, ob die Bank im Fall M 1 recht hat. Ist hier ein Grundstücksverkauf erfolgt?*
2. *Bearbeiten Sie M 2. Kann die Verkäuferin den gesamten Kaufpreis verlangen?*
3. *Ermitteln Sie mithilfe des Internets Aufgaben und Bedeutung der SCHUFA (s. S. 175). Welche Rechte haben die Verbraucherinnen und Verbraucher?*

4.5 Weitere Vertragsarten

M 1

Erfahrene Friseurin kommt zu Ihnen ins Haus. Anruf unter ...
Holzdecken (Nut- und Federsystem) montiert Fa. Holzkeil. Tel. ...
2-Zi.-Whg. m. Balkon ab 01.06. zu vermieten. Tel. ...
Fingernagelmodellage preisgünstig bei Ihnen zu Hause. Tel. ...
Biete Garten (800 qm) ab 01.04. zur Pacht an. Tel. ...
Suche ausgebildeten Karosseriemechaniker (m, w, d) für meine Werkstatt. Tel. ...

Werkvertrag: Eine Kundin/ein Kunde bestellt die Herstellung eines Werkes und bezahlt dafür (z. B. Haarschnitt beim Friseur).

§ 631 ff. BGB Werkvertrag

Werklieferungsvertrag: Eine Kundin/ein Kunde bestellt die Lieferung von herzustellenden beweglichen Sachen (z. B. ein Tisch wird in der Schreinerei bestellt).

§ 651 BGB Werklieferungsvertrag

Dienstvertrag

Eine Person verpflichtet sich zur Leistung von Diensten gegen Entgelt. So soll z. B. eine Haushaltshilfe u. a. den Hausputz übernehmen.
Der bekannteste Dienstvertrag ist der Arbeitsvertrag.
Der Dienstvertrag ist erfüllt, wenn die Person in der entsprechenden Zeit tätig wurde, auch wenn diese nicht erfolgreich war. Der Arzt zum Beispiel untersucht einen Patienten, allerdings erfolglos. Der Vertrag ist durch das Tätigwerden erfüllt. Der Erfolg spielt hier keine Rolle. Im Gegensatz dazu setzt ein Werkvertrag immer den Erfolg voraus. Soll eine Ärztin/ein Arzt die Gallenblase entfernen, so ist der Vertrag erst erfüllt, wenn die Gallenblase tatsächlich herausoperiert wurde.

Dienstvertrag
§§ 611–639 BGB

Entgelt ist die Zahlung eines vereinbarten Geldbetrags.

Mietvertrag

Die Vermieterin oder der Vermieter verpflichtet sich, einer Person eine Sache zum Gebrauch zu überlassen. Hierfür wird von der mietenden Person ein Entgelt gezahlt, der sogenannte „Mietzins“.
Mietverträge sind grundsätzlich formfrei. Für das Mieten von Wohnungen gilt jedoch die Schriftform. Das Mietverhältnis endet nach vertraglicher Vereinbarung oder durch Kündigung. Hier gelten die besonderen Vorschriften des „Mieterschutzes“, die auch die Mieterhöhung betreffen. Die Vermieterin oder der Vermieter muss die Sache überlassen und in einem benutzbaren Zustand erhalten. Die Mieterin oder der Mieter muss den Mietzins zahlen und die Sache am Ende der Mietzeit zurückgeben.

Mietvertrag
§§ 566–580 BGB

Indexmieten: Die jährliche Mieterhöhung richtet sich nach der aktuellen Teuerungsrate bzw. nach der Inflation.
30 % der neu geschlossenen Verträge sind Indexmietverträge, besonders in den Großstädten.

Pachtvertrag

Pacht- und Mietvertrag sind sich sehr ähnlich. Die Vorschriften des Mietvertrags werden auch beim Pachtvertrag angewendet. Beim Pachtvertrag wird der Pächterin oder dem Pächter nicht nur der Gebrauch der Sache überlassen, sondern auch der Ertrag (sogenannter „Fruchtgenuss“). Zum Beispiel darf die Pächterin eines Gartens auch die Früchte ernten. Der Mieter eines Ferienhauses darf die auf dem Grundstück stehenden Kirschbäume nicht abernten. Das ist ihm verboten.

Pachtvertrag
§§ 581–584 BGB

Leihvertrag

Eine Sache wird beim Leihvertrag unentgeltlich zum Gebrauch überlassen. Sie ist vom Entleiher zurückzugeben und im Schadensfall zu ersetzen.
Deshalb ist ein Hinweisschild „Bootsverleih, Stunde 5,00 €“ schlichtweg falsch. Denn hier findet kein Verleih statt, sondern es wird vielmehr ein Mietverhältnis angeboten.

Leihvertrag §§ 598–606 BGB

Leasingvertrag

Durch einen Leasingvertrag werden Gegenstände, z. B. ein Auto, zum Gebrauch überlassen. Dafür wird eine monatliche Leasinggebühr entrichtet. Der Vorteil ist, dass kaum Eigenkapital benötigt wird. Der Leasinggeber bleibt Eigentümer des geleasten Gegenstandes.

Arbeitsvorschläge

1. *Nennen Sie die Vertragsarten, die in M 1 zum Tragen kommen.*
2. *Notieren Sie für die aufgeführten Vertragsarten je ein zusätzliches Beispiel.*

Außerhalb von Geschäftsräumen geschlossene Verträge

Außerhalb von Geschäftsräumen geschlossene Verträge (Haustürgeschäfte) unterliegen dem „Gesetz über den Widerruf von Haustürgeschäften und ähnlichen Geschäften".

Angelika ist in der Zeitung auf ein Inserat für spezielle Kochtöpfe aufmerksam geworden. Sie bestellt einen Vertreter ins Haus und vereinbart die Lieferung einer größeren Anzahl von Töpfen. Nach einem Gespräch mit ihrer Freundin entscheidet sie sich jedoch, den Kauf wieder rückgängig zu machen.

Ein Haustürgeschäft ist der Abschluss eines Kaufvertrags in der Privatwohnung, am Arbeitsplatz, bei einer Kaffeefahrt o. Ä. ohne vorherige Bestellung. Gemeinsam ist den hier genannten Beispielen, dass sie außerhalb von Geschäftsräumen geschlossen werden. Die Käuferinnen und Käufer können innerhalb einer Woche das Geschäft rückgängig machen, wenn sie meinen, den Kauf unbedacht abgeschlossen zu haben.

Es besteht kein Widerrufsrecht, wenn die Käuferin/der Käufer den Vertreter oder die Vertreterin bestellt hat, es sich um ein Bagatellgeschäft (unter 40,00 €) handelt, wenn ein Vertrag notariell beurkundet oder ein Versicherungsvertrag abgeschlossen wurde.

E-Commerce

Telemedien ist ein Oberbegriff für die elektronischen Informations- und Kommunikationsdienste. Zu den Telemedien im Sinne des Jugendschutzgesetzes zählen Internetangebote wie
- Chatrooms,
- Dating-Communities,
- Informationsdienste,
- Online-Auktionshäuser,
- Podcasts,
- soziale Medien und Blogs,
- Spiele-Apps,
- Suchmaschinen,
- Webmail-Dienste,
- Webportale und private Websites,
- Webshops.

Zum Zweck des Vertragsabschlusses bedient man sich beim elektronischen Warenverkehr (E-Commerce) der Telemedien. Das Onlineportal muss übersichtlich und einfach gestaltet sein, sodass die Kundinnen und Kunden Eingabefehler vor der Bestellung korrigieren können. Die Bestellung muss per Mail bestätigt werden. Die AGB müssen vor Vertragsabschluss per Download den Verbraucherinnen und Verbrauchern zur Kenntnis gegeben werden. Die akzeptierten Zahlungsmittel müssen bekannt gemacht werden, und die Verbraucherinnen und Verbraucher müssen das Häkchen dazu selbst setzen. Es muss deutlich gekennzeichnet werden, dass hier eine zahlungspflichtige Bestellung vorgenommen wird. Hat die Übersendung der Datei, z. B. bei Musik oder Software, begonnen, erlischt das Widerrufsrecht, wenn die Verbraucherinnen und Verbraucher durch Anklicken eines Buttons ausdrücklich zugestimmt haben. Eine Widerrufsfrist besteht 14 Tage per E-Mail, Fax, Brief oder Telefonanruf. Erfolgt keine Belehrung über das Widerrufsrecht, so verjährt es nach 12 Monaten.

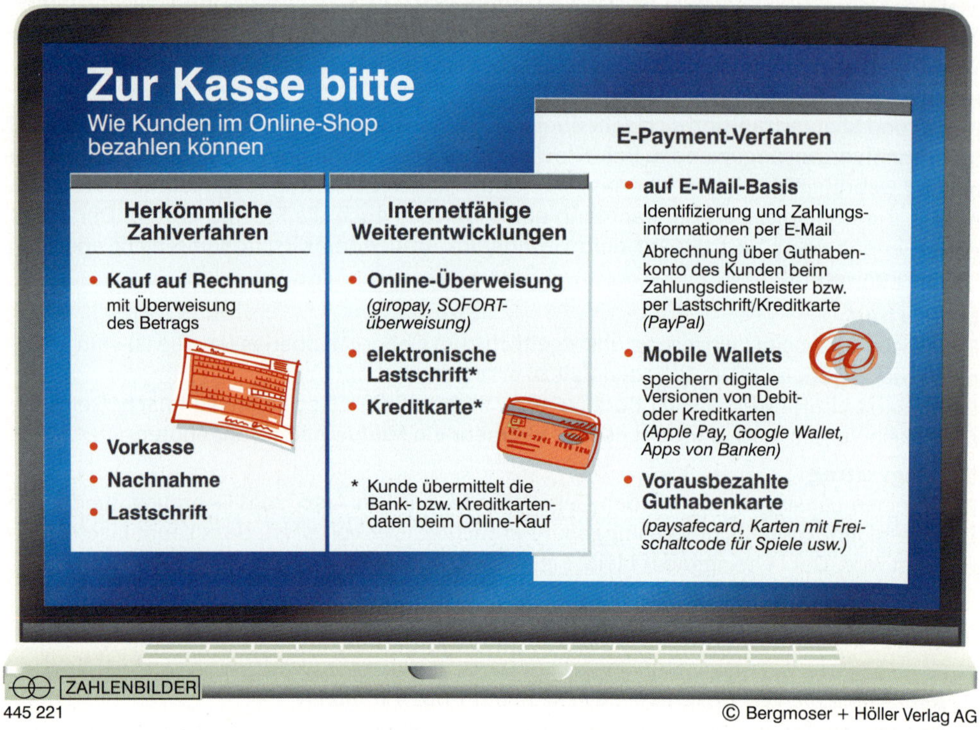

4.6 Leistungsstörungen

Seit Juni 2014 sind in der EU einheitliche Regelungen für Geschäfte mit Verbraucherinnen und Verbrauchern anzuwenden.

Der Verkäufer muss den verkauften Gegenstand mangelfrei liefern. Sind Mängel vorhanden, muss sie der Käufer rügen, d. h. reklamieren. Es gilt:

Gewährleistung für neue Ware
Die Gewährleistung beträgt zwei Jahre. Im ersten halben Jahr muss der Verkäufer beweisen, dass die Ware beim Kauf fehlerfrei war, danach ist der Käufer in der Beweispflicht. Weist die gekaufte Ware einen Mangel auf, kann der Kunde vom Verkäufer die fehlerfreie Lieferung oder Reparatur der Ware verlangen. Der Verkäufer muss dabei die Kosten für Transport, Arbeitsleistung und Materialien tragen. Den Kaufpreis zu reduzieren oder vom Vertrag zurückzutreten ist erst möglich, wenn die Reparatur zweimal scheitert, dem Kunden nicht zumutbar ist oder wenn die Ersatzlieferung fehlschlägt. Mehr als zwei Reparaturen muss aber niemand hinnehmen.

Gewährleistung für gebrauchte Waren (Secondhand-Ware)
Die Gewährleistung beträgt zwei Jahre, allerdings nicht für den Kauf unter Privatleuten. Der Verkäufer kann die Gewährleistung in den allgemeinen Geschäftsbedingungen auf ein Jahr heruntersetzen, wenn das vorher ausdrücklich mit dem Kunden vereinbart worden ist.

Montageanleitung („Ikea-Klausel")
Unverständliche Anleitungen gelten als Mangel. Die Ware kann reklamiert werden.

Werbeversprechen
Beziehen sich Werbeversprechen auf konkrete Eigenschaften, muss das Produkt genau das halten, was die Werbung verspricht.

Einige Getränkehersteller werben mit Slogans, die sie nicht einhalten können. Also klagte ein Amerikaner gegen den Hersteller von Red Bull. Der Kläger trug vor Gericht vor, dass er seit vielen Jahren dieses Getränk zu sich nehme und keine Leistungssteigerung feststellen könne. Geschweige denn, dass er fliegen könne. Somit war das Werbeversprechen nicht eingehalten worden, andere Konsumenten schlossen sich der Klage an, und die herstellende Firma entschloss sich zu einer Vergleichszahlung.

Das Gesetz gegen den unlauteren Wettbewerb (UWG) verbietet irreführende geschäftliche Handlungen.

M 1
Mängel (Fehler)
- in der Beschaffenheit
- in der Güte (Qualität)
- in der Art
- in der Menge der Ware

Garantie bei Sonderangeboten
Auch bei Sonderangeboten oder Waren, die zu Discounterpreisen verkauft werden, hat der Käufer ein Recht auf Garantie. Das hat das Oberlandesgericht (AZ: 6 U 137/96) entschieden. AP, 10.05.1999

Arbeitsvorschläge

1. *Christian kauft ein Bügeleisen. Nach 15 Monaten funktioniert es nicht mehr. Bekommt er ein neues von seinem Fachgeschäft? Begründen Sie Ihre Antwort.*
2. *Die gekaufte Ware funktionierte nicht. Der Verkäufer hat die Ware reparieren lassen und fordert die Kundin auf, 10,00 € für Transport, Arbeitsleistung und Material zu bezahlen. Ist das korrekt?*
3. *Der vom Verkäufer gelieferte Selbstbausatz enthält eine Gebrauchsanweisung auf Chinesisch. Kann der Käufer die Ware zurückgeben?*
4. *Notieren Sie für die in M 1 genannten Leistungsstörungen (Mängel) eigene Beispiele.*

Mangelnde Lieferung

§ 434 BGB

Handelsklasse bedeutet, dass die Ware in verschiedenen Qualitäten geliefert werden kann.

Die gelieferte Ware muss beim Käufer in einwandfreiem Zustand ankommen. Ist das nicht der Fall, können folgende Mängel auftreten:
Art: falsche Ware, z. B. eine Kette statt eines Armbands
Menge: zu viel oder zu wenig
Qualität: eine andere Qualität, z. B. schlechtere Handelsklasse
Beschaffenheit: verdorbene oder beschädigte Ware

§ 440 BGB
Vorrangiges Recht: Nacherfüllung

Nachrangiges Recht:
Rücktritt
Minderung
Schadenersatz

Rechte des Käufers:
Vorrangiges Recht bedeutet, dass der Verkäufer das Recht auf Nacherfüllung hat.
Das heißt, dem Käufer steht eine Reparatur oder eine Ersatzlieferung zu.
Nachrangiges Recht bedeutet, dass der Käufer vom Kauf zurücktreten kann, der Kaufpreis gemindert werden oder Schadenersatz gefordert werden kann.
Zusätzlich muss der Verkäufer die Kosten des Käufers, wie z. B. Transport-, Arbeits- und Materialkosten, tragen.
Hat der Verkäufer vorsätzlich oder fahrlässig gehandelt, kann der Käufer Schadenersatz fordern.

Nicht-Rechtzeitig-Leistung

Nicht-Rechtzeitig-Lieferung (Verzug) liegt vor bei schuldhafter Nichtleistung trotz Fälligkeit und Mahnung.

Nicht-Rechtzeitig-Lieferung
Hat der Verkäufer schuldhaft eine Ware nicht zum vereinbarten Termin geliefert, gerät er in Verzug. Konnte aufgrund von höherer Gewalt, z. B. Streiks oder Naturkatastrophen, nicht geliefert werden, entfällt das Verschulden.

Rechte des Käufers:
- Er kann auf der Lieferung bestehen.
- Er kann nachträglich liefern lassen und Schadenersatz fordern.
- Er kann eine Nachfrist setzen und danach vom Vertrag zurücktreten.
- Nach der Nachfrist kann er die Lieferung ablehnen und Schadenersatz wegen Nichterfüllung fordern.

§ 280 BGB

§ 440 BGB: Rechte des Käufers sind nur ausgeschlossen, wenn er bei Vertragsabschluss Mängel erkennt.

Gläubigerverzug – (Annahmeverzug)
Nimmt der Käufer die pünktlich und ordnungsgemäß angelieferte Ware nicht oder nicht rechtzeitig an, gerät er in Verzug.

Rechte des Verkäufers:
- Er nimmt die Ware in Verwahrung und klagt auf Abnahme.
- Unverderbliche Ware kann er sicher einlagern und später versteigern.
- Verderbliche Ware kann er sofort verkaufen. Kosten und Mindererlöse trägt der Käufer.

Nicht-Rechtzeitig-Zahlung:
Bezahlt der Käufer bis zu einem festgesetzten Zahlungstermin oder nach einer Mahnung die Ware nicht, gerät er in Zahlungsverzug.

Rechte des Verkäufers:
- Der Verkäufer kann weiter auf Zahlung bestehen (Vertragserfüllung).
- Er verlangt die Zahlung und Verzugszinsen.
- Er kann nach einer angemessenen Nachfrist vom Vertrag zurücktreten und die Ware abholen.

§ 323 BGB
§ 346 ff. BGB

Arbeitsvorschlag

Lösen Sie folgende Fälle.
a) Frau Schmidt hat einen Schrank bestellt, der beschädigt ankommt. Welches Recht hat sie?
b) Herr Beyer hat ein Klavier bestellt, das er bei Lieferung nicht annimmt. Welches Recht hat der Verkäufer?

Gewährleistung und Garantie

M 1 Die Gewährleistung ist gesetzlich geregelt, während die Garantie eine freiwillige Leistung des Händlers ist. Für Mängel, die bereits beim Kauf vorhanden waren, haftet der Händler. Das Gleiche gilt für Mängel, die in der Konstruktion der Ware begründet sind. Der Händler kann die Haftung nicht durch die allgemeinen Geschäftsbedingungen einschränken oder ausschließen. Dagegen kann die Garantie befristet oder an Bedingungen geknüpft werden. Zum Beispiel wenn eine reibungslose Funktion der Ware nur durch regelmäßige Wartung in einer autorisierten Werkstatt garantiert werden kann.

Was ist mangelhafte Ware? Eine Ware ist dann mangelhaft, wenn die vertraglich vereinbarte Beschaffenheit nicht vorhanden ist. Hat ein Kunde beispielsweise einen neuen Kühlschrank bestellt und der angelieferte ist völlig verbeult, ist das genauso ein Mangel wie wenn das neue Gerät nicht kühlt.

Der Handwerker muss nachbessern? Der Schreiner fertigt Stühle. Die Lehnen wackeln nach kurzer Zeit. Der Schreiner muss innerhalb der ersten zwei Jahre kostenlos nachbessern. Er kann aber die Gewährleistung in den Geschäftsbedingungen auf ein Jahr verkürzen. Außerdem entscheidet nicht der Kunde, sondern der Schreiner, ob er die Lehnen erneut einklebt oder diese auswechselt.

Wann Reparatur? Wann Umtausch? Wann Geld zurück? Wenn das neue Hauswasserwerk nicht die versprochene Wassermenge fördert, hat die Käuferin oder der Käufer die Wahl zwischen Reparatur oder Umtausch. Erst wenn das Hauswasserwerk nach zwei Reparaturen erneut nicht die Leistung bringt, kann die Käuferin oder der Käufer die Ware zurückgeben und das Geld zurückverlangen.

Das Wahlrecht ist jedoch eingeschränkt. Bei höherwertigen Sachen wie einem Fernseher, einem Motorrad oder einem Auto muss die Kundin oder der Kunde eine Reparatur geringer Mängel akzeptieren. Bedingung ist, dass die Reparatur in vier Wochen erledigt ist und der Händler die Kosten für Versand und Transport trägt.

Das Rabattgesetz und die Zugabeverordnung sind abgeschafft. Erlaubt waren maximal 3 % Preisnachlass. Händlerinnen und Händler können jetzt so viel Rabatt geben, wie sie wollen. Durch große oder kleine Extras können sie den Kaufanreiz erhöhen. So kann geworben werden mit: „Satte Rabatte“ oder „Kauf zwischen 20.00 und 22.00 Uhr 10 % billiger“.

Verbraucherinnen und Verbraucher sollten sich bei vielen angebotenen Rabatten jedoch nicht täuschen lassen. Oftmals lohnt sich der Kauf von Produkten, die mit Preisnachlass angeboten werden, nur sehr eingeschränkt. Zum Beispiel wenn es sich um verderbliche Ware handelt, die man sofort verbrauchen muss (Lebensmittel), wenn ein Produkt bereits aus der Mode ist oder es bereits ein Nachfolgeprodukt gibt, das auf einem technisch höheren Niveau ist. Bei vielen Rabatten ist ein Nachrechnen dringend erforderlich, um nicht, angelockt von dem vermeintlich guten Preisangebot, doch am Ende zu viel zu bezahlen. Auch Werbesprüche wie „Nimm drei, zahle zwei und spare dabei“ sind sehr trügerisch, wenn eigentlich gar nicht die Absicht bestand, so viel Geld auszugeben.

Arbeitsvorschläge

1. *Entscheiden Sie, ob es sich in den folgenden Beispielen um Maßnahmen handelt, die den Wettbewerb um die Kundschaft verzerren.*
   a) *Im Schaufenster und in der Zeitung wird ein „Räumungsverkauf wegen Geschäftsaufgabe“ angekündigt. Tatsächlich wird das Geschäft von einem neuen Inhaber weitergeführt.*
   b) *Aus einer Anzeige: „Empfohlener Richtpreis 120,00 €, bei mir 98,99 €“.*
2. *Am 1. Juli ... wurde ein Kaufvertrag über einen Pkw in Höhe von 16 980,00 € abgeschlossen. Die Lieferfrist für dieses Modell betrug zu diesem Zeitpunkt 11 Monate. Am 2. Januar des folgenden Jahres wurden die Preise des Herstellers um 2,4 % erhöht. Welcher Preis war bei Auslieferung am 1. Juni zu zahlen, wenn in den allgemeinen Geschäftsbedingungen des Produzenten die Zahlung des zur Zeit der Auslieferung gültigen Preises festgelegt ist? Prüfen Sie mithilfe des AGB-Gesetzes (s. S. 189).*

4.7 Durchsetzung von Rechten aus Verträgen

Im Wirtschafts- und Privatleben werden täglich Lieferungen und Zahlungen angemahnt, weil Schuldner nicht pünktlich ihren Verpflichtungen nachkommen. Aber auch die Mahnschreiben führen häufig noch nicht zum gewünschten Erfolg. Dann müssen die Gläubiger versuchen, die Leistungen der Schuldner zu erzwingen. Die Zivilprozessordnung (ZPO) sieht dafür das gerichtliche Mahnverfahren und das Klageverfahren vor.

Gerichtliches Mahnverfahren

Rechtspfleger/-innen
sind verbeamtet. Sie nehmen zur Entlastung von Richterinnen und Richtern sowie Staatsanwältinnen und Staatsanwälten bestimmte Aufgaben wahr: u. a. im Mahnverfahren, in Nachlasssachen.

Hat der Gläubiger seine vertraglichen Verpflichtungen erfüllt und Anspruch auf Zahlung einer Geldsumme als Gegenleistung, kann er das gerichtliche Mahnverfahren einleiten. Er füllt das vorgeschriebene Formular aus (erhältlich im Papierwarengeschäft) und reicht den Antrag auf Erlass eines Mahnbescheids beim zuständigen Gericht ein. Gebühren sind im Voraus zu entrichten. Sachlich zuständig ist immer das Amtsgericht, örtlich zuständig jenes Amtsgericht, in dessen Bezirk der Antragsteller (Gläubiger) seinen Wohnsitz hat. Mithilfe des gerichtlichen Mahnverfahrens können Antragstellerinnen und Antragsteller ihre Ansprüche rasch, einfach und billig durchsetzen.

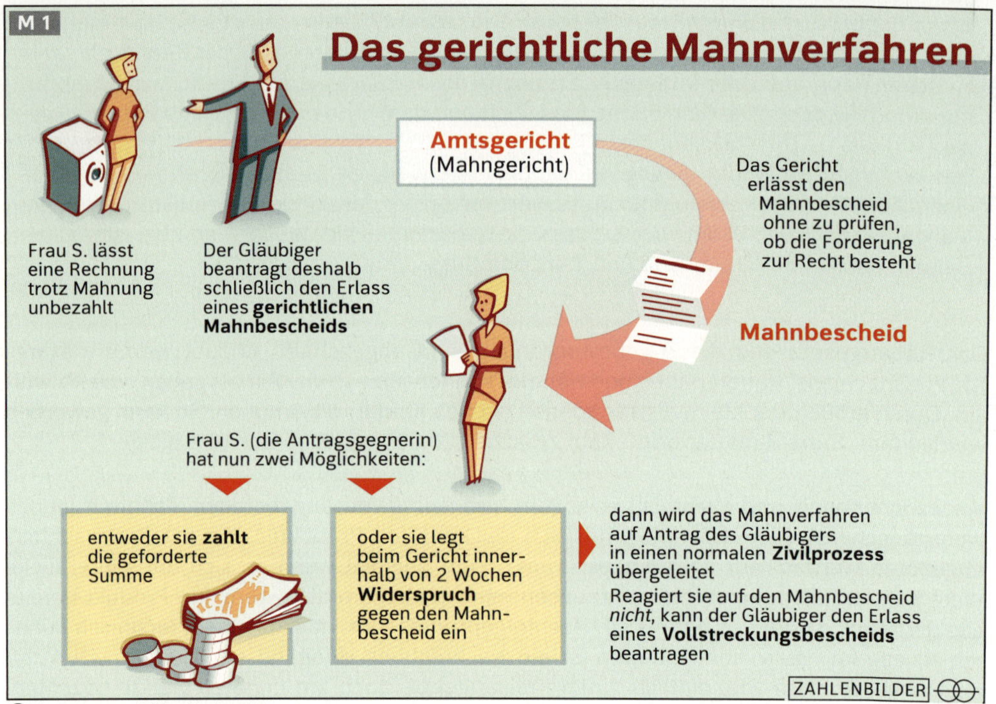

© Bergmoser + Höller Verlag AG 129 615

Der Vollstreckungsbescheid

Gerichtsvollzieher/-in
unabhängiges staatliches Vollstreckungsorgan, führt die Zwangsvollstreckung durch, soweit sie nicht den Gerichten zugewiesen ist.

(1) Der Gläubiger beantragt nach Ablauf der Widerspruchsfrist innerhalb von sechs Monaten beim Amtsgericht einen Vollstreckungsbescheid.
(2) Das Amtsgericht stellt den Vollstreckungsbescheid dem Schuldner zu.
(3) Der Gläubiger erhält damit einen vorläufig vollstreckbaren Titel (eine Urkunde, welche die Zwangsvollstreckung zulässt) gegen den Schuldner.
(4) Der Schuldner kann gegen den Vollstreckungsbescheid innerhalb von 14 Tagen Einspruch einlegen. Das Amtsgericht gibt dann die Angelegenheit an das für den Zivilprozess zuständige Gericht weiter.

Unterbleibt der Einspruch, so wird der Vollstreckungsbescheid rechtskräftig. Er kann nicht mehr angefochten werden.

M 2

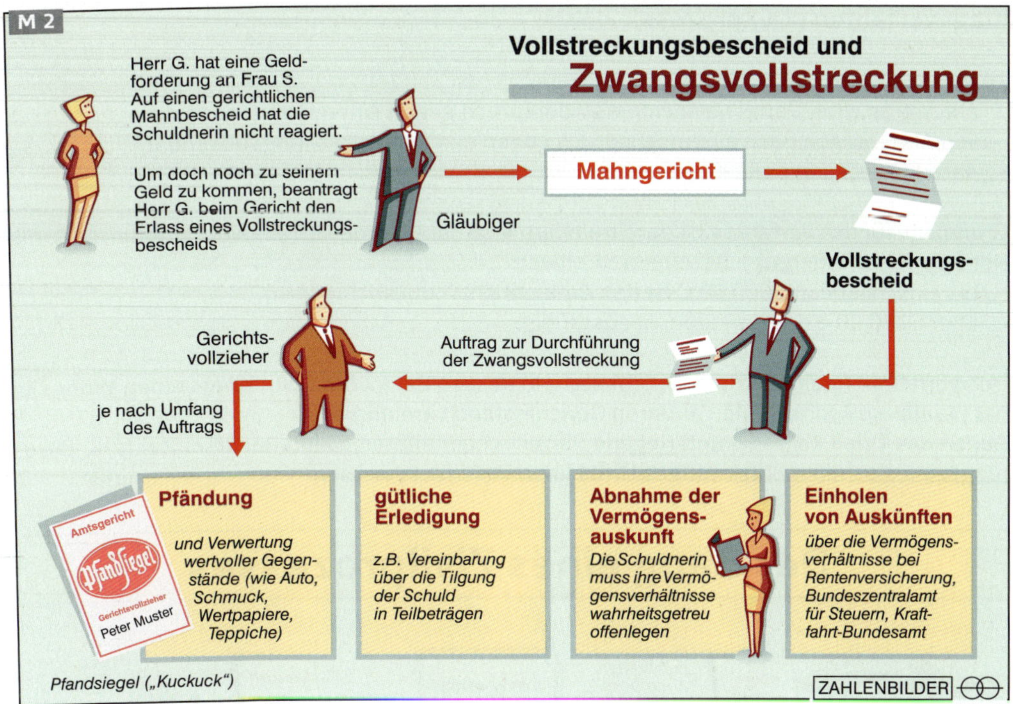

Auch Privatpersonen können Insolvenz anmelden

Für mehr als zwei Millionen überschuldete Bundesbürgerinnen und Bundesbürger gibt es mit der Insolvenzordnung vom 01.01.1999 erstmals die Möglichkeit des Privatkonkurses und damit die Chance für einen wirtschaftlichen Neuanfang. Zunächst muss ein Schuldner versuchen, innerhalb von sechs Monaten eine Einigung mit seinen Gläubigern herbeizuführen. Schlägt der außergerichtliche Einigungsversuch fehl, kann er beim Amtsgericht ein Insolvenzverfahren und eine Restschuldbefreiung beantragen. Es folgt eine drei Jahre währende Periode des „Wohlverhaltens". Bedingung ist, dass der Insolvenzantrag nach dem 30.09.2020 gestellt wurde. In dieser Zeit wird der pfändbare Teil des Einkommens an einen Treuhänder abgeführt, der ihn an die Gläubiger verteilt. Danach erklärt das Amtsgericht die betroffene Person für schuldenfrei. Gläubiger können dann keine Ansprüche mehr geltend machen.

Die Zwangsvollstreckung

Der Gerichtsvollzieher nimmt die Zwangsvollstreckung im Auftrag des Gläubigers vor. Dies geschieht durch Pfändung.

- Bei beweglichem Vermögen nimmt die Gerichtsvollzieherin/der Gerichtsvollzieher wertvolle Gegenstände (z. B. Schmuck) bei der **Pfändung** an sich. Schwer transportierbare Sachen (z. B. Teppiche, Maschinen) werden mit einem Pfandsiegel („Kuckuck") versehen. Die Verwertung der Pfänder erfolgt durch öffentliche Versteigerung.
- Unpfändbar sind Gegenstände, die für den persönlichen Haushalt oder für die Berufsausübung notwendig sind.
- Bei Grundstücken und Gebäuden, die das unbewegliche Vermögen darstellen, erfolgt die Zwangsvollstreckung durch:
  1. Zwangsversteigerung: Aus dem Erlös werden die Schulden bezahlt.
  2. Zwangsverwaltung: Aus den Einnahmen wie Mieten werden die Schulden bezahlt.
  3. Eintragung einer Sicherungshypothek (Zwangshypothek) in das Grundbuch: Sie führt nicht zur Befriedigung des Gläubigers, sondern nur zur Sicherung seiner Ansprüche.
- Bei Ansprüchen aus Arbeitseinkommen (Lohn, Gehalt) erlässt das Gericht einen **Pfändungs- und Überweisungsbeschluss**. Der Arbeitgeber z. B. darf dann nur einen für den Lebensunterhalt notwendigen Betrag an die Arbeitnehmerin oder den Arbeitnehmer auszahlen. Der Rest ist an den Gläubiger zu überweisen. Dieser Betrag wird in der Lohnpfändungstabelle ausgewiesen. Diese finden Sie im Internet.

Arbeitsvorschläge

1. *Geben Sie Gründe für die Einleitung eines gerichtlichen Mahnverfahrens an. (M 1, S. 182)*
2. *Herr Touati hat die Rechnung für seinen Fernseher längst bezahlt und erhält trotzdem einen gerichtlichen Mahnbescheid. Was kann er tun?*
3. *Erläutern Sie, aus welchem Grund ein Vollstreckungsbescheid zugestellt werden kann. (M 2)*
4. *Eine Zwangsvollstreckung steht ins Haus. Was darf nicht gepfändet werden?*

Instanzenzug im Zivilprozess
- Amtsgericht
- Landgericht
- Oberlandesgericht
- Bundesgerichtshof

Klageverfahren (Zivilprozess)

Zu einem Zivilprozess kommt es
- auf Antrag einer Partei nach einem Widerspruch gegen einen Mahnbescheid,
- von Amts wegen nach einem Einspruch gegen einen Vollstreckungsbescheid,
- nach Einreichung einer Klage.

Rechtsmittel
- Berufung
  gegen Endurteile erster Instanzen. Sie führt zu einer Überprüfung des Urteils in tatsächlicher und rechtlicher Hinsicht.
- Revision
  wird eingelegt nur zur rechtlichen Überprüfung eines Urteils durch eine höhere Instanz.

Grundlage für das Verfahren ist der Streitwert, also der Wert des Streitgegenstandes (z. B. die Höhe der Geldforderung). Bei einem Streitwert
- bis einschließlich 5 000,00 € ist das Amtsgericht (Einzelrichter/-in),
- über 5 000,00 € das Landgericht zuständig.

Das Verfahren findet vor dem Gericht statt, in dessen Bezirk der Schuldner seinen Wohnsitz hat (Kaufleute können einen anderen Gerichtsstand vereinbaren).
Gegen das Urteil kann die unterlegene Partei in bestimmten Fällen Rechtsmittel (z. B. Berufung) einlegen. Ein rechtskräftiges Urteil kann vollstreckt werden.

(1) Die Klägerin oder der Kläger reicht die Klageschrift beim zuständigen Gericht ein.
(2) Das Gericht stellt sie der beklagten Person zu und bestimmt den Termin für die mündliche Verhandlung.
(3) Die mündliche Verhandlung dient der Klärung des Sachverhalts. Die streitenden Parteien haben Gelegenheit, ihre Standpunkte vorzutragen (Parteivernehmung). Als weitere Beweismittel kommen infrage: Aussagen von Zeuginnen und Zeugen, Gutachten von Sachverständigen, Urkunden, Augenschein (Besichtigung des Streitgegenstands).
(4) Das Gericht versucht, die Parteien zu einem Vergleich zu bewegen. Misslingt dieses, so endet das Verfahren mit der Verkündung des Urteils.

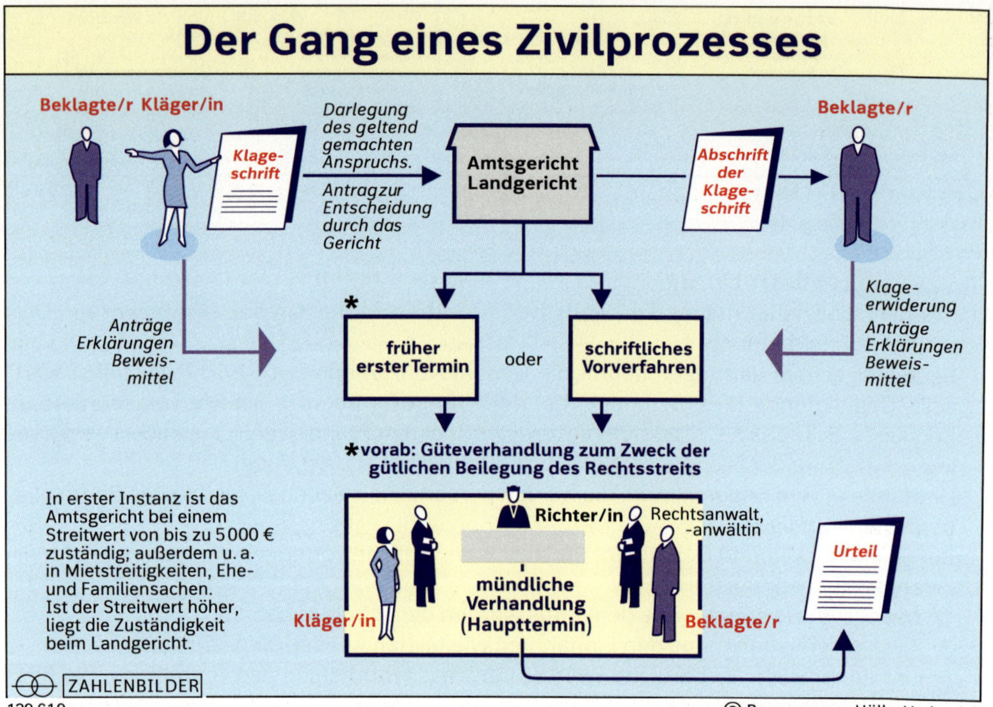

129 610 © Bergmoser + Höller Verlag AG

Arbeitsvorschläge

1. *Ermitteln Sie Möglichkeiten, auf einen Mahnbescheid zu reagieren. (M 1, S. 182)*
2. *Die Zwangsvollstreckung erfolgt auf Antrag des Gläubigers. Beschreiben Sie den Ablauf dieses Verfahrens. (M 2, S. 183)*
3. *Kommen Schuldnerinnen und Schuldner beim Mahnverfahren oder beim Klageverfahren schneller zu ihrem Geld?*

4.8 Überschuldung – Was nun?

In Deutschland waren 2022 rund 5,88 Millionen Verbraucherinnen und Verbraucher überschuldet. Das bedeutet, dass sie nicht in der Lage sind, aus Einnahmen oder Vermögen die anstehenden Rechnungen zu bezahlen. Auslöser der Überschuldung sind z. B. Arbeitslosigkeit, Trennung/Scheidung, Suchterkrankungen usw. Im Durchschnitt haben die Deutschen 31 100,00 € Schulden.
vgl. Statistisches Bundesamt (Destatis) 29.06.2023

Die 21- bis 24-Jährigen sind ebenfalls zunehmend verschuldet. Um eine eigene Wohnung zu haben und von den Eltern unabhängig zu sein, leben viele von ihnen über ihre Verhältnisse.

Der Gang zur Schuldnerberatung ist ein wichtiger Schritt, um nicht nur eine Beratung zu erhalten, sondern auch, um Wege aus der Schuldenfalle zu erarbeiten. Dabei müssen folgende Fragen und Probleme geklärt werden:

1. Was hat zur Überschuldung geführt? (Versandhausbestellungen, Kredite)
2. Wie sieht die momentane Einnahmen- und Ausgabensituation aus?
3. Welche Ausgaben sind vermeidbar?
4. Wird Hilfe bei Verhandlungen mit Banken und anderen Gläubigern benötigt?

M 1

So verschuldet ist Deutschland

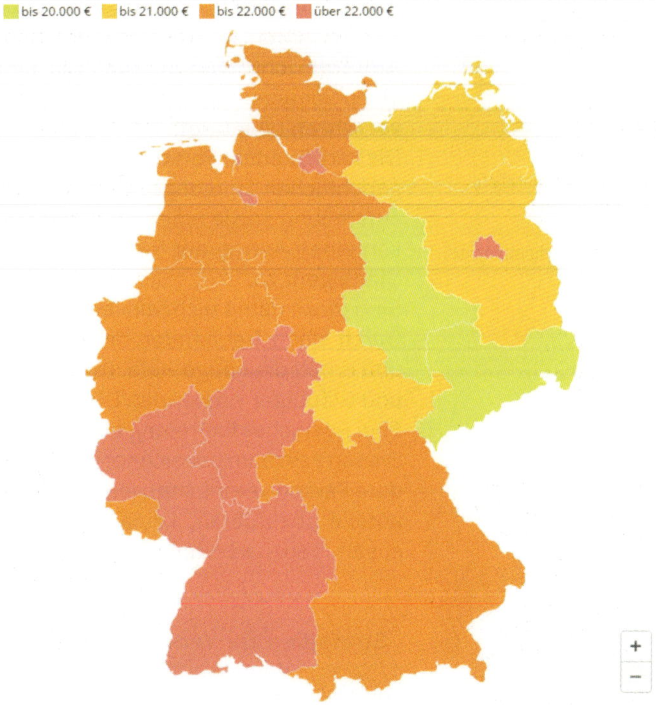

*Auswertungszeitraum: **Januar 2022 bis Januar***
*Zur **Berechnung der Nachfrage** wurden die Kreditabschlüsse in den Bundesländern ins Verhältnis zur Einwohnerzahl gesetzt und ein Index gebildet. Ein Indexwert von 100 entspricht einer durchschnittlichen Nachfrage.*

Schuldnerinnen und Schuldner müssen bereit sein, die Überschuldung zu klären und notwendige Konsequenzen zu ziehen.
Die Schuldnerberatung ist kostenfrei und insbesondere für private Haushalte gedacht. Viele verschuldete Menschen kommen jedoch um eine Verbraucherinsolvenz nicht herum (s. S. 186).

Beratungsstellen:
- bei Sozialämtern
- Verbraucherzentralen
- freien Wohlfahrtsverbänden

Die Zahlungsmoral

Mit der Zahlungsmoral steht es in Deutschland nicht zum Besten.
Hauptgrund für das Nichtbezahlen offener Rechnungen ist die Überschuldung von Privatpersonen wegen Arbeitslosigkeit oder Scheidung. Aber auch vorübergehende Liquiditätsengpässe aufgrund gestiegener Kosten können Ursache dafür sein.
Manche Kundinnen und Kunden handeln auch vorsätzlich, d. h., sie zahlen nicht vor der letzten Mahnung und geben vor, die Rechnung vergessen zu haben.
Aber auch nur etwas mehr als die Hälfte der öffentlichen Auftraggeber gleichen die Forderungen rechtzeitig aus und etliche bezahlen ihre Rechnungen sogar erst nach zwei oder mehr Monaten.

Liquiditätsengpass:
Jemand ist momentan nicht in der Lage zu zahlen.

Gründe für das Nichtbezahlen offener Rechnungen:
Überschuldung: 60 %
Arbeitslosigkeit: 45 %
Bewusste Zahlungsverzögerung: 36 %
Zu niedriges Einkommen: 40 %
Vergesslichkeit: 26 %
Kundenreklamation: 11 %
Bundesverband Deutscher Inkasso-Unternehmen e. V. 2022 (verändert)

Arbeitsvorschläge

1. *Recherchieren Sie im Internet: Wofür werden Schulden gemacht?*
2. *Erarbeiten Sie, was im Schuldenatlas für Deutschland dargestellt wird. (M 1)*

Die Verbraucherinsolvenz

Bei der Verbraucherinsolvenz trägt die Schuldnerin oder der Schuldner die Kosten des Verfahrens.

Tipp:
Interessengemeinschaft „Sozialrecht e. V."

www.schuldnerberatung.de

Menschen mit Schulden können sich durch eine Verbraucherinsolvenz von der Schuldenlast befreien.
Das Verfahren kann in folgenden Schritten ablaufen:
Außergerichtlicher Versuch der Einigung: eine verschuldete Person bietet den Gläubigern einen Schuldentilgungsplan an. Gelingt keine Einigung, so wird ein **gerichtliches Einigungsverfahren** beantragt.
Die verschuldete Person muss dem zuständigen Gericht eine Bescheinigung über den außergerichtlichen Einigungsversuch vorlegen, des Weiteren die Einkommens- und Vermögensaufstellung sowie einen Schuldenbereinigungsplan. Außerdem muss die verschuldete Person einen Antrag auf Restschuldbefreiung stellen. Das Gericht stellt diese Unterlagen den Gläubigern zu.
Sind diese damit nicht einverstanden, erfolgt das **gerichtliche Insolvenzverfahren**.
Durch einen Treuhänder, den das Gericht bestellt, wird die verschuldete Person kontrolliert und erhält die nötige Hilfe. Ihr pfändbares Vermögen wird zur Bezahlung der Gläubigerinnen und Gläubiger verwendet. Die Kosten trägt die verschuldete Person.
Eine Restschuldbefreiung erfolgt erst nach drei Jahren.
Diesen Zeitraum bezeichnet man als **Wohlverhaltensperiode**. In dieser Zeit ist die verschuldete Person verpflichtet, jede zumutbare Arbeit anzunehmen, alle pfändbaren Einkommensanteile abzuführen, keine neuen Schulden zu machen und ehrlich mit dem Treuhänder zusammenzuarbeiten.

Hinweis: Die Broschüre „Was mache ich mit meinen Schulden? Infos zu Wegen aus der Schuldenspirale sowie Tipps zur Vermeidung von Überschuldung" ist beim Ministerium für Familie, Senioren, Frauen und Jugend erhältlich. Internetadresse: www.bmfsfj.de

Strategien zur Vermeidung von Verschuldung

1. Führen Sie ein Haushaltsbuch.
2. Planen Sie ihre Ausgaben langfristig.
3. Vermeiden Sie möglichst Ratengeschäfte.
4. Beachten Sie das Gebot der kaufmännischen Vorsicht. Geben Sie weniger aus, als Sie einnehmen.
5. Kein Aktienkauf bzw. Urlaub auf Kredit.
6. Pflegen Sie einen angemessenen Lebensstil, legen Sie zwei Monatsgehälter als Reserve zurück.
7. Beachten Sie Folgekosten bei Anschaffungen (PC, Drucker, Haustiere, Auto, Smartphone).
8. Vergleichen Sie Angebote und verhandeln Sie über Preise.

Bei der Aufnahme von Krediten wird eine **Restkreditversicherung** mit angeboten. Wenn mit Arbeitslosigkeit zu rechnen ist, ist der Abschluss einer derartigen Versicherung ratsam. Diese Versicherung übernimmt auch die Tilgung des Kredits bei Krankheit oder Unfall.

Arbeitsvorschläge

1. *Finden Sie heraus, wo sich in Ihrer Stadt eine Schuldnerberatung befindet. Welche Informationen können Sie dort erhalten?*
2. *Erarbeiten Sie einen Ablaufplan zur Verbraucherinsolvenz.*

4.9 Verbraucherschutzgesetze

M 1

- Discounter werben für Aktionsware, die sehr preisgünstig ist, die aber nicht im ausreichenden Maße vorhanden ist.
- Bei gleichbleibenden Preisen und gleichbleibender Packungsgröße verringern die Hersteller den Inhalt.
- Artikel werden im Preis gesenkt, der alte Preis wird mitangegeben.

In der Marktwirtschaft ist es üblich, dass die Hersteller um die Gunst der Kundinnen und Kunden werben. Da es überall schwarze Schafe gibt, hat der Gesetzgeber das Gesetz gegen den unlauteren Wettbewerb erlassen.

Gesetz gegen den unlauteren Wettbewerb (UWG)

(1) Unlautere geschäftliche Handlungen sind unzulässig.
(2) Geschäftliche Handlungen, die sich an Verbraucher richten oder diese erreichen, sind unlauter, wenn sie nicht der unternehmerischen Sorgfalt entsprechen und dazu geeignet sind, das wirtschaftliche Verhalten des Verbrauchers wesentlich zu beeinflussen.
(3) Die im Anhang dieses Gesetzes aufgeführten geschäftlichen Handlungen gegenüber Verbrauchern sind stets unzulässig.
(4) Bei der Beurteilung von geschäftlichen Handlungen gegenüber Verbrauchern ist auf den durchschnittlichen Verbraucher oder, wenn sich die geschäftliche Handlung an eine bestimmte Gruppe von Verbrauchern wendet, auf ein durchschnittliches Mitglied dieser Gruppe abzustellen. [...]

Vorschrift neugefasst durch das Zweite Gesetz zur Änderung des Gesetzes gegen den unlauteren Wettbewerb vom 02.12.2015 (BGBl. I S. 2158), in Kraft getreten am 10.12.2015. dejure.org/gesetze/UWG [13.06.2023]

Zeitlich begrenzte Verkaufsaktionen mit Preisnachlässen sind jederzeit erlaubt. Vorgeschriebene Schlussverkaufszeiten gibt es nicht mehr.

Die soziale Marktwirtschaft der Bundesrepublik Deutschland hat das Ziel, Verbraucherinnen und Verbraucher, aber auch Mitbewerberinnen und Mitbewerber zu schützen und den Wettbewerb zu sichern.

M 2

Das Gesetz wendet sich gegen:
- falsche oder irreführende Angaben bei der Warenkennzeichnung (Beschaffenheit, Herstellungsart),
- Verleumdung von Konkurrentinnen und Konkurrenten (unwahre Behauptungen),
- Verwendung fremder Namen und Firmenbezeichnungen zur Vorteilsnahme,
- irreführende Werbung, wie preiswerte Lockangebote, die nicht in ausreichender Menge vorhanden sind,
- unzumutbare belästigende Werbung, z. B. E-Mails oder Anrufe.

Das Gesetz gegen Wettbewerbsbeschränkungen (GWB), auch **Kartellgesetz** genannt, soll den Markt vor wettbewerbswidrigen Vereinbarungen schützen.
Wer eine Ware herstellt, darf dem Endverkäufer den Endverkaufspreis nicht vorschreiben. Er kann lediglich eine Preisempfehlung geben (unverbindliche Preisempfehlung). 2005 wurde das GWB an das europäische Wettbewerbsrecht angepasst. Eine Ausnahme von diesem Grundsatz stellt zum Beispiel das Gesetz über die Preisbindung für Bücher (Buchpreisbindungsgesetz) dar.

Arbeitsvorschläge

1. *Beurteilen Sie die Aussagen in M 1 mithilfe des Gesetzes gegen unlauteren Wettbewerb. Nehmen Sie M 2 zu Hilfe.*
2. *Sammeln Sie in den nächsten vier Wochen Angebote, die gegen das UWG verstoßen. Wählen Sie eine Form, um Ihre Ergebnisse der Klasse zu präsentieren.*

Warenkennzeichnung

Waren- bzw. Produktkennzeichnungen sind Informationen über ein Produkt, die dieses zur Verbraucherin und zum Verbraucher begleiten.
Enthalten sind Informationen über Beschaffenheit, Inhalt und Qualität.
Produktkennzeichen können die Form von Logos, Piktogrammen, Symbolen oder kleinen Texten haben.
Festgelegt ist die Kennzeichnung durch internationale und nationale Richtlinien. Unterschieden wird zwischen freiwilliger und verpflichtender Kennzeichnung.

Vorsicht beim Kauf von Produkten mit BIO-Siegel. Dahinter können sich auch überteuerte Produkte verbergen, die den Anforderungen an BIO nicht entsprechen.

Verpflichtende Angaben in Deutschland sind z. B.:
- Preisangabe
- Textilkennzeichnung
- Qualitäts- und Handelsklassen
- Inhaltsstoffe bei Lebensmitteln
- Allergiekennzeichnung
- Liste der Zutaten

Freiwillige Angaben können z. B. sein:
- Nährwertkennzeichnung
- Qualitätsstandard
- Sicherheitszeichen
- DIN-, EN- und ISO-Normen
- Umweltzeichen, Sicherheitszeichen

Nutri-Score ist ein System zur Nährwertkennzeichnung von Lebensmitteln als Überblick über die Nährwertqualität. Eine fünfstufige Skala mit Farben und Buchstaben dient dabei der Kennzeichnung.
Grün bedeutet *gesund*, Rot bedeutet *ungesund*.
Grün: Proteine, Ballaststoffe, Obst- und Gemüseanteil
Rot: hoher Energiegehalt, Zucker, gesättigte Fettsäuren und Natrium
Die Bewertungsskala vergleicht nur Lebensmittel der gleichen Produktgruppe miteinander. Hat ein Gericht einen Score von A, bedeutet dies somit nicht, dass es besonders gesund ist, sondern nur, dass es gesünder ist als andere Produkte dieser Gruppe.
Die Kennzeichnung ist freiwillig. Folgende deutsche Firmen versehen ihre Verpackungen mit dem Nutri-Score: Bofrost, Danone, Iglo, McCain und Mestemacher.

Die Handelsklassen basieren auf nationalen oder EU-Richtlinien und sind beispielsweise bei Obst und Gemüse von „Extra“ bis „Qualität III“ eingeteilt. Während „Qualität III“ starke Mängel aufweist, ist „Extra“ von hervorragender Qualität, was sich im Preis bemerkbar macht.

Die Lebensmittelkennzeichnungsverordnung verlangt folgende Angaben in deutscher Sprache, leserlich und gut sichtbar:
- Anschrift des Herstellers, Verpackers oder eines in der EU niedergelassenen Verkäufers,
- handelsübliche Inhaltsbezeichnung,
- Verzeichnis der Zutaten in der Reihenfolge des Mengenanteils nach QUID (**qu**antitative **i**ngredient **d**eclaration),
- Menge nach deutschem Maß und Gewicht,
- Mindesthaltbarkeitsdatum bei richtiger Lagerung.

EAN = **E**uropäische **A**rtikel **N**ummer. Die Scannerkassen lesen den Code und holen sich den Preis aus der Artikeldatei des jeweiligen Supermarkts. Die Preiskennzeichnung erfolgt nicht am Produkt, sondern durch ein Preisschild am Regal.

Das Eichgesetz schreibt die Angabe der Füllmenge auf allen Verpackungen vor und ergänzt somit die Lebensmittelkennzeichnungsverordnung.

Die Preisangabenverordnung verpflichtet den Einzelhandel, den Verkaufspreis einschließlich Umsatzsteuer auszuzeichnen. Auch der Stundensatz mit Umsatzsteuer kann anstelle des Endpreises angegeben werden, z. B. bei Reparaturen.

Das Textilkennzeichnungsgesetz verlangt die Angabe der verwendeten Rohstoffe auf dem Etikett oder der Verpackung der Ware, z. B. „100 % Baumwolle“. Die Pflegehinweise sind nicht vorgeschrieben, werden aber von vielen Herstellern angegeben.

Verbraucherbewusstes Verhalten

Gesetz zur Regelung des Rechts der Allgemeinen Geschäftsbedingungen (AGB-Gesetz)

Vorformulierte Bedingungen sind aus dem Geschäftsverkehr nicht mehr wegzudenken: Kaufleute, Handwerksbetriebe, Kreditinstitute, Reiseunternehmen – alle verwenden „allgemeine Geschäftsbedingungen“. Lange Zeit sind diese als „das Kleingedruckte“ auf der Rückseite von Verträgen bezeichnet worden, weil diese Klauseln oft nur mit der Lupe zu lesen waren. Die Vertragsfreiheit hatte den anbietenden Firmen gestattet, ein eigenes Klausel-Recht neben dem BGB zu entwickeln. Das war möglich, weil Vertragspartner grundsätzlich frei sind bei der Festlegung der Bedingungen, die sie zur Grundlage ihres Vertrags machen wollen. Die vorformulierten Bedingungen nahmen aber den Käuferinnen und Käufern zu viele Rechte und bürdeten ihnen Risiken auf. Mit dem AGB-Gesetz hat der Gesetzgeber eingegriffen und sichergestellt, dass einseitig Vorgedrucktes nicht mehr einseitiges Recht ist. Rund 40 Klauseln, die die Käuferinnen und Käufer benachteiligten, sind inzwischen verboten.

Allgemeine Geschäftsbedingungen
1. Allgemeines und Geltungsbereich
2. Lieferungsbedingungen
3. Zahlungsbedingungen
4. Ratenkauf
5. Gewährleistung
6. Eigentumsvorbehalt
7. Reparaturen
8. Allgemeine Haftungsbegrenzungen
9. Erfüllungsort und Gerichtsstand

Wichtige Bestimmungen des Gesetzes sind:
- Kundinnen und Kunden müssen auf die AGB hingewiesen werden und sie in angemessener Weise zur Kenntnis nehmen können.
- Persönliche Absprachen (Sondervereinbarungen) haben Vorrang vor den AGB.
- Unangemessen lange Fristen für die Vertragsannahme und Lieferung sind nicht zulässig.
- Preiserhöhungen sind frühestens vier Monate nach Vertragsabschluss möglich.
- Bei mangelhafter Lieferung gelten grundsätzlich die Bestimmungen des BGB. Ist Nachbesserung vereinbart, so muss die Reparatur (Material und Arbeitslohn) kostenlos erfolgen.

Verbraucherzentralen in Deutschland – Verbraucherzentrale Bundesverband e. V.

Die Verbraucherzentralen in Deutschland sind in den einzelnen Bundesländern angesiedelt und im Bundesverband zusammengeschlossen. Der Bundesverband ist die Stimme der Verbraucherinnen und Verbraucher auf politischer Ebene und vertritt u. a. verbraucherpolitische Interessen auf Bundes- und EU-Ebene. Die Verbraucherzentralen sind zuständig für die Verbraucherberatung und -information und leisten bei Bedarf rechtlichen Beistand.

Zu folgenden Themen wird geholfen:
- Kaufvertrag
- Werkvertragsrecht (Handwerkerleistungen)
- Dienstvertragsrecht
- Kreditrecht
- Insolvenzverfahren und ihre Vermeidung
- Versicherungsverträge
- Stromanbieterwechsel
- Baufinanzierungen
- Patientenrecht
- Gesundheitsdienstleistungen.

Verbraucherzentralen helfen gegen ein Entgelt bei Rechtsproblemen. Sie vertreten einzelne Verbraucherinnen und Verbraucher sowie Verbrauchergruppen. Dabei streben sie gerichtliche und außergerichtliche Einigungen an. In den letzten Jahren konzentrierte sich der Arbeitsschwerpunkt auf Telekommunikationsdienstleistungsverträge.

M 1

Die **Verbraucherzentralen** haben folgende Aufgaben:
- Sie ermöglichen einen Überblick über Angebote und Marktlage.
- Sie vertreten Interessen der Verbraucherinnen und Verbraucher auf Landesebene.
- Sie geben Rat per Telefon, Internet oder in der Beratungsstelle.
- Sie verteilen Abmahnungen und Klagen bei Rechtsverstößen.
- Sie vertreten die Interessen der Verbraucherinnen und Verbraucher auf parlamentarischer Ebene.
- Sie informieren und führen Projekte und Aktionen durch.

Payback – System und Überwachung des Kundenverhaltens

Der Einzelhandel führt nicht nur Rabattschlachten, sondern verteilt auch zahlreiche Payback-Karten. Einerseits werden den Kundinnen und Kunden Prozente gutgeschrieben, andererseits kann ihr Kaufverhalten von den Konzernen nachvollzogen werden. Dies ermöglicht es den Anbieterinnen und Anbietern, der Kundschaft zielgenaue Werbung in Papier- oder elektronischer Form zuzusenden, um ihr weiteres Kaufverhalten zu beeinflussen.

Arbeitsvorschläge

1. *Wählen Sie zwei Beispiele aus den allgemeinen Geschäftsbedingungen und erläutern Sie diese.*
2. *Erläutern Sie die Bedeutung und die Ziele der Verbraucherzentralen in Deutschland. (M 1)*
3. *Zu welchem Thema könnten Sie sich vorstellen, eine Beratung bei der Verbraucherzentrale in Anspruch zu nehmen?*
4. *Erläutern Sie Vor- und Nachteile des Payback-Systems für die Kundin/den Kunden.*

Konsumenteninteresse – Produzenteninteresse

5 Steuern

M 1 **Steuern – Sind sie wirklich nötig?**

Zweifel an der Funktionsweise unseres Steuersystems haben wir oft. Wir sehen unsere zu zahlende Lohnsteuer als harte Wirklichkeit in vermeintlich großen Zahlen auf der Gehaltsabrechnung. Wir lesen die ausgewiesene Umsatzsteuer auf Rechnungen und Quittungen. Sicher, wir alle würden gern diese Steuern lieber auf unserem eigenen Konto sehen. Aber was passiert dann mit den Leistungen, die Bund, Länder und Gemeinden ihren Bürgerinnen und Bürgern bieten und die für uns einfach selbstverständlich sind?

Mit Steuern finanzieren wir all die Dinge, die nur durch uns alle gemeinsam erbracht werden können. Wenn wir dabei Qualität und Zuverlässigkeit wünschen, müssen wir dafür auch genug leisten.

Sicher zahlen wir alle nicht gern Steuern und empfinden diese oft als viel zu hoch. Aber sind sie es wirklich?

Steuern sind Zwangsabgaben (einmalig oder laufend), die den Betroffenen vom Staat auferlegt werden, **ohne** dass sie dafür eine **direkte** Gegenleistung erhalten. Bund, Länder und Gemeinden (bezeichnet auch als „öffentliche Hand“) können ihre umfangreichen Aufgaben nur erfüllen, wenn sie auf die Steuern als Einnahmequelle zurückgreifen können.

M 2 **Die größten Aufgabenbereiche der öffentlichen Hand sind:**

Bund	Länder	Gemeinden
– soziale Sicherung, – Verteidigung, – Verkehrswesen	– Bildungswesen, – Polizei, – Justiz	– Straßenbau – Bau und Unterhalt von Schulen und Krankenhäusern, – Müllabfuhr, – Wasserversorgung

M 3

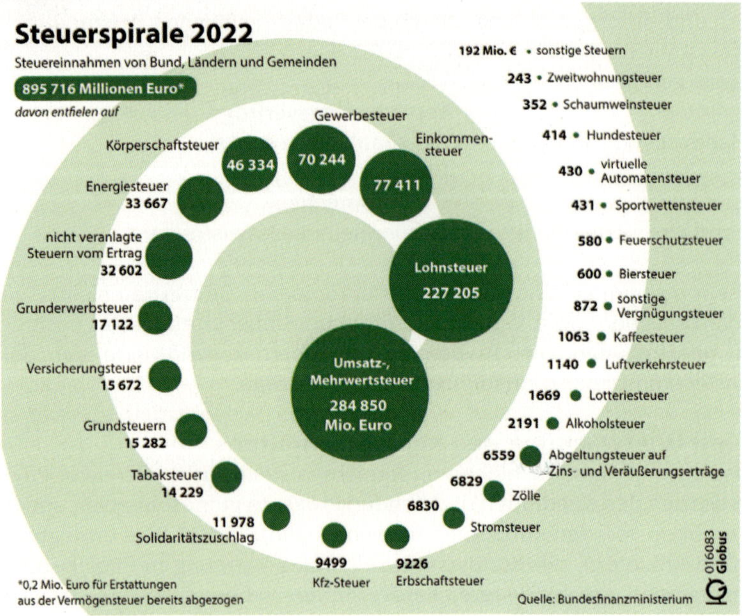

Arbeitsvorschläge

1. *Finden Sie mithilfe einer Internetrecherche weitere Aufgabenbereiche der öffentlichen Hand.*
2. *Erklären Sie einer Mitschülerin/einem Mitschüler die Notwendigkeit der Besteuerung. (M 1, M 2)*

5.1 Einteilung der Steuern

M 1

Einteilung nach der Art der Steuererhebung	
direkte Steuern	**indirekte Steuern**
Steuerschuldner und Steuerträger sind dieselbe Person, die Arbeitnehmerin/Arbeitnehmer muss z. B. die entsprechende Lohnsteuer selbst tragen	Steuerschuldner ist derjenige, der die Steuer an das Finanzamt abführen muss, Steuerträger ist die Verbraucherin/der Verbraucher
Beispiele: Lohn- und Einkommensteuer, Vermögens- und Erbschaftsteuer	Beispiele: Umsatzsteuer, Verbrauchsteuern wie Tabak-, Getränke-, Mineralölsteuer

M 3

Abgeltungssteuer

Sie beträgt in Deutschland einheitlich 25 % und fällt auf Zinsen von Festgeld- und Tagesgeldkonten genauso an wie auf Kursgewinne von Fonds und Aktien. Bestehen bleibt der Sparerfreibetrag bei Alleinstehenden von 1 000,00 €/Jahr und Ehepaaren von 2 000,00 €/Jahr.

M 2

Einteilung nach dem Gegenstand der Besteuerung			
Besitzsteuern	Verkehrsteuern	Verbrauchsteuern	Zölle
Einkommen-, Lohn-, Erbschaft-, Grundsteuer	Umsatz-, Grunderwerbsteuer	Tabak-, Mineralölsteuer	Einfuhrzölle und Ausfuhrzölle

M 4 **Auswege aus dem Steuerchaos?**

Mehrwertsteuer (fachsprachlich „Umsatzsteuer"), Mineralölsteuer, Lohnsteuer, Stromsteuer ... der fast unübersichtliche Berg an Steuern in unserem Land bringt viele Menschen ins Schwitzen. Wann müssen Auszubildende Steuern zahlen? Gibt es in den Steuergesetzen Möglichkeiten, für Auszubildende Ausnahmen zu machen? Gelten diese dann für sie auch verlässlich? Diese und viele andere Fragen stellen sich angesichts der Steuervielfalt.

Eine Tatsache erklärt zahlreiche Unsicherheit(en), ohne dass uns damit geholfen ist: Das deutsche Steuersystem **ist wirklich** kompliziert. Der Grund: Es versucht, die Vielschichtigkeit der Lebensverhältnisse abzubilden und somit nach der Leistungsfähigkeit zu besteuern. Haben wir z. B. einen weiten Weg zur Arbeit, erhalten wir dafür über die Pendlerpauschale einen Steuernachlass. Für diejenigen, die am Wochenende, nachts oder im Schichtdienst arbeiten, gilt Gleiches. Für Menschen, die ihre Kinder oder pflegebedürftige Angehörige betreuen, gibt es Steuerentlastungen.

Die Schwierigkeit: Jede Sonderregelung ruft Missbrauch hervor, den der Gesetzgeber dann wieder unter Kontrolle bekommen muss – durch noch mehr Gesetze.

M 5

Karikatur von Oliver Wetterauer

M 6

zu zahlen

Karte

MWST %		MWST	+	Netto
A	7%	0,89	+	12,78
B	19%	1,06		5,59
Summe		1,95		18,37

Arbeitsvorschläge

1. *Ordnen Sie die in der Grafik „Steuerspirale" (M 3, S. 190) und die in M 3 und M 4 genannten Steuerarten den Einteilungen in den Tabellen M 1 und M 2 zu.*
2. *Interpretieren Sie die Karikatur M 5 mithilfe der Methode „Analyse politischer Karikaturen" (s. S. 248 f.).*
3. *Der Kassenbon in M 6 enthält zwei verschiedene Umsatzsteuersätze. Informieren Sie sich dazu im Internet. Bereiten Sie einen Kurzvortrag über das Thema „Umsatzsteuersätze" vor.*
4. *Erörtern Sie in der Gruppe, welche Probleme das deutsche Steuersystem mit sich bringt (M 4). Notieren Sie Ihre Ergebnisse und stellen Sie diese in der Klasse vor.*

5.2 Steuermoral, Steuergerechtigkeit, Steuermentalität – eine wacklige Balance

Steuermoral (Steuerehrlichkeit)

Einstellung der Steuerpflichtigen zum Steuerdelikt. Mangelnde Steuermoral führt zu illegalem Steuerwiderstand (z. B. Steuerhinterziehung).

Steuermentalität

grundsätzliche Einstellung der Bürgerinnen und Bürger zum Steuersystem, zur Steuergerechtigkeit und zur individuellen Steuerlast

www.steuerzahler.de

M 1 Wir Deutschen halten es für wichtig, Steuergesetze einzuhalten, obwohl wir ein sehr gespanntes Verhältnis zum Steuersystem haben. Unsere Steuermoral hat sich in den letzten Jahren nicht verändert. Gründe dafür sind vielfältig; einer ist die Angst, erwischt zu werden. Zum anderen wirkt sich die Präsenz des Themas Steuerhinterziehung in der Öffentlichkeit stark auf unsere moralische Bewertung aus.
Die Steuermentalität hat sich dagegen verschlechtert. Wir Deutschen sehen unser Steuersystem immer kritischer. Wir empfinden unsere Steuerbelastung als zu hoch. Wir haben auch den Eindruck, dass der zeitliche und finanzielle Aufwand zur Erfüllung der steuerlichen Pflichten zu groß ist. Wir empfinden die kalte Progression als ungerecht (s. dazu S. 194). Wir wollen, dass der Staat mit unseren Steuergeldern verantwortungsvoll umgeht. Der Großflughafen Berlin-Brandenburg, die Hamburger Elbphilharmonie und Stuttgart 21 haben ihre Spuren hinterlassen. Die aktuellen Belastungen mit seit Jahren andauernder Flüchtlings- und Klimakrise, den durch den Ukrainekrieg gestiegenen Energie- und Lebenshaltungspreisen bringen unser Land an die Grenzen der Belastbarkeit. Fördermittel, einmalig gezahlte Härtefallhilfen und andere Steuergeschenke waren willkommen, ihre Wirkung ist aber schnell verpufft. Die Steuerzahlerinnen und Steuerzahler werden sie schon bezahlen. Gleichzeitig werden in Deutschland jährlich große Beträge an Steuern hinterzogen, der Staat ist um Aufklärung nur wenig bemüht. Wie lange können wir diese Last noch tragen?

M 2

Karikatur von Martin Erl: Superreiche, 06.11.2017

M 3 **„Kampf gegen Steuerbetrug: Ein Meldeportal klingt modern, blendet aber innovativere Wege aus**

Um es gleich vorwegzuschicken: Steuerhinterziehung ist eine Straftat und kein Kavaliersdelikt. Steuerhinterziehung – sei es von Privatpersonen oder Unternehmen – kostet nach gängigen Schätzungen den deutschen Fiskus jährlich etwa 50 Milliarden Euro. Und Deutschland gilt noch immer als Finanzplatz, der Steuerhinterzieher und Geldwäscher geradezu anlockt. Gegen Hinweise auf Straftaten ist also absolut nichts einzuwenden.
Schon werden Forderungen nach einer Online-Betrügerjagd auf Bundesebene laut, etwa bei den Grünen. Der Schritt gaukelt Modernität vor: Wenn es bislang schon möglich ist, den Finanzbehörden per E-Mail, Brief, Fax oder Telefon Hinweise auf Steuerbetrug zu geben – auch anonym –, dann ist ein Meldeportal der nächste logische Schritt. [...]
Was sind die wirklich effektiven Wege, um an Steuersünder heranzukommen, vor allem an die großen? [...]"
Anger 2021

Arbeitsvorschlag

Diskutieren Sie zunächst in der Gruppe, dann im Klassenverband, ob die Einführung einer Steuerpolizei und die Bestrafung von Steuerhinterziehung im allgemeinen Interesse ist. (M 1, M 2, M 3).

5.3 Die Einkommensbesteuerung von Arbeitnehmenden

Die Erhebung der Lohnsteuer

Arbeitnehmende müssen Lohnsteuer für ihre Einkünfte aus nicht selbstständiger Arbeit zahlen. Zum Abzug der Lohnsteuer ist der Arbeitgeber verpflichtet, der sie an das Finanzamt abführen muss.
Dazu nutzt der Arbeitgeber die elektronische Lohnsteuerkarte, die er von der Finanzverwaltung für jede Arbeitnehmerin und jeden Arbeitnehmer zur Verfügung gestellt bekommt. Diese beinhaltet folgende Angaben: Steuerklasse, Kinderfreibeträge, weitere Freibeträge (z. B. Entlastungsbetrag für Alleinerziehende), Kirchensteuerabzugsmerkmale.

M 1 **Lohnsteuerklassen**

Steuerklasse	Anwendung
I	für unverheiratete Arbeitnehmer/-innen, dauernd getrennt lebende, geschiedene oder verwitwete Arbeitnehmer/-innen ohne Kinder
II	für in Steuerklasse I aufgeführte Arbeitnehmer/-innen, wenn ihnen mindestens ein Kind zuzuordnen ist, für das sie einen Kinderfreibetrag erhalten
III	bevorzugte Klasse des besser verdienenden Ehepartners
IV	für Ehepartner, die beide über ein ungefähr gleich hohes Einkommen verfügen
V	wird dem Ehepartner zugewiesen, der wesentlich weniger Einkommen als sein Partner hat
VI	für jedes zusätzliche Arbeitsverhältnis

Wahl der Lohnsteuerklasse

Die Lohnsteuerklasse kann bei Notwendigkeit und auf Wunsch der Arbeitnehmerin/des Arbeitnehmers auch während des laufenden Jahres geändert werden. Deshalb kann das Finanzamt erst nach Ablauf des Jahres über die endgültige Höhe der Steuerschuld entscheiden.

Das zu versteuernde Einkommen

Einkommensteuerpflichtig sind alle natürlichen Personen, die in Deutschland ihren Wohnsitz haben. Gesetzliche Grundlage dafür ist das Einkommensteuergesetz.
Es gibt zwei Möglichkeiten der Steuererhebung auf Einkommen.
Die Wichtigste ist die Erhebung der Lohnsteuer, die bereits oben vorgestellt worden ist. Alle anderen Einkünfte unterliegen der Einkommensteuerpflicht. Dazu geben Steuerpflichtige eine **Einkommensteuererklärung** ab. Danach erstellt das Finanzamt einen **Steuerbescheid**.
Eine grobe Übersicht, wie alle Einkommen und Entlastungen in der Einkommensteuererklärung Eingang finden, sehen Sie im Folgenden. Nähere Informationen dazu werden auch auf S. 195 angeboten.

M 2 **Bruttoarbeitslohn**

– Werbungskosten (Arbeitnehmerpauschbetrag)
= Einkünfte
– Sonderausgaben
– außergewöhnliche Belastungen
= Einkommen
– Kinderfreibetrag
= zu versteuerndes Einkommen

Werbungskosten: s. S. 195, M 1

Sonderausgaben: s. S. 195, M 1

Außergewöhnliche Belastungen

Nach Abzug der zumutbaren Belastungen (abhängig vom Einkommen) können Kosten für die Unterbringung in einem Alters- oder Pflegeheim, Begräbniskosten, Krankheitskosten, Kosten für eine Rehamaßnahme, Kosten für Zahnregulierung, Unterhaltskosten u. a. steuermindernd geltend gemacht werden.

Kinderfreibetrag

Der Kinderfreibetrag wird vom Staat festgelegt. Es handelt sich um den Betrag, den Eltern für jedes ihrer Kinder pro Jahr steuerfrei verdienen können. Der Kinderfreibetrag erhöht den steuerfreien Grundfreibetrag und wird nicht mit diesem verrechnet (2023: 6 024,00 € pro Kind).

Arbeitsvorschläge

1. *Bestimmen Sie für folgende Arbeitnehmerinnen und Arbeitnehmer die richtige Steuerklasse. (M 1)*
   - *Herr Walter ist alleinstehend.*
   - *Herr und Frau Hechter arbeiten im selben Beruf und verdienen beide jeweils 2 465,00 € brutto.*
   - *Frau Salzmann arbeitet als Sachbearbeiterin und lebt mit ihrer 9-jährigen Tochter allein.*
   - *Herr Kolding arbeitet nebenberuflich als Dozent an der Volkshochschule.*
2. *Überlegen Sie, welche Steuerklassen Sie im Laufe Ihres Lebens haben könnten. (M 1)*
3. *Konkretisieren Sie die Übersicht M 2 mithilfe der Informationen auf S. 195. Tauschen Sie sich dazu mit einer Partnerin/einem Partner aus.*

5.4 Der Einkommensteuertarif

Je nach Höhe des zu versteuernden Einkommens werden unterschiedliche Steuersätze angewendet.

Die Höhe der Einkommensteuer

2024 wird das Existenzminimum auf 11 604,00 € angehoben.

M 1

Als Auszubildende oder Auszubildender haben Sie in der Regel bereits ein eigenes Einkommen, das der Steuerpflicht unterliegt. Das Einkommensteuergesetz sieht jedoch vor, dass bis zu einer festgelegten Einkommenshöhe (Grundfreibetrag) keine Einkommensteuer erhoben wird. Grund: Das zur Bestreitung des Existenzminimums nötige Einkommen darf nicht durch Steuern gemindert werden. Dieser Betrag wird jährlich angepasst und beträgt für das Jahr 2023 beispielsweise 10 908,00 €.

M 2

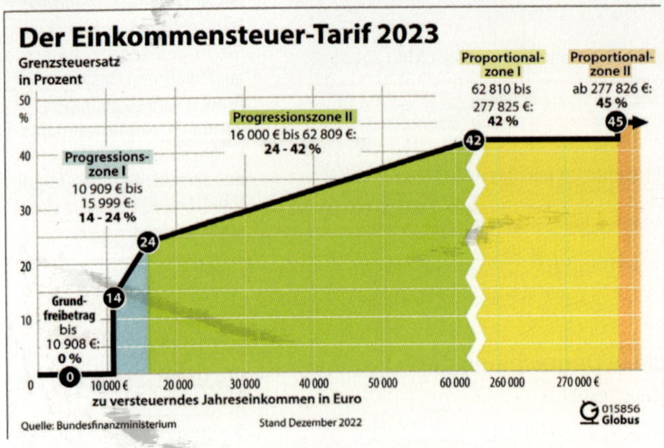

Oberhalb des Grundfreibetrags müssen Sie Einkommensteuer zahlen. Je mehr Einkommen Sie haben, umso höher ist der prozentuale Anteil der Steuer. Das nennt man auch Steuerprogression (Ansteigen des Steuersatzes in Abhängigkeit vom zu versteuernden Einkommen). Die Diskussionen um die Gerechtigkeit einer progressiven Besteuerung werden immer wieder geführt. Der Gesetzgeber beruft sich dabei auf das Sozialstaatsprinzip, also auf den Grundsatz der sozialen Gerechtigkeit (s. Kapitel 2, S. 30). Der Grundgedanke dabei ist folgender: Bürgerinnen und Bürger, die ein hohes Einkommen haben, besitzen nach Steuerabzug trotzdem noch genügend Geld für eine angemessene Lebensführung. Wer hingegen wenig verdient, könnte durch zu hohe Steuern schnell in Existenznöte kommen.

Zum Einkommen zählen dabei nicht nur Lohn oder Gehalt, sondern auch alle anderen Einkünfte (s. dazu auch S. 195).

M 4

Ehepaare können gemeinsam veranlagt werden (Ehegattensplitting).

So funktioniert das Ehegattensplitting

- Das Einkommen der Eheleute wird zusammengezählt und dann durch zwei geteilt. Verdient der Mann 50 000,00 € und die Frau (in Teilzeitbeschäftigung) z. B. 10 000,00 €, so unterliegen sie nicht den gleichen Steuersätzen wie Singles.
- Der Staat behandelt das Ehepaar wie zwei Alleinstehende mit jeweils 30 000,00 €. Das mindert die Steuerprogression. Splitting-Vorteil in diesem Fall: knapp 2 000,00 €.

M 3 **Kalte Progression – die heimliche Steuererhöhung**

Die Freude ist groß: Die letzte Tarifrunde hat eine Gehaltserhöhung von 2,3 % für alle Beschäftigten eines Betriebs gebracht. Doch nicht alle können sich mitfreuen. Bei einigen spiegelt sich die Erhöhung des Bruttogehaltes nicht im Nettogehalt wider. Der Grund: Je höher das Bruttogehalt, umso höher auch der Steuersatz (s. M 2). Das heißt, es kann passieren, dass wesentlich mehr Lohnsteuer abgezogen wird. Resultat: Das Nettoeinkommen steigt nicht um 2,3 %, sondern um wesentlich weniger, z. B. nur um 1,8 %. Gleichzeitig werden durch die jährliche Inflationsrate Waren teurer, z. B. um 2,0 %. Das bedeutet, dass trotz einer Gehaltserhöhung einige nicht mehr Waren dafür kaufen können. Der Wohlstand stagniert. Dies wird als „kalte Progression“ bezeichnet.

Arbeitsvorschläge

1. *Ermitteln Sie mithilfe von M 2, welche Steuern Ledige bei einem Bruttojahreseinkommen von 8 000,00 €, 15 000,00 €, 20 000,00 € und 35 000,00 € zahlen müssten.*
2. *Begründen Sie Ihre Meinung zur folgenden These: „Ehepaare sollen auf jeden Fall steuerlich bevorzugt werden!“ Beziehen Sie sich dabei auch auf M 4.*
3. *Erklären Sie einer Partnerin/einem Partner, was mit „kalter Progression“ gemeint ist. (M 3)*
4. *Erstellen Sie zu den Informationen in M 1 einen Spickzettel (s. S. 209). Erklären Sie einer Partnerin/einem Partner nun mit seiner Hilfe das Thema „Die Höhe der Einkommensteuer“.*

Die Einkommensteuererklärung der Arbeitnehmerinnen und Arbeitnehmer

Die Einkommensteuer ist eine Jahressteuer. Eine **Pflicht** zur Einkommensteuererklärung besteht dann, wenn
- die Ehepartner die Steuerklassenkombinationen III/IV oder IV/VI haben,
- Einkommensteuerpflichtige andere Einkünfte erzielen, z.B. aus nicht selbstständiger Arbeit, aus Kapitalvermögen, aus Vermietung und Verpachtung, oder sonstige Einkünfte erzielen.

Besteht die Pflicht, wird die steuerpflichtige Person vom Finanzamt zur Abgabe der Einkommensteuererklärung aufgefordert. Über die Fristen zur Abgabe der Einkommensteuererklärung muss man sich aktuell informieren.

Die **Einkommensteuer** wird auf **alle Einkünfte** erhoben.

Die **Lohnsteuer** wird nur auf **Einkünfte aus nicht selbstständiger Arbeit** berechnet. Sie ist der größte Bereich der Einkommensteuer und die wichtigste Einnahmequelle des Staates.

M 1 Freiwillige Einkommensteuererklärung

Steuerpflichtige können innerhalb der Antragsfrist von zwei Jahren über die Einkommensteuererklärung nachträglich zu viel bezahlte Lohnsteuer zurückfordern. Dies lohnt sich insbesondere in folgenden Fällen:
- Die Arbeitnehmerin/der Arbeitnehmer hat **nicht das ganze Jahr über gearbeitet**, z.B. wegen einer Unterbrechung des Arbeitsverhältnisses, des Besuchs von Schulen usw.
- Die Arbeitnehmerin/der Arbeitnehmer hat während des Kalenderjahres **Einkommen in unterschiedlicher Höhe erhalten**, z.B. wegen Lohn- oder Gehaltserhöhungen, Kurzarbeit, Überstunden, Arbeitsplatzwechsel.
- Die **Familienverhältnisse** haben sich geändert, z.B. durch Heirat oder Geburt eines Kindes.
- Die Arbeitnehmerin/der Arbeitnehmer kann **erhöhte Werbungskosten** nachweisen (d.h. mehr als 1 230,00 €, die bereits als **Werbungskostenpauschale** in der Lohnsteuer verrechnet sind), wie z.B. Fahrtkosten von der Wohnung zum Arbeitsplatz, Beiträge zu Berufsverbänden oder Gewerkschaften, Ausgaben für Arbeitsmittel wie z.B. Berufsbekleidung und Fachliteratur, berufliche Weiterbildung usw.
- Die Arbeitnehmerin/der Arbeitnehmer kann erhöhte **Sonderausgaben** geltend machen, z.B. Beiträge zu den Sozialversicherungen, Prämien für private Unfall-, Kranken-, Lebens- und Haftpflichtversicherungen, beschränkt auch für Bausparbeiträge.
- **Unbeschränkt geltend** kann die gezahlte Kirchensteuer, **beschränkt geltend** können Spenden für kirchliche, religiöse und gemeinnützige Zwecke oder Aufwendungen für Aus- und Fortbildung in einem nicht ausgeübten Beruf geltend gemacht werden.

Hinweis:
Konkrete Informationen zur Definition und Anrechnung von Werbungskosten und Sonderausgaben geben die Finanzämter jährlich kostenlos und aktuell als Anleitungsmaterial zur Einkommensteuererklärung heraus.

Hilfe bei der Anfertigung der Einkommensteuererklärung

Wer sich unsicher ist, wie die Formulare für eine Einkommensteuererklärung richtig auszufüllen sind, kann sich Hilfe bei Lohnsteuerhilfevereinen holen. Das sind Selbsthilfeeinrichtungen für Arbeitnehmerinnen und Arbeitnehmer zur Hilfeleistung in Steuersachen. Die Mitgliedschaft ist einkommensabhängig, liegt aber meist unter 100,00 € pro Jahr. Dafür erhalten Vereinsmitglieder Hilfe bei folgenden Angelegenheiten:
- komplette Erstellung der Einkommensteuererklärung, Abwicklung beim Finanzamt, Überprüfen der Bescheide u.a.,
- Beratung und Antragsbearbeitung bei Kindergeld, Eigenheim- und Investitionszulagen, Lohnsteuerermäßigung, Freistellungsanträge bei Einnahmen aus Kapitalvermögen u.a.,
- Beratung zur Arbeitnehmersparzulage, Wohnungsbauprämie, Minijobs, Wahl der richtigen Steuerklasse u.a.

ELSTER
Neben der Inanspruchnahme eines Lohnsteuerhilfevereins lässt sich die Steuerklärung auch mithilfe der Steuersoftware ELSTER (elektronische Steuererklärung) selbst erledigen. Wer ein bisschen Geduld hat, kann das Formular selbst ausfüllen und alles online ans Finanzamt versenden – über das Portal ELSTER (www.elster.de).

Arbeitsvorschläge

1. *Suchen Sie im Internet Hilfen für die Einkommensteuererklärung von Arbeitnehmerinnen und Arbeitnehmern. Ergänzen Sie mit deren Hilfe M 1.*
2. *Bereiten Sie sich auf einen Besuch beim Lohnsteuerhilfeverein vor. Erstellen Sie eine Liste mit Fragen, die Sie den Mitarbeiterinnen und Mitarbeitern dort stellen möchten.*

Steuern

Methode:

Spinnwebanalyse

Die Spinnwebanalyse ist eine einfache Form der Darstellung, mit deren Hilfe Ursachen nachgegangen werden kann. Außerdem können Zusammenhänge aufgezeigt oder Folgen deutlich gemacht werden.

Vorgehensweise
1. Ein konkretes Problem oder ein Sachverhalt wird benannt und in die Mitte eines großen Pinnwand-Papiers geschrieben, z. B. „Warum gibt es Umweltverschmutzung?“.
2. Danach sammelt die Gruppe die direkten Ursachen oder Folgen des Problems. Diese werden nun in Stichworten um das Problem herum festgehalten (Ursachen erster Ordnung).
3. In einem nächsten Schritt werden die direkten Hintergründe der eben gefundenen Ursachen ausgemacht und wiederum festgehalten (Ursachen zweiter Ordnung). Wenn zwischen Ursachen Querverbindungen bestehen, werden diese eingezeichnet.
4. Diese Ursachen werden wiederum auf ihre Entstehungsbedingungen zurückverfolgt (Ursachen dritter Ordnung).
5. So entsteht ein Ursachengeflecht, das vielfältige Querverbindungen aufweist und (vielleicht) auch einige der Hauptursachen verdeutlicht.
   Im Idealfall ensteht eine Grafik, die dem Netz einer Spinne gleicht.

Materialien
- für jede Gruppe Pinnwand-Papier
- Stifte

Zeitbedarf: ca. 45 Minuten

Arbeitsvorschlag

Erstellen Sie auf einem Pinnwand-Papier eine Spinnwebanalyse zum Thema „Arten und Ursachen von Umweltverschmutzung“.
Präsentieren Sie Ihr Gruppenergebnis.

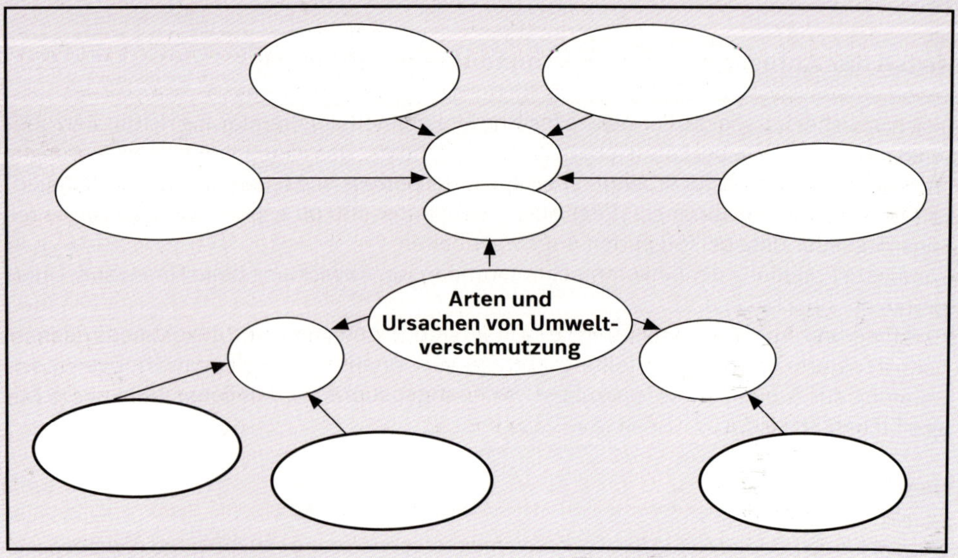

6.1 Das Ökosystem Erde

M 1

M 2 Ökosystem Erde. Ein dynamischer Planet

„Wenn es irgendwo im Universum jenseits der Erde intelligente Lebensformen gäbe, und diese sich bei ihrer Erkundung des Weltraums unserem Sonnensystem widmen würden, würden sie sofort erkennen, dass es auf der Erde Leben gibt: Unsere Atmosphäre würde uns verraten. Ohne Leben würde der chemisch sehr reaktive Sauerstoff sich mit anderen Substanzen verbinden und aus der Atmosphäre verschwinden; Sauerstoff und das aus ihm entstehende Ozon gelten daher als sicheres Kennzeichen für Leben auf einem Planeten.

Das Leben verändert die Zusammensetzung der Luft – und, wie jeder weiß, ohne Luft gibt es kein Leben. So ist das nicht nur mit Luft und Leben: Die Erde ist ein dynamischer Planet, der sein heutiges Gesicht erst durch eine Reihe komplexer Beziehungen zwischen seinen Teilsystemen erhält. [...] Diese Teilsysteme werden nach älteren Vorstellungen von einem Schalenmodell auch als ‚Sphäre' bezeichnet; so bezeichnet Atmosphäre die Lufthülle der Erde; Hydrosphäre die Wasservorkommen der Erde, Lithosphäre die Gesteine und Pedosphäre die Böden der Erde. Mit Biosphäre wird schließlich die Gesamtheit der Lebewesen benannt. Das Schalenmodell ist überholt, seit klar geworden ist, wie die Teilsysteme sich gegenseitig durchdringen und beeinflussen; die auf dem Modell beruhenden Bezeichnungen haben sich aber eingebürgert."

Paeger o. J.

Mit der Entwicklung ihrer Kulturen vor rund 10000 Jahren haben die Menschen begonnen, ihre natürliche Umwelt zu verändern, um sich bessere Lebensbedingungen zu schaffen. Insbesondere seit Beginn der Industrialisierung und der damit verbundenen Steigerung des Lebensstandards ist die Umwelt mehr und mehr bedroht.

Arbeitsvorschläge

1. *Schildern Sie Ihre Gedanken beim Betrachten der Abbildungen. (M 1)*
2. *Erarbeiten Sie M 2 mithilfe der Methode „Gruppenlesen" (s. S. 10f.).*
3. *Erklären Sie einer Partnerin/einem Partner den Ausdruck „Ökosystem Erde".*

6.2 Ökologische Bedrohungen für unseren Planeten und ihre Folgen

M 1

Klimawandel und Luftverschmutzung	**Bodenerosion**
Abholzung	**Verschmutzung der Weltmeere**
Artensterben	**Überbevölkerung**

Klimawandel und Luftverschmutzung

Nicht nur auf der Erde, sondern auch in den Ozeanen wird es immer wärmer. Die Verbrennung fossiler Brennstoffe wie Kohle, Öl und Gas, landwirtschaftliche und industrielle Produktion haben zu einem Überschuss an Kohlenstoffdioxid geführt. Weltweit erkennen wir Auswirkungen dieses Klimawandels. Die Luftverschmutzung durch krebserregende Stoffe, Feinstaub und andere Gifte führt zu Krankheiten und vermehrten Todesfällen.

M 2

Folgen der Luftverschmutzung: Laut Angaben der Weltgesundheitsorganisation (WHO) sterben jährlich rund 7 Millionen Menschen weltweit an den Folgen der Luftverschmutzung: Insbesondere Großstädte sind von Luftverschmutzung (z. B. Feinstaub) betroffen.

Abholzung

Immer mehr Wälder werden zerstört. Besonders in den Tropen wird durch Zerstörung Platz für die Viehzucht, den Anbau von Sojabohnen, für Palmöl-Plantagen oder für andere landwirtschaftliche Monokulturen gemacht.

M 3

Folgen des Abholzens der Regenwälder:
- Klimawandel, denn Kohlenstoffdioxid gelangt ungefiltert in die Atmosphäre.
- Boden und Wasserkreislauf: Die Bildung von regenbringenden Wolken bleibt vermehrt aus.
- Artenvielfalt: Tieren und Pflanzen wird durch Abholzung der Wälder Lebensraum genommen.

M 4

Karikatur von Klaus Stuttmann, 18.10.2010

Artensterben

An Land werden Tiere für ihr Fleisch, Elfenbein oder andere „medizinische" Produkte bis zum Aussterben gejagt. Auf See rotten industrielle Fischerboote ganze Fischpopulationen aus. Auch der Verlust und die Zerstörung des Lebensraums tragen zum Verschwinden vieler Arten bei.

Biodiversität = ökologische Vielfalt.
Sie umfasst drei Bereiche: Vielfalt der Ökosysteme, Vielfalt der Arten und die genetische Vielfalt innerhalb der Arten.

Folgen des Artensterbens:
- ökologische Folgen: Mit jeder aussterbenden Art schwindet die Biodiversität und damit auch die Lebensgrundlage anderer Lebewesen.
- ökonomische Folgen: Nahrungsquellen und Quellen für Arzneimittel gehen verloren. Es kommt darüber hinaus zu Ernteausfällen durch die Bedrohung von Kulturpflanzen.

Bodenerosion

Monokulturen, Überweidung, Bodenversiegelung, Überdosierung von Schadstoffen usw. Die Liste von Möglichkeiten, den Böden Schäden zuzufügen, scheint endlos. Nach Schätzungen der Vereinten Nationen (UN) werden ungefähr zwölf Millionen Hektar Ackerland jedes Jahr entwertet. Das entspricht etwa der Ackerlandfläche Deutschlands (2016).

M 5

Folgen der Bodenerosion: Die Bodenfruchtbarkeit sinkt. Der Boden kann nicht länger als Filter arbeiten. Auch die Wasserspeicherfähigkeit des Bodens geht zurück. Mineraldünger wird abgetragen. Außerdem wird der Lebensraum für Bodenlebewesen zerstört. Darüber hinaus kann es zu Ernteausfällen kommen.

Verschmutzung der Weltmeere

Unser moderner Müll, wie Plastik, Erdöl, Pestizide, Düngemittel, Schwermetalle, Arzneimittelrückstände sowie radioaktive Substanzen belasten die Weltmeere. Außerdem kommt es zu einer Schadstoffbelastung der Meere durch die Schifffahrt.

Folgen: Es kommt zu einer Vergiftung und Überdüngung der Meere. Zahlreiche Lebewesen verlieren ihre Lebensgrundlage.

M 6

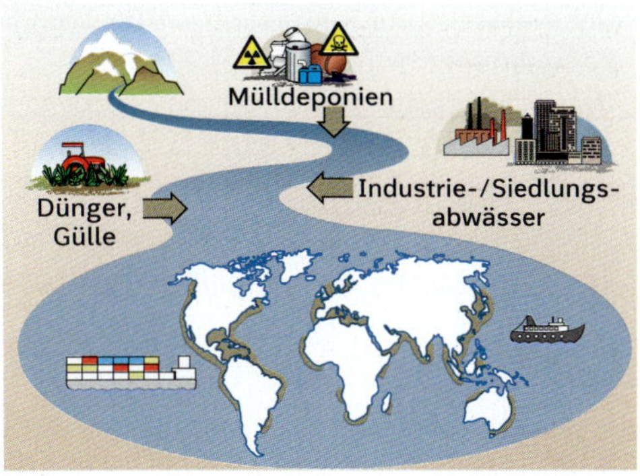

Überbevölkerung

Bis 2050 könnte die weltweite Bevölkerung auf zehn Milliarden anwachsen. Das wird noch mehr Druck auf wichtige natürliche Ressourcen ausüben. Die Bevölkerung auf dem afrikanischen Kontinent und in Südostasien nimmt am schnellsten zu.

M 7

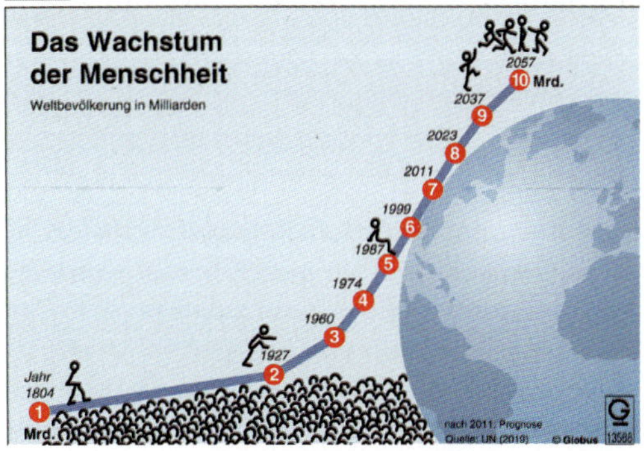

M 8

„Besonders in den letzten Jahrzehnten stieg die Gesamtbevölkerung in immer kürzeren Zeitspannen rasant an. Derzeit wächst die Menschheit um circa 1,2 Prozent oder auch 77 Millionen Menschen jährlich. Energie-, Wasser- und Nahrungsmittelressourcen werden immer knapper, ganz besonders brenzlig kann es da in den trockenen Gebieten vieler Entwicklungsländer werden, die dann sowieso schon krisengebeutelt auch noch in Verteilungskämpfe um Wasser verstrickt sind. Von Luftverschmutzung und Naturkatastrophen aufgrund der globalen Erderwärmung ganz zu schweigen."

Graf 2015

Arbeitsvorschläge

1. *Bringen Sie die sechs ökologischen Bedrohungen in eine begründete Reihenfolge. (M 1–M 8)*
2. *Fassen Sie die Auswirkungen der ökologischen Bedrohungen in Stichworten zusammen.*
3. *Überprüfen Sie, welche der Bedrohungen Ihrer Meinung nach ökonomische Ursachen haben.*
4. *Erarbeiten Sie in Gruppen mögliche Lösungsvorschläge für die hier genannten ökologischen Probleme und präsentieren Sie Ihre Ergebnisse der Klasse.*
5. *Recherchieren Sie, inwieweit Deutschland von den hier genannten ökologischen Bedrohungen betroffen ist, und berichten Sie darüber.*

6.3 Green Economy – ökologisch nachhaltig und wirtschaftlich profitabel

M 1 **„Das Ziel der Green Economy ist eine nachhaltige Wirtschaft, die natürliche Ressourcen schont und die Umwelt weniger belastet. Das Bundesforschungsministerium hat gemeinsam mit anderen Ressorts und Verbänden die Agenda „Green Economy" erarbeitet.**

Die Green Economy verbindet Ökologie und Ökonomie: Wirtschaft muss international wettbewerbsfähig sein, genauso aber auch umwelt- und sozialverträglich. Die Green Economy steigert die gesellschaftliche Wohlfahrt, bekämpft Armut und strebt soziale Gerechtigkeit an. Vor dem Hintergrund anerkannter ökologischer Grenzen soll auf Basis eines umfassenden Verständnisses der Zusammenhänge in Wirtschaft, Finanzwesen und Politik ein umweltverträgliches qualitatives und somit nachhaltiges Wachstum ermöglicht werden. Ziel ist, veränderte, nachhaltige Produktions- und Konsumweisen zu entwickeln, um weltweit und insbesondere für kommende Generationen Wohlstand und eine hohe Lebensqualität zu sichern. […]"

Bundesministerium für Bildung und Forschung o. J.

Agenda: Liste mit Aufgaben, die auf politischer Ebene erledigt werden müssen

M 2 **Green Economy**

„[…] die Welt verändert sich tiefgreifend und rasant wie noch nie. Bevölkerungswachstum und steigende Nachfrage nach Energie und Rohstoffen, der nicht mehr zu ignorierende Klimawandel und der Verlust an Ökosystemen sind weltweite Rahmenbedingungen, die unser Leben und Wirtschaften in den nächsten Jahrzehnten entscheidend prägen werden.

Es ist wichtig, dass sich die Unternehmen in Deutschland auf diese Megatrends einstellen und die Chancen offensiv ergreifen, die eine umweltschonende und innovationsorientierte Wirtschaft – eine Green Economy – bietet.

Wenn wir Rohstoffe und Energie einsparen, wenn wir endliche Ressourcen durch nachwachsende Rohstoffe und erneuerbare Energien ersetzen, beugen wir ökonomischen Knappheiten und steigenden Kosten vor."

Altmaier 2013, S. 4

M 4
Handlungsfelder der Green Economy

- nachhaltige Produktion und Nutzung von Ressourcen: Rohstoffe, Wasser und Land
- nachhaltige Finanzdienstleistungen
- nachhaltiger Konsum
- nachhaltige Energieversorgung und -nutzung in der Wirtschaft
- nachhaltige Mobilitätssysteme
- nachhaltige Infrastrukturen und intelligente Versorgungssysteme für die Stadt der Zukunft

www.bmbf.de

M 3 **„Best-Practice-Beispiel: Halbierung des Gasverbrauchs**

Das Familienunternehmen Edelstahlwerke Schmees produziert Gussteile aus Edelstahl für Unternehmen aus aller Welt.

[…] Die Produktion von Gussteilen ist ein sehr energieintensiver und damit CO_2-intensiver Prozess. […] Im Werk der Edelstahlwerke Schmees in Langenfeld werden dank neuer Möglichkeiten jährlich 61 400 Kubikmeter und damit mehr als 50 Prozent Erdgas im Vergleich zum alten System mit Erdgasflammenbrennern eingespart. Diese Einsparung entspricht einer Vermeidung von 114 Tonnen CO_2 pro Jahr."

Bundesministerium für Umwelt, Naturschutz und Reaktorsicherheit/Bundesverband der Deutschen Industrie e. V. (BDI) 2013, S. 16

Arbeitsvorschläge

1. *Erklären Sie, was unter „Green Economy" zu verstehen ist. Begründen Sie, warum diese so wichtig ist. (M 1, M 2)*
2. *Erläutern Sie die Handlungsfelder der Green Economy anhand konkreter Bespiele genauer. Recherchieren Sie hierzu im Internet.*
3. *Erkunden Sie weitere Beispiele für die Umsetzung von Green Economy auf lokaler Ebene. (M 3, M 4)*

6.4 Ökonomie – Ökologie – ein globales Spannungsfeld?

Das weltweite Zusammenwachsen der Wirtschafts- und Finanzmärkte und seine gesellschaftlichen Auswirkungen haben dazu beigetragen, dass heute vom Global Village, von der Welt als Dorf die Rede ist. Die **Globalisierung** der Wirtschaft hat zu einem rasanten Anstieg von Importen und Exporten geführt. Aufgrund der Globalisierung wächst die Weltwirtschaft mit erheblichen Folgen für die Umwelt. Die Globalisierung lässt sich nicht mehr aufhalten. Sie bringt einem Großteil der Menschen Vorteile, welche diese nicht mehr missen möchten. Damit aber die wirtschaftlichen Folgen der Globalisierung unsere Umwelt nicht zerstören, müssen Mittel und Wege gesucht werden, Produktionen umweltgerecht zu ermöglichen.

M 1 Globalisierung und Umwelt

„Globale Umweltprobleme [...] lassen sich nicht im nationalen Alleingang lösen (z.B. in Deutschland oder auch in Europa). Zu groß ist die Gefahr [...], dass strenge nationale Umweltschutzvorschriften auf internationalen Umwegen unterlaufen werden [...] Umweltverschmutzung [ist] grenzüberschreitend [...]. Solange aber verschiedene Staaten wirtschaftlich miteinander konkurrieren, besitzt ein Land mit schärferen Umweltschutz-Gesetzen in der Globalisierung einen Wettbewerbsnachteil gegenüber einem Land mit geringeren Umweltschutzvorschriften. Noch gibt es keine globale Wirtschafts-, Wettbewerbspolitik und Umweltpolitik, sondern nur regionale Kooperationen von verschiedenen Ländern. [...] Wird Umweltverschmutzung nicht weltweit spürbar teurer, dann besteht die Gefahr von Umwelt-Dumping, d.h., umweltunfreundliche Produkte verdrängen die umweltfreundlicher hergestellten Produkte vom Markt."

Fries 2018

M 2

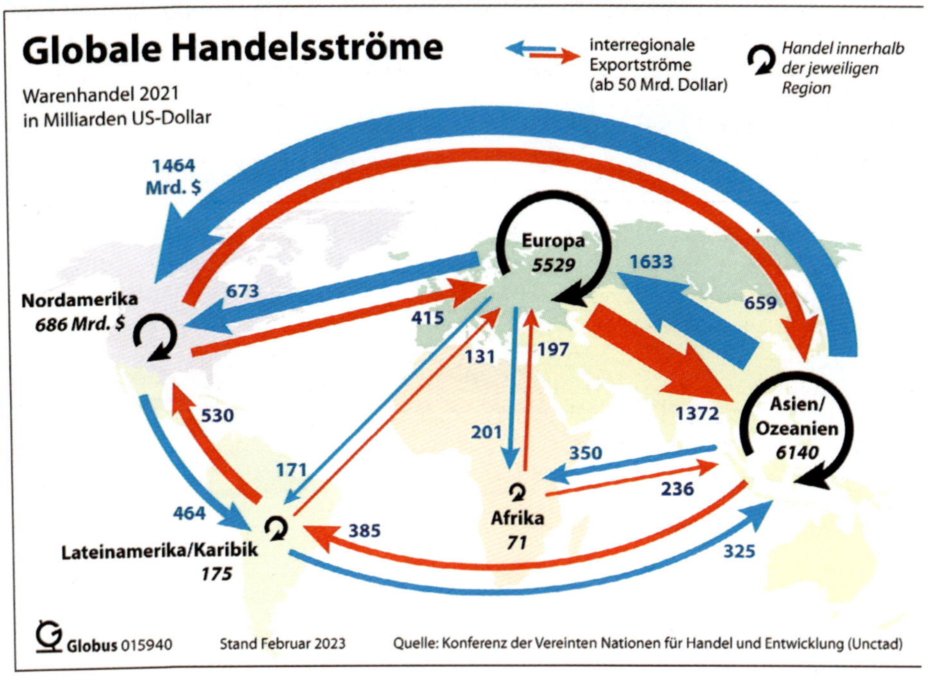

M 3

Globalisierung: Die Reise der Nordseekrabbe

Einmal nach Afrika und zurück. Bevor die kleinen Krabben auf dem Teller landen, müssen der Kopf und die harte Schale der Tiere entfernt werden. „Pulen" heißt diese Arbeit. Ein Großteil des Garnelenfangs wird auf den rund 6000 km weiten Transportweg nach Marokko und wieder zurück geschickt. Krabbenpulen erfolgt in Handarbeit, da der Einsatz von Maschinen für die winzigen Tierchen zu aufwendig wäre. Die Löhne in Deutschland steigen und die Verbraucherinnen und Verbraucher wünschen gute Qualität für möglichst wenig Geld. Im Supermarkt in Deutschland kosten 100 Gramm Nordseekrabben um 3,00 €. Bei diesen Preisen ist es unwirtschaftlich, die Krabben in Deutschland zu pulen.
Vor allem der lange Transportweg nach Marokko und die damit verbundenen Belastungen für die Umwelt widersprechen allen Grundsätzen der Nachhaltigkeit.

Trend zur Deglobalisierung

Im Zuge der Corona-Krise wurden die Folgen (Abhängigkeiten) der Globalisierung erschreckend sichtbar, da in Marokko aufgrund der Pandemie das Krabbenpulen nicht mehr durchgeführt werden konnte. Fischereiministerin Barbara Otte-Kinast (CDU) fördert daher Niedersachsens Landesregierung mit 2,3 Mio. Euro aus dem Corona-Sondervermögen, um die Nordseekrabbe zukünftig zunehmend im eigenen Land maschinell pulen zu lassen.

vgl. The Weather Company 2022

Arbeitsvorschläge

1. *Fassen Sie den Inhalt des Artikels „Globalisierung und Umwelt" in zehn Stichworten zusammen. (M 1)*
2. *Nehmen Sie Stellung zur Globalisierung und zu ihrer Auswirkung auf die Umwelt. (M 2, M 3)*
3. *Erläutern Sie das Spannungsfeld von Ökonomie und Ökologie am Beispiel der Verarbeitung von Nordseekrabben. (M 3)*

6.5 Umweltschutz als Staatsziel

Mit der Aufnahme des Staatsziels „Umweltschutz“ in das Grundgesetz ist die Bundesrepublik Deutschland verpflichtet, in allen Bereichen staatlichen Handelns den Umweltschutz unmittelbar zur Geltung kommen zu lassen. Gesetzgebung, Verwaltung und Rechtsprechung gleichermaßen sind in ihrem Handeln dem Staatsziel „Umweltschutz“ verpflichtet. Bei jeder Gesetzgebungsmaßnahme muss also der Umweltschutz berücksichtigt werden, soweit das von der Sache her zu rechtfertigen ist.

§

Artikel 20a Grundgesetz [Schutz der natürlichen Lebensgrundlagen]

Der Staat schützt auch in Verantwortung für die künftigen Generationen die natürlichen Lebensgrundlagen und die Tiere im Rahmen der verfassungsmäßigen Ordnung durch die Gesetzgebung und nach Maßgabe von Gesetz und Recht durch die vollziehende Gewalt und die Rechtsprechung.

Das Umweltrecht ist bis jetzt in zahlreichen Gesetzen verteilt geregelt. Zu Recht wird deshalb die Unübersichtlichkeit der derzeitigen Regelung kritisiert. Alle Umweltanforderungen, für die der Bund verfassungsmäßig zuständig ist, sollen in einem Gesetzbuch gebündelt werden. Das Umweltrecht der Länder bleibt zunächst ausgenommen.

M 1

Karikatur von Gerhard Mester

M 2 10 Alltagstipps

1. weniger Müll verursachen
2. Dinge und Materialien wiederverwenden
3. weniger konsumieren
4. nachhaltiger essen
5. weniger Lebensmittel wegwerfen
6. Wasser sparen
7. weniger Auto fahren
8. Strom sparen
9. Heizenergie sparen
10. den Kühlschrank richtig nutzen

M 3 World Overshoot Day – Tag der Welterschöpfung

„Als ‚Earth Overshoot Day‘ wird der Tag bezeichnet, an dem die Menschheit aufgebraucht hat, was die Natur bis Ende des Jahres zur Verfügung stellt. [...] Der Earth Overshoot Day soll daran erinnern, dass die Überbeanspruchung der natürlichen Ressourcen der Erde durch den Menschen massive Folgen hat: ein massiver Rückgang der biologischen Vielfalt, ein Überschuss an Treibhausgasen in der Atmosphäre und ein verschärfter Wettbewerb um Nahrungsmittel und Energie. Der Erdüberlastungstag fällt dieses Jahr auf den 2. August, kalkuliert das Global Footprint Network. Ab diesem Zeitpunkt hat die Weltbevölkerung mehr natürliche Ressourcen verbraucht, als bis Ende des Jahres wieder nachwachsen können. Neben dem internationalen Stichtag gibt es für viele Länder nationale Country Overshoot Days. Deutschland rutscht auf seinem imaginären Umweltkonto bereits am 4. Mai 2023 in die roten Zahlen. “

ARD alpha 2023

Arbeitsvorschläge

1. *Stellen Sie die globalen Umweltprobleme aus der Karikatur M 1 zusammen.*
2. *Wie wird in der Karikatur die Fähigkeit der Politikerinnen und Politiker eingeschätzt, auf Umweltprobleme angemessen zu reagieren? Äußern Sie dazu Ihre Meinung. (M 1)*
3. *Erläutern Sie in eigenen Worten, was unter dem „Earth Overshoot Day“ verstanden wird. (M 3)*
4. *Konkretisieren Sie die zehn Tipps für den Alltag (M 2). Stellen Sie einander Fragen: Worauf achten Sie bereits? Worauf möchten Sie in Zukunft achten?*

6.6 Lassen sich Ökonomie und Ökologie miteinander vereinbaren?

M 1 **FAKTOR VIER „Weniger Natur verbrauchen und mit dem Wenigen wirksamer arbeiten. Es muss eine Effizienzrevolution in Gang gesetzt werden, die dazu führt, dass die Naturgüter mindestens viermal besser genutzt werden als bisher. [...]**

Wir haben Maschinen entwickelt, die die Schätze der Erde immer schneller und effektiver in Bequemlichkeit und Wohlstand verwandeln. Aber wir waren ungeduldig und gierig. Die Schätze schienen zunächst so reichlich bemessen, dass sich unsere Zivilisation nicht die Zeit genommen hat, Maschinen und kulturelle Regeln zu entwickeln, um haushälterisch mit den Schätzen umzugehen. Die Maschinen haben uns gut zehnmal ‚besser' im Verschwenden von Ressourcen als in deren Nutzung werden lassen. [...]
Es geht um eine neue industrielle Revolution, in der wir dramatische, bislang unvorstellbare Zuwächse bei der Produktivität von Energie, Rohstoffen und Verkehr erreichen. [...]
Es geht weiterhin um ein angenehmes Leben ohne Einschränkungen. Im Sinne einer reiferen Zivilisation sind auch Verzicht und Sparen hohe Tugenden, die zur Erhöhung der Lebensqualität beitragen. Wir legen aber Wert darauf, diese nicht mit der Effizienzrevolution zu vergleichen."
von Weizsäcker/Lovins/Lovins 1995, S. 62

M 2

„Sagen wir es gleich rundheraus:

[...] Wer angesichts der Verheerungen unserer Lebensweise die Verdoppelung unseres Wohlstands als erstrebenswertes Ziel verkündet (oder verkünden lässt), hat kaum etwas von dem begriffen, was im letzten Vierteljahrhundert diskutiert wurde. [...]"
von Ditfurth 2005

Effizienz: Kriterium, mit dem sich beurteilen lässt, ob eine Maßnahme geeignet ist, ein bestimmtes Ziel in einer bestimmten Weise zu erreichen, z. B. Wirtschaftlichkeit

M 3 **Zielkonflikte zwischen ökonomischen Notwendigkeiten und ökologischen Anforderungen**

Ökonomie	Ökologie
Bei der Produktion von Gütern werden Rohstoffe und Energie benötigt.	Die Vorräte an Rohstoffen und Energieträgern sind begrenzt.
Der Transport von Gütern ist eine Voraussetzung des Handels. Die Herstellung von Produkten sowie der Gütertransport setzen den Verbrauch von Energie voraus.	Emissionen beim Gütertransport führen weltweit zur Aufheizung der Erdatmosphäre (Treibhauseffekt), woraus sich langfristige Konsequenzen ergeben, z. B. klimatisch bedingte Katastrophen.
Die Herstellung von Gütern und deren Transport zur Endverbraucherin/zum Endverbraucher verlangt eine entsprechende Verpackung. Für die meisten Hersteller ist es zu aufwendig, Mehrwegverpackungen einzusetzen.	Müllentsorgung geschieht auf Müllhalden, von denen zukünftig Gefahren für die Umwelt ausgehen. Auch die Müllentsorgung durch Verbrennung belastet die Umwelt.
Neue landwirtschaftliche Anbauflächen können durch die Rodung von Regenwäldern gewonnen werden, alte Anbauflächen durch Großplantagen extensiver genutzt werden.	Regenwälder sind ein Stabilisierungsfaktor des globalen Klimas und müssen daher geschützt werden.

Arbeitsvorschläge

1. *Der Umweltwissenschaftler Ernst Ulrich von Weizsäcker formulierte, dass auch Verzicht und Sparen hohe Tugenden seien, die zur Erhöhung der Lebensqualität beitrügen. Nehmen Sie zu dieser Aussage Stellung. (M 1)*
2. *Belegen oder widerlegen Sie Christian von Ditfurths These in M 2.*
3. *a) Benennen Sie weitere Spannungsfelder zwischen Ökonomie und Ökologie. (M 3)*
   b) Erarbeiten Sie selbstständig Lösungsmöglichkeiten zur Vereinbarung (Zielharmonie) dieser Bereiche.

6.7 Prinzipien und Instrumente staatlicher Umweltpolitik

M 1

Karikatur von Gerhard Mester

In der Bundesrepublik Deutschland beruht die staatliche Umweltpolitik auf unterschiedlichen Prinzipien: dem Vorsorgeprinzip, dem Verursacherprinzip, dem Kooperationsprinzip und dem Gemeinlastprinzip. Diese Prinzipien werden durch die Gesetzgebung, öffentliche Maßnahmen zum Umweltschutz und die Förderung privatwirtschaftlichen Umweltschutzes umgesetzt. Die einzelnen Forderungen und Leistungen werden als **umweltpolitische Maßnahmen** bezeichnet.

Das Vorsorgeprinzip verhindert mögliche Umweltschäden durch vorbeugende Maßnahmen. Von vornherein sollen Entwicklungen verhindert werden, die zukünftig zu Umweltbelastungen führen können.
Das Verursacherprinzip geht von dem Grundgedanken aus, dass derjenige die Kosten der Vermeidung oder Beseitigung einer Umweltbelastung tragen soll, der für ihre Entstehung verantwortlich ist.
Das Kooperationsprinzip sieht Umweltschutz als eine Gemeinschaftsaufgabe an, zu der alle gesellschaftlichen Gruppen ihren Beitrag leisten können. Das sind z. B. Bürgerinnen und Bürger, Umweltorganisationen, Gewerkschaften, Kirchen, Vertreterinnen und Vertreter aus Wissenschaft und Wirtschaft usw.
Das Gemeinlastprinzip soll nur eingesetzt werden, wenn das Verursacherprinzip nicht oder nicht vollständig durchgesetzt werden kann. Es ist das Gegenstück zum Verursacherprinzip. Weil die Erhaltung der Umwelt im Interesse aller liegt, soll nach diesem Prinzip die Gemeinschaft für die Kosten des Umweltschutzes aufkommen.

Zur **Durchsetzung umweltpolitischer Ziele** verfügt der Staat über verschiedene Instrumente – Rechtsmittel, Verfahren und fiskalische (steuerliche) Möglichkeiten, die spezifisch angewendet werden:
- **Ordnungsrecht:** Genehmigungsbedingungen, Auflagen, Grenzwerte und Normen, sonstige Ge- und Verbote, Umweltstrafrecht
- **Planung:** Bauleitplanung, Luftreinhaltepläne, Abfallwirtschaftspläne, Landes- und Regionalplanung, Umweltverträglichkeitsprüfung
- **öffentliche Ausgaben:** Finanzierung nach dem Gemeinlastprinzip, Subventionen für Umweltforschung, umweltbewusste Beschaffungspolitik
- **öffentliche Einnahmen:** Steuern, Sonderabgaben, Gebühren, Tarife, Bußgelder, Umweltlizenzen und -zertifikate
- **Kooperation:** Verhandlungen zwischen Staat und potenziellen Verursacherinnen und Verursachern („freiwillige Selbstverpflichtung"), Informationen und Warnungen durch das Umweltministerium, durch Umweltämter oder Umweltbüros
- **Partizipation:** Bürgerbeteiligung und Anhörung, Mediationsverfahren und Volksentscheide

Partizipation = Teilhabe

Arbeitsvorschläge

1. *Bereiten Sie mithilfe von zehn Stichworten einen Kurzvortrag zu den Prinzipien der Umweltpolitik vor.*
2. *Bearbeiten Sie die Karikatur M 1 mithilfe der Methode „Analyse politischer Karikaturen" (s. S. 248 f.).*
3. *In der Praxis sind der Anwendung des Verursacherprinzips Grenzen gesetzt. Schreiben Sie auf, welche Schwierigkeiten sich bei der Durchsetzung ergeben könnten.*
4. *Ordnen Sie die Instrumente der Umweltpolitik den oben genannten Prinzipien zu.*

6.8 Unternehmensverantwortung – was heißt das?

Unternehmen haben durch ihre Geschäftstätigkeit Einfluss auf die Lebens- und Arbeitsbedingungen ihrer Mitarbeiterinnen und Mitarbeiter, auf ihre Kundschaft, Lieferanten usw. Die Verantwortung, die daraus resultiert, ist heute ein wichtiger Aspekt der modernen Unternehmensführung. Dafür hat sich der englische Begriff Corporate Social Responsibility (CSR) – Unternehmensverantwortung – eingebürgert.

Ethik
Wissenschaft, die sich mit dem menschlichen Handeln befasst: Wie sollen Menschen handeln? An welchen Werten sollten sie sich orientieren?

M 1

M 2

M 3 Was ist Unternehmensethik?

- Das unternehmerische Handeln ist nicht ausschließlich am kurzfristigen Gewinn orientiert (Nachhaltigkeit).
- Grundsätze für ein berufliches Miteinander, welche ein positives Arbeitsklima fördern, werden aufgestellt.
- Faire Gestaltung der Arbeitsbedingungen von Mitarbeiterinnen und Mitarbeitern, Einsatz kritikfähiger und lösungsorientiert handelnder Führungskräfte. Wenn diese Bedingungen stimmen, erfolgt ein Einsatz für Projekte, die ebenfalls fair und lösungsorientiert sind.

M 4 Nationaler Aktionsplan „Wirtschaft und Menschenrechte“

„Die verantwortungsvolle Gestaltung einer nachhaltigen und erfolgreichen Weltwirtschaft ist für Deutschland von besonderer Bedeutung. Wenige Staaten sind wirtschaftlich so stark international verflochten wie die Bundesrepublik Deutschland. Deutsche Unternehmen leisten weltweit einen wichtigen Beitrag zur Schaffung von Arbeitsplätzen und zur Anhebung von Umwelt- und Sozialstandards. Die Marke ‚Made in Germany‘ steht für hohe Qualität und Zuverlässigkeit. Die zunehmende Vernetzung deutscher Unternehmen in globalen Liefer- und Wertschöpfungsketten bietet dabei Chancen und Herausforderungen zugleich: […]“
Auswärtiges Amt 2017, S. 4

Arbeitsvorschläge

1. *Unterscheiden Sie Wirtschafts-, Unternehmens- und Individualethik. (M 1, M 2, M 3)*
2. *Beurteilen Sie die Chancen deutscher Unternehmen, Umwelt- und Sozialstandards weltweit zu verbessern (M 4).*

6.9 Die Macht des/der Einzelnen

In unserer sozialen Marktwirtschaft entscheiden die Konsumentinnen und Konsumentinnen mit, was und wie produziert wird. Produkte ohne Nachfrage verschwinden vom Markt. Die Verbraucherinnen und Verbraucher entscheiden also ständig mit.

Schon 1985 erklärte Madonna in einem ihrer ersten Hits, man lebe in einer „material world". Inzwischen haben die Versprechen der Werbung, glitzernde Angebote und nicht zuletzt das Kaufverhalten der Konsumentinnen und Konsumenten dazu geführt, dass einem Teil der Kinder und Jugendlichen Milliarden Euro zum Kauf von Gütern zur Verfügung stehen. Eine Goldgrube für Industrie und Handel – und damit nicht zuletzt ein Wirtschaftsmotor. Mit jedem Kauf vergrößern wir das Risiko ein Ungleichgewicht in der Welt herzustellen, Kinderarbeit zu unterstützen oder indische Bauern in Pestiziden baden zu lassen. Doch es geht auch anders:

Das Prinzip des strategischen Konsums ist der Einkauf nach Plan, geleitet von folgenden Elementen:
- Information
- Bewusstsein
- langfristige Planung
- Selbstbewusstsein

M 1

Ein wachsender Anteil der deutschen Bevölkerung legt großen Wert auf Produkte, die fair gehandelt und ökologisch hergestellt sind. Dies spiegelt sich deutlich in ihren Einkaufsgewohnheiten wider. Der Trend zum strategischen Konsum zeigt, dass Menschen bewusst einen Lebensstil wählen, der auf Gesundheit und Nachhaltigkeit ausgerichtet ist.
Strategischer Konsum geht über gelegentliche selbstbezogene Entscheidungen hinaus, wie zum Beispiel die Wahl von Fleisch vom Metzger des Vertrauens anstelle des abgepackten Stücks aus dem Discounter oder der Einkauf im Bio-Laden nebenan. Es bedeutet vielmehr, dass man beim Einkaufen eine gesellschaftliche Verantwortung übernimmt.
vgl. Gerginov 2020

M 2 **„Geiz ist nicht mehr geil**

Corona verändert das Einkaufsverhalten – Die Menschen in Deutschland haben Lust auf Shoppen, aber sie sind bereit, mehr Geld auszugeben. Die Pandemie hat Prioritäten verschoben.

[...]

Gesundheit rückt ins Bewusstsein

Die Marktforscher sind überzeugt, dass vor allem die jüngere Generation Preis und Sonderangebote nicht mehr in dem Maße priorisiert wie noch vor zehn Jahren. Entscheidender seien heute kurze Wege und ein rasch zu erledigender Einkauf. [...] [D]ie Pandemie hat unser aller Immunsystem zwangsläufig ins Bewusstsein gerückt.
Heißt zusammengefasst: Ich bin bereit, einen Euro mehr auszugeben, wenn mir gute Produkte und komfortables Einkaufen geboten werden. Der geschundene Werbeslogan ‚Geiz ist geil' verliert an Aktualität – unserer Konsummentalität schadet das sicher nicht."
Bosse 2021

Arbeitsvorschläge

1. *Entwerfen Sie eine Mindmap zum Thema „Die Macht des einzelnen Menschen beim Kauf" und stellen Sie diese zur Diskussion. (M 1, M 2)*
2. *a) Informieren Sie sich im Internet über den sogenannten Kauf-nix-Tag. Welche Gründe könnten Menschen haben, am Kauf-nix-Tag teilzunehmen?*
   b) Wie ist Ihre Meinung zum Kauf-nix-Tag? Begründen Sie Ihre Meinung.
3. *Entwerfen Sie eine Werbung für ein ökologisch wertvolles und nachhaltiges Produkt.*

6.10 Umwelt- und Sozialverträglichkeit von Produkten – wie kann ich das überprüfen?

Der Blaue Engel ist eines der ältesten und bekanntesten Umweltzeichen für Büromaterial, Haushaltszubehör, Elektrogeräte und vieles mehr. Der Blaue Engel bescheinigt keineswegs die völlige Unbedenklichkeit eines Produkts. Er sagt nur aus, dass die Produkte umweltfreundlicher sind als vergleichbare Produkte. Der Blaue Engel gibt keine Informationen darüber, welches von zwei ausgezeichneten Produkten besser ist. Beim Kauf eines Produkts mit dem Blauen Engel ist Nachhaltigkeit zwar nicht garantiert, aber dieses Produkt ist doch mit einiger Wahrscheinlichkeit besser als Produkte ohne dieses Kennzeichen.

M 1 Kommunikationsproblem

Oft wissen Unternehmen nicht, welche Kriterien ein umweltfreundliches Produkt erfüllen muss. Und auch für die Verbraucherinnen und Verbraucher ist oft unklar, woran sie erkennen können, dass ein Produkt umweltfreundlich ist.
Umweltzeichen sollen dieses Problem lösen. Allerdings gibt es mittlerweile zahlreiche Umweltzeichen, außerdem Logos für Produkte, die fair gehandelt und sozialverträglich produziert worden sind. Dazu kommen Prüfzeichen für Sicherheit und Qualität. Für die Verbraucherinnen und Verbraucher ist es schwierig, hier den Überblick zu behalten.
Doch wodurch ist ein gutes Umweltzeichen gekennzeichnet?
Die Antwort ist einfach. Es muss deutlich werden, was an einem Produkt besonders umweltfreundlich ist, z. B.:

- energiesparende Produktion
- Herstellung aus Recyclingmaterial
- Verwendung von Rohstoffen aus ökologischem Anbau
- schadstoffarme Produktion
- biologisch abbaubar usw.

M 2 „Weitere Fragen an ein Produkt

- Besteht es aus Rohstoffen, die ohne Unterdrückung gewonnen werden?
- Ist es in sinnvollen, unzerstückelten Arbeitsgängen hergestellt?
- Ist es vielfach verwendbar?
- Ist es langlebig?
- In welchem Zustand wirft man es fort und was wird dann daraus?
- Lässt es den Benutzer von zentralen Versorgungen oder Service abhängig werden, oder kann es dezentralisiert gebraucht werden?
- Privilegiert es den Benutzer oder regt es zur Gemeinsamkeit an?
- Ist es frei wählbar oder zwingt es zu weiteren Käufen? [...]“

Selle 2007, S. 263

Doch nach Ansicht vieler Fachleute liegen die eigentlichen Probleme darin, dass wir in einer sogenannten „Überflussgesellschaft“ leben, in der es Produkte im Übermaß gibt.

M 3

www.blauer-engel.de
www.fsc-deutschland.de/de-de
www.msc.org/de
www.fairtrade-deutschland.de

Arbeitsvorschläge

1. *Nennen Sie die Bedeutung der in M 3 abgebildeten Umweltzeichen.*
2. *Finden Sie weitere Umweltzeichen und ermitteln Sie deren Bedeutung.*
3. *Überprüfen Sie an einem selbst gewählten Beispiel die Umweltverträglichkeit eines Produkts. (M 1, M 2)*

Demokratie gestalten und vertreten

Methode:

Textanalyse

Jeden Tag werden wir mit Nachrichten im Fernsehen, in den Zeitungen und in den sozialen Netzwerken überhäuft. Es ist für jeden schwierig, den Wahrheitsgehalt zu überprüfen. Besonders Fake News (gefälschte Nachrichten) können auf das Verhalten von Menschen eine verheerende Wirkung haben.

Deshalb sind die folgenden Fragen ein hilfreiches Instrument für die Analyse von geschriebenen und gesprochenen Texten:

WER SAGT WAS WIE ZU WEM UND MIT WELCHER WIRKUNG?

Das Schema wirkt auf den ersten Blick sehr einfach, ermöglicht es aber, die Zusammenhänge zwischen Absender, Inhalt der Aussage, dem jeweiligen Medium und der Empfängerin oder dem Empfänger sichtbar zu machen.

Ablauffolge

Die Textanalyse umfasst folgende Schritte, die nacheinander bearbeitet werden sollten:

Wer sagt	1. **Welche Quelle** (Absender) liegt dem Text zugrunde? – Was erfährt man über die Autorin oder den Autor (Politiker/-in, Journalist/-in, Wissenschaftler/-in)? – Welches Medium bringt den Beitrag (welche Zeitung, welches Buch, welcher Fernsehsender, welche Internetquelle)?
was	2. **Was ist der Inhalt** des Textes? – Was lässt die Überschrift vom Text erwarten (umfassende Sachdarstellung, wertender Kommentar, neutraler Bericht)? – Was wird im Text gesagt oder gezeigt, bzw. was wird verschwiegen oder nicht gezeigt?
wie	3. Welche **Form**, welcher **Stil**, welche **Methode** werden verwendet? – Welchen Inhalt haben die einzelnen Textabschnitte und in welchem Zusammenhang stehen sie zueinander (Kritik, Bewertung, Erklärung, Zweifel, Aneinanderreihung)? – Welche zentralen Aussagen macht der Text?
zu wem	4. **Wer soll angesprochen werden?** – Welcher Personenkreis ist die Zielgruppe (gilt der Text einem breiten Publikum oder nur ausgesuchten Personen, z. B. nur Jugendlichen, nur Älteren, nur Arbeitnehmerinnen und Arbeitnehmern)?
mit welcher Wirkung?	5. **Welche Absicht verbirgt sich hinter dem Text?** – Welche Wirkung möchte die Autorin oder der Autor mit dem Text erzielen (Zustimmung oder Widerstand, objektive Information oder Manipulation, Beruhigung oder Aufregung, Empörung, Neugier)?

Textbearbeitung

Methode: Die 5-Schritt-Lese-Methode (SQ3R-Methode) zum Einprägen von Inhalten schwieriger Texte

1. **Survey = Überblick gewinnen**
   Machen Sie sich mit den wesentlichen Informationen des Textes vertraut.

2. **Question = Fragen stellen**
   Hinterfragen Sie den Text (z. B. Welche Informationen beinhaltet der Text? Nach welchen Informationen suche ich? Weiß ich schon etwas zum Thema? Ergänzt der Text mein bisheriges Wissen?).

Read = Lesen
Lesen Sie den Text konzentriert. Dabei empfiehlt es sich, wichtige Passagen zu unterstreichen bzw. sich Randnotizen zu machen.

Recite = Zusammenfassen
Wiederholen Sie den Text kapitel- oder absatzweise und fassen Sie ihn mündlich oder schriftlich zusammen.

Review = Wiederholen
Durch eine abschließende Wiederholung sollen Sie die erarbeiteten Einzelergebnisse zu einem Ganzen zusammentragen und auf diese Weise sichern.

„Spickzettel schreiben“

Texte möglichst knapp zusammenfassen

Eine begrenzte Anzahl von Wörtern (Schlüsselwörter = Substantive) wird aus einer Informationsquelle oder einem Text herausgeschrieben. Die Anzahl der Wörter richtet sich nach der Schwere des zu bearbeitenden Textes, sollte aber so knapp wie möglich gehalten werden.
Es dürfen beliebig viele Symbole als Merkhilfe verwendet werden.
Günstig ist es, für diese Übung kleine Notizzettel zu verwenden, um den Raum für Notizen zu begrenzen.

1 Menschenrechte

Artikel 1: *Alle Menschen sind frei und gleich an Würde und Rechten geboren. Sie sind mit Vernunft und Gewissen begabt und sollen einander im Geiste der Brüderlichkeit begegnen.*

Artikel 7: *Alle Menschen sind vor dem Gesetz gleich und haben ohne Unterschied Anspruch auf gleichen Schutz durch das Gesetz.*

Artikel 11: *Jeder Mensch, der einer strafbaren Handlung beschuldigt wird, ist so lange als unschuldig anzusehen, bis seine Schuld in einem öffentlichen Verfahren, in dem alle für seine Verteidigung nötigen Voraussetzungen gewährleistet waren, gemäß dem Gesetz nachgewiesen ist.*

Artikel 20: *Jeder Mensch hat das Recht auf Versammlungs- und Vereinigungsfreiheit zu friedlichen Zwecken. Niemand darf gezwungen werden, einer Vereinigung anzugehören.*

Artikel 3: *Jeder Mensch hat das Recht auf Leben, Freiheit und Sicherheit der Person.*

Artikel 5: *Niemand darf der Folter oder grausamer, unmenschlicher oder erniedrigender Behandlung oder Strafe unterworfen werden.*

Artikel 9: *Niemand darf willkürlich festgenommen, in Haft gehalten oder des Landes verwiesen werden.*

Artikel 18: *Jeder Mensch hat Anspruch auf Gedanken-, Gewissens- und Religionsfreiheit.*

Artikel 19: *Jeder Mensch hat das Recht auf freie Meinungsäußerung.*

Artikel 23: *Jeder Mensch hat das Recht auf Arbeit, auf freie Berufswahl, auf angemessene und befriedigende Arbeitsbedingungen sowie auf Schutz gegen Arbeitslosigkeit. Alle Menschen haben ohne jede unterschiedliche Behandlung das Recht auf gleichen Lohn für gleiche Arbeit.*

Vereinte Nationen o. J. (a)

Amnesty International
Menschenrechtsorganisation, die Menschenrechtsverletzungen weltweit nachgeht, sie öffentlich macht und zu verhindern versucht

Beispiele für die weltweite Verletzung der Menschenrechte

Deutschland: Amnesty International rügt Deutschland, weil nordafrikanische Länder zu sicheren Herkunftsländern erklärt werden, um nicht anerkannte Flüchtlinge schneller abzuschieben. In den genannten Ländern gibt es zahlreiche Menschenrechtsverletzungen, wie Unterdrückung der Meinungsfreiheit, Folter und das Verbot von Versammlungen.
Polen: Die polnische Regierung schränkt die Meinungsfreiheit im erheblichen Maße ein.
Saudi-Arabien: Saudi-Arabien gehört zu den autoritärsten Staaten der Welt. Auf einer Skala von 1 (größte Freiheit) bis 7 (geringste Freiheit) wird dieses Land von der Vereinigung „Freedom House“ auf Stufe 7 gesetzt. Beim Demokratieranking landete Saudi-Arabien auf Platz 150 von 167 Plätzen. Die Todesstrafe findet bei Erwachsenen und Kindern Anwendung. Frauen unterliegen einer Vormundschaft durch Vater oder Ehemann. Autofahren war Frauen bis 2017 verboten, und sie sind zur Vollverschleierung verpflichtet. Grundsätzlich erlaubt ist nur die Ausübung des sunnitischen Islam. Alle anderen Religionen sind verboten ebenso die Errichtung von Kirchen oder Synagogen.
Vietnam: Vietnamesische Behörden bringen tausende Prostituierte und Drogenabhängige in völlig überfüllte Lager und verweigern ihnen eine Behandlung.
Afghanistan: In Afghanistan dürfen Mädchen keine weiterführenden Schulen besuchen, Frauen müssen die Universitäten verlassen. Andersdenkende werden von den Taliban, die seit 2021 wieder an der Macht sind, verfolgt.
Japan: Japan ist in Asien das Hauptziel für den Handel mit Frauen und Mädchen aus Thailand und den Philippinen.
Norduganda: Kinder werden entführt und gezwungen, als Kindersoldaten zu dienen. Folter und die Todesstrafe sind an der Tagesordnung.

Demokratische Republik Kongo: Regierungstruppen und bewaffnete Gruppen töten wahllos Menschen, inhaftieren sie ohne Anklage und lassen sie in geheimen Gefängnissen verschwinden.
Syrien: In syrischen Gefängnissen werden täglich Menschen durch Erhängen getötet. Die Hinrichtungen werden durchgeführt ohne Anklage und Urteil. Die syrische Regierung führt Krieg gegen die eigene Bevölkerung. Wichtige Lebensgrundlagen werden durch die kriegerischen Handlungen entzogen, und somit sind Tausende gezwungen, das Land zu verlassen.

Hoffnungsbringende Ereignisse
In **Zypern, Irland und den USA** haben gleichgeschlechtliche Paare per Gesetz die Möglichkeit, eine eheähnliche Verbindung einzugehen. In Deutschland dürfen seit 2017 homosexuelle Paare heiraten.

1.1 Menschenrechte im Grundgesetz

M 1

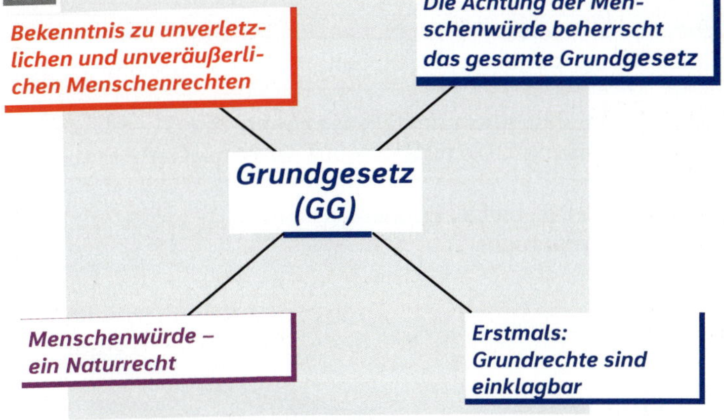

M 2

Karikatur von Gerhard Mester

Die Verkündung der Menschenrechte durch die Vereinten Nationen hat nicht automatisch geltendes Recht geschaffen. Anders verhält es sich, wenn die Menschenrechte in die Verfassungen der einzelnen Staaten übernommen werden. Dann wird ihre Einhaltung für den Staat und seine Bürgerinnen und Bürger zum unausweichlichen Auftrag. In der Verfassung der Bundesrepublik Deutschland – dem Grundgesetz (GG) – werden die Menschenrechte ausdrücklich anerkannt.

Artikel 1 GG (Schutz der Menschenwürde)

Die Würde des Menschen ist unantastbar. Sie zu achten und zu schützen ist Verpflichtung aller staatlichen Gewalt.

Die im Grundgesetz garantierten Menschenrechte werden als **Grundrechte** bezeichnet. Bei der Ausarbeitung des Grundgesetzes durch den Parlamentarischen Rat sind die Grundrechtsregelungen aus früheren deutschen demokratischen Verfassungen (Paulskirchen-Verfassung und Weimarer Verfassung) mit einbezogen worden, aber erstmalig stehen sie gleich am Beginn des Verfassungstextes. Das weist auf die Bedeutung hin, die den Grundrechten in unserem Land zugemessen wird.

Arbeitsvorschläge

1. *Analysieren Sie, gegen welche Artikel der „Erklärung der Menschenrechte" die aufgeführten Staaten verstoßen (s. S. 210 f.). Fertigen Sie eine Übersicht an.*
2. *Vervollständigen Sie die Grafik M 1 mit den dazugehörigen Artikeln des Grundgesetzes.*
3. *Interpretieren Sie die Karikatur (M 2) mithilfe der Methode „Analyse politischer Karikaturen".*

M 1 **Der Grundrechte-Report**

Der Grundrechte-Report wird seit 1996 in jedem Jahr auf einer Pressekonferenz präsentiert. Es ist das Projekt von acht Bürgerrechtsgruppen in Deutschland.

In diesem Report wird in jedem Jahr eine kritische Bilanz zur Lage der Grund- und Menschenrechte in Deutschland gezogen. Es werden Missstände aufgezeigt und Beispiele genannt, wie Gesetzgeber, Verwaltungen, Behörden, Gerichte oder auch Privatunternehmen die demokratischen und freiheitlichen Grundlagen unserer Gesellschaft gefährden. Die Berichte der Bürgerrechtsorganisationen beruhen auf praktischen Erfahrungen. Die Betroffenen sind bei der Präsentation anwesend und stehen für Rückfragen zur Verfügung.

Folgende Schwerpunkte werden betrachtet:
- Grundrechtsverletzungen an geflüchteten Menschen, insbesondere bei Kindern und Jugendlichen,
- illegale Überwachungsmaßnahmen der Geheimdienste und Defizite der gerichtlichen wie parlamentarischen Kontrolle,
- Datenschutz im Gesundheitsbereich und beim internationalen Datentransfer,
- unverhältnismäßige Polizeieinsätze bei Demonstrationen, im Anti-Terror-Kampf und im Großstadtalltag,
- Praxis der Kirchen, Arbeitsstellen nur an Kirchenmitglieder zu vergeben,
- weitere soziale und ökologische Themen: Dieselfahrverbot, Glyphosatverbot, Kohleausstieg,
- zu wenig Frauen in Landesparlamenten und im Bundestag,
- Mietwucher und Spekulation mit Wohnraum.

M 2

Karikatur von Gerhard Mester

Arbeitsvorschläge

1. *Interpretieren Sie die Karikatur M 2 mithilfe der Methode „Analyse politischer Karikaturen" (s. S. 248 f.).*
2. *Notieren Sie, wie die Grundrechte in Deutschland erfolgreich gesichert werden können.*
3. *„Die Freiheit schenkt sich nicht!" (zitiert nach Baum 2010, S. 6). Erläutern Sie den Satz des ehemaligen Bundesministers Gerhard Baum über das Grundgesetz aus dem November 2009 (s. auch M 1).*

1.2 Menschenrechte und soziale Rechte

M 1

Weltweit sind etwa 60 Millionen Menschen auf der Flucht und leben unter diesen Umständen in extremer Armut und mit schweren psychischen Belastungen.
Die Durchsetzung der Menschenrechte ist aufgrund von kriegerischen Handlungen, die zu extremer Armut und Ausweglosigkeit für die einzelnen betroffenen Menschen in weiten Teilen der Welt führen, nicht mehr möglich. Die Menschen fliehen unter katastrophalen Bedingungen, begeben sich in die Hände von Schlepperbanden und kommen im gewünschten Land an oder sterben auf der Flucht.
Alle Mitgliedstaaten der EU sind verpflichtet, die Menschenrechte einzuhalten. An den EU-Außengrenzen werden jedoch zunehmend Maßnahmen getroffen, um gestrandeten Menschen den Zugang zu verweigern. Hier verstößt die EU massiv gegen das Recht auf Achtung der Menschenwürde, das Recht auf Leben und auf körperliche Unversehrtheit. Die kriegführenden Parteien (z. B. IS) und die betroffenen Staaten (z. B. Syrien, Jemen) nehmen bei ihren Kriegen und Konflikten Menschenrechtsverletzungen in Kauf.

Die Menschenrechte sind umfassend. Freiheitsrechte hängen mit sozialen Rechten zusammen, sie bedingen sich gegenseitig. Das grundlegende Recht auf Leben nutzt wenig, wenn es keine Arbeit gibt, um den Lebensunterhalt zu verdienen. Andererseits kann sich an dieser Armutssituation auch nichts ändern, wenn z. B. das Recht auf freie Wahlen aus Resignation nicht mehr wahrgenommen wird oder freie Wahlen überhaupt nicht zugelassen sind. Grundsätzlich besteht dieses Problem nicht nur für von Armut betroffene Menschen in den Entwicklungsländern, sondern auch für verarmte Randgruppen in den reichen Industrieländern. Auch die Situation der Frauen kann sich nur verändern, wenn Menschen bereit sind, die Frauen zustehenden Rechte auch zu leben.
Auf der Grundlage der UN-Menschenrechtserklärung gelingt es den im Europarat (siehe S. 250) vertretenen Staaten, untereinander verbindliche und gerichtlich durchsetzbare Abmachungen bezüglich der Sicherung der Menschenrechte zu treffen (Menschenrechtskonvention). Zur Kontrolle der Menschenrechtskonvention nimmt der **Europäische Gerichtshof für Menschenrechte** beim Europarat seine Arbeit auf. Wer sich von den rund 447 Mio. Bürgerinnen und Bürgern der EU in seinen Menschenrechten verletzt fühlt, kann seinen eigenen Staat anklagen und Wiedergutmachung verlangen. Jährlich wenden sich 400 Menschen, die mit ihrem Anliegen in ihrem Heimatland nicht durchdringen können, hilfesuchend an den Europäischen Gerichtshof.

M 2 „An der Stellung, welche die Frauen in einem Lande einnehmen, kann man sehen, wie dick von unreinen Nebeln, oder wie klar und frei die Luft eines Staates sei; – die Frauen dienen als Barometer der Staaten."

Otto-Peters 1843, S. 633 ff.

M 3

Karikatur: Haus der Geschichte, Bonn: Peter Leger (Künstler)

M 4

Karikatur von Klaus Stuttmann, 03.08.2011

Arbeitsvorschläge

1. *Erklären Sie die Schwierigkeiten bei der Durchsetzung der Menschenrechte in armen und kriegführenden Ländern. Verwenden Sie dazu M 1.*
2. *Informieren Sie sich über den derzeitigen Stand der Einhaltung der Menschenrechte an den EU-Außengrenzen. Bereiten Sie einen Vortrag vor.*
3. *Interpretieren Sie die Karikaturen M 3 und M 4.*
4. *Beurteilen Sie die Aussage der Frauenrechtlerin Luise Otto-Peters (1819–1895) in M 2 hinsichtlich ihrer Aktualität.*

1.3 Die Grundrechte

Grundrechte sind Freiheitsrechte, die allen Bürgerinnen und Bürgern als Abwehrrechte gegenüber dem Staat zustehen.

M 1 Die Forderung einer Bürgerin oder eines Bürgers nach Grundrechten zeigt, dass dieser Mensch fest auf dem Boden der Verfassung steht.

60 109 © Bergmoser + Höller Verlag AG

Menschenwürde
bezieht sich auf den Anspruch des Menschen, als Träger geistig-sittlicher Werte um seiner selbst willen geachtet zu werden. Sie verbietet jede erniedrigende Behandlung oder die Behandlung eines Menschen als „bloßes Objekt".

Bürgerrechte
sind im eigentlichen Sinne die Rechte, die einem Staatsangehörigen zustehen, insbesondere das Recht zur Teilnahme am Staatsleben durch aktives und passives Wahlrecht und das Recht, öffentliche Ämter zu bekleiden.

Zu den grundlegenden Prinzipien einer freiheitlich-demokratischen Grundordnung gehört die Achtung der im Grundgesetz konkretisierten Menschenrechte. Gemeint ist die Achtung der Grundrechte, die in den Artikeln 2 bis 19 des Grundgesetzes aufgeführt werden, ergänzt durch Rechte aus anderen Teilen des Grundgesetzes (s. grafische Darstellung). Untersucht man diese Grundrechte im Hinblick auf ihre Bedeutung für die Menschen in der Bundesrepublik Deutschland, so lassen sich folgende Funktionen der Grundrechte beschreiben:

- **Sie sollen den Bürgerinnen und Bürgern einen Freiraum gegenüber dem Staat sichern.**
  Eingriffe des Staates in bestimmte Lebensbereiche (z. B. Kunst und Wissenschaft) sollen ausgeschlossen werden, die Unverletzlichkeit bestimmter Rechtsgüter (z. B. Briefgeheimnis) wird garantiert.

- **Sie sollen die politisch-gesellschaftliche Mitwirkung der Bürgerinnen und Bürger sichern.**
  Meinungs- und Interessenvielfalt der Bürgerinnen und Bürger, Mitwirkung des Volkes im Staat durch Wahlen, gleiche Chancen beim Zugang zu öffentlichen Ämtern sollen bewahrt werden.

- **Sie sollen den Staat zur Betreuung von in Not geratenen Bürgerinnen und Bürgern verpflichten.**
  Aus der Bestimmung des Grundgesetzes, dass die Bundesrepublik Deutschland ein sozialer Staat ist, wird die Pflicht des Staates abgeleitet, das sogenannte „soziale Netz" zu knüpfen. Der Staat trifft Vorsorge für Notfälle im Leben seiner Bürgerinnen und Bürger.

Die Voraussetzungen, unter denen die Grundrechte umgesetzt werden können, schafft das Grundgesetz selbst. Es setzt fest:

- **Grundrechte binden die Staatsgewalt als unmittelbar geltendes Recht.**
  Es gibt keine Durchführungsverordnungen und -richtlinien für die Grundrechte. Die Bürgerinnen und Bürger dürfen sich allein auf den Text des Grundgesetzes verlassen.

- **Grundrechte sind subjektive Rechte.**
  Den Bürgerinnen und Bürgern steht zur Durchsetzung ihrer Grundrechte der Rechtsweg offen. Unabhängige Gerichte schützen die Bürgerinnen und Bürger und ihre Rechte. Die Verfassungsbeschwerde beim Bundesverfassungsgericht (s. S. 240) ist für Einzelpersonen das äußerste Mittel, gegen Grundrechtsverletzungen vorzugehen.
  Aufsehen erregt hat das Urteil des Bundesverfassungsgerichts zur Volkszählung 1983. Durch eine einstweilige Anordnung hat das Gericht die Volkszählung ausgesetzt.

- **Grundrechte dürfen in ihrem Wesensgehalt nicht angetastet werden.**
  Möglichkeiten, Grundrechte einzuschränken, legt das Grundgesetz selbst fest. Artikel 1 und 20 dürfen gemäß Artikel 79 weder eingeschränkt noch geändert werden.

M 2 Die Freiheit des Einzelnen ist der Kern einer jeden Freiheit. Daraus folgt die Freiheit der ganzen Gesellschaft. Eine Gesellschaft ist nur frei, wenn die Bürgerinnen und Bürger ihre Grund- und Menschenrechte frei fordern und ausüben können.

Während der Corona-Pandemie wurden mithilfe des Infektionsschutzgesetzes Grund- und Freiheitsrechte durch den Staat teilweise eingeschränkt. Die Begründung dafür war der Schutz der Gesundheit und der körperlichen Unversehrtheit.

Gleichheit und Gerechtigkeit

M 3

Karikatur von Christof Stückelberger: Chancengleichheit

Arbeitsvorschläge

1. *Erläutern Sie M 1 und M 2 anhand von Beispielen.*
2. *Nennen Sie die Grundrechte,*
   a) *die es den Bürgerinnen und Bürgern ermöglichen, ihre Interessen gegenüber dem Staat zu wahren;*
   b) *welche die politisch-gesellschaftliche Mitwirkung sichern.*
3. *Erläutern Sie die Karikatur M 3.*
4. *Nennen Sie Beispiele, wo Grundrechte in der Bundesrepublik Deutschland eingeschränkt wurden. Diskutieren Sie die Maßnahmen.*

1.4 Missachtung der Grundrechte

§ 130 StGB verbietet die Veröffentlichung von Songs mit volksverhetzenden Texten.

M 1 Die Grundrechte werden in Deutschland, Europa und in der übrigen Welt in vielfältiger Form verletzt. Kriegerische Auseinandersetzungen in vielen Ländern führen dazu, dass Menschen mit verschiedenen Religionen und aus vielfältigen Kulturen nach Deutschland flüchten und ihre Lebensweisen mitbringen. Das führt dazu, dass die Grundsätze des Zusammenlebens, die sich auf die Grundrechte stützen, den Ankömmlingen vermittelt und zuweilen gegen Widerstände und Verstöße durchgesetzt werden müssen. So gibt es Probleme bei der Akzeptanz der Gleichheit und der Rechte der Frau, beim Verbot von Zwangsheirat und dem Verbot von Kinderehen, der staatlichen Schulaufsicht und dem damit verbundenen Bildungsauftrag usw.

Die Anzahl der **Salafisten** hat in den letzten Jahren erheblich zugenommen. Sie lehnen die demokratische Grundordnung ab und sind bereit, ihre Ansichten auch mit Gewalt durchzusetzen. Des Weiteren versorgen sie die nach wie vor aktive Terrormiliz **„Islamischer Staat"** (IS) mit Geld und jungen Kämpfern. Diese gehen nach Syrien und in andere Kriegsgebiete und verüben unglaubliche Gewalttaten, die sie mithilfe ihrer Handys filmen und über das Internet verbreiten.
Der IS schleust mithilfe des Flüchtlingsstroms Menschen nach Europa, um Attentate gegen die „Ungläubigen" zu verüben. Zu Attentaten kam es in Paris, Würzburg, Ansbach, Brüssel, Berlin. Ziel ist die Spaltung demokratischer und freiheitlicher Gesellschaften und die Errichtung eines islamistischen Gottesstaates.
Islamistische Gruppen und Rechtsradikale verbindet ein ausgeprägter **Antisemitismus**. Beide Gruppen schüren einen tiefen Judenhass und rufen zur Vernichtung des Staates Israel auf.

Ungläubige: aus Sicht der Islamisten alle, die nicht den islamischen Glauben der Urväter praktizieren

Rechtsradikalen Gewalttaten haben ebenfalls zugenommen und werden zunehmend als Bedrohung des Rechtsstaates gesehen. Zu nennen sind die Anschläge von Halle (Anschlag auf eine Synagoge am 09.10.2019) und Hanau am 19.02.2020. In Hanau wurden neun Menschen mit Migrationshintergrund ermordet, bevor der Täter später seine Mutter und sich selbst erschoss.

M 2

Karikatur von Frank Speth: Adolf Hitler und die Feinde des jüdischen Volkes

Arbeitsvorschläge

1. *Erklären Sie mithilfe von M 1, warum Freiheit und Grundrechte von allen Bürgerinnen und Bürgern verteidigt werden müssen.*
2. *Erarbeiten Sie eine Übersicht, wer gegen welche Grundrechte verstößt. Nutzen Sie dazu M 1 und M 2.*
3. *Analysieren Sie die Karikatur M 2 mithilfe der in M 1 gemachten Aussagen.*

Vorurteile – ein Problem?!

M 1 Vorurteile sind vorgefasste Meinungen, die wir von anderen Menschen übernommen oder die wir uns im Laufe des Lebens angeeignet haben. Ohne Vorurteile hätte die Menschheit wohl kaum überlebt, weil sie es ermöglichen, die Umgebung in gefährlich und ungefährlich einzuordnen. Vorurteile können aber auch zu Feindlichkeit gegenüber anderen Religionen und Lebensweisen führen. Einheimische und Zugewanderte kennen die Lebensweise der anderen oftmals kaum und sind oft misstrauisch. Daraus können Angst und Ablehnung erwachsen. So kommt es zur Bildung von **Parallelgesellschaften**.

Vorurteile gibt es auch gegenüber Schwulen und Lesben. In einigen Ländern und Religionen wird diese Art des menschlichen Zusammenlebens nicht nur mit Vorurteilen belegt, sondern auch bestraft. Mittlerweile können in Deutschland homosexuelle Menschen heiraten, seit dem 01.10.2017 gibt es die „Ehe für alle".

Vorurteilen gegenüber Menschen mit Benachteiligung soll in deutschen Schulen bereits im Kindesalter entgegengewirkt werden, und zwar durch die Einführung der sogenannten **Inklusion**. So können in deutschen Schulen Kinder mit körperlicher und geistiger Behinderung mit nichtbehinderten Kindern in einer Klasse lernen. Einerseits soll diese Eingliederung Kinder mit Behinderung in ihrem Selbstbewusstsein stärken, andererseits können die anderen Kinder soziales Engagement im Umgang mit ihren benachteiligten Klassenkameradinnen und -kameraden lernen.

Parallelgesellschaft

Eingewanderte Menschen, egal, welcher Nationalität, bleiben nach der Einwanderung unter sich. Sie organisieren und führen eigene Läden, Restaurants, Reisebüros usw. und bleiben der Gesellschaft des Einwanderungslandes, soweit es geht, fern.

M 2

Karikatur von Klaus Stuttmann, 23.11.2004

M 3

- Der Wolf ist eine Bestie.
- Frauen können nicht einparken.
- Männer denken nur an das Eine.
- Alle Ausländer wollen nur Bürgergeld.
- Lehrer sind faule Säcke.
- Deutsche trinken nur Bier und essen Bratwürste.
- Menschen mit Behinderung können nicht für sich selbst sorgen.

Der Abbau von Vorurteilen und Intoleranz hängt von friedlichen und rechtstaatlichen Lebensbedingungen ab. Wo nur eine politische oder eine religiöse Überzeugung als wahr gilt, wo Menschen weißer Hautfarbe auf Menschen mit anderer Hautfarbe herabsehen, wo die eigene Lebensweise als Maßstab für die Lebensweise anderer Menschen gilt, werden Vorurteile gefördert. Diese können die Einhaltung der Menschenrechte gefährden. Die Gefahr ist umso größer, je weniger zugelassene oder wirkungsvolle Kontrollorgane wie Parlamente, Gerichte, Parteien, freie Zeitungen es gibt. Besonders anfällig für Vorurteile und Intoleranz sind Menschen und Gesellschaften, die nur eine Ideologie in ihrem Denken zulassen. Sie dulden keine Diskussion und keinen Widerspruch.

Ideologie

weltanschaulich geprägtes Gedankensystem zur Begründung eines bestimmten politischen Handelns

Arbeitsvorschläge

1. *Erklären Sie mithilfe von M 1, welche Bedeutung Vorurteile haben.*
2. *Analysieren Sie die Karikatur M 2 mithilfe der Methode „Analyse politischer Karikaturen".*
3. *Bewerten Sie die in M 3 genannten Vorurteile. Finden Sie weitere Beispiele.*
4. *Erklären Sie, welchen Einfluss politische Verhältnisse auf Vorurteile haben.*

1.5 Recht auf Asyl – ein Grundgesetzproblem?

M 1

Karikatur von Schwarwel (Thomas Meitsch): Bundestag verabschiedet Asylpaket: Perspektive für Flüchtlinge fehlt, 15.10.2015

M 2

Karikatur von Kostas Koufogiorgos: Politiker entdecken die Asylproblematik für sich, 25.08.2015

Artikel 16a des Grundgesetzes

Art. 16a. [Asylrecht] (1) Politisch Verfolgte genießen Asylrecht.
(2) Auf Absatz 1 kann sich nicht berufen, wer aus einem Mitgliedstaat der Europäischen Gemeinschaften oder aus einem anderen Drittstaat einreist, in dem die Anwendung des Abkommens über die Rechtsstellung der Flüchtlinge und der Konvention zum Schutze der Menschenrechte und Grundfreiheiten sichergestellt ist. Die Staaten außerhalb der Europäischen Gemeinschaften, auf die die Voraussetzungen des Satzes 1 zutreffen, werden durch Gesetz, das der Zustimmung des Bundesrates bedarf, bestimmt. In den Fällen des Satzes 1 können aufenthaltsbeendende Maßnahmen unabhängig von einem hiergegen eingelegten Rechtsbehelf vollzogen werden.
(3) Durch Gesetz, das der Zustimmung des Bundesrates bedarf, können Staaten bestimmt werden, bei denen aufgrund der Rechtslage, der Rechtsanwendung und der allgemeinen politischen Verhältnisse gewährleistet erscheint, dass dort weder politische Verfolgung noch unmenschliche oder erniedrigende Bestrafung oder Behandlung stattfindet. Es wird vermutet, dass ein Ausländer aus einem solchen Staat nicht verfolgt wird, solange er nicht Tatsachen vorträgt, die die Annahme begründen, dass er entgegen dieser Vermutung politisch verfolgt wird.

Asyl (griech.) = Zufluchtstätte, politischer Schutz

Das Völkerrecht gibt dem einzelnen Menschen kein Recht, in einem Staat seiner Wahl Zuflucht zu suchen. Es garantiert dem Staat aber das Recht, Asyl zu gewähren, sei es auf seinem Territorium (territoriales Asyl) oder in seiner Auslandsvertretung (diplomatisches Asyl).

Aus dem Asylrecht wurde ein Asylbewerberrecht. Asyl wird nicht nur gewährt, sondern seine Gewährung vielmehr gesetzlich geregelt. Der Status des Asylbewerbers umfasst eine Reihe von Vorteilen: Recht auf Einreise nach Deutschland, Anspruch auf Unterkunft, Verpflegung, Taschengeld und medizinische Versorgung.

Wirtschaftsflüchtlinge

Menschen, die wegen fehlender wirtschaftlicher Perspektiven (z. B. Arbeitsmöglichkeiten) in ihrem Heimatland in einem anderen Land Zuflucht suchen

Internet

www.bmas.de
www.bmwi.de

Die Kriege im Nahen Osten und Afrika haben zu einem Anschwellen der Flüchtlingsströme geführt. So kamen 2015 rund 1,1 Mio. Flüchtlinge, insbesondere aus Syrien, nach Deutschland. Der russische Angriffskrieg auf die Ukraine (seit Februar 2022) hatte zur Folge, dass 1,2 Mio. Menschen, meist Frauen und Kinder, nach Deutschland flüchteten. So steht unsere Gesellschaft heute vor einer großen Herausforderung. Gelingt es, das Asylrecht so zu handhaben, dass politisch Verfolgte in Deutschland Verständnis und Hilfe finden und das Grundrecht auf Asyl gewahrt bleibt? Und lässt sich verhindern, dass – durch einen unkontrollierten Zuzug von Asylbewerberinnen und Asylbewerbern – die Angst vieler Deutscher vor Arbeitsplatzverlust, zunehmender Wohnungsnot und Kriminalität zu Vorurteilen gegenüber Menschen anderer Hautfarbe, Sprache und Religion führt?

Derzeit befinden sich Millionen Menschen auf der Flucht. Viele kommen nach Deutschland und wollen bleiben. Geflüchtete Menschen, die Bürgerin oder Bürger der Bundesrepublik Deutschland werden möchten, haben allerdings einen weiten Weg vor sich, der mit vielen Hindernissen versehen ist.

1.6 Zuwanderung – Einwanderung – Einbürgerung

M 1

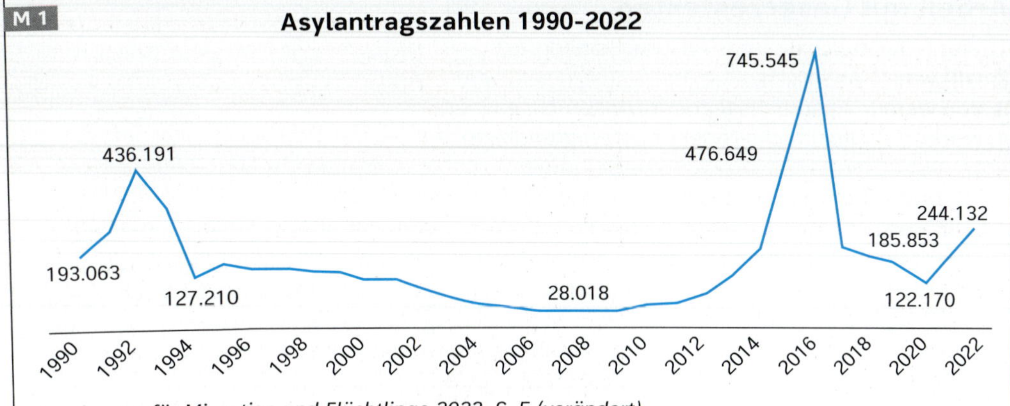

Bundesamt für Migration und Flüchtlinge 2023, S. 5 (verändert)

Geflüchtete Menschen finden nach der Ankunft, Registrierung und der Erteilung eines vorübergehenden Ausweisdokuments eine Aufnahme in der Erstaufnahmeeinrichtung der jeweiligen Kommune.

In einem Ankunftszentrum erfolgt die persönliche Asylantragstellung. Mithilfe einer Dolmetscherin oder eines Dolmetschers werden Antragstellende über ihre Rechte und Pflichten im Rahmen des Asylverfahrens aufgeklärt. Sie sind verpflichtet, ihre Identität nachzuweisen. Die erfassten Daten werden mit denen des Bundeskriminalamts und des Ausländerzentralregisters abgeglichen. Nach der Antragstellung wird eine Bescheinigung über die **Aufenthaltsgestattung** erteilt. Damit wird dokumentiert, dass sich die/der Asylsuchende rechtmäßig in Deutschland aufhält. Es besteht Residenzpflicht. Schon während des Antragsverfahrens werden Asylsuchende über Integrationskurse und den Zugang zum Arbeitsmarkt informiert. Die Arbeitsagenturen erhalten die Daten und stehen zur Beratung bundesweit zur Verfügung.

Den Asylsuchenden kann genehmigt werden:
- Aufenthaltserlaubnis für drei Jahre,
- Niederlassungserlaubnis nach drei oder fünf Jahren, wenn ausreichende Deutschkenntnisse und die eigene Sicherung des Lebensunterhalts gegeben sind,
- unbeschränkter Arbeitsmarktzugang,
- Anspruch auf privilegierten Familiennachzug.

Die **Einbürgerung** kann ab dem 16. Lebensjahr beantragt werden. Bei Kindern erfolgt der Antrag von den Erziehungsberechtigten. Ein handgeschriebener Lebenslauf muss vorliegen. Wesentliche Voraussetzungen für die Einbürgerung sind:
- acht Jahre ununterbrochener und rechtmäßiger Aufenthalt in Deutschland,
- Besitz einer Aufenthalts- oder Niederlassungserlaubnis,
- Bekenntnis zum Grundgesetz,
- keine verfassungsfeindlichen Betätigungen,
- Sicherung des Lebensunterhalts, kein Bezug von Leistungen wie z. B. Bürgergeld,
- Straflosigkeit,
- ausreichende Deutschkenntnisse und bestandener Einbürgerungstest.

Residenzpflicht
Asylsuchende müssen sich in dem Bezirk aufhalten, in dem sich die zuständige Aufnahmeeinrichtung befindet.

Asylberechtigt sind
- politisch Verfolgte, die im Herkunftsland bei ihrer Rückkehr staatlich verfolgt werden und schwere Menschenrechtsverletzungen zu erwarten haben
- wegen der Zugehörigkeit zu einer Rasse oder Religion verfolgte Menschen
- wegen politischer Überzeugungen Verfolgte

Nicht asylberechtigt sind
- Personen, die Kriegsverbrechen begangen haben
- Personen, die Straftaten außerhalb Deutschlands begangen haben,
- die wegen eines Verbrechens zu einer Freiheitsstrafe verurteilt wurden, auch außerhalb Deutschlands
- die eine Gefahr für die Sicherheit der Bundesrepublik Deutschland darstellen

Einbürgerungsgebühr
Erwachsene zahlen 255,00 €.

Minderjährige, die allein eingebürgert werden, zahlen 255,00 €.

Minderjährige mit Eltern zahlen 51,00 €.

Arbeitsvorschläge

1. *Interpretieren Sie die Karikaturen M 1 und M 2 auf S. 218 mithilfe der Methode „Analyse politischer Karikaturen“ (s. S. 248 f.).*
2. *Erarbeiten Sie ein Flussschema für den Weg der Einbürgerung eines geflüchteten Menschen.*
3. *Bei der Niederlassungserlaubnis und bei der Einbürgerung verlangt der Gesetzgeber die Sicherung des Lebensunterhalts. Finden Sie Gründe für diese Forderung. (M 1)*
4. *Recherchieren Sie unter www.bmi.bund.de nach weiteren Voraussetzungen für die Einbürgerung.*

Methode:

Arbeit mit Gesetzestexten

1. Wer (= Anspruchstellerin/Anspruchsteller)
2. will was (= Anspruch)
3. von wem (= Anspruchsgegnerin/Anspruchsgegner)
4. woraus? (= Anspruchs- oder Gesetzesgrundlage)

1. **Schritt – Sehr genau lesen**
   Um den Sinn des Gesetzestextes zu erfassen, empfiehlt es sich, diesen mehrmals, langsam und sorgfältig zu lesen. In Gesetzestexten werden häufig lange Sätze verwendet. Schauen Sie zuerst nach den Verben, um sich die Textaussage zu erschließen.
   Wichtig: Es empfiehlt sich, wichtige Schlüsselbegriffe farbig zu markieren, z. B. bei Verneinungen, die sich erst wie Bejahungen lesen (sogenannte „doppelte Verneinung"): *„Sie ist nicht untalentiert." „Es ist nicht wahr, dass ...".*

2. **Schritt – Analyse des Problems**
   Formulieren Sie die Fallfrage „Wer will was von wem?" und wenden sie diese auf den individuellen Fall an. Ziel ist es, die Beteiligten und ihre Ansprüche zu erkennen.
   Wer von wem? *z. B.: Käufer und Verkäufer, Auszubildender und Ausbildender, Mieter und Vermieter ...*
   Will was? *z. B.: Zeit, Geld, Ware, Dienstleitung, Urlaub, Entschädigung, ...*
   Wichtig: Es darf nicht „zwischen den Zeilen gelesen werden". Nur eindeutige Aussagen sind zu berücksichtigen.

3. **Schritt – Ableitung der Ansprüche**
   Wenn die in Schritt 2 ermittelten Ansprüche der Beteiligten festgestellt worden sind, muss anschließend der Anspruch/die Hauptaussage anhand der gesetzlichen Regelung definiert werden.
   Hierbei muss beachtet werden, dass sich manche Gesetze mit Ansprüchen und andere mit Einwendungen befassen. In schwierigen Fällen kann das Sachwortverzeichnis am Ende des Gesetzbuches weiterhelfen.

4. **Schritt – Vergleich**
   Nur beim tatsächlichen Vorliegen aller gesetzlichen Voraussetzungen ist ein Anspruch entstanden. Zu prüfen ist Folgendes: Passt das Gesetz zum vorliegenden Fall?

5. **Schritt – Formulierung der Lösung**
   Der in Schritt 4 ermittelte Anspruch wird als Antwortsatz formuliert.

Beispiel
Florian Gerdes (17 Jahre) ist in einem Elektrobetrieb, der gegenüber der Berufsschule liegt, als Auszubildender beschäftigt. Der Berufsschulunterricht beginnt um 08.45 Uhr. Der Geschäftsinhaber bittet Florian von 08.00 bis 08.30 Uhr im Betrieb zu sein, um die Eingangspost zu verteilen. Florian Gerdes beschäftigt sich mit dem entsprechenden Gesetzestext.

Gesetzestext/Grundlage: § 9 JArbSchG *(s. S. 21)*
Wer – Florian Gerdes (Auszubildender)
will was – 08.00 bis 08.30 Uhr nicht im Betrieb sein müssen
von wem – Elektrobetrieb (Ausbildender)
woraus? – § 9 JArbSchG

Lösung: *Der Arbeitgeber darf einen Jugendlichen nicht vor dem Unterricht, der vor 09.00 Uhr beginnt, beschäftigen. Florian Gerdes muss vor dem Berufsschulunterricht nicht im Ausbildungsbetrieb erscheinen.*

Debatte

Die Debatte ist die wesentliche Form für die Entscheidungsfindung in Verbänden, Parteien und Parlamenten. So kann z. B. eine Bundestagsdebatte im Unterricht simuliert werden.

Materialien
Rednerpult,
(Glocke für den Präsidenten,
Stimmzettel,
Behälter zum Einsammeln der Stimmzettel)

Vorbereitung

Wählen Sie in Ihrer Klasse ein aktuelles Thema, das in der Öffentlichkeit umstritten ist und entscheiden Sie, ob eine Bundestagsdebatte, z. B. mit einem Gesetzesantrag, gespielt werden soll. Die Lerngruppe bekommt dann die Gelegenheit, sich selbstständig Informationen zu beschaffen.
Für die Durchführung sollte ein Rednerpult (z. B. ein Karton) vorgesehen werden und die Sitzordnung nach Fraktionen organisiert werden.

Durchführung

Schritt 1: Wahl des Führungspersonals
Von der Lerngruppe sind zunächst die jeweiligen Präsidenten und Schriftführenden zu bestimmen. Außerdem werden ein Bundeskanzler/eine Bundeskanzlerin sowie Ministerinnen und Minister benötigt. Diese haben in beiden Häusern Rederecht.

Schritt 2: Bildung von Kleingruppen
Es werden Kleingruppen entsprechend den im Bundestag vertretenen Parteien gebildet, eventuell durch Los. Auch wird die Reihenfolge der Redebeiträge verabredet.
Die Gruppen haben die Aufgabe, eine Stellungnahme zu dem gewählten Thema zu erarbeiten. Begründungen werden z. B. von Neben- zu Hauptargumenten aufgebaut. Mögliche Gegenargumente sollten bedacht werden. Jede Gruppe notiert ihre Positionen und entwickelt ein knappes Redekonzept. Eine Fraktionssprecherin oder ein Fraktionssprecher wird gewählt. Die übrigen Teilnehmerinnen und Teilnehmer bekommen einen Beobachtungsauftrag und sollen sich Notizen machen. Beobachtungsgesichtspunkte sollten verabredet werden.

Schritt 3: Plenardebatte
Der Bundestagspräsident oder die Bundestagspräsidentin eröffnet die Sitzung, begrüßt die Teilnehmerinnen und Teilnehmer, nennt den „Beratungsgegenstand“ und ruft die Rednerinnen und Redner auf.
- Die verantwortliche Ministerin/der verantwortliche Minister stellt seinen Gesetzentwurf vor und begründet ihn.
- Die Fraktionssprecherinnen und Fraktionssprecher geben ihre Stellungnahmen in der vereinbarten Reihenfolge ab:
  „Herr Präsident, verehrte Kolleginnen und Kollegen. Ich möchte zum Thema ... sprechen.“
- Je nach Zeit (sollte begrenzt werden) kann nun eine allgemeine Debatte erfolgen.

Schritt 4: Abstimmung
- Es folgt die Abstimmung über den Gesetzentwurf durch alle Teilnehmerinnen und Teilnehmer, entweder durch Handzeichen oder mit vorbereiteten Stimmzetteln.
- Das Präsidium zählt die Stimmen aus.
- Der Präsident/die Präsidentin gibt das Ergebnis bekannt.

Auswertung

Verlauf und Ergebnisse der Debatte können neben den Notizen der Teilnehmerinnen und Teilnehmer auch durch eine Video- oder Tonbandaufzeichnung festgehalten werden. Die Debattenbeiträge werden analysiert. Mögliche Gesichtspunkte:
- Aufbau und Überzeugungskraft der Argumentation,
- Einsatz rhetorischer Mittel: Veranschaulichung durch Beispiele und Vergleiche, Ironie, Humor, Sprechgeschwindigkeit, Pausensetzung,
- Körpersprache, Blickkontakte, Gestik.

2 Die deutsche Demokratie

2.1 Grundlagen der Demokratie

M 1

Alle Macht beim König
Salman Ibn al-Assis al Saud wird 2015 Nachfolger seines verstorbenen Vaters, König Abdullah al Saud. Als absoluter Monarch ist er Regierungschef, Militärbefehlshaber und oberster Gesetzgeber nach den Regeln der Scharia. Parteien sind verboten.

M 2

Landtagswahlen 2022
27.3. Saarland, SPD gewinnt. Anja Rehlinger wird am 25.4 Ministerpräsidentin und regiert ohne CDU allein.
9.10. Niedersachsen, CDU verliert, Stefan Weil bleibt Ministerpräsident und regiert seit dem 8.11 statt mit der CDU mit den Grünen.

M 3

Putsch in Mali
2020 stürzen Offiziere in Bamako die gewählte Regierung. Sie bilden eine Übergangsregierung. Im Mai 2021 setzt Oberst Goita in einem zweiten Putsch diese Übergangsregierung ab. Unterstützung bekommt er von der russischen Söldnertruppe „Wagner".

Macht
wird ausgeübt, wenn eine Person oder Gruppe Ziele gegen Widerstände durchsetzt.

Herrschaft
Wenn Macht an bestimmte Institutionen (Einrichtungen, Ämter) gebunden ist, wird dies als „Herrschaft" bezeichnet.

Nicht nur der Blick auf die Geschichte, sondern auch die Ereignisse von heute zeigen, dass es immer noch unterschiedliche Wege zu Macht und Herrschaft gibt. Viele davon hinterlassen Leid und Verwüstung. Erfahrungen aus Jahrhunderten haben aber auch gezeigt, dass Freiheit und Gerechtigkeit für alle am ehesten in einer **Demokratie** mit freien Wahlen, Gewaltenteilung und Rechtstaatlichkeit zu erreichen sind. Nur dann kann das Volk selbstständig (souverän) über seine Angelegenheiten entscheiden. Das griechische Wort Demokratie bedeutet „Volksherrschaft" als Gegensatz zur Herrschaft von Köngen und Diktatoren. Deshalb ist die wichtigste Aussage des Grundgesetzes, der Verfassung der Bundesrepublik Deutschland: „Alle Staatsgewalt geht vom Volk aus".

M 4 **Artikel 20 GG (Grundlagen staatlicher Ordnung, Widerstandsrecht)**

(1) Die Bundesrepublik Deutschland ist ein demokratischer und sozialer Bundesstaat.
(2) Alle Staatsgewalt geht vom Volke aus. Sie wird vom Volke in Wahlen und Abstimmungen und durch besondere Organe der Gesetzgebung, der vollziehenden Gewalt und der Rechtsprechung ausgeübt.
(3) Die Gesetzgebung ist an die verfassungsmäßige Ordnung, die vollziehende Gewalt und die Rechtsprechung sind an Gesetz und Recht gebunden.
(4) Gegen jeden, der es unternimmt, diese Ordnung zu beseitigen, haben alle Deutschen das Recht zum Widerstand, wenn andere Abhilfe nicht möglich ist.

M 5 Konkret bedeutet das für unsere Staatsordnung:
- **Parlamentarische Demokratie:** Das Volk wählt seine Vertreter in die Parlamente (Bundestag, Landesparlamente). Diese wählen und kontrollieren ihre Regierungen, beraten und beschließen Gesetze, berufen oberste Richterinnen und Richter. Die Staatsgewalt wird damit auf diese drei „Organe" verteilt (Gewaltenteilung).
- Voraussetzung dafür sind **freie Wahlen** mit einem Mehrparteienprinzip und gleichen Chancen für alle Parteien. Sie sind Ausdruck unterschiedlicher Interessen in unserer Gesellschaft.
- Beispiele für den **Sozialstaat** sind die gesetzlichen Sozialversicherungen.
- Die 16 Bundesländer bilden den **Bundesstaat**.
- In einem **Rechtstaat** müssen sich alle Staatsorgane an die Vorschriften des Grundgesetzes und an die allgemeinen Gesetze halten. Gegen Verstöße kann vor Gericht geklagt werden. Voraussetzung für eine faire Rechtsprechung ist die **Unabhängigkeit der Richterinnen und Richter**.

Arbeitsvorschläge

1. *a) M 1 bis M 3 zeigen unterschiedliche Beispiele für Machtwechsel in einem Staat. Stellen Sie fest, auf welche Weise diese geschehen.*
b) Berichten Sie über Machtwechsel in der Welt nach Mustern wie in M 1 bis M 3.

2. *Ermitteln Sie aus dem Grundgesetz Art. 20 (M 4) die Bestimmung, die auf M 2 zutrifft.*

3. *Lesen Sie M 5 und wählen Sie ein Merkmal unserer Staatsordnung aus. Diskutieren Sie in Ihrer Lerngruppe, worin die Gefahr besteht, wenn dagegen verstoßen wird.*

2.2 Möglichkeiten politischer Beteiligung

In Demokratien leiten Regierungen und Parlamente ihre Rechtfertigung für ihre Handlungen von der Zustimmung durch ihre Bürgerinnen und Bürger ab, die deren Zusammensetzung bei Wahlen beeinflussen. Indirekte Möglichkeiten der Einflussnahme und Meinungsbildung haben Bürgerinnen und Bürger im „vorparlamentarischen Raum". Merkmal einer freiheitlichen Gesellschaft ist die Möglichkeit, dass sich Menschen mit unterschiedlichen Überzeugungen und Interessen zu Parteien und Interessenverbänden zusammenschließen, Bürgerinitiativen gründen und an Demonstrationen teilnehmen. Einzeln haben sie die Möglichkeit, Leserbriefe zu schreiben, sich mit Petitionen (Bitten, Gesuche) an Parlamente und mit Beschwerden an Verwaltungen oder gar an das Bundesverfassungsgericht zu wenden.

Verbände und Lobbyisten

Interessenverbände fassen Einzelinteressen ihrer Mitglieder zusammen und vertreten sie gegenüber der Öffentlichkeit, den Parteien, Verwaltungen, Parlamenten und Regierungen. Sie sind ein wichtiger Bestandteil unserer Demokratie. Arbeitnehmer und ihre Gewerkschaften fordern z. B. höhere Löhne, Arbeitgeber und ihre Verbände hingegen sehen in zu starken Lohnerhöhungen Gefahren für ihre Wettbewerbsfähigkeit und für ihre Gewinne. Diskutiert wird, wie die Balance zwischen berechtigter Interessenvertretung, gewünschtem Sachwissen und unkontrollierter Einflussnahme gehalten werden kann.

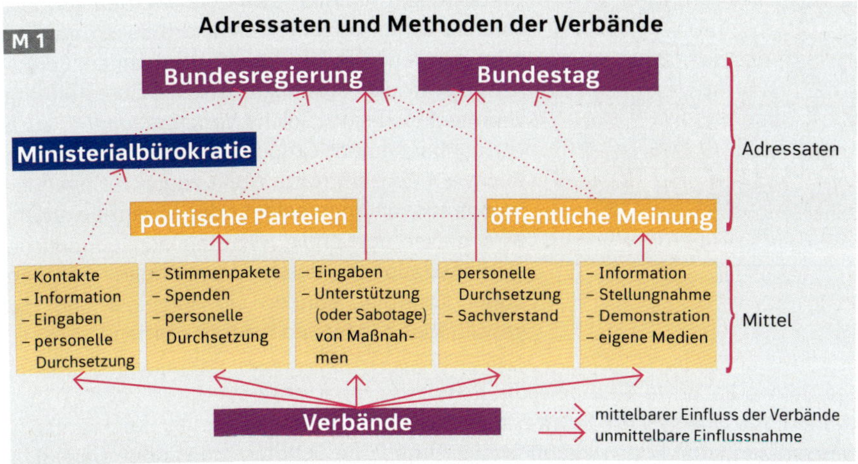

In Deutschland sind zahlreiche Vereine und Verbände mit tausenden Mitgliedern registriert. Allein der Deutsche Olympische Sportbund vertritt rund 87 000 Vereine mit 27 Mio. Mitgliedern, darunter 6,3 Mio. ehrenamtliche Helferinnen und Helfer (2022) *(vgl. Deutscher Olympischer Sportbund e. V. o. J.)*. Im Vergleich dazu hatten die Bundesparteien dagegen Ende 2022 nur rund 1,2 Mio. Mitglieder (s. S. 227).

M 2 Viele Verbände haben ihren Sitz in Berlin, um dort die Interessen ihrer Mitglieder vertreten zu können: Kontakt mit der Politik suchen die sogenannten „Lobbyisten". Lobby ist das englische Wort für Vorhallen von Parlamenten, in denen häufig Gespräche geführt werden. Von den Verbänden sind rund 15 000 in einem Lobbyregister eingetragen. Für den direkten Zugang zum Bundestag gibt es nur noch Tagesausweise. Ausnahmen gibt es noch für Vertreterinnen und Vertreter von Kirchen, Gewerkschaften und Arbeitgeberverbänden mit einer geringen Zahl von Jahresausweisen.

Arbeitsvorschläge

1. *In welchen Vereinen oder Verbänden könnten Sie Mitglied sein?*
2. *Ermitteln Sie in den Medien ein aktuelles Beispiel für eine Einflussnahme, wie in M 1 dargestellt.*
3. *Stellen Sie Nutzen und Risiken der Beteiligung von „Lobbyisten" an Gesetzgebungsverfahren in einer Tabelle gegenüber. (M 2)*

Lobby

Eingangshalle von Gebäuden, Parlamenten, heute: Interessenvertreterinnen und Interessenvertreter, die Einfluss auf politische Entscheidungen nehmen wollen

Verbände

In Deutschland gibt es Schätzungen zufolge rund 16 000 Verbände, davon etwa 5 000 mit politischen Interessen.

Beispiele für Verbände aus verschiedenen Bereichen

Wirtschaft

Gewerkschaften, Arbeitgeberverbände, Arbeitsgemeinschaft der Verbraucherverbände

Soziales:

Deutsches Rotes Kreuz, Arbeiterwohlfahrt, Deutsche Krebshilfe

Kultur, Sport, Freizeit:

Volkshochschulverband, Sportverbände, Automobilclubs, Naturfreunde

Umwelt, Natur:

Bund Umwelt und Natur (BUND), Greenpeace, Vogelschutzbund

Politik:

Amnesty International, Europa-Union

Bürgerinitiativen

Menschen schließen sich häufig spontan und meist örtlich begrenzt zu Bürgerinitiativen zusammen. Sie reagieren auf Veränderungen und Missstände, vor allem wenn sie sich dadurch beschränkt oder bedroht fühlen. Das kann z. B. die geplante Schließung einer Schule sein, die einen längeren Schulweg für die Kinder bedeuten würde. Daneben gibt es viele seit Jahren bestehende Bürgerinitiativen, vor allem im Bereich Umwelt und Menschenrechte. Zu den ältesten gehört „Stuttgart 21" gegen den Umbau des Eisenbahnknotens Stuttgart. Diese Initiativen wollen die Öffentlichkeit über ihre Befürchtungen und Forderungen informieren. Mit Druck auf Parteien, Parlamente, Verwaltungen und Regierungen versuchen sie, Entscheidungen zu beeinflussen. Mittel sind z. B. Flugblätter, Unterschriftensammlungen, Protestaktionen und Demonstrationen. Manche Bürgerinitiativen sind zeitlich begrenzt, andere gibt es seit Jahren, wie Stuttgart 21 oder „Fridays for Future".

Demonstrationen

M 1

Karikatur von Gerhard Mester

Durch Demonstrationen erreichen z. B. Bürgerinitiativen die größte öffentliche Wirkung. Auch Nichtmitglieder können spontan daran teilnehmen, um deren Ziele zu unterstützen. Demonstrationen sind durch Art. 8 des Grundgesetzes (**Versammlungsfreiheit**) geschützt. Damit aber Veranstaltungen „unter freiem Himmel" geschützt werden können, sind sie vorher anzumelden und müssen **genehmigt** werden. Die Veranstalter benennen Personen, die für die „ordnungsgemäße" Durchführung verantwortlich sind. Solche Veranstaltungen, auch von „unbequemen" Gruppen, haben deshalb auch Recht auf Polizeischutz. Wenn zugleich Gegendemonstrationen angemeldet oder erwartet werden, wird dieser notwendig. Geraten sonst friedliche Demonstrationen durch gewalttätige Chaoten außer Kontrolle, können sie aufgelöst und die gewalttätigen Personen bestraft werden.

M 2 2018 schwänzte die 16-jährige Schwedin Greta Thunberg die Schule für die Klimaziele der UN von 2015. Dies war der Anfang weltweiter Aktionen von **Fridays for Future**, die sogar zum Umdenken in der Klimapolitik anregen konnten. Freitags demonstrierten zunächst überwiegend Schülerinnen und Schüler, meist ohne Gewalt. Unvergessen bleibt Greta Thunbergs Anklage bei der Klimakonferenz 2019 in New York: **„How dare you"** („Wie können Sie es wagen ..."). Eure Klimapolitik hat „meine Kindheit zerstört".

M 3 Ein Teil der Klimabewegung hat sich radikalisiert. Anfangs probt **Extinction Rebellion** („Aufstand gegen das Aussterben") in über 50 Ländern zivilen Ungehorsam. Ebenfalls radikal handelt die **„Letzte Generation"**. Die Aktivistinnen und Aktivisten sehen sich als die letzte Generation, die den Klimawandel noch stoppen kann. Gefordert wird ein zügiger Ausstieg aus fossilen Energien (z. B. Braunkohle, Erdgas, Erdöl). Dafür stürmen sie den Berliner Flughafen, beschmieren Kunstwerke und blockieren wichtige Verkehrswege, indem sie sich auf der Straße festkleben. Die Aktivistinnen und Aktivisten sind davon überzeugt, dass auch strafbare Handlungen durch ihre Ziele gerechtfertigt sind. Einige sehen eine Lösung der Klimakrise sogar nur in der Überwindung der kapitalistischen Wirtschaftsordnung.

M 4 „**Attacke auf den Bundestag** – Es sind verstörende Bilder – Szenen, die die Bundesrepublik so noch nicht gesehen hat. Dutzende enthemmte Randalierer [...], stürmten die Stufen des deutschen Parlaments hinauf, jubelnd und kreischend. 300 bis 400 Menschen stehen schließlich triumphierend auf der großen Treppe. Männer schwenken die schwarz-weiß-rote Fahne, ein Symbol der Reichsbürgerszene, die die Bundesrepublik ablehnt. Vorher hatten knapp 40 000 Menschen vor dem Reichstagsgebäude weitgehend friedlich gegen die Coronapolitik demonstriert. Die Demonstration wurde für die Reichsbürger von Rüdiger Hoffmann angemeldet, der früher [Mitglied der NPD] war."
Perduto/Kranz/Kraetzer/Gaugele 2020, S. 2

Petitionen

Grundgesetz Artikel 17 (Petitionsrecht)

Jede Bürgerin und jeder Bürger kann sich einzeln oder gemeinsam mit anderen schriftlich oder im Internet an den Petitionsausschuss wenden, um Beschwerden, Bitten oder Vorschläge für die Politik zu machen. Dabei ist die Adresse anzugeben. Petitionseingaben können aber auch an die Petitionsausschüsse bei den Landtagen, beim Europäischen Parlament oder an den Europäischen Bürgerbeauftragten gerichtet werden.
Der Petitionsausschuss oder einzelne Mitglieder können
- Akten der Bundesregierung und der Bundesbehörden einsehen,
- Auskünfte von Regierung und Behörden verlangen, denn sie haben Zutritt zu deren Einrichtungen.
- Sie können Bittsteller (Petenten), Zeugen und Sachverständige anhören, Gerichte und Behörden müssen Amtshilfe leisten.

Petitionsausschuss und Mitglieder sind also mit erheblicher Kontrollmacht ausgestattet.

2022 sind 13 242 Petitionen beim Petitionsausschuss im Bundestag eingegangen. Am häufigsten war das Gesundheitsministerium betroffen.

vgl. Deutscher Bundestag 2023

Bürgerbeteiligungen

In allen Bundesländern ist seit 2006 ein Bürgerentscheid auf kommunaler Ebene als „basisdemokratisches Element" eingeführt worden. Voraussetzung ist die rechtliche Zuständigkeit der Gemeinde. Zunächst ist ein **Bürgerbegehren** erforderlich. In Niedersachsen müssen sich dafür 5 % bis 10 % der Wahlberechtigten mit ihren Unterschriften für oder gegen ein Anliegen aussprechen, z. B. „Für den Erhalt unserer Grundschule" oder „Gegen den Skaterpark am Friedhof". Die Kommunalvertretung kann dann in dieser Sache einen zustimmenden Beschluss fassen. Tut sie das nicht, gibt es einen **Bürgerentscheid**, an dem alle Wahlberechtigten teilnehmen können. Es müssen aber mindestens 25 % sein, die mit einfacher Mehrheit mit „ja" oder „nein" abstimmen. Eine Kostendeckung muss nicht nachgewiesen werden. Die Kommunen informieren aber bereits vorher über die Machbarkeit, sodass bisher keine Projekte beschlossen wurden, die nicht zu finanzieren gewesen wären.

Volksentscheide, wie etwa in der Schweiz, sind auf Bundesebene nicht vorgesehen. Damit werben vor allem populistische Parteien mit dem Argument „mehr Demokratie". Sie erhoffen sich damit eine größere Zustimmung zu ihrer Politik. Auch werden Volksentscheide häufig von sachfremden Stimmungen überlagert. Kompromisse, die in einer parlamentarischen Debatte gefunden werden können, gibt es dabei nicht. Auch besteht die Gefahr einseitiger und falscher Informationen („Fake News") wie z. B. 2016 bei der Volksabstimmung über den Brexit, dem Austritt Großbritanniens aus der EU. In der Propaganda für den Austritt hieß es z. B., wöchentlich müssten 350 Millionen Pfund an die EU überwiesen werden. Tatsächlich waren es nur 135 Millionen.

„Das Eintreten der Rechtsradikalen für Volksabstimmungen erklärt der Politikwissenschaftler Herfried Münkler mit dem Zwang für die Diktatur, sich demokratisch zu verkleiden."
Wagner 2012, S. 13

Arbeitsvorschläge

1. *Bearbeiten Sie die Karikatur M 1 auf S. 224 mit der Methode „Analyse politischer Karikaturen" (s. S. 248 f.).*
2. *Erörtern Sie in Partnerarbeit mögliche Folgen für die innere Sicherheit, wenn Polizeikräfte regelmäßig für Großdemonstrationen eingesetzt werden müssen.*
3. *Unterscheiden Sie die Aktionen in M 2 bis M 4 hinsichtlich ihrer Ziele und Vorgehensweisen.*
4. *Führen Sie in Ihrer Klasse eine Pro-und-Kontra-Diskussion darüber, ob Verstöße gegen öffentliche Regeln und Gesetze unter bestimmten Umständen zu rechtfertigen sind.*
5. *Erörtern Sie Folgen für unseren Rechtsstaat, wenn Gesetzesverstöße ohne Folgen bleiben würden.*
6. *Recherchieren Sie im Internet und berichten Sie über aktuelle Bürgerinitiativen, Aktionen, Bürgerbeteiligungen oder Volksentscheide. Erkunden Sie deren Anlässe, Verlauf und mögliche Ergebnisse.*

2.3 Parteien in einer parlamentarischen Demokratie

Die Stellung der Parteien in der parlamentarischen Demokratie

Die Parteienvielfalt ist ein wichtiges Merkmal von Demokratien. Die Geschichte zeigt, dass Staaten mit einer Einheitspartei (wie die VR China) Diktaturen sind. Aber auch in Ländern mit mehreren Parteien werden Oppositionsparteien häufig unterdrückt, indem z. B. Angehörige der Opposition unter vorgeschobenen Gründen inhaftiert werden.
Zur Bundestagswahl 2021 traten 24 Parteien an, von denen fünf den Einzug ins Parlament schafften – die Partei „Die Linke“ jedoch nur, weil sie in drei Wahlkreisen Direktmandate (Grundmandate) erringen konnten. In Niedersachsen traten 2022 14 Parteien an, von denen vier gewählt wurden. Bei der Europawahl 2019, ohne 5-%-Klausel, wurden 41 Parteien gewählt, einige mit nur einem Abgeordneten (s. S. 253).

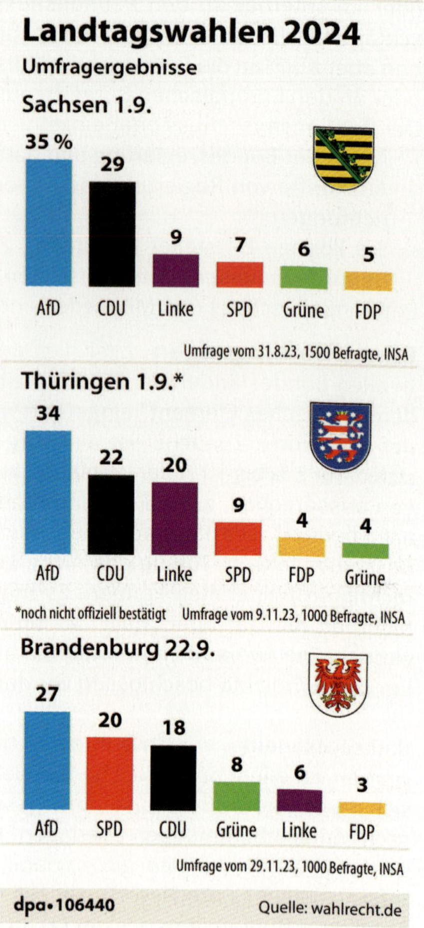

M 1 Grundgesetz Artikel 21 (Parteien)

(1) Die Parteien wirken bei der politischen Willensbildung des Volkes mit. Ihre Gründung ist frei. Ihre innere Ordnung muss demokratischen Grundsätzen entsprechen. Sie müssen über die Herkunft ihrer Mittel öffentlich Rechenschaft geben.
(2) Parteien, die nach ihren Zielen oder nach dem Verhalten ihrer Anhänger darauf ausgehen, die freiheitliche demokratische Grundordnung zu beeinträchtigen oder zu beseitigen oder den Bestand der Bundesrepublik Deutschland zu gefährden, sind verfassungswidrig. Über die Frage der Verfassungswidrigkeit entscheidet das Bundesverfassungsgericht.
(3) Das Nähere regeln Bundesgesetze.

M 2 Gesetz über die politischen Parteien (Parteiengesetz)

§ 1 Verfassungsrechtliche Stellung und Aufgaben der Parteien

(1) Die Parteien sind ein verfassungsrechtlich notwendiger Bestandteil der freiheitlichen demokratischen Grundordnung. Sie erfüllen mit ihrer freien, dauernden Mitwirkung an der politischen Willensbildung des Volkes eine ihnen nach dem Grundgesetz obliegende und von ihm verbürgte öffentliche Aufgabe.
(2) Die Parteien wirken an der Bildung des politischen Willens des Volkes auf allen Gebieten des öffentlichen Lebens mit, indem sie insbesondere
auf die Gestaltung der öffentlichen Meinung Einfluss nehmen,
die politische Bildung anregen und vertiefen,
die aktive Teilnahme der Bürger am politischen Leben fördern,
zur Übernahme öffentlicher Verantwortung befähigte Bürger heranbilden,
sich durch Aufstellung von Bewerbern an den Wahlen in Bund, Ländern und Gemeinden beteiligen,
auf die politische Entwicklung in Parlament und Regierung Einfluss nehmen,
die von ihnen erarbeiteten politischen Ziele in den Prozess der staatlichen Willensbildung einführen und
für eine ständige lebendige Verbindung zwischen dem Volk und den Staatsorganen sorgen.
(3) Die Parteien legen ihre Ziele in politischen Programmen nieder.

Die Parteien der Bundesrepublik Deutschland

In der Bundesrepublik Deutschland gibt es eine Vielzahl von Parteien. Sieben von ihnen sind einer breiten Öffentlichkeit bekannt, weil sie in den Parlamenten vertreten sind:
- die Christlich Demokratische Union (CDU) und ihre bayerische Schwesterpartei,
- die Christlich Soziale Union (CSU),
- die Sozialdemokratische Partei Deutschlands (SPD),
- die Freie Demokratische Partei (FDP),
- das Bündnis 90/Die Grünen (BÜNDNIS 90/DIE GRÜNEN),
- Die Linke (DIE LINKE),
- die Alternative für Deutschland (AfD).

Die 1964 gegründete rechtsradikale Nationaldemokratische Partei Deutschlands („NPD“) ist bei allen Wahlen in den Landesparlamenten unter 1 % geblieben.

Parteiprogramme

Parteien müssen ihre politischen Ziele in Programmen darlegen, die in der Partei diskutiert und auf Parteitagen verabschiedet werden.

Grundsatzprogramme	Sachprogramme	Wahl- und Regierungsprogramme
langfristig, allgemein gehalten, prinzipielle Standortbestimmung, Beispiele: Godesberger Programm der SPD (1959), Freiburger Thesen der FDP (1971); aktuelle Grundsatzprogramme (Stand 7/2023): CDU 2007 (neues Programm in Arbeit), SPD 2007, FDP 2012, BÜNDNIS 90/DIE GRÜNEN 2020, DIE LINKE 2011, AfD 2021	**mittelfristig von Grundsätzen** abgeleitete Handlungskonzepte für praktische Politik, Beispiele: Bildungspolitik, Sicherheitspolitik, Energiepolitik, Kommunalpolitik aller politischen Parteien	**kurzfristig** (vier oder fünf Jahre) für die Dauer einer Legislaturperiode auf Europa-, Bundes-, Landes- oder Kommunalebene; überprüfbare Aktionsprogramme, Probleme bei Koalitionen

Die Tatsache, dass das Parteiensystem in der Verfassung verankert ist, zeigt die zentrale Rolle der Parteien bei der politischen Willenbildung in unserem parlamentarischen Regierungssystem. Ihre Reichweite geht aber über den politischen Bereich hinaus, wenn leitende Beamtinnen und Beamte in den Stadt-, Kreis- und Gemeindeverwaltungen von Rats- bzw. Kreistagsmitgliedern gewählt werden. Wird dabei die Parteizugehörigkeit berücksichtigt, können Verwaltungsentscheidungen indirekt von Parteien beeinflusst werden. Dies ist dann problematisch, wenn das Parteibuch wichtiger ist als der Sachverstand. Es ist allerdings auch zu beobachten, dass parteilose Bewerberinnen und Bewerber um die Ämter als Bürgermeister, Oberbürgermeister und Landräte bei direkter Wahl gute Erfolgschancen haben. In kleinen Gemeinden ist das Bürgermeisteramt ein **Ehrenamt**. Das gilt auch für Ratsmitglieder in kommunalen Parlamenten und für Parteivorstände.

Zur Erfüllung ihrer Aufgaben benötigen die Parteien finanzielle Mittel, die sich aus Mitgliedsbeiträgen, Spenden und staatlichen Mitteln zusammensetzen. Die staatlichen Mittel dienen vor allem zur Erstattung der Wahlkampfkosten. Parteien müssen über ihre Einnahmen und Ausgaben öffentlich Rechenschaft ablegen und private Spender über 10 000,00 € benennen, um mögliche Einflussnahmen offenzulegen. Wenn Parteien dagegen verstoßen (CDU 1999/2000) oder falsche Rechenschaftsberichte vorlegen (NPD 2009), werden sie mit hohen Geldstrafen belegt.

M 3 Parteienverbot

Nur das Bundesverfassungsgericht entscheidet über Parteienverbote. 1952 wurde die Deutsche Reichspartei als neonazistische Partei verboten, 1956 die KPD. Danach hielt man es lange Zeit für besser, sich mit ihren Anhängern politisch auseinanderzusetzen.

2013 beantragt der Bundesrat ein erneutes Verbot der NPD. Doch das Bundesverfassungsgericht lehnte ein Verbot der NPD 2017 ab. Es ließ aber Spielräume für zukünftige Verfahren. So kommen Parteiverbote nach wie vor in Betracht – und auch aus allein präventiven Gründen. Allerdings muss in diesem Fall überzeugend begründet werden, dass die Partei die freiheitlich-demokratische Grundordnung der Bundesrepublik Deutschland gefährden könnte.

Parteimitglieder
Stand: 2021

	in Tausend
SPD	393,7
CDU	384,2
CSU	130,4
BÜNDNIS 90/DIE GRÜNEN	125,7
FDP	77,3
DIE LINKE	60,7
AfD	30,1

vgl. Niedermayer 2022

Arbeitsvorschläge

1. *Nennen Sie die Bedingungen für die Gründung einer Partei. (M 1, M 2)*
2. *Entnehmen Sie dem Parteiengesetz (M 2) fünf für Sie wichtige Aufgaben der Parteien.*
3. *Erläutern Sie das Schlagwort „Parteiendemokratie“.*
4. *Gestalten Sie in Gruppen Wandzeitungen mit Wahlaussagen, präsentieren Sie Ihr Ergebnis und diskutieren Sie darüber.*
5. *Berichten Sie über Parteiverbotsverfahren und erkunden Sie deren Hintergründe (M 3).*

2.4 Politische Wahlen

Das Wahlsystem

M 1

Karikatur von Horst Haitzinger

Sonja W., 18. Jahre alt, Schülerin einer Berufsbildenden Schule, hat den Wahlkampf vor der Bundestagswahl im September 2021 im Wahlkreis Nr. 50, Braunschweig, aufmerksam verfolgt und auch Wahlveranstaltungen mehrerer Parteien besucht.

Aussichtsreichste Kandidaten sind Dr. Christos Pantazis (SPD) und Carsten Müller (CDU). Dr. Pantazis erhält die meisten Erststimmen und gewinnt damit den Wahlkreis. Einen Tag nach der Wahl liest Sonja aber zu ihrem Erstaunen, dass auch Carsten Müller einen Sitz im Bundestag erhalten hat.

Wahlen sind die einfachste und wichtigste Form politischer Beteiligung in der Demokratie. Für die Mehrheit der Bürgerinnen und Bürger sind sie die einzige Form der direkten Teilnahme am politischen Prozess. Alle anderen Arten von Partizipation sind mit einem deutlich höheren Aufwand verbunden. Durch Wahlen wird die politische Führung bestimmt und der politische Kurs der nächsten Legislaturperiode festgelegt.

Politik
(griech. „Kunst der Staatsverwaltung")
jede Beschäftigung, die sich auf Ordnung und Gestaltung des Gemeinwesens bezieht. Im modernen Sinne bedeutet Politik, dass sich Einzelpersonen und Gruppen innerhalb der Gesellschaft bemühen, Macht und Herrschaft zu erlangen.

Legitimation
In demokratischen Staaten wird Herrschaft durch Wahlen legitimiert (gerechtfertigt).

Wahlvorschläge
Die meisten Wahlvorschläge kommen von Parteien. Wahlkreisvorschläge für Einzelbewerberinnen und -bewerber benötigen 200 Unterschriften von Wähler oder Wählergruppen des Wahlkreises. Meist sind sie parteilos, können aber auch Parteimitglieder sein. Von über 1 000 Einzelbewerbern seit 1949 hatten nur drei Erfolg.

M 2

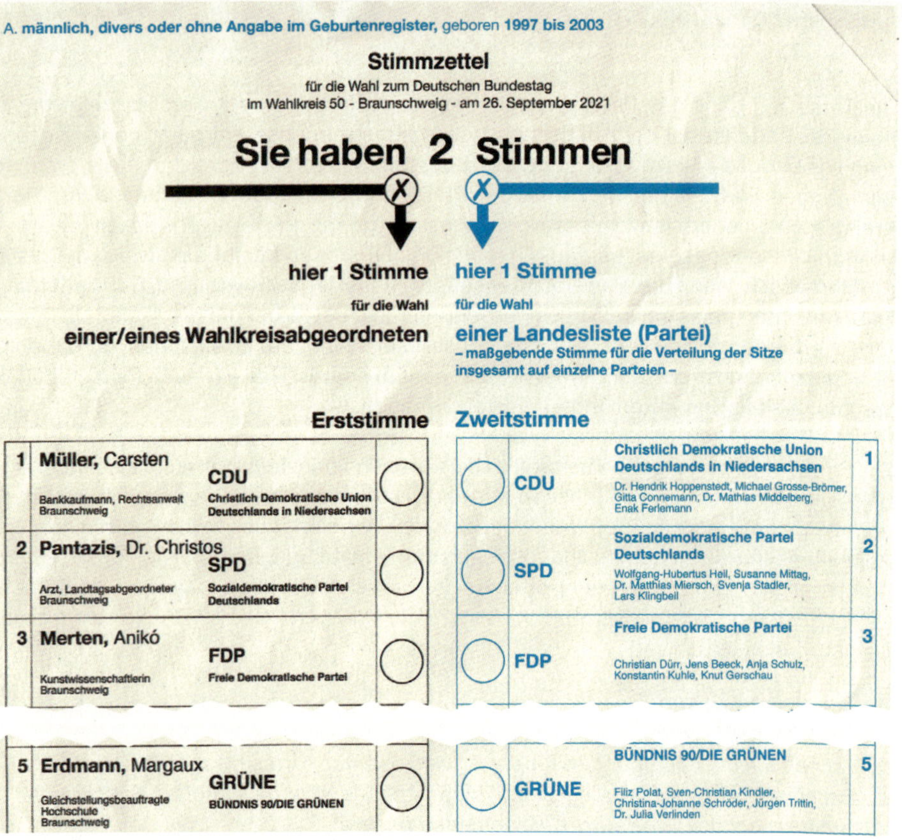

A. männlich, divers oder ohne Angabe im Geburtenregister, geboren 1997 bis 2003

Stimmzettel
für die Wahl zum Deutschen Bundestag
im Wahlkreis 50 - Braunschweig - am 26. September 2021

Sie haben 2 Stimmen

hier 1 Stimme für die Wahl **einer/eines Wahlkreisabgeordneten** — **Erststimme**

hier 1 Stimme für die Wahl **einer Landesliste (Partei)** – maßgebende Stimme für die Verteilung der Sitze insgesamt auf einzelne Parteien – — **Zweitstimme**

Nr.	Erststimme	Partei	Zweitstimme	Nr.
1	**Müller,** Carsten, Bankkaufmann, Rechtsanwalt, Braunschweig	**CDU** Christlich Demokratische Union Deutschlands in Niedersachsen	**CDU** – Christlich Demokratische Union Deutschlands in Niedersachsen: Dr. Hendrik Hoppenstedt, Michael Grosse-Brömer, Gitta Connemann, Dr. Mathias Middelberg, Enak Ferlemann	1
2	**Pantazis,** Dr. Christos, Arzt, Landtagsabgeordneter, Braunschweig	**SPD** Sozialdemokratische Partei Deutschlands	**SPD** – Sozialdemokratische Partei Deutschlands: Wolfgang-Hubertus Heil, Susanne Mittag, Dr. Matthias Miersch, Svenja Stadler, Lars Klingbeil	2
3	**Merten,** Anikó, Kunstwissenschaftlerin, Braunschweig	**FDP** Freie Demokratische Partei	**FDP** – Freie Demokratische Partei: Christian Dürr, Jens Beeck, Anja Schulz, Konstantin Kuhle, Knut Gerschau	3
5	**Erdmann,** Margaux, Gleichstellungsbeauftragte Hochschule Braunschweig	**GRÜNE** BÜNDNIS 90/DIE GRÜNEN	**GRÜNE** – BÜNDNIS 90/DIE GRÜNEN: Filiz Polat, Sven-Christian Kindler, Christina-Johanne Schröder, Jürgen Trittin, Dr. Julia Verlinden	5

Wahlen sind das wirksamste Instrument demokratischer Kontrolle: Wenn die Wählerinnen und Wähler mit der Politik der Regierenden unzufrieden sind, können sie diese abwählen und einen Machtwechsel herbeiführen.

Die Parteien haben in den einzelnen Bundesländern Landeslisten aufgestellt. Die Namen der ersten fünf Bewerberinnen oder Bewerber erscheinen auf dem Stimmzettel neben den Namen der Parteien. Bei der Verteilung der Sitze im Bundestag werden nur die Parteien berücksichtigt, die mindestens 5 % der Zweitstimmen erhalten oder drei Direktmandate errungen haben. Die „Fünfprozentklausel“ soll eine Parteienzersplitterung im Parlament wie in der Weimarer Republik verhindern.

86 142 © Bergmoser + Höller Verlag AG

Der Wahlakt
Sein Ablauf ist in der Bundeswahlordnung festgelegt.

Wahlvorstand

Wahlhelfer	Wahlvorsteher	Wahlhelfer
Prüfung der Wahlberechtigung	Aufsicht im Wahllokal	Aushändigung des Stimmzettels

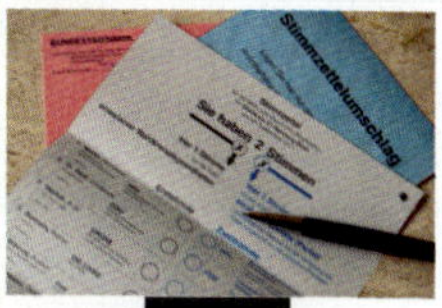

Wahlkabine Ankreuzen Stimmzettel

Wer am Wahltag verhindert ist, kann vorher durch Briefwahl seine Stimme abgeben.

Von 299 Wahlkreisen zum Deutschen Bundestag entfielen bei der Bundestagswahl 2021 z. B. auf Niedersachsen 30, auf Brandenburg 10 und auf Nordrhein-Westfalen 64. Um die Chancengleichheit der Wählerinnen und Wähler zu wahren, sind bei der Größe der Wahlkreise die Einwohnerzahlen zu berücksichtigen und für jede Wahlperiode neu zu berechnen. Der 20. Deutsche Bundestag hat einschließlich von 135 Überhangs- und Ausgleichsmandaten (s. S. 230) 736 Abgeordnete (19. WP 709), darunter 257 Frauen (19. WP 218). Eine Reform der Bundestagswahlen wurde seit Jahren diskutiert. Vor allem ab 2013 hat sich der Bundestag von Wahl zu Wahl vergrößert. Waren es 2013 noch 622 Abgeordnete mit 43 Überhangs- und Ausgleichsmandaten, 2017 schon 631 mit 111 Überhangs- und Ausgleichsmandaten, wurden es 2021 nun 763 Mitglieder des Bundestages. Der Hauptgrund waren die Überhangs- und Ausgleichsmandate, ein zweiter allerdings auch die Veränderung des Parteiensystems. Mit dem Wegfall dieser Mandate sowie der Grundmandate (bei drei Direktmandaten entfiel die 5 % Hürde) wurde die Bundestagsgröße von 598 auf 630 erhöht, damit weniger Wahlkreise ohne Direktmandate auskommen müssen (s. auch S. 230).

Arbeitsvorschläge

1. *Erläutern Sie, auf welche Weise Carsten Müller (s. M 2) in den Bundestag gekommen ist, obgleich Dr. Christos Pantazis den Wahlkreis gewonnen hat.*
2. *Analysieren Sie die Karikatur M 1 auf S. 228 mithilfe der Anleitung auf S. 248 f.*
3. *Erklären Sie, wie eine Partei eine Kandidatin/einen Kandidaten durch eine Landesliste absichern kann.*

Seit der Bundestagswahl 2009 ist für die Berechnung der Zweitstimmen ein neues Auszählverfahren eingeführt worden, das **„Höchstzahlverfahren Sainte-Laguë/Schepers"**.

M 1 Verfahren der Stimmverrechnung in Verhältniswahlsystemen

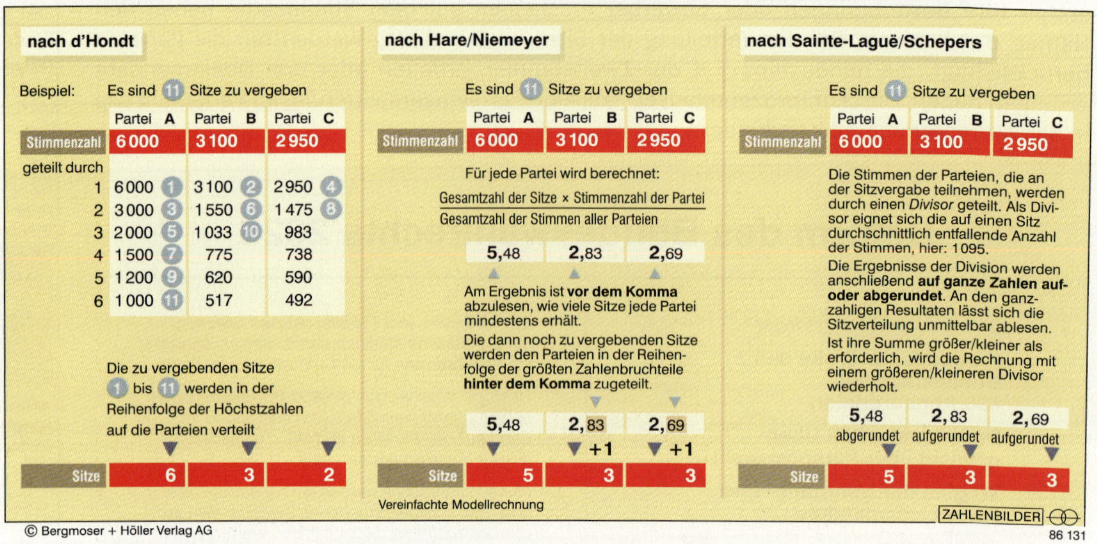

Bundestags- und Landtagswahlen sind **personalisierte Verhältniswahlen**, also Kombinationen aus **Verhältnis- und Mehrheitswahl**. Sie sollen die jeweiligen Nachteile ausgleichen.

Verhältniswahl	Mehrheitswahl
Die Sitze im Parlament werden im Verhältnis der abgegebenen Stimmen auf die Parteien verteilt. Es gibt keine Wahlkreise. Die Parteien stellen vor der Wahl Listen auf, welche die Reihenfolge der Kandidatinnen und Kandidaten festlegen. Alle Parteien, die Listen aufstellen, können im Parlament vertreten sein.	Das Wahlgebiet ist in Wahlkreise eingeteilt. Ihre Zahl richtet sich nach den Sitzen im Parlament. Gewählt ist die Kandidatin/der Kandidat, die/der die meisten Stimmen (relative Mehrheit) oder mehr als 50 % der Stimmen (absolute Mehrheit) auf sich vereinigt. Die Stimmen für die übrigen Kandidatinnen und Kandidaten fallen weg.

Die **Sitzverteilung** bei Wahlen zu Landtagen, Bürgerschaften (Hamburg und Bremen) und zum Abgeordnetenhaus in Berlin erfolgt überwiegend nach Hare/Niemeyer, z. B. in Niedersachsen, Sachsen-Anhalt, Berlin und Brandenburg. Das frühere d'Hondt-Verfahren benachteiligt kleinere Parteien. Bei d'Hondt und Sainte-Legué/Schepers werden die Sitze gerechter verteilt und das Verhältnis der Zweitstimmen zueinander gewahrt.

Ein Ungleichgewicht der Stimmen kann durch **Überhangmandate** entstehen, wenn eine Partei mehr Erststimmen erhält, als ihr nach den Zweistimmen zustehen. Davon profitieren vor allem größere Parteien. Deshalb forderte das Bundesverfassungsgericht 2009 die Änderung des Wahlgesetzes. Die Parteien ohne Überhangmandate erhalten nun die gleiche Zahl an Ausgleichsmandaten. Damit ist die Stimmengleichheit wieder hergestellt, aber der Bundestag auch immer größer geworden (s. S. 229). Aus diesem Grund hat der Bundestag für die **Bundestagswahl 2025** nach strittigen Debatten am 17.03.2023 mit den Stimmen der Ampelkoalition ein **neues Wahlgesetz** beschlossen:

- Überhangs- und Ausgleichsmandate entfallen, ebenso „Grundmandate", wonach bisher für eine Partei ab drei Direktmandaten alle Zweitstimmen mit weniger als 5 % zählten.
- Bei weiterhin 299 Wahlkreisen werden 331 Mandate über die Landeslisten vergeben.
- Die Größe des Bundestags wird auf 630 Sitze begrenzt. Für jede Partei kommen nur so viele direkt gewählte Abgeordnete in den Bundestag, wie ihr nach dem Verhältnis der Zweitstimmen zustehen. Die Kandidatinnen und Kandidaten auf den Landeslisten mit den geringsten Direktstimmen bleiben unberücksichtigt.

Das Gesetz wurde gegen die Opposition mit der Mehrheit der Regierungsfraktionen beschlossen. Die Linke und die CSU fürchten, aus dem Bundestag zu fallen, wenn sie unter die 5 % Grenze kommen. Die CSU kandidiert nur in Bayern.

M 2

Fünfprozentklausel

Sie ist 1949 im Bundeswahlgesetz eingeführt und 1953 bzw. 1957 verschärft worden. Für die Zuteilung eines Landeslistenmandats werden folgende Bedingungen erhoben:

1949 5 % der Zweitstimmen in einem Bundesland oder ein Direktmandat in einem Wahlkreis dieses Bundeslandes.

1953 5 % der Zweitstimmen im Bundesgebiet oder ein Direktmandat in einem Wahlkreis.

1957 5 % der Zweitstimmen im Bundesgebiet oder drei Direktmandate.

Zur Bundestagswahl 1994 hat die PDS wegen dreier Direktmandate erstmals die 5 %-Hürde überwunden.

Rechtliche Grundlagen

Wahlrecht und Wählbarkeit sind im Bundeswahlgesetz und in entsprechenden Gesetzen auf Landes- und Gemeindeebene geregelt. Die Bestimmungen über das Wahlrecht legen fest, wer wählen darf (Wahlberechtigung), während die Bestimmungen über die Wählbarkeit regeln, unter welchen Voraussetzungen eine Person gewählt werden kann. Im Sprachgebrauch haben sich die Begriffe **aktives** und **passives Wahlrecht** durchgesetzt.

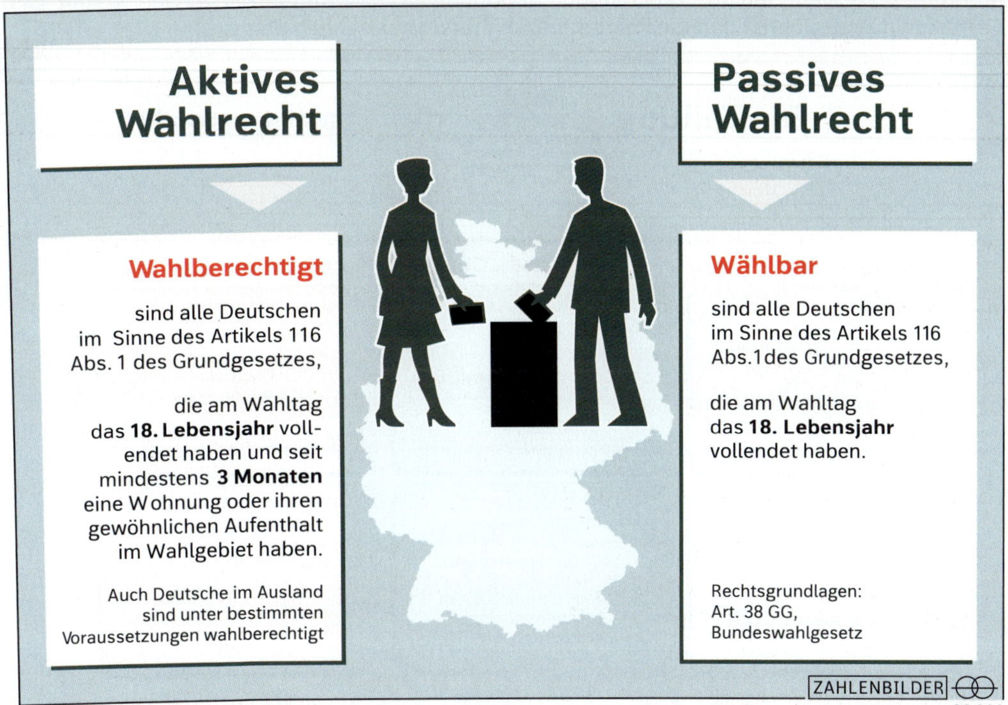

© Bergmoser + Höller Verlag AG 86 020

Durch Grundgesetz Artikel 38 Absatz 1 werden die Grundsätze einer demokratischen Wahl festgelegt: „Die Abgeordneten des Deutschen Bundestages werden in allgemeiner, unmittelbarer, freier, gleicher und geheimer Wahl gewählt." Die Wahl ist

- **allgemein**, wenn Männer und Frauen unter gleichen Voraussetzungen wahlberechtigt sind,
- **unmittelbar**, wenn die Abgeordneten direkt in das Parlament gewählt werden, also nicht über Wahlmänner und Wahlfrauen,
- **frei**, wenn die Wählerin/der Wähler unter mehreren Kandidatinnen und Kandidaten oder Parteien ohne Zwang wählen kann,
- **gleich**, wenn jede Wählerin oder jeder Wähler die gleiche Stimmenzahl und jede Stimme das gleiche Gewicht hat,
- **geheim**, wenn die Wählerinnen und Wähler unbeobachtet ihre Stimme abgeben können.

Direkte Demokratie

bedeutet, dass die Bevölkerung durch Abstimmen direkt an den Entscheidungen beteiligt wird. Beispiele dafür gibt es vereinzelt noch in der Schweiz, z. B. im Kanton Appenzell, wo sich einmal jährlich die Einwohnerinnen und Einwohner auf dem Marktplatz treffen, um die anstehenden Fragen zu entscheiden.

Repräsentative (indirekte) Demokratie

ist die in modernen Staaten übliche Form der Volksherrschaft.
Die Bürgerinnen und Bürger wählen ihre Vertreterinnen und Vertreter auf Zeit und übertragen ihnen dadurch die Aufgabe, politische Entscheidungen zu treffen.

Dreiklassenwahlrecht in Preußen bis 1918

Aufteilung der Wählerschaft in drei Gruppen mit je einem Drittel des Steueraufkommens: Bewertung der Stimmen nach Steuerleistung (ungleiches Wahlrecht)

Inklusives Wahlrecht

Bei der Bundestagswahl 2021 durften erstmalig Menschen mit einer gesetzlichen Betreuung wählen.

Arbeitsvorschläge

1. *Begründen Sie die Fünfprozentklausel des Bundeswahlgesetzes. (M 2, S. 230)*
2. *Vergleichen Sie das Mehrheits- mit dem Verhältniswahlsystem unter den Gesichtspunkten „Wahlgerechtigkeit", „Mehrheitsfähigkeit" (Regierungsfähigkeit) und „Wählernähe".*
3. *Führen Sie in Ihrer Klasse eine Wahl zum Bundestag oder zu einem Landtag durch. Verwenden Sie dafür möglichst Muster-Stimmzettel. Beachten Sie dabei die jeweiligen Wahlvorschriften. Vergleichen Sie Ihr Wahlergebnis mit dem „amtlichen Endergebnis".*
4. *„Wer nicht wählt, wählt auch!" Nehmen Sie Stellung zu dieser These.*
5. *Ermitteln Sie aktuelle Wahlergebnisse und berichten Sie über die Entwicklung des Wahlsystems.*

2.5 Gewaltenteilung und Gewaltenverschränkung

Dreiteilung der Staatsgewalt

In der Bundesrepublik Deutschland wird die Dreiteilung der Staatsgewalt vom Grundgesetz und den Länderverfassungen vorgeschrieben. Sie ist Kennzeichen aller freiheitlichen demokratischen Grundordnungen. Neben demokratischen Wahlen ist sie das wirksamste Mittel zur Kontrolle politischer Macht. Voneinander unabhängige Teile der Staatsgewalt sollen sich gegenseitig kontrollieren und die Rechtmäßigkeit ihrer Handlungen überprüfen.

Gewaltenteilung

Die Lehre geht auf den französischen Philosophen Charles de Montesquieu (1689–1755) zurück. Er hat seine Gedanken in dem Satz zusammengefasst: „Damit man die Macht nicht mißbraucht, muß durch entsprechende Anordnung Macht der Macht Halt gebieten."

Montesquieu 1748, Buch 11, Kapitel 4

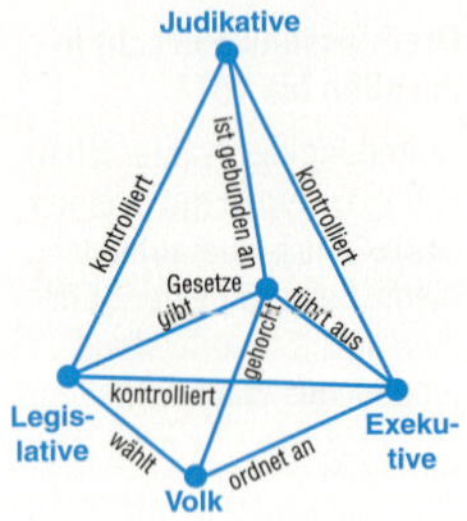

Haben die Parlamente ein Gesetz beschlossen (bei Bundesgesetzen unter Mitwirkung des Bundesrates), sorgen die Regierungen mit ihren Behörden für dessen Durchführung. Die Gerichte haben darüber zu wachen, dass das Gesetz der Verfassung entspricht, dass seine Anwendung rechtmäßig erfolgt und dass die Bürgerinnen und Bürger das Gesetz beachten. Gesetzgebung, Ausführung und Rechtsprechung sind verfassungsrechtlich voneinander unabhängig.

Die Gewaltenteilung zwischen den Staatsorganen des Bundes, nämlich Bundestag und Bundesrat als Gesetzgeber, Bundesregierung und Bundesverfassungsgericht (Bundesebene) wird als **horizontale Gewaltenteilung** bezeichnet.

Föderalismus

(von lat. foedus = Bündnis) Organisationsprinzip, bei dem die einzelnen Mitglieder über eine begrenzte Staatlichkeit und Eigenständigkeit verfügen

In der **föderalistischen** Staatsform der Bundesrepublik Deutschland sind 16 selbstständige Bundesländer vereint. Außerdem haben die Gemeinden und Gemeindeverbände (Samtgemeinden, Landkreise) das Recht **zur kommunalen Selbstverwaltung** (Art. 28. Abs. 2 GG). Dies wird als **vertikale Gewaltenteilung** bezeichnet.

Arbeitsvorschläge

1. *Ordnen Sie den Fremdwörtern „Legislative", „Exekutive" und „Judikative" die entsprechenden deutschen Begriffe zu. (M 1)*
2. *Unterscheiden Sie mit eigenen Worten die horizontale von der vertikalen Gewaltenteilung. (M 1)*

Gewaltenverschränkung

Artikel 76 GG [Gesetzesvorlagen]

(1) Gesetzesvorlagen werden beim Bundestag durch die Bundesregierung, aus der Mitte des Bundestages oder durch den Bundesrat eingebracht.
(2) Vorlagen der Bundesregierung sind zunächst dem Bundesrate zuzuleiten [...]
(3) Vorlagen des Bundesrates sind dem Bundestag durch die Bundesregierung innerhalb von sechs Wochen zuzuleiten. Sie soll hierbei ihre Auffassung darlegen.

Die meisten Gesetze kommen von der Regierung, die ihre politischen Ziele umsetzen möchte. Die Fachleute der Ministerien bereiten die ersten Entwürfe vor. Es werden auch Vertreterinnen und Vertreter der Fachverbände („Lobbyisten“ s. S. 223) zur Beratung hinzugezogen. Sie verfügen häufig über Spezialkenntnisse. Bei den Beratungen von Vorlagen der Regierung gibt es aber meist „Nachbesserungen“, sowohl durch der Regierungsfraktion als auch durch die Opposition. Abgeordnete der Regierungsparteien sorgen dann bei Abstimmungen für die erforderlichen Mehrheiten.
Diese Gewaltenverschränkung zwischen Regierung und Parlamentsmehrheit ist ein Merkmal parlamentarischer Republiken wie der Bundesrepublik und parlamentarischer Monarchien wie Großbritannien. Die „klassische“ Gewaltenteilung gibt es in Präsidialsystemen wie den USA. Der Präsident ist dort zugleich Regierungschef und Staatsoberhaupt. Er wird vom Volk durch Wahlmänner gewählt. Regierungsmitglieder dürfen keinem Parlament angehören.

Kontrolle durch die parlamentarische Opposition

M 3 **„Drei Fraktionen fordern Wirecard-Untersuchungsausschuss**

Die Oppositionsfraktionen FDP, Die Linke und Bündnis 90/Die Grünen haben beantragt, zum Fall des insolventen **Finanzdienstleisters Wirecard** einen **Untersuchungsausschuss** einzusetzen. [...] Dabei solle nicht nur aufgeklärt werden, inwiefern die Bundesregierung und ihre Geschäftsbereichsbehörden jeweils über die Vorkommnisse informiert waren und inwiefern sie ihren finanzaufsichtlichen, geldwäscheaufsichtlichen sowie steuerrechtlichen Pflichten im Hinblick auf den Wirecard-Konzern nachgekommen sind. [...]“

Deutscher Bundestag 2020

Untersuchungsausschüsse sind die schärfste Waffe von Parlamenten zur Kontrolle der Regierung, damit sie ihre Macht nicht missbrauchen kann. Sie werden meist von der Opposition eingesetzt. Selten kommen Untersuchungsausschüsse gemeinsam von der Regierungs- und Oppositionsfraktion, wie z. B. 2022 zum Abzug des deutschen Personals und der Ortskräfte aus Mali. Hier wurde der Untersuchungsausschuss sowohl von den Ampelparteien und als auch der CDU/CSU gefordert.
Die Regierungskontrolle durch die **Opposition** ist ein Element der **Gewaltenteilung**. Die Opposition hat weitere Mittel und Aufgaben:
- Sie nutzt Parlamentsdebatten und Fragestunden, um die Öffentlichkeit auf Fehler und Unterlassungen der Regierung hinzuweisen und zeigt Alternativen zur Regierungspolitik auf.
- Sie arbeitet in Parlamentsausschüssen an der Gesetzgebungsarbeit mit und kann Ergänzungen und Korrekturen einbringen.
- Sie ist die sachliche und personelle Alternative zur jeweiligen Regierung und ist bereit, selbst Regierungsverantwortung zu übernehmen, z. B. nach Neuwahlen.

M 2
Grundgesetz Artikel 44
„(1) Der Bundestag hat das Recht und auf Antrag eines Viertels seiner Mitglieder die Pflicht, einen Untersuchungsausschuss einzusetzen, der in öffentlicher Verhandlung die erforderlichen Beweise erhebt. Die Öffentlichkeit kann ausgeschlossen werden.
(2) Auf Beweiserhebungen finden die Vorschriften über den Strafprozess sinngemäß Anwendung. Das Brief-, Post- und Fernmeldegeheimnis bleibt unberührt.“

Arbeitsvorschläge

1. *Begründen Sie die enge Zusammenarbeit zwischen Regierungsmehrheit im Bundestag und Bundesregierung.*
2. *Überprüfen Sie, ob neue Gesetzesvorlagen von der Opposition geändert wurden.*
3. *Erklären Sie mit eigenen Worten die parlamentarische Gewaltenteilung (M 1, M 2, M 3)*

2.6 Die gesetzgebende Gewalt

Organisation und Aufgaben des Bundestages

M 1 **Deutscher Bundestag: 547 Gesetze verabschiedet**

„Insgesamt wurden in den vergangenen vier Jahren 871 Gesetzesvorhaben in den Bundestag eingebracht (Stand: 13. September 2021), 487 davon von der Regierung, 66 vom Bundesrat und 318 aus den Fraktionen des Bundestages. Bis zur letzten Sitzungswoche verabschiedete der Bundestag 547 Gesetze [...]. “

Heine 2021

Die Vollversammlung des Bundestags, das Plenum, verhandelt grundsätzlich öffentlich, ein Ausschuss grundsätzlich unter Ausschluss der Öffentlichkeit.

Bundestagsausschüsse

Der Bundestag bildet zu jedem politischen Fachgebiet einen Ausschuss mit Mitgliedern aller Bundestagsparteien.

Beispiele:
Haushaltsausschuss, Finanzausschuss,
Verteidigungsausschuss, Arbeits- und Sozialausschuss,
Innenausschuss,
Petitionsausschuss,
Europaausschuss

Enquete-Kommissionen

Überfraktionelle Arbeitsgruppen, die umfangreiche und bedeutsame Probleme lösen sollen, bei denen verschiedene rechtliche, wirtschaftliche, soziale oder ethische Sichtweisen zu berücksichtigen sind. Eingesetzt werden sie vom Bundestag oder einem Landesparlament.

M 2

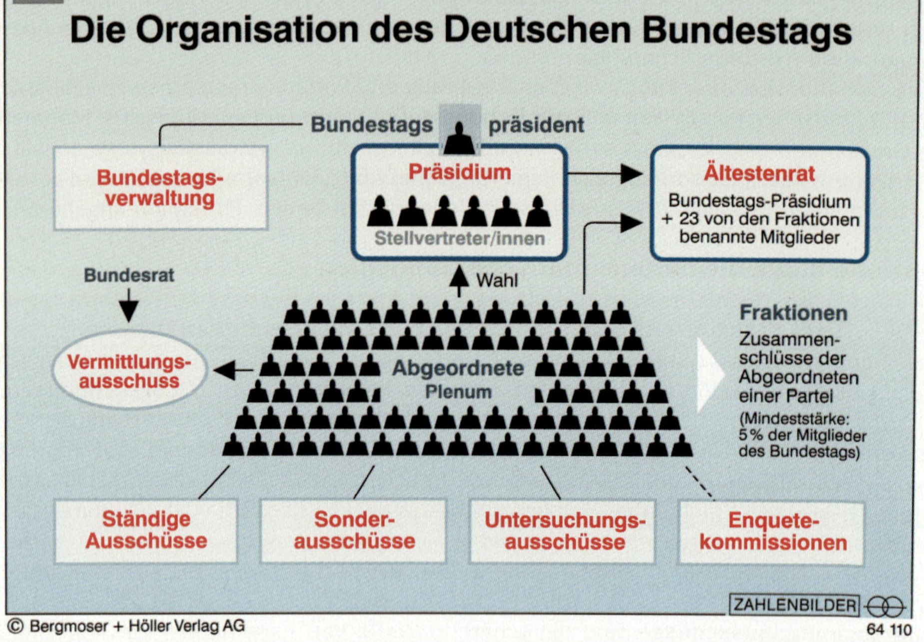

M 3

Neben der Gesetzgebung ist die Kontrolle der Regierung eine weitere ständige Aufgabe des Bundestags. Als Mittel stehen ihm zur Verfügung:
- Anfragen an die Regierung,
- Verabschiedung des Bundeshaushalts,
- Einsetzung von Untersuchungsausschüssen,
- Berufung der/des Wehrbeauftragten.

Einmalige Aufgaben des Bundestags sind:
- Wahl der Bundeskanzlerin bzw. des Bundeskanzlers,
- Mitwirkung bei der Wahl der Bundespräsidentin bzw. des Bundespräsidenten,
- Wahl der Hälfte der Richterinnen und Richter des Bundesverfassungsgerichts,
- Mitwirkung im Richterausschuss bei der Berufung der Bundesrichterinnen und Bundesrichter,
- Feststellung des Verteidigungsfalls zusammen mit dem Bundesrat,
- Zustimmung bei Auslandseinsätzen der Bundeswehr.

Um die Regierungspolitik erfolgreich zu gestalten, sind parlamentarische Mehrheiten erforderlich. Abstimmungen, bei denen eine Regierung keine eigene Mehrheit ihrer Abgeordneten für einen Gesetzentwurf oder für eine Entschließung erhält, sind in der parlamentarischen

Praxis äußerst selten. Die Gefahr für die Handlungsfähigkeit einer Regierung durch abweichende Abstimmungen einzelner oder mehrerer Abgeordneten wird umso größer, je geringer ihre Parlamentsmehrheit ist. Zur Stellung der Abgeordneten formuliert das Grundgesetz in Artikel 38 Abs. 1 das sogenannte „freie Mandat": „Die Abgeordneten sind Vertreter des ganzen Volkes, an Aufträge und Weisungen nicht gebunden und nur ihrem Gewissen verantwortlich."

M 4 Abgeordnete zwischen freiem Mandat und Fraktionsdisziplin

„Die politische Einbindung des Abgeordneten in Partei und Fraktion in Bund und Ländern ist zwar verfassungsrechtlich erlaubt und gewollt [...]. Im organisatorischen Zusammenschluss geht die Freiheit und Gleichheit des Abgeordneten jedoch nicht verloren. Sie bleibt innerhalb der Fraktion bei Abstimmungen und bei einzelnen Abweichungen von der Fraktionsdisziplin erhalten und setzt sich zudem im außengerichteten Anspruch der Fraktion auf proportionale Beteiligung an der parlamentarischen Willensbildung fort [...]."

Bundesverfassungsgericht 2013

„Einen ‚Fraktionszwang' freilich gibt es nicht, [...] wohl aber eine ‚Fraktionsdisziplin', nach der die Abgeordneten bei Abstimmungen der Mehrheitsmeinung ihrer Fraktion folgen. Das gilt nicht, wenn das jeweilige Thema zur ‚Gewissensfrage' erhoben und das Abstimmungsverhalten daher ‚freigegeben' wird [...]. Meist passiert das bei schwierigen ethischen Fragen, in denen es etwa um Regelungen zum Schwangerschaftsabbruch geht, zur Sterbehilfe oder zur Embryonenforschung [...]."

Stoltenberg 2022

„Im Deutschen Bundestag und in allen von ihm beschickten Gremien stimmen die Koalitionsfraktionen einheitlich ab. Das gilt auch für Fragen, die nicht Gegenstand der vereinbarten Politik sind. Wechselnde Mehrheiten sind ausgeschlossen."

Sozialdemokratische Partei Deutschlands (SPD)/BÜNDNIS 90/DIE GRÜNEN/ Freie Demokratische Partei (FDP) 2021, S. 60

Der politische Alltag der Abgeordneten sieht anders aus, als im Grundgesetz vorgesehen ist. Vor allen wichtigen Abstimmungen im Bundestag laden die Vorsitzenden der **Fraktionen** des Bundestags ihre Mitglieder zu Fraktionssitzungen ein. Dort wird das Abstimmungsverhalten durch Mehrheitsentscheidung festgelegt. Die Minderheit, die sich dieser Entscheidung unterwirft, übt **„Fraktionsdisziplin"**. Bei Themen, die innerhalb der Fraktion umstritten sind, z. B. der „EU-Rettungsschirm" zur Unterstützung hoch verschuldeter Mitglieder der Eurozone (2011), werden auch Probeabstimmungen durchgeführt, um die Sicherung der eigenen Mehrheit auszuloten. So gab es in der CDU/CSU-Fraktion eine Probeabstimmung am 12.02.2017 bei der Wahl des Bundespräsidenten. Bei Abstimmungen über ethische Sachverhalte wird das Abstimmungsverhalten in den Fraktionen „freigegeben". Zudem können Abgeordnete nicht zu einem bestimmten Abstimmungsverhalten gezwungen werden, sie können allenfalls überredet werden. Zur Rechtfertigung der Fraktionsdisziplin wird darauf hingewiesen, dass vor Entscheidungen diskutiert und dann erst demokratisch abgestimmt wird. Zudem hängt die Regierungsfähigkeit einer Partei oder **Koalition** (= Bündnis mehrerer Parteien zur Regierungsbildung) von stabilen Mehrheiten ab. Ein wichtiges Argument ist auch, dass normalerweise die Grundlage für eine erfolgreiche Kandidatur, außer bei Kommunalwahlen, die Mitgliedschaft in einer Partei ist. Die Partei sorgt für den organisatorischen Rahmen des Wahlkampfs, nachdem sie in einem demokratischen Verfahren ihre Kandidatinnen und Kandidaten bestimmt hat. Zudem besteht der Wählerwunsch bzw. die Annahme, dass die Kandidatinnen/Kandidaten und ihre Partei die gleichen politischen Ziele verfolgen.

Parteilose Abgeordnete gab es nur im ersten Deutschen Bundestag von 1949 bis 1953. Danach ging die erfolgreiche Bewerbung nur über eine Partei. Letzter Ausweg für Abgeordnete, um nicht gegen ihr Gewissen entscheiden zu müssen, ist der Austritt. Das ist in mehreren Legislaturperioden vorgekommen. So ist beispielsweise 2017 Frauke Petri aus der AfD-Fraktion ausgetreten. Die Abgeordneten haben ihr Mandat behalten, um als Unabhängige oder in anderen Fraktionen weiter politisch tätig zu sein. Zur Rückgabe ihres Mandats können sie nicht gezwungen werden.

Pflichten der Abgeordneten des Bundestages

„Abgeordnete müssen im Handbuch und auf der Internetseite des Bundestages Angaben über ihren Beruf sowie über ‚einmalige oder regelmäßige Einnahmen' ab 1 000,00 € veröffentlichen, um mögliche Interessenkollisionen aufzuzeigen."

Holzapfel/Holzapfel 2014, S. 31

Mittel zur Disziplinierung von Abgeordneten sind u. a. eine Mahnung, von wichtigen Ausschüssen abgezogen zu werden oder bei der nächsten Wahl keinen sicheren Listenplatz zu bekommen.

Fraktion

Darunter versteht man den Zusammenschluss der Abgeordneten einer Partei im Parlament. CDU und CSU haben sich im Deutschen Bundestag zu einer Fraktionsgemeinschaft zusammengeschlossen.

Mittel zur Disziplinierung sind u. a. eine Mahnung, von wichtigen Ausschüssen abgezogen zu werden oder bei der nächsten Wahl keinen sicheren Listenplatz zu bekommen.

Mandat

Durch eine politische Wahl erteilter Auftrag zur Mitarbeit in einem Parlament

Arbeitsvorschläge

1. *Erstellen Sie einen Bericht über Organisation und Aufgaben des Bundestags. (M 1 bis 3)*
2. *Erklären Sie, warum das freie Mandat nicht immer durchgesetzt wird. (M 4)*
3. *Eine Abgeordnete oder ein Abgeordneter wechselt die Fraktion, behält aber ihr/sein Mandat. Führen Sie zu diesem Thema eine Diskussion.*

Der Bundesrat

Bundesrat macht den Weg frei für Bürgergeld

Nach einem Kompromiss im Vermittlungsausschuss stimmte nach dem Bundestag auch der Bundesrat zu: Ein Bürgergeld ersetzt „Hartz 4" zur Grundsicherung der Arbeitslosen zum 01.01.2023.

Vermittlungsverfahren

„Die Bundesratsbank besteht aus 16 Mitgliedern des Bundesrates, und zwar ein Mitglied aus jedem Bundesland [...]
Die Bundestagsbank setzt sich zusammen aus 16 Abgeordneten des Bundestags, die die Stärkeverhältnisse der Fraktionen [...] repräsentieren. [...].
Zweck des Vermittlungsverfahrens ist, das betreffende Gesetz so umzuarbeiten, dass Bundestag und Bundesrat der geänderten Fassung gleichermaßen zustimmen können."

Linn/Sobolewski 2014, S. 134 f.

„Durch den Bundesrat wirken die Länder bei der Gesetzgebung und Verwaltung des Bundes und in Angelegenheiten der Europäischen Union mit." (Art. 50 GG) Die Mitglieder werden von den Länderregierungen bestellt. Ihre Zahl richtet sich nach der Einwohnerzahl des entsprechenden Landes. Die Stimmen eines Bundeslandes können nur einheitlich und nur durch anwesende Mitglieder oder deren Vertreterinnen und Vertreter abgegeben werden.
Beschlüsse muss der Bundesrat mit der absoluten Mehrheit seiner Stimmen fassen. Er wählt einen Präsidenten auf ein Jahr, und zwar den jeweiligen Regierungschef eines Bundeslandes. Der **Bundesratspräsident** ist zugleich **Vertreter des Bundespräsidenten/der Bundespräsidentin**.
Seit 1950 soll in der Reihenfolge jeweils die Ministerpräsidentin/der Ministerpräsident des Landes mit der nächstkleineren Bevölkerungszahl zur Wahl vorgeschlagen werden. Durch diese Regelung ist die Wahl des Bundestagspräsidenten dem Länder- und Parteienstreit entzogen.

M 1

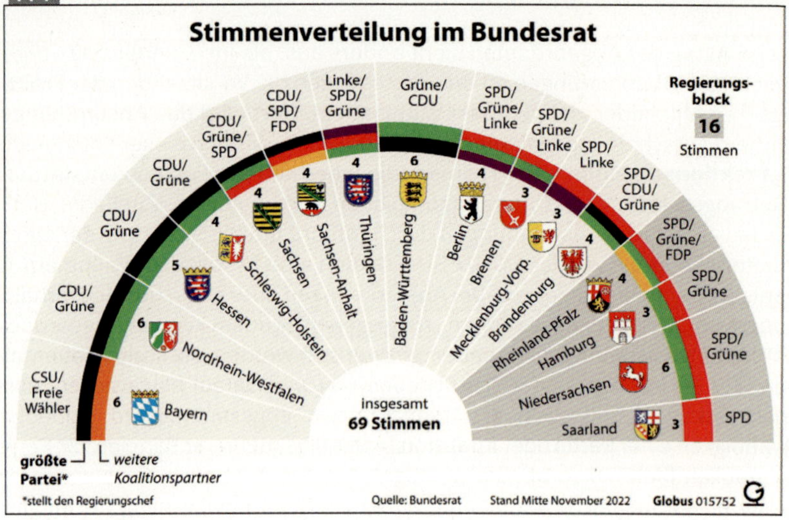

Bei der Gesetzgebung des Bundes wird zwischen einfachen, zustimmungsbedürftigen und verfassungsändernden Gesetzen unterschieden. Einfache Gesetze berühren keine Länderinteressen und können deshalb vom Bundestag auch gegen den Bundesrat durchgesetzt werden. Der Einspruch des Bundesrates muss in diesem Fall vom Bundestag mindestens mit den Stimmen der Mehrheit seiner Mitglieder zurückgewiesen werden (vgl. Art. 77 Abs. 4 GG). In den anderen Fällen handelt es sich um Gesetze, die ohne Zustimmung des Bundesrates nicht in Kraft treten können. Mit der Förderalismusreform im Jahr 2006 ist die Zahl der zustimmungspflichtigen Gesetze verkleinert worden.
Der **Vermittlungsausschuss** soll Gegensätze zwischen Bundestag und Bundesrat bei der Gesetzgebung des Bundes möglichst überbrücken. Die vom Bundesrat entsandten Mitglieder sind nicht an Weisungen ihrer Regierungen gebunden. Der Vermittlungsausschuss kann bei allen Gesetzen vom Bundesrat, bei Zustimmungsgesetzen auch vom Bundestag angerufen werden.

Arbeitsvorschläge

1. *Ermitteln Sie die aktuelle Stimmenverteilung des Bundesrates.*
2. *Erkunden Sie das Bundesland und den Namen des gegenwärtigen Bundesratspräsidenten.*
3. *Erstellen Sie einen Kurzvortrag über Organisation und Aufgaben des Bundesrates.*

Der Gang der Gesetzgebung

Bundestag beschließt Bundeswehreinsatz im Niger

Der Bundestag hat mit 531 gegen 102 Stimmen einen Antrag der Bundesregierung zur deutschen Teilnahme am EU-Militäreinsatz EUMPM Niger im westafrikanischen Land beschlossen. Fünf Abgeordnete enthielten sich. Mit 60 Soldatinnen und Soldaten sollen die nigrischen Streitkräfte durch Beratung und Ausbildung unterstützt und das Land in der krisengeschüttelten Sahelzone dadurch stabilisiert werden. Ende Mai 2024 endet das Mandat.

vgl. zdfheute 28.04.2023

M 1

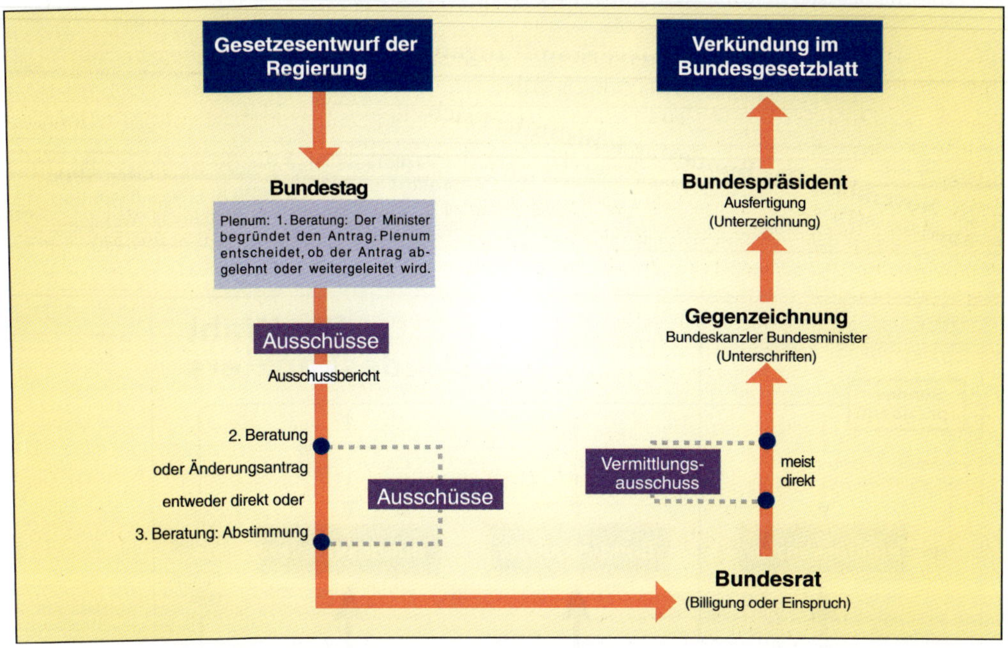

Gesetzesentwürfe der Bundesregierung und des Bundesrats werden zuerst beim Bundestag eingereicht. Nach Beratungen können sie mit einfacher Mehrheit verabschiedet werden. Für Verfassungsänderungen ist eine Zweidrittelmehrheit erforderlich. Zustimmungspflichtige Gesetze sind vom Bundestag und Bundesrat zu verabschieden. Bei unterschiedlichen politischen Mehrheiten im Bundestag und Bundesrat müssen häufig Kompromisse im Vermittlungsausschuss gefunden werden.

Debatte

Die Aussprache im Parlament, bei der in Rede und Gegenrede die unterschiedlichen politischen Meinungen dargelegt werden, wird Debatte genannt. Ihr gehen in der Regel Diskussionen in den Arbeitskreisen, Ausschüssen und Fraktionen voraus. In den Fraktionen wird auch festgelegt, welche Abgeordneten zu welchen Sachpunkten das Wort ergreifen sollen. Die Plenardebatte im Parlament dient dazu, die unterschiedlichen Standpunkte darzustellen und die Öffentlichkeit über die Sachgründe zu informieren, die zu einer politischen Entscheidung geführt haben.

Zivilgesellschaft und Ehrenamt

„Demokratien können nicht allein auf Institutionen dauerhaft und stabil aufgebaut werden. Es bedarf dazu einer lebendigen Zivilgesellschaft."
(Alexander Gallas über eine Grundüberzeugung von Antonia Grunenberg)
Gallas 2022, S. 6

Kern der Zivilgesellschaft ist das unbezahlte **Ehrenamt** von Millionen Bürgerinnen und Bürgern. Die ehrenamtliche Mitarbeit bei freiwilligen Feuerwehren und dem THW ist unverzichtbarer Bestandteil des Katastrophenschutzes. Vereins- und Kirchenvorstände, Stadt- und Gemeinderäte, Betriebsräte, Kammer-Prüfungsausschüsse und viele andere arbeiten ehrenamtlich.

Arbeitsvorschläge

1. *Recherchieren Sie, wie in den Medien ein aktuelles Gesetzgebungsverfahren begleitet wird, und entwickeln Sie dafür in Partnerarbeit eine Ablaufskizze.*
2. *Informieren Sie sich in Ihrem Umfeld über ehrenamtliche Tätigkeiten. Könnten Sie sich vorstellen, ein Ehrenamt zu übernehmen? Begründen Sie Ihre Aussage.*

Der Amtseid

„Ich schwöre, dass ich meine Kraft dem Wohle des deutschen Volkes widmen, seinen Nutzen mehren, Schaden von ihm wenden, das Grundgesetz und die Gesetze des Bundes wahren und verteidigen, meine Pflichten gewissenhaft erfüllen und Gerechtigkeit gegen jedermann üben werde. So wahr mir Gott helfe." (Der Eid kann auch ohne religiöse Beteuerung geleistet werden.)

Art. 64 Abs. 2 GG und Art. 56 GG

2.7 Die vollziehende Gewalt

Von der Wahl zur Regierungsbildung

M 1

26. September 2021: Wahl zum 20. Deutschen Bundestag
Gewinner sind SPD (+5,2%), Bündnis 90/Die Grünen (+5,8%) und die FDP (+0,7%). Verlierer sind CDU/CSU (–8,9%), Die Linke (–4,3%) und die AfD (–2,3%).

1. Oktober: Sondierungsgespräche
zwischen „Jamaika", benannt nach den Farben Schwarz, Gelb, Grün der Flagge des Staates Jamaika, (CDU/CSU, FDP, Bündnis 90/Die Grünen) und den sogenannten „Ampelparteien": (SPD („Rot"), FDP („Gelb") und Bündnis 90/Die Grünen („Grün")

7. Oktober: Koalitionsverhandlungen
SPD, Bündnis 90/Die Grünen, FDP

26. November: Der Bundestag konstituiert sich
Bärbel Bas (SPD) wird neue Bundestagspräsidentin.

8. Dezember: Olaf Scholz ist vierter SPD-Bundeskanzler der ersten „Ampelkoalition" auf Bundesebene. Er wurde im ersten Wahlgang mit 395 von 704 gültigen Stimmen gewählt.

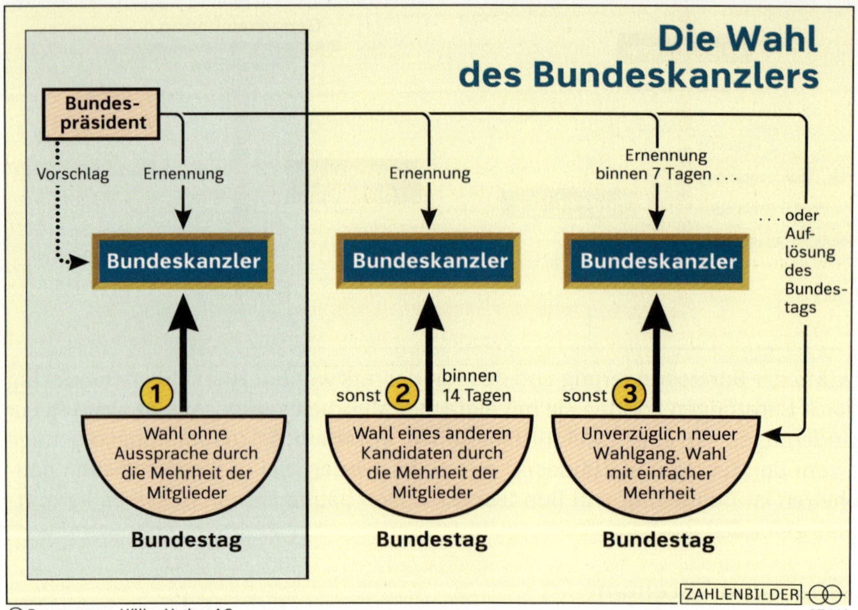

 67 112

Die Bundeskanzler der Bundesrepublik Deutschland:

Konrad Adenauer (CDU) 1949–1963
Ludwig Erhard (CDU) 1963–1966
Kurt Georg Kiesinger (CDU) 1966–1969
Willy Brandt (SPD) 1969–1974
Helmut Schmidt (SPD) 1974–1982
Helmut Kohl (CDU) 1982–1998
Gerhard Schröder (SPD) 1998–2005
Angela Merkel (CDU) 2005–2021
Olaf Scholz (SPD) ab 2021

Bundeskanzler Olaf Scholz

Der erste Schritt zu einer neuen Regierung ist die Wahl eines Bundeskanzlers oder einer Bundeskanzlerin „auf Vorschlag des Bundespräsidenten" (Art. 63 GG) mit der Mehrheit der Mitglieder des Bundestags. Hat keine Partei allein diese Mehrheit, müssen Partner für eine **Koalition** (Bündnis) aus zwei oder mehreren Parteien gefunden werden. Das führt häufig zu schwierigen Verhandlungen, denn jede Partei möchte ihre Wahlversprechen einbringen. Die Parteien müssen sich aber auf Kompromisse einlassen. Erfolgreiche Verhandlungen münden in einen **Koalitionsvertrag**, der Richtschnur für die künftige Regierungspolitik sein soll.

Wird die vorgeschlagene Person nicht gewählt, kann der Bundestag mit der Mehrheit seiner Mitglieder innerhalb von zwei Wochen einen anderen Bundeskanzler/eine andere Bundeskanzlerin wählen. Erringt dieser Vorschlag auch keine Mehrheit, ist „unverzüglich" ein weiterer Wahlgang erforderlich. Gewählt ist dann der Vorschlag mit den meisten Stimmen. Der Bundespräsident bzw. die Bundespräsidentin kann die gewählte Person als Bundeskanzler oder Bundeskanzlerin ernennen – das führt zu einer **Minderheitsregierung** – oder der Bundestag wird aufgelöst. Es kommt zu Neuwahlen. „Die Bundesminister werden auf Vorschlag des Bundeskanzlers vom Bundespräsidenten ernannt oder entlassen." (Art. 64 GG)

Meinungsverschiedenheiten können z. B. auftreten, wenn Ministerinnen und Minister einer Fraktion oder einer Koalition über die Lösung politischer Probleme bei einem Gesetzesvorhaben streiten, z. B. der Finanz- mit dem Wirtschaftsminister.

Wird der Streit in die Öffentlichkeit getragen, entsteht der Eindruck einer Regierungskrise. Auseinandersetzungen über den richtigen Weg sind aber auch ein Merkmal der Demokratie.
Wie viel Macht hat der Bundeskanzler? Er hat vom Grundgesetz eine starke Stellung erhalten. Seine Richtlinienkompetenz wird aber eingeschränkt durch die politische Abhängigkeit von seiner Fraktion und seiner Partei und gegebenenfalls durch die Ansprüche seiner Koalitionspartner.

Regierungswechsel

Die Schöpferinnen und Schöpfer des Grundgesetzes haben den Regierungswechsel während einer Legislaturperiode erschwert, weil sie „Weimarer Verhältnisse" verhindern wollten. Zwischen 1928 und 1933 gab es fünf Reichskanzler und ebenso viele Reichstagswahlen. Gestürzt werden kann der Kanzler nur durch ein **konstruktives Misstrauensvotum**, indem der Bundestag mit Mehrheit seiner Mitglieder einen Nachfolger wählt (Art 67 GG). Zwei andere Wege gehen von ihm selbst aus:
- Er kann **zurücktreten** und damit den Weg für die Wahl eines Nachfolgers frei machen.
- Er kann die **Vertrauensfrage** stellen. Erhält er nicht die Zustimmung des Bundestags, „so kann der Bundespräsident auf Vorschlag des Bundeskanzlers binnen einundzwanzig Tagen den Bundestag auflösen." (Art. 68 GG) Dieses Recht erlischt nur, wenn der Bundestag in der Zwischenzeit einen anderen Bundeskanzler wählt.

Die Vertrauensfrage ist das wichtigste Mittel des Kanzlers zum Erhalt seiner Macht oder seiner Ablösung. Er kann wichtige Sachentscheidungen mit der Vertrauensfrage verbinden, um Abgeordnete, die anderer Meinung sind, zu „disziplinieren", also zum Einlenken zu bewegen. Bei Entzug des Vertrauens und Auflösung des Bundestags müssen sie befürchten, von ihrer Partei nicht mehr als Kandidaten aufgestellt zu werden.

In der Geschichte der Bundesrepublik ist die Vertrauensfrage bisher dreimal bewusst eingesetzt worden, um eine Regierung abzulösen und Neuwahlen herbeizuführen, zuletzt 2005 vom ehemaligen Bundeskanzler Schröder. Verfassungsrechtlich ist dieser Weg umstritten.

Arbeitsvorschläge

1. *Ergänzen Sie die Schlagzeilen von der Bundestagswahl 2021 (M 1, S. 238) und die weiteren Stationen bis zu einer Regierungsbildung und erklären Sie den Zeitaufwand.*
2. *Erklären Sie, warum die Fraktions- und Parteivorsitzenden der Regierungsparteien, manchmal auch Einzelpersonen, wichtige Gesprächspartnerinnen und -partner für den Bundeskanzler sind.*
3. *Suchen Sie Gründe dafür, dass die Vertrauensfrage ein „Disziplinierungsinstrument" des Bundeskanzlers gegenüber den Abgeordneten der Regierungsparteien ist.*
4. *Ermitteln Sie aus den Medien aktuelle Auseinandersetzungen innerhalb einer Regierungskoalition. Berichten Sie, ob und wie der Streit gelöst wurde.*

„Dieses Gericht verkörpert unseren Rechtsstaat. Sie stehen ein für die Freiheit und das Recht jedes einzelnen Bürgers, jeder einzelnen Bürgerin, und zwar eben auch gegenüber dem Staat. Sie stehen bereit zu prüfen, ob auch der Staat das Recht gegenüber seinen Bürgerinnen und Bürgern einhält."

Buschmann 2023

2.8 Das Bundesverfassungsgericht

Bindung staatlicher Gewalt an Verfassung, Gesetz und Recht

Verstoßen Entscheidungen staatlicher Behörden nach Auffassung von Einzelpersonen, eines Verbandes oder einer Partei gegen geltendes Recht, so können die je nach Sachverhalt zuständigen Gerichte angerufen werden. Sie können den Bürgerinnen und Bürgern Schutz gewähren, weil sie gegenüber Regierung und Verwaltung unabhängig sind. Eine Reihe gesetzlicher Bestimmungen soll diese Unabhängigkeit der Richterinnen und Richter sicherstellen. So sagt das Grundgesetz:

„Die Richter sind unabhängig und nur dem Gesetz unterworfen." (Art. 97 Abs. 1 GG). Sie sind an keine Weisungen, z. B. des Justizministers, gebunden und können gegen ihren Willlen nicht versetzt werden. Die Gerichtsbarkeit ist die „dritte Gewalt" eines demokratischen Staates.

§

Bundesverfassungsgerichtsgesetz § 1 Abs. 1

Das Bundesverfassungsgericht ist ein allen übrigen Verfassungsorganen gegenüber selbstständiger und unabhängiger Gerichtshof des Bundes.

M 1

© Bergmoser + Höller Verlag AG 129 015

M 2

Wichtige Urteile des Bundesverfassungsgerichts in der Geschichte der Bundesrepublik Deutschland

- Urteil zum KPD-Verbot
- Urteil zur Wehrdienstverweigerung
- Urteil zum Grundlagenvertrag
- Urteil zur Parteienfinanzierung
- Volkszählungsurteil
- Urteil zum Einigungsvertrag
- Urteil zur Online-Durchsuchung
- Urteil zum Bundeswahlgesetz
- Urteil zum Europawahlgesetz
- Urteil zum NPD-Verbot
- Urteil über Hartz-IV-Sanktionen
- Stopp der Verabschiedung des umstrittenen Gebäudeenergiegesetzes durch den Bundestag vor der Sommerpause

Das Bundesverfassungsgericht (BVG) überprüft, ob in Deutschland das Grundgesetz beachtet wird. Überprüft das Bundesverfassungsgericht ein Gesetz auf seine Verfassungsmäßigkeit, spricht man von einem **Normenkontrollverfahren**. Streiten Bund und Länder vor dem Gericht, hat das Verfahren **Bund-Länder-Streitigkeiten** zum Inhalt.

Fühlen sich Bürgerinnen und Bürger durch die öffentliche Gewalt in einem ihrer Grundrechte verletzt, so können sie das Bundesverfassungsgericht anrufen. Das Verfahren wird als **Verfassungsbeschwerde** bezeichnet. Sie ist Ausdruck der besonderen Bedeutung, die das Grundgesetz den Grundrechten für die verfassungsmäßige Ordnung des Staates beimisst. Die Verfassungsbeschwerde kann von jedem selbst ohne anwaltliche Hilfe erhoben werden. Voraussetzung ist nur, dass die Verfassungsbeschwerde notwendig ist, um eine Grundrechtsverletzung zu verhindern.

Viele Bürgerinnen und Bürger sehen in den 16 Richtern des Bundesverfassungsgerichts oft die letzte Hilfe vor staatlicher Ungerechtigkeit. Jährlich gehen an die 5000 Verfassungsbeschwerden ein.

Arbeitsvorschläge

1. *Beschreiben Sie Aufbau und Aufgaben des Bundesverfassungsgerichts. (M 1)*
2. *Erklären Sie in einem Kurzreferat die Bedeutung der Unabhängigkeit der Richterinnen und Richter für einen demokratischen Staat.*
3. *Berichten Sie, mithilfe einer Internetrecherche, über ein aktuelles Urteil des BVG. (M 2)*

2.9 Der Bundespräsident

Der Bundespräsident ist **Staatsoberhaupt** der Bundesrepublik Deutschland. Bei Verhinderung wird er vom Präsidenten des Bundesrates vertreten. Der Bundespräsident wird von der **Bundesversammlung** ohne Aussprache auf fünf Jahre gewählt, es sei denn, seine Amtszeit endet vorzeitig. Eine Wiederwahl ist einmal möglich. Wählbar sind Deutsche, die das Wahlrecht zum Bundestag besitzen und mindestens 40 Jahre alt sind.

Artikel 54 (3) GG (Wahl)

Die Bundesversammlung besteht aus den Mitgliedern des Bundestages und einer gleichen Anzahl von Mitgliedern, die von den Volksvertretungen der Länder nach den Grundsätzen der Verhältniswahl gewählt werden.

Die Vertreterinnen und Vertreter der Bundesländer in der Bundesversammlung werden als Wahlmänner und Wahlfrauen bezeichnet und von ihren Parteien benannt. Es müssen keine Abgeordneten der Länderparlamente sein.
Die Kandidatin oder der Kandidat zum Amt des Bundespräsidenten braucht im ersten und zweiten Wahlgang die Mehrheit der Stimmen (absolute Mehrheit). In einem dritten Wahlgang ist gewählt, wer die meisten Stimmen erhält (relative Mehrheit). Der gegenwärtige Bundespräsident Frank-Walter Steinmeier wurde bereits im ersten Wahlgang mit einer deutlichen Mehrheit gewählt.

Die Bundespräsidenten der Bundesrepublik Deutschland

Theodor Heuss (FDP) 1949–1954, 1954–1959
Heinrich Lübke (CDU) 1959–1964, 1964–1969
Gustav Heinemann (SPD) 1969–1974
Walter Scheel (FDP) 1974–1979
Carl Carstens (CDU) 1979–1984
Richard von Weizsäcker 1984–1989, 1989–1994
Roman Herzog (CDU) 1994–1999
Johannes Rau (SPD) 1999 –2004
Horst Köhler (CDU) 2004–2009, 2009–2010
Christian Wulff (CDU) 2010–2012
Joachim Gauck 2012–2017
Frank-Walter Steinmeier (SPD) ab 2017, wiedergewählt 2022

M 1
Aufgaben des Bundespräsidenten
- die völkerrechtliche Vertretung des Bundes gegenüber anderen Staaten
- Abschluss von Verträgen mit anderen Staaten
- Beglaubigung und Empfang der Gesandten auswärtiger Staaten
- Vorschlag, Ernennung und Entlassung des Bundeskanzlers und der Ministerinnen und Minister
- Ernennung und Entlassung der Bundesrichterinnen und Bundesrichter, Bundesbeamten, Offiziere und Unteroffiziere
- Ausfertigung, Gegenzeichnung und Verkündung von Gesetzen mit Gegenzeichnung durch den Bundeskanzler oder durch den zuständigen Minister/die zuständige Ministerin
- Begnadigung in Einzelfällen
- Erklärung des Gesetzgebungsnotstands

M 2 Der **Gesetzgebungsnotstand** ist das Recht einer Regierung, in besonderen Situationen mit Zustimmung des Bundesrates Gesetze zu erlassen, wenn sie dafür keine Mehrheit im Bundestag findet (Art. 81 GG).

Der Bundespräsident hat vor allem repräsentative Aufgaben und weder das Recht noch die Macht, politische Prozesse direkt zu beeinflussen. Es gibt zwei Ausnahmen:

- Er kann die Zustimmung zu einem Gesetz verweigern, wenn er es für nicht verfassungsgemäß hält. Es tritt dann nicht in Kraft. Das gilt auch beim Gesetzgebungsnotstand.
- Wenn bei der Kanzlerwahl nach einem dritten Wahlgang eine Kandidatin oder ein Kandidat keine Mehrheit bekommt (s. S. 238), kann er den Bundestag auflösen. Es folgen Neuwahlen. Oder er ernennt den Kandidaten zum Kanzler, der die meisten Stimmen erhält. Es gibt dann eine Minderheitsregierung, die auf wechselnde Mehrheiten angewiesen ist.

Frank-Walter Steinmeier

Arbeitsvorschläge

1. *Ordnen Sie die Aufgaben des Bundespräsidenten einem „politischen“ und einem „repräsentativen“ Bereich zu (M 1 und Text).*
2. *Stellen Sie anhand von Art. 81 GG fest, unter welchen Umständen ein Gesetzgebungsnotstand auftreten kann. (M 2)*
3. *Diskutieren Sie: Sollte der Bundespräsident künftig direkt vom Volk gewählt werden?*

2.10 Der bundesstaatliche Aufbau Deutschlands

Die Verteilung der staatlichen Macht

Urteil des Bundesverfassungsgerichtes zur Eigenstaatlichkeit der Länder vom 23.10.1951

„Die Länder sind als Glieder des Bundes Staaten mit eigener – wenn auch gegenständlich beschränkter – nicht vom Bund abgeleiteter, sondern von ihm anerkannter staatlicher Hoheitsmacht. [...]
Solange ein Land besteht und seine verfassungsmäßige Ordnung sich im Rahmen des Art. 28 Abs. 1 GG hält, kann der Bund ohne Verletzung des im Grundgesetz garantierten bundesstaatlichen Prinzips in seine Verfassungsordnung nicht eingreifen."

Bundesverfassungsgericht 1951

Die Deutschen in den Ländern Baden-Württemberg, Bayern, Berlin, Brandenburg, Bremen, Hamburg, Hessen, Mecklenburg-Vorpommern, Niedersachsen, Nordrhein-Westfalen, Rheinland-Pfalz, Saarland, Sachsen, Sachsen-Anhalt, Schleswig-Holstein und Thüringen haben in freier Selbstbestimmung die Einheit und Freiheit Deutschlands vollendet. Damit gilt dieses Grundgesetz für das gesamte Deutsche Volk.
Auszug aus der Neufassung der Präambel des Grundgesetzes vom Oktober 1990

Die Bundesrepublik Deutschland ist nach dem Grundgesetz ein **Bundesstaat**. In ihr sind 16 Gliedstaaten, die **Bundesländer**, zu einem Gesamtstaat, dem **Bund**, zusammengeschlossen.

Eine bundesstaatliche Ordnung wird **föderative Ordnung** genannt (lat. foedus = Bund, Bündnis). In unserem föderativen Staat ist die Staatsgewalt auf den Bund und die Länder aufgeteilt, d. h., die Länder sind neben dem Bund Staaten mit eigenständiger gesetzgebender, ausführender und richterlicher Gewalt.

Kommt es in diesem komplizierten Staatsaufbau zu Problemen zwischen dem Bund und zwischen den Ländern und können diese nicht einvernehmlich gelöst werden, so ist das Bundesverfassungericht (s. S. 240) als Schiedsstelle vorgesehen.

Arbeitsvorschläge

1. *Zählen Sie Vor- und Nachteile eines Bundesstaates auf.*
2. *Nennen Sie Beispiele für die Staatsgewalt von Bundesländern.*

Die Rechtsbereiche werden zwischen der Bundes- und der Länderebene unterschieden. Hinzu kommt, dass für einige Politikbereiche die Zuständigkeit auf die Europäische Union übertragen wurde (Vertrag über die Arbeitsweise der Europäischen Union AEUV, Bestandteil des Lissabon-Vertrags). Allerdings haben die nationalen Parlamente ein Mitspracherecht bei allen europäischen Rechtsakten und werden vorher informiert. Sie können dagegen Einspruch einlegen, falls sie einen Verstoß gegen das **Subsidiaritätsprinzip** vermuten. Dies ist der Fall, wenn eine Angelegenheit besser auf nationaler oder regionaler Ebene geregelt werden könnte. Die Kommission muss dann ihren Vorschlag überdenken. Außerdem kann jedes nationale Parlament beim Europäischen Gerichtshof klagen.

Die Bund-Länderbeziehungen sind 2017 durch Grundgesetzänderungen neu geregelt worden. Der Länderfinanzausgleich zwischen „armen“ und „reichen“ Bundesländern wird nicht mehr aus den Steuereinnahmen der Länder, sondern über die Verteilung der Umsatzsteuer durch den Bund ausgeglichen.

Gesetzgebungskompetenz			
der Länder	**des Bundes** (Art. 73 GG)	**konkurrierend** (Art. 73 GG)	**der EU** (Art. 3, AEUV)
– Landesstaatsrecht – Kommunalrecht – Schulrecht – Kulturrecht – Allgemeines Polizei- und Ordnungsrecht – Strafvollzug – Begnadigungsrecht – Ladenschlussrecht u. a.	– auswärtige Angelegenheiten – Verteidigung – Waffen- und Sprengstoffrecht – Melde- und Ausweiswesen – Postwesen und Telekommunikation – Terrorabwehr	– Vereinsrecht – Aufenthaltsrecht für Ausländer – Wirtschaftsrecht – Arbeitsrecht und Betriebsverfassung – Lebensmittelrecht – Umweltschutz – Wasserhaushalt – Hochschulzulassung	– Zollpolitik – Binnenmarkt – Wettbewerbspolitik – Geld- und Währungspolitik (der Eurostaaten) – Fischereipolitik (teilweise) – Umweltschutz – Verbraucherschutz

Verwaltung

Neben dem Bund verfügt jedes Bundesland über eine eigene Verwaltungsorganisation. Da die Länder ihre eigenen Gesetze und einen Großteil der Bundesgesetze ausführen müssen, ist die Verwaltungstätigkeit eine der Hauptaufgaben der Länder, aber auch der Gemeinden. Die Länderverwaltung umfasst die obersten Landesbehörden (z. B. Ministerien), in einigen Bundesländern Mittelbehörden (z. B. Bezirksregierungen) und die unteren Behörden auf Stadt-, Kreis- und Gemeindeebene. Diese sind auch untere Katastrophenschutzbehörden. Der **Katastrophenschutz** ist Teil der allgemeinen Gefahrenabwehr der Bundesländer. Unterstützung ist durch freiwillige Rettungsdienste, z. B. das Rote Kreuz, möglich.

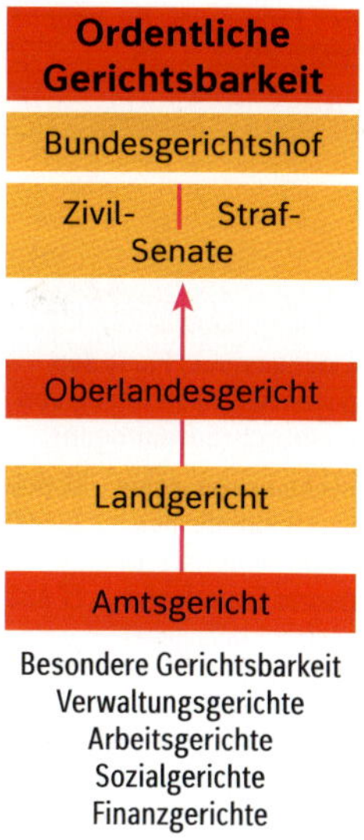

Justiz

Bund und Länder verfügen über eigene Gerichte für die verschiedenen Rechtsbereiche mit ordentlichen Gerichten und Fachgerichten. Bürgerinnen und Bürger, Unternehmen und Organisationen kommen in einem Streitfall zunächst mit den Gerichten eines Landes in Berührung. Die Länder haben neben ihren oberen Instanzen (z. B. Oberlandesgericht) mittlere (z. B. Landgericht) und untere Instanzen (z. B. Amtsgericht). Die Bundesgerichte – also der Bundesgerichtshof, das Bundesverwaltungsgericht, das Bundesarbeitsgericht und das Bundessozialgericht – sind die obersten Instanzen der einzelnen Gerichtszweige.

Arbeitsvorschläge

1. *Erörtern Sie folgende Aussagen:*
   a) *Der Föderalismus ist teuer, schwerfällig und erschwert bundeseinheitliche Regelungen dringender Probleme.*
   b) *Der Föderalismus fördert den Wettbewerb zwischen den Ländern. Jedes Land kann neue Ideen entwickeln, sie weitergeben und dadurch zum Fortschritt beitragen.*
2. *Entwerfen Sie in Gruppenarbeit einen neuen Zuschnitt der Bundesländer und diskutieren Sie die Ergebnisse in Ihrer Klasse.*

2.11 Streitbare Demokratie – Sicherheit kontra Freiheit

Gegner der Demokratie

M 1 **Brauner Terror in Deutschland**
2000 bis 2007: Der Nationalsozialistische Untergrund (NSU) ermordet 10 Menschen mit Migrationshintergrund
2019: Mord am Kasseler Regierungspräsidenten Walter Lübke.
2022: großer Antiterroreinsatz gegen geplanten Umsturz durch Reichsbürger

Linke Gewalt in Hamburg
2017: „Schwarzer Block" beim G-20-Gipfel in Hamburg: Autos werden „abgefackelt", Schaufenster eingeschlagen, zahlreiche Polizisten verletzt

Islamistischer Terror im Herzen Berlins
Anis Amri, abgelehnter Asylbewerber, rast im Dezember 2016 in den Berliner Weihnachtsmarkt bei der Gedächtniskirche mit 13 Toten und 67 Verletzten.

Familien-Clans und organisierte Kriminalität
In Deutschland gibt es ca. 150 eingewanderte Clanfamilien. Ein Teil ihrer Mitglieder ist u. a. in Geldwäsche, Raub und Drogenhandel verstrickt.

Cyber-Attacken in Deutschland – weltweiter Cyberkrieg
Dramatische Zunahme von Cyber-Attacken mit Sabotage, Spionage und Erpressung u. a. aus Russland und der VR China.

(fiktive Schlagzeilen)

Extremistisch motivierte Straftaten 2022

rechts:	20 967
links:	3 847
ausländische Ideologie:	1 974
religiöse Ideologie:	418
nicht zuzuordnen:	8 246
Gesamt:	**35 452**

vgl. Bundesministerium des Innern und für Heimat (BMI) 2023, S. 25

Jede Staatsform hat einen Teil ihrer Bürgerinnen und Bürger als Gegner. Auch funktionierende Demokratien haben offene und versteckte Feinde. Es sind überwiegend Vertreter von Gesellschaftsmodellen rechter, linker oder radikal-religiöser Art. Häufig gelingt es ihnen, weitere Anhänger zu finden, die sich von der Gesellschaft ausgegrenzt fühlen, sich als Verlierer sehen und nun ein neues Selbstwertgefühl erfahren. Sie finden in den jeweiligen Ideologien einfache Antworten auf alle Missstände der Welt. Mit Terror und Angst versuchen sie, Vertrauen in die politische Führung zu untergraben. Die Radikalisierung durch Hassbotschaften erfolgt auch über das Internet.

M 2 Merkmale von **Rechtsextremisten** sind vor allem Ausländerfeindlichkeit, Rassismus und Judenhass. Manche handeln nur verdeckt, andere „Bewegungen" sind offener. Für viele **Reichsbürger** ist Deutschland noch ein besetzter Staat in den Grenzen von 1918 oder 1937. Sie erkennen deshalb keine Gesetze an und stellen sich eigene Ausweise aus. 2022 wurden Umsturzpläne für einen neuen Staat unter Führung von Heinrich VIII. Prinz Reuß aufgedeckt. Reichbürger führen geheime Waffenlager und Listen unbequemer Politikerinnen und Politiker. **Identitäre (ID)** wollen das „Deutsche" vor Nichtdeutschem bewahren. Wie andere rechte Gruppen sind sie mit Nationalisten, u. a. in Frankreich und den USA, vernetzt, aber auch mit Russland. Mehrere Gruppen stehen unter Beobachtung des Verfassungsschutzes, zuletzt auch Teile der **Querdenkerszene**. Hierbei handelt es sich um ein Sammelbecken für Coronaleugner und Menschen, die an Verschwörungstheorien glauben (z. B. Impfen macht unfruchtbar und verhilft einem „tiefen Staat" zur Weltherrschaft). Sie meinen, wegen ihrer höheren Einsicht würden für sie keine Regeln gelten.

Extremismus: Personenpotenzial (nach Abzug von Mehrfachzuordnungen)

Rechtsextremismus	38 800
Linksextremismus	36 500
Islamismus/islamistischer Terrorismus	27 480
auslandsbezogener Extremismus (z. B. Arbeiterpartei Kurdistans PKK)	29 750

vgl. Bundesministerium des Innern und für Heimat (BMI) 2023, S. 51, 128, 187, 238

M 3 **Linksextremisten** sind ebenfalls Gegner von Demokratie und Rechtsstaat. Bei den Linksextremen gibt es zahlreiche Positionen. Nach den Lehren von Karl Marx und Friedrich Engels ist der Kapitalismus Auslöser von Ausbeutung und Kriegen. Das rechtfertigt für Linksextremisten z. B. Hausbesetzungen wie in Hamburg und Berlin. Zu den Linksextremisten gehören die gewaltbereiten **Autonomen**. Orte der Auseinandersetzung sind Großveranstaltungen, z. B. die Demonstrationen in Hamburg gegen den G20-Gipfel 2017, und „Aktionen gegen rechts". Als Feind gilt auch die Polizei, die als „Handlanger des Kapitals" gesehen wird. Besonders in Stadtteilen von Berlin (Kreuzberg) und Leipzig (Connewitz) sind Polizisten verhasst.

M 4 **Cyber-Kriminalität** ist der Angriff durch Hacker aus dem Internet auf Datennetze von Bundeswehr, Regierung, Verwaltung, Versorgungseinrichtungen und privaten Unternehmen. Bei privaten Unternehmen geht es um Erpressung und Wirtschaftsspionage. Im Politikbetrieb stehen Geheimdienste aus Russland, der VR China und Iran im Verdacht der Spionage. Sabotage erhöht in Krisenzeiten zusätzlich die Gefahr. Angriffe auf Elektrizitätsversorger könnten z. B. zu einem „Blackout" führen: Verkehrs- und Kommunikationswege wären aufgrund eines Stromausfalls lahmgelegt, alle Lichter gingen aus und die Versorgung der Bevölkerung bräche zusammen.

M 5 **Clan-Kriminalität** ist eine Form der organisierten Kriminalität. Seit Jahren haben sich in Deutschland eingewanderte große Familienclans gegenüber der Umwelt abgeschottet. In „Parallelwelten" mit eigenen Gesetzen (z. B. Ehrenmorde) umgeht der kriminelle Teil dieser Clans deutsche Gesetze. Ihr Zusammenhalt erschwert zudem polizeiliche Ermittlungen bei Straftaten ihrer Mitglieder. Die bekannteste der über 18 arabischen Großfamilien in Berlin ist die Remmo-Familie. Sechs Mitglieder stehen wegen des Juwelenraubs im Dresdener Grünen Gewölbe vor Gericht.

M 6 **Mudschahedin – die Gotteskrieger – wollen die Weltherrschaft**

Islamisten sind „Fundamentalisten" innerhalb des Islams. Sie verfolgen politische Ziele, die sie auch mit Gewalt durchsetzen wollen: den Kampf gegen „Kreuzritter" für die Weltherrschaft des Islams in einem Gottesstaat. Fundamentalisten gibt es auch bei Christen. Die Aussagen des Korans bzw. der Bibel werden jeweils **wörtlich** genommen, selbst wenn sie eigentlich nur aus ihrer jeweiligen Entstehungszeit zu verstehen sind. Im **Koran** hat sich im 7. Jahrhundert nach muslimischem Glauben Allah dem Religionsgründer Mohammed „offenbart". Seine Botschaft wurde vom Erzengel Michael diktiert. Gefordert wird die Einheit auch von geistlicher und weltlicher Herrschaft. Demokratie wird von den Islamisten abgelehnt, denn **„Allah ist der Herrscher"**. Die Aussagen des Korans und der Scharia, dem islamischen Recht, sind daher Gesetz. Die Scharia mit ihrem grausamen Strafrecht gilt z. B. im Iran und Saudi-Arabien.

Mudschahedin – „die den Dschihad ausüben"

Dschihad ist das „Bemühen auf dem Weg Gottes" zu moralischem Handeln, z. B. nicht zu betrügen. Der „kleine Dschihad" aber gilt als Aufforderung, auch mit kriegerischen Mitteln den Islam zu verteidigen oder auszubreiten.

vgl. Bundeszentrale für politische Bildung 2003, S. 146 ff.

M 7 **Salafisten**

Die Radikalisierung junger Menschen geschieht nach Erkenntnissen des Verfassungsschutzes durch Salafisten, die einem besonders konservativen Islam anhängen und die Werte der Vorfahren („Altvordere") umsetzen wollen. Eine Moschee in Hildesheim war mit dem inzwischen verurteilten Hassprediger Abu Walaa Treffpunkt junger Gläubiger aus ganz Europa. Viele wurden dort radikalisiert und schlossen sich dem IS an. Salafisten waren die am stärksten wachsende islamistische Gruppierung. Nach Angaben des Verfassungsschutzes zählen zurzeit rund 11 000 Personen zur Gruppe der Salafisten *(vgl. Bundesamt für Verfassungsschutz o. J. [a])*.

M 8 **Islamischer Staat in Syrien und Irak**

Im Syrischen Bürgerkrieg bildete sich die sunnitische Terrormiliz **Islamischer Staat (IS)** gegen die schiitische Regierung. Der IS rief 2014 ein sogenanntes „Kalifat" aus. Bei seinen Eroberungen wurden „Ungläubige" (Menschen anderen Glaubens oder anderer religiöser Strömungen) ermordet oder verschleppt. Die Verfolgung der **Jesiden** wird als Völkermord eingestuft. Die Folge ist eine große Fluchtwelle, zunächst in die Türkei und Jordanien, dann nach Europa. Nachdem der IS durch internationalen Einsatz und die einheimischen Kurden 2019 als besiegt erklärt wurde, schleusten sich die Kämpfer in andere Länder ein. Eine neue Flüchtlingswelle wurde ausgelöst, als türkische Truppen in Syrien einmarschierten, um gegen die Kurdengebiete vorzugehen.

Die über 1 000 deutschen Staatsbürgerinnen und Staatsbürger, die sich dem IS angeschlossen hatten, kommen z. T. mit Familien nach Deutschland zurück und werden zum Problem. Viele sind noch in türkischer oder kurdischer Gefangenschaft und sollen abgeschoben oder nach Deutschland zurückgeholt werden. Gerichte müssen nun überprüfen, wer durch Morde oder Folter straffällig geworden ist *(vgl. Bundesamt für Verfassungsschutz o. J. [a])*.

Jesiden

Eine im 12. Jh. zunächst muslimische Bruderschaft im kurdischen Siedlungsgebiet. Sie glauben an einen Gott, die Seelenwanderung und verneinen die Existenz eines Teufels.

„Die Terroristen haben nichts mit dem Islam zu tun, wie ihn die überwältigende Mehrheit unserer muslimischen Mitbürger versteht."

Maus 2017, S. 4

Arbeitsvorschläge

1. *Nennen Sie Motive und Zielgruppen terroristischen Handelns. (M 1 bis M 4)*
2. *Beschreiben Sie die Vorgehensweise des IS, einen „Gottesstaat" zu errichten. (M 6, M 7)*
3. *Erkunden Sie im Internet Beispiele für die Anwendung der Scharia.*
4. *Berichten Sie über Ihre Erfahrungen im Zusammenleben mit muslimischen Mitbürgerinnen und Mitbürgern. Falls Sie selbst muslimischen Glaubens sind, können Sie Ihre Mitschülerinnen und Mitschüler über ihre Religion informieren.*
5. *Sammeln Sie im Internet Beispiele über den Umgang mit ehemaligen IS-Mitgliedern.*

Reichsbürger und Selbstverwalter

Reichsbürger lehnen die Existenz der Bundesrepublik Deutschland, ihr Rechtssystem sowie die gewählten Politikerinnen und Politiker ab. Für sie ist Deutschland ein besetzter Staat, der z. B. noch in den Grenzen von 1937 besteht.
Selbstverwalter sind der Meinung, aus der Bundesrepublik Deutschland austreten und einen eigenen Staat gründen zu können.
Beide Gruppen werden als gewaltbereit eingeschätzt.
vgl. Bundesamt für Verfassungsschutz o. J. (b)

Gefahrenabwehr

M 1 Aus der Abschiedsrede des Bundespräsidenten Joachim Gauck

„Deutschland ist das beste, das demokratischste Deutschland, das wir je hatten, (dem aber) auch Gefahren drohen. Und dass große Anstrengungen notwendig sein werden, um es für die Zukunft stark zu machen. [...] Die neue deutsche Demokratie sollte nicht schwach, sondern wehrhaft sein. Sie sollte – so sagte es Carlo Schmidt, einer der großen Politiker der Nachkriegszeit – ‚auch den Mut zu Intoleranz denen gegenüber aufbringen, die die Demokratie gebrauchen wollen, um sie umzubringen.' (Deshalb) ist es gegenwärtig so, dass mehr Sicherheit keine Gefahr für die Demokratie bedeutet, als vielmehr ein Erfordernis zu ihrem Schutz. [...] Wir brauchen eine engere internationale Zusammenarbeit und eine effektive Gefahrenabwehr im Innern. Was wir allerdings besonders brauchen, ist wirksame Prävention durch politische, kulturelle und religiöse Bildung, sodass Menschen gar nicht erst in den Bann von Extremisten gleich welcher Couleur kommen."
Gauck 2017

M 2

Karikatur von Horst Haitzinger, 10.02.2017

In Deutschland wird seit Langem über das Verhältnis von Freiheit und Sicherheit diskutiert. Geschichte und Gegenwart lehren, dass es keine totale Sicherheit geben kann. Gestritten wird, welche Maßnahmen zur Sicherheitsvorsorge geeignet sind, das Prinzip der Freiheit und die Forderung nach Sicherheit in ein Gleichgewicht zu bringen. Richtschnur für das politische Handeln in Deutschland ist das Grundgesetz. Es entstand auch als Reaktion auf die Erfahrungen der Weimarer Verfassung, die den Weg in die nationalsozialistische Diktatur ermöglichte. Deshalb kann das Bundesverfassungsgericht Parteien und Vereinigungen verbieten, wenn diese die freiheitliche demokratische Grundordnung schwächen oder beseitigen wollen.

Parteienverbote gab es 1952 (Sozialistische Reichspartei SRP) und 1956 (Deutsche Kommunistische Partei – KPD). 2017 wurde ein NPD-Verbotsantrag abgelehnt, u. a. weil V-Leute des Verfassungsschutzes in der NPD tätig waren.

„Wir brauchen die Freiheit, um den Missbrauch der Staatsgewalt zu verhindern, und wir brauchen den Staat, um den Missbrauch der Freiheit zu verhindern."
Karl Popper, zitiert nach: Bundesministerium des Innern und für Heimat (BMI) 2004, S. 353

M 3 2017 wurde der vom Bundesrat eingebrachte Antrag, die NPD zu verbieten, vom Bundesverfassungsgericht abgelehnt. Einig war man sich aber, dass die NPD verfassungsfeindlich tätig sei und auf die Abschaffung unserer freiheitlich-demokratischen Grundordnung abziele. Zugleich aber sprach das Bundesverfassungsgericht der NPD das Potenzial ab, ihre Ziele mit Erfolg durchsetzen zu können. Deshalb sei ein Parteienverbot nicht nötig. Die Zustimmung zu dieser rechtsextremen Partei sei zu gering, als dass eine konkrete Gefahr für die Demokratie der Bundesrepublik Deutschland von der NPD ausgehen könne. Ausreichend seien daher die geltenden straf- und polizeirechtlichen Maßnahmen.
vgl. Frankfurter Allgemeine Zeitung 2017, S. 1

Religionsprivileg

Nach dem Vereinsgesetz sind religiöse Gemeinschaften keine Vereine und konnten daher nicht verboten werden. Dieses Verbot wurde im Rahmen des Anti-Terror-Pakts aufgehoben.

Das Urteil macht deutlich, dass eine parlamentarische Demokratie nur mit einem Mehrparteiensystem möglich ist. „Das Parteiverbot ist kein Gesinnungs- oder Weltanschauungsverbot" (Bundesverfassungsgericht 2017), so Voßkuhle. Gegen Verfassungsfeinde seien aber Sanktionen möglich. Deshalb wurde im Juni 2017 auf Antrag von Bundesrat und Bundestag der Artikel 21 des Grundgesetzes geändert und festgelegt, dass verfassungsfeindlichen Parteien Wahlkampfkosten nicht mehr erstattet werden. Bis 2023 ist das für die NPD noch nicht erfolgt. Nicht nur Parteien, sondern auch andere verfassungsfeindliche Organisationen können verboten werden. Zur Gefahrenabwehr wurde deshalb das Religionsprivileg im Vereinsrecht aufgehoben. So konnte z. B. der salafistische Moscheeverein in Hildesheim verboten werden. Insgesamt wurden zwischen 1990 und Dezember 2022 47 „extremistische Bestrebungen" verboten. Neben rechts- und linksradikalen Organisationen sowie islamistischen

Vereinigungen handelt es sich hierbei auch um Reichbürger und Selbstverwalter *(vgl. Bundesministerium des Innern und für Heimat (BMI) 2023, S. 332–339).*

Wegen der Terroranschläge der letzten Jahre sind die Maßnahmen zur inneren Sicherheit verstärkt worden. Viele Terrorakte werden verhindert. Ein Problem ist die unterschiedliche Einschätzung der Gefährlichkeit polizeibekannter Personen. Hinzu kommt eine noch unzureichende gegenseitige Information von Erkenntnissen der Sicherheitsdienste. Deshalb soll die Zusammenarbeit durch das 2004 gegründete **Gemeinsame Terrorismusabwehrzentrum** verstärkt werden. Pannen wie 2016 beim Anschlag auf den Weihnachtsmarkt in Berlin durch den Islamisten Anis Amri sollen nach Möglichkeit vermieden werden.

Wichtig für den Terrorschutz ist die **Überwachung** möglicher Personen, die als gewaltbereit eingestuft werden. Dazu gehört die Personenüberwachung durch die Polizei. Die Überwachung aller als Gefährder eingestuften Personen ist aber nicht möglich, weil allein bei einem Gefährder rechnerisch drei Polizisten/Polizistinnen im Einsatz sein müssten.
Wichtiger noch ist die Überwachung der Kommunikation (Telefon, Smartphone) möglicher Terroristen. Diese ermöglicht es, geplante Anschläge festzustellen und zu verhindern. Die deutschen Sicherheitsbehörden sind dabei häufig auf Hinweise ausländischer Geheimdienste angewiesen, weil die Speicherung von Datensammlungen teilweise nicht erlaubt ist.
Eine wachsende Gefahr sind **Cyberangriffe** („Cyberkrieg") aus dem Internet. Sie kommt von „normalen" Kriminellen, aber nicht erst seit dem Ukrainekrieg verstärkt auch durch Geheimdienste Russlands, der VR China und des Irans. Im **Nationalen Cyber-Abwehrzentrum** sollen Informationen ausgetauscht werden, um Wirtschaft und Behörden vor Spionage und Sabotage zu schützen. Das Bundesamt für Verfassungsschutz bietet dafür Vorsorgeinformationen. Auch die Bundeswehr hat seit 2017 eine eigene Cyber-Abwehr.
Ein allgemeines Problem von Wirtschaft, Behörden und Polizei ist, aus Altersgründen ausscheidendes Personal zu ersetzen (demografischer Wandel), was u. a. die Kriminalitätsbekämpfung erschwert.

Die Sicherheitsdienste
- Gemeinsames Terrorismusabwehrzentrum (GTAZ)
- Nationales Cyberabwehrzentrum
- Bundesamt für Sicherheit in der Informationstechnik
- Bundesamt für Bevölkerungsschutz und Katastrophenhilfe
- Bundesamt für Zoll- und Grenzsicherheit
- Bundeskriminalamt (BKA)
- 16 Landeskriminalämter
- Bundesamt für Verfassungsschutz (BfV)
- 16 Landesämter für Verfassungsschutz
- Bundesnachrichtendienst
- Militärischer Abschirmdienst (MAD)
- Bundespolizei mit Antiterroreinheit GSG 9

M 4 Maßnahmen zur inneren Sicherheit und Terrorismusbekämpfung

- **Polizei, Bundespolizei und die Sicherheitsdienste** werden personell verstärkt.
- Der **Katastrophenschutz** wird ausgebaut und in regionalen Einsatzzentralen von Feuerwehr, THW und Bundeswehr koordiniert.
- Die **Abschiebung** vor allem von straffälligen Ausländern soll intensiviert werden. Wie das gelingen kann, ist noch unklar. Die Herkunft mancher Täterinnen und Täter lässt sich nicht ermitteln, oder die Herkunftsländer verweigern die Wiedereinreise. Andere können nicht in Gebiete abgeschoben werden, in denen sie verfolgt würden.
- Die **Datenspeicherung** und ihre Auswertung geben wichtige Hinweise auf geplante oder ausgeführte Verbrechen. Ihre Art und Dauer sind umstritten.
- **Videoüberwachung** an gefährdeten Orten ist allgemein akzeptiert. Strittig ist ihre Ausweitung.

M 5

Karikatur von Kostas Koufogiorgos: Videoüberwachung, 10.03.2017

Arbeitsvorschläge

1. *Analysieren Sie M 1 mit der Methode Textanalyse (s. S. 208).*
2. *Interpretieren Sie M 2 mithilfe der Methode „Analyse politischer Karikaturen" (s. S. 248 f.).*
3. *Ermitteln Sie in den Medien aktuelle Diskussionen und Maßnahmen zu mehr Sicherheit und Terrorismusbekämpfung. Berichten Sie darüber in Ihrer Klasse.*
4. *Interpretieren Sie die Karikatur M 5 und führen Sie eine Pro-und-Kontra-Diskussion über die Ausweitung der Videoüberwachung im öffentlichen Raum.*

In Europa leben und arbeiten

Methode:

Analyse politischer Karikaturen

M 1

Karikatur von Klaus Stuttmann, 14.07.2011

M 2 **Karikaturen übertreiben ...**
Sie heben bestimmte Seiten eines Problems hervor, um darauf aufmerksam zu machen. Durch das Mittel der Zuspitzung zeigen sie dabei Zusammenhänge und Hintergründe kurz und prägnant auf.

Karikaturen umfassen ein breites Spektrum ...
Es reicht von der sozialkritischen Pressezeichnung bis zum harmlos gezeichneten Witz. Seit Karikaturen politische Themen aufs Korn nehmen, werden sie auch immer im Kampf gegen Unrecht, Unterdrückung und Korruption eingesetzt. Sie gelten nach wie vor als wichtiges Medium zur Aufdeckung von Missständen und zur Wahrung der Menschenrechte.

Karikaturen sind „Interessenvertreter" ...
Sie waren und sind Mittel, um politische Interessen deutlich zu machen und Meinungen zu beeinflussen. Dies gilt auch für Karikaturen mit reaktionären, rassistischen und sexistischen Inhalten.

Karikaturen sind Spiegelbild gesellschaftlicher Spannungen ...
Karikaturen sind, wenn sie über bestimmte Personen oder Volksgruppen, über Gegebenheiten und Erscheinungen berichten, stets provoziert worden. Der Widerspruch zwischen Anspruch und Wirklichkeit bildet dazu den Auslöser.

Karikaturen müssen hinterfragt werden ...
Um Karikaturen zu verstehen, muss die aktuelle oder historische Situation bekannt sein oder aufgedeckt werden.

M 3

Karikatur von Klaus Stuttmann, 14.09.2011

M 4 **Analyseschema Karikaturen**

Analysebereich	Leitfragen
Was wird karikiert? (Aussage)	Was sieht man? Welche Personen/Gegenstände sind zu erkennen? Welches Problem/Ereignis ist dargestellt? Welcher Widerspruch wird aufgedeckt?
Wie wird karikiert? (Stil)	Welche Mittel werden verwendet? Was fällt besonders auf? Wie werden Personen dargestellt? Auf welche Weise wird die Betrachterin/der Betrachter angesprochen?
Wer karikiert? (Sender)	Wer hat die Karikatur gezeichnet? Welche Ziele verfolgt die Karikaturistin/der Karikaturist? Welche bzw. wessen Partei wird ergriffen?
Wann und wo wurde karikiert? (Zeit/Ort)	Wann ist die Karikatur entstanden? Wo ist sie entstanden? Was wissen wir über diese Zeit? Wie wurde (wird) sie verbreitet (Zeitung, Fernsehen, Internet u. a.)?
Warum wurde karikiert? (Intention)	Was will die Karikaturistin/der Karikaturist erreichen? Wer oder was wird angegriffen? Aus welchem Grund?
Welche Wirkung ist beabsichtigt?	Welche Empfindungen löst die Karikatur aus? Wie wirkt die Karikatur – auf die Zeitgenossen, – auf uns, – auf andere?

Arbeitsvorschläge

1. *Fassen Sie den Sinn und die Aufgaben einer Karikatur mit eigenen Worten zusammen. (M 2)*
2. *Bearbeiten Sie die Karikaturen M 1 und M 3 mithilfe des Analyseschemas. (M 4)*

1 Die Europäische Union entsteht

Winston Churchill (1874–1965)

Nach dem Zweiten Weltkrieg entsteht bei vielen Menschen die Idee eines vereinten Europas. Berühmt wurde eine Rede des damaligen britischen Premierministers Sir Winston Churchill 1946 in Zürich, in der er seine Idee von einer Art Vereinigter Staaten von Europa vortrug.

M 1 „Wenn Europa einmal einträchtig sein gemeinsames Erbe verwalten würde, dann könnten seine bis vierhundert Millionen Einwohner ein Glück, einen Wohlstand und einen Ruhm ohne Grenzen genießen [...]
Wir müssen eine Art Vereinigter Staaten von Europa schaffen [...] Der Weg dahin ist einfach. Es ist nichts weiter dazu nötig, als dass Hunderte von Millionen Männer und Frauen Recht statt Unrecht tun und Segen statt Fluch ernten."

Winston Churchill, zitiert nach: Presse- und Informationsamt der Bundesregierung 1986, S. 8

M 2 Gründe für die **Forderung nach europäischer Einigung nach 1945**:
- Das vom Krieg zerstörte Europa kann den wirtschaftlichen Wiederaufbau nur leisten, wenn die Staaten zusammenarbeiten.
- Ein vereintes Europa soll den Nationalismus abbauen und damit künftige Kriege verhindern helfen.
- Der sich verschärfende Ost-West-Konflikt verstärkt in Westeuropa auch das Bedürfnis nach militärischer Zusammenarbeit, um eine drohende kommunistische Machterweiterung zu verhindern.

Den ersten Versuch einer europäischen Einigung bildete die Gründung des **Europarats** in Straßburg im Jahr 1949. Die Bundesrepublik Deutschland trat ihm 1951 bei, heute gehören ihm 47 Staaten an. Die Hoffnungen auf eine rasche europäische Einigung erfüllten sich jedoch nicht, denn die Beschlüsse des Europarats sind für die Mitgliedsstaaten lediglich Empfehlungen und für die Regierungen der Mitgliedsstaaten nicht bindend. Nachdem deutlich geworden war, dass im Europarat kaum Fortschritte erzielt werden, schlossen sich Belgien, die Bundesrepublik Deutschland, Frankreich, Italien, Luxemburg und die Niederlande zur **Montanunion** zusammen. Diese wurde 1957 ergänzt durch die **Europäische Atom- und Wirtschaftsgemeinschaft**. Zehn Jahre später folgte der Zusammenschluss zur **Europäischen Gemeinschaft**, die 1993 in die **Europäische Union** mündete. Verbunden damit ist u. a. die **Unionsbürgerschaft** für alle EU-Bürger, das aktive und passive **Kommunalwahlrecht** im jeweiligen Aufenthaltsland sowie das **Petitionsrecht** beim Europäischen Parlament.

Mit dem Europäischen Binnenmarkt 1993 und der Einführung des **Euro** 1999 für zunächst zwölf Länder – die Bargeldausgabe erfolgte 2002 – sind Schritte noch engerer wirtschaftlicher Zusammenarbeit eingeleitet worden. Litauen hat 2015 als 19. Land den Euro eingeführt. Wegen der Verschuldungskrise südlicher Länder, vor allem Griechenlands, wird über eine noch engere wirtschaftliche Zusammenarbeit strittig diskutiert. Auch der Abschied vom Euro wird von einigen „populistischen" Politikern gefordert.

Mit dem Beitritt Kroatiens 2013 sind aus sechs Gründungsmitgliedern 28 EU-Staaten geworden – bis 2021. Großbritannien hat sich 2016 in einer Volksabstimmung mit knapper Mehrheit für den sogenannten **Brexit** (Exit = Austritt) entschieden. Nach einer Übergangszeit wurde der Austritt Großbritanniens am 01.01.2021 vollzogen, 2023 sind 27 Länder Mitglied in der EU. Sechs weitere Länder haben Beitrittsanträge gestellt, zuletzt die Ukraine (s. S. 265).

Arbeitsvorschläge

1. *Was ist aus Churchills Idee (M 1) geworden? Formulieren und begründen Sie Ihre Meinung.*
2. *Untersuchen Sie, welche in M 2 genannten Argumente heute noch oder heute wieder Gültigkeit haben.*

M 1 Der Weg zur Europäischen Union

1951: EGKS	1957: EWG	1957: Euratom
Europäische Gemeinschaft für Kohle und Stahl (Montanunion) Ziel: Schaffung eines gemeinsamen Marktes für Kohle und Stahl (Vertrag läuft am 23. Juli 2002 aus)	Europäische Wirtschaftsgemeinschaft Ziele: – Zollunion, gemeinsamer Markt – gemeinsamer Agrarmarkt – politische Zusammenarbeit	Europäische Atomgemeinschaft Ziel: gemeinsame, friedliche Nutzung der Kernenergie

Mitglieder:
Belgien, Bundesrepublik Deutschland, Frankreich, Italien, Luxemburg, Niederlande

1. Juli 1967
Zusammenschluss der drei Gemeinschaften zur Europäischen Gemeinschaft (EG)

1. Juli 1973 Erweiterung der EG durch Beitritt Dänemarks, Großbritanniens und Irlands

1. Januar 1979
Inkrafttreten des Europäischen Währungssystems (EWS) zur Koordinierung der nationalen Währungspolitik. (Großbritannien nimmt am Wechselkursmechanismus nicht teil.)

10. Juni 1979 Erste Direktwahl zum Europäischen Parlament

1. Januar 1981 Beitritt Griechenlands

1. Januar 1986 Beitritt Spaniens und Portugals

7. Februar 1992 Vertrag über die Europäische Union (EU) – Vertrag von Maastricht

1. Januar 1993 Europäischer Binnenmarkt

8. November 1993 Europäische Union

Gemeinsame Außen- und Sicherheitspolitik	Europäische Gemeinschaft Zollunion und Binnenmarkt gemeinsamer Agrarmarkt Wirtschafts- und Währungsunion	Zusammenarbeit in der Innen- und Rechtspolitik

Die drei Säulen des Einigungswerks nach dem Vertrag von Maastricht

1. Januar 1995 Beitritt Österreichs, Schwedens und Finnlands (Norweger stimmten gegen Beitritt)

1. Januar 1999 Beginn der Währungsunion durch Einführung des Euro (€)

1. Januar 2002
Der Euro ist alleiniges Zahlungsmittel im „Euroland" (EU ohne Dänemark, Großbritannien und Schweden)

1. Mai 2004 Erweiterung der EU um 10 mittel- und osteuropäische Länder, Zypern und Malta

1. Januar 2007 Beitritt Bulgariens und Rumäniens

1. Dezember 2009 Reformvertrag von Lissabon tritt in Kraft

21. Januar 2012 Fiskalpakt wird von 25 EU-Ländern geschlossen

1. Juli 2013 Beitritts Kroatiens

31. Januar 2020 Großbritannien verlässt die EU

1. Januar 2023 Einführung des Euro in Kroatien.

Arbeitsvorschlag

Arbeiten Sie aus M 1 die wichtigsten „Meilensteine" heraus, die Europa verändert haben.

2 Die Organe der Europäischen Union – zwischen nationaler Selbstständigkeit und gemeinsamer Politik

Die Europäische Union benötigt wie jeder Einzelstaat Einrichtungen (Organe), die politische Regelungen anregen, vorbereiten, entscheiden und durchführen. Hinzu kommt eine demokratische Kontrolle. Von anfänglich vorwiegend wirtschaftlicher Zusammenarbeit hat sich eine immer stärkere politische Zusammenarbeit entwickelt. Mit dem **Vertrag von Lissabon** sollte die Union handlungsfähiger als bisher werden.

Mehr Informationen unter
www.consilium.europa.eu

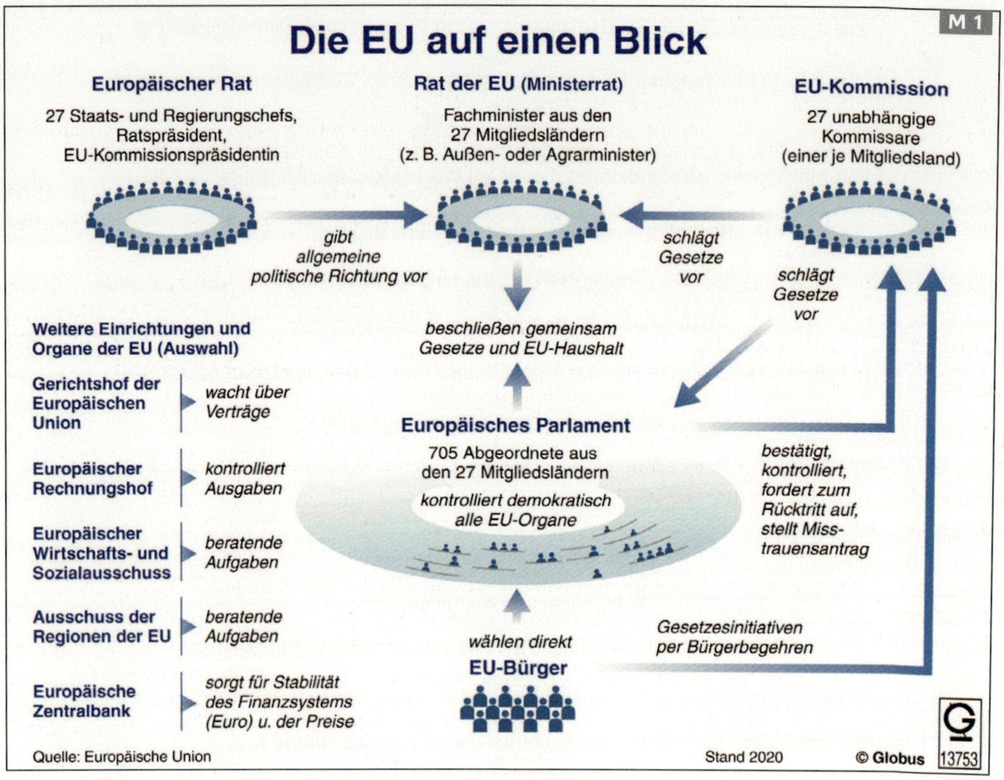

www.european-council.europa.eu

Rechtsakte der Europäischen Union:

Verordnungen, z. B. zur Umweltpolitik, gelten unmittelbar in jedem Mitgliedsstaat. Sie sind mit einzelstaatlichen Gesetzen vergleichbar.

Richtlinien, z. B. zur Lebensmittelsicherheit, gelten für alle Mitgliedsstaaten, sind verbindlich im Ziel, müssen jedoch in nationales Recht umgesetzt werden.

Beschlüsse gelten z. B. für eine Regierung oder ein Unternehmen.

Empfehlungen und Stellungnahmen sind unverbindlich.

Der Europäische Rat – der „Gipfel"

Der Europäische Rat (s. M 1) tagt in der Regel viermal im Jahr („Gipfeltreffen"), bei Problemen wie beim Brexit auch häufiger. Seit 2009 wird der Ratspräsident für jeweils zweieinhalb Jahre gewählt. Er bestimmt die Grundsätze der Außen- und Sicherheitspolitik, formuliert die allgemeinen politischen Ziele und setzt Schwerpunkte zur Entwicklung der Union. Er gibt Impulse, ist aber an der unmittelbaren Gesetzgebung nicht beteiligt.

Der Ministerrat – die Stimmen der Mitgliedsstaaten

Der Rat der EU, „Ministerrat" oder kurz „**Rat**" genannt, setzt sich aus den jeweiligen Fachministerinnen und Fachministern der Mitgliedsländer oder ihren Vertreterinnen und Vertretern zusammen. Diese können für ihre Regierungen verbindlich handeln. Gemeinsam mit dem Europäischen Parlament ist der Rat Gesetzgeber der Union. Der Vorsitz wechselt halbjährlich zwischen den Ländern in der Reihenfolge ihrer Größe. Beschlüsse werden entweder einstimmig (z. B. Steuerpolitik), in den meisten Fällen aber mit qualifizierter Mehrheit gefasst: 55 % der Ratsmitglieder aus mindestens 15 Ländern müssen 65 % der EU-Bevölkerung ausmachen.

Das Europäische Parlament (EP) – die Stimme der Bürgerinnen und Bürger

Das Europäische Parlament wurde 2019 zum zehnten Mal seit 1979 direkt für fünf Jahre gewählt. Auf die Länder entfallen zwischen 96 (Deutschland) und 6 (Malta) Abgeordnete.

Die anfänglichen Beratungsrechte des Parlaments werden schrittweise erweitert.

- **Mitentscheiden** beim „ordentlichen Gesetzgebungsverfahren", gemeinsam mit dem Ministerrat: Seit dem Vertrag von Lissabon gilt das für die meisten Politikbereiche. Hinzu kommt das **Haushaltsrecht** für die Genehmigung der Geldausgaben der Union.
- **Zustimmung** muss es bei internationalen Verträgen geben, z. B. zum Beitritt neuer Länder und bei der Ernennung der Kommission. 2019 musste z. B. die Wahl der neuen Kommission verschoben werden, weil das Parlament drei der Kandidaten für ungeeignet hielt.
- Eine **Anhörung** zur Beratung erfolgt in den Politikbereichen, für die im Ministerrat Einstimmigkeit vorgesehen ist, z. B. bei der Steuer- und Außenhandelspolitik.

Das Parlament kontrolliert die EU-Organe, kann **Untersuchungsausschüsse** einrichten, **Petitionen** der Bürgerinnen und Bürger annehmen und der Kommission das **Misstrauen** aussprechen. Der Sitz ist Straßburg, die Ausschüsse tagen in Brüssel. Die Abgeordneten vertreten ihre nationalen Interessen, mit ihren Fraktionen auch parteipolitische Ziele.

Die Europäische Kommission – „Regierung" der Union

Die Europäische Kommission in Brüssel ist praktisch die Regierung der Union. Den Vorsitz hat ein Präsident. Jeder EU-Staat schlägt eine Kandidatin oder einen Kandidatin vor, 2019 erfolgte dies ohne Großbritannien. Die Kommissionsmitglieder werden dann vom Parlament gewählt und vom Rat ernannt. Von Weisungen ihrer Regierungen unabhängig, sind sie nur dem Parlament rechenschaftspflichtig.

Das Vorschlagsrecht für Rechtsakte liegt bei der Kommission. Sie übernimmt aber auch Anregungen von Parlament und Ministerrat, formuliert die Rechtsakte, sorgt für ihre Durchführung und Einhaltung. Bei Verstößen kann sie Bußgelder verhängen. Der **Hohe Vertreter für die Außen- und Sicherheitspolitik** ist zugleich Vizepräsident der Kommission.

Der Europäische Gerichtshof (EUGH) – Hüter des Rechts

Der EUGH hat seinen Sitz in Luxemburg und kann von EU-Institutionen, Regierungen, Verbänden, Unternehmen und einzelnen Bürgerinnen und Bürgern angerufen werden, wenn es um Auslegung und Anwendung des europäischen Rechts geht.

Der Europäische Rechnungshof – Wächter über die Geldverwendung

Der Rechnungshof mit dem Sitz in Luxemburg kontrolliert die ordnungsgemäße Verwendung der Finanzmittel der EU. Er darf alle Institutionen und Personen überprüfen, die EU-Gelder erhalten. Betrugsfälle werden dem **Amt für Betrugsbekämpfung (OLAF)** gemeldet.

Beratende Ausschüsse

Im **Wirtschafts- und Sozialausschuss** sind Gewerkschaften, Arbeitgeber- und andere Verbände vertreten. Im **Ausschuss der Regionen** werden die deutschen Bundesländer und der Städte- und Gemeindebund vertreten. Sie müssen vom Rat und von der Kommission gehört werden, wenn ihre Anliegen beraten werden.

Mitwirkung der nationalen Parlamente und der Bürgerinnen und Bürger

- Bei allen Vorhaben der EU-Gesetzgebung müssen die nationalen Parlamente „frühzeitig und umfassend" informiert werden. Vor allem wachen sie darüber, ob das Prinzip der **Subsidiarität** eingehalten wird. Das bedeutet, dass die EU in einer Sache nur tätig werden darf, wenn sie von den einzelnen Mitgliedsstaaten nicht erfüllt werden kann.
- Mit dem **Europäischen Volksbegehren** kann die Kommission mit einer Mio. Unterschriften (von 500 Mio. EU-Bürgerinnen und Bürgern) aufgefordert werden, Gesetzesvorschläge vorzubereiten.

M 2

Europäisches Parlament

Fraktionen (Stand: 20.11.2023)

EVP Europäische Volkspartei	178
S&D Progressive Allianz der Sozialdemokraten	141
Renew Europe (Liberale)	101
Grüne/EFA - Die Grünen/Freie Europäische Allianz	72
EKR - Europäische Konservative und Reformer	66
ID - Identität und Demokratie	60
Die Linke	37
Fraktionslose	49
	704

(Ein Sitz ist zurzeit unbesetzt.)

vgl. Europäisches Parlament 2023

Arbeitsvorschläge

1. *Ordnen Sie die EU-Organe den Bereichen Legislative, Exekutive und Judikative zu. (M 1, S. 252)*
2. *Ermitteln Sie die Fraktionen im Europäischen Parlament, in denen deutsche Parlamentarierinnen und Parlamentarier mitarbeiten.*
3. *Vergleichen Sie einstimmige Beschlüsse und solche mit qualifizierter Mehrheit im Rat hinsichtlich der Handlungsfähigkeit der Union und der Interessenwahrung der Länder.*

3 Die Europäische Zentralbank – Hüterin der Währung

Christine Lagarde, EZB-Präsidentin

Geldpolitik

M 1 Zinswende der Europäischen Zentralbank

Die Rekordinflation in der Eurozone bis zu 10 % hat die Europäische Zentralbank gezwungen, ihre Politik des „lockeren Geldes" aufzugeben. Um die Wirtschaft der südlichen Euroländer zu stärken, war der **Leitzins** von 2016 bis zum Sommer 2022 auf „null" gesenkt worden. Erst wegen der steigenden Inflation – 2022 teilweise bis über 10 % – erfolgte im Juli 2022 die erste zaghafte Anhebung des Leitzinses auf 0,5 %. Trotz Sorgen um einen Wirtschaftsabschwung durch die Coronakrise und den Krieg in der Ukraine wurde der Leitzins bis März 2023 schrittweise auf 3,5 % angehoben.

Der 1. Januar 1999 ist die Geburtsstunde des Euro. Seitdem bestimmt die **Europäische Zentralbank (EZB)** mit Sitz in Frankfurt a. M. die Richtlinien der Geldpolitik für die nunmehr 20 Mitgliedsländer der **Eurozone**. Mit Einführung des Euro als Bargeld 2002 regelt sie auch den Geldumlauf und die Kreditversorgung der 20 Länder.

Zudem regelt sie den Umtausch von Fremdwährungen. Das sind Währungen der acht EU-Länder, die den Euro nicht eingeführt haben, z. B. Polen und Schweden, aber auch die Währungen der übrigen Welt. Der Umtausch erfolgt zu einem Wechselkurs, z. B. 1,00 € zu 1,10 $).

Das **Hauptziel** der Geldpolitik ist die **Preisstabilität**. Der jährliche Preisanstieg soll auf „um 2 %" begrenzt werden. Vorher galt das Ziel „knapp unter 2 %". Nebenziel ist die Unterstützung der allgemeinen Wirtschaftspolitik der EU. Dafür stehen der EZB geldpolitische Mittel zur Verfügung. Über diese entscheidet der **EZB-Rat**.
Auch die **Deutsche Bundesbank** in Frankfurt a. M. ist wie alle Nationalbanken im Euroraum Mitglied des EZB-Rats. Sie überwacht den Zahlungsverkehr in Deutschland und die deutschen Währungsreserven. Sie ist „Bank der Banken" und „Hausbank" des Bundes.

Europäisches System der Zentralbanken

EZB-Rat
Direktorium
Präsident
vier weitere Mitglieder
+
20 Präsidenten der nationalen Zentralbanken (NZB) der Euroländer

Erweiterter Rat
(nur Beratung)
Präsident und Vize-Präsident der EZB
+
27 NZB-Präsidenten aller EU-Länder

Der **Euro** gilt in 20 Staaten der EU sowie in Monaco, San Marino, Vatikan, Andorra, Kosovo und in sechs Überseegebieten.

Euro-Anwärter
- Tschechien
- Polen
- Ungarn

M 2 Mittel der Geldpolitik

1. **Der Leitzins** wird von der EZB bestimmt. Von ihm hängen alle übrigen Zinsen ab.
Andere Banken können sich von der Bundesbank Geld zum Leitzins leihen. Sie verleihen das Geld dann zu einem höheren Zinssatz. Weil der Leitzins lange bei „null" war (s. M 1), gab es viele Jahre, z. B. auf Sparbücher, keine Zinsen. Dies wird sich ab 2023 ändern.
Geld können Banken auch bei der Bundesbank „parken". Dafür bekamen sie lange Zeit keine Zinsen und mussten sogar „Strafzinsen" zahlen. Diese wurden teilweise an Kundinnen und Kunden mit hohen Einlagen weitergegeben. Das waren dann „Aufbewahrungsgebühren".

Hohe Zinsen	Niedrige Zinsen
– Kredite werden teurer.	– Kredite werden billiger.
– weniger Investitionen	– mehr Investitionen
– weniger privater Verbrauch	– mehr privater Verbrauch
– geringerer Preisanstieg	– Wirtschaft bleibt stabil.

2. **Die Geldmenge** kann durch zwei Maßnahmen direkt beeinflusst werden:
   - **Offenmarktpolitik**: Hier werden Wertpapiere (z. B. Aktien) von Banken gekauft oder an sie verkauft.
     - Beim Kauf kommt „frisches Geld" in den Umlauf.
     - Beim Verkauf wird Geld dem Umlauf entzogen.
   - **Mindestreservepflicht:** Banken müssen zur eigenen Sicherheit bei der Bundesbank Reserven halten. Gegenwärtig sind dies 1 % der „Einlagen", z. B. Guthaben von Firmen und Privatpersonen auf ihren Konten.

Bis 2008 haben die geldpolitischen Maßnahmen so gewirkt, wie sie gedacht waren. Der Leitzins pendelte zwischen 2000 und 2008 zwischen 2,5 und 4,5 %. Das änderte sich mit der **Bankenkrise in den USA**. Die US-Notenbank erhöhte den Leitzins. Arme Hausbesitzerinnen und -besitzer konnten ihre Kredite nicht mehr bezahlen. Ihre Schuldverschreibungen wurden wertlos. Banken mit solchen „Papieren" drohte die Pleite. Das Ausfallen dieser Banken hätte die gesamte Weltwirtschaft gefährdet. EZB und IWF griffen daher ein.

M 3 Die Bankenrettung

- Die Kreditwürdigkeit Islands und Griechenlands wird von amerikanischen Ratingagenturen herabgestuft. Neue Kredite auf dem Kapitalmarkt werden teurer. Um Staatspleiten zu verhindern, erhalten sie von der **EZB** und dem **Internationalen Währungsfonds (IWF)** günstige Kredite. Sie müssen Reformen versprechen.
- Ab 2012 soll ein **Europäischer Stabilitätsmechanismus (ESM)** mit zunächst 700 Mrd. € für günstige Kredite die Wirtschaft stabilisieren. Bei Island und Portugal ist das gelungen. Im **Fiskalpakt** verpflichten sich 2013 25 der damals 27 EU-Länder zu einer **Schuldenbremse**.
- 2014 beginnt die **Bankenunion** unter Aufsicht der EZB: Erhöhung des Eigenkapitals, um Krisen selbst lösen zu können. Zuerst sollen dann Eigentümer und Kreditgeber haften. Bei Bankenpleiten sollen als Erste Eigentümer und Kreditgeber haften.

Kranke Staatsfinanzen
Die Mehrzahl der Euroländer ist höher verschuldet, als sie bei der Einführung des Euro zugesagt haben.

Stabilitätspakt
Euroländer sollen neue Schulden auf 3 % und die Gesamtverschuldung auf 60 % ihres Bruttoinlandsproduktes (BIP) begrenzen.

BIP = Wert aller Güter und Dienstleistungen in einem Jahr

M 4 Rettung mit billigem Geld – und die Folgen

- Mit der „lockeren „Geldpolitik" (s. M 1, S. 254) versuchte die EZB, vor allem die Wirtschaft der „EU-Südländer" anzukurbeln. Auch die hohe Arbeitslosigkeit musste bekämpft werden. Seit 2015 wurden große Schuldverschreibungen von der EZB aufgekauft und der Leitzins wurde auf „null" gesetzt (s. M 2, S. 254). Nun erhielten Sparerinnen und Sparer, aber auch Lebensversicherungen für ihre Geldanlagen kaum noch Zinsen. Dies erschwert auch die Altersvorsorge vieler Menschen.
- Billiges Geld reizt zu Ausgaben. Da Geldanlage bei Banken nicht mehr lohnt, fließt es in Immobilien. Immobilienpreise und Mieten steigen und tragen zur Geldentwertung bei. Nur Bund, Länder und Gemeinden sparen bei ihren Schuldendiensten Milliarden.

Mit der **Zinswende**, die nach Ansicht der Deutschen Bundesbank viel zu spät erfolgt ist, könnte die Inflation gebremst werden. Welche Auswirkungen die veränderte Zinspolitik auf die Wirtschaft und damit auf den Arbeitsmarkt hat, ist noch nicht abzusehen. Dies hängt auch davon ab, wie sich die kriegerischen Auseinandersetzungen in der Ukraine und in der Welt entwickeln.

Wechselkurspolitik

Freie Wechselkurse ergeben sich durch Angebot und Nachfrage an den Devisenmärkten. Zu starke Schwankungen, wie beim Dollar, können zu Risiken beim Außenhandel führen. Deshalb wurden in der EWG 1979 **feste Wechselkurse** mit einem Leitkurs verabredet. Dafür wurde ein **Wechselkursmechanismus (WKM)** eingeführt. Bandbreiten von zunächst bis zu +/– 1,5 % eines von der EZB festgesetzten Leitkurses müssen eingehalten werden. Nähert sich der Wechselkurs einer nationalen Währung dieser Grenze, greifen die Zentralbanken ein. Durch Ankauf werden sinkende Kurse aufgefangen, durch Verkauf werden Kurssteigerungen abgebremst. Voraussetzung für die Einführung des Euro ist die Teilnahme am WKM. Die Bandbreite der Wechselkurse ist dann +/– 2,5 %.

Arbeitsvorschläge

1. *Erklären Sie an Beispielen die Einflüsse niedriger oder hoher Zinsen auf Ihr Kaufverhalten.*
2. *Ermitteln Sie aus M 2 auf S. 254, wie die EZB die Geldmenge beeinflusst.*
3. *Informieren Sie sich in den Medien über währungspolitische Entscheidungen der EZB und deren beabsichtigte Wirkung im Zusammenhang mit der Wirtschaftsentwicklung. Berichten Sie darüber in Ihrer Klasse.*
4. *Formulieren Sie aus M 3 und M 4 mehrere Schlagzeilen.*
5. *Erkunden Sie den gegenwärtigen Wechselkurs zur Währung eines Nicht-EU-Landes, in dem Sie in Zukunft einen Urlaub machen möchten.*

4 Der europäische Binnenmarkt

M 2

Was bringt uns der EU-Binnenmarkt

Handelshemmnisse werden abgebaut:
Normen werden vereinheitlicht oder müssen weichen (z. B. Lebensmittelvorschriften

▼

Binnengrenzen fallen weg:
keine Zollformalitäten mehr

▼

Markt wird größer:
Unternehmen können in größerem Stil und deshalb kostengünstiger produzieren

▼

Wettbewerb nimmt zu:
Unternehmen müssen schärfer kalkulieren – Verbraucherinnen und Verbraucher profitieren

M 1

Mit der Einführung des Binnenmarktes zum 1. Januar 1993 wurde ein wichtiger Schritt zum weiteren Zusammenwachsen Europas beschritten. Er soll vor allem die wechselseitigen Wirtschaftbeziehungen erleichtern. Die Ziele wurden bereits 1986 in der „Einheitlichen Europäischen Akte“ formuliert:

Karikatur von Gerhard Mester

1. Verwirklichung eines Raums ohne Binnengrenzen
2. Durchführung strukturpolitischer Maßnahmen
3. Zusammenarbeit auf den Gebieten Forschung und technologische Entwicklung
4. Zusammenarbeit in der Wirtschafts- und Währungspolitik (Wirtschafts- und Währungsunion)
5. Soziale Dimension (Vereinheitlichung der Arbeitnehmerrechte)
6. Umweltpolitik

vgl. Presse- und Informationsamt der Bundesregierung o. J.

M 3 Die Voraussetzungen für den Binnenmarkt sind die **vier Grundfreiheiten:**

1. **Freier Personenverkehr:** Jeder Bürger kann ohne Kontrolle in alle Länder der EU reisen, seinen Arbeitsplatz suchen oder sich selbstständig machen. Mit Ausnahme von Großbritannien und Irland entfallen die Grenzkontrollen. Bei Neumitgliedern gibt es zeitliche Übergangsregelungen, auch für den Arbeitsmarkt.
2. **Freier Warenverkehr:** Durch den Wegfall der Grenzkontrollen können alle Waren in der EU frei befördert werden. Um zusätzliche Handelshemmnisse zu beseitigen, ist es erforderlich, z.B. Normen und Verbraucherschutzvorschriften anzugleichen.
3. **Freier Dienstleistungsverkehr:** Verbraucher haben durch EU-weite Dienstleistungsunternehmen wie Banken und Versicherungen eine größere Auswahl.
4. **Freier Kapitalverkehr:** Jeder kann sein Geld dort anlegen oder borgen, wo es ihm am vorteilhaftesten erscheint. Geldbeträge können unbeschränkt mitgeführt werden.

Vorausgegangen ist 1968 die **Zollunion** mit der schrittweisen Abschaffung von Zöllen zwischen den Mitgliedern der damaligen „Europäischen Gemeinschaft“. Außer zu den Teilnehmern am **Europäischen Wirtschaftraum (EWR** = EU + Norwegen, Island und Liechtenstein) sowie gegenüber der Türkei (seit 1996) und den Zwergstaaten Andorra und San Marino wird gegenüber Drittstaaten Zoll erhoben, wenn bestimmte Freimengen überschritten werden.

Unterschiede bleiben bei den nationalen Verbrauchsteuern. Privatreisende zahlen die Umsatzsteuer für Waren des privaten Bedarfs im jeweiligen Land. Händler kaufen ihre Waren in anderen EU-Ländern steuerfrei ein und versteuern sie zu Hause.

Reisemitbringsel aus dem Urlaub (2023)
Bei der Rückreise aus EU-Ländern gelten für den privaten Verbrauch keine Mengenbeschränkungen.

Bei Genussmitteln wird unterschieden (Beispiele):

EU	**Drittländer**
Zigaretten	
800 Stück	200 Stück
Spirituosen	
10 l	1 l
Bier	
110 l	16 l

vgl. Bußgeldkatalog 2023

M 4 Neben den Vorteilen des Binnenmarkts werden auch Nachteile befürchtet.

- Arbeitnehmerinnen und Arbeitnehmer sorgen sich über die Abwanderung deutscher Unternehmen in EU-Länder mit geringeren Löhnen oder wenn dort strukturpolitische Zuschüsse winken (s. S. 258f.).
- Handwerksmeister sehen eine billige Konkurrenz durch ausländische Fachkräfte, die mit sechsjähriger Berufserfahrung nach EU-Recht selbstständig arbeiten dürfen.

M 5 **Einigung im Brexit-Streit um Nordirland.** Im Brexit-Vertrag zwischen der EU und Großbritannien ist vorgesehen, dass die Zollgrenze nicht auf der irischen Insel, sondern in der Irischen See verläuft und die EU-Regeln für ganz Irland gelten. Neue Gewalt in Irland soll vermieden werden. Es gibt aber Streit um die Anwendung der Regeln. Nun ist es zu einer Einigung im Nordirland-Protokoll gekommen. Es sollen nur Waren zwischen der EU und Großbritannien, die über Nordirland transportiert werden, verzollt werden. Waren von der Hauptinsel nach Nordirland bleiben unverzollt.
vgl. ARD-aktuell/Tagesschau.de 2023.

SOLVIT hilft Bürgerinnen und Bürgern sowie Unternehmen bei Problemen mit dem Binnenmarkt

SOLVIT ist ein Onlinenetzwerk zur Lösung von Problemen, die durch eine fehlerhafte Anwendung von Binnenmarktvorschriften durch Behörden entstehen, und seit Juli 2002 in Betrieb.
Themenbereiche sind u. a.:
- Anerkennung von Berufsqualifikationen,
- Zugang zu Aus- und Weiterbildung,
- Aufenthaltsgenehmigungen,
- soziale Sicherung,
- Zulassung von Produkten.

SOLVIT-Stellen sind Teil der nationalen Verwaltungen und sollen innerhalb von 10 Wochen Problemlösungen finden.

Nähere Informationen zu SOLVIT finden Sie auf der Internetseite der **Europäischen Kommission:** ec.europa.eu/solvit/index_de.htm

Parallel zur Öffnung des Binnenmarkts ist das Schengener Abkommen in Kraft getreten. Im Schengenraum entfallen grundsätzlich alle Grenzkontrollen zwischen den beteiligten Ländern. Nur in Seehäfen und internationalen Flughäfen bleiben die Pass- und Zollkontrollen, weil auch Menschen aus Drittstaaten in den Schengenraum einreisen. Bis auf Irland, Bulgarien, Rumänien und Zypern sind alle EU-Länder dabei. Das neueste Mitglied ist seit 2022 Kroatien. Hinzu kommen Island, die Schweiz und Liechtenstein.

Durch Grenzkontrollen an allen **Außengrenzen** der Schengen-Staaten soll grenzüberschreitende Kriminalität bekämpft werden. Außerdem geht es darum, illegale Einreise in die EU zu verhindern. Vor allem seit 2015 ist das nur unzureichend gelungen. Zu viele Flüchtende (aus Bürgerkriegsländern wie Syrien, Irak, aber auch afrikanischen Staaten) kommen unkontrolliert in die EU. Deshalb werden wieder, zeitlich begrenzt, von einigen Ländern Grenzkontrollen eingeführt.
Der Grenzschutz wird international unterstützt. So arbeiten z. B. deutsche Zollbeamtinnen und -beamte in Polen an den Grenzen zu Weißrussland.

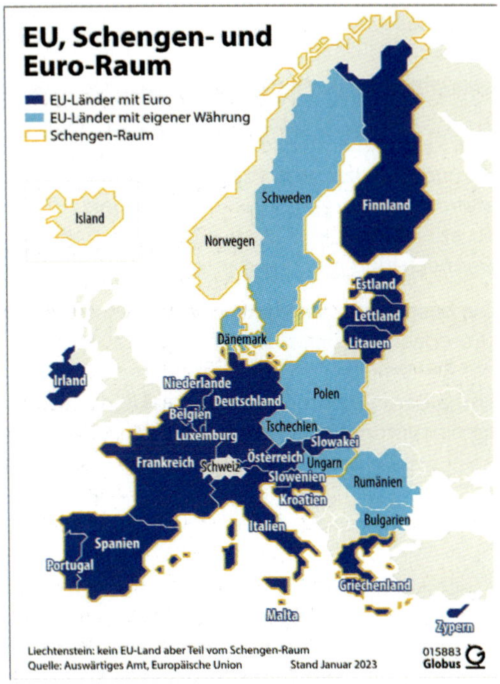

Für die Strafverfolgung bei schwerer Kriminalität und Terrorismus ist **Europol** in Den Haag zuständig. Allerdings ist die Ausweitung ihrer Kompetenzen noch strittig. Auch der Informationsfluss zwischen den Sicherheitskräften der EU muss verbessert werden.

Zur Bewältigung von Flüchtlingsströmen, die über das Mittelmeer vor allem nach Griechenland, Italien und Spanien kommen, wurde bereits 2005 die EU-Grenzschutzbehörde **Frontex** (franz. „frontières extérieures") gegründet. Ab 2016 heißt sie „Europäische Agentur für Grenz- und Küstenwache". Sie soll Flüchtende ohne Papiere identifizieren und Reisedokumente der Herkunftsländer anfordern. Kritisiert werden seit Jahren Menschenrechtsverletzungen, die von Frontex geduldet oder sogar selbst verübt werden, z. B. durch Zurückweisungen nach Afrika.

Arbeitsvorschläge

1. *Beschreiben Sie die vier Freiheiten des Europäischen Binnenmarktes mit je einem Beispiel. (M 3)*
2. *Berichten Sie über Ihre Erfahrungen an den Grenzen innerhalb und außerhalb der EU.*
3. *Verfolgen Sie Medienberichte, wie die Irland-Vereinbarungen umgesetzt werden. (M 5)*
4. *Recherchieren Sie im Internet und berichten Sie, ob und wie sich der Schengen-Raum entwickelt.*

Erasmus +

Das EU-Programm für allgemeine und berufliche Bildung, Jugend und Sport läuft bis 2027
www.erasmusplus.de

Bundesagentur für Arbeit

Zentrale Auslands- und Fachvermittlung (ZAV)
www.arbeitsagentur.de/zav

Unterstützung bietet auch das europäische Job-Netzwerk EURES.

EURES

http://eures.europa.eu

Europass-Dokumente:
- Lebenslauf
- Sprachenpass
- Zeugniserläuterung
- Diplomzusatz
- Mobilitätsnachweis

www.europass-info.de

Weitere Informationen sind bei den Agenturen für Arbeit erhältlich.

IBS

Informations- und Beratungsstelle für Aus- und Weiterbildung im Ausland beim Bundesinstitut für Berufsbildung
Internet: www.go-ibs.de
E-Mail: ibs-info@bibb.de
Tel.: 0228/107-1646

5 Das soziale Europa

Leben und Arbeiten in Europa

In einer Berufsschulklasse mit Auszubildenden zum Beruf Koch/Köchin wird das Thema „Europäischer Binnenmarkt" erörtert. Dabei stellt sich die Frage, welche Arbeitsbedingungen in einem anderen EU-Land vorzufinden sind, wenn das Recht auf Freizügigkeit in Anspruch genommen wird, um nach der Ausbildung dort einen Arbeitplatz zu finden. Neun von 21 Schülerinnen und Schülern ziehen einen solchen Schritt in Erwägung. Eine Schülerin berichtet von einer Freundin aus Braunschweig, deren Handelslehranstalt an Austauschprogrammen mit Betriebspraktika in Spanien beteiligt ist.

M 1 Erasmus+

Internationale Berufserfahrungen vertiefen die eigenen Fähigkeiten und sind bei Bewerbungen um einen neuen Arbeitsplatz von Vorteil. Das Förderprogramm **Erasmus+** fördert u. a. Auslandspraktika zwischen zwei Wochen und 12 Monaten in allen Ländern der EU und des Europäischen Wirtschaftsraums (Island, Norwegen, Schweiz). Teilnehmen können z. B. Berufsschülerinnen und Berufsschüler sowie Berufsfachschülerinnen und Berufsfachschüler. Auslandspraktika werden von vielen Berufsschulen organisiert.

Das Recht, überall in der europäischen Union leben und arbeiten zu können, gilt seit 1968 als „Grundrecht der Arbeitnehmer". Für die Arbeitsaufnahme werden bei neuen Mitgliedsländern allerdings Übergangsfristen vereinbart. Um die Arbeitsaufnahme in einem anderen EU-Land zu erleichtern, wird an der gegenseitigen Anerkennung von Berufsabschlüssen gearbeitet. Dennoch sind manche deutschen Berufsbezeichnungen in anderen Ländern unbekannt.

Die beste Hilfe, die eigenen Kenntnisse und Fertigkeiten nachzuweisen, bietet der EU-Service „Europass". Er bietet z. B. Unterstützung beim Erstellen von Bewerbungsunterlagen sowie bei der Dokumentation von Kompetenzen und dem Vergleich von Qualifikationen. Zum Beispiel enthält er in mehreren Sprachen Hilfen, die eigenen Zeugnisse und Leistungsnachweise richtig einzuordnen. Das erleichtert eine der Qualifikation entsprechende Bezahlung.

M 2

Informationen über Ausbildungs- und Studienmöglichkeiten im Ausland bieten die Berufsinformationszentren (BIZ) der lokalen Agenturen für Arbeit. Hilfen bietet auch die europäische Jobagentur EURES. Für die Arbeitsaufnahme im Ausland nach der Ausbildung gilt:

- Wer länger als drei Monate in einem Mitgliedsstaat der EU lebt, muss eine Aufenthaltserlaubnis beantragen. Sie muss gewährt werden, wenn ein Arbeitsverhältnis vorliegt. Dies gilt nicht bei „Nebenjobs" von Studierenden. Diese müssen drei Bedingungen erfüllen, um eine Aufenthaltserlaubnis zu bekommen:
  - Sie müssen an einer Hochschule eingeschrieben sein,
  - ausreichende Mittel für den Lebensunterhalt nachweisen,
  - krankenversichert sein.
- Erwerbstätige sind in dem Land kranken-, arbeitslosen und rentenversichert, in dem sie arbeiten. Das gilt auch dann, wenn sie in einem anderen Mitgliedsstaat wohnen oder der Arbeitgeber seinen Sitz in einem anderen Mitgliedsstaat hat. Ausgenommen davon sind Erwerbstätige, die für ihre deutsche Firma im Ausland arbeiten, z. B. „auf Montage". Erwerbstätige unterliegen aber nur den Rechtsvorschriften eines Landes.

Schutz sozialer Leistungen

Unterschiedliche Traditionen haben in Europa auch abweichende Sozialsysteme hervorgebracht, die sich nach allgemeiner Einschätzung nur teilweise angleichen lassen. Dies betrifft u. a. tarifliche und gesetzliche Lohnnebenkosten. Zu starke Benachteiligungen sollen jedoch durch die europäische **Sozialpolitik** gemindert und neue vermieden werden. Diese ergänzt die Strukturpolitik der EU (s. S. 258 f.) u. a. mit Bestimmungen zum Arbeitsschutz. Dazu gehören z. B. die Verbesserung des Mutterschutzes und die Festlegung des gesetzlichen Mindesturlaubs, der deshalb in Deutschland von 18 auf 24 Werktage erhöht werden musste.

Ziel ist die Angleichung des Arbeitsschutzes auf ein Mindestniveau, ohne weitergehende Vorschriften anderer Länder anzutasten. Es besteht die Befürchtung, dass zusätzlicher Arbeitsschutz die Kluft zwischen den armen und reichen Regionen in Europa vertiefen könnte. Produktionskosten würden erhöht und damit die Wettbewerbsfähigkeit vermindert.

M 3 Die Festlegung von Mindeststandards, z. B. beim Arbeitsschutz, verhindert aber in keinem Land bessere Arbeitsbedingungen, die dort gelten. Kritiker befürchten, dass zusätzliche Arbeitsschutzauflagen die Kluft zwischen den ärmeren und den reicheren Regionen noch vergrößern würden. Arbeitsschutz erfordert häufig Zusatzkosten und könnte damit auch die Wettbewerbsfähigkeit dieser Regionen schwächen. Damit wären Arbeitsplatzverluste und geringere Einkommen möglich. Das soll aber gerade durch die EU-Strukturpolitik verhindert werden.

Grundlage für den sozialen Arbeitsschutz in der Europäischen Union ist die **„Gemeinschaftscharta der sozialen Grundrechte der Arbeitnehmer“** von 1989.

Arbeitsschutzfragen waren auch ein wichtiges Thema bei dem Handelsabkommen mit Großbritannien nach dem Brexit, um Einfuhren zu Dumpingpreisen zu verhindern.

Arbeitnehmerinnen und Arbeitnehmern aus Kroatien ist der EU-Arbeitsmarkt am 01.01.2015 geöffnet worden. Damit endet die Arbeitsmarktbeschränkung.

M 4 **EU-Sozialcharta**

„1. Das Recht der Arbeitnehmer, in dem Mitgliedsstaat ihrer Wahl zu arbeiten
2. Das Recht auf ein geregeltes Entgelt
3. Das Recht auf verbesserte Lebens- und Arbeitsbedingungen
4. Das Recht auf sozialen Schutz entsprechend den Gegebenheiten der einzelnen Mitgliedsstaaten
5. Die Koalitionsfreiheit und das Recht auf Tarifverhandlungen
6. Das Recht auf Berufsausbildung
7. Das Recht von Männern und Frauen auf Gleichbehandlung
8. Das Recht der Arbeitnehmer auf Unterrichtung, Anhörung und Mitwirkung
9. Das Recht auf Gesundheitsschutz und Sicherheit am Arbeitsplatz
10. Der Kinder- und Jugendschutz
11. Das Recht der älteren Menschen auf einen angemessenen Lebensabend
12. Die Förderung der sozialen und beruflichen Eingliederung von Menschen mit Behinderung“

Europäische Kommission 1996, S. 9

Auch in der Charta der Grundrechte der Europäischen Union werden Arbeitnehmerrechte formuliert und sind mit dem Vertrag von Lissabon seit Dezember 2009 bindendes Recht.

M 5 **Teil II, Die Charta der Grundrechte der Europäischen Union**

Artikel II – 72	Versammlungs- und Vereinigungsfreiheit
Artikel II – 87	Recht auf Unterrichtung und Anhörung der Arbeitnehmerinnen und Arbeitnehmer im Unternehmen
Artikel II – 88	Recht auf Kollektivverhandlungen und Kollektivmaßnahmen
Artikel II – 90	Schutz vor ungerechtfertigten Entlassungen
Artikel II – 91	Gerechte und angemessene Arbeitsbedingungen
Artikel II – 92	Verbot von Kinderarbeit und Schutz der Jugendlichen am Arbeitsplatz

Deutscher Bundestag 2005 (verändert)

Arbeitsvorschläge

1. *Projekt „Arbeiten in Europa“: Erstellen Sie in Ihrer Klasse einen Fragenkatalog zur Arbeitsaufnahme und zu Arbeitsbedingungen in ausgewählten Ländern. (M 2, M 4, M 5) Sammeln Sie diese Informationen in Arbeitsgruppen und präsentieren Sie Ihre Ergebnisse.*
2. *Ermitteln Sie Informationen zu Betriebspraktika in der EU. (M 1, S. 258)*
3. *Erstellen Sie mithilfe der Homepage www.europass-info.de eine Bewerbung für ein Land Ihrer Wahl.*
4. *Diskutieren Sie den Zielkonflikt zwischen Arbeitsschutz und Erwerbschancen, z. B. für Frauen während der Schwangerschaft, wenn sie gern im Akkord arbeiten würden, um mehr zu verdienen, es aber nicht dürfen. (M 3)*

6 Europäische Struktur- und Beschäftigungspolitik

M 1 Kompromiss für den EU-Haushalt 2021 – 2027 und die Corona-Milliarden

Der 10. Dezember bringt den Durchbruch für den EU-Haushalt: 1 074 Mrd. € für die Förderperiode 2021 bis 2027 und 750 Mrd. € für die Corona-Aufbauhilfe „Connecting Europe“. Davon sind 330 Mrd. € für die Strukturpolitik. Am Vortag kann die Ratspräsidentin Angela Merkel die Blockade Ungarns und Polens durch einen Kompromissvorschlag abwenden. Bei Korruption und Verstößen gegen Rechtsstaatlichkeitsprinzipien der EU sollen Geldmittel gekürzt werden. Die Vertragsverletzungen sollen zunächst vor den Europäischen Gerichtshof gebracht werden. Nun kann auch die Klimazielreform verabschiedet werden.

Der Streit um die Corona-Aufbauhilfen wurde bereits im Juli beigelegt. Nach der Blockade-Drohung der Niederlande wurde der Zuschussanteil von 500 auf 390 Mrd. € gesenkt. 360 Mrd. € sind nun Kredite. Das Geld soll 2021 und 2022 vor allem an die besonders von Corona betroffenen Länder Italien, Spanien und Griechenland fließen.

vgl. Kafsack/Messler 2020, S. 7 sowie Spannagel/Hungerland 2020

Kohäsion
= Zusammenhalt

Zwischen den Ländern der Europäischen Union und in diesen selbst bestehen erhebliche Unterschiede bei Wirtschaftsleistung und Einkommen. Das widerspricht dem Ziel, die Lebensverhältnisse schrittweise anzugleichen **(Kohäsion)**. Die **EU-Wachstumsstrategie** soll diesen Prozess fördern und Europa zukunftsfähig machen. Mittel dafür sind vor allem die **Europäischen Struktur- und Investitionsfonds (ESI)**. Der mehrjährige Finanzrahmen ermöglicht Planungssicherheit.

M 4
Strukturförderung 2021 – 2027
(laufende Preise)

	(Mio. Einw.)	Mrd. €
Deutschland	(83,1)	18,4
Frankreich	(67,2)	16,8
Niederlande	(17,4)	1,3
Polen	(34,1)	75,0
Ungarn	(9,2)	22,5
Tschechien	(10,7)	21,8

M 2 Struktur- und Investitionsfonds 2021–2027 in Mrd. Euro	EU	D
– Europäischer Fonds für die regionale Entwicklung (EFRE)	200,4	10,9
– Europäischer Sozialfonds (ESF)	88,0	6,5
– Kohäsionsfonds für Umweltschutz und Verkehrsinfrastruktur (KF)	42,6	–
– *Ausgegliedert:* Europäischer Landwirtschaftsfonds für die Entwicklung des ländlichen Raums (ELER) (einschl. 7,5 Mrd. Euro aus Next Generation)	85,4	7,9

Zahlen zu M 2 und M 4: vgl. Council of the European Union o. J. und Europäische Kommission 2022

Die Dreiteilung der Regionen nach ihrer Wirtschaftskraft bleibt auch in der Förderperiode 2021–2027. Die Zuordnung der „stärker entwickelten Regionen“ wird auf 100 % angehoben. (s. M 3)

M 3

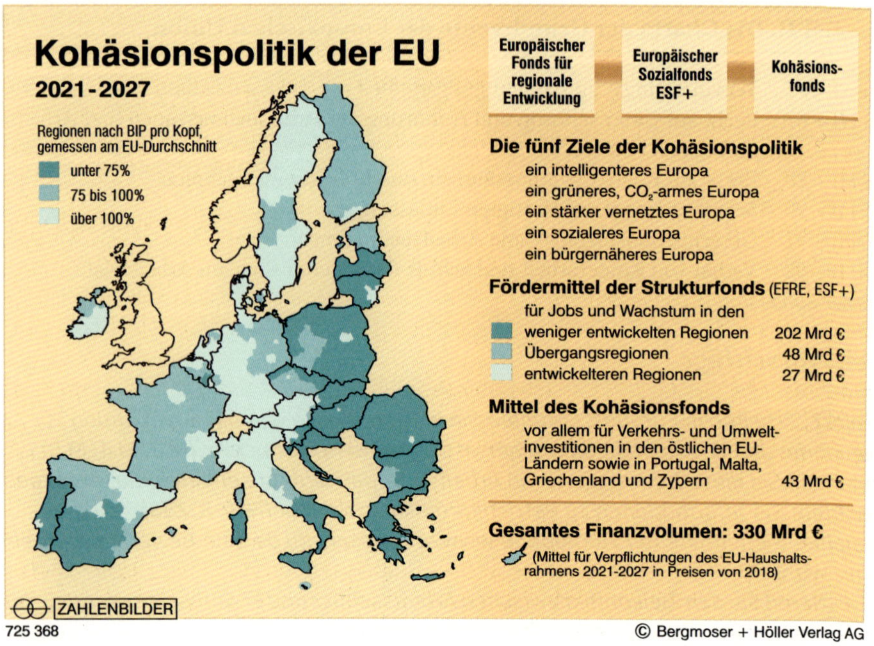

„(1) Die Mitgliedstaaten und die Union sind gehalten, auf die Entwicklung einer koordinierten Beschäftigungsstrategie und insbesondere auf die Förderung der Qualifizierung, Ausbildung und Anpassungsfähigkeit der Arbeitnehmer sowie der Fähigkeit der Arbeitsmärkte hinzuarbeiten, auf die Erfordernisse des wirtschaftlichen Wandels zu reagieren, um die Ziele der Vollbeschäftigung und des sozialen Fortschritts, eines ausgewogenen Wachstums sowie eines hohen Maßes an Umweltschutz [...] zu erreichen."

Europäisches Parlament. Ausschuss für Beschäftigung und soziale Angelegenheiten 2020, S. 3

M 7

Strukturförderung in Deutschland 2021 – 2027

	(Mio. Einw.)	Mrd. €
Berlin	(3,3)	0,8
Brandenburg	(2,5)	2,0
Meckl.-Vorpom.	(1,6)	1,3
Niedersachsen	(7,8)	2,4
Sachsen-Anhalt	(2,3)	1,9

(vgl. Länderveröffentlichungen)

Hauptmittel der Beschäftigungspolitik der EU ist der **Europäische Sozialfonds**. Um daraus Fördermittel für konkrete Projekte beantragen zu können, sind öffentlich-rechtliche oder private Partnerschaften zu bilden. Für die Berufsausbildung kann z. B. das Land Niedersachsen mit einer Handwerks- oder Industrie- und Handelskammer kooperieren und Zuschüsse für die überbetriebliche Ausbildung erhalten.
Nachdem der Kommissionsvorschlag von nur 15,9 Mrd. € für das Programm Erasmus+ vom EU-Parlament kritisiert worden ist, umfasste es bei den Schlussberatungen 21,7 Mrd. €. Mit dem Brexit nimmt Großbritannien nicht mehr daran teil und will ein eigenes Austausch-Programm schaffen.
Projekte, für die Anträge auf EU-Fördermittel gestellt werden, müssen mindestens für eins der fünf Ziele geeignet sein:

M 5 **Hauptziele für EU-Investitionen**

„1. Ein **intelligenteres Europa** durch Innovation, Digitalisierung, wirtschaftliche Transformation und Unterstützung kleiner und mittlerer Unternehmen.
2. Ein **umweltfreundlicheres, kohlenstofffreies Europa**, das das Pariser Abkommen umsetzt und in Energiewende, erneuerbare Energien und den Kampf gegen den Klimawandel investiert.
3. Ein **vernetzteres Europa** mit strategischen Verkehrs- und digitalen Netzen.
4. Ein **sozialeres Europa**, das die europäischen sozialen Rechte erfüllt und eine qualitativ hochwertige Beschäftigung, Bildung, Qualifikation, soziale Eingliederung und einen gleichberechtigten Zugang zur Gesundheitsversorgung unterstützt.
5. Ein **Europa näher an den Bürgern**, indem lokal geführte Entwicklungsstrategien und eine nachhaltige Stadtentwicklung in der gesamten EU unterstützt werden."

Michels/EU-Fördermittel Informations-Plattform 2020

M 6 Wichtige Bausteine für diese Ziele sind:

- Der **Europäische Fonds für die Anpassung an die Globalisierung** unterstützt Arbeitnehmerinnen und Arbeitnehmer, deren Betriebe oder auch ganze Wirtschaftszweige bei Problemen, die durch Veränderungen des Welthandelsgefüges entstehen.
- Die Initiative **Jugend in Bewegung** unterstützt „Mobilität zu Lernzwecken" und Beschäftigungsmobilität, z. B. bei einem Umzug zur Berufsaufnahme.

Ein Amt für Betrugsbekämpfung (OLAF) soll Verstöße gegen die ordentliche Mittelverwendung aufdecken.

Arbeitsvorschläge

1. *Entnehmen Sie aus M 1 Konflikte bei der Festlegung der Mittel für die Förderperiode 2021 bis 2027.*
2. *Die EU-Regionen werden nach ihrer wirtschaftlichen Leistungskraft in drei Bereiche eingeteilt (M 3). Ermitteln Sie dafür je ein regionales Beispiel mithilfe einer Landkarte.*
3. *Vergleichen Sie an einem Beispiel Ihrer Wahl aus M 3 und M 7 Unterschiede bei der Förderhöhe im Verhältnis zur Bevölkerungszahl. Begründen Sie diese.*
4. *Ermitteln Sie bei Ihrer Stadt- oder Kreisverwaltung geförderte Projekte und Fonds.*
5. *Erarbeiten Sie in Gruppen konkrete Beispiele aus M 2 und M 7, mit denen in M 6 genannte Ziele erreicht werden können.*

7 Die Agrarpolitik der EU

M 1 Unter Protest: Agrar-Rekord-Etat verabschiedet
Zeitgleich fahren rund 8.600 Traktoren am Brandenburger Tor vorbei. Anschließend Protestkundgebung mit ca. 40.000 Teilnehmern.
vgl. Eisel 2019

„Wir [...] stoßen Zukunftsthemen für Landwirte und Verbraucher an, wollen einen Beitrag zu einer starken und grüneren Agrarpolitik leisten."
Julia Klöckner, zitiert nach: Bundesministerium für Ernährung und Landwirtschaft (BMEL) 2020

M 2 Es geht um die Gülle: Die „roten Gebiete"

In einigen Regionen Deutschlands ist das Trinkwasser gefährdet. Das Grundwasser enthält dort zu hohe Nitratanteile. Nach der **EU-Grundwasserrichtlinie** aus dem Jahr 2006 wurden die Düngeregeln verschärft. Nach der **EU-Grundwasserrichtlinie** aus dem Jahr 2006 darf Leitungswasser höchstens 50 Milligramm Nitrat je Liter enthalten.
In Niedersachsen ist 2022 in rund 21 % der landwirtschaftlich genutzten Flächen eine zu hohe Nitratbelastung des Grundwassers zu verzeichnen. Man spricht hier von sogenannten „roten Gebieten". Da der Bundesrepublik von der EU hohe Strafzahlungen drohen, wurden die Düngeregeln verschärft. In roten Gebieten soll z. B. 20 % weniger gedüngt werden, denn die Nitratbelastung erfolge überwiegend durch die Düngung der Felder mit Gülle aus Tierhaltung und mit Gärresten der Biogasanlagen.

M 3 Der Zorn der Bauern

Die Umweltauflagen der Bundesregierung verärgern die Landwirtinnen und Landwirte. Sie fürchten um ihre Existenz. Die Landwirtinnen und Landwirte führen folgende Argumente gegen die Düngeverordnung auf:
- Düngeverordnungen nach dem „Rasenmäherprinzip": 20 % weniger Einsatz von Dünger in „roten Gebieten",
- die Abgrenzung der roten Gebiete ist wissenschaftlich nicht belegbar,
- ungleiche EU-Maßstäbe, uneinheitliche Nitrat-Messstellen, undichte Abwasserrohre,
- Belastungen durch Bürokratie, z. B. durch Dokumentation von gedüngten Flächen,
- Weizen von mageren Böden bei weniger Dünger ist für Backwaren ungeeignet,
- Preise für Landwirtschaftsprodukte decken häufig häufig nicht die Produktionskosten,
- große Handelsketten konkurrieren mit Billigpreisen bei Lebensmitteln und setzen damit auch Landwirtinnen und Landwirte unter Druck.

M 4 Forderungen der Landwirtinnen und Landwirte:
- Weg von Meinungsumfragen und Vermutungen – hin zu Fakten und Wissenschaft,
- Überprüfung der Nitrat-Messstellen, denn Nitratbelastung ist nicht immer durch Düngung erklärbar,
- Düngung muss nach Ergebnissen von Bodenuntersuchungen und dem Nährstoffbedarf der Pflanzen erfolgen. Die genaue Dosierung ist mit digitalisierter GPS-Technik erprobt.
- Gesetze und Verordnungen sind „am runden Tisch" mit den Landwirtinnen und Landwirten zu formulieren.

Gewässerschutz als Teil des Umweltschutzes kann nur länderübergreifend erfolgen. Die Landwirtschaft ist ein wichtiger Teil der Umwelt. Gegenwärtige Probleme haben ihren Ursprung in der Vergangenheit. Seit Beginn des Einigungsprozesses der EU zählt die Agrarpolitik zu den wichtigsten Aufgabenbereichen europäischer Politik. Ihre Anfänge stehen in Erinnerung an die Hungerjahre nach dem Zweiten Weltkrieg. Europa konnte sich noch nicht selbst versorgen. Deshalb wurde 1957 formuliert (Auszüge):

M 5 Ziele der Europäischen Agrarpolitik (vgl. § 39 EWG-Vertrag)
- Produktivitätssteigerung der Landwirtschaft durch Förderung von technischem Fortschritt und Rationalisierung,
- angemessene Lebenshaltung der landwirtschaftlichen Bevölkerung,
- Stabilisierung der Märkte und Versorgung der Verbraucher zu angemessenen Preisen.

„Marktordnungen" gewährten Landwirtinnen und Landwirten Preis- und Absatzgarantien, Überschüsse wurden aufgekauft und gelagert. Zölle schützten zeitweise die eigene Produktion, z. B. bei Geflügel. Aus dem Mangel wurden Überschüsse (sogenannte „Butterberge", „Milchseen"). Auch deshalb musste die **Gemeinsame Agrarpolitik (GAP)** mehrfach reformiert werden.

Durch diese Reformen sank der Anteil der Agrarausgaben am Gesamthaushalt der EU von 56 % 1991 auf 31 % in der Förderperiode 2014 bis 2020. Die gegenwärtige Agrardiskussion kann bis auf das Jahr 2001 zurückgeführt werden. Eine Rinderseuche führte zur **BSE-Krise**. Die damalige Landwirtschaftsministerin Renate Künast (Grüne) leitet die **ökologische Agrarwende** ein. Produktion, Handel und Verbrauch sollten umweltschonend ausgerichtet werden. Das Bio-Siegel wurde europaweit eingeführt. Für die Förderperiode 2023 bis 2027 traten in der GAP neue Richtlinien (GAP-Strategieplan 2023) in Kraft, die stärker als zuvor an ökologischen Gesichtspunkten ausgerichtet sind.

M 7

Nitrat im Grundwasser

Grundwasser-Zustand nach EU-Wasserrahmenrichtlinie

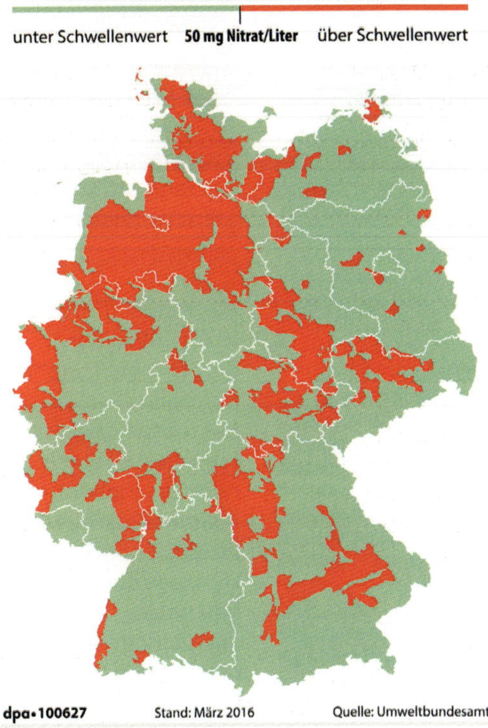

M 6 Die Gemeinsame Agrarpolitik (GAP) 2023–2027

Die neue GAP ab Januar 2023 soll die künftige Land- und Forstwirtschaft fairer, grüner und wettbewerbsfähiger machen. Stärker noch als in vergangenen Förderperioden sollen die Ziele des „Grünen Deals“ (hier: Vertrag) erreicht werden. Dafür müssen alle EU-Länder **nationale Strategiepläne** für besseren Umwelt- und Klimaschutz entwickeln und die Rechtsvorschriften sind anzupassen, z. B. die (umstrittene) Düngemittelverordnung.

vgl. Europäische Kommission 2023

M 8 Die zwei Säulen der Europäischen Agrarpolitik

1. Der **Garantiefonds für die Landwirtschaft EGFL** sieht Direktzahlungen nur an aktive Landwirtinnen und Landwirte vor. Die Zahlungen sind an verbindliche Auflagen **(Konditionalität)** gebunden. Mindesten 3 % der Ackerflächen dürfen nicht zur Produktion verwendet werden, sondern sollen „biologisch vielfältig“ sein. So sind Feuchtgebiete zu erhalten oder Torfgebiete, wie in der Lüneburger Heide, wieder zu „renaturieren“.
25 % der Direktzahlungen sollen Anbaumethoden fördern, die für den Umwelt- und Klimaschutz verträglich sind, wie etwa den Ökolandbau oder die computergestützte Düngung, je nach Bodenqualität.
2. Der **Europäische Landwirtschaftsfonds für die Entwicklung des ländlichen Raums (ELER)** ist mit mindestens 35 % der Finanzmittel für den Klimaschutz, der Biovielfalt, der Umwelt, des Tierwohls und für kulturelle Zwecke vorgesehen. Bevorzugt werden Gemeinden und Gemeindeverbände, die sich für diese Zwecke zusammenschließen.

vgl. Bundesministerium für Ernährung und Landwirtschaft 2022

Niedersachsen bildet mit seinem Nitratgehalt im Grundwasser einen Schwerpunkt innerhalb der belasteten Gebiete in Deutschland.

Nach einem Bericht des Magazins „DER SPIEGEL“ müssen einige Wasserwerke im Norden Niedersachsens belastetes Wasser der eigenen Brunnen z. B. mit Harzwasser mischen, um die Grenzwerte einzuhalten.

vgl. Fröhlingsdorf 2019, S. 34

Arbeitsvorschläge

1. a) *Entnehmen Sie M 2 bis M 4 (S. 262) Anforderungen an Landwirtschaftsbetriebe in der neuen Förderperiode. Welche Kritik haben die betroffenen Betriebe an den Vorgaben?*
b) *Informieren Sie sich über Probleme bei der Umsetzung der GAP-Vorgaben. Nehmen Sie hierzu begründet Stellung.*

2. *Entnehmen Sie aus M 3 und M 4 (S. 262) Kritikpunkte gegen die Düngemittelverordnung und suchen Sie Lösungsmöglichkeiten. Informieren Sie sich über die weitere Entwicklung in den Medien.*

3. *Ermitteln Sie aus M 7 und im Internet „rote Gebiete“ in Ihrer Region.*

4. *Welche Ziele der Agrarpolitik von 1957 (M 5) halten Sie heute noch für gerechtfertigt?*

5. *Informieren Sie sich über aktuelle Schwerpunkte der Gemeinsamen Agrarpolitik in Europa (M 6, M 8). Formulieren Sie in eigenen Worten, was neu ist.*

8 Gemeinsame Außen- und Sicherheitspolitik

Der „Außenminister"

Seit 2019 ist der Spanier Joseph Borell „Hoher Vertreter der Außen und Sicherheitspolitik". Er ist zuständig für Gestaltung und Durchführung von GASP und GSVP. Zugleich ist er Vizepräsident der Kommission.

PESKO

2017 haben 25 EU-Länder eine „Gemeinsame Strukturelle Zusammenarbeit" (PESKO) beschlossen. Es geht z. B. um Rüstungsprojekte, Cybersicherheit und ungehinderte Verlegung von schwerem Gerät.

EDF

Der **Europäische Verteidigungsfond** EDF (D = defend = Verteidigung) stellt jährlich ab 2020 1,5 Mrd. € für gemeinsame Entwicklung und Beschaffung von Ausrüstung zur Verfügung.

vgl. Der Mittler-Brief: Informationsdienst zur Sicherheitspolitik 2018, S. 2 und 7

M 1 Emmanuel Macron: Europa muss seine Verteidigung selbst in die Hand nehmen!

„Der französische Präsident [...] will die EU-Partner in einer immer bedrohlicher werdenden Welt dazu bringen, ihr Schicksal selbst in die Hand zu nehmen. [...] Ziel sei es, eine gemeinsame Sicherheitskultur hervorzubringen. [...] Das Projekt stehe nicht in Konkurrenz zur NATO. [...] ‚Unsere Sicherheit wird langfristig durch ein starkes Bündnis mit den USA garantiert.' Doch dieses Bündnis könne nur Bestand haben, wenn die Europäer mehr in ihre Verteidigungskapazitäten investierten."

Wiegel 2020

Macrons Aufruf richtet sich direkt an die **Gemeinsame Sicherheits- und Verteidigungspolitik (GSVP)** der EU. Sie ist Teil der **Gemeinsamen Außen- und Sicherheitspolitik (GASP)**, der „Dritten Säule" des Vertrags von Maastricht 1992 (s. S. 251). Zur Sicherheitspolitik gehören zusätzlich Wirtschafts-, Entwicklungs- und Umweltpolitik.
Nach Ende des Ost-West-Konflikts in den 90er-Jahren hatte sich der Schwerpunkt der militärischen Sicherheitspolitik von der Landesverteidigung zu internationalen Friedensmissionen verschoben, meist im Auftrag der UN (s. S. 270 ff.). Ein Beispiel ist die EU-Operation **Atalanta** zur Piratenabwehr vor der Küste Somalias, an der sich die Bundeswehr von 2008 bis 2022 beteiligte.
Die neue Bedrohung wird spätestens 2014 durch die Annexion der Krim durch Russland erkennbar. Die Überfall Russlands auf die Ukraine am 24. Februar 2022 zeigt erneut und noch dringender die Notwendigkeit, die Verteidigungsfähigkeit Europas zu verbessern. Selbst nach der Wahl des europafreundlichen US-Präsidenten Joe Biden ist klar, dass sich Europa ohne die USA als Hauptmacht der NATO noch nicht allein verteidigen kann. Die Verabredung, 2 % des BIP für die Verteidigung auszugeben, wurde nur von wenigen Staaten erreicht, z. B. von Polen und den baltischen Staaten. Die anderen Länder sind „Trittbrettfahrer" der USA. Vor allem Deutschland als stärkstes EU-Land steht im Mittelpunkt der Kritik.

M 2 Europa erhält eine neue Eingreiftruppe

Wegen der Entwicklungen in der Ukraine beschließen die EU-Außen- und Verteidigungsminister und -ministerinnen am 21. Februar 2022 ein neues sicherheitspolitisches Konzept. Dazu gehört eine neue Eingreiftruppe. Sie soll als multinationaler Verband bis zu 5 000 Soldatinnen und Soldaten umfassen und bis 2025 einsatzbereit sein. Das Konzept soll eng mit der NATO abgestimmt werden. Mit dem Angriff Russlands auf die Ukraine hatte offenbar niemand ernsthaft gerechnet. Drei Tage später musste das Konzept angepasst werden.

M 3 Probleme der Europäischen Sicherheits- und Verteidigungspolitik

- Spätestens jetzt werden höhere Verteidigungsmaßnahmen erforderlich, um zumindest das 2014 verabredete 2 %-Ziel des BIP für Verteidigungsausgaben in allen EU-Staaten zu erreichen.
- Um die Einsatzfähigkeit der EU-Streitkräfte zu verstärken, sind schon aus Kostengründen die Beschaffung und Ausrüstung stärker zu vereinheitlichen, wie bereits 2017 beim **PESKO**-Abkommen beschlossen wurde. So gibt es z. B. zu viele Panzertypen.
- Zur Glaubwürdigkeit der neuen „Abschreckung", also um einen möglichen Angreifer zu warnen, muss die logistische Fähigkeit für den Transport schweren Geräts überprüft werden. Ebenso ist der grenzüberschreitende Truppentransport zu erleichtern.
- Zur besseren Handlungsfähigkeit müssen Entscheidungen mit qualifizierter Mehrheit statt Einstimmigkeit möglich werden.

Arbeitsvorschläge

1. *Beschreiben Sie die geänderte Sicherheitslage in Europa mit eigenen Worten. (M 1 und Text)*
2. *Fassen Sie M 2 in einem Satz zusammen.*
3. *Verfolgen Sie in den Medien Lösungsansätze zu den in M 3 genannten Problemen und berichten Sie in der Klasse darüber.*

9 Die Zukunft Europas – Chancen oder Risiken?

9.1 Die Erweiterung der Europäischen Union

Vertrag über die Europäische Union (Vertrag von Lissabon)

Artikel 2
Die Werte, auf die sich die Union gründet, sind die Achtung der Menschenwürde, Freiheit, Demokratie, Gleichheit, Rechtsstaatlichkeit und die Wahrung der Menschenwürde [...].
[...]
Artikel 49
Jeder europäische Staat, der die in Artikel 2 genannten Werte achtet und sich für ihre Förderung einsetzt, kann beantragen, Mitglied der Union zu werden.
Europäische Union 2010

Ein Merkmal der Europäischen Einigung ist die stetige Erweiterung. Aus sechs Gründungsmitgliedern wurden zunächst 28. Mit dem Ausscheiden Großbritanniens Ende Januar 2020 sind es 27 (s. S. 251). Trotz aller Probleme wollen weitere Länder der EU beitreten. Sie müssen aber zunächst den „gemeinsamen Besitzstand" erfüllen, die **Kopenhagener Kriterien**:

- **Stabilität der Demokratie** und ihrer Institutionen: Rechtsstaat, Mehrparteiensystem, Schutz der Menschenrechte und Minderheiten,
- **funktionierende Marktwirtschaft** ohne staatliche Preisregulierung und Handelsbeschränkungen,
- **Übernahme aller Rechte und Pflichten** aus der Mitgliedschaft,
- **Übereinstimmung mit den Zielen** der Wirtschafts- und Währungsunion,
- **Bewahrung der inneren Reformfähigkeit** der Union.

Für die Aufnahme von Beitrittsverhandlungen gilt:
- Die Kommission wird angehört und berichtet über den Verhandlungsstand.
- Das Parlament muss „mit der Mehrheit seiner Mitglieder" zustimmen.
- Das letzte Wort hat der Europäische Rat der Staats- und Regierungschefs.

Alle Ratsmitglieder müssen einem EU-Beitritt zustimmen, jedes Land kann ihn also verhindern. **Beitrittsverhandlungen** werden gegenwärtig mit Montenegro und Serbien geführt. Serbiens Problem ist der Streit mit dem Kosovo. Die Verhandlungen mit der Türkei sind seit dem Einmarsch in Syrien im November 2019 ausgesetzt. Weitere Kandidaten für eine EU-Mitgliedschaft sind Albanien und Nordmazedonien, nachdem der Namensstreit mit Griechenland (griechische Provinz Mazedonien) beigelegt ist. Mit seinem Veto hat Frankreich die Aufnahme von in Aussicht gestellten Beitrittsverhandlungen in diesen Fällen verhindert. Künftige EU-Beitrittskandidaten sind Bosnien und Herzegowina, der Kosovo, Moldau und die Ukraine.

Veto = offizieller Einspruch

Die **Diskussion um weitere Beitritte** ist voller Gegensätze:
- Bevor neue Mitglieder mit neuen Problemen aufgenommen werden, sind zuerst die bisherigen Probleme der EU zu lösen („Vertiefung vor Erweiterung").
- Die Aufnahme der übrigen Westbalkanstaaten in die EU ist auch im Interesse der Union. Sie würde zur Stabilisierung der Region beitragen. Außerdem könnten auf diese Weise die Einflüsse Russlands und Chinas eingedämmt werden. China hat z.B.die Kontrolle über den griechischen Hafen von Piräus.

Arbeitsvorschläge

1. *Zeigen Sie an einem Beispiel aus Ihrem Erfahrungsbereich die Notwendigkeit der Übernahme von Rechtsnormen für die Aufnahme in die EU.*
2. *Informieren Sie sich über den Stand von Beitrittsverhandlungen mit einem Land und den zu lösenden Problemen. Berichten Sie darüber in Ihrer Klasse.*
3. *Gestalten Sie eine Pro-und-Kontra-Diskussion zu einstimmigen Ratsbeschlüssen.*

9.2 Europa und die Flüchtlinge – wo bleibt die Solidarität?

Kriege, Bürgerkriege, politische und religiöse Verfolgung und durch Krieg und Klimawandel bedingte Hungersnöte sind seit Jahren Fluchtursachen. Menschen fürchten um ihr Leben und suchen Zuflucht – auch in Europa. Die Lage verschärfte sich 2014, als schiitische „Gotteskrieger" weite Gebiete des Iraks und Syriens eroberten und einen **„Islamischen Staat" (IS)** ausriefen. Menschen wurden grausam ermordet. Vor allem Christen und Jesiden zählten zu den Opfern, aber auch Muslime. Kulturdenkmäler wurden als „unislamisch" zerstört.

M 1 Die Menschen aus den Kriegsgebieten in Nahost flohen zunächst nach Jordanien und in den Libanon. Es entstanden große Flüchtlingslager. Als das Geld aus dem UN-Welternährungsprogramm halbiert wurde, begann die große Fluchtbewegung nach Europa. Ziele von über einer Million Geflüchteten sind zunächst Griechenland, Italien und Spanien. Viele kommen über das **Mittelmeer**, andere über die **Balkanroute** nach Ungarn. Das Land schließt seine Grenzen zur übrigen EU. Dort staut sich der Flüchtlingsstrom mit hungernden Menschen. In dieser Situation spricht Bundeskanzlerin Angela Merkel den umstrittenen Satz „Ihr seid willkommen". Gemeint sind die Menschen am Stacheldrahtzaun, angesprochen fühlen sich auch andere.

Der Versuch, Flüchtlinge europaweit zu verteilen, scheiterte u. a. am Widerstand Ungarns und Polens. Entlastung brachte zunächst ein „Deal" (engl. „Handel") mit der Türkei. Für 6 Mrd. € verpflichtet sie sich, Flüchtlinge zurückzunehmen, die illegal nach Griechenland geflohen sind. Das Geld soll der Versorgung von etwa 3 Mio. Flüchtlingen dienen. Nach Drohungen, die Grenzen zur EU zu öffnen, wurde über weitere finanzielle Unterstützungen mehrfach verhandelt.

Kämpfe um die syrische Provinz **Idlip** führten 2019 zu einer neuen Fluchtbewegung. Die Region ist die letzte Zuflucht der Rebellen gegen den syrischen Diktator Assad, vor allem für Kurden, aber auch für die restlichen Kämpfer des besiegten Islamischen Staates. Noch eine Million Menschen fliehen zusätzlich. Für viele sind die Zufluchtsorte wieder die griechischen Inseln mit über 4000 Geflüchteten. Die Zustände in den Flüchtlingscamps sind katastrophal. Ein Beispiel ist die Insel Moria. Dort steckten Geflüchtete das Camp in Brand, wahrscheinlich aus Verzweiflung.

Neben den verbrecherischen Schlepperbanden organisierte der belarussische Machthaber Alexander Lukaschenko Transporte von Flüchtlingen über sein Land an die Grenze zu Polen. Er will Druck auf die EU wegen der Sanktionen gegen Belarus ausüben. Diese wurden nach der Unterdrückung der Proteste gegen seine Wiederwahl erhoben. Der russische Angriffskrieg auf die Ukraine hat eine weitere große Fluchtbewegung ausgelöst. Sie belastet die Kommunen zusätzlich schwer bei der Unterbringung der ukrainischen Flüchtlinge.

Mitarbeiter des roten Halbmondes bergen Leichen, die an der libyschen Küste angespült worden sind.

M 2 **Herausforderungen für Europa**

- Ziel ist es, die illegale Einwanderung nach Europa zu unterbinden und Asylverfahren zu beschleunigen. Umstritten ist der Bau von Grenzzäunen in Süd- und Osteuropa mit EU-Mitteln.
- Der EU-Asylgipfel der Außenministerinnen und Außenminister einigte sich 2023 auf Folgendes: Zum ersten Mal sind Asylverfahren an Europas Außengrenzen möglich. Menschen mit geringen Aufnahmechancen sollen gar nicht erst in die EU kommen. Nach einer Prüfung des Asylantrags werden Flüchtlinge von Asylzentren in Grenznähe in ihre Herkunftsländer abgeschoben.
- Mit Herkunftsländern sollen sogenannte „Migrationsabkommen" geschlossen werden. Wenn sie sich weigern, abgelehnte Asylbewerberinnen und -bewerber aufzunehmen, könnten Entwicklungsleistungen gekürzt werden oder Beschränkungen bei der Visaerteilung und legalen Zuwanderung erfolgen.

Arbeitsvorschläge

1. *Informieren Sie sich über Fluchtursachen und Fluchtentwicklungen. (M 1)*
2. *Berichten Sie in der Klasse über die aktuelle Flüchtlingspolitik der EU. (M 2)*

9.3 Neue Weltlage: Stärkung oder Zerfall der EU?

Der russische Angriffskrieg auf die Ukraine, die verschärften Spannungen zwischen den USA und der VR China, die Unruheherde in Nahost und Afrika mit ihren Stellvertreterkriegen haben die Zukunft unsicherer gemacht. Mehrere Mächte – Iran, Russland und die VR China – streiten mit wirtschaftlichen, aber auch mit militärischen Mitteln um Einflüsse und Vorherrschaft. Des Weiteren entscheidet auch die Energie- und Rohstoffversorgung unsere wirtschaftliche Zukunft. Hinzu kommen die Unsicherheiten über die künftige militärische Unterstützung durch die USA. Ohne die Unterstützung der NATO und der USA könnte sich Europa im Falle eines Kriegs nicht verteidigen, auch wegen der russischen Drohungen, Atomwaffen einzusetzen. Dazu ist die gemeinsame Sicherheits- und Verteidigungspolitik noch nicht in der Lage (s. S. 264). Jedoch müssen sich die Staaten der EU zusammenfinden, um ihre gemeinsamen Werte zu verteidigen. Zu diesen hat Martin Schulz, der ehemalige Präsident des Europäischen Parlaments, eine Rede gehalten.

M 1 Für die Einheit Europas

„Kaum etwas verkörpert für mich so sehr die Errungenschaften der europäischen Einigung wie die offenen Grenzen. [...] Das ist die Botschaft Europas: Das Trennende zu überwinden, um das Einende zu schaffen. [...] In den letzten Jahren [wurden] Kräfte freigesetzt, die Europa zurückentwickeln wollen, der Renationalisierung das Wort reden, die unsere Demokratie in Frage stellen, ja bereit sind, die EU zu zerstören. [...] Ich bin überzeugt: Wenn wir uns in Einzelteile zerlegen, dann versinkt Europa in die Bedeutungslosigkeit. Zusammen sind Europäer eine starke Gemeinschaft von Staaten und Völkern, die ihren Bürgern Rechte garantieren, für die in anderen Teilen der Welt Menschen auf die Straßen gehen. [...] Wir haben gemeinsam so viel erreicht: Feinde wurden zu Freunden, Diktaturen zu Demokratien, Grenzen geöffnet, der größte und reichste Binnenmarkt der Welt geschaffen. Wir haben Menschenrechte und Pressefreiheit, aber keine Todesstrafe."

Schulz 2015

M 2 „Ungarn und Polen drohen Milliarden-Strafen – wegen Justizumbau

Der Streit um den Umbau der Justiz in Polen und Ungarn steuert in die Eskalationsstufe – beiden Mitgliedsländern drohen nun hohe Milliarden-Strafen. Der Europäische Gerichtshof entschied [dies] [...], da sein neues Instrument zur möglichen Kürzung von Haushaltsgeldern mit der europäischen Verfassung vereinbar ist. [...] Die Regierungen Polens und Ungarn warfen der EU dagegen Machtmissbrauch vor und bezeichneten die Entscheidung des EuGH als Angriff auf die Freiheit."

Kerl 2022, S. 3

Zur **Wahrung der Einheit Europas** sind u. a. derzeitig folgende Probleme zu lösen:
- Die EU muss handlungsfähiger und demokratischer werden. Dazu gehört beispielsweise, dass für die Außen-, Sicherheits- und Finanzpolitik schrittweise die Einstimmigkeit durch qualifizierte Mehrheitsentscheidungen abgelöst wird (s. S. 252).
- Das EU-Parlament muss mehr Rechte bekommen, z. B. die Wahl seiner Präsidentin/seines Präsidenten ohne Zustimmung der Regierungen.
- Wie soll mit den EU-Mitgliedern wie Polen und Ungarn umgegangen werden, in denen die Pressefreiheit und die Unabhängigkeit der Gerichte eingeschränkt werden sollen?
- Die wachsende Zahl von Menschen auf der Flucht soll fair und solidarisch in den EU-Ländern aufgenommen werden, aber abgelehnte Asylbewerberinnen und Asylbewerber sind in ihre Heimatländer zurückzuführen.

Aus dem Europawahlprogramm der AfD, 2019
- Abschaffung des „undemokratischen" EU-Parlaments, Gesetze nur von Nationalstaaten
- EU-Austritt aus der EU, wenn AfD-Programm in „angemessener Zeit" nicht umgesetzt ist

vgl. Alternative für Deutschland (AfD) 2016

Fünf gegen Brüssel
Viktor Orban
Ministerpräsident in Ungarn
Fidesz Partei
Tino Chrupalla
AfD-Sprecher, Deutschland
Giorgia Meloni
Ministerpräsidentin
Fratelli d'Italia
Marine Le Pen
Rassemblement National, Frankreich
Geert Wilders
Partij voor de Vrijheit, Niederlande

Arbeitsvorschläge

1. *Entnehmen Sie M 1 in Partnerarbeit zwei Ihnen wichtige Vorteile der EU. Diskutieren Sie die Folgen, wenn diese wegfallen würden.*
2. *Beobachten Sie den aktuellen Verlauf der Auseinandersetzung mit Polen und Ungarn sowie die Reformbemühungen in der EU und berichten Sie darüber.*

Methode:

Szenario

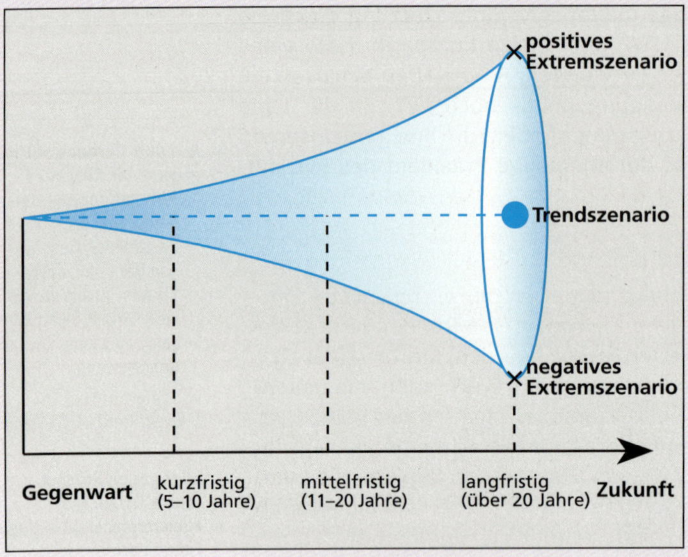

Der Begriff „Szenario" kommt aus der Welt des Schauspiels und meint die Spiel- oder Bildfolge eines Bühnenstücks. Mithilfe der Szenario-Spiel-Methode soll hier der Versuch unternommen werden, sich vorzustellen, wie sich die Welt von morgen in naher, mittlerer oder ferner Zukunft entwickeln könnte. Fachleute aus der Wirtschaft, Politikerinnen und Politiker sowie Militärstrategen bedienen sich dieser Methode, um sich rechtzeitig auf mögliche künftige Entwicklungen einzustellen und passende Maßnahmen treffen zu können.

Ausgangspunkt ist die gegenwärtige Lage mit bekannten Entwicklungstendenzen, z. B. der immer schnellere Wandel der Produktionstechniken, die Krise der Europäischen Union, die Flüchtlingskrise, die weltweite Umweltverschmutzung und die Klimakrise, das Wachstum der Weltbevölkerung oder die Entwicklung der internationalen Sicherheit. Diese Fakten und Gegebenheiten werden nun unter dem Gesichtspunkt betrachtet, wie sie sich weiterentwickeln könnten. Je nach Fantasie und verfügbarer Zeit ist dabei eine unbegrenzte Zahl von Möglichkeiten denkbar.

Ein häufig herangezogenes Modell zur Entwicklung von Szenarien ist der Szenario-Trichter, der u. a. die Unterscheidung von Trend- und Extremszenarien vorsieht. Trendszenarien schreiben die wahrscheinliche Entwicklung fort, Extremszenarien die bestmöglichen und die denkbar schlechtesten.

Eine einfache Anwendungsform der Szenario-Methode ist die Formulierung und Beantwortung von Schlüsselfragen: „Was wäre, wenn ...?", z. B.:

- Was wäre, wenn der freie Zugang zum Trinkwasser eingeklagt werden könnte?
- Was wäre, wenn es ein Recht auf Nahrung geben würde?
- Was wäre, wenn die Abholzung der Regenwälder verboten würde?
- Was wäre, wenn es keinen Terrorismus mehr geben würde?
- Was wäre, wenn alle Schulden der Entwicklungsländer aufgehoben würden?

Für diese Methode ist ein Vorgehen in mehreren Schritten üblich. Mit einem vereinfachten Drei-Schritt-Modell soll versucht werden, Hinweise für die Entwicklung von Szenarien zu geben.

1. Vorbereitungsphase

In der Vorbereitungsphase soll in der Klasse zunächst das organisatorische Vorgehen abgesprochen werden: Zeitplanung, Gruppenzusammensetzungen, Informationsbeschaffung und Darstellungsweisen der Arbeitsergebnisse. Auch sind möglichst Gruppenarbeitsräume und die erforderlichen Sachmittel bereitzustellen: Papier, Flipcharts, Stifte, Befestigungsmittel, Computer, Beamer usw.

2. Durchführungsphase

Problemanalyse
Die Durchführungsphase beginnt mit der Auswahl von Fragen zu einem Teilbereich der internationalen Beziehungen, z. B.:
- Welche Auswirkung hätte die Erweiterung der Europäischen Union durch die Türkei auf uns?
- Wie reagieren wir auf die Gefährdung unserer und der internationalen Sicherheit durch den internationalen Terrorismus?
- Wie reagieren wir auf die Fähigkeit einiger autoritärer Staaten, künftig atomare, chemische und biologische Waffen bis nach Mitteleuropa einsetzen zu können?
- Welche Auswirkungen hat die Bevölkerungszunahme und Verarmung von Entwicklungsländern für unsere Nachbarn und für uns?
- Wie gehen wir in der EU und in Deutschland mit geflüchteten Menschen um?

Anschließend sind in arbeitsteiligen Gruppen mögliche Schwierigkeiten, Risiken und Probleme aufzulisten und schriftlich festzuhalten, z. B. auf Wandzeitungen.

Bestimmung von Einflussfaktoren (Umfeldanalyse)
Jetzt sollen Sie in Gruppen mithilfe des Buchs und weiterer Informationen untersuchen, welche Faktoren (Personengruppen, Institutionen, geografische Gegebenheiten usw.) wesentliche Einflüsse auf die weitere Entwicklung nehmen. Auch diese Ergebnisse sind für alle festzuhalten.

Entwicklung von Szenarien
Dies erfordert Ihre Fantasie. Nachdem Sie die Probleme analysiert und Faktoren bestimmt haben, sollen Sie nun in Gruppen Bilder von möglichen zukünftigen Situationen und Zuständen der Welt von morgen entwerfen.
Dabei sind Verabredungen zu treffen, dass eine Gruppe „rosige“ und eine andere „düstere“ Auswirkungen beschreibt („Positiv-“ und „Negativ-Szenarien“). Stellen Sie Ihre Ergebnisse erneut vor.

Auswirkungsanalyse
Auf der Grundlage der unterschiedlichen Szenarien können nun Chancen und Risiken künftiger Entwicklungen eingeschätzt und bewertet werden. Nach der Vorstellung der Arbeitsergebnisse durch die Gruppen ergibt sich die Überleitung zur letzten Phase.

3. Problemlösungsphase

Der letzte Schritt ist die Folgerung aus den erarbeiteten Szenarien und der Auswirkungsanalyse. Gemeinsam oder wieder in Gruppen sollen Sie nun einen Katalog von Entscheidungen und Maßnahmen erstellen, auf welche Weise unerwünschte Entwicklungen vermieden bzw. vermindert und gewünschte gefördert werden.

Schließlich sollten Sie überlegen, welchen Beitrag Sie selbst zur Förderung gewünschter Entwicklungen leisten können (z. B. Fair-Trade-Produkte zur Unterstützung der Landbevölkerung in Entwicklungsländern kaufen). Um keine Illusionen aufkommen zu lassen, sollten Sie auch darüber diskutieren, welche Realisierungschancen Ihre Vorschläge haben.

Das UN-Gebäude in New York mit den Flaggen aller Mitgliedsländer

1 Frieden in der Welt?

1.1 Eine Zeitenwende

M 1 Putin zertrümmert die europäische Sicherheitsordnung

„Der 24. Februar 2022 markiert eine Zeitenwende in der Geschichte unseres Kontinents. Mit dem Überfall auf die Ukraine hat der russische Präsident Putin kaltblütig einen Angriffskrieg vom Zaun gebrochen – aus einem einzigen Grund: Die Freiheit der Ukrainerinnen und Ukrainer stellt sein eigenes Unterdrückungsregime infrage. Das ist völkerrechtswidrig."

Scholz 2022

Völkerrechtliche Verträge, gegen die Putin verstößt, sind vor allem die **Charta der Vereinten Nationen** und das **Budapester Memorandum**. Hinter dem Vorwand, „das ukrainische Brudervolk von seiner faschistischen Regierung zu befreien", versteckt Putin seinen Wunsch, Einfluss auf Gebiete der ehemaligen Sowjetunion zurückzugewinnen. Eine Rolle spielt außerdem die Furcht, dass eine Demokratie in der Ukraine Auswirkungen auf seine Herrschaft haben könnte. Die Kampfhandlungen zu diesem Zweck nähern sich in ihrer Brutalität einem Völkermord.

M 2

Das Budapester Memorandum, 1994

Erklärung von Russland, den USA und Großbritannien mit Verweisen auf die UN-Charta und die OSZE-Schlussakte von Helsinki, in der u. a. die Unverletzlichkeit der Grenzen festgeschrieben ist. Russland verpflichtet sich zur Achtung der Souveränität der Ukraine in den bestehenden Grenzen. Dafür übergibt die Ukraine ihre Atomwaffen an Russland.

1.2 Die Vereinten Nationen – Hüterin des Friedens?

M 3 „Dieses wichtigste Gremium ist gelähmt, paralysiert, es kann nicht arbeiten."

Norbert Röttgen (CDU), Mitglied des Auswärtigen Ausschusses, in: zdfheute 19.09.2023

Das Scheitern des Völkerbundes gipfelte 1939 im Ausbruch des Zweiten Weltkriegs. Noch während des Kriegs griffen der US-Präsident Roosevelt und der britische Premier Churchill die Idee einer neuen Weltorganisation zur Friedenssicherung auf. Die **UN-Charta, das Gründungsdokument der UN**, wurde von April bis Juni 1945 ausgearbeitet und am 24. Oktober von Großbritannien mit 51 Nationen unterzeichnet. Darunter waren die USA, Großbritannien, Frankreich, die Sowjetunion und die VR China. Diese fünf Länder sind als Gewinner des Kriegs ständige Mitglieder des UN-Sicherheitsrats. Heute sind von 197 Staaten der Welt 193 Mitglieder der UN.

M 4 Charta der Vereinten Nationen (Auszüge)

§

Artikel 1 Die Vereinten Nationen setzen sich folgende Ziele:
1. den Weltfrieden und die internationale Sicherheit zu wahren und zu diesem Zweck wirksame Kollektivmaßnahmen zu treffen, um Bedrohungen des Friedens zu verhüten und zu beseitigen, Angriffshandlungen [...] zu unterdrücken [...];

Artikel 2 Die Organisation und ihre Mitglieder handeln [...] nach folgenden Grundsätzen: [...]
4. Alle Mitglieder unterlassen [...] jede gegen die territoriale Unversehrtheit und politische Unabhängigkeit eines Staates gerichtete oder sonst mit den Zielen der Vereinten Nationen unvereinbare Androhung oder Anwendung von Gewalt.

Vereinte Nationen o. J. (b)

Arbeitsvorschläge

1. *Diskutieren Sie die Rede von Olaf Scholz und erläutern Sie den Begriff „Zeitenwende". (M 1)*
2. *Gegen welche Verträge hat Russland mit dem Überfall auf die Ukraine verstoßen? (M 2, M 4)*
3. *Die Ukraine hat 1991 ihre Unabhängigkeit von der Sowjetunion erklärt. Was erhoffte sich die Ukraine mit der Unterzeichnung des Budapester Memorandums? (M 2)*
4. *Informieren Sie sich über die aktuelle Lage in der Ukraine. Berichten Sie der Klasse.*
5. *Diskutieren Sie die Einschätzung, die UN sei „paralysiert". (M 3)*

1.3 Das System der Vereinten Nationen

M 1

Die Vereinten Nationen

Hauptorgane

Generalversammlung	Sicherheitsrat	Wirtschafts- und Sozialrat	Sekretariat	Internationaler Gerichtshof	Treuhandrat
Sitz in New York	*New York*	*New York*	*Hauptsitz New York*	*Den Haag*	*New York*
193 Mitgliedstaaten	15 Mitglieder	54 Mitglieder	mit Generalsekretär	15 Richter/innen	5 Mitglieder

Ausgewählte Fachorganisationen und Nebenorgane

Sonderorganisationen*

Auswahl		*Sitz in*
UNESCO	Bildung, Kultur	*Paris*
ILO	Arbeitsorganisation	*Genf*
WHO	Weltgesundheitsorganisation	*Genf*
FAO	Ernährungsorganisation	*Rom*
IWF	Internationaler Währungsfonds	*Washington*
Weltbankgruppe		*Washington*

Spezialorgane

Auswahl		
UNCTAD	Handel	*Genf*
UNHCR	Flüchtlingshilfe	*Genf*
WFP	Welternährungsprog.	*Rom*
UNICEF	Kinderhilfswerk	*New York*
UNDP	Entwicklung	*New York*
UNFPA	Bevölkerungsfonds	*New York*
UNEP	Umwelt	*Nairobi*
Habitat	Wohnungsprog.	*Nairobi*
UNU	UN-Universität	*Tokio*

Verwandte Organisationen

Auswahl		
WTO	Welthandel	*Genf*
IAEA	Atomenergie	*Wien*
OPCW	Verbot chemischer Waffen	*Den Haag*

Quelle: Vereinte Nationen, Stand Frühjahr 2018 *rechtlich und finanziell selbstständig © Globus 12311

Generalversammlung der UN
Vollversammlung der Mitgliedsstaaten der Vereinten Nationen. Sie tritt jährlich im September in New York zusammen. Jeder Mitgliedsstaat darf durch bis zu fünf Personen in einer Sitzung vertreten sein.

Beispiele für die Umsetzung der UN-Charta durch ihre Einrichtungen

Hauptorgane, z. B. **Sicherheitsrat**: USA, Großbritannien, Frankreich, Russland, VR China: ständige Mitglieder mit Sonderrechten	Friedenserhaltende Maßnahmen: z. B. Entsendung von Blauhelmen, Handelsembargo Schlichtung von Streitigkeiten zwischen Staaten	
Hauptorgane, z. B. **Internationaler Gerichtshof**	Beilegung völkerrechtlicher Streitigkeiten durch ein gerichtliches Verfahren	
Sonderorganisationen, z. B. **IWF**	Wenn ein Mitglied in Zahlungsschwierigkeiten gerät, kann es beim Internationalen Währungsfonds Hilfe beanspruchen	
Unterorganisationen, z. B. **UNHCR**	Schutz und Unterstützung von geflüchteten Menschen	

Arbeitsvorschlag

Stellen Sie mithilfe von Beispielen den Zusammenhang fest, der zwischen Aufgaben der Sonderorganisationen und Spezialorganen der EU besteht. (M 1) Finden Sie dafür aktuelle Beispiele und berichten Sie darüber.

1.4 Der UN-Sicherheitsrat

M 1

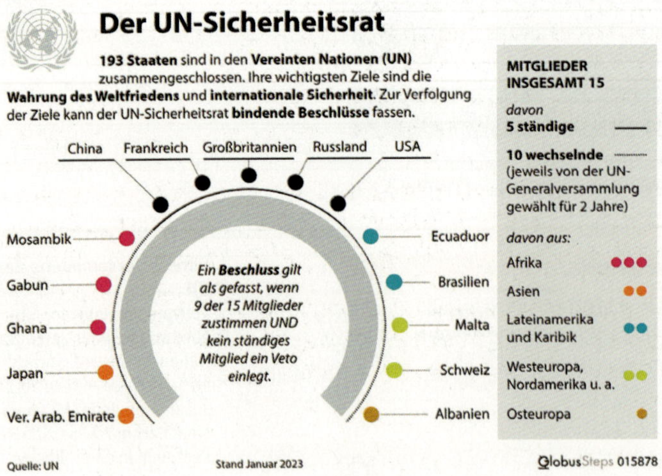

Der Sicherheitsrat der Vereinten Nationen ist das einzige Organ der UN, dessen Beschlüsse für alle Mitgliedsstaaten bindend sind. Dafür ist die Zustimmung von neun der 15 Mitglieder erforderlich. Die fünf ständigen Mitglieder können aber mit ihrem Veto (Einspruch) alle Entscheidungen verhindern (s. M 1). Das führt häufig zur Handlungsunfähigkeit in Sicherheitsfragen, wie sich im Ukraine-Krieg 2022 abermals gezeigt hat. Russland und die VR China blockierten z. B. das militärische Eingreifen der UN in Syrien. Die USA wiederum haben in der Vergangenheit eine Verurteilung der israelischen Siedlungspolitik im Westjordanland blockiert.
Fünf der zehn nichtständigen Mitglieder werden jährlich für zwei Jahre gewählt., Deutschland zum sechsten Mal für 2019/2020. Die Bundesrepublik übernahm im Juli 2020 für einen Monat den Vorsitz.

Die UN-Generalversammlung hat zwar im März 2022 den russischen Angriff auf die Ukraine mit Mehrheit verurteilt, doch sind diese Beschlüsse nicht bindend. Immerhin konnte 2022 auf Vermittlung der UN und der Türkei ein Teil der ukrainischen Weizenernte verschifft und über das Schwarze Meer vor allem nach Afrika ausgeführt werden. In den Fluchtregionen der Welt helfen das Flüchtlingswerk UNHCR und das Kinderhilfswerk UNICEF.
Dass die UN beim Angriff Russlands auf die Ukraine handlungsunfähig ist, hat seinen Grund in der Vetomöglichkeit, z. B. Russlands. Die Zusammensetzung des Sicherheitsrats spiegelt immer noch die Machtverhältnisse nach dem Zweiten Weltkrieg wider. Deshalb werden von mehreren Staaten **Reformen** gefordert:
- kein Vetorecht bei Aktionen gegen Kriegsverbrechen und Völkermord
- Der Sicherheitsrat soll größer werden, weil sich die Zahl der Mitglieder fast vervierfacht hat. Deutschland, Japan, Indien, Südafrika und Brasilien haben sich bereits um einen ständigen Sitz beworben. Ein Sitz für die EU ist auch im Gespräch.

Die **Friedensmissionen der UN** sind seit Jahren weltweit mit über 120 000 Soldatinnen und Soldaten (sogenannten „Blauhelmen"), Polizei und Zivilpersonen tätig. Die UN hat selbst keine Streitkräfte und ist bei den Missionen auf die Unterstützung ihrer Mitglieder und deren Organisationen angewiesen. Dazu zählen die NATO, die EU und die Afrikanische Union (AU).

M 2

UN-Mittel zur Friedenssicherung

– Vorbeugende Diplomatie
Vermittlung beim Namenstreit „Mazedonien"
– Friedenssicherung
„Blauhelm"-Einsätze, z. B. UNFCYP auf Zypern zur Überwachung des Waffenstillstands, Einsatz von Waffen nur zur Selbstverteidigung erlaubt
– Friedensdurchsetzung
mit militärischer Gewalt, z. B. EUTM in Mali gegen IS-Rebellen zur Regierungsunterstützung
– Friedenserhaltung
nach Beendigung eines Konflikts, z. B. UNMIL in Nigeria zur Stärkung staatlicher Organe

M 3 **Die UN-Charta** enthält in den Artikeln 41 und 42 Mittel zur Friedenssicherung:
- **Artikel 41** sieht Zwangsmaßnahmen ohne Waffengewalt vor, damit UN-Beschlüsse wirksam werden. Dies können Beschränkungen des Waren-, Eisenbahn-, See- und Luftverkehrs oder der Abbruch diplomatischer Beziehungen sein.
- **Artikel 42** enthält die Möglichkeit, Waffengewalt anzuwenden, um Frieden zu sichern oder wiederherzustellen.

Arbeitsvorschläge

1. *Erklären Sie einer Partnerin/einem Partner das Schaubild „Der UN-Sicherheitsrat". (M 1)*
2. *Entwickeln Sie einen Lösungsvorschlag zur besseren Entscheidungsfähigkeit der UN.*
3. *Erstellen Sie eine Mindmap mit Vorschlägen, wie die UN den Frieden sichern kann. (M 1, M 2, M 3)*
4. *Informieren Sie sich über die aktuelle Diskussion zur Reform des UN-Sicherheitsrats.*
5. *Recherchieren und berichten Sie über eine aktuelle UN-Mission zur Friedenssicherung.*

1.5 Die OSZE – die kleine UN für Europa

Die **OSZE** (**O**rganisation für **S**icherheit und **Z**usammenarbeit in **E**uropa) wird auch die „kleine UN für Europa" genannt. Sie ist 1994 aus der **K**onferenz für **S**icherheit und **Z**usammenarbeit in **E**uropa **(KSZE)** entstanden. Mit den **drei „Körben"** der KSZE, der **Schlussakte** von Helsinki im Jahr 1975 begann der Entspannungsprozess zwischen Ost und West. Die Schlussakte von Helsinki wurde von allen europäischen Staaten (außer Albanien), den USA und Kanada unterzeichnet.
Vor allem die Einbeziehung der **Menschenrechte** in Korb 1 und 3 der Schlussakte hat den Anstoß zur Gründung von Bürgerrechtsbewegungen im ehemaligen „Ostblock" gegeben. Wichtige Erfolge waren auch Abrüstungsvereinbarungen für konventionelle und atomare Waffen.
Heute gehören 57 Staaten der OSZE an: alle europäischen Staaten, die USA, Kanada und die Mongolei. Die OSZE kann ihre Ziele nicht immer verwirklichen, weil hierzu die beteiligten Konfliktparteien zustimmen müssen. Dies wird bei der in M 1 beschriebenen abgebrochenen OSZE-Mission deutlich.

M 3

Die drei KSZE-Körbe

Korb 1

Gewaltlosigkeit, friedliche Regelung von Streitigkeiten, Achtung der Menschenrechte

Korb 2

Zusammenarbeit in Wirtschaft, Wissenschaft, Technik, Umweltschutz

Korb 3

Menschliche Kontakte, Familienzusammenführung, Reiseerleichterung

Die Organisation der OSZE

- Der **Vorsitz in der OSZE** wechselt jährlich zwischen den Außenministerinnen und Außenministern der Mitgliedsstaaten. Der damalige deutsche Außenminister Frank-Walter Steinmeier war 2016 OSZE-Vorsitzender. 2023 hat Nord-Mazedonien den Vorsitz, nach Polen 2022.
- Das **Sekretariat** hat seinen Sitz in Wien und Prag.
- Die **Mitgliederversammlung** tagt einmal im Jahr.
- Der **OSZE-Ministerrat** (Außenministerinnen und Außenminister) tagt ebenfalls einmal im Jahr.
- Der **Ständige Rat** der OSZE-Botschafter der Mitgliedsländer trifft sich wöchentlich.
- Das **Konfliktverhütungszentrum** der OSZE befindet sich in Wien.

M 1 Aufgaben der OSZE bei Mitgliedern und Nachbarstaaten

- Eine der wichtigsten Aufgaben ist die **Wahlbeobachtung** bei den Mitglieds- und anderen Staaten, um den fairen Ablauf zu sichern.
- **Militärisch** geht es um Abrüstung, Rüstungskontrolle, Kriseneindämmung und Terrorismusbekämpfung.
- **Politisch** werden Medienfreiheit, Rechtsstaatlichkeit, Antidiskriminierung und der Kampf gegen Korruption und Geldwäsche unterstützt.

M 2 Russland und die OSZE

Beim OSZE-Ministertreffen am 02.12.2022 in Lodz wurde erneut die Uneinigkeit der Mitglieder deutlich. Nur 43 der 57 Mitgliedstaaten unterschrieben eine Erklärung, die den russischen Angriffskrieg auf die Ukraine und die damit verbundenen Menschenrechtsverletzungen kritisierte. Auf eine gemeinsame Abschlusserklärung konnte man sich nicht einigen. Bereits im Vorfeld hatte Polens Entschluss, dem russischen Vertreter Sergei Lawrow das Einreisevisum zu verwehren, zu Spannungen geführt.
Zusätzlich gelähmt wird die Organisation durch die russische Blockadehaltung bei Budget- und Personalfragen. Offen bleibt somit, wie die 3500 Angestellten der insgesamt 14 OSZE-Missionen finanziert werden sollen, denn sämtliche Beschlüsse müssen einstimmig getroffen werden.

vgl. Flückiger 2022

Arbeitsvorschläge

1. *Begründen Sie den Einfluss der KSZE-Schlussakte (M 3) auf die Bürgerrechtsbewegungen in Osteuropa.*
2. *Informieren Sie sich über OSZE-Aktionen und ordnen Sie diese den in M 1 genannten Aufgaben zu. Berichten Sie in der Klasse über Ihre Ergebnisse.*
3. *Vergleichen Sie die aktuelle Situation der OSZE mit derjenigen der UN. (M 2)*

M 1 **NATO-Vertrag (vom 4. April 1949)**

Artikel 5

„Die Parteien vereinbaren, dass ein bewaffneter Angriff gegen einen oder mehrere von ihnen in Europa oder Nordamerika als Angriff gegen sie alle angesehen werden wird; sie vereinbaren daher, dass im Falle eines solchen bewaffneten Angriffs jede von ihnen [...] der Partei oder den Parteien, die angegriffen werden, Beistand leistet, [...] einschließlich der Anwendung von Waffengewalt [...]."

North Atlantic Treaty Organization 2019

1.6 Die NATO – Beiträge zur Friedenssicherung

M 2 **Schweden und Finnland werden Mitglieder der NATO**

Der russische Krieg gegen die Ukraine änderte Finnlands Haltung zur NATO. Finnland, das eine rund 1 340 km lange Grenze zu Russland hat, änderte seine Sicherheitspolitik und wurde am 4. April 2023 Mitglied der NATO. Nachdem der türkische Präsident Erdogan seine Blockade der Mitgliedschaft Schwedens aufgegeben hat, wird nun auch Schweden als 23. Mitglied der NATO beitreten. Der Versuch des russischen Präsidenten Putins, die NATO zu schwächen, hat somit zu einer Stärkung der NATO geführt. Putin forderte die NATO auf, ihre Truppen aus den baltischen Staaten Estland, Lettland und Litauen abzuziehen, wo sie sich seit der Krim-Annexion befinden. Nun wird die NATO seit dem Überfall auf die Ukraine verstärkt.

Die NATO (**N**orth **A**tlantic **T**reaty **O**rganization) wurde am 4. April 1949 von den USA, Kanada und zehn westeuropäischen Staaten unter dem Eindruck der Berlin-Blockade 1948/49 gegründet. Die gemeinsame Verteidigung richtete sich zunächst vor allem gegen eine Machtausweitung der Sowjetunion. Eine Zusammenarbeit mit der UN und der OSZE in Politik, Wirtschaft und Militär sollte der internationalen Friedenssicherung und Krisenbewältigung dienen. Die Gründung der Bundeswehr 1955 und der Beitritt Westdeutschlands in die NATO lieferten für die UdSSR den Anlass, 1955 mit Bulgarien, der DDR, Polen, Rumänien, Ungarn und der Tschechoslowakei den **Warschauer Pakt** zu schließen. Es begann die Zeit des „Kalten Krieges". Ein heißer Krieg mit dem Einsatz von Waffen wurde durch ein „Gleichgewicht des Schreckens" verhindert: **„Wer zuerst schießt, stirbt als Zweiter"**.

M 3 **Ende der Friedensdividende – Die NATO mit alten und neuen Problemen**

Mit dem 1986 abgeschlossenen **INF-Vertrag** (**I**ntermediate **N**uclear **F**orces) begann eine Zeit der Entspannung. 1991 waren alle atomaren Mittelstreckenraketen in Europa verschrottet. Im gleichen Jahr lösten sich die Sowjetunion und der Warschauer Pakt auf. Die ehemaligen Mitglieder in Ost- und Südosteuropa und die baltischen Staaten traten der NATO nacheinander bis 2004 bei. Rüstungskosten und die Zahl der Streitkräfte konnten verringert werden. Hier spricht man von **Friedensdividende**: Gewinne durch Frieden.
Bereits mit der völkerrechtswidrigen Annexion der Krim durch Russland änderte sich die Sicherheitslage in Europa. Landesverteidigung wurde wieder wichtig, deshalb verständigten sich 2014 alle Staats- und Regierungschefs der NATO, für die Verteidigung künftig 2 % ihrer Wirtschaftsleistung auszugeben.

Der **russische Überfall auf die Ukraine** beendete alle bisherigen Illusionen, den Ukraine-Konflikt friedlich durch Verhandlungen lösen zu können. Das bisher neutrale Finnland trat der NATO im April 2023 bei. Der Angriff auf die Ukraine wird auch als Angriff auf den Westen gesehen.
Putin will den Einfluss Russlands auf das Gebiet der ehemaligen Sowjetrepubliken zurückgewinnen. Um dies zu verhindern,

- erhält die Ukraine westliche Waffen,
- verstärkt die NATO ihre Truppen an ihrer Ostgrenze,
- soll die Schnelle Eingreiftruppe von 40 000 auf 300 000 Soldatinnen und Soldaten verstärkt und ihre Ausrüstung verbessert werden.

Arbeitsvorschläge

1. *Erläutern Sie Artikel 5 des NATO-Vertrags mit eigenen Worten. (M 1)*
2. *Formulieren Sie in Schlagzeilen Entwicklungen der Ost-West-Beziehungen. (M 2, M 3, Text)*
3. *Erläutern Sie die Bedeutung der NATO-Mitgliedschaft, vor allem für die baltischen Staaten.*
4. *Informieren Sie sich über die Entwicklung des Ukrainekriegs und über dessen Auswirkungen auf Europa und die Welt. Tauschen Sie sich in Ihrer Klasse aus.*

1.7 Die Bundeswehr – Beiträge zur Friedenssicherung

M 1 **Beschränkt einsatzbereit.** Bei einer Übung von Panzergrenadieren der Bundeswehr im Dezember 2022 bei Munster fallen innerhalb von drei Wochen alle 18 der hochmodernen Schützenpanzer Puma nacheinander wegen technischer Mängel aus. Sie sollten zur „schnellen Eingreiftruppe" der NATO kommen, die ab Januar 2023 für ein Jahr von der Bundeswehr geführt wird. Der deutschen Soldatinnen und Soldaten sind der größte Teil der NATO-Reserve. Die Folge: Die Bundeswehr ist gezwungen, mit den veralteten Marder-Panzern zur Abschreckung Russlands auszurücken.

vgl. Gebauer/Hesse/Kormbaki 2022, S. 26

Dieser Vorfall ist ein Beispiel für die nur bedingte Einsatzbereitschaft der Bundeswehr. Sie wurde jahrelang vernachlässigt, aus Kostengründen. Die erste Ukrainekrise im Jahr 2014, u. a. mit der Annexion der Krim durch Russland, hat die NATO alarmiert. Es wurde verabredet, die Verteidigungsausgaben zu erhöhen. Die Umsetzung erfolgt jedoch zögerlich. Die Bundeswehr kann deshalb ihre Aufgaben noch nicht in vollem Umfang erfüllen.

Annexion
erzwungene Eingliederung eines Gebiets, das zuvor zu einem anderen Staat gehört hat

M 2 **Aufgaben der Bundeswehr**

- Landes- und Bundesverteidigung im Rahmen der NATO und der EU
- internationales Krisenmanagement
- Heimatschutz, Risikovorsorge
- Partnerschaft und Kooperation, auch über EU und NATO hinaus
- humanitäre Not- und Katastrophenhilfe
- Verteidigungsaspekte der gesamtstaatlichen Cybersicherheit.

vgl. Bundesministerium für Verteidigung 2016, S. 91 ff.

Die Bundeswehr wurde nach Auflösung des Warschauer Pakts von einer Verteidigungsarmee zur Einsatzarmee mit Auslandseinsätzen Die 495 000 Soldatinnen und Soldaten wurden auf rund 185 000 (Anfang 2023) „abgerüstet". Anders als in anderen Ländern ist die Bundeswehr eine **Parlamentsarmee**. Das bedeutet, dass Auslandseinsätze vom Bundestag genehmigt werden müssen. Seit die Wehrpflicht 2011 ausgesetzt wurde, ist sie eine **Freiwilligenarmee.**

Spätestens seit der ersten Ukrainekrise von 2014 fürchten sich die baltischen Staaten Estland, Lettland und Litauen wieder vor der neuen Großmachtpolitik des russischen Präsidenten Putin. Die NATO reagierte mit der Aufstellung einer „Schnellen Eingreiftruppe" (s. S. 264). Nach Jahren der vermeintlichen Sicherheit soll sie wieder vor Angriffen auf die NATO abschrecken.
Die Bedrohung verschärfte sich dramatisch mit dem Überfall Russlands auf die Ukraine. Damit die Bundeswehr ihre Hauptaufgabe, die Landes- und Bündnisverteidigung, wieder in vollem Umfang erfüllen kann, sind mehrere Maßnahmen erforderlich:

- Die Ausstattung des Heeres, der Luftwaffe und der Marine ist zu ergänzen und zu modernisieren (Übungen immer mit eigenen Geräten).
- Die erforderlichen Geldmittel sind bereitzustellen: („2 %-Ziel" der NATO-Mitgliedsländer).
- Das Beschaffungswesen muss reformiert und schneller werden.
- Die Truppe (Heer, Luftwaffe, Cyberabwehr) muss personell verstärkt werden.

Arbeitsvorschläge

1. *Analysieren Sie ein Problem der Einsatzfähigkeit der Bundeswehr. (M 1)*
2. *Bringen Sie die aktuellen Aufgaben der Bundeswehr entsprechend ihrer Wichtigkeit in eine neue Reihenfolge. (M 2) Vergleichen Sie Ihre Ergebnisse in der Klasse und begründen Sie Ihre Einschätzung. Wie beurteilen Sie die gegenwärtige Bedeutung der Bundeswehr? Erstellen Sie ein Stimmungsbild.*

2 Armut und Hunger auf der Welt

2.1 Ursachen von Armut und Hunger

M 1

Die Weltbank definiert Menschen als **extrem arm,** wenn sie weniger als 2,15 US-Dollar pro Tag zur Verfügung haben.

vgl. Bundesministerium für wirtschaftliche Zusammenarbeit und Entwicklung (BMZ) o. J. (b)

Unter Armut versteht man verschiedene Arten von Entbehrungen im Zusammenhang mit der Unfähigkeit, menschliche Grundbedürfnisse zu befriedigen. Dazu gehören vor allem der Mangel an Nahrungsmitteln, Gesundheitsversorgung, Bildung, Ausübung von Rechten, Mitsprache, Sicherheit und Würde sowie menschenwürdige Arbeit.
Menschen, die unter absoluter Armut leiden, haben kein Geld zur Befriedigung ihrer Grundbedürfnisse. Sie versuchen, sich durch das Tauschen von Produkten am Leben zu erhalten. 1,3 Milliarden Menschen fallen nach Angaben des Bundesministeriums für wirtschaftliche Zusammenarbeit und Entwicklung unter diese Kategorie. Für in Deutschland lebende Menschen ist dies kaum nachvollziehbar.

M 2 Die Kindersterblichkeit stellt noch heute in vielen Ländern der Welt ein erhebliches Problem dar. 2021 starben weltweit rund fünf Millionen Kinder unter fünf Jahren.

vgl. Deutsches Komitee für UNICEF e. V. 2023

M 3

M 4 „Gestorben wird überall gleich. Ob in den somalischen Flüchtlingslagern, den Elendsvierteln von Karachi oder in den Slums von Dacca, der Todeskampf folgt immer denselben Etappen. Bei unterernährten Kindern setzt der Zerfall nach wenigen Tagen ein. Der Körper braucht erst die Zucker-, dann die Fettreserven auf. Die Kinder werden erst lethargisch, dann immer dünner. Das Immunsystem bricht zusammen. Durchfälle beschleunigen die Auszehrung. Mundparasiten und Infektionen der Atemwege verursachen schreckliche Schmerzen. Dann beginnt der Raubbau an den Muskeln. Die Kinder können sich nicht mehr auf den Beinen halten. Ihre Arme baumeln kraftlos am Körper. Ihre Gesichter gleichen Greisen. Dann folgt der Tod. [...]
Der französische Schriftsteller Georges Bernanos sagt: ‚Gott hat keine anderen Hände als die unseren.' Entweder wir verändern diese Welt oder sonst tut es niemand."

Ziegler 2002, S. 7 ff.

Arbeitsvorschläge

1. *Wie könnte man in Deutschland mit 2,15 $ pro Tag überleben? (M 1)*
2. *Erläutern Sie M 2 und nehmen Sie dazu Stellung.*
3. *Entwickeln Sie in Partnerarbeit Vorschläge, wie der Teufelskreis der Armut unterbrochen werden könnte. (M 3)*
4. *„Entweder wir verändern diese Welt oder sonst tut es niemand." Nehmen Sie Stellung zu dieser Aussage. (M 4)*

2.2 Die Agenda 2030 der UN

Die Vereinten Nationen (UN) stellten 2015 17 Nachhaltigkeitsziele auf, mit denen sie nach der Erreichung bis 2030 die Lage auf der Welt verbessern wollten.
2022 war Halbzeit für die Agenda 2030. Es stellt sich die Frage, welche Ergebnisse bis jetzt als Erfolg zu verzeichnen sind.
Den 17 Nachhaltigkeitszielen sind **fünf Kernbotschaften** vorangestellt:
„1. Die Würde des Menschen achten – Eine Welt ohne Armut und Hunger schaffen
2. Den Planeten schützen – Klimawandel begrenzen, natürliche Lebensgrundlagen bewahren
3. Wohlstand für alle fördern – Globalisierung gerecht gestalten
4. Frieden fördern – Menschenrechte einhalten und gute Regierungsführung schaffen
5. Globale Partnerschaften aufbauen – Global gemeinsam voranschreiten"

Bundesministerium für wirtschaftliche Zusammenarbeit und Entwicklung (BMZ) o. J (c) (verändert)

17 Ziele für eine nachhaltige Entwicklung M 1

Die Ziele sind rechtlich nicht verbindlich. Freiwillige Verfahren sollen für die Umsetzung sorgen.
In der Agenda 2030 wird von der **Transformation unserer Welt** gesprochen, denn ohne grundlegende Veränderungen in Politik und Gesellschaft sind zukünftige globale ökologische, ökonomische und soziale Krisen nicht zu bewältigen.

Transformation
Prozess der Veränderung zu einem festgelegten Ziel

Arbeitsvorschläge

1. *Überprüfen Sie mithilfe einer Internetrecherche, wie es um die Verwirklichung der Ziele steht. Berichten Sie von Ihren Ergebnissen.*
2. *Bilden Sie Arbeitsgruppen, die sich mit einzelnen Zielen befassen. Erarbeiten Sie anschließend Lösungsvorschläge zur Erreichung dieser Ziele.*
3. *Sind die genannten Ziele der Agenda 2030 realistisch? Begründen Sie Ihre Meinung.*

3 Den Planeten schützen

3.1 Ursachen, Wirkung und Folgen des Klimawandels

M 2

Klimaabkommen von Paris

Behauptung: Die Länder mit dem höchsten Pro Kopf-Ausstoß an CO_2 sind aus dem Pariser Abkommen ausgetreten.

Die zunehmende Gefährdung unserer Umwelt, der Klimawandel, die wachsende Kluft zwischen den Industrieländern und den sogenannten armen Ländern, die immer größer werdende Kluft zwischen Arm und Reich sind heute die Probleme, welche die gesamte Menschheit bedrängen. Eine weltweite Verbreitung der Lebensstile der Menschen in den Industrieländern hätte den baldigen Kollaps des Planeten zur Folge. Notwendig ist deshalb eine Entwicklungsstrategie, die allen lebenden Menschen und den künftigen Generationen die gleichen Lebenschancen einräumt, die jedem Menschen das gleiche Recht auf eine intakte Umwelt zubilligt. Dies allerdings mit der Einschränkung, dass die Natur dadurch nicht übernutzt wird. Die Menschen erkennen nur langsam, dass die Natur ein kompliziertes und empfindliches Ökosystem ist, das durch zu große Eingriffe seine Ausgewogenheit verliert. Als Folge ergeben sich Schäden für alle Lebewesen.

M 1

Karikatur: Stiftung Haus der Geschichte, Bonn: Jupp Wolter (Künstler)

M 3

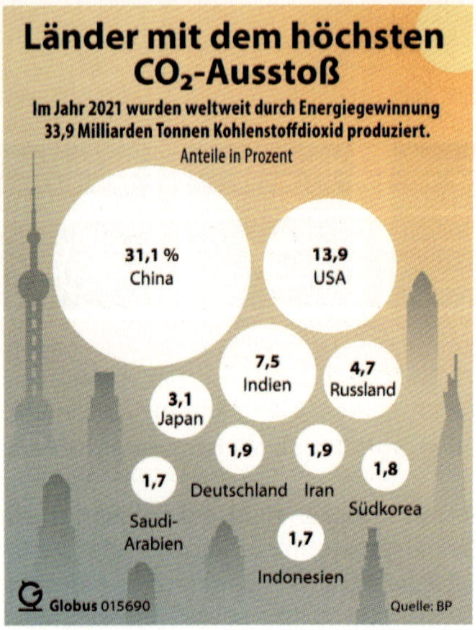

Arbeitsvorschläge

1. *Bearbeiten Sie die Karikatur M 1 mithilfe der Methode „Analyse politischer Karikaturen" (s. S. 248 f.).*
2. *Informieren Sie sich über das Pariser Klimaabkommen. Was beinhaltet es?*
3. *Überprüfen Sie die Aussage in M 2. Nehmen Sie hierzu das Internet und die Grafik M 3 zu Hilfe.*

3.2 Klimawandel: der Treibhauseffekt

Die Erde wird von einer Lufthülle umgeben, die verschiedene Gase, z. B. CO_2, enthält. Ein Teil der Strahlen wird von der Lufthülle aufgehalten und zur Erde zurückgeschickt, die sich dadurch erwärmt. Das ist der natürliche Treibhauseffekt. Ohne den natürlichen Treibhauseffekt wäre unsere Erde eine Eiswüste mit einer Durchschnittstemperatur von -18 Grad Celsius.

Das Klima unserer Erde hat sich immer wieder verändert. Es gab Warm- und Kaltzeiten.

Mit der Industrialisierung nahm der Treibhauseffekt zu. Das heißt, durch die Verbrennung fossiler Energieträger wie Öl, Kohle und Gas entsteht vermehrt CO_2 (CO). Ein weiteres schädliches Gas ist das Methangas, CH_4, das durch die Massentierhaltung, Klärwerke und Mülldeponien entsteht.
Auch in Dauerfrostböden ist dieses Methangas enthalten. In Folge der Erderwärmung tauen diese Böden auf und setzen Methangas frei. Somit kommt es zu einer weiteren Erwärmung der Erdatmosphäre. Deshalb ist es wichtig, die Erderwärmung zu bremsen.

M 2 Die Folgen des Klimawandels

Durch die Treibhausgase wird das Klima wärmer. Genaue Vorhersagen, wie sich das Klima an welchem Ort genau verändern wird, sind nicht möglich. Die Temperaturen der Ozeane steigen, die Eisberge schmelzen ab und somit erhöht sich der Meeresspiegel. Dadurch ist die Existenz einiger Inselstaaten (z. B. der Malediven) und tief liegender Küstenregionen bedroht. Satellitenaufnahmen zeigen, dass das Eis der Arktis innerhalb von 35 Jahren um rund 40 % abgenommen hat.
Weltweit müssen die Menschen mit mehr Wirbelstürmen, Dürreperioden und Überschwemmungen rechnen.

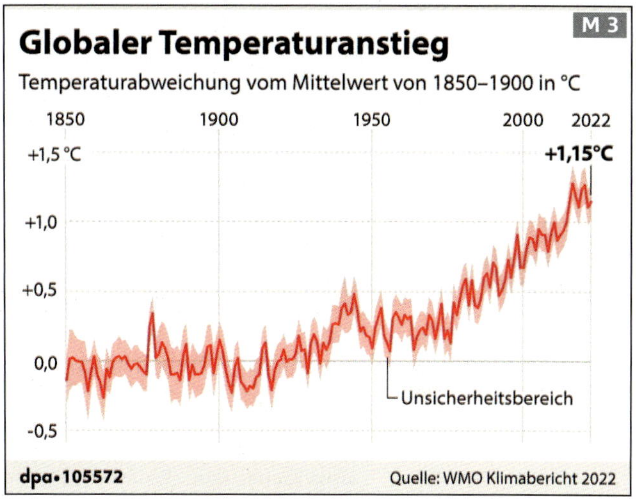

Der natürliche Klimawandel

Es gibt auch natürliche Klimaveränderungen. Dazu zählen die auf der Erde ankommenden Sonnenstrahlungen, die unterschiedlicher Intensität sind und unterschiedlich reflektiert werden.
Auch Vulkanausbrüche, Schwankungen in der Erdumlaufbahn, Temperaturschwankungen der Meeresoberfläche und das Vorrücken und Zurückweichen von Eisschilden beeinflussen die natürlichen Klimaveränderungen. Der natürliche Klimawandel lässt sich nur schwer mit dem vom Menschen hervorgerufenen vergleichen. Forschungen über natürliche Klimaveränderungen können helfen, den menschlich erzeugten Klimawandel zu bewerten und einzuordnen.

Arbeitsvorschläge

1. *Beschreiben Sie das Schaubild M 1.*
2. *Erstellen Sie mithilfe von 15 Stichworten einen Kurzbericht über mögliche Auswirkungen des Treibhauseffekts und des Klimawandels. (M 1, M 2)*
3. *Erklären Sie das Schaubild M 3.*

3.3 Klimawandel-Reaktionen der Menschen

M 1

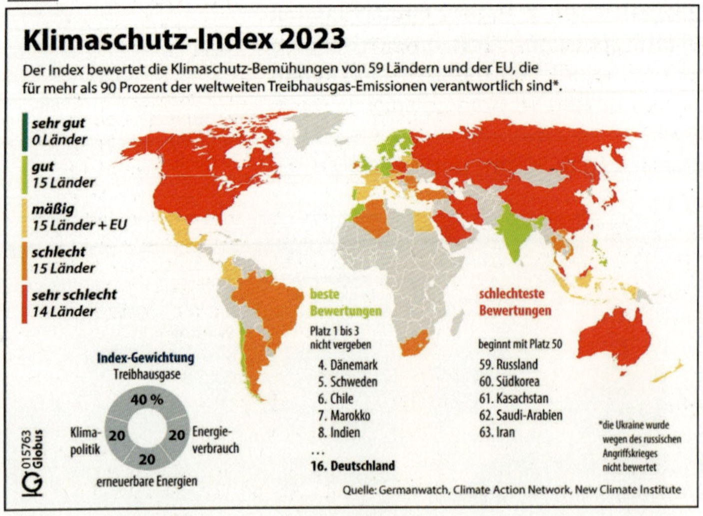

In den letzten Jahren fanden verschiedene Klimakonferenzen und UN-Klimagipfel statt, die in mehreren Klimaschutzvereinbarungen gipfelten. Deutschland will bis 2050 weder Kohle noch Gas oder Atomkraft für die Herstellung von Energie verwenden. Dazu bildete die Bundesregierung ein sogenanntes „Klimakabinett" und beschloss ein „Klimapaket".

Verschiedene Umweltorganisationen erhoben ihre Stimme gegen zu wenig Klimaschutz von Seiten der Regierenden in aller Welt. So demonstrierte die Schülerbewegung „Fridays for Future" 2019 an jedem Freitag für den Klimaschutz und für ein Recht auf Zukunft.

Die Europäische Union verpflichtete sich auf der Klimakonferenz von Paris, die Treibhausemissionen um 40 % gegenüber dem Stand von 1990 zu senken.

Allerdings prallen die Forderungen der jungen Demonstrantinnen und Demonstranten auf die Sachzwänge, mit denen Wissenschaft und Politik argumentieren.

Entwicklung neuer Technologien:

- Produktion von E-Autos (Elektroautos mit Elektromotor)
- Produktion von Wasserstoff

M 2 Inzwischen ist aus dem Einsatz junger Menschen für das Klima ein Stück weit auch ein Generationenkonflikt geworden.

Die Forderungen vieler junger Menschen nach einem sofortigen Ausstieg aus der Kohle oder der sofortigen Abschaffung der Dieselautos sind derzeit ohne massive Einschränkungen des persönlichen Lebens nicht denkbar. Auch ist zu überlegen, ob die Forderung nach einem sofortigen Umstieg auf öffentliche Verkehrsmittel und die ausschließliche Nutzung von E-Autos realistisch ist.

Vertreter der älteren Generation weisen auf die daraus resultieren Folgen hin, werden aber vielfach nicht ernst genommen und teilweise verhöhnt: „Was redet ihr mit, ihr seid ohnehin nicht mehr lange auf dieser Welt." Die junge Generation baut jedoch auf den Erkenntnissen und Leistungen der vorigen Generationen auf. Allerdings muss sie auch mit den ökologischen Folgen leben, die der moderne Lebensstil in den Industrieländern hat.

Neue Lebensentwürfe junger Menschen:

Einige junge Menschen entscheiden sich, aufgrund der Klimakrise keine Kinder mehr zu bekommen.

M 3 **Ist diese Welt verloren? NEIN!**

Angesichts des Klimawandels macht sich insbesondere bei vielen jungen Menschen eine Weltuntergangsstimmung breit. Jedoch ist es an der Zeit, neue Wege zu gehen. Zu lernen und zu erforschen, wie unsere Erde funktioniert. Wie bei den Demonstrationen kommt es auch beim Forschen und Entwickeln auf jede und jeden an. So sind technische Weiterentwicklungen gefragt, um den CO_2-Ausstoß zu verringern. Das bedeutet z. B., neben vielem anderem auch neue Baustoffe zu entwickeln, denn auch Beton stößt beispielsweise CO_2 aus. So sind insbesondere junge Menschen gefordert, in Wissenschaft und Technik umfangreiches Wissen zu erlangen, um den künftigen Herausforderungen gewachsen zu sein.

Arbeitsvorschläge

1. *Erklären Sie mithilfe einer Internetrecherche die Begriffe Klimakabinett und Klimagipfel.*
2. *Recherchieren Sie im Internet, wie die Bewegung „Fridays for Future" entstanden ist. Nennen Sie die wichtigsten Akteurinnen und Akteure dieser Bewegung sowie Aufbau und Arbeitsweise.*
3. *Erläutern Sie die Grafik in M 1. Welche Schlussfolgerungen ergeben sich daraus?*
4. *Lesen Sie M 2 und M 3. Entsprechen diese Aussagen Ihrer eigenen Lebenseinstellung oder Lebenssituation? Welche Widersprüche erkennen Sie? Diskutieren Sie in der Klasse.*

M 1 **Ihre persönliche Klimarechnung**

Liebgewordene Gewohnheiten – Es kommt auf jeden an

Die Menschen haben sich daran gewöhnt, jederzeit miteinander kommunizieren zu können. Sie bestellen per Klick das neueste Smartphone, die angesagtesten Klamotten, Essen oder andere Artikel. Viele Menschen wohnen in großen Wohnungen oder Häusern mit sehr guter Ausstattung. Viele fliegen häufig in den Urlaub und unternehmen Wochenendtrips mit dem Pkw oder Flugzeug. Der Konsumhunger ist nicht zu stillen. In vielen Gruppen muss man sich auch gegenseitig überbieten, um bei den anderen anerkannt zu sein. Der CO_2-Ausstoß bei diesen Aktivitäten ist jedoch enorm.

Kann das alles so weitergehen, ohne unsere Welt zu zerstören?

Viele Fachleute verweisen darauf, dass es beim Kampf gegen den Klimawandel nicht nur auf Regierungen und Großunternehmen ankomme, sondern auf alle Menschen. Jede und jeder muss ihre/seine ganz persönliche Klimabilanz ziehen.

Verzicht muss nicht unbedingt Verlust bedeuten.

emittieren = Schadstoffe und Abgase in die Luft ablassen

Der **ökologische Fußabdruck** ist die biologisch produktive Fläche auf der Erde, die nötig ist, um den Lebensstil und Lebensstandard eines Menschen dauerhaft zu sichern. Ist der Verbrauch, also der Fußabdruck zu groß, so ist die menschliche Existenz gefährdet.

M 2 Rund 11 Tonnen CO_2 emittiert jeder Deutsche pro Jahr. Dies wundert nicht, betrachtet man die in M 1 aufgezählten „liebgewordenen Gewohnheiten". Der sogenannte ökologische Fußabdruck, den jede und jeder Einzelne von uns hinterlässt, ist messbar. Er setzt sich zusammen aus folgenden Faktoren:

- **Ernährung:** Kaufe ich Bio-Obst und Gemüse, esse ich oft Fleisch, ernähre ich mich vegetarisch oder vegan?
- **Wohnen:** Wieviel Quadratmeter Wohnfläche beanspruche ich, ist das Haus wärmegedämmt, ist die Heizung umweltfreundlich?
- **Mobilität:** Fahre ich mit einem umweltfreundlichen Auto, benutze ich den öffentlichen Nahverkehr oder das Fahrrad, benutze ich das Flugzeug?
- **Konsum:** Kaufe ich zu viele Textilien, kaufe ich Gebrauchsgegenstände gebraucht oder borge sie mir auch aus, kaufe ich Nahrungsmittel im Überfluss und werfe vieles davon weg?

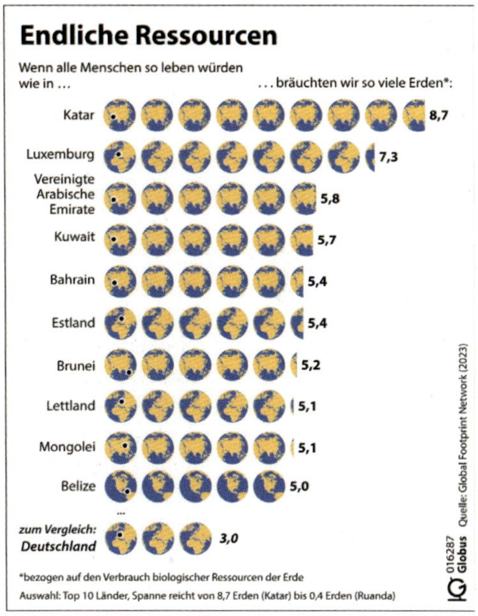

M 3 **heute:**

- Viele Kinder werden mit dem Auto zur Schule gefahren.
- Die meisten haben Zugang zu jederzeit verfügbaren Medien.
- Der Unterricht ist computergestützt.
- Wenn es kalt oder warm ist, gibt es eine Heizung oder Klimaanlage.
- Kleidung wird schnell durch neue ersetzt.
- Essen wird online per Lieferservice bestellt.

... und früher?

- Strümpfe, die kaputt waren, wurden gestopft.
- Alte Kleidung wurde zu neuer verarbeitet.
- Lebensmittel wurden selten weggeworfen.
- Essen wurde selbst gekocht.
- In der Familie wurde geredet und gespielt.
- Defekte Geräte wurden repariert.

Arbeitsvorschläge

1. *Lesen Sie M 1 und M 2. Vielleicht erkennen Sie sich wieder. Worauf könnten Sie verzichten und auf was nicht? Fertigen Sie eine Liste an.*
Welche Gewohnheiten aus früherer Zeit sollten in unseren Alltag wieder aufgenommen werden?

2. *Ermitteln Sie mithilfe des Internets Ihren persönlichen ökologischen Fußabdruck und vergleichen Sie in der Klasse.*

3. *Ermitteln Sie mithilfe des Internets, welche verschiedenen Bereiche des Lebens betrachtet werden müssen, um den ökologischen Fußabdruck eines Landes zu ermitteln.*

3.4 Flüchtlinge

Anisa Jama Hassan auf dem Weg zum Wasserreservoir im dürregeplagten Somaliland, Somalia

Fluchtursachen

Menschen fliehen aus ihren Heimatländern aus unterschiedlichen Gründen. Das können Kriege, bewaffnete Konflikte, Naturkatastrophen oder Klimaveränderungen sein. Wenn Menschen in ihrer Heimat nicht mehr in der Lage sind, sich und ihre Kinder zu ernähren, menschenwürdig zu wohnen und zu arbeiten, verlassen sie ihr Land.
Es kann auch sein, dass Diktaturen ihre Ziele durchsetzen wollen und Teile der Bevölkerung bedrohen, weil diese einer anderen Religion angehören oder mit der Politik nicht einverstanden sind. Dann entscheiden sich Menschen zur Flucht, um Verfolgung, Gefängnis oder Tod zu entgehen. Flüchtende Menschen gibt es seit Jahrhunderten, zumeist nach Kriegen, und immer waren sie rechtlos im neuen Land.

M 1 **Rechtsstellung von Flüchtlingen**

Erst mit der Genfer Flüchtlingskonvention 1954 wurde das zentrale Rechtsdokument des internationalen Flüchtlingsrechts geschaffen.
Sie enthält unter anderem eine verbindliche, rechtliche Definition des Begriffs „Flüchtling".
Ursprünglich war sie darauf beschränkt, Flüchtlinge nach dem Zweiten Weltkrieg zu schützen und ihnen im neuen Land eine gewisse Rechtssicherheit zu geben. Inzwischen ist sie wesentlich erweitert worden.

M 2 **Klimaflüchtlinge**

Wenn Ernten aufgrund von Klimaveränderungen ausbleiben und Wetterextreme dafür verantwortlich sind, dass Menschen nicht mehr in ihrer Heimat leben können und ihre Heimat verlassen, dann spricht man von Klimaflüchtlingen. Aktuell gibt es ca. 23,7 Mio. Menschen, die wegen Naturkatastrophen auf der Flucht sind.
Für Klimaflüchtlinge gibt es laut Genfer Flüchtlingskonvention keine Möglichkeit, einen Schutzstatus zu erhalten. Klimaveränderungen sind kein Anerkennungsgrund. In Neuseeland erhalten Klimaflüchtlinge keinen Schutzstatus, sondern nur ein Abschiebeverbot. Innerhalb der EU wird ein vorübergehender Schutz erteilt, der jedoch nicht dem Schutzstatus gleichgestellt ist.
Ob Menschen flüchten, hängt unter anderem davon ab, wie gut sie sich an veränderte Umweltbedingungen anpassen oder davor schützen können. Auch die jeweiligen Regierungen dieser Länder spielen eine wichtige Rolle, denn ihre politischen Entscheidungen tragen wesentlich zum Schutz und zur Risikominderung bei. Unterschiedliche Umweltereignisse beeinflussen die Reaktion der Flüchtlinge. Schleichende Umweltveränderung, wie z. B. der Anstieg des Meeresspiegels, führen zu geplanter Flucht, während Extremereignisse häufig zu kurzfristiger Vertreibung führen. Deshalb ist die Zahl der flüchtenden Menschen, die von der Landwirtschaft abhängen, besonders hoch.
Bei allem ist es auch nach Expertenmeinungen schwer einzuschätzen, was alles der Klimaveränderung geschuldet ist. Es ist jedoch unumstritten, dass Extremwetterereignisse sowie Überschwemmungen und Stürme mit der Klimaveränderung deutlich zunehmen. Eingriffe des Menschen in die Natur verstärken die Folgen der Klimaveränderung.
Auch sofort einsetzender Klimaschutz kann die Zahl der Klimaflüchtlinge nicht stoppen, sondern nur minimal begrenzen.
Eine holländische Firma ist derzeit dabei, auf den Malediven Häuser auf Pontons zu errichten, die mit dem steigenden Meeresspiegel an der Oberfläche bleiben. Der Preis ist für Einheimische nicht bezahlbar.

M 3

Ein entscheidender Punkt zur Hilfe ist die Hilfe zur Selbsthilfe.

Arbeitsvorschläge

1. *Erklären Sie einer Partnerin oder einem Partner den Begriff „Klimaflüchtling".*
2. *Zählen Sie Ursachen für die Zunahme von Klimaflüchtlingen auf.*
3. *Erarbeiten Sie mithilfe einer Mindmap Folgen, welche durch die Zunahme der Klimaflüchtlinge entstehen. Präsentieren Sie Ihr Ergebnis. (M 1, M 2)*

3.5 Kriegsflüchtlinge

Besonders viele Kriegsflüchtlinge kommen derzeit aus der **Ukraine** nach Deutschland. Immer mehr Menschen fliehen vor den russischen Angriffen. So waren 2022 etwa 5,5 Mio. Ukrainerinnen und Ukrainer auf der Flucht. Innerhalb der Ukraine flüchteten 6,3 Mio. Menschen. Aber auch in anderen Ländern kam es zu millionenfachem Flüchtlingselend. Die Kämpfe im Jemen, in Nigeria und im Irak zwangen die Menschen zu flüchten.

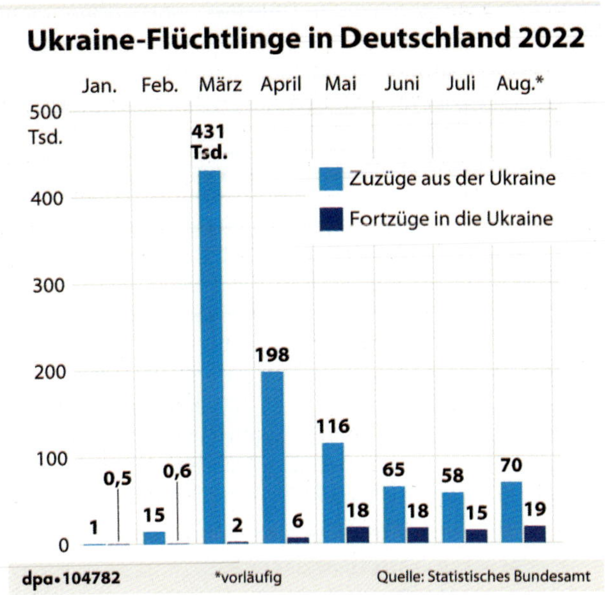

Viele Konflikte bestehen schon viele Jahre. Oftmals beruhigen sich die kriegerischen Auseinandersetzungen, um dann, ausgelöst durch verschiedene Ereignisse, wieder aufzuflammen. Das können Regierungswechsel sein, Bombenanschläge von Terroristen oder anderen Splittergruppen, die die existierende Ordnung beenden wollen. Dann fallen die verfeindeten Länder oder Bürgerkriegsparteien wieder übereinander her. Leidtragend ist immer die Zivilbevölkerung. Menschen leiden an Hunger, den Bombenangriffen und dem Verlust ihrer Familienangehörigen durch Gewalt. Die Regierenden sind von diesen Gewaltereignissen selten betroffen. Sie verfügen über Möglichkeiten, sich zu schützen oder in vorbereitete Schutzzonen zu gehen.
Deshalb müssen bei jedem Konflikt Möglichkeiten gefunden werden, diesen zu beenden. Die Diplomatie spielt dabei eine wichtige Rolle. Deshalb haben die Regierungen und insbesondere ihre Ministerinnen und Minister eine besondere Verantwortung, ihre Bevölkerung vor Krieg und Leid zu schützen.

„Frieden schaffen ohne Waffen."

Späterer Slogan der Friedensbewegung; von Havemann/Eppelmann 1982

Herkunftsländer der meisten Flüchtlinge (Ende 2022) (in Millionen)
Syrien – 6,5
Ukraine – 5,7
Afghanistan – 5,7
Venezuela – 5,5
Südsudan – 2,3

vgl. UNO-Flüchtlingshilfe e. V. 2023

Unbegleitete Kinder und Jugendliche

Kinder sind bei der Flucht besonders betroffen. Weltweit sind 100 Mio. Flüchtlinge unterwegs. 42 % davon sind Kinder. Gerade bei Kindern, die noch in der Entwicklung sind, ist der seelische und körperliche Schaden unermesslich.
Wenn sie dann noch von ihren Eltern getrennt werden, sind das Elend und die Gefahren, die ihnen drohen, besonders groß. **Unbegleitete minderjährige Flüchtlinge** genießen deshalb in Deutschland besonderen Schutz. Sie werden besser mit Geld und Bildungschancen ausgestattet als erwachsene Flüchtlinge.

Aufnahmeländer der meisten Flüchtlinge (Ende 2022) (in Millionen)
Türkei – 3,6
Iran – 3,4
Kolumbien – 2,5
Deutschland – 2,1
Pakistan – 1,7

vgl. UNO-Flüchtlingshilfe e. V. 2023

Arbeitsvorschläge

1. *Zeigen Sie mithilfe der Methode Spinnwebanalyse (s. S. 196) die Ursachen von Flucht auf.*
2. *Informieren Sie sich mithilfe des Internets über die Versorgung von unbegleiteten geflüchteten Kindern und Jugendlichen in Deutschland. Fertigen Sie zu diesem Thema eine Mindmap an.*

3.6 Wasser als kostbarstes Gut des Menschen

Wasser ist auf der Erde im Überfluss vorhanden, insgesamt 1,4 Milliarden Kubikkilometer. Doch nur ein geringer Teil ist als Trinkwasser nutzbar. 97,5 % der globalen Wasservorräte sind Salzwasser und 2,5 % Trinkwasser.
In einigen Ländern, z. B. den Arabischen Emiraten, einem besonders heißen und trockenen Land, wurden Entsalzungsanlagen entwickelt, um aus Salzwasser Trinkwasser zu gewinnen.
Der Wassermangel ist für viele Länder bedrohlich. Es kommt darauf an, wie die Regierungen dieser Länder damit umgehen. Entwickeln sie intelligente Konzepte, um aus Salzwasser Trinkwasser herzustellen, oder schauen sie der drohenden Katastrophe tatenlos zu? Sind sie in der Lage, das Wasser auch in entlegene Gebiete zu bringen? Das sind Fragen, die nicht nur die Industrieländer lösen müssen, sondern auch die Regierungen vor Ort in den von Wassermangel betroffenen Ländern.
20 Liter Wasser gelten pro Tag international für ausreichend. In Deutschland verbraucht jeder Mensch im Durchschnitt 126 Liter Wasser pro Tag, das sind 12 Zehn-Liter-Eimer.
Der steigende Wasserbedarf weltweit durch Industrie und das Anwachsen der Weltbevölkerung könnten eine erhebliche Lücke in der Verfügbarkeit von Trinkwasser reißen. Es müssen gute Konzepte entwickelt werden, um dieses Problem zu lösen.

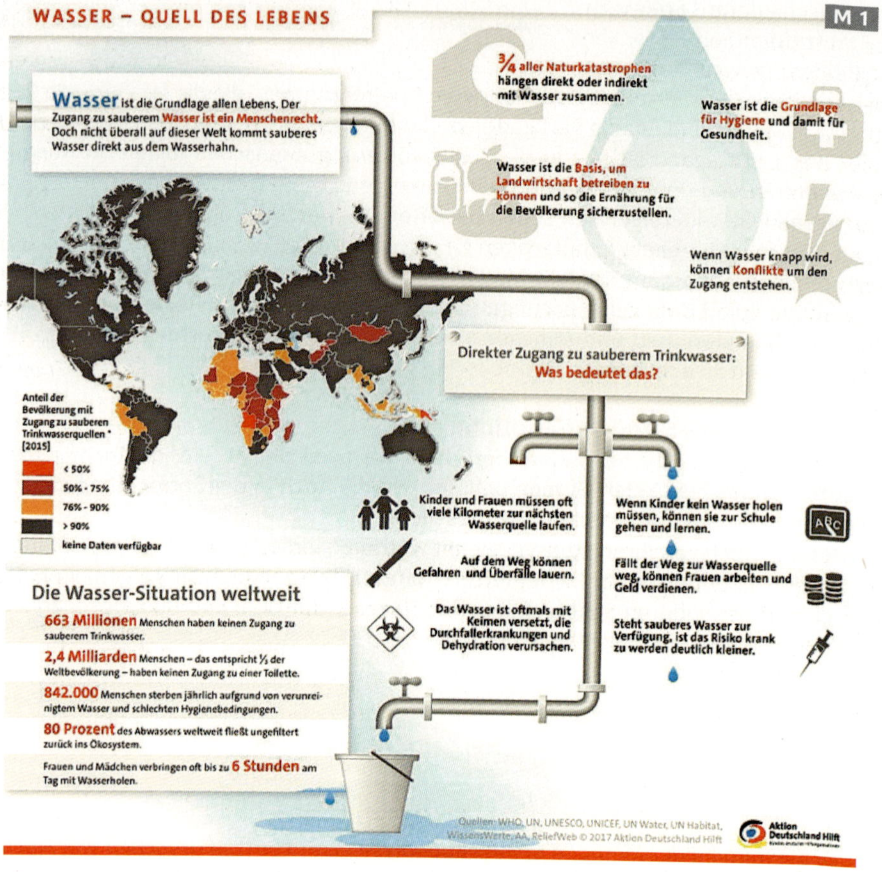

Arbeitsvorschläge

1. *Erläutern Sie die Grafik M 1.*
2. *Erarbeiten Sie Möglichkeiten, um der Wasserknappheit auf der Welt entgegenzuwirken.*

3.7 UN machen Trinkwasser zum Menschenrecht

M 1 Die Generalversammlung der Vereinten Nationen hat das Recht auf sauberes Wasser in einer Resolution am 28.07.2010 als Menschenrecht anerkannt. Die Resolution wurde mit großer Mehrheit angenommen. Gegenstimmen gab es keine.

Wasserverbrauch

10 Minuten duschen	150 Liter
Toilettenspülung	9–14 Liter
Geschirrspüler	10 Liter

M 2 **Das Recht auf Wasser ist ein Menschenrecht!**

Wasser, das sauber ist, das weder Gesundheit noch Natur schadet: Es kann keinem Konzern gehören und darf an der Börse nicht gehandelt werden. Die Realität sieht anders aus.

Viele Trinkwasserquellen der Welt sind im Besitz von Konzernen wie Nestlé, Danone, Pepsi oder Coca Cola.

Für Quellwasser aus einer seiner Quellen in Colorado bezahlt Nestlé etwa 2 Cent für 4 Liter, um dann beim Verkauf 10 Dollar zu erzielen. Weltweit kauft Nestlé Wasserrechte. 2020 entschied der Senat von Washington in einem Gesetzentwurf, dass kein örtliches Wasser von den Konzernen mehr abgefüllt werden darf.

Auch für Bier wird viel Wasser benötigt. Für ein Liter Bier braucht Heineken 15–25 Liter Trinkwasser.

In Mexiko besitzt Heineken eine Konzession für fast 2 Mio. Kubikmeter Wasser pro Jahr, obwohl den Einheimischen das Wasser für die Bewässerung ihrer Pflanzen fehlt.

Die Konzerne entnehmen das Wasser und leiten belastetes Wasser in die Wasserquellen zurück.

Konzerne verdienen etwa das 494-Fache ihrer Ausgaben, indem sie Wasser in Mexiko abfüllen und es an die Einheimischen zurück verkaufen

vgl. Schreier 28.01.2023

In Südafrika ist ein Slum neben einer Wasserfabrik, in dem es kein Wasser aus der Leitung gibt.

Nestlé erfindet Wasser für Reiche und hat mit der Werbung ein Edelwässerchen für Frauen und Sportler anzubieten. Der Premiumsektor, der noch mehr Gewinn verspricht, ist somit eröffnet. Die darin enthaltenen Elektrolyte sind in jedem natürlichen Wasser vorhanden

vgl. Schreier 05.01.2023

Tesla-Werk in Grünheide/Brandenburg

M 3
Elektroautobauer Tesla

Tesla benötigt für seine Fabrik in Grünheide Wasser. Das ist in der Region Oderland-Spree knapp. Der Wasserverband Straußberg-Erkner hatte Tesla vertraglich für die erste Ausbaustufe 1,8 Mio. m^3 Wasser pro Jahr zugesagt.
Rund um die Fabrik ist der Verbrauch für Privathaushalte gedeckelt bzw. stark eingeschränkt.

Arbeitsvorschläge

1. *Ist der freie Zugang zu Trinkwasser Ihrer Meinung nach ein durchsetzbares Menschenrecht? Bereiten Sie Ihre Stellungnahme vor. (M 1)*
2. *Recherchieren Sie im Internet, wo die in M 2 genannten Konzerne Wasserquellen weltweit gekauft haben. Bereiten Sie hierzu einen Vortrag vor.*
3. *Welche Möglichkeiten haben die Regierungen der Welt, dieses Problem zu lösen?*
4. *Informieren Sie sich unter dem Aspekt Umweltverträglichkeit über den Automobilhersteller Tesla und die Produktion in Grünheide. (M 3) Stellen Sie Ihre Ergebnisse vor.*

4 Entwicklungszusammenarbeit

M 1

Karikatur von Frank Speth: Entwicklungshilfe in korrupten Staaten

Der alte Begriff „Entwicklungshilfe“ ist durch den Ausdruck „Entwicklungszusammenarbeit“ ersetzt worden. Damit soll verstärkt der partnerschaftliche Gesichtspunkt der Unterstützung betont werden.

M 2 Nachhaltige Hilfe für afrikanische Staaten ...

das bedeutet, dass die Entwicklungszusammenarbeit, z. B. mit Staaten auf dem afrikanischen Kontinent, das Ziel haben muss, die Menschen dort zur Selbsthilfe zu befähigen. Wenn man beispielsweise eine Anlage für die Wassergewinnung und Trinkwasseraufbereitung installiert, dann kommt man nicht umhin, die Menschen auch darin zu unterweisen, wie diese Anlage aufgebaut ist und funktioniert. Denn sollte diese Anlage einmal nicht mehr funktionieren, können sie diese selbstständig reparieren und sind nicht auf die Hilfe von außen angewiesen.

Es ist auch nicht zielführend, Textilien für Afrika zu sammeln und diese dorthin zu schicken, weil die afrikanische Textilindustrie dadurch kaputt gemacht wird. Nachhaltiger wäre es, vor Ort Produktionsstätten zu errichten, um Textilien herzustellen.

M 3 Entwicklungshilfe durch Konsumverzicht in der westlichen Welt?

Die Rohstoffe wie Gold, Kupfer, Tantal und seltene Erden in Smartphones und anderen Geräten stammen zumeist aus Entwicklungsländern. Sie werden unter menschenunwürdigen Bedingungen gefördert. Der Arbeits- und Klimaschutz wird dabei völlig vernachlässigt. Minenarbeiter riskieren ihr Leben für die Handyherstellung weltweit. Herstellern allerdings zu verbieten, Rohstoffe aufzukaufen, die aus Minen ohne Mindeststandards stammen, gleicht einem Embargo, also einem Exportverbot, und lässt den Schwarzmarkt erblühen. Ein Verbot ist demnach keine Lösung. Die Bundesrepublik Deutschland beteiligt sich daher an Projekten, um den menschenwürdigen Abbau von Rohstoffen zu gewährleisten. Je mehr die Verbraucherinnen und Verbraucher nachfragen, unter welchen Bedingungen der Abbau der Rohstoffe erfolgt ist, desto mehr werden auch die Hersteller bemüht sein, nachhaltig geförderte Rohstoffe in die Produktion zu bringen.

Arbeitsvorschläge

1. *Bearbeiten Sie die Karikatur M 1 mithilfe der Methode „Analyse politischer Karikaturen“ (s. S. 248 f.).*
2. *Fassen Sie die Texte M 2 und M 3 zusammen. Formulieren Sie Ihre eigene Meinung dazu.*

Würden Sie mithelfen?

Freiwillige Dienste im Ausland

Freiwilligendienste können innerhalb und außerhalb Europas absolviert werden. Auslandserfahrung sammeln zwischen Schule und Berufsausbildung oder Studium: Dazu bieten – neben Jobs und Praktika – auch verschiedene freiwillige Dienste Gelegenheit.

Europäischer Freiwilligendienst für Jugendliche

Gemeinsam mit anderen Jugendlichen im europäischen Ausland eine Tagesstätte für Menschen mit Behinderung einrichten, ein bislang ungenutztes Stück Land in einen Park verwandeln, ein altes Fabrikgebäude renovieren und daraus ein Jugendzentrum machen – solche Möglichkeiten bietet die Europäische Kommission jungen Leuten zwischen 18 und 30 Jahren. Der Europäische Freiwilligendienst für Jugendliche (EFD) dauert von zwei Wochen bis zu maximal zwölf Monaten. Reisekosten, Kosten für Unterkunft und Verpflegung werden erstattet. Außerdem erhalten die Teilnehmerinnen und Teilnehmer ein Taschengeld. Neben der Verbesserung der Sprachkenntnisse sind die Erfahrungen, die junge Menschen bei diesen Einsätzen sammeln können, auch für die spätere Suche nach einer Ausbildungs- und Arbeitsstelle wertvoll. Deshalb erhalten die Jugendlichen nach Beendigung des EFD ein Zeugnis über die erworbenen Kenntnisse, das sie ihren Bewerbungsunterlagen beilegen können.

Weitere Informationen im Internet unter
www.go4europe.de/

Friedensdienste im Ausland

Über Möglichkeiten eines Friedensdienstes im Ausland informiert die Aktionsgemeinschaft Dienst für den Frieden (AGDF), der z. B. die Aktion Sühnezeichen Friedensdienst (ASF) oder der internationale christliche Friedensdienst (EIRENE) angehören.
Die Friedensdienste im Ausland umfassen einen Zeitraum von drei bis 24 Monaten. Tätigkeitsfelder wie z. B. Umwelt, Soziales, Friedens- und Erinnerungsarbeit stehen im Mittelpunkt der freiwilligen Arbeit. Die Teilnehmerinnen und Teilnehmer sollten mindestens 18 und höchstens 26 Jahre alt sein.

Weitere Informationen im Internet unter
www.friedensdienst.de/

Die anerkannten Entwicklungsdienste

Gemeinsames Ziel der Entwicklungsdienste ist es, benachteiligte Bevölkerungsgruppen bei ihren Bemühungen um die Verbesserung ihrer Lebenssituation zu unterstützen.

Weitere Informationen im Internet unter
www.entwicklungsdienst.de/

Dazu zählen gegenwärtig folgende Organisationen:

Arbeitsgemeinschaft für Entwicklungshilfe e. V. (AGEH), Christliche Fachkräfte International e. V. (CFI), Deutsche Gesellschaft für Internationale Zusammenarbeit (GIZ-Entwicklungsdienst), EIRENE – Internationaler Christlicher Friedensdienst e. V., Evangelischer Entwicklungsdienst e. V. (EED/DÜ), Forum Ziviler Friedensdienst e. V. (forumZFD), Weltfriedensdienst e. V. (WFD).

Die Dauer des Einsatzes kann zwischen sechs und 24 Monaten betragen, die Regeldauer beträgt 12 bis 18 Monate. Grundsätzlich ist eine Entsendung in alle Entwicklungsländer nach der OECD-Länderliste möglich, wobei afrikanische Staaten einen Schwerpunkt bilden sollen. Arbeitsprojekte sind u. a. in den Bereichen Armutsbekämpfung, Bildung, Gesundheit, Ernährungssicherung, Umwelt und Wasser vorhanden.

vgl. Bundesagentur für Arbeit o. J.

Arbeitsvorschlag

Eine Mitschülerin/ein Mitschüler möchte einen Beitrag zur Entwicklungshilfe leisten. Beraten Sie sie oder ihn mithilfe einer PowerPoint-Präsentation.

Literaturverzeichnis

Adamy, Wilhelm/Steffen, Johannes: Handbuch der Arbeitsbeziehungen. Schriftenreihe der Bundeszentrale für politische Bildung, Band 215, Bonn 1985.

Alternative für Deutschland (AfD): Grundsatzprogramm, Bundesparteitag in Stuttgart, 30. April bis 1. Mai 2016, abgerufen unter: www.afd.de/grundsatzprogramm/#2 [21.06.2023].

Altmaier, Peter: Vorwort. In: Bundesministerium für Umwelt, Naturschutz und Reaktorsicherheit/Bundesverband der Deutschen Industrie e. V. (BDI) (Hrsg.): Green Economy in der Praxis – Erfolgsbeispiele aus deutschen Unternehmen, Mai 2013, S. 4.

Anger, Heike: Kampf gegen Steuerbetrug: Ein Meldeportal klingt modern, blendet aber innovativere Wege aus, Handelsblatt, 02.09.2021, abgerufen unter: www.handelsblatt.com/meinung/kommentare/kommentar-kampf-gegen-steuerbetrug-ein-meldeportal-klingt-modern-blendet-aber-innovativere-wege-aus/27574624.html [13.06.2023].

ARD-aktuell/tagesschau.de: Windsor-Abkommen. Einigung im Brexit-Streit um Nordirland, 27.02.2023, abgerufen unter: www.tagesschau.de/eilmeldung/einigung-im-brexit-streit-nordirland-protokoll-101.html [21.11.2023].

ARD alpha: Earth Overshoot Day 2023. Ab dem 2. August schulden wir Menschen der Erde was!, 01.08.2023, abgerufen unter: www.ardalpha.de/wissen/umwelt/nachhaltigkeit/earth-overshoot-day-welterschoepfungstag-klima-oekologischer-fussabdruck-100.html [21.11.2023].

Auswärtiges Amt (Hrsg.): Nationaler Aktionsplan Umsetzung der UN-Leitprinzipien für Wirtschaft und Menschenrechte 2016–2020, September 2017, abgerufen unter: www.auswaertiges-amt.de/blob/297434/8d6ab29982767d5a31d2e85464461565/nap-wirtschaft-menschenrechte-data.pdf [18.01.2024].

Azubi.de – eine Marke von FUNKE Works: Berufsausbildungsbeihilfe (BAB), o. J., abgerufen unter: www.azubi.de/beruf/tipps/berufsausbildungsbeihilfe [17.07.2023].

Azubi.de – eine Marke von FUNKE Works: Die 23 beliebtesten Ausbildungen für 2023, 2023, abgerufen unter: www.azubi.de/beruf/tipps/beliebteste-ausbildungen [23.05.2023].

Baum, Gerhart Rudolf: Gespräch mit Dr. Susanne Zimmer. In: Bayerischer Rundfunk (Hrsg.): alpha-Forum. Sendung vom 16.2.2010, 20.15 Uhr, abgerufen unter: www.br.de/fernsehen/ard-alpha/sendungen/alpha-forum/gerhart-baum-gespraech102~attachment.pdf? [22.01.2024].

Boll, Christina: Familie – Bunt, dynamisch und verletzlich. In: Deutsches Jugendinstitut e. V. (Hrsg.): Impulse. Forschungsmagazin des Deutschen Jugendinstituts 2/21, 2021, S. 26–32, abgerufen unter: www.dji.de/themen/gesellschaft-2030/familie-2030.html [28.05.2023].

Bonn, Aylin: Die Deutschen verbringen fast einen Tag pro Monat auf TikTok, Internetworld, 15.02.2023, abgerufen unter: www.internetworld.de/social-media-marketing/social-media/deutschen-verbringen-tag-monat-tiktok-2840434.html [06.06.2023].

Bosse, Heiko: Geiz ist nicht mehr geil. Corona verändert das Einkaufsverhalten – Die Menschen in Deutschland haben Lust auf Shoppen, aber sie sind bereit mehr Geld auszugeben. Die Pandemie hat Prioritäten verschoben, OM-Medien /Oldenburgische Volkszeitung, 24.08.2021, abgerufen unter: www.om-online.de/politik/geiz-ist-nicht-mehr-geil-81778 [17.07.2023].

Brettschneider, Stefan (Hrsg.): Tarifsammlung für die Bauwirtschaft. Gewerbliche Arbeitnehmer, Poliere und Angestellte. Lohn- und Gehaltstarife, Rahmentarife, Sozialkassentarife, Verfahrenstarife, Tabellenwerk. Unter Mitarbeit von Nadine Wulf, Otto Elsner Verlagsgesellschaft, Berlin 15.03.2023.

Bündnis gegen Cybermobbing e. V.: Cybermobbing erklärt. Fragen & Antworten zu Cybermobbing, o. J., abgerufen unter: www.buendnis-gegen-cybermobbing.de/ratgeber/cybermobbing-erklaert.html [18.02.2023].

Bundesagentur für Arbeit (Hrsg.): Freiwilligendienst leisten, o. J., abgerufen unter: www.arbeitsagentur.de/bildung/zwischenzeit/freiwilligendienst-leisten [18.07.2023].

Bundesagentur für Arbeit (Hrsg.): Kriterienkatalog zur Ausbildungsreife, Nürnberg März 2009, abgerufen unter: www.arbeitsagentur.de/datei/dok_ba015275.pdf [06.10.2023].

Bundesamt für Migration und Flüchtlinge: Aktuelle Zahlen (Ausgabe: Juni 2023). Tabellen, Diagramme, Erläuterungen, abgerufen unter: www.bamf.de/SharedDocs/Anlagen/DE/Statistik/AsylinZahlen/aktuelle-zahlen-juni-2023.pdf?__blob=publicationFile&v=2 [23.11.2023].

Bundesamt für Verfassungsschutz (Hrsg.): Islamismus und islamistischer Terrorismus. Zahlen und Fakten, o. J. (a), abgerufen unter: www.verfassungsschutz.de/DE/themen/islamismus-und-islamistischer-terrorismus/zahlen-und-fakten/zahlen-und-fakten node.html [08.12.2023].

Bundesamt für Verfassungsschutz (Hrsg.): Reichsbürger und Selbstverwalter, o. J. (b), abgerufen unter: www.verfassungsschutz.de/DE/themen/reichsbuerger-und-selbstverwalter/reichsbuerger-und-selbstverwalter_node.html [24.07.2023].

Bundesarbeitsgericht: 1 AZR 342/83. Warnstreiks und ultima-ratio-Prinzip, 12.09.1984. In: Neue Juristische Wochenschrift, Heft 1/2, 09.01.1985, C. H. Beck, S. 85–90.

Bundeskartellamt: Lebensmitteleinzelhandel, o. J., abgerufen unter: www.bundeskartellamt.de/DE/Wirtschaftsbereiche/LEH/LEH_node.html [10.06.2023].

Bundesministerium des Innern und für Heimat (BMI) (Hrsg.): Extremismus in Deutschland, Berlin 2004, S. 353.

Bundesministerium des Innern und für Heimat (BMI) (Hrsg.): Verfassungsschutzbericht 2022, Berlin 2023, abgerufen unter: www.bmi.bund.de/SharedDocs/downloads/DE/publikationen/themen/sicherheit/vsb2022-BMI23007.pdf;jsessionid=C7D786D382FA313BB841CA2C68C63473.live871?__blob=publicationFile&v=8 [21.11.2023].

Bundesministerium für Arbeit und Soziales (BMAS) (Hrsg.): Sicherheit und Gesundheit bei der Arbeit – Berichtsjahr 2021. Unfallverhütungsbericht Arbeit, Dortmund/Berlin/Dresden 2022, abgerufen unter: www.bmas.de/SharedDocs/Downloads/DE/Arbeitsschutz/suga-bericht-2021.pdf?__blob=publicationFile&v=5 [17.01.2024].

Bundesministerium für Arbeit und Soziales (BMAS): Tarifregister, 2023, abgerufen unter: www.bmas.de/DE/Arbeit/Arbeitsrecht/Tarifvertraege/Tarifregister/tarifregister.html [22.11.2023].

Bundesministerium für Arbeit und Soziales (BMAS): Mindestlöhne im Sinne des Arbeitnehmer-Entsendegesetzes, 01.01.2024 (a), abgerufen unter: www.bmas.de/SharedDocs/Downloads/DE/Arbeitsrecht/mindestloehne-gesamt-uebersicht.pdf?__blob=publicationFile&v=28 [18.01.2024].

Bundesministerium für Arbeit und Soziales (BMAS): Verzeichnis der für allgemeinverbindlich erklärten Tarifverträge, 01.01.2024 (b), abgerufen unter: www.bmas.de/SharedDocs/Downloads/DE/Arbeitsrecht/ave-verzeichnis.pdf?__blob=publicationFile&v=20 [24.01.2024].

Bundesministerium für Bildung und Forschung (Hrsg.): Green Economy: Gesellschaftlicher Wandel, o. J., abgerufen unter: www.bmbf.de/bmbf/de/forschung/energiewende-und-nachhaltiges-wirtschaften/green-economy/green-economy_node.html [14.06.2023].

Bundesministerium für Bildung und Forschung (Hrsg.): BAföG für Schülerinnen und Schüler, August 2022, abgerufen unter: www.bafög.de/bafoeg/de/das-bafoeg-alle-infos-auf-einen-blick/_documents/bafoeg-fuer-schuelerinnen-und-schueler.html [24.05.2023].

Bundesministerium für Bildung und Forschung (Hrsg.): Die Novellierung des Berufsbildungsgesetzes, 09.01.2023, abgerufen unter: www.bmbf.de/bmbf/de/home/_documents/die-novellierung-des-berufsbildungsgesetzes-bbig.html [10.07.2023].

Bundesministerium für Ernährung und Landwirtschaft (BMEL): Klöckner: Konzept für Reform der EU-Agrarpolitik soll im Herbst stehen, Pressemitteilung Nr. 128/2020, 20.07.2020, abgerufen unter: www.bmel.de/SharedDocs/Pressemitteilungen/DE/2020/128-agrarrat.html [21.11.2023].

Bundesministerium für Ernährung und Landwirtschaft (BMEL): Grundzüge der Gemeinsamen Agrarpolitik (GAP) und ihrer Umsetzung in Deutschland, 23.11.2022, abgerufen unter: www.bmel.de/DE/themen/landwirtschaft/eu-agrarpolitik-und-foerderung/gap/gap-nationale-umsetzung.html [25.07.2023].

Bundesministerium für Umwelt, Naturschutz und Reaktorsicherheit/Bundesverband der Deutschen Industrie e. V. (BDI) (Hrsg.): Green Economy in der Praxis – Erfolgsbeispiele aus deutschen Unternehmen, Mai 2013.

Bundesministerium für Verteidigung (Hrsg.): Weißbuch 2016. Zur Sicherheit und Zukunftspolitik der Bundeswehr, Juni 2016, abgerufen unter: www.bmvg.de/resource/blob/13708/015be272f8c0098f1537a491676bfc31/weissbuch2016-barrierefrei-data.pdf [19.01.2024].

Bundesministerium für wirtschaftliche Zusammenarbeit und Entwicklung (BMZ): Nachhaltigkeit (nachhaltige Entwicklung). In: Ebd. (Hrsg.): Lexikon der Entwicklungspolitik, o. J. (a), abgerufen unter: www.bmz.de/de/service/lexikon/nachhaltigkeit-nachhaltige-entwicklung-14700 [02.06.2023].

Bundesministerium für wirtschaftliche Zusammenarbeit und Entwicklung (BMZ) (Hrsg.): Gemeinsam handeln. Armut besiegen, o. J. (b), abgerufen unter: www.bmz.de/de/themen/armut/ [22.06.2023].

Bundesministerium für wirtschaftliche Zusammenarbeit und Entwicklung (BMZ) (Hrsg.): Agenda 2030. Die globalen Ziele für nachhaltige Entwicklung, o. J. (c), abgerufen unter: www.bmz.de/de/agenda-2030 [23.01.2024].

Bundesministerium für Wirtschaft und Klimaschutz: Industrie 4.0. Digitale Transformation in der Industrie, 30.04.2015, abgerufen unter: www.bmwk.de/Redaktion/DE/Dossier/industrie40.html [09.06.2023].

Bundesverband Deutscher Inkasso-Unternehmen e. V.: Inkasso-Trendumfrage 2022, 2022, abgerufen unter: www.inkasso.de/fileadmin/user_upload/pressemitteilungen/BDIU_Trendumfrage_2022.pdf [18.01.2024].

Bundesverfassungsgericht: 2 BvG 1/51. In: Ebd.: Entscheidungen der amtlichen Sammlung (BVerfGE), Band 1, S. 14-66.

Bundesverfassungsgericht: Beschluss der 2. Kammer des Zweiten Senats vom 6. Dezember 2013 – 2 BvQ 55/13 –, Rn. 1–12, abgerufen unter: www.bverfg.de/e/qk20131206_2bvq005513.html [15.01.2024].

Bundesverfassungsgericht: Urteil des Zweiten Senats vom 17. Januar 2017 – 2 BvB 1/13 –, Rn. 1–1010, abgerufen unter: www.bverfg.de/e/bs20170117_2bvb000113.html (22.01.2024].

Bundeszentrale für politische Bildung (Hrsg.): Kleines Islam-Lexikon, Schriftenreihe 383, Bonn 2003.

Bundeszentrale für politische Bildung: Paare. In: kurz & knapp. Zahlen & Fakten. Soziale Situation in Deutschland, 23.03.2021, abgerufen unter: www.bpb.de/kurz-knapp/zahlen-und-fakten/soziale-situation-indeutschland/61575/paare/#:~:text=Bei%20den%20rund%201%2C1,4%2C1%20Millionen%20vollj%C3%A4hrige%20Kinder [30.05.2023].

Buschmann, Marco: Festakt „70 Jahre Bundesverwaltungsgericht". Rede des Ministers beim Festakt „70 Jahre Bundesverwaltungsgericht" am 8. Juni 2023 in Leipzig, Bundesministerium der Justiz (BMJ), 08.06.2023, abgerufen unter: www.rosenburg.bmj.de/SharedDocs/Reden/DE/2023/0608_BVerwG_70_Jahre.html [21.11.2023].

Bußgeldkatalog 2023: Zollanmeldung: Das gilt bei der Wareneinfuhr, 22.09.2023, abgerufen unter: www.bussgeldkatalog.org/zollanmeldung/ [16.11.2023].

Council of the European Union (Hrsg.): Multiannual Financial Framework 2021-2027 and Next Generation EU (Commitments, in 2018 prices), o. J., abgerufen unter: www.consilium.europa.eu/media/47567/mff-2021-2027_rev.pdf [17.01.2024].

Der Mittler-Brief: Informationsdienst zur Sicherheitspolitik, 1/2018, Mittler Report Verlag GmbH, Bonn.

DEHOGA Niedersachsen. Der Unternehmensverband des Gastgewerbes: Entgelttarifvertrag für das Hotel- und Gaststättengewerbe in Niedersachsen (ohne Weser-Ems und ostfriesische Inseln). Laufzeit vom 01. Mai 2022 bis 30. April 2024, 24.03.2022, abgerufen unter: www.dehoga-niedersachsen.de/fileadmin/user_upload/Entgelttarifvertrag_ohne_Weser-Ems_und_Inseln_-_2022_bis_2024.pdf [29.01.2024].

Deutscher Bundestag: Drucksache 15/4900. Gesetzentwurf der Bundesregierung. Entwurf eines Gesetzes zu dem Vertrag vom 29. Oktober 2004 über eine Verfassung für Europa, 18.02.2005, abgerufen unter: dserver.bundestag.de/btd/15/049/1504900.pdf [23.01.2024].

Deutscher Bundestag: 3. Untersuchungsausschuss. Drei Fraktionen fordern Wirecard-Untersuchungs-ausschuss, 11.09.2020, abgerufen unter: www.bundestag.de/dokumente/textarchiv/2020/kw37-de-untersuchungsausschuss-wirecard-790864 [19.06.2023].

Deutscher Bundestag: Drucksache 20/3817. Gesetzentwurf der Bundesregierung. Entwurf eines Gesetzes zur Umsetzung der Bestimmungen der Umwandlungsrichtlinie über die Mitbestimmung der Arbeitnehmer bei grenzüberschreitenden Umwandlungen, Verschmelzungen und Spaltungen, 05.10.2022, abgerufen unter: dserver.bundestag.de/btd/20/038/2003817.pdf [18.01.2024].

Deutscher Bundestag: 13.242 Petitionen erreichten den Ausschuss im Jahr 2022, 21.06.2023, abgerufen unter: www.bundestag.de/presse/hib/kurzmeldungen-954590 [20.07.2023].

Deutsche Gesetzliche Unfallversicherung e. V. (DGUV): Versicherungsschutz im Ehrenamt, o. J. (a), abgerufen unter: www.dguv.de/de/ihr_partner/ehrenamt/index.jsp [26.05.2023].

Deutsche Gesetzliche Unfallversicherung e. V. (DGUV): Leitbild eines zeitgemäßen Arbeitsschutzes, Sifa. Fachkraft für Arbeitssicherheit, o. J. (b), abgerufen unter: www.dguv.de/sifa-online/fachkraft-fuer-arbeitssicherheit/leitbild-eines-zeitgemaessen-arbeitsschutzes/index.jsp [10.07.2023].

Deutsche Gesetzliche Unfallversicherung e. V. (DGUV): DGUV Vorschrift 38. Unfallverhütungsvorschrift Bauarbeiten, Berlin November 2019, abgerufen unter: publikationen.dguv.de/widgets/pdf/download/article/3794 [23.01.2024].

Deutsches Komitee für UNICEF e. V.: Pressemitteilung. Weltweite Kindersterblichkeit. Alle 4,4 Sekunden starb ein Kind oder Jugendlicher, 10.01.2023, abgerufen unter: www.unicef.de/informieren/aktuelles/presse/-/weltweite-kindersterblichkeit/324100 [22.06.2023].

Deutscher Olympischer Sportbund e. V.: Über uns, o. J., abgerufen unter: www.dosb.de/ueber-uns [19.07.2023].

DGB-Bundesvorstand (Hrsg.): Ausbildungsreport 2023, Berlin August 2023, abgerufen unter: jugend.dgb.de/ausbildung/ausbildungsreport/++co++be4b74b2-312b-11ee-b0fd-001a4a16011a [20.11.2023].

Diakonie-Pflegedienst gGmbH in Vorpommern: Aktuelle Leistungen der Pflegekassen, o. J., abgerufen unter: www.diakonie-pflegedienst.de/PSG2.html [26.05.2023].

Dorenbeck, Peter, Rechtsanwalt in Braunschweig, Lehrbeauftragter der Hochschule Ostfalia: Hungerlohn für Azubis unzulässig. In: Braunschweiger Zeitung, 13.09.2011, S. 9.

Eisel, Jan: Unter Protest. Rekord-Etat verabschiedet. Bauern demonstrieren. In: Deutscher Bundestag (Hrsg.): Das Parlament Nr. 49-50, 02.12.2019, abgerufen unter: www.das-parlament.de/2019/49_50/themenausgaben/670678-670678 [21.11.2023].

Europäische Kommission (Hrsg.): Für ein soziales Europa, Brüssel 1996.

Europäische Kommission (Hrsg.): Breakdown of Cohesion Policy allocations per Member State (in million EUR, current prices), 02.2022, abgerufen unter: commission.europa.eu/system/files/2022-02/cohesion_policy.pdf [17.01.2024].

Europäische Kommission (Hrsg.): Die Gemeinsame Agrarpolitik (GAP): 2023–2027, 2023, abgerufen unter: agriculture.ec.europa.eu/common-agricultural-policy/cap-overview/cap-2023-27_de [21.06.2023].

Europäisches Parlament. Ausschuss für Beschäftigung und soziale Angelegenheiten: Änderungsanträge 34–141. Vorschlag für einen Beschluss des Rates zu Leitlinien für beschäftigungspolitische Maßnahmen der Mitgliedstaaten, 07.05.2020, abgerufen unter: www.europarl.europa.eu/doceo/document/EMPL-AM-650650_DE.pdf [21.06.2023].

Europäisches Parlament: Geschlechtsspezifisches Lohngefälle. Zahlen und Fakten (Infografik), 05.04.2023, abgerufen unter: www.europarl.europa.eu/news/de/headlines/society/20200227STO73519/geschlechtsspezifisches-lohngefalle-zahlen-und-fakten-infografik [06.07.2023].

Europäisches Parlament: Abgeordnete. Suche nach Land und Fraktion. Mitglieder je Mitgliedsstaat und Fraktion, 20.11.2023, abgerufen unter: www.europarl.europa.eu/meps/de/search/table [21.11.2023].

Europäische Union: Erklärung zu den sozialen Rechten und den industriellen Beziehungen bei Volkswagen, 06.06.2002, abgerufen unter: ec.europa.eu/employment_social/empl_portal/transnational_agreements/Volkswagen_SocialRights_DE.pdf [12.07.2023].

Europäische Union: Document C2010/083/01. Konsolidierte Fassungen des Vertrags über die Europäische Union und des Vertrags über die Arbeitsweise der Europäischen Union, 30.03.2010, abgerufen unter: eur-lex.europa.eu/legal-content/DE/TXT/?uri=CELEX:C2010/083/01 [24.01.2024].

Flückiger, Paul: Der Konflikt mit Russland droht die OSZE lahmzulegen, Neue Zürcher Zeitung, 02.12.2022, abgerufen unter: www.nzz.ch/international/der-konflikt-mit-russland-droht-die-osze-lahmzulegen-ld.1715273 [21.11.2023].

Frankfurter Allgemeine Zeitung: „Karlsruhe weist NPD-Verbotsantrag des Bundesrates ab“, 18.01.2017, S. 1.

Fries, Oliver: Definition von Globalisierung und Umwelt – Auswirkungen, Folgen, Zukunft, Treffpunkt Umweltethik, 2018, abgerufen unter: www.treffpunkt-umweltethik.de/systeme/globalisierung-umwelt.htm [14.06.2023].

Fröhlingsdorf, Michael: Die Wasserschlacht. In: DER SPIEGEL Nr. 41/2019, S. 34.

Gallas, Alexander: Nichts geht ohne eine lebendige Zivilgesellschaft. In: Frankfurter Allgemeine Zeitung, 23.12.2022, S. 6.

Gauck, Joachim: Rede zum Ende der Amtszeit zu der Frage „Wie soll es aussehen, unser Land?“ aus der Antrittsrede vom 23. März 2012, Bundespräsidialamt, 18.01.2017, abgerufen unter: www.bundespraesident.de/SharedDocs/Reden/DE/Joachim-Gauck/Reden/2017/01/170118-Amtszeitende-Rede.html [03.07.2023].

Gebauer, Matthias/Hesse, Martin/Kormbaki, Marina: Überzüchtetes Raubtier. In: DER SPIEGEL Nr. 52/2022, 22.12.2022, S. 26.

Generalzolldirektion (Hrsg.): Zoll und Staatsanwaltschaft decken illegales Firmennetzwerk auf, 12.10.2023, abgerufen unter: www.zoll.de/SharedDocs/Pressemitteilungen/DE/Schwarzarbeitsbekaempfung/2023/x59_illegales_firmennetzwerk_os.html [18.01.2024].

Gerginov, David: Strategischer Konsum: Einkauf nach Plan, GeVestor Verlag, Bonn 2020.

Graf, Nora: Die Bevölkerungsexplosion und ihre fatalen Folgen: Ein Ende in Sicht?, UNI.de, 05.03.2015, abgerufen unter: uni.de/redaktion/die-bevoelkerungsexplosion-und-ihre-fatalen-folgen [18.07.2023].

Grimm, Katharina: Statistik und Wirklichkeit. Armut und Mittelschicht als Illusion: Ab wann ist man arm?, Stern.de, 22.04.2019, abgerufen unter: www.stern.de/wirtschaft/geld/armut-und-mittelschicht-als-illusion--ab-wann-ist-man-arm--7305054.html [03.06.2023].

Hasebrink, Uwe/Hölig, Sascha/Wunderlich, Leonie: #UseTheNews. Studie zur Nachrichtenkompetenz Jugendlicher und junger Erwachsener in der digitalen Medienwelt, Arbeitspapiere des Hans-Bredow-Instituts | Projektergebnisse Nr. 55, 2021, abgerufen unter: documents.usethenews.de/cms/Use_The_News_Studie_2021_5093dcb27d.pdf [06.06.2023].

Havemann, Robert/Eppelmann, Rainer: Berliner Appell „Frieden schaffen ohne Waffen“. RHG/RH/22, 25.01.1982. In: Robert-Havemann-Gesellschaft e. V.: „Frieden schaffen ohne Waffen“ – 40 Jahre Berliner Appell, abgerufen unter: www.havemann-gesellschaft.de/aktuelles/aus-dem-archiv/frieden-schaffen-ohne-waffen-40-jahre-berliner-appell/ [19.10.2023].

Heine, Claudia: Ungewohnte Dinge. In: Deutscher Bundestag (Hrsg.): Das Parlament Nr. 38–39, 20.09.2021, abgerufen unter: www.das-parlament.de/2021/38_39/themenausgaben/859914-859914 [07.07.2023].

Hensiek, Joerg: Das sind die größten Unfallgefahren auf Baustellen. In: Serie Arbeitsschutz auf Baustellen, Haufe.de, 12.04.2023, abgerufen unter: www.haufe.de/arbeitsschutz/sicherheit/das-sind-die-groessten-unfallgefahren-auf-baustellen_96_526020.html [08.11.2023].

Hesse, Nils: Wirtschaftsthemen verständlich vermitteln – Wie Sie mit ökonomischen Texten in Wissenschaft, Verwaltung und Unternehmen überzeugen, Schäffer-Pöschel Verlag für Wirtschaft, Steuern und Recht GmbH, Stuttgart 2019.

Hofmann, Jörg/Dulger, Rainer: Wie flexibel müssen Arbeitgeber und Arbeitnehmer sein?, vdi-nachrichten.com, 10.07.2019, abgerufen unter: www.vdi-nachrichten.com/fokus/wie-flexibel-muessen-arbeitgeber-und-arbeitnehmer-sein/ [20.11.2023].

Holzapfel, Klaus J./Holzapfel, Andreas (Hrsg.): Kürschners Volkshandbuch. Deutscher Bundestag, 18. Wahlperiode, Kürschners Politikkontakte, Neue Darmstädter Verlagsanstalt, Bad Honnef 2014.

Hubmann, Hanns: Die Adenauer-Zeit 1949-1967. Bilder zur Zeitgeschichte, Mahnert-Lueg, München 1983.

IG Metall+Elektro Niedersachsen und Sachsen-Anhalt: IG METALL + ELEKTRO: 8 % für 12 Monate: Kaufkraft sichern und Wirtschaft stärken!, Flugblatt Nr. 2, 05.06.2022.

IG Metall Hannover: Manteltarifvertrag zwischen der VOLKSWAGEN AG Wolfsburg und der INDUSTRIEGEWERKSCHAFT METALL – Bezirksleitung Hannover – vom 21. November 1991, abgerufen unter: www.igmetall-hannover.de/fileadmin/user/Geschichte/Firmen/Volkswagen/1991_MTV_VW.pdf [29.01.2024].

IG Metall Hannover: ENTGELT-RAHMENTARIFVERTRAG 005 11 100 027 017 10, 19.02.2004, abgerufen unter: www.igmetall-hannover.de/fileadmin/user/Geschichte/Kapitel/2001_bis_2010_Euro__Agenda_2010_und_Finanzkrise/2004_Entgelt-Rahmen-TV.pdf [29.01.2024].

IG Metall Hannover/Innung des Kraftfahrzeugtechnikerhandwerks (IDK) Niedersachsen-Mitte: Entgeltrahmentarifvertrag, 24.11.2022.

IG Metall Vorstand (Hrsg.): Daten, Fakten, Informationen 2019, Frankfurt/M. 2019, abgerufen unter: www.igmetall-landau.de/fileadmin/user/Downloads/Broschueren/2020/docs_20200206_2019a_DFI_Webversion_final.pdf [18.01.2024].

IG Metall Vorstand (Hrsg.): Satzung der IG Metall. Beschlossen auf dem 25. Ordentlichen Gewerkschaftstag der IG Metall vom 22. bis 26. Oktober 2023 in Frankfurt. Gültig ab 1. Januar 2024, Januar 2024, abgerufen unter: www.igmetall.de/download/20231222_IGM_Satzung_2024_232da4272e6e85e92c762acbccd45acb4569dafd.pdf [18.01.2024].

IG Metall-Vorstand, Ressort Junge IG Metall (Hrsg.): Stark im Betrieb, Frankfurt/M. 2021.

IFD Service GmbH (Hrsg.): Gefährdungsbeurteilung. Muster einer Gefährdungsbeurteilung, o. J, abgerufen unter: www.ifd-service.de/gefaehrdungsbeurteilung/ [17.07.2023].

Industrie- und Handelskammer (IHK) Region Stuttgart (Hrsg.): Konjunkturumfrage Bezirk Göppingen Herbst 2023, abgerufen unter: www.ihk.de/blueprint/servlet/resource/blob/5960546/6d17a29c1834f89a2a157ec4b84b47e5/ihk-konjunkturgrafiken-und-zahlen-kreis-goeppingen-data.pdf [01.02.2024].

Institut für Arbeitsmarkt- und Berufsforschung der Bundesagentur für Arbeit (Hrsg.): Tarifbindung und betriebliche Interessenvertretung – Aktuelle Ergebnisse aus dem IAB-Betriebspanel, 17.05.2022, abgerufen unter: doku.iab.de/arbeitsmarktdaten/Daten_zur_Tarifbindung.xlsx [18.01.2024].

IQAir: Städte mit der weltweit höchsten Luftverschmutzung. Deutschland (Verlaufsdaten 2017–2022), 2023, abgerufen unter: www.iqair.com/de/world-most-polluted-cities?continent=59af92ac3e70001c1bd78e52&country=wCrLQv6oqBiij7cpa&state=&sort=-rank&page=1 &perPage=50&cities= [02.06.2023].

Kafsack, Hendrik/Messler, Werner: Die Allianz ist zerbrochen. In: Frankfurter Allgemeine Zeitung, 21.07.2020, S. 7.

Kerl, Christian: Ungarn und Polen drohen Milliarden Strafen – wegen Justizumbau. In: Braunschweiger Zeitung, 17.02.2022, S. 3.

Laumann, Karl-Josef: In: Soziale Ordnung, CDA-Verlagsges. Berlin, 7./8. Ausg. 2008, S. 3.

Linn, Susanne/Sobolewski, Frank: So arbeitet der Deutsche Bundestag, Neue Darmstädter Verlagsanst., Rheinbreitbach 2014.

Maus, Armin: Gute Kräfte gemeinsam nutzen. In: Braunschweiger Zeitung, 13.01.2017, S. 4.

Michels, Martina/EU-Fördermittel Informations-Plattform: EU Regional- und Kohäsionspolitik 2021-2027, Die Linke. im Europaparlament, 06.11.2020, abgerufen unter: www.eu-foerdermittel.eu/eu-regional-und-kohaesionspolitik-2021-2027/ [21.06.2023].

Montesquieu, Charles de: Von dem Geist der Gesetze oder von der Beziehung, welche die Gesetze haben sollen zu der Regierungsform jedes Landes, seinen Sitten, dem Klima, der Religion, dem Handel usw. Mit einem Anhange neuer Untersuchungen über die das Erbfolgerecht betreffenden römischen Gesetze, die französischen Gesetze und die feudalen Gesetze, 1748.

Münster, Mirko: Versicherungsabschluss, PSYMA GROUP AG, 07.04.2022, abgerufen unter: newsroom.psyma.com/de/themen/finanzmarktfoschung/versicherungsabschluss/ [01.02.2024].

NABU (Naturschutzbund Deutschland) e.V. (Hrsg.): Plastikmüll und seine Folgen. Abfälle bedrohen Vögel, Delfine und Co., o.J., abgerufen unter: www.nabu.de/natur-und-landschaft/meere/muellkippe-meer/muellkippemeer.html [03.06.2023].

Nationale Agentur Bildung für Europa beim Bundesinstitut für Berufsbildung (NA beim BIBB) (Hrsg.): Was ist Erasmus+?, o.J., abgerufen unter: www.na-bibb.de/neu-bei-erasmus [10.07.2023].

Nationales Europass Center (NEC) in der Nationalen Agentur Bildung für Europa beim Bundesinstitut für Berufsbildung (NA beim BIBB) (Hrsg.): Was ist Europass?, o. J., abgerufen unter: www.europass-info.de/europass/was-ist-europass [10.07.2023].

Neutsch, Juliane: Was weiß Google über mich? So finden Sie es heraus, Chip Online, 22.08.2022, abgerufen unter: praxistipps.chip.de/was-weiss-google-ueber-mich-so-finden-sie-es-heraus_27427 [05.06.2023].

Niedermayer, Oskar: Mitgliederentwicklung der Parteien. In: Bundeszentrale für politische Bildung: Dossier Parteien in Deutschland, 21.10.2022, abgerufen unter: www.bpb.de/themen/parteien/parteien-in-deutschland/zahlen-und-fakten/138672/mitgliederentwicklung-der-parteien/ [21.11.2023].

NiedersachsenMetall – Verband der Metallindustriellen Niedersachsens e. V.: NiedersachsenMetall und IG Metall einigen sich auf neuen Tarifvertrag, 25.11.2022, abgerufen unter: niedersachsenmetall.de/aktuelles/niedersachsenmetall-und-ig-metall-einigen-sich-auf-neuen-tarifvertrag [12.07.2023].

North Atlantic Treaty Organization: Der Nordatlantikvertrag, 25.05.2019, abgerufen unter: www.nato.int/cps/en/natohq/official_texts_17120.htm?selectedLocale=de [21.11.2023].

Oberhuber, Nadine: Arbeitsmarkt ohne Arbeitslose, ZEIT Online, 11.03.2015, abgerufen unter: www.zeit.de/wirtschaft/unternehmen/2015-03/vollbeschaeftigung-arbeitslosenquote-arbeitsmarkt [20.11.2023].

Otto-Peters, Luise: Das Verhältnis der Frauen zum Staate. In: Sächsische Vaterlandsblätter vom 5. September 1843, Nr. 142, S. 633 ff.

Paeger, Jürgen: Ökosystem Erde. Das globale Ökosystem. Die Erde als globales Ökosystem, o. J., abgerufen unter: www.oekosystem-erde.de/html/system-erde.html [14.06.2023].

Perduto, Alessandro/Kranz, Beate/Kraetzer, Ulrich/Gaugele, Jochen: Attacke auf den Bundestag. In: Braunschweiger Zeitung, 31.08.2020, S. 2.

Pickert, Laura: „Problematisch wird es, wenn Social Bots politische Themen posten", Süddeutsche Zeitung, 15.11.2021, abgerufen unter: www.sueddeutsche.de/digital/social-meedia-social-bots-facebook-twitter-1.5464286 [07.06.2023].

Pötzsch, Horst: Sozialstaat. In: Bundeszentrale für politische Bildung (Hrsg.): Dossier Deutsche Demokratie, 15.12.2009, abgerufen unter: www.bpb.de/themen/politisches-system/deutsche-demokratie/39302/sozialstaat/ [24.05.2023].

Präsident des Oberlandesgerichts Düsseldorf (Hrsg.): Düsseldorfer Tabelle, 01.01.2024, abgerufen unter: www.olg-duesseldorf.nrw.de/infos/Duesseldorfer_Tabelle/Tabelle-2024/2023_12_11_Duesseldorfer_Tabelle_-2024.pdf [18.01.2024].

Prantl, Heribert: Warum die Pressefreiheit viel wert ist, Süddeutsche Zeitung, 24.10.2021, abgerufen unter: www.sueddeutsche.de/politik/prantls-blick-journalismus-pressefreiheit-1.5447673 [02.06.2023].

Robert Koch-Institut: Epidemiologische Situation der Masern und Röteln in Deutschland in 2019 (Stand: 1.03.2020), abgerufen unter: www.rki.de/DE/Content/Infekt/Impfen/Praevention/elimination_04_01.html [22.06.2020].

Presse- und Informationsamt der Bundesregierung: Einheitliche Europäische Akte (EEA), o. J., abgerufen unter: www.bundesregierung.de/breg-de/service/einheitliche-europaeische-akte-eea--615720 [20.06.2023].

Presse- und Informationsamt der Bundesregierung: Reihe Politik-Informationen, Europa, Bonn 1986.

Reporter ohne Grenzen e. V.: Pressefreiheit in der Corona-Krise, 02.11.2020, abgerufen unter: www.reporter-ohne-grenzen.de/themen/pressefreiheit-in-der-corona-krise/ueberblick [02.06.2023].

Robert Koch-Institut: Epidemiologische Situation der Masern und Röteln in Deutschland in 2019 (Stand: 01.03.2020), abgerufen unter: www.rki.de/DE/Content/Infekt/Impfen/Praevention/elimination_04_01.html [22.06.2020].

Rohde, Christoph: Gezielte Krisenkommunikation im Spannungsfeld von medienökonomischen Zwängen und politischen Imperativen. In: Thomas Jäger/Henrike Viehrig (Hrsg.): Sicherheit und Medien, VS Verlag für Sozialwissenschaften, Wiesbaden 2009.

Rothfels, Hans: Bismarck und der Staat. Ausgewählte Dokumente, Wissenschaftliche Buchgemeinschaft, Darmstadt 1953.

Schönfeld, Gudrun/Wenzelmann, Felix: Tarifliche Ausbildungsvergütungen 2022, Bundesinstitut für Berufsausbildung (bibb) (Hrsg.), 07.02.2023, abgerufen unter: www.bibb.de/de/170707.php [23.05.2023].

Schmitz, Hannah: Bei Metallern stehen die Zeichen auf Warnstreik. In: Braunschweiger Zeitung, 12.10.2022, S. 1.

Schmitz, Hannah: Geldsegen – VW-Beschäftigte bekommen 1 900 Euro Bonus. In: Braunschweiger Zeitung, 09.03.2023, S. 1.

Scholz, Olaf: Regierungserklärung von Bundeskanzler Olaf Scholz am 27. Februar 2022, Presse- und Informationsamt der Bundesregierung, abgerufen unter: www.bundesregierung.de/breg-de/aktuelles/reden/regierungserklaerung-von-bundeskanzler-olaf-scholz-am-27-februar-2022-2008356 [21.11.2023].

Schreier, Doro: Wem Nestlé das Wasser abgräbt – erfindet Wasser für Reiche neu – eröffnet Abfüllanlage in Äthiopien, netzfrauen, 05.01.2023, abgerufen unter: netzfrauen.org/2015/01/05/nestle-erfindet-wasser-fuer-reiche-neu-arbeit-bei-nestle-aber-nicht-ausreichend-wasser/ [27.07.2023].

Schreier, Doro: Um Zugang zum Wasser der Einheimischen zu erhalten, wenden Coca-Cola, Pepsi, Danone, Nestle, Heineken eine Reihe hinterhältiger Methoden an! The Horrific Scam that Water Billionaires, Coca-Cola, Pepsi, Danone, Nestle, Heineken, are Running on Poor Countries!, netzfrauen, 28.01.2023, abgerufen unter: netzfrauen.org/2023/01/28/water-12 [21.11.2023].

Schulz, Martin: Rede am 15.05.2015, Stiftung Internationaler Karlspreis zu Aachen, abgerufen unter: www.karlspreis.de/de/preistraeger/martin-schulz-2015/rede-von-martin-schulz [21.06.2023].

Selle, Gert: Geschichte des Design in Deutschland, aktualisierte und erweiterte Neuausgabe, Campus, Frankfurt/M. 2007.

Service + Vorsorge für die Bauwirtschaft (SOKA-BAU): Tarifvertrag über die Berufsbildung im Baugewerbe (BBTV) vom 28. September 2018 in der Fassung vom 24. August 2020 und 10. November 2022. Zwischen dem Zentralverband des Deutschen Baugewerbes e. V., dem Hauptverband der Deutschen Bauindustrie e. V. und der Industriegewerkschaft Bauen-Agrar-Umwelt, abgerufen unter: www.soka-bau.de/fileadmin/user_upload/Dateien/Arbeitgeber/tarifvertrag_bbtv.pdf [20.11.2023].

Sozialdemokratische Partei Deutschlands (SPD)/Bündnis 90/Die Grünen/Freie Demokratische Partei (FDP) (Hrsg.): Mehr Fortschritt wagen. Bündnis für Freiheit, Gerechtigkeit und Nachhaltigkeit. Koalitionsvertrag 2021 — 2025 zwischen der Sozialdemokratischen Partei Deutschlands (SPD), Bündnis 90 / Die Grünen und den Freien Demokraten (FDP), Berlin 07.12.2021, abgerufen unter: www.spd.de/fileadmin/Dokumente/Koalitionsvertrag/Koalitionsvertrag_2021-2025.pdf [21.11.2023].

Spannagel, Till/Hungerland, Wolf-Fabian: Verhandeln für eine erfolgreiche EU- Kohäsionspolitik. In: Bundesministerium für Wirtschaft und Energie (BMWi) (Hrsg.): Schlaglichter der Wirtschaftspolitik (Monatsbericht 12/2020), 24.11.2020, S. 30-37, abgerufen unter: www.bmwk.de/Redaktion/DE/Publikationen/Schlaglichter-der-Wirtschaftspolitik/schlaglichter-der-wirtschaftspolitik-12-2020.pdf?__blob=publicationFile&v=28 [21.11.2023].

Spiegel Geschichte: Bildmanipulationen. Mehr Blut, mehr Rauch, weniger Speck, 11.07.2008, abgerufen unter: www.spiegel.de/fotostrecke/manipulierte-bilder-fotostrecke-107186.html [06.06.2023].

Statistisches Bundesamt (Destatis) (Hrsg.): Statistisches Jahrbuch 2019. Deutschland und Internationales, Wiesbaden, Oktober 2019, abgerufen unter: www.destatis.de/DE/Themen/Querschnitt/Jahrbuch/statistisches-jahrbuch-2019-dl.pdf?__blob=publicationFile [11.01.2024].

Statistisches Bundesamt (Destatis) (Hrsg.): Tarifbindung von Arbeitnehmern, 2023 (a), abgerufen unter: www.destatis.de/DE/Themen/Arbeit/Arbeitsmarkt/Qualitaet-Arbeit/Dimension-5/tarifbindung-arbeitnehmer.html [22.11.2023].

Statistisches Bundesamt (Destatis) (Hrsg.): Erwerbslosigkeit, 2023 (b), abgerufen unter: www.destatis.de/DE/Themen/Arbeit/Arbeitsmarkt/Erwerbslosigkeit/_inhalt.html [16.08.2023].

Statistisches Bundesamt (Destatis) (Hrsg.): Gender Pay Gap 2022: Frauen verdienten pro Stunde 18 % weniger als Männer. Pressemitteilung Nr. 036 vom 30. Januar 2023, abgerufen unter: www.destatis.de/DE/Presse/Pressemitteilungen/2023/01/PD23_036_621.html [06.07.2023].

Statistisches Bundesamt (Destatis) (Hrsg.): EU-Vergleich der Arbeitskosten (Jahresschätzung), 26.04.2023, abgerufen unter: www.destatis.de/Europa/DE/Thema/Bevoelkerung-Arbeit-Soziales/Arbeitsmarkt/EU_HoeheArbeitskosten.html [19.07.2023].

Statistisches Bundesamt (Destatis) (Hrsg.): Ehescheidungen in Tausend. Pressemitteilung Nr. 252 vom 28. Juni 2023, abgerufen unter: www.destatis.de/DE/Presse/Pressemitteilungen/2023/06/PD23_252_126.html [20.11.2023].

Statistisches Bundesamt (Destatis) (Hrsg.): Durchschnittliche Schulden je Gläubigerart 2022, 29.06.2023, abgerufen unter: www.destatis.de/DE/Themen/Gesellschaft-Umwelt/Einkommen-Konsum-Lebensbedingungen/Vermoegen-Schulden/Tabellen/durchschnittliche-schulden-privaterpersonen.html [21.11.2023].

Statistisches Bundesamt (Destatis) (Hrsg.): Wichtige gesamtwirtschaftliche Größen in Milliarden Euro, Veränderungsrate des Bruttoinlandsprodukt (BIP), 25.08.2023, abgerufen unter: www.destatis.de/DE/Themen/Wirtschaft/Volkswirtschaftliche-Gesamtrechnungen-Inlandsprodukt/Tabellen/inlandsprodukt-gesamtwirtschaft.html [16.11.2023].

Statistisches Bundesamt (Destatis) (Hrsg.): Erwerbstätige im Inland nach Wirtschaftssektoren, 28.08.2023, abgerufen unter: www.destatis.de/DE/Themen/Wirtschaft/Konjunkturindikatoren/Lange-Reihen/Arbeitsmarkt/lrerw13a.html [13.07.2023].

Statistisches Bundesamt (Destatis) (Hrsg.): Erwerbstätigkeit im September 2023 auf neuem Höchststand. Pressemitteilung Nr. 424 vom 2. November 2023, abgerufen unter: www.destatis.de/DE/Presse/Pressemitteilungen/2023/11/PD23_424_132.html [20.11.2023].

Statistisches Bundesamt (Destatis) (Hrsg.): Eheschließungen je 1 000 Einwohner, 20.11.2023, abgerufen unter: https://www-genesis.destatis.de/genesis/online?sequenz=tabelleErgebnis&selectionname=12611-0001#abreadcrumb [20.11.2023].

Stiftung für Zukunftsfragen. Eine Initiative von British American Tobacco: Freizeit-Monitor 2023. Alle Freizeitaktivitäten im Überblick, Freizeit-Monitor, 05.09.2023, abgerufen unter: www.freizeitmonitor.de/2023/alle-freizeitaktivitaeten-im-ueberblick/ [28.09.2023].

Stoltenberg, Helmut: Mandat mit Spagat. In: Deutscher Bundestag (Hrsg.): Das Parlament Nr. 12, 21.03.2022, abgerufen unter: www.das-parlament.de/inland/bundestag/mandat-mit-spagat [15.01.2024].

The Weather Company: Nordseekrabben werden in Marokko gepult. Doch das könnte sich bald ändern, 25.03.2022, abgerufen unter: weather.com/de-DE/wissen/umwelt/news/2022-03-25-nordseekrabben-werden-in-marokko-gepult-doch-das-konnte-sich-bald [17.02.2023].

Umweltbundesamt (Hrsg.): Luftdaten. Jahresbilanzen Stickstoffdioxid (NO_2) 2023, Stand: 09.02.2024, abgerufen unter: www.umweltbundesamt.de/daten/luft/luftdaten/jahresbilanzen/eJxrWpScv9B0UWXqEiMDI2MAMNQFuA== [16.02.2024].

UNO-Flüchtlingshilfe e. V.: Zahlen & Fakten zu Menschen auf der Flucht, abgerufen unter: www.uno-fluechtlingshilfe.de/informieren/fluechtlingszahlen [25.07.2023].

UseTheNews gGmbH: #UseTheNews-Studie, 28.4.2021, abgerufen unter: www.usethenews.de/de/dokumente/usethenews-studie [06.06.2023].

ver.di – Vereinte Dienstleistungsgewerkschaft: Manteltarifvertrag zwischen dem Handelsverband Niedersachsen-Bremen e. V. und der Vereinten Dienstleistungsgewerkschaft (ver.di), Landesbezirk Niedersachsen-Bremen, ver.di Tarifdokumentation Dokumenten-Nr.: 802546, Berlin, 24.02.2014.

ver.di – Vereinte Dienstleistungsgewerkschaft, Landesbezirk Niedersachsen-Bremen. Fachbereich Handel: Gehalts- und Lohntarifvertrag Einzelhandel Niedersachsen. Gültig ab 1. Mai 2021 bis zum 30. April 2023, 2021, abgerufen unter: region-s-o-n.verdi.de/++file++621e1438422c1ef60d16e445/download/Faltblatt_Gehalt_Einzelhandel_Nds_2021.pdf [29.01.2024].

Vereinte Nationen: Allgemeine Erklärung der Menschenrechte, o. J. (a), abgerufen unter: unric.org/de/allgemeine-erklaerung-menschenrechte/ [25.01.2024].

Vereinte Nationen: Die Charta der Vereinten Nationen, o. J. (b), abgerufen unter: unric.org/de/charta/ [24.01.2024].

Volkswagen AG: Globalisierung mit sozialer Verantwortung. VW Sozialcharta, Bratislava, 2012.

von Ditfurth, Christian: Otto-Katalog 2005. Über das Buch „Faktor vier: Doppelter Wohlstand, – halbierter Naturverbrauch“, Zeitgeschichte & Kriminalgeschichten, abgerufen unter: www.cditfurth.de/faktor4.htm [18.07.2023].

von Weizsäcker, Ernst Ulrich/Lovins, Amory/ Lovins, Hunter: Faktor vier: Doppelter Wohlstand – halbierter Naturverbrauch, Droemer Knaur, München 1995.

Wagner, Thomas: Direkt gegen die Demokratie. Warum auch Rechtsextremisten und Rechtspopulisten mehr Bürgerbeteiligung wollen. In: Die Zeit Nr. 11/2012, 08.03.2012, S. 13.

Warkentin, Nils: Lebenslanges Lernen – warum Sie nie aufhören sollten, Karrierebibel GmbH, 02.11.2022, abgerufen unter: karrierebibel.de/lebenslanges-lernen/ [17.07.2023].

Wiegel, Michaela: Macrons Strategie. „Wir müssen europäische Sicherheitsinteressen definieren“, © Alle Rechte vorbehalten. Frankfurter Allgemeine Zeitung GmbH, Frankfurt. Zur Verfügung gestellt vom Frankfurter Allgemeine Archiv, 07.02.2020, abgerufen unter: www.faz.net/aktuell/politik/ausland/macrons-verteidigungsstrategie-keine-zuschauer-bleiben-16622101.html [23.11.2023].

Wirtschafts- und Sozialwissenschaftliches Institut (WSI): Länderübersicht. Entwicklung der nationalen Mindestlöhne im Zeitverlauf in 38 Ländern: Tabellen zum Download, Januar 2023, abgerufen unter: www.wsi.de/de/laenderuebersicht-15340.htm [20.11.2023].

zdfheute: Bundeswehr-Einsatz in Niger beschlossen, 28.04.2023, abgerufen unter: www.zdf.de/nachrichten/politik/bundestag-bundeswehr-niger-einsatz-100.html [21.11.2023].

zdfheute: Interview. CDU-Außenpolitiker Röttgen. Wichtigstes UN-Gremium ist „paralysiert“, 19.09.2023, abgerufen unter: www.zdf.de/nachrichten/politik/ausland/un-vollversammlung-vermittlung-ukraine-krieg-russland-100.html [21.11.2023].

ZEIT-Stiftung Ebelin und Gerd Bucerius: Wir fordern digitale Grundrechte. Charta der Digitalen Grundrechte der Europäischen Union. Überarbeitete Fassung 2018, abgerufen unter: digitalcharta.eu/ [18.07.2023].

Ziegler, Jean: Wie kommt der Hunger auf die Welt?, übersetzt von Hanna van Laak, Bertelsmann Jugendbuch Verlag, München 2002.

A

B

C

D

U

V

W

Z

Bildquellenverzeichnis

Aktion Deutschland Hilft e. V., Bonn: 276.1, 284.1.
Alamy Stock Photo, Abingdon/Oxfordshire: Arcurs, Yuri 197.2; J.M. Image Factory 197.4; leonello calvetti 197.1; Zoonar GmbH 129.3.
Alamy Stock Photo (RMB), Abingdon/Oxfordshire: Cole, David 250.1; Lyell, Jake 52.4; Panther Media GmbH/ MONTI, SERGIO 129.2.
Baaske Cartoons, Müllheim: Freimut Wössner 142.2; Mester, Gerhard 120.1, 202.1, 204.1, 211.1, 212.1, 224.1, 256.1; Plaßmann, Thomas 30.1.
BC GmbH Verlags- und Medien-, Forschungs- und Beratungsgesellschaft, Ingelheim: 43.1, 43.2, 43.4, 43.5, 87.1, 87.2, 87.3, 87.4, 87.6, 87.7.
Bitkom Servicegesellschaft mbH, Berlin: 117.1.
Brauner, Angelika, Hohenpeißenberg: 143.1.
Bundesagentur für Arbeit, Nürnberg: 258.1.
Bundesamt für Migration und Flüchtlinge (BAMF), Nürnberg: 219.1.
Bundesregierung, Berlin: Kugler, Steffen 241.1.
DIHK Deutscher Industrie- und Handelskammertag e. V., Berlin: 150.1.
Europäische Kommission, Berlin: 22.1, 22.2, 258.2.
Fairtrade Deutschland e. V., Köln: 207.3.
Focus Online, München: Titel: So verschuldet ist Deutschland Aus: FOCUS online vom Samstag, 18.02.2023, 22:21 Link zum Artikel: https://www.focus.de/finanzen/der-grosse-kredit-und-schuldenatlas-so-verschuldet-ist-deutschland_id_186067769.html 185.1.
Forest Stewardship Council® A.C., Freiburg im Breisgau: 207.2.
fotolia.com, New York: seanlockephotography 55.1.
Franke-Media.net, Leipzig: 36.1.
Galas, Elisabeth, Essen: 199.1, 199.2, 279.1.
Haitzinger, Horst, München: 228.1, 246.1.
Hüter, Michael, Bochum: 115.1.
IG Metall, Frankfurt/M.: 93.1.
iStockphoto.com, Calgary: AndreyPopov 229.4; FangXiaNuo 128.1; luoman 198.2; Ridofranz 74.1; SDI Productions 24.1; SvetaZi 117.2; thehague 271.3; wwwebmeister 188.2; Yalanskyi, Andrii 172.1.
iurFRIEND® AG, Düsseldorf: 58.1.
Kranenberg, Hendrik, Drolshagen: 54.1, 54.2, 54.3, 54.5, 54.6, 54.7, 54.8, 61.1, 61.2, 61.3, 61.4, 61.5.
Leibniz-Institut für Medienforschung / Hans-Bredow-Institut (HBI), Hamburg: Hasebrink, Uwe; Hölig, Sascha; Wunderlich, Leonie (2021): #UseTheNews. Studie zur Nachrichtenkompetenz Jugendlicher und junger Erwachsener in der digitalen Medienwelt. Hamburg: Verlag Hans-Bredow-Institut, April 2021 (Arbeitspapiere des Hans-Bredow-Instituts | Projektergebnisse Nr. 55). https://doi.org/10.21241/ssoar.72822 116.1.
Löffler, Reinhold, Dinkelsbühl: 72.1, 125.2.
Marine Stewardship Council (MSC), Berlin: 207.4.
nelcartoons.de, Erfurt: 12.2.
OKS Group, Delhi: 124.1, 124.2, 124.3, 124.4, 124.5, 139.1, 140.1, 232.2, 237.1, 251.1, 268.1.
Pfohlmann, Christiane: 153.1.
Picture-Alliance GmbH, Frankfurt a.M.: AP Images/Inouye, Itsuo 121.1; AP Photo/Uncredited 266.1; ASSOCIATED PRESS 238.2; BeckerBredel 95.1; dieKLEINERT 13.1; dieKLEINERT / Möller, Christian 119.1; dieKLEINERT.de/ Koufogiorgos, Kostas 41.1, 218.2; dieKLEINERT.de/Schwarwel 218.1; dpa 100.1; dpa-infografik 16.1, 17.2, 23.1, 31.1, 39.2, 45.1, 48.1, 71.1, 73.1, 80.1, 136.1, 140.2, 194.1, 199.3, 201.1, 205.1, 242.1, 252.2, 257.1, 263.1, 271.1, 272.1, 280.1; dpa-infografik GmbH 14.1, 43.3, 54.4, 77.1, 102.1, 142.1, 190.1, 226.1, 236.1, 278.2, 279.2, 281.1, 283.1; dpa-Zentralbild/Lösel, Jürgen 39.1; dpa/dpa-infografik (9429, globus analog) 103.1; dpa/Hildenbrand, Karl-Josef 123.1; dpa/Rassloff, Thomas 271.5; dpa/Vennenbernd, Rolf 187.1; Erl, Martin 192.1; Gregoire Elodie/ABACA 254.1; HIP/The Print Collector 34.1; imageBROKER/Allgöwer, Walter G. 270.1; imageBROKER/Fischer, Guenter 271.4; Koufogiorgos, Kostas 13.2, 247.1; Photoshot/Xinhua/Chuang, Zheng 271.2; Schutt, Martin 108.1; United Archives/Roba Archiv/Pilz, Siegfried 52.6.
PSYMA GROUP AG, Rückersdorf: 51.1.
RAL gGmbH, Bonn: 207.1.
Robert Koch-Institut, Berlin: 38.1.
Roger Schmidt/cartoons.pub, Brunsbüttel: 112.1.
Sakurai, Heiko, Köln: 136.2.

Schwalme, Reiner, Lübbenau: 127.2.
Shell Deutschland GmbH, Hamburg: 53.1, 53.2, 53.3, 53.4, 53.5.
Shutterstock.com, New York: Africa Studio 52.1; cigdem 252.1; gofra 285.2; hxdbzxy 32.2; IgorGolovniov 52.7; Prescott, Paul 52.3; Take Photo 143.2; wavebreakmedia 52.5, 169.2; WAYHOME studio 169.3.
Speth, Frank - norddt. Künstler, Quickborn: 216.1, 286.1.
Stadt Braunschweig, Braunschweig: 228.2, 228.3.
STERO/Stefan Roth, Attenweiler: 56.1.
Stiftung Haus der Geschichte, Bonn: Jupp Wolter 37.1, 99.1, 278.1; Peter Leger 213.1.
stock.adobe.com, Dublin: Alexander, U. J. 198.1; Alterfalter 186.1; Annas, Karin & Uwe 146.1; Asier 44.1; bigfoot 285.1; by-studio 129.1; cartoonresource 118.1; Countrypixel 131.1; detailblick-foto 52.2; Dierks, Janina 74.2; Edler von Rabenstein 174.1; Elnur 35.1; fotodesign-jegg.de 169.1; fotohansel 152.1; Herrndorff 145.3, 151.1; ifeelstock 259.1; industrieblick 145.4, 158.1; ink drop 76.1; Kahlmann, Eva 64.1; karepa 147.1; Kneschke, Robert 154.1; Korta 173.1; lambokung 87.5; lassedesignen 209.1; luckybusiness 145.2; Luftbildfotograf 32.1; Marco2811 145.1; melita Titel, Titel; Michel, T. 87.8; Milan 19.1; MinDof 113.1; MQ-Illustrations 176.1; nmann77 57.1; PeJo 149.1; Photographee.eu 72.3, 105.1; Prusaczyk, Mariusz 197.3; RioPatuca Images 46.1; Sandy1983 126.1; Schwier, Christian 42.1, 229.3; Stolt, Matthias 229.2; Trilly 265.1; Trueffelpix 26.1, 156.1; vectorfusionart 180.1; ©Monkey Business 160.1.
Stückelberger, C., Winterthur: 215.1.
Stuttmann, Klaus, Berlin: 12.1, 59.1, 198.3, 213.2, 217.1, 248.1, 249.1.
Süddeutsche Zeitung - Photo, München: ap/dpa/picture alliance 127.1.
Tomicek/www.tomicek.de, Werl: 50.1.
toonpool.com, Berlin, Castrop-Rauxel: Rabe 135.2; Sebastian Sprenger 167.1; Tomaschoff 122.1; Troganer 166.1.
ullstein bild, Berlin: 72.2.
UNESCO, Paris: CC-BY-SA 3.0 (https://www.unesco.de/bildung/agenda-bildung-2030/bildung-und-die-sdgs) 277.1.
Wetterauer, Oliver, Stuttgart: 191.1.
wgr-tegra, Braunschweig: 28.1.
YPS - York Publishing Solutions Pvt. Ltd.: 84.1, 130.1, 130.2.
Zahlenbilder, Bergmoser + Höller Verlag AG, Aachen: 68.1, 92.1, 92.2, 141.1, 144.1, 165.1, 178.1, 229.1, 240.1; Zahlenbilder 17.1, 82.1, 107.1, 135.1, 138.1, 148.1, 155.1, 157.1, 163.1, 171.1, 182.1, 183.1, 184.1, 214.1, 230.1, 231.1, 232.1, 234.1, 238.1, 239.1, 260.1.
Zentralverband des Deutschen Handwerks (ZDH), Berlin: 164.1.
© Bundesanstalt für Landwirtschaft und Ernährung (BLE), Bonn: 188.1.
© Oxfam Deutschland e.V., Berlin: Osman, Ahmed 282.1.
© Statistisches Bundesamt (Destatis), Wiesbaden: 125.1.